4. Lo siento.

5. —Con (su) permiso.
—Sí, cómo no.

6. ¡Cuidado!

7. —¡Salud!
—Gracias.

8. ¡Ay!

9. ¡Auxilio, socorro!

## Dedication

This book is lovingly dedicated to Tracy D. Terrell (1943–1991).
Tracy left us an enduring legacy: the Natural Approach, a methodology
that has had a significant impact on second-language teaching and on
the evolution of textbook materials. He also envisioned this book and
guided us, the co-authors, to its fruitful completion. Tracy was our
inspirational mentor. His ever-generous heart touched many of us—
friends, colleagues, teachers, students—in an indelible way. We miss
him. And we hope he is proud of our work in this new edition of *Dos
mundos*. His kind spirit and brilliant vision infuse every page.

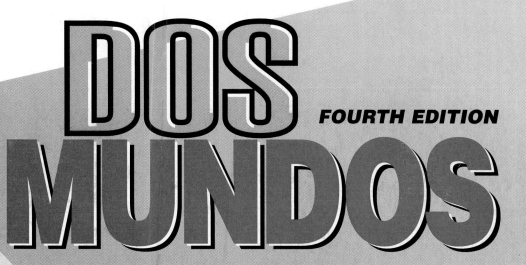

# DOS MUNDOS

**FOURTH EDITION**

**Tracy D. Terrell**

Late, University of California, San Diego

**Magdalena Andrade**

California State University, Long Beach

**Jeanne Egasse**

Irvine Valley College

**Elías Miguel Muñoz**

McGraw-Hill

Boston, Massachusetts   Burr Ridge, Illinois   Dubuque, Iowa
Madison, Wisconsin   New York, New York   San Francisco, California   St. Louis, Missouri

# McGraw-Hill

*A Division of The **McGraw·Hill** Companies*

This is an ⎡B⎤ book.

*Dos mundos: A Communicative Approach*

Copyright © 1998, 1994, 1990, 1986 by The McGraw-Hill Companies, Inc. All rights reserved. Printed in the United States of America. Except as permitted under the United States Copyright Act of 1976, no part of this publication may be reproduced or distributed in any form or by any means, or stored in a database or retrieval system, without the prior written permission of the publisher.

This book is printed on acid-free paper.

1 2 3 4 5 6 7 8 9 0 VNH VNH 9 0 0 9 8 7

ISBN 0-07-064434-9 (Student Edition)
ISBN 0-07-064726-7 (Instructor's Edition)

This book was set in Janson by GTS Graphics, Inc.
The editors were Thalia Dorwick, Gregory Trauth, Becka McGuire, and Richard Lange.
The production supervisor was Richard DeVitto.
The art editors were Jane Brundage and Nicole Widmyer.
Illustrations were done by David Bohn, Wayne Clark, Anica Gibson, Rick Hackney, and Sally Richardson.
The maps were done by Lori Heckelman.
The text and cover designer was Juan Vargas, Vargas/Williams/Design.
The photo researcher was Susan Friedman.
Von Hoffmann Press, Inc., was printer and binder.

Because this page cannot legibly accommodate all the copyright notices, page C-1 constitutes an extension of the copyright page.

**Library of Congress Cataloging-in-Publication Data**

Dos mundos / Tracy D. Terrell . . . [et al.]. — 4th ed.
    p.  cm.
    English and Spanish.
    Includes index.
    ISBN 0-07-064434-9 (student). — ISBN 0-07-064726-7 (instructor)
    1. Spanish language—Textbooks for foreign speakers—English.
  I. Terrell, Tracy D.  II. Title: 2 mundos.
PC4129.E5D67  1997                           97-18235
468.2'421—DC21                                 CIP

http://www.mhcollege.com

# Contents

## A La clase y los estudiantes · 1

## B Las descripciones · 16

CAPÍTULO

# 6  La residencia  193

CAPÍTULO

# 7  Las experiencias  226

CAPÍTULO **11**  Los viajes  **351**

CAPÍTULO **12**  La salud y las emergencias  **384**

# To the Instructor

Welcome to the Fourth Edition of *Dos mundos*! We are excited about our new edition, which we believe is our best ever. A revision implies much more than just rewriting a few activities or adding new reading selections or grammar exercises. New editions present opportunities for growth, development, and—most important—improvement. Our guiding principle has always been the advancement of communicative ways of teaching. With each new edition we re-evaluate the theoretical premises on which our methodology is based, and we try to bring in fresh, practical ideas from the field of second-language teaching. And, of course, we listen to you, the instructors who use *Dos mundos*. We want to express our gratitude to those of you who sent us comments and suggestions. Feedback from you is a compelling reason to undertake the task of rethinking and rewriting our textbook. Your support is definitely a motivating force. Thank you!

Those of you who have used a previous edition of *Dos mundos* know that it is a special kind of text. It offers an exciting alternative to the methodology of most Spanish-language textbooks available today: the Natural Approach. The success of the Third Edition has convinced us that many instructors are eager to try out the Natural Approach in their classrooms. We also know about instructors of other languages who are using this methodology successfully. The encouraging message is that our method allows instructors to do what they have always wanted to do as educators: enjoy their work and help students enjoy the process of acquiring a second language.

Like many of you, we were using the Natural Approach in our classrooms long before there was a name for the method or a textbook like *Dos mundos*. Of course, we didn't need a book to teach language communicatively! We taught in a manner that felt right to us, and we were happy to prepare material to supplement whatever textbook we were using. But what a difference it made to have our ideas in printed form, finally!

When we designed the First Edition of *Dos mundos*, we were uncertain about some aspects of the textbook, such as how many readings or grammar exercises to include. There was one aspect about which we had no doubts, however: Communication was to be the core of our program. Three editions later, our initial objective hasn't changed. We have placed renewed emphasis on the communicative nature of the oral activities; hence the new section title, **Actividades de comunicación y lecturas**. As in earlier editions, grammar continues to play a secondary role as an aid in the language acquisition process.

## Changes in the Fourth Edition

### Overview: Student Text and Workbook/Laboratory Manual

The Fourth Edition begins with three preliminary chapters (**Pasos A–C**), compared with four in the previous edition. There are still sixteen regular chapters.

The structure of the regular chapters of the student text has not changed; each chapter is still divided into three parts:

**Actividades de comunicación y lecturas** (oral activities and readings)
**Vocabulario** (most new vocabulary from the activities)
**Gramática y ejercicios** (grammar explanations and verification exercises)

The organization and content of the Workbook/Laboratory Manual, the *Cuaderno de trabajo*, has changed significantly. The new features of the student text and the *Cuaderno* are explained in the following sections.

## The Heart of *Dos mundos*: Actividades de comunicación y lecturas

Although the name of this section has changed slightly, most of the **actividades orales** have been preserved from the previous edition. We have updated activities when appropriate, and we have added topics to reflect current student interests whenever possible. We hope that the following additional changes to the **actividades** will enhance the success of *Dos mundos* in the classroom.

➤ **The cast of characters:** While many familiar characters remain, we have updated their "look" and have made some changes to their lifestyles to reflect contemporary Hispanic cultures. (You can read more about the new cast on pages xxiii–xxiv.)

➤ **Chapter themes:** A new theme for **Capítulo 15**, technology (including computer use and the Internet), focuses on the future. In addition, the last two chapters of the Third Edition have been combined into a single chapter entitled **El mundo y las relaciones sociales**, which offers a more in-depth presentation of Hispanic culture and history.

➤ **Review:** Beginning in **Paso B**, each **Actividades de comunicación** section now ends with a new section, **En resumen**, which presents one or more cooperative learning or creative writing activities, based on the key vocabulary and grammar of the chapter. Starting in **Paso C**, all **En resumen** sections contain a **Videoteca** activity, based on the new, text-specific video. (You can learn more about the video on pages xxiv–xxv.)

➤ **Organization of the activities:** All activities now fall under fifteen different rubrics (see page xx). In addition, activities in each thematic section have been sequenced more consistently from input to output, in order to promote comprehension *before* production.

➤ **Dialogues:** **Diálogo** and **Diálogo abierto** activities now appear only in the first five chapters.

➤ **Visuals:** More visually based activities (many with new authentic realia) appear throughout *Dos mundos*.

# What's New With the Reading Materials?

As some of you have probably noticed, the reading component of *Dos mundos* has undergone many changes since the First Edition. Over the editions, we have included more authentic material, such as newspaper articles and ads. We have also tried to feature high-interest fiction and poetry, because many students find those types of reading stimulating and excit-

ing. (We have also found that students are encouraged by the idea that they can read real literature in a foreign language.) When preparing each edition, we reassess all the readings, discarding those that proved too difficult or not engaging enough. Our objective is to provide texts that are interesting and culturally rich, but also accessible to first-year students.

As you flip through the pages of *Dos mundos*, Fourth Edition, and the *Cuaderno de trabajo,* you will recognize all the reading features from the Third Edition. For instance, we continue to teach geography by providing maps that highlight countries and cities mentioned in many reading selections. Here are the basic reading types, all carried over from the previous edition.

➤ **Lecturas:** readings that showcase the *Dos mundos* cast of characters; realia-based material such as newspaper ads and magazine articles

➤ **Notas culturales:** brief segments on Hispanic culture, with photo illustrations

➤ **Cuentos:** short fiction by Hispanic writers

➤ **Poesía:** poetry by the renowned poets José Martí, Pablo Neruda, and Amado Nervo

➤ **El mundo hispano... su gente:** first-person accounts of life and culture in Spanish-speaking countries, featuring the geography of the Hispanic world

➤ **El mundo hispano... imágenes:** selections consisting of a photograph and a short narrative that focus on specific areas of the Hispanic world

All of these readings reflect the theme and vocabulary of each chapter. Many of them (marked with a headphones icon) are recorded on the *Book on Tape,* which provides students with extra listening practice. As in previous editions, the **Lecturas, Notas culturales, Cuentos,** and **Poesía** are followed by reading activities. These include **Comprensión,** with innovative formats for checking comprehension; **Ahora... ¡usted!,** with personalized questions; and, in this edition, **Un paso más... ¡a escribir!,** a new writing activity that engages students' creativity.

In response to your requests for pre-reading strategies, we have added **Suggestions for Effective Reading** in the annotated *Instructor's Edition,* in which we discuss techniques such as skimming, scanning, cognate recognition, and using context and cues outside the text to guess at meaning. In addition, most of the reading segments are now preceded by a short synopsis and a brief vocabulary box. Both are intended to function as "advance organizers"; in this way, they provide a preview of the reading to enhance students' comprehension.

The Fourth Edition places even more emphasis on reading and literacy. You will find four new features:

➤ **El mundo hispano... en los Estados Unidos:** These brief narratives by Hispanics living in the United States include comparisons and contrasts between life in the United States and in their countries or cultures of origin.

➤ **Las palabras viven:** The phrase *Words are alive* reflects how Spanish is continually changing. In these segments you will find information on various linguistic phenomena such as colloquial expressions and word variations in the Hispanic world. There are also readings about the origin of words, including borrowings from other languages, popular idioms and proverbs, as well as readings on the indigenous languages of Latin America such as Quechua and Nahuatl.

➤ **¡Reír es vivir!:** We truly believe that laughter can help us live happier and healthier lives, so we created this entertaining feature that tells jokes—**chistes**—and presents humorous exchanges. Read these with your students for the sheer fun of it!

➤ **En nuestro mundo increíble:** These short sidebars offer interesting or extraordinary facts about the incredible world we live in.

Finally, additional reading material is available for your students through the innovative *Storyteller's Series*, the *¡A leer!* easy reader series, and the *El mundo hispano* reader (see pages xvi–xvii).

## The Handling of Grammar: Gramática y ejercicios

The most substantial change in the main text is the reorganization of grammar in the latter part of the book. Instructors like you told us—and we agree!—that there was too much grammar in those chapters. So we placed the most advanced concepts, along with verification exercises, in a new section of the *Cuaderno* called **Expansión gramatical.** If you have the time and wish to do more grammar, this appendix will be very useful. If you've taught with *Dos mundos* before and have found the amount of grammar in the last chapters to be excessive, we hope you will now find the

latter part of the book more manageable. Here are some additional changes of note:

➤ **Explanations:** Grammar explanations are now easier to understand and lend themselves readily to self-study.

➤ **Margin notes:** More margin notes have been added to give students hints or quick overviews of grammar points. For example, "**ser** = origin; **estar** = location" appears in the margin beside the introduction of **ser** and **estar**.

➤ **Illustrations:** Many graphics have been included in the grammar sections to provide more visual appeal. More complex grammar concepts are now illustrated with a drawing—**Gramática ilustrada**, depicting a relevant scene—to help students visualize the grammatical structure.

➤ **Reminders for review:** A new feature, **¿Recuerda?**, reminds students to review previous grammar sections.

➤ **Functional titles:** All grammar topics now have functional titles. For example, **Talking about Actions in Progress: Present Progressive** tells students how the present progressive is used.

➤ **Recognizing vs. using:** Some advanced grammar exercises that required production have been replaced by others that require recognition only.

➤ **Verbs:** Simple presentations of **-ar** and **-er/-ir** verbs are now in **Paso C** and **Capítulo 1,** preceding the introduction of **gustar** + infinitive. The present tense is now re-entered more completely in **Capítulos 2** and **3.**

## Major Content and Organization Changes: *Cuaderno de trabajo*

The basic premise of the *Cuaderno* has not changed. It is still intended for use primarily outside of the classroom, and it still features oral texts (listening comprehension passages) and readings, as well as grammar exercises and a variety of activities, including a section that focuses on pronunciation and spelling.

In this edition we have attempted to iron out some of the organizational problems that adopters have brought to our attention and to focus on the level of difficulty of the listening passages.

Following is the new structure of each chapter of the *Cuaderno*, along with a brief explanation of each section.

- **Para empezar:** This new section consists of one or more brief listening activities that serve as a chapter warm-up by focusing on the grammar and vocabulary of previous chapters.
- **Comprensión oral** and **Actividades escritas:** These sections are now *completely coordinated* with the thematic sections of the student text. Each thematic section contains two types of activities:
  **Actividades escritas:** guided, form-focused exercises, followed by more open-ended, personalized writing activities for which there is generally no "right" answer.
  **Comprensión oral:** listening comprehension activities coordinated with the *Audiocasette Program.*
- **¡A repasar!:** This new section contains cumulative listening comprehension activities that focus on the theme of the chapter.
- **¡Adelante!:** This new, final listening comprehension activity challenges students to use their listening skills to grasp meaning in novel contexts. At the same time, it prepares them for the topics, vocabulary, and structures that will be presented in the next chapter. Instructors may prefer to work with this activity in class.
- **Pronunciación y ortografía:** These exercises help students work with the sound and spelling systems of Spanish.
- **Lecturas adicionales:** These optional readings contain the same kinds of advance organizers as those in the student text—a brief synopsis and a vocabulary box—as well as follow-up activities.
- **Videoteca:** In these pre- and post-viewing activities, students work with the content of each chapter's video segment.

In addition to the changes in the *Cuaderno*, the listening comprehension passages have been thoroughly revised, to promote increased comprehension by reducing the amount of new vocabulary in the listening passages and by systematically re-entering key vocabulary and grammar.

# Components of the Fourth Edition

The Fourth Edition of **Dos mundos** offers a complete package of instructional materials for beginning Spanish courses whose primary goal is proficiency in communication skills. These materials are designed to encourage you and your students to interact in Spanish as naturally and as spontaneously as possible. In addition to the student text and the **Cuaderno de trabajo**, the following materials are available:

- The annotated *Instructor's Edition* contains marginal notes that offer extensive pre-text activities and suggestions for using and expanding materials in the student text. These notes also provide teaching hints and references to the supplementary activities in the *Instructor's Resource Kit*.
- The *Instructor's Manual*, with a general introduction to the Natural Approach and to the types of acquisition activities found in the program, provides step-by-step instructions for how to teach the **Pasos** and **Capítulo 1.** It also offers many pre-text activities designed for use before doing the communicative activities, as well as additional strategies for implementing the Natural Approach.
- The *Instructor's Resource Kit* contains the following supplementary activities and games that correspond to themes in the student text: **TPR, Veinte preguntas, Lotería, Búscalo tú, Entrevista, Actividad de firma, Intercambio, Crucigrama,** and **Encuesta.**
- 100 full-color *Overhead Transparencies* display drawings, color maps, and other items, most of which appear in the student text.
- The *Test Bank* contains listening comprehension (with *Testing Tapes*), reading, vocabulary, and grammar tests for each chapter. It also includes suggestions for testing oral achievement and writing skills.
- The *Audiocasette Program* presents oral texts coordinated with the **Cuaderno de trabajo** that support the topics and functions of each chapter of the student text. It also includes pronunciation exercises and vocabulary read on tape.
- The *Tapescript* is a transcript of all recorded materials in the *Audiocasette Program.*
- The optional *Book on Tape* contains recordings of many of the readings in the student text (**Lecturas, Notas culturales, Los amigos hispanos,** and **Las palabras viven**).
- The *Storyteller's Series* offers high-interest fiction (novellas and short stories) designed for advanced-beginning or intermediate students.
- The *McGraw-Hill Electronic Language Tutor* (*MHELT 2.1*), an upgraded software program

based on the text's grammar exercises, is available in IBM and Macintosh formats.

➤ *Spanish Partner:* This computer tutorial, by Monica Morley and Carl Fisher, provides students with additional practice in basic Spanish vocabulary and structures.

➤ The **Destinos** *Video Modules* provide footage from the popular **Destinos** television series as well as original footage shot on location. The *Modules* offer high-quality video segments on vocabulary, functional language, situational language, and culture.

➤ The *McGraw-Hill Video Library of Authentic Spanish Materials* consists of several volumes of video materials. Three different sets of slides showing the Hispanic world are accompanied by discussion questions and activities.

➤ The *Training Video* demonstrates how to use **Dos mundos** and the Natural Approach in a variety of classroom settings.

Adopters familiar with previous editions will be pleased to see the following new components of the **Dos mundos** package of ancillary materials:

➤ The *Picture File* contains 50 thematically arranged, color photographs designed to stimulate conversation in the classroom.

➤ The *¡A leer!* easy reader series features two short readers: **Barriga llena, corazón contento**, on regional Hispanic cuisines; and **Cuentos de hadas y leyendas**. These readers, developed to reinforce vocabulary acquisition, can be used as early as the second semester and are intended for use outside the classroom.

➤ The **El mundo hispano** reader features five major regions of the Hispanic world, as well as a section on Hispanics living in the United States.

➤ The *Video to accompany* **Dos mundos**, shot on location in Mexico, Spain, Ecuador, and the United States by a nationally recognized and award-winning production company, is coordinated with the **Videoteca** sections of the student text and the **Videoteca** pre- and post-viewing activities in the **Cuaderno de trabajo**. (See pages xxiv-xxv for more information about the video.)

➤ The interactive *CD-ROM to accompany* **Dos mundos**, which incorporates Quicktime™ video with comprehension questions and engaging interactive games, is coordinated with chapters of the student text. (See page xxv for more information about the CD-ROM.)

# Second-Language Acquisition: The Five Hypotheses

The materials in **Dos mundos** are based on Tracy D. Terrell's Natural Approach to language instruction, which in turn relies on Stephen D. Krashen's theoretical model of second-language acquisition. That theory consists of five interrelated hypotheses, each of which is mirrored in some way in **Dos mundos**. Along with Krashen's research, we have included in this Fourth Edition elements from Natural Learning Theory, a model developed by Brian Cambourne that is very supportive of Natural Approach principles.[1]

Many of you will be familiar with the following concepts already. But if you're not, don't feel obliged to memorize them. As you gradually work with **Dos mundos**, Terrell's and Krashen's ideas will become second nature to you. After outlining the five hypotheses below, we present nine ideas for application of the theory in the foreign-language classroom.

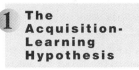

**1** **The Acquisition-Learning Hypothesis**   This theory suggests that we have two independent ways of developing language ability: acquisition and learning.

➤ **Language acquisition** is a subconscious process; that is, we are not aware that it is happening. Once we have acquired a segment of language, we are not usually aware that we possess any new knowledge; the knowledge is stored subconsciously. Research strongly supports the view that adults can acquire language subconsciously, as do children.

➤ **Language learning** is a conscious process; we are aware that we are learning. When you talk about "rules" and grammar, you are usually talking about learning.

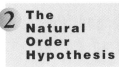

**2** **The Natural Order Hypothesis**   This theory states that we acquire parts of a language in a *predictable order*. Some grammatical items, for example, tend to be acquired early while others are acquired late. The natural order

---

[1] Portions of this section and the next are quoted by permission of Stephen D. Krashen, *Fundamentals of Language Acquisition*, Laredo Publications, 1992; and Brian Cambourne, *The Whole Story, Natural Learning and the Acquisition of Literacy*, Ashton Scholastic, 1994.

appears to be unaffected by deliberate teaching; *we cannot change the natural order by explanation, drills, and exercises.* Indeed, more language acquisition takes place when students are given some responsibility for choosing the themes that interest them, without regard to grammatical acquisition order.

### 3 The Monitor Hypothesis

This hypothesis attempts to explain how acquisition and learning are used. We normally produce language using our acquired linguistic competence. The main function of conscious learning is as *monitor* or *editor.* After we produce language using the acquired system, we sometimes inspect it and use our learned system to correct errors. This self-correction can happen internally before we speak or write, or after we produce a sentence.

### 4 The Input Hypothesis

This concept proposes that we acquire language when we *understand messages* or obtain comprehensible input. Comprehensible input can be aural or written: Reading is an excellent source of comprehensible input. According to the Input Hypothesis, production (talking and writing) is a *result* of language acquisition, not a cause.

### 5 The Affective Filter Hypothesis

This theory suggests that attitudes and feelings do not impact language learning directly but can prevent students from acquiring language from input. If a student is *anxious* or does not perceive the target culture in a positive light, he or she may understand the input but a *psychological block* (the Affective Filter) will prevent acquisition.[2]

## The Natural Approach and *Dos mundos*: From Theory to Action

The principles of the Natural Approach follow from the preceding hypotheses. Our goal is to make the theory work for us in the classroom. Here is how we do it:

[2]For more detailed information see the section on Natural Approach theory in the *Instructor's Manual.* See also Stephen D. Krashen and Tracy D. Terrell, *The Natural Approach: Language Acquisition in the Classroom,* Prentice Hall, 1983.

### 1 Aiming for Meaning

The primary goal of the Natural Approach classroom is to provide comprehensible aural and written input, the components necessary for language acquisition. These components help students do what Cambourne calls "creating meaning." *Dos mundos* helps students create meaning through both acquired and learned knowledge.

| ACQUISITION | LEARNING |
|---|---|
| **Actividades de comunicación** | **Gramática y ejercicios** |
| All readings | **En resumen** |
| **Comprensión oral** | **Actividades escritas** |
| Video segments | **Ejercicios de pronunciación y ortografía** |

The input provided by the instructor during the **Actividades de comunicación** and the input received from reading the **Lecturas** and from listening to the **Comprensión oral** and *Book on Tape* audio texts enable students to create meaning from the new language and contribute to students' acquired knowledge. A grammatical syllabus similar to those in other beginning Spanish textbooks is the basis for the **Gramática y ejercicios** section, but the activities that encourage the acquisition of grammar are spread out over several chapters.

### 2 I'm Listening!

While the ability to produce language is the result of acquisition, comprehension precedes production. Thus, students' ability to use new vocabulary and grammar is directly related to the opportunities they have had to listen to and read that vocabulary and grammar in meaningful and relevant contexts. These meaningful contexts are what Cambourne calls "demonstrations." Students need many demonstrations of meaningful language; then opportunities to express their own meanings must follow.

### 3 Taking Our Time

Because speech emerges in stages, *Dos mundos* allows for three stages of language development: comprehension; early speech; and speech emergence.

The activities in **Paso A** are designed to give students the opportunity to develop initial comprehension ability without being required to speak Spanish. The activities in **Paso B** encourage the transition from comprehension to the ability to respond naturally in single words. By the end of **Paso C** and through **Capítulo 1,** most students are making the first transitional steps from short answers to longer phrases and complete sentences. Students will continue to pass through these same three stages with the new material of each chapter. The vocabulary and structures presented in **Capítulo 1** may not be fully acquired until **Capítulo 5** or later.

The Pre-Text and Additional Activities as well as the Follow-Up and Optional Grammar Activities in the *Instructor's Edition*, the **Actividades de comunicación** and **Lecturas** in the student text, and the **Comprensión oral** in the *Cuaderno de trabajo* all provide opportunities for understanding Spanish before production is expected. As students become more fluent listeners and speakers, native speakers and teachers will automatically raise the ante and challenge students' skills with higher-level language. It is this process that helps students continue to acquire higher-level lexicon and grammatical structures.

### 4 We All Make Mistakes

Errors in form are not corrected in classroom activities that are aimed at acquisition. We expect students to make many errors as speech emerges. Cambourne calls student attempts to communicate with others in the new language "approximations." "The willingness to accept approximations," he writes, "is absolutely essential to the processes which accompany language learning."[3] Given sufficient exposure to Spanish, these early errors do not become permanent, nor do they affect students' future language development. We recommend correcting only factual errors and responding naturally to students' communication, expanding only when it feels normal and natural to do so, when the correction or expansion can easily be woven into the conversational thread.

In contrast, students can and should correct their responses to the self-study grammar exercises using the key in the back of the text, and to the **Comprensión oral** and the **Actividades escritas** using the key in the back of the *Cuaderno de trabajo*.

### 5 Relax and Let It Happen Naturally!

Students acquire language only in a low-anxiety environment and when they are truly engaged with the material. A low-anxiety atmosphere is created when the instructor: 1) provides students with truly interesting, comprehensible input, 2) does not focus excessively on form, and 3) lets students know that acquiring a new language is "doable" and is expected of them. *Dos mundos* creates such a positive classroom atmosphere by sparking student interest and encouraging involvement in two sorts of activities: those that relate directly to students and their lives, and those that relate to the Hispanic world. Hence, the **dos mundos** referred to in the title. Input and interaction in these two areas—along with the expectation from the instructor that students will be able to communicate their ideas—create a classroom environment wherein the instructor and students feel comfortable listening and talking to one another.

### 6 It Takes a Community

Group work encourages interaction and creates classroom community. In a Natural Approach classroom, students are encouraged to speak and interact. Group work provides valuable opportunities for students to interact in Spanish during a given class period and helps create a sense of classroom community that facilitates communication.

### 7 Speak Your Mind!

Speaking helps language acquisition indirectly in several ways by encouraging comprehensible input via conversation. Our extensive classroom experience has led us to believe that "learners need both the time and the opportunity to use their immature, developing language skills."[4] Speaking also gives students the positive feeling of engaging in real language use. It helps create a sense of community as the instructor and students share opinions and information about themselves.

### 8 A Place for Grammar

Although *Dos mundos* focuses on acquisition through oral, listening, and written activities, there are practical reasons for grammar study. Formal knowledge of

---

[3] Cambourne, page 38.

[4] Cambourne, page 38.

grammar does not contribute to second-language fluency, but it may help some students edit their written work. For others it can lead to a greater appreciation of the structure of the language and/or be a good introduction to the field of linguistics. Also, some language students derive great satisfaction when they learn about what they are acquiring. Finally, very adept language learners can utilize grammatical knowledge to make the input they hear and read more comprehensible.

## 9 Language With a Purpose

The goal of the Natural Approach is proficiency in communication skills: listening, reading, speaking, and writing. Proficiency is defined as the ability to understand and convey information and/or feelings in a particular situation for a particular purpose. Grammatical accuracy is one part of communicative proficiency, but it is not a prerequisite.

## Additional Comments about the Student Materials

Each of the sixteen regular chapters of *Dos mundos* opens with the **Actividades de comunicación y lecturas**, which stimulate the acquisition of vocabulary and grammar. The following types of communicative activities are repeated from chapter to chapter. Those in the student text are consistently labeled.

TPR (Total Physical Response) Activities (*Instructor's Edition*)
Student-centered input (*Instructor's Edition*)
Photo-centered input (*Instructor's Edition*)
Definitions (**Definiciones**)
Association activities (**Asociaciones**)
Discussions (**Conversación**)
Realia-based activities (**Del mundo hispano**)
Description of drawings (**Descripción de dibujos**)
Culminating activities (**En resumen**)
Interactions (**Intercambios**)
Narration series (**Narración**)
Dialogues (**Diálogos** and **Diálogos abiertos**)
Identification activities (**Identificaciones**)
Situational dialogues (**Situaciones**)
Personal opinion activities (**Preferencias**)

Interviews (**Entrevistas**)
Polls (**Encuestas**)
Creative writing activities (**Un paso más... ¡a escribir!;** and **¡Dígalo por escrito!**)

The **Vocabulario** list that follows each **Actividades de comunicación y lecturas** section contains most of the new words that have been introduced in the vocabulary displays and activities. Students should recognize these words when they are used in a clear communicative context. Many will also be used actively by students in later chapters as the course progresses.

The readings in *Dos mundos* are by no means exhaustive; we recommend that instructors read aloud to students and, when students are ready for independent reading, allow them to select reading material of interest to them. Teachers may find the *¡A leer!* series, the *El mundo hispano* reader, or the *Storyteller's Series* appropriate for second-, third-, or fourth-semester accompaniment to *Dos mundos*.

The **Gramática y ejercicios** sections, in the "blue pages," are designed for quick reference and ease of study. (The answer key to the grammar exercises is in Appendix 4.) The purpose of the grammar exercises is for students to verify that they have understood the explanation; we do not believe that students acquire grammar by doing exercises.

Most new topics in the **Actividades de comunicación y lecturas** sections begin with references (marked **Lea Gramática...**) to the pertinent grammar section(s) of the chapter. All activities can be done without previous grammar study; it is desirable to do all **Actividades de comunicación** in a purely communicative way, with both instructor and students focusing on the meaning of what is being said.

## Acknowledgments

A special note of thanks is due to Stephen D. Krashen for his research on second-language acquisition theory. Dr. Krashen continues to give us many valuable insights into creating more natural activities and providing more comprehensible input for students in both listening and reading components.

We are also grateful to Joseph Goebel of The College of New Jersey for his careful, annotated reading of the Third Edition of *Dos mundos, Instructor's Edition*, and *Cuaderno de trabajo,* as well as for his review of manuscript of the Fourth Edition. Dr. Goebel's hands-on experience in the classroom and as a trainer of teaching assistants makes his suggestions invaluable. In addition, we want to thank Dr. Goebel for his creative writing activities that appear in the **En resumen** section of each chapter.

Thanks also go to Professor Brian Cambourne at the University of Wollongong, Australia, for his annotated reading of the *Instructor's Manual* and his many comments that have helped us refine Natural Approach theory for this Fourth Edition.

We would like to thank Karen Christian for her contributions to the first *Instructor's Resource Kit* (with the Third Edition of the text). Heartfelt thanks go to Beatrice Tseng (Irvine Valley College) for her creative redesign of the Fourth Edition of the *Instructor's Resource Kit*, for her tireless search for authentic materials, and for her dedication to detail in tracking the vocabulary of **Dos mundos**. Polly Hodge (Whitman

College) deserves special thanks for her exciting work on reading strategies and techniques, as well as for her **Comprensión oral** activities in the **Cuaderno**, as does Sally Sefamí for her creative work on the reader on regional cuisines, **Barriga llena, corazón contento**. Thanks also are in order to Christa Harris and Pennie Nichols-Alem for the **Videoteca** activities they developed. We owe much to our on-call computer expert, Richard Zucker (Irvine Valley College), for his invaluable expertise in keeping our computers going and our programs working for us throughout the revision process.

The authors would also like to express their gratitude to the many members of the language-teaching profession whose valuable suggestions contributed to the preparation of this revised edition. The appearance of their names here does not necessarily constitute an endorsement of the text or the Natural Approach methodology.

Mark Accorniero, Mission College

Jeff Adams, Walla Walla Community College

Lucía V. Aranda, Kapiolani Community College

F. M. Arguello, Fayetteville State University

Deborah Baldini, University of Missouri–St. Louis

Linda-Jane C. Barnette, Ball State University

Lisa M. Baudler, Austin Community College

Sue Bertoleit-Valdez, Temple Junior College

Carole Byrd, University of Wisconsin at Oshkosh

Justyna M. Carlson, Southern Vermont College

Michelle Connolly, Community College of Rhode Island

James Crapotta, Barnard College

Isabel Creuch, Prescott College

Jorge H. Cubillos, University of Delaware

Marta DePierris, Mills College/College of Marin

John Dolance, Richland College

Lynda Durham, Casper College

Richard K. Evans, Geneva College

Addison Everett, Dixie College

Augustine Fernández, Paul Quinn College

Mansol Fernández García, Michigan State University

Reyes I. Fidalgo, Bowling Green State University

Emy Fischer, Texas State Technical College

Herschel Frey, University of Pittsburgh

Roseanne Fulcher, Erie Community College

Amalia V. Garzón, Del Mar College

Jeannette Harker, Florida Atlantic University

Laura Huffman, Los Medanos College

Shawna L. Kelly, Tennessee Technical University

Anne Key, Tillamook Bay Community College

Michael Langston, St. Meinrad College

Montserrat Linkletter, Tacoma Community College

Melissa Lockhart, Wake Forest University

Kim MacDonald, Azusa Pacific

Zenaida Madurka, SUNY at Stony Brook

Edward H. Mayer, University of Utah

Olga Mendell, D'Youville College

Karin Melson Meyer, Canisius College

Patricia A. Morrissey, Clatsop Community College

Jeanne Mullaney, Community College of Rhode Island

Nancy Nieman, Santa Monica College

Irma O'Connor, Canisius College

Nanette R. Pascal, Richland College

Teresinka Pereira, Bluffton College

Carole Permar, Marshalltown Community College

Ana M. Piffardi, Eastfield College

Sergio Pizarin, Sullivan County Community College

Antonio Prado, University of Oklahoma

Dawn E. Prince, Iowa State University

Rosemary Sands Ptacek, St. Norbert College

Gus Puleo, Columbia University

Lourdes Ramírez Mallis, Keene State College

Celia V. Ramírez-Owens, Big Bend Community College

Sarah Rath, Green Mountain College

Melvyn C. Resnick, University of Tulsa

P. Harlow Rhoades, East Central College

Catherine Rodgers, Wake Forest University

Ingrid Rogers, Manchester College

Ana Isabel Rueda-García, Texas Christian University

Annette Sánchez, Nashville State Technical Institute

Mireya Scheerer, Cypress College

Terry Sellars, Nashville State Technical Institute

Mary Studer Shea, Napa Valley Community College

Nancy E. Shearer, Cuesta College

William H. Shuford, Lenoir-Rhyne College

Jerry Smartt, Friends University

Celia V. Smith, Lincoln University

Laurel B. Sparks, North Dakota State University

Craig R. Stokes, Grove City College

James R. Swann, Northeast Texas Community College

Paul D. Toth, University of Pittsburgh

Myrna E. A. Vélez, Dartmouth College

Keith Watts, University of New Mexico

Estelita C. Young, Collin County Community College

Many other people participated in the preparation of the Fourth Edition of ***Dos mundos***. We feel deeply indebted to Thalia Dorwick for her care and support. As editor of the First Edition, Thalia gave the text its initial push and continues to be an adviser on all major decisions regarding changes. As our first editor and now as our publisher, she has provided us with countless resources, much-needed guidance, and most importantly, the freedom to write the book we wanted to write.

Our Fourth Edition editor, Becka McGuire, was fantastic! She took our program to a new level of quality and creativity. It was reassuring to work with someone as organized and knowledgeable about the Natural Approach and as professionally enthusiastic as Becka. We also appreciate the support of Gregory Trauth, who managed the project, and Jennifer Valko, who professionally and cheerfully handled so many details of the project.

We would like to acknowledge the sales and marketing support we have received from The McGraw-Hill Companies, and specifically from Margaret Metz and Cristene Burr. We are also very grateful to the following McGraw-Hill staff and associates for their excellent work on this complex project, as well as for their patience and perseverance: Karen Judd, Diane Renda, Francis Owens, Rich DeVitto, Nicole Widmyer, and Richard Lange. Special thanks go to Sally Richardson who, for this Fourth Edition, made it possible for our cast of characters to change with the times by giving them a fresh and contemporary look! In addition, we wish to thank Laura Chastain and Wilfrido Corral for their help with questions of language usage and cultural content in the final manuscript and Charlotte Jackson for her painstaking review of the vocabulary.

And, finally, we would like to thank each other for many years of moving the Natural Approach from idea into print. We hope our contributions continue to be worthwhile.

# To the Instructor and Students

## The *Dos mundos* Cast of Characters, Video, and Interactive Multimedia

Most of the exercises and activites in *Dos mundos* are based on the lives of a cast of characters from different parts of the Spanish-speaking world. Here they are, followed by a description of the innovative Video and CD-ROM that accompany the Fourth Edition of *Dos mundos*.

### Cast of Characters: The Textbook and the *Cuaderno de trabajo*

Two groups of characters appear in exercises and activities throughout the print materials for *Dos mundos*.

**Los amigos norteamericanos** (North American friends), a group of students at the University of Texas at San Antonio. Although they are all majoring in different subjects, they know each other through Professor Adela Martínez's 8:00 A.M. Spanish class.

la profesora Martínez

Luis    Alberto

Mónica  Carmen  Esteban  Nora  Lan  Pablo

**Los amigos hispanos** (Hispanic friends) live in various parts of the Spanish-speaking world. In **México** you will meet Silvia Bustamante and her boyfriend, Ignacio (Nacho) Padilla.

Silvia y Nacho

You will also get to know Raúl Saucedo and his family. Raúl lives with his parents in Mexico City but is currently studying at the University of Texas at San Antonio; he knows many of the students in Professor Martínez's class. You will meet Raúl's grandmother, doña María Eulalia González de Saucedo, as well as other members of his extended family: his three older sisters, Estela, Andrea and Paula (who are twins), and their families.

doña María Eulalia y Raúl

Raúl's sister Estela is married to Ernesto Ramírez. They have three children, Amanda, Guillermo, and Ernestito. Andrea is married to Pedro Ruiz, and they have two young daughters, Marisa and Clarisa. Paula is a single travel agent who lives and works in Mexico City.

la familia Ramírez
Ernesto
Estela

Ernestito        Amanda y Guillermo

la familia Ruiz
Pedro →            Clarisa
                   Marisa        Paula

Andrea

**xxiii**

The Ramírez children have school friends. Amanda's best friend is Graciela Herrero, whose brother is Diego Herrero. Amanda has a boyfriend, Ramón Gómez, and Graciela's boyfriend is Rafael Quesada.

Graciela   Diego   Ramón   Rafael

There are also friends and neighbors of the Ramírez and Ruiz families: don Eduardo Alvar and don Anselmo Olivera; doña Lola Batini; and doña Rosita Silva and her husband, don Ramiro.

don         don       doña    doña     don
Eduardo  Anselmo  Lola    Rosita   Ramiro

Carla   Rogelio   Marta

In **Puerto Rico** you will meet Carla Espinosa and her friend Rogelio Varela, students at the University of Puerto Rico in Río Piedras. You will also meet Marta Guerrero, a young Mexican woman living in Puerto Rico.

In **España** (Spain) you will accompany an American student, Clara Martin, on her travels. Her friends in Spain are Pilar Álvarez and Pilar's boyfriend, José Estrada.

Pilar   Clara   José

Ricardo

You will get to know Ricardo Sícora in Caracas, **Venezuela**. He is nineteen years old and has just graduated from high school.

In **Argentina** you will meet Adriana Bolini, a young woman who works for a computer company, and her boyfriend, Víctor Ginarte.

Adriana y Víctor

On the radio you will listen to Mayín Durán, who is from **Panamá**. Mayín works as an interviewer and reporter for KSUN, Radio Sol de California, in Los Angleles.

Susana

Mayín

You will meet the Yamasaki family in **Perú**: Susana Yamasaki González and her two sons, Armando and Andrés.

Armando y Andrés

In **Miami** you will meet Professor Rubén Hernández Arenas and his wife, Doctora Virginia Béjar de Hernández.

Rubén y Virginia

## The Video

New in the Fourth Edition of **Dos mundos** is a two-hour video, filmed on location in Mexico, Ecuador, Spain, and the United States. Each video segment consists of a two- to three-minute vignette that focuses on one of the three groups of featured characters, followed by a brief authentic interview with a Hispanic living in the United States. An introduction to each vignette can be found in the **Videoteca** section of **En resumen** (at the end of the **Actividades de comunicación y lecturas** sections of the textbook). Viewing activities are located in the **Videoteca** sections in the *Cuaderno de trabajo*.

Here are some of the characters you will meet in the vignettes.

## México

Diego González, an American graduate student living in Mexico City.

Lupe Carrasco, an anthropology student from Mexico City.

Antonio Sifuentes, a graduate student from Mexico City.

## Ecuador

Elisa Velasco, a travel writer from Quito.

José Miguel Martín Velasco (son of Elisa), a university freshman.

Paloma Velasco, José Miguel's cousin, also a university freshman.

## España

Manolo Durán García, a university professor of literature in Sevilla.

Lola Benítez Guzmán, a Spanish professor for American students in Sevilla.

Marta Durán Benítez, their eight-year-old daughter.

## The CD-ROM

Available in both IBM and Macintosh formats, the CD-ROM continues the emphasis on the meaningful use of Spanish that characterizes the *Dos mundos* program. Throughout the CD-ROM's innovative and visually appealing activities, students will be able to understand what they are reading or hearing, and exercise critical thinking skills. Many activities focus on the thematic sections of a given chapter. Others introduce students to characters from the video, inviting students to write to them on e-mail or to converse with them. Finally, the CD-ROM format is utilized to make the thematic vocabulary displays interactive. Recording and printing capabilities make the CD-ROM a true four-skills ancillary. The CD-ROM also contains a link to the *Dos mundos* web site on the World Wide Web.

## The World Wide Web

Bringing the Spanish-speaking world more directly into the classroom, the *Dos mundos* web site provides links to other culturally authentic sites and offers additional activities for each chapter of the text. Available after June 1, 1998, the *Dos mundos* web page can be accessed through the McGraw-Hill Spanish web page at: http://www.spanish.mhhe.com

# To the Student

The course you are about to begin is based on a methodology called the Natural Approach. It is designed to help you develop your ability to understand and speak everyday Spanish and to help you learn to read and write in Spanish.

Researchers have distinguished two ways of developing ability in another language: 1) through a subconscious process called *language acquisition*—like "picking up" Spanish while living in Mexico or Spain; and 2) through a conscious process called *language learning*, which has to do with memorizing and applying grammar rules. *Language acquisition* gives us our fluency, much of our accuracy in speaking, and our ability to understand authentic language when we hear it. You know you've acquired a word when it "feels" and sounds right in a given context. *Language learning* is not as useful in oral communication, but it helps us edit our speech and writing. You know you've *learned* a rule when, for example, you can recall it in order to produce the right form of a verb.

The **Actividades de comunicación y lecturas** of *Dos mundos* will help you acquire Spanish through listening to your instructor and interacting with your classmates; the **Comprensión oral** sections of the *Cuaderno de trabajo* also provide opportunities to practice your listening comprehension skills. The **Gramática y ejercicios** section of the text and many sections of the *Cuaderno* will offer opportunities for learning Spanish and for applying the rules you have learned. Our goal in *Dos mundos* is to make it possible for you to *acquire* the language, not just *learn* it. Keep in mind that *language acquisition* takes place when we understand messages, that is, when we comprehend what we read or what we hear. The most effective ways for you to improve your Spanish are to listen to it, read it, and interact with native speakers of the language as much as possible!*

Classes that use *Dos mundos* provide you with a great deal of language you can understand. Your instructor will always speak Spanish to you and will use gestures, photos, real objects, and sound effects to make himself or herself understood. To get the most out of a class session, you only need to focus on what your instructor is saying, that is, on the *message*. You do not have to think *consciously* about grammar or try to remember all the vocabulary that is being used.

You will also have plenty of opportunities for reading. The more you read, the better your Spanish will become. When you are reading, just pay attention to the message. You don't have to know every word or figure out every grammatical structure in order to understand and enjoy what you read!

You will be speaking a lot of Spanish in the classroom, both with your instructor and with your classmates. And when you speak, you will make mistakes. Don't be overly concerned about these mistakes; they are a natural part of the language-acquisition process. The best way to eliminate your errors is not to worry or think hard about grammar when you talk, but to continue to get more language input through listening, conversation, and reading. In time, your speech will become more accurate.

---

*For a more in-depth understanding of the terms *acquisition* and *learning* you may wish to read the *To the Instructor* section of this preface.

# Getting Acquainted With the Materials

## The Textbook

| | WHAT IS IT? | HOW WILL IT HELP? |
|---|---|---|
| **Actividades de comunicación** | Oral communication activities done in class with your instructor and classmates. | Give you opportunities to listen to and interact in Spanish. |
| **Lecturas**<br>**Notas culturales**<br>**Los amigos hispanos**<br>**Las palabras viven**<br>**El mundo hispano... su gente**<br>**El mundo hispano... imágenes**<br>**El mundo hispano... en los Estados Unidos** | Short readings on interesting topics or topics relevant to the Hispanic world. | Allow you to acquire Spanish and help you learn about the Hispanic world and the Spanish language. |
| **¡Reír es vivir!**<br>**En nuestro mundo increíble** | Very short paragraphs with jokes and interesting facts about the world we live in. | Allow you to read short, interesting texts that are easy to comprehend. |
| **Vocabulario** | A list of the important words from the **Actividades de comunicación.** | For reference or review of vocabulary. |
| **Gramática y ejercicios** | Explanations and examples of grammar rules followed by exercises, at end of each chapter. | For self-study and reference. Refer to grammar to edit your writing. |
| Appendix 1 | Verb charts of regular and irregular verbs in all forms. | Reference. |
| Appendix 2 | Grammar Summary Tables. Summaries of major grammatical points introduced. | Reference. |
| Appendix 3 | Accentuation and Spelling Summary Tables. Summaries of accent and spelling rules. | Reference. |
| Appendix 4 | Answer Key to grammar exercises. | Use to check your answers. |
| Vocabulary | Spanish-English vocabulary. | Reference. |

*Cuaderno de trabajo* (Workbook/Lab Manual)

| | WHAT IS IT? | HOW WILL IT HELP? |
|---|---|---|
| **Para empezar** | Warm-up listening activities that use material from previous chapters. | Help you get started with a new chapter, while reviewing previous ones. |
| **Actividades escritas** | Written activities usually done outside of class. Coordinated with the chapter theme, vocabulary, and grammar. | Allow you to express yourself in writing and let your instructor see your progress. |
| **Comprensión oral** | Listening activities for use outside of class. Most activities have comprehension questions. | Provide you with opportunities to listen to and acquire Spanish outside the classroom. |
| **Ejercicios de pronunciación y ortografía** | Taped pronunciation and spelling exercises. | An introduction to Spanish spelling and pronunciation. |
| **¡A repasar!** | Listening comprehension activity. | Reviews the vocabulary and structures of the chapter. |
| **¡Adelante!** | Chapter-final listening comprehension activity. | Challenges you to understand Spanish in new contexts and prepares you for the next chapter. |
| **Lecturas adicionales** | Additional readings; may be done in class, as homework, or read for pleasure. | Allow you to acquire more Spanish through additional reading. |
| **Videoteca** | Written activities to accompany the **Videoteca** section of the text and the video. | Provide you with opportunities to work with and react to the video segments. |
| **Expansión gramatical** | Additional grammar points along with verification exercises. | For reference or further study. |
| Answer Keys | Answers to the taped **Comprensión oral** and **Ejercicios de ortografía**; answers to some **Actividades escritas** and **Videoteca** activities. | Give you quick feedback on comprehension and written activities. |

# Getting Started with the *Pasos*

Understanding a new language is not difficult once you realize that you can comprehend what someone is saying without knowing every word. *The key to communication is understanding the ideas*, the message the speaker wants to convey.

Several techniques can help you develop good listening comprehension skills. First and most important, *you must guess at meaning!* In order to improve your ability to guess accurately, pay close attention to the context. If someone greets you at 3:00 P.M. by saying **Buenas tardes**, chances are they have said *Good afternoon*, not *Good morning* or *Good evening*. You can make a logical guess about the message being conveyed by focusing on the greeting context and time of day. If someone you don't know says to you, **Hola. Me llamo Roberto**, you can guess from context and from the key word **Roberto** that he is telling you his name.

In class, ask yourself what you think your instructor has said even if you haven't understood most—or any—of the words. What is the most likely thing to have been said in a particular situation? Be logical in your guesses and try to follow along by paying close attention to the flow of the conversation. *Context, gestures, and body language will all help you guess more accurately.*

Another strategy for good guessing is to *listen for key words.* These are the words that carry the basic meaning of the sentence. In the class activities, for example, if your instructor points to a picture and says in Spanish, **¿Tiene el pelo castaño este hombre?** (*Does this man have brown hair?*), you will know from the context and intonation that a question is being asked. By focusing on the key words **pelo** (*hair*), **castaño** (*brown*), and **hombre** (*man*), you will be able to answer the question correctly.

Remember: *you do not need to know grammar rules* to understand much of what your instructor says to you. For example, you wouldn't need to know the words **Tiene**, **el**, or **este** in order to get the gist of the previous question. Nor would you have needed to study verb conjugations. However, if you do not know the meaning of the key vocabulary words, **pelo**, **castaño**, and **hombre**, you will not be able to make good guesses about what is said.

## Vocabulary

Because comprehension depends on your ability to *recognize the meaning of key words* used in the conversations you hear, the preliminary chapters of ***Dos mundos***—the **Pasos**—will help you become familiar with many new words in Spanish, probably several hundred of them. *You should not be concerned about pronouncing these words perfectly;* saying them easily will come with more exposure to spoken Spanish. Your instructor will write all key vocabulary words on the board. You may want to copy them in a vocabulary notebook as they are introduced, for future reference and study. Copy them carefully, but don't worry now about spelling rules. Include English equivalents or small drawings if they help you remember the meaning.

Go over your vocabulary lists frequently: Look at the Spanish and try to *visualize the person* (for words such as *man* or *child*), *the thing* (for words such as *chair* or *pencil*), *a person or thing with particular characteristics* (for words such as *young* or *long*), *or an activity or situation* (for phrases such as *stand up* or *is wearing*). You do not need to memorize these words, but concentrate on recognizing their meaning when you see them and when your instructor uses them in conversation with you in class.

### Classroom Activities

In the preliminary chapter, **Paso** (*Step*) **A,** you will be doing three types of class activities: 1) *TPR*; 2) *descriptions of classmates*; and 3) *descriptions of pictures*.

**TPR** is our version of **Total Physical Response**, a technique developed by Professor James Asher at San Jose State University in Northern California. In TPR activities your instructor gives a command that you act out. This type of activity may seem somewhat childish at first, but if you relax and let your body and mind work together to absorb Spanish, you will be surprised at how quickly and how much you can understand. Remember that you do not have to understand every word your instructor says, only enough to perform the action called for. In TPR, cheating is allowed! If you don't understand a command, sneak a look at your fellow classmates to see what they are doing.

**Descriptions of students:** On various occasions, your instructor will describe students in your class. You should try to remember the name of each of your classmates and identify who is being described. You will begin to recognize the meaning of the Spanish words for colors and clothing, and for some descriptive words such as *tall*, *pretty*, and *new*.

**Descriptions of pictures:** Your instructor will bring many pictures to class and describe the people in them. Your goal is to identify the picture being described.

In addition, just for fun, *you will learn to say a few common phrases of greeting and leave-taking* in Spanish. You will practice these in short dialogues with your classmates. Don't try to memorize the dialogues; just have fun with them. Your pronunciation will not be perfect, but if you are able to communicate successfully with native speakers, then your accent is good enough. Your accent will continue to improve as you listen and interact in Spanish.

# Using *Dos mundos*: Tips for Success

## Actividades de Comunicación

**Concentrate on topic and main idea.**

**Don't try to understand every word.**

**Expand on the activities; don't rush through them.**

**D**uring these activities you should concentrate on the topic rather than on the fact that you're learning a foreign language. Remember that you will progress faster when you focus on understanding what is being said or when you are using Spanish to talk about a topic of interest to you. The point of these communicative activities is to develop natural conversations, not just to get through the assignment. Expand on the activity items. Don't rush through them; allow your partner to communicate with you and try to focus on the ideas and content. It isn't even necessary to finish every activity; as long as you are understanding and interacting in Spanish, you will acquire the language.

**S**ome students have reported that it is helpful to look over an activity before doing it in class. Others have suggested that a quick before-class preview of new words makes it easier to participate in the activity. But regardless of which strategy works for you, it is of utmost importance to relax during the communicative activities. Don't worry if you don't understand every word your instructor says; just concentrate on getting the main idea. Nor should you be concerned about making mistakes. You will make fewer mistakes as your listening skills improve, so make every effort to understand. Keep your sentences simple, direct, and to the point. You shouldn't expect to be able to express yourself as well as you do in your native language. And don't worry about your classmates' errors either. Some students will acquire Spanish more rapidly than others, but everyone who perseveres will be successful in the long run. For now, minor grammatical or pronunciation errors do no harm. Always listen to your instructor's feedback when he or she comments on a communicated message or rephrases what a student has said in a more complete and correct manner. This is not done to embarrass anyone, but to give the entire class the chance to hear more Spanish spoken correctly.

**Don't worry about making mistakes.**

**Listen to your instructor's feedback.**

**Speak Spanish; avoid English.**

**F**inally, speak Spanish; avoid English. If you don't know a particular word in Spanish, try expressing yourself in another way. Use gestures or act things out to get your ideas across. If you can't think of a way to express an idea in Spanish, ask your instructor: **¿Cómo se dice _____ en español?** (*How do you say _____ in Spanish?*). You will find other useful classroom expressions on the inside front cover of your text.

## Lecturas

Reading is a valuable activity that will help you acquire Spanish. There are many reasons to learn to read Spanish. Many of you will want to read signs, advertisements, and menus when you travel in Spanish-speaking countries. Some of you may want to read newspapers, stories, and novels in Spanish for pleasure. Others may want to read research published in Spanish in professional or academic fields.

Whatever your motivation might be for reading in Spanish, you must always try to *focus on the meaning*, that is, to "get into" the context of the story or reading selection. You do not need to know every word to understand a text. There may be a word or two that you will have to look up occasionally, to aid comprehension. But if you find yourself looking up many words in the end vocabulary and translating into English, *you are not reading*. As your ability to comprehend spoken Spanish improves, so will your reading ability, and as reading becomes easier you will, in turn, comprehend more spoken Spanish.

You may want to keep the following techniques in mind as you approach all of the reading materials in *Dos mundos*:

1. Look at the title, pictures, and any other clues outside the main text for an introduction to what the reading is about.
2. Scan the text for cognates and other familiar words.
3. Skim over the text to get the gist of it without looking up words.
4. Use context to make intelligent guesses about unfamiliar words.
5. Read in Spanish, picturing the story instead of trying to translate it in your mind as you go.

All readings in the main text of *Dos mundos* are presented within the **Actividades de comunicación y lecturas** sections. There are also many other readings in the **Lecturas adicionales** sections of the *Cuaderno de trabajo*. It is a good idea to read as much Spanish as possible. Don't wait for your instructor to assign a particular selection; feel free to explore and enjoy the many **Lecturas** featured in *Dos mundos*. Try reading Spanish newspapers, comic strips, and magazines as soon as you are able.

## Gramática y ejercicios

The final section of each chapter is a grammar study and reference manual. It is usually difficult to think of grammar rules and apply them correctly while speaking. For this reason, the grammar exercises are meant to be completed at your own pace, at home, in order to allow you time to check the forms of which you are unsure. Your reference tools are the grammar explanations, the Verb Charts, Appendices, and the Answer Key to grammar exercises in Appendix 4. We advise you to use your knowledge of grammar when it does not interfere with communication; for example, when you edit your writing. If you do so, your writing will have a more polished feel. Also, some students find that studying grammar helps them understand classroom activities better.

The beginning of most **Actividades de comunicación y lecturas** sections has a reference note (**Lea** [*Read*] **Gramática…**) that tells you which subsection of grammar in that chapter to read. Keep in mind that grammar exercises teach you *about* Spanish; they do not teach you *Spanish*. Only real comprehension and communicative experiences of the type found in the communication activities and readings will do that.

· · · · · · · · · ·

Take advantage of any opportunities you may have outside of class to *interact in and with Spanish:* watch Spanish-language movie videos, find Spanish-language radio and TV programs, read newspapers, talk with native speakers, listen to the **Comprensión oral** and the *Book on Tape*, watch the video, or work with the CD-ROM program to accompany *Dos mundos*. Remember that your instructor and the text materials can open the door to communicating in Spanish, but you must enter by yourself!

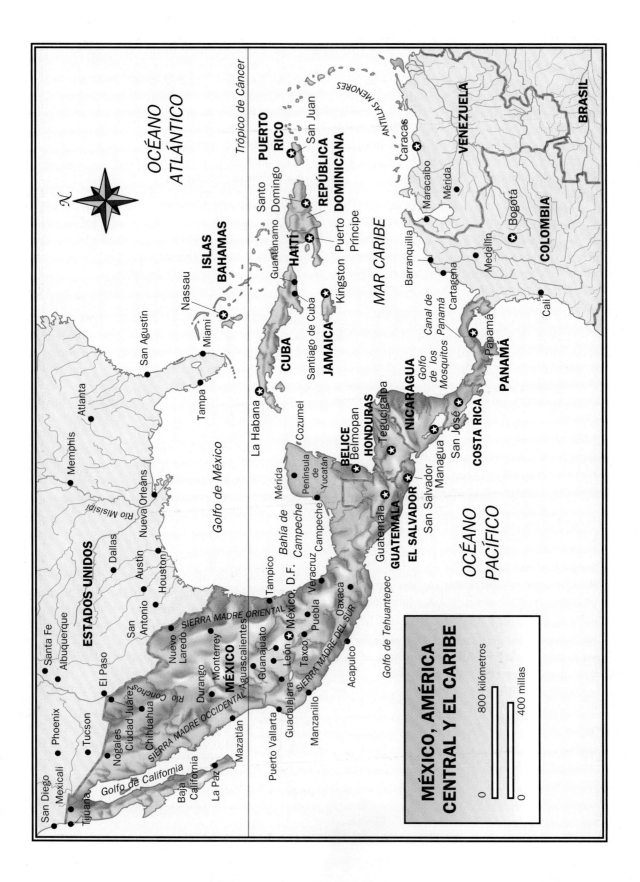

# MÉXICO, AMÉRICA CENTRAL Y EL CARIBE

OCÉANO ATLÁNTICO

Trópico de Cáncer

ESTADOS UNIDOS

San Diego
Mexicali
Tijuana
Phoenix
Tucson
Nogales
Ciudad Juárez
El Paso
Santa Fe
Albuquerque
Chihuahua
Durango
Nuevo Laredo
Monterrey
San Antonio
Austin
Dallas
Houston
Memphis
Atlanta
Nueva Orleáns
Tampa
Miami
San Agustín

Río Misisipi

Río Conchos

SIERRA MADRE OCCIDENTAL

SIERRA MADRE ORIENTAL

SIERRA MADRE DEL SUR

Baja California
La Paz
Golfo de California
Mazatlán
Puerto Vallarta
Manzanillo
Aguascalientes
Guanajuato
León
Guadalajara
MÉXICO
Taxco
México, D.F.
Puebla
Acapulco
Oaxaca
Veracruz
Tampico
Mérida
Península de Yucatán
Cozumel
Campeche

Golfo de México

Bahía de Campeche

Golfo de Tehuantepec

OCÉANO PACÍFICO

La Habana
CUBA
Santiago de Cuba
Guantánamo
HAITÍ
Puerto Príncipe
REPÚBLICA DOMINICANA
Santo Domingo
San Juan
PUERTO RICO

ISLAS BAHAMAS
Nassau

JAMAICA
Kingston

MAR CARIBE

ANTILLAS MENORES

BELICE
Belmopan
GUATEMALA
Guatemala
EL SALVADOR
San Salvador
HONDURAS
Tegucigalpa
NICARAGUA
Managua
COSTA RICA
San José
PANAMÁ
Panamá
Canal de Panamá
Golfo de los Mosquitos

Caracas
VENEZUELA
Maracaibo
Mérida
Barranquilla
Cartagena
Medellín
Bogotá
COLOMBIA
Cali
BRASIL

N

800 kilómetros

400 millas

0

0

MAR CARIBE

OCÉANO ATLÁNTICO

Barranquilla
Maracaibo
Caracas
**PANAMÁ**
**GUYANA**
Medellín
**VENEZUELA**
Georgetown
Panamá
Paramaribo
Cayena
Bogotá
Río Orinoco
**SURINAME**
**GUYANA FRANCESA**
Cali
**COLOMBIA**
Quito
Ecuador
Río Amazonas
**ECUADOR**
Belém
Guayaquil
Manaus
**PERÚ**
**BRASIL**
Recife
Cuzco
Lima
La Paz
Brasília
Arequipa
**BOLIVIA**
Sucre
**PARAGUAY**
Antofagasta
Rio de Janeiro
Trópico de Capricornio
**CHILE**
San Miguel
Asunción
de Tucumán
São Paulo
La Serena
OCÉANO
PACÍFICO
Córdoba
Rosario
**URUGUAY**
OCÉANO
Valparaíso
ATLÁNTICO
Santiago
**ARGENTINA**
Buenos Aires
Montevideo
Concepción
Río de la Plata
Bahía Blanca
Puerto Montt
Bariloche
Chiloé

CORDILLERA DE LOS ANDES

N

Islas Malvinas

**AMÉRICA DEL SUR**

| 0 | 1500 kilómetros |

Estrecho de Magallanes

| 0 | 1000 millas |

Punta Arenas
Tierra del Fuego

Cabo de Hornos

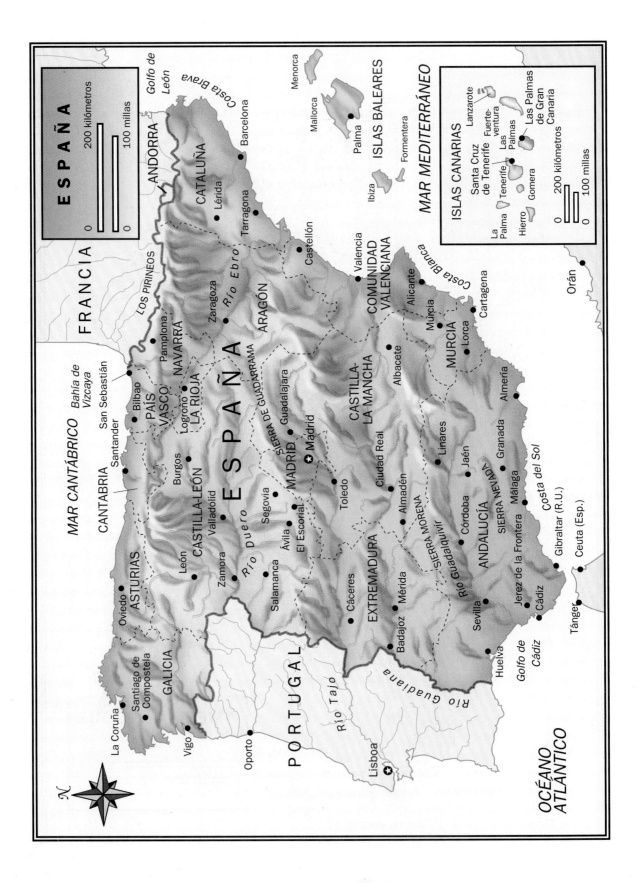

DOS
MUNDOS

# La clase y los estudiantes

Ciudad de México, Distrito Federal

## ACTIVIDADES DE COMUNICACIÓN

Los mandatos en la clase

Los nombres de los compañeros de clase

¿Quién es?

Los colores y la ropa

Los números (0–39)

Los saludos

## GRAMÁTICA

A.1 Responding to Instructions: Commands

A.2 Naming: The Verb **llamarse**

A.3 Identifying People and Things: Subject Pronouns and the Verb **ser**

A.4 Describing People and Things: Negation

A.5 Identifying People and Things: Gender (Part 1)

A.6 Describing People's Clothing: The Verb **llevar**

A.7 Identifying People and Things: Plural Forms (Part 1)

# Actividades de comunicación

## Los mandatos en la clase

*Lea Gramática A.1.*

## Actividad 1. Identificaciones: Los mandatos

- **a.** Dé una vuelta.
- **b.** Abra el libro.
- **c.** Cierre el libro.
- **d.** Camine.
- **e.** Saque un bolígrafo.
- **f.** Salte.
- **g.** Corra.
- **h.** Mire hacia arriba.
- **i.** Muéstreme el pupitre.

# Los nombres de los compañeros de clase

*Lea Gramática A.2.*

## Actividad 2. Diálogos: Los amigos

—¿Cómo se llama el amigo de ____?
—Se llama ____.

—¿Cómo se llama la amiga de ____?
—Se llama ____.

# ¿Quién es?

*Lea Gramática A.3–A.4.*

alto
bigote
barba
Pedro
Ruiz

viejo
don Eduardo
Alvar

gorda
pelo
corto y
rizado
pelo
largo y
rizado
doña Rosita
Silva

rubia
Graciela
Herrero

bajo
joven
pelo
corto
pelo
lacio
Rafael
Quesada

delgada
pelo
lacio
Paula
Saucedo Muñoz

## Actividad 3. Asociaciones: Las descripciones de las personas famosas

¿Quién es _____?

1. rubio/a ~ moreno/a
2. alto/a ~ bajo/a
3. guapo/bonita ~ feo/a
4. joven ~ viejo/a
5. delgado/a ~ gordo/a

Roseanne
María Conchita Alonso
Lauren Bacall
Antonio Banderas
Val Kilmer
Sharon Stone
Elijah Wood
Brad Pitt
Barbra Streisand
Michael Jordan
Meryl Streep
Marlon Brando
Danny DeVito
Rosie Pérez

Estudiantes de medicina en la
Universidad de Buenos Aires,
Argentina

# Los colores y la ropa

*Lea Gramática A.5–A.6.*

un sombrero gris
una camisa amarilla
una blusa blanca
un suéter rojo
un abrigo morado
una corbata anaranjada
un saco gris
una chaqueta verde
una falda roja
una camiseta blanca
pantalones cortos azules
un vestido rosado
un traje gris
pantalones azules
zapatos color café
botas negras
zapatos le tenis

Ernesto Ramírez     Guillermo Ramírez     Amanda Ramírez     Ernestito     Estela

## Actividad 4. Asociaciones: Los colores

¿De qué color es _____?

**a.** un automóvil     **b.** una casa     **c.** un lápiz

**d.** una planta     **e.** un gato     **f.** una rosa     **g.** el libro de español

**h.** un perro     **i.** un arco iris     **j.** una naranja     **k.** la puerta

**1.** rojo/a        **4.** color café     **6.** azul        **8.** anaranjado/a
**2.** amarillo/a    **5.** blanco/a      **7.** morado/a    **9.** ¿ ?
**3.** verde

### Actividad 5. Identificaciones: Mis compañeros de clase

Mire a cuatro compañeros de clase. Diga el nombre de cada estudiante, la ropa y el color de la ropa que lleva.

|    | NOMBRE |       | ROPA        | COLOR       |
|----|--------|-------|-------------|-------------|
| 1. | *Carmen* | lleva | *una blusa* | *amarilla.* |
| 2. | _____ | lleva | _____      | _____      |
| 3. | _____ | lleva | _____      | _____      |
| 4. | _____ | lleva | _____      | _____      |
| 5. | _____ | lleva | _____      | _____      |

# Los números (0–39)

*Lea Gramática A.7.*

| | | |
|---|---|---|
| 0 cero | 10 diez | 20 veinte |
| 1 uno | 11 once | 21 veintiuno |
| 2 dos | 12 doce | 22 veintidós |
| 3 tres | 13 trece | 23 veintitrés |
| 4 cuatro | 14 catorce | 24 veinticuatro... |
| 5 cinco | 15 quince | 30 treinta |
| 6 seis | 16 dieciséis | 31 treinta y uno |
| 7 siete | 17 diecisiete | 32 treinta y dos |
| 8 ocho | 18 dieciocho | 33 treinta y tres... |
| 9 nueve | 19 diecinueve | 39 treinta y nueve |

### Actividad 6. Identificaciones: ¿Cuántos hay?

Cuente los estudiantes en la clase que...

LLEVAN
- _____ pantalones
- _____ lentes
- _____ reloj
- _____ blusa
- _____ falda
- _____ botas
- _____ aretes

TIENEN
- _____ barba
- _____ bigote
- _____ el pelo largo
- _____ el pelo castaño
- _____ el pelo rubio
- _____ los ojos azules
- _____ los ojos castaños

# Los saludos

## Actividad 7. Diálogos: Los saludos

**1.** Nacho Padilla saluda a Ernesto Ramírez.

> NACHO: Buenos días. ¿Cómo está usted?
> SR. RAMÍREZ: Muy bien, gracias. ¿Y usted?
> NACHO: Muy bien.

**2.** La señora Silva habla por teléfono con el señor Alvar.

> SRA. SILVA: Señor Alvar, ¿cómo está usted?
> SR. ALVAR: Estoy un poco cansado. ¿Y usted?
> SRA. SILVA: Regular.

**3.** Amanda habla con doña Lola Batini.

> DOÑA LOLA: Buenas tardes, Amanda.
> AMANDA: Buenas tardes, doña Lola. ¿Cómo está la familia?
> DOÑA LOLA: Bien, gracias.

**4.** Rogelio Varela presenta a Carla.

> ROGELIO: Marta, ésta es mi amiga Carla.
> CARLA: Mucho gusto.
> MARTA: Igualmente.

**5.** Un amigo nuevo / Una amiga nueva en la clase de español.

> USTED: _____, éste/ésta es mi amigo/a _____.
> AMIGO/A 1: _____.
> AMIGO/A 2: _____.

La Universidad de Michoacán, México

# Vocabulario

## Los mandatos — Commands

| | |
|---|---|
| **abra(n) (el libro)** | open (the book) |
| **baile(n)** | dance |
| **camine(n)** | walk |
| **cante(n)** | sing |
| **cierre(n)** | close |
| **corra(n)** | run |
| **cuente(n)** | count |
| **dé/den una vuelta** | turn around |
| **diga(n)** | say |
| **escriba(n)** | write |
| **escuche(n)** | listen |
| **hable(n)** | speak |
| **lea(n)** | read |
| **mire(n) (hacia arriba/abajo)** | look (up/down) |
| **muéstre(n)me** | show me |
| **pónga(n)se de pie** | stand up |
| **salte(n)** | jump |
| **saque(n) (un bolígrafo)** | take out (a pen) |
| **siénte(n)se** | sit down |

## Las preguntas y las respuestas
### Questions and Answers

| | |
|---|---|
| **¿Cómo está la familia?** | How is your family? |
| **¿Cómo está usted?** | How are you? |
| **(Muy) Bien, gracias.** | (Very) Well, thanks. |
| **Estoy bien/regular.** | I am fine/OK. |
| **Estoy un poco cansado/a.** | I am a little tired. |
| **¿Cómo se llama?** | What is his/her name? |
| **Se llama...** | His/Her name is . . . |
| **¿Cómo se llama usted?** | What is your name? |
| **Me llamo...** | My name is . . . |
| **¿Cuál es su nombre?** | What is your name? |
| **Mi nombre es...** | My name is . . . |
| **¿Cuántos/as... (hay)?** | How many . . . (are there)? |
| **¿De qué color es... ?** | What color is (it) . . . ? |
| **¿Quién (es)? / ¿Quiénes (son)?** | Who (is it)? / Who (are they)? |

## La descripción física
### Physical Description

| | |
|---|---|
| Es... | He/She (It) is . . . |
| alto/a | tall |
| bajo/a | short |
| bonito/a | pretty |
| delgado/a | thin |
| famoso/a | famous |
| feo/a | ugly |
| gordo/a | fat |
| guapo/a | handsome |
| joven | young |
| moreno/a | brown-skinned, dark-skinned |
| nuevo/a | new |
| viejo/a | old |
| Tiene... | He has . . . |
| barba | (a) beard |
| bigote | (a) moustache |
| Tiene el pelo... | His/Her hair is . . . (He/She has . . . hair) |
| castaño | brown |
| corto | short |
| lacio | straight |
| largo | long |
| mediano | medium (length) |
| negro | black |
| rizado | curly |
| rubio | blond |
| Tiene los ojos... | His/Her eyes are . . . (He/She has . . . eyes) |
| azules | blue |
| castaños | brown |
| negros | black |
| verdes | green |

## Los colores
Colors

| | |
|---|---|
| amarillo/a | yellow |
| anaranjado/a | orange |
| azul | blue |
| blanco/a | white |
| color café | brown |
| gris | gray |
| morado/a | purple |
| negro/a | black |
| rojo/a | red |
| rosado/a | pink |
| verde | green |

## La ropa
Clothes

| | |
|---|---|
| ¿Quién lleva... ? | Who is wearing . . . ? |
| un abrigo | coat |
| las botas | boots |
| una camisa | shirt |
| una camiseta | T-shirt |
| una chaqueta | jacket |
| una corbata | tie |
| una falda | skirt |
| los pantalones | pants |
| los pantalones cortos | shorts |
| un saco | sports coat |
| un sombrero | hat |
| un suéter | sweater |
| un traje | suit |
| un vestido | dress |
| los zapatos (de tenis) | (tennis) shoes |

## Las personas
People

| | |
|---|---|
| el amigo / la amiga | friend |
| el compañero / la compañera de clase | classmate |
| don | title of respect used with a man's first name |
| doña | title of respect used with a woman's first name |
| el/la estudiante | student |
| la familia | family |
| el hombre | man |
| el muchacho / la muchacha | boy, young man / girl, young woman |
| la mujer | woman |
| el niño / la niña | boy/girl |
| el profesor / la profesora | professor |
| el señor / la señora | man; Mr. / woman; Mrs. |
| la señorita | young lady; Miss |

## Los saludos y las despedidas
### Greetings and Goodbyes

| | |
|---|---|
| Buenos días. | Good morning. |
| Buenas tardes. | Good afternoon. |
| Buenas noches. | Good evening. / Good night. |
| Hasta luego. | See you later. |
| Adiós. | Goodbye. |

## Las presentaciones
Introductions

| | |
|---|---|
| Ésta es mi amiga... Éste es mi amigo... | This is my friend . . . |
| Mucho gusto. | Pleased to meet you. |
| Igualmente. | Same here. |

## Los verbos — Verbs

| | |
|---|---|
| es | is |
| habla (por teléfono) | speaks (on the telephone) |
| lleva(n) | is (are) wearing |
| presenta | introduces |
| saluda | greets |
| tiene | he/she has / you have |
|   tienen |     they have |

## Las cosas — Things

| | |
|---|---|
| el arco iris | rainbow |
| los aretes | earrings |
| la casa | house |
| el gato | cat |
| el lápiz | pencil |
| los lentes | glasses |
| el libro (de español) | (Spanish) book |
| la naranja | orange |
| el perro | dog |
| la puerta | door |
| el pupitre | desk |
| el reloj | watch, clock |

**PALABRAS SEMEJANTES** (*Cognates*): **el automóvil, la planta, la rosa**

## Palabras del texto
## Words from the Text

| | |
|---|---|
| diga | say |
| el español | Spanish |
| la gramática | grammar |
| los mandatos | commands |
| no | no, not |
| ¿Qué? | What? |
| ¿Quién(es)? | Who? |
| sí | yes |

**PALABRAS SEMEJANTES: la actividad, las asociaciones, la clase, la comunicación, la descripción, el diálogo, las identificaciones, el modelo**

## Los números — Numbers

| | |
|---|---|
| cero | 0 |
| uno | 1 |
| dos | 2 |
| tres | 3 |
| cuatro | 4 |
| cinco | 5 |
| seis | 6 |
| siete | 7 |
| ocho | 8 |
| nueve | 9 |
| diez | 10 |
| once | 11 |
| doce | 12 |
| trece | 13 |
| catorce | 14 |
| quince | 15 |
| dieciséis | 16 |
| diecisiete | 17 |
| dieciocho | 18 |
| diecinueve | 19 |
| veinte | 20 |
| veintiuno | 21 |
| veintidós | 22 |
| veintitrés | 23 |
| veinticuatro | 24 |
| veinticinco | 25 |
| veintiséis | 26 |
| veintisiete | 27 |
| veintiocho | 28 |
| veintinueve | 29 |
| treinta | 30 |
| treinta y uno | 31 |
| treinta y dos | 32 |
| treinta y nueve | 39 |

## Palabras útiles — Useful Words

| | |
|---|---|
| cada | each |
| con | with |
| de | of, from |
| del (de + el) / de la | of the |
| el, la, los, las | the |
| en | in, on |
| gracias | thank you; thanks |
| mi(s) | my |
| y | and |

# Gramática

## Introduction

The **Gramática y ejercicios** sections of this book are written for your use outside of class. They contain grammar explanations and exercises that are presented in nontechnical language, so it should not be necessary to go over all of them in class.

The **Lea Gramática...** notes that begin most new topics in the **Actividades de comunicación y lecturas** sections give the grammar point(s) you should read at that time. Study them carefully, then do the exercises in writing and check your answers in the back of the book. If you have little or no trouble with the exercises, you have probably understood the explanation. Remember: It is not necessary to memorize these grammar rules.

Keep in mind that successful completion of a grammar exercise means only that you have understood the explanation. It does not mean that you have *acquired* the rule. True acquisition comes not from study of grammar but from hearing and reading a great deal of meaningful Spanish. Learning the rules of grammar through study will allow you to use those rules when you have time to stop and think about correctness, as during careful writing.

If you have trouble with an exercise, ask your instructor for assistance. In difficult cases, your instructor will go over the material in class to be sure everyone has understood, but probably won't spend too much time on the explanations, in order to save class time for real communication experiences.

The grammar explanations in **Paso A** contain basic information about Spanish grammar. **Paso A** has no exercises because most of the information will be explained again in subsequent chapters.

## A.1   Responding to Instructions: Commands

Your instructor will give you commands during the Total Physical Response activities, as well as for instructions.*

In English the same form of the verb is used for giving commands, whether to one person (singular) or to more than one person (plural).

> Steve, please stand up.
> Mr. and Mrs. Martínez, please stand up.

In Spanish, however, singular commands end in **-a** or **-e,** while plural commands add an **-n.**

Singular commands (to one person) end in **-a** or **-e**. Plural commands (to more than one person) end in **-an** or **-en.**

| | |
|---|---|
| Esteban, **abra** el libro. | *Steve, open the book.* |
| Alberto y Nora, **saquen** un bolígrafo, por favor. | *Al and Nora, take out a pen, please.* |

---

*You will learn more about how to give commands in **Gramática 11.2.**

## A.2 Naming: The Verb *llamarse*

To ask someone's name:
**¿Cuál es su nombre?**
or
**¿Cómo se llama usted?**
To tell someone your name:
**Mi nombre es…**
or
**Me llamo…**

The most common way to ask someone's name is to use the verb form **llama** (*call*).

—¿Cómo **se llama** usted?*     —*What is your name?*
—Nora.     —*Nora.*

You may answer the question either briefly, by saying your name (as in the preceding example), or in a complete sentence with the pronoun **me** (*myself*) and the verb **llamo** (*I call*).

**Me llamo** Nora.     *My name is Nora.*

To ask what someone else's name is, use the following question-and-answer pattern.

—¿Cómo **se llama** el amigo de Nora?     —*What's Nora's friend's name?*
—**Se llama** Luis.     —*His name is Luis.*

Here is another way to ask someone's name.

—**¿Cuál es su nombre?**     —*What is your name?*
—**Mi nombre es Esteban.**     —*My name is Steve.*

## A.3 Identifying People and Things: Subject Pronouns and the Verb *ser*

**ser** = *to be* (identification)
**Soy estudiante.** (*I am a student.*)

**A.** Spanish uses the verb **ser** (*to be*) to identify things or people.

—¿Qué **es** eso?     —*What is that?*
—**Es** un bolígrafo.     —*It's a pen.*

—¿Quién **es?**     —*Who is it?*
—**Es** Luis.     —*It's Luis.*

**B.** Personal pronouns are used to refer to a person without mentioning the person's name. Here are some of the most common personal pronouns that can serve as the subject of a sentence, with the corresponding present-tense forms of **ser**. It is not necessary to memorize these pronouns. You will see and hear them again and again.

| | | | | |
|---|---|---|---|---|
| yo | soy | | I | am |
| usted | es | | you (*singular*) | are |
| él[†]/ella | es | | he/she | is |
| nosotros/nosotras | somos | | we | are |
| ustedes | son | | you (*plural*) | are |
| ellos/ellas | son | | they | are |

---

*Literally, this means *How do you call yourself?*
[†]The pronoun **él** (*he*) has an accent to distinguish it in writing from the definite article **el** (*the*).

yo = *I*                                   nosotros = *we* (masculine)
usted = *you* (singular)         nosotras = *we* (feminine)
él = *he*                                  ustedes = *you* (plural)
ella = *she*                             ellos = *they* (masculine)
                                              ellas = *they* (feminine)

¿Usted es profesor?            *Are you a professor?*

**C.** If is often not necessary in Spanish to use a subject pronoun (**yo, usted, nosotros, ellas,** etc.). The verb itself or the context usually tells you who the subject is.

Soy profesor de matemáticas.          *I'm a mathematics professor.*
Son estudiantes de la clase de la          *They are students in Professor*
    profesora Martínez.                              *Martínez's class.*

## A.4    Describing People and Things: Negation

In a negative sentence in Spanish, the word **no** comes in front of the verb.

Ramón **no es** mi novio. Es el          *Ramón isn't my boyfriend. He's*
    novio de Amanda.                              *Amanda's boyfriend.*

There are no additional words in Spanish corresponding to the English negatives *don't* and *doesn't*.

Guillermo **no tiene** el pelo largo          *Guillermo doesn't have long hair*
    ahora.                                                  *now.*

## A.5    Identifying People and Things: Gender (Part 1)

**A.** Nouns (words that represent people or things) in Spanish are classified as either masculine or feminine. Masculine nouns often end in **-o** (**sombrero**); feminine nouns often end in **-a** (**falda**). In addition, words ending in **-ción, -sión,** or **-dad** are also feminine.

Madrid es una ciu**dad** bonit**a**.          *Madrid is a pretty city.*
La civiliza**ción** maya fue muy          *The Mayan civilization was very*
    avanzad**a**.                                        *advanced.*

But the terms *masculine* and *feminine* are grammatical classifications only; Spanish speakers do not perceive things such as notebooks or doors as being "male" or "female." On the other hand, words that refer to males are usually masculine (**amigo**), and words that refer to females are usually feminine (**amiga**).

Esteban es mi **amigo** y Carmen          *Esteban is my friend and Carmen is*
    es una **amiga** de él.                          *a friend of his.*

**B.** Because Spanish nouns have gender, adjectives (words that describe nouns) *agree* with nouns: They change their endings from **-o** to **-a** according to the gender of the nouns they modify. Notice the two words for *black* in the following examples.

Lan tiene el pelo **negro**.          *Lan has black hair.*
Luis lleva una chaqueta **negra**.          *Luis is wearing a black jacket.*

---

*Margin notes:*

**no** = *not*
To say that something is not true, put **no** in front of the verb.

Masculine nouns usually end in **-o**.
Feminine nouns usually end in **-a**.

These endings can be learned, but are acquired late. Don't worry about them while you are speaking, only when you edit your writing.

El and la both mean *the*. El is used with masculine nouns and la is used with feminine nouns.

Un and una both mean *a*. Un is used with masculine nouns and una is used with feminine nouns.

**C.** Like English, Spanish has definite articles (*the*) and indefinite articles (*a, an*). Articles in Spanish also change form according to the gender of the nouns they accompany.

| | DEFINITE (*the*) | INDEFINITE (*a, an*) |
|---|---|---|
| *Masculine* | **el** suéter | **un** sombrero |
| *Feminine* | **la** blusa | **una** chaqueta |

| | |
|---|---|
| Hoy Mónica lleva **un** vestido nuevo. | *Today Mónica is wearing a new dress.* |
| **La** chaqueta de Alberto es azul. | *Al's jacket is blue.* |

## A.6   Describing People's Clothing: The Verb *llevar*

The Spanish verb **llevar** corresponds to the English verb *to wear*.

| | |
|---|---|
| Mónica **lleva** un suéter azul. | *Mónica is wearing a blue sweater.* |

Notice that Spanish verbs change their endings according to the subject of the sentence.

| | |
|---|---|
| Yo **llevo** pantalones grises. Mis amigos **llevan** pantalones negros. | *I'm wearing gray pants. My friends are wearing black pants.* |

Spanish verbs change endings. These endings tell you who is performing the action.

Here are some of the common endings for Spanish verbs.* The subject pronouns are in parentheses because it is not always necessary to use them.

**llevar** = *to wear*

| llevar (*to wear*) | | |
|---|---|---|
| (yo) | llev**o** | *I wear* |
| (usted, él/ella) | llev**a** | *you (sing.) wear; he/she wears* |
| (nosotros/as) | llev**amos** | *we wear* |
| (ustedes, ellos/as) | llev**an** | *you (pl.) wear; they wear* |

These endings are used on most Spanish verbs, and you will soon become accustomed to hearing and using them.

In **Paso C** you will see the forms of the verb **tener** (*to have*), which you have also heard in class.

**tengo** = *I have*
**tiene** = *he/she has*

| | |
|---|---|
| La profesora Martínez **tiene** el pelo negro. | *Professor Martínez has black hair.* |
| Yo **tengo** los ojos azules. | *I have blue eyes.* |

*You will learn more about verb endings in **Gramática C.5, 1.3,** and **3.2.**

## A.7  Identifying People and Things: Plural Forms (Part 1)

Almost all plural words in Spanish end with **-s** or **-es**. Articles and adjectives agree with the nouns they modify.

Spanish and English nouns may be singular (**camisa,** *shirt*) or plural (**camisas,** *shirts*). Almost all plural words in Spanish end in **-s** or **-es: blusas** (*blouses*), **pantalones** (*pants*), **suéteres** (*sweaters*), **zapatos** (*shoes*), and so on.* In Spanish, unlike English, articles before plural nouns and adjectives that describe plural nouns must also be plural. Notice the plural ending on the Spanish word for *new* in the following example.

Nora tiene dos **faldas nuevas.**          *Nora has two new skirts.*

Here are some singular and plural nouns, accompanied by the corresponding definite articles and adjectives.

|  | SINGULAR | PLURAL |
|---|---|---|
| *Masculine* | el vestido gris | **los** zapato**s** blanco**s** |
| *Feminine* | la chaqueta roja | **las** blusa**s** amarilla**s** |

---

*You will learn more about how to make nouns and adjectives plural in **Gramática B.5.**

# Las descripciones

▼▼▼▼▼▼▼▼▼▼▼▼▼▼▼▼▼▼▼▼▼

## METAS

In **Paso B** you will continue to develop your listening and speaking abilities in Spanish. You will learn more vocabulary with which to describe your immediate environment. You will also get to know your classmates better as you converse with them.

Sevilla, España

## ACTIVIDADES DE COMUNICACIÓN

Hablando con otros

Las cosas en el salón de clase y los números (40–69)

El cuerpo humano

La descripción de las personas

**EN RESUMEN**

## GRAMÁTICA Y EJERCICIOS

B.1 Addressing Others: Informal and Polite *you* (**tú/usted**)

B.2 Describing People: More about Subject Pronouns

B.3 Identifying People and Things: Gender (Part 2)

B.4 Expressing Existence: **hay**

B.5 Describing People and Things: Plural Forms (Part 2)

B.6 Describing People and Things: Adjective-Noun Agreement

# Actividades de comunicación

# Hablando con otros

*Lea Gramática B.1–B.2.*

## Actividad 1. Identificaciones: ¿*Tú* o *usted*?

Usted habla con estas personas. ¿Usa **tú** o **usted**?

1. un amigo de la universidad
2. el profesor de matemáticas
3. una niña de diez años
4. un amigo de su papá
5. una señora de treinta y cinco años
6. una recepcionista
7. su doctor
8. su hermano/a

## Actividad 2. Diálogos: ¿Cómo está usted? ¿Cómo estás tú?

El señor Olivera saluda a su joven vecina Amanda.

DON ANSELMO: Hola, Amanda.
AMANDA: Buenos días, señor Olivera. ¿Cómo está usted?
DON ANSELMO: Muy bien, gracias. ¿Cómo está tu mamá?
AMANDA: Ella está bien, gracias.

Amanda saluda a su amiga Graciela.

AMANDA: Buenas tardes, Graciela. ¿Cómo estás?
GRACIELA: Regular. ¿Y tú?
AMANDA: Un poco cansada.

### Actividad 3. Diálogos abiertos: Más saludos

EL ESTUDIANTE NUEVO
E1: Hola, _____. ¿Cómo estás?
E2: _____. ¿Y tú?
E1: _____.
E2: ¿Quién es el chico de pelo _____?
E1: Es un amigo de _____. Se llama _____.

EN LA OFICINA
E1: Buenos días, _____. ¿Cómo está usted?
E2: Estoy _____. ¿Y usted?
E1: _____. ¿Quién es la señorita de pelo _____?
E2: Es _____. Es la secretaria.

# Las cosas en el salón de clase y los números (40–69)

*Lea Gramática B.3–B.4.*

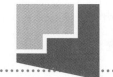

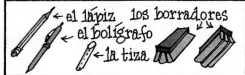

## Actividad 4. Identificaciones: ¿Qué hay en el salón de clase?

MODELOS:    En mi clase hay... → *un lápiz viejo.*
En mi clase hay... → *una pizarra blanca.*

| | | | |
|---|---|---|---|
| **1.** | un lápiz | **a.** | amarillo/a ~ azul ~ color café |
| **2.** | una ventana | **b.** | moderno/a ~ antiguo/a |
| **3.** | una pizarra | **c.** | interesante ~ aburrido/a |
| **4.** | un reloj | **d.** | fácil ~ difícil |
| **5.** | un bolígrafo | **e.** | blanco/a ~ negro/a |
| **6.** | una mesa | **f.** | largo/a |
| **7.** | un libro | **g.** | viejo/a ~ nuevo/a |
| **8.** | una puerta | **h.** | pequeño/a ~ grande |
| **9.** | un mapa | **i.** | ¿ ? |
| **10.** | un cartel | | |

## Actividad 5. Intercambios: El salón de clase

MODELO:    E1: ¿Cuántos/as ——— hay en el salón de clase?
E2: Hay ———.

| | | | |
|---|---|---|---|
| **1.** | estudiantes | **5.** | ventanas |
| **2.** | mesas | **6.** | paredes |
| **3.** | borradores | **7.** | puertas |
| **4.** | pizarras | **8.** | luces |

## Actividad 6. Intercambios: ¿Cuánto cuesta?

MODELO:    E1:    ¿Cuánto cuesta *la mochila?*
E2:    Cuesta *$50.39 (cincuenta dólares y treinta y nueve centavos).*

| 40 cuarenta | 50 cincuenta | 60 sesenta |
|---|---|---|
| 41 cuarenta y uno | 52 cincuenta y dos | 63 sesenta y tres |
| 45 cuarenta y cinco | 58 cincuenta y ocho | 69 sesenta y nueve |

$1.69

$52.—

$40.52

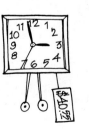

$40.55

# El cuerpo humano

*Lea Gramática B.5.*

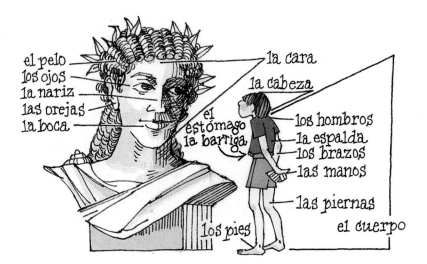

## Actividad 7. Descripción de dibujos: ¿Quién es?

Mire a estas personas. Escuche la descripción que da su profesor(a), y diga cómo se llama la persona.

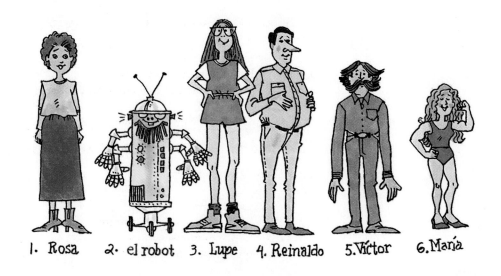

1. Rosa   2. el robot   3. Lupe   4. Reinaldo   5. Víctor   6. María

# La descripción de las personas

*Lea Gramática B.6.*

pelo rubio
ojos azules

joven y
artística

Mónica

bonita
pelo negro
ojos negros

inteligente
y reservada

Lan

de estatura mediana
pelo castaño corto
ojos castaños

divertido
y generoso

lentes

Esteban

alto
delgado

idealista
y tímido

barba

Alberto

bajo
guapo
pelo negro rizado
ojos negros

simpático y
entusiasta

bigote

Luis

## Actividad 8. Diálogo: La amiga nueva

ESTEBAN: ¿Cómo es tu amiga nueva, Luis?
LUIS: Es alta, delgada y de pelo castaño. ¡Y muy inteligente!
ESTEBAN: ¿Cómo se llama?
LUIS: Cecilia Teresa.
ESTEBAN: Es un nombre muy bonito.
LUIS: ¡Ella también es una chica muy bonita!

## Actividad 9. Diálogo abierto: Los amigos nuevos

E1: ¿Tienes amigos nuevos?
E2: Sí, tengo dos.
E1: ¿Cómo se llaman?
E2: Se llaman _____ y _____ y son muy _____.
E1: ¿Y son _____ también?
E2: ¡Claro que sí! (¡Claro que no!)

### Actividad 10. Intercambios: Mis compañeros y yo

Diga cómo es usted con tres descripciones, dos ciertas y una falsa. Su compañero/a va a decir si cada descripción es cierta o falsa.

> MODELO: E1: ¿Cómo eres?
> E2: Soy *simpático/a*.
> E1: Es cierto.
> E2: También soy *materialista*.
> E1: ¡No es cierto! (¡Es falso!)
> E2: Y soy *trabajador(a)*.
> E1: Es cierto.

| | | | |
|---|---|---|---|
| agresivo/a | extrovertido/a | introvertido/a | reservado/a |
| antipático/a | filosófico/a | materialista | simpático/a |
| conservador(a) | generoso/a | nervioso/a | tacaño/a |
| considerado/a | idealista | perezoso/a | tímido/a |
| deportista | impulsivo/a | práctico/a | tonto/a |
| entusiasta | inteligente | religioso/a | trabajador(a) |

### EXPRESIONES ÚTILES

| | |
|---|---|
| ¿Es cierto? | ¡No es cierto! |
| Es cierto. | ¡Es falso! |

### Actividad 11. Entrevista: Mi mejor amigo/a

| ESTUDIANTE 1 | ESTUDIANTE 2 |
|---|---|
| 1. ¿Cómo se llama tu mejor amigo/a? | Se llama _____. |
| 2. ¿De qué color tiene los ojos? | Tiene los ojos _____. |
| 3. ¿Es alto/a, bajo/a o de estatura mediana? | Es _____. |
| 4. ¿De qué color tiene el pelo? | Tiene pelo _____. |
| 5. ¿Tiene bigote/barba? | (No) Tiene _____. |
| 6. ¿Cómo es? ¿Es simpático/a? ¿tímido/a? ¿trabajador(a)? ¿  ? | Es _____. |

# En resumen

## De todo un poco

**A.** Un mundo ideal

Use su imaginación y complete estas descripciones.

1. El salón de clase ideal es _____ y _____.
2. En el salón de clase ideal hay _____. No hay _____.
3. El amigo / La amiga ideal es _____, _____ y _____.
4. El/La estudiante ideal es _____, _____ y _____.
5. El profesor / La profesora ideal es _____, _____ y _____.

**B.** Su opinión

Exprese su opinión con su compañero/a.

MODELO: E1: La clase de español *es interesante.*
E2: Estoy de acuerdo. La clase de español *es muy interesante* (*no es aburrida*).

### EXPRESIONES ÚTILES

(No) Estoy de acuerdo.

1. La clase de español es (interesante ~ aburrida).
2. Hay muchos estudiantes (inteligentes ~ tontos) en esta clase.
3. El profesor / La profesora de español es (reservado/a ~ entusiasta).
4. El salón de clase es (bonito ~ feo).
5. Yo soy (extrovertido/a ~ tímido/a).

# Vocabulario

### Las cosas en el salón
Things in the Classroom

| | |
|---|---|
| el borrador | eraser |
| el cuaderno | notebook; workbook |
| el diccionario | dictionary |
| el escritorio | (teacher's) desk |
| la luz | light |
| la mesa | table |
| el papel | paper |
| la pared | wall |
| el piso | floor |
| la pizarra | (chalk)board |
| la pluma | pen (*Mex.*) |
| la silla | chair |
| el techo | ceiling |
| la tiza | chalk |
| la ventana | window |

**REPASO** (*Review*): **el bolígrafo, el lápiz, el libro, la puerta, el pupitre, el reloj, el texto**

### El cuerpo humano      The Human Body

| | |
|---|---|
| la boca | mouth |
| el brazo | arm |
| la cabeza | head |
| la cara | face |
| el cuello | neck |
| la espalda | back |
| el estómago | stomach |
| el hombro | shoulder |
| la mano | hand |
| la nariz | nose |
| la oreja | ear |
| el pie / los pies | foot/feet |
| la pierna | leg |

### Las personas

| | |
|---|---|
| el chico / la chica | young man / young woman |
| el hermano / la hermana | brother/sister |
| el niño / la niña | boy/girl |
| el vecino / la vecina | neighbor |

**PALABRAS SEMEJANTES** (*Cognates*): **el doctor / la doctora, la mamá, el papá, el/la recepcionista, el robot, el secretario / la secretaria**

**REPASO:** **la señorita**

## Las descripciones

| | |
|---|---|
| ¿Cómo es él/ella? | What is he/she like? |
| ¿Cómo es usted? / ¿Cómo eres tú? | What are you like? |
| abierto/a | open |
| aburrido/a | boring; bored |
| antiguo/a | antique |
| antipático/a | unpleasant |
| conservador(a) | conservative |
| de... años | . . . years old |
| de estatura (mediana) | (medium) height |
| deportista | fond of sports |
| difícil | difficult |
| divertido/a | fun |
| entusiasta | enthusiastic |
| extrovertido/a | extroverted |
| fácil | easy |
| grande | big, large |
| introvertido/a | introverted |
| mejor | best, better |
| pequeño/a | small |
| perezoso/a | lazy |
| simpático/a | nice, pleasant |
| tacaño/a | stingy |
| tímido/a | shy |
| tonto/a | dumb, not too smart |
| trabajador(a) | hard-working |

PALABRAS SEMEJANTES: agresivo/a, artístico/a, considerado/a, generoso/a, filosófico/a, humano/a, ideal, idealista, impulsivo/a, inteligente, interesante, materialista, moderno/a, nervioso/a, práctico/a, religioso/a, reservado/a

REPASO: feo/a

## Los verbos

| | |
|---|---|
| conteste(n) | answer |
| da | gives |
| son | are |
| soy | I am |
| tiene | has |
| ¿Tienes... ? | ¿Do you have . . . ? |

## Expresiones útiles — Useful Expressions

| | |
|---|---|
| Claro que sí/no. | Of course (not). |
| ¿Cómo estás (tú)? | How are you? (How do you feel today?) |
| ¿Cuánto cuesta(n)... ? | How much is (are) . . . ? |
| Cuesta(n)... | It costs (They cost) . . . |
| ¿De qué color tiene el pelo / los ojos? | What color is your/his/ her hair / . . . are your/his/her eyes? |
| de todo un poco | a bit of everything |
| Es verdad. | That's right (true). |
| Está bien. | He/She is fine. |
| (No) Estoy de acuerdo. | I (do not) agree. |
| Hola. | Hello. |

REPASO: estoy bien, estoy un poco cansado/a

## Palabras del texto — Words from the Text

| | |
|---|---|
| cierto/falso | true/false |
| el dibujo | drawing |
| diga | say |
| la entrevista | interview |
| hablando | speaking |
| intercambios | interactions |
| ¡Ojo! | Attention! |
| en resumen | to sum up |

REPASO: el compañero / la compañera

## Palabras útiles — Useful Words

| | |
|---|---|
| el cartel | poster |
| el centavo | cent |
| ¿Cuántos/Cuántas... ? | How many . . . ? |
| de | from; of |
| el, la, los, las | the |
| yo, tú, usted, él/ella | I, you (inf.), you (pol.), he/she |
| nosotros/as, ustedes, ellos/ellas | we, you (pl.), they |
| España | Spain |
| hay | there is / there are |
| más | more |
| la mochila | backpack |
| muchos/as | much; a lot |
| el mundo | world |
| muy | very |
| otro/a | other, another |
| ¿Qué... ? | What . . . ? |
| si | if |
| su | his/her/your (pol.) |
| también | also |
| tu | your (inf.) |

PALABRAS SEMEJANTES: el dólar / los dólares, el mapa, las matemáticas, la oficina, la universidad

REPASO: con, mi(s)

## Los números

| | |
|---|---|
| cuarenta | forty |
| cuarenta y uno | forty-one |
| cuarenta y cinco | forty-five |
| cincuenta | fifty |
| cincuenta y uno | fifty-one |
| cincuenta y dos | fifty-two |
| cincuenta y ocho | fifty-eight |
| sesenta | sixty |
| sesenta y nueve | sixty-nine |

# Gramática y ejercicios

## B.1 Addressing Others: Informal and Polite *you* (*tú/usted*)

**A.** English speakers use the pronoun *you* to address a person directly, whether or not they know that person well. In older forms of English, speakers used an informal pronoun—*thou*—among friends, but today *you* is used with everyone.

Spanish has two pronouns that mean *you*, singular: **usted** and **tú.** The polite (*pol.*) pronoun **usted** is appropriate for people you do not know well, such as salespeople, receptionists, and other professionals, and especially for people older than you. The informal (*inf.*) pronoun **tú** is reserved for friends, peers, children, and other people you know well. In some places in Latin America, including Argentina and Central America, speakers use **vos** instead of **tú** as the informal pronoun for *you*. Everyone who uses **vos,** however, also understands **tú.**

In the activities and exercises, **Dos mundos** addresses you with **usted.** You should use **tú** with your classmates. Some instructors address their students with **tú;** others use **usted.**

> Both **tú** and **usted** mean *you* (singular). **Tú** is used with friends and children. **Usted** is used with people you don't know well and people older than you.

| | |
|---|---|
| Soy puertorriqueño. ¿Y **tú?** ¿De dónde eres? | *I'm Puerto Rican. And you? Where are you from?* |
| Soy profesora de español. ¿Y **usted?** ¿Es **usted** estudiante? | *I'm a professor of Spanish. And you? Are you a student?* |

> Use **tú** with your classmates. Use **usted** with your instructor (unless he/she asks you to use **tú**).

**B.** Although both **tú** and **usted** correspond to *you*, the verb forms used with each are different. Present-tense verb forms for **tú** always end with the letter **-s.** Present-tense verb forms for **usted** end in **-a** or **-e** and are always the same as the forms for **él/ella.**

> Present-tense verb forms for **tú** always end in **-s.**

| | |
|---|---|
| ¿Tiene**s** (**tú**) una blusa gris? | *Do you have a gray blouse?* |
| ¿Tiene **usted** un vestido blanco? | *Do you have a white dress?* |

We introduced some forms of the verb **ser** (*to be*) in **Gramática A.3.** The **tú** form of **ser** is **eres;** the **usted** form of **ser** is **es** (the same as the form for **él/ella**).

| | |
|---|---|
| (**Tú**) **Eres** un buen amigo. | *You are a good friend.* |
| **Usted es** muy amable, señora Ramírez. | *You are very nice, Mrs. Ramírez.* |

**C.** Spanish distinguishes between singular *you* (**tú** or **usted**) and plural *you* (**ustedes**). Many American speakers of English make this distinction by saying "you guys" or "you all." The verb forms used with **ustedes** end in the letter **-n** and are the same as those used with the pronoun **ellos/as.**

| | |
|---|---|
| —¿Cómo **están ustedes?** | *—How are you (all)?* |
| —Bien, gracias. | *—Fine, thanks.* |

> The plural of both **tú** and **usted** in Latin America is **ustedes.** In Spain, the plural of **tú** is **vosotros/as** and the plural of **usted** is **ustedes.**

Most speakers of Spanish do not distinguish between informal and polite address in the plural. **Ustedes** is used with everyone. In Spain, however, most speakers prefer to use **vosotros/as** for the informal plural *you* and reserve **ustedes** for the polite plural *you*.

The regional pronouns **vos** and **vosotros/as** do not appear in the exercises and activities of **Dos mundos** because you will learn them quickly if you travel to areas where they are frequently used. The verb forms corresponding to **vosotros/as** are listed with other verb forms and are given in Appendix 1. The verb forms corresponding to **vos** are footnoted in the grammar explanations. In the listening activities of the *Cuaderno de trabajo*, the characters from countries where **vos** and **vosotros/as** are prevalent use those pronouns. This will give you an opportunity to hear **vos** and **vosotros/as** and their accompanying verb forms, even though you will not need to use them yourself.

## Ejercicio 1

Usted habla con estas personas: ¿usa **tú** o **usted**?

1. una amiga de su clase de español
   a. ¿Tiene usted dos clases hoy?
   b. ¿Tienes dos clases hoy?
2. la recepcionista
   a. ¿Cómo estás?
   b. ¿Cómo está usted?
3. un niño
   a. Tú tienes una bicicleta nueva.
   b. Usted tiene una bicicleta nueva.
4. una persona de cuarenta y nueve años
   a. ¿Cómo se llama usted?
   b. ¿Cómo te llamas?
5. un vecino de setenta años
   a. Estoy bien. ¿Y tú?
   b. Estoy bien. ¿Y usted?

## B.2   Describing People: More about Subject Pronouns

**A. Gramática A.3** introduced some of the personal pronouns that can serve as the subject of a sentence. Here is a complete list, using the verb **ser**\* as an example.

**ser** = *to be*

| ser (*to be*) | | |
|---|---|---|
| (yo) | soy | *I am* |
| (tú) | eres | *you (inf. sing.) are* |
| (usted, él/ella) | es | *you (pol. sing.) are; he/she is* |
| (nosotros/as) | somos | *we are* |
| (vosotros/as) | sois | *you (inf. pl., Spain) are* |
| (ustedes, ellos/as) | son | *you (pl.) are; they are* |

Remember that subject pronouns are optional in Spanish.
   **(Yo) Soy estudiante.** (*I'm a student.*)
   **(Nosotros) Somos amigos.** (*We're friends.*)

The pronouns are in parentheses to remind you that Spanish verbs are generally used without an expressed subject. In fact, as the chart indicates, Spanish does not have a subject pronoun for *it* or for *they*, referring to things. When subject pronouns *are* used in Spanish, they often express emphasis.

———————————

\*Recognition: **vos sos**

| | |
|---|---|
| ¿Mi automóvil? Es pequeño. | *My car? It's small.* |
| ¿Las faldas? Son caras. | *The skirts? They're expensive.* |
| Yo soy de Atlanta. | *I am from Atlanta.* |

**B.** Subject pronouns may be used by themselves without verbs, either for emphasis or to point someone out.

| | |
|---|---|
| ¿Quién, **yo**? Yo no soy de Texas; soy de Nueva York. | *Who, me? I'm not from Texas; I'm from New York.* |
| —¿Cómo estás? | —*How are you?* |
| —Estoy bien. ¿Y **tú**? | —*I'm fine. And you?* |

**C.** The pronouns **ellos** (*they*), **nosotros** (*we*), and **vosotros** (*you, inf. pl.*) can refer to groups of people that consist of males only or of males and females. On the other hand, **ellas** (*they, fem.*), **nosotras** (*we, fem.*), and **vosotras** (*you, inf. pl. fem.*) can refer only to groups of all females.

| | |
|---|---|
| —¿Y **ellos**? ¿Quiénes son? | —*And those guys (they)? Who are they?* |
| —¿Esteban y Raúl? Son amigos. | —*Esteban and Raúl? They're friends.* |
| —¿Y **ellas**? ¿Son amigas? | —*What about them? Are they friends?* |
| —Sí, Nora y Carmen son compañeras de mi clase de español. | —*Yes, Nora and Carmen are classmates from my Spanish class.* |

## Ejercicio 2

Escoja el pronombre lógico.

MODELO:  —Y *ella*, ¿lleva pantalones? →
  —¿Quién, Mónica? Lleva una falda azul.

1. —¿_____ es profesor aquí?
   —¿Quién, Raúl? No, es estudiante.
2. —¿_____ son mexicanos?
   —Sí, Silvia y Nacho son mexicanos.
3. —¡Viejos, _____! No, doña María Eulalia y yo somos muy jóvenes.
4. —Señor Ruiz, _____ tiene bigote, ¿verdad?
5. —¿Y _____? ¿Son estudiantes aquí?
   —No, Pilar y Clara son estudiantes en Madrid.

a. ellos
b. usted
c. ellas
d. él
e. nosotros

## B.3  Identifying People and Things: Gender (Part 2)

How can you determine the gender of a noun? The gender of the article and/or adjective that modifies the noun will tell you whether it is masculine or feminine. In addition, the following two simple rules will help you determine the gender of a noun most of the time.

*Rule 1:* A noun that refers to a male is masculine; a noun that refers to a female is feminine. Sometimes they are a pair distinguished by the endings **-o/-a**; other times they are completely different words.

| | | |
|---|---|---|
| un muchacho | una muchacha | *boy/girl* |
| un niño | una niña | *(male) child / (female) child* |
| un amigo | una amiga | *(male) friend / (female) friend* |
| un hombre | una mujer | *man/woman* |

For some nouns referring to people, the masculine form ends in a consonant and the feminine form adds **-a** to the masculine noun.*

| | | |
|---|---|---|
| un profesor | una profesora | *(male) professor / (female) professor* |
| un señor | una señora | *a man (Mr.) / a woman (Mrs.)* |

Other nouns do not change at all; only the accompanying article changes.

| | |
|---|---|
| un elefante | *(male) elephant* |
| una elefante | *(female) elephant* |
| un estudiante | *(male) student* |
| una estudiante | *(female) student* |
| un joven | *young man* |
| una joven | *young woman* |
| un recepcionista | *(male) receptionist* |
| una recepcionista | *(female) receptionist* |

*Rule 2:* For most nouns that refer to things (rather than to people or animals), the gender is reflected in the last letter of the word. Nouns that end in **-o** are usually grammatically masculine (**un/el cuaderno**), and nouns that end in **-a** are usually grammatically feminine (**una/la puerta**).[†]

Words that end in **-d** (**una/la universidad**) or in the letter combination **-ión** (**una/la nación**) are also usually feminine.

| MASCULINE: *-o* | FEMININE: *-a* |
|---|---|
| un/el bolígraf**o** | una/la civilizac**ión** |
| un/el cuadern**o** | una/la mes**a** |
| un/el libr**o** | una/la sill**a** |
| un/el tech**o** | una/la universi**dad** |

---

*This rule includes a few common animals. Some pairs end in **-o/-a;** others end in consonant / consonant + **-a.**

| | | |
|---|---|---|
| un gato | una gata | *(male) cat / (female) cat* |
| un perro | una perra | *(male) dog / (female) dog* |
| un león | una leona | *lion/lioness* |

[†]Three common exceptions are **la mano** (*hand*), **el día** (*day*), and **el mapa** (*map*).

Don't worry if you can't remember all these rules! Note where they are in this book so you can refer to them when you are editing your writing and when you are unsure of what gender they are.

You will develop a *feel* for gender as you listen and read more in Spanish.

Words that refer to things may also end in **-e** or in consonants other than **-d** and **-ión.** Most of these words that you have heard so far are masculine, but some are feminine.

| | | | | |
|---|---|---|---|---|
| un/el borrador | *eraser* | | una/la clase | *class* |
| un/el cartel | *poster* | | una/la luz | *light* |
| un/el lápiz | *pencil* | | | |
| un/el pupitre | *desk* | | | |
| un/el reloj | *clock* | | | |

## Ejercicio 3

Conteste según el modelo.

> MODELO: —¿Es un bolígrafo? (lápiz) →
> —No, no es un bolígrafo. Es *un* lápiz.

1. ¿Es una pizarra? (pared)
2. ¿Es una oficina? (salón de clase)
3. ¿Es una silla? (escritorio)

4. ¿Es un borrador? (cuaderno)
5. ¿Es una ventana? (silla)

## Ejercicio 4

Esteban describe diferentes cosas de su universidad. Complete las oraciones con **el** o **la.**

1. _____ estudiante es rubia.
2. _____ profesor de matemáticas es inteligente.
3. _____ clase es buena.
4. _____ reloj es moderno.
5. _____ papel es amarillo.
6. _____ universidad es buena.
7. _____ motocicleta es negra.
8. _____ automóvil es nuevo.
9. _____ plaza es grande.
10. _____ sombrero es nuevo.

## B.4  Expressing Existence: *hay*

hay = there is / there are

**Hay** is used with singular or plural nouns.

The verb form **hay** expresses the idea of existence. When used with singular nouns it means *there is;* with plural nouns it means *there are.*

> —¿Qué **hay** en el salón de clase?
> —**Hay** dos puertas y una ventana.

> —*What is there in the classroom?*
> —*There are two doors and a window.*

Whereas the verb **ser** (*to be*) identifies nouns (see **Gramática A.3**), **hay** simply states their existence.

> —¿Qué **es**?
> —**Es** un bolígrafo.

> —*What is that?*
> —*It's a pen.*

> —¿Cuántos **hay**?
> —**Hay** tres.

> —*How many are there?*
> —*There are three.*

### Ejercicio 5

**¿RECUERDA?**

In **Gramática A.4** you learned how to make sentences negative.
—Hay perros en el salón de clase.
—No, no hay perros en el salón de clase.

Imagínese qué cosas o personas hay o no hay en el salón de clase de la profesora Martínez.

MODELOS: lápices → Sí, *hay* lápices en el salón de clase.
perros → No, *no hay* perros en el salón de clase.

1. libros en la mesa
2. un reloj en la pared
3. una profesora
4. un automóvil
5. un profesor
6. papeles en los pupitres
7. un bolígrafo en el pupitre de Alberto
8. muchos cuadernos
9. una bicicleta
10. una ventana

## B.5 Describing People and Things: Plural Forms (Part 2)

**¿RECUERDA?**

In **Gramática A.7** you learned that both nouns and words that modify nouns (articles and adjectives) may be plural. Plural words usually end in **-s** or **-es.**

**A.** Here are the basic rules for forming plurals in Spanish. Words that end in a vowel (**a, e, i, o, u**) form their plural by adding **-s.**

| SINGULAR | PLURAL |
|---|---|
| el braz**o** | los brazo**s** |
| el oj**o** | los ojo**s** |
| el pi**e** | los pie**s** |
| la piern**a** | las pierna**s** |

Words that end in a consonant add **-es.**

| SINGULAR | PLURAL |
|---|---|
| el borrado**r** | los borrador**es** |
| la pare**d** | las pared**es** |
| el profeso**r** | los profesor**es** |

To form plurals: Words ending in vowels add **-s;** words ending in consonants add **-es;** words ending in **-z** change to **-c** and add **-es.** In time, you will acquire a feel for the plural formations.

If the consonant at the end of a word is **-z,** it changes to **-c** and adds **-es.**

| SINGULAR | PLURAL |
|---|---|
| el lápi**z** | los lápi**ces** |
| la lu**z** | las lu**ces** |

**B.** Adjectives that describe plural words must also be plural.

| | | | |
|---|---|---|---|
| ojos azul**es** | *blue eyes* | orejas grande**s** | *big ears* |
| brazo**s** largo**s** | *long arms* | pie**s** pequeño**s** | *small feet* |

En mi salón de clase hay dos **ventanas grandes, varias sillas viejas,** cinco **pizarras verdes** y diez **luces.**

*In my classroom there are two large windows, several old chairs, five green chalkboards, and ten lights.*

## Ejercicio 6

Marisa y Clarisa tienen muchas cosas. ¡Pero Marisa siempre tiene una y Clarisa dos!

MODELO: Marisa tiene un suéter azul, pero Clarisa tiene dos... →
*suéteres azules.*

1. Marisa tiene un par de zapatos, pero Clarisa tiene dos...
2. Marisa tiene un perro nuevo, pero Clarisa tiene dos...
3. Marisa tiene una chaqueta roja, pero Clarisa tiene dos...
4. Marisa tiene un lápiz amarillo, pero Clarisa tiene dos...
5. Marisa tiene una amiga norteamericana, pero Clarisa tiene dos...

## Ejercicio 7

¡Ahora Clarisa tiene una y Marisa tiene dos!

MODELO: Clarisa tiene un sombrero grande, pero Marisa tiene dos... →
*sombreros grandes.*

1. Clarisa tiene un cuaderno pequeño, pero Marisa tiene dos...
2. Clarisa tiene un gato negro, pero Marisa tiene dos...
3. Clarisa tiene una fotografía bonita, pero Marisa tiene dos...
4. Clarisa tiene un reloj bonito, pero Marisa tiene dos...
5. Clarisa tiene un libro difícil, pero Marisa tiene dos...
6. Clarisa tiene un amigo divertido, pero Marisa tiene dos...

## B.6 Describing People and Things: Adjective-Noun Agreement

**A.** Adjectives must agree in gender and number with the nouns they describe; that is, if the noun is singular and masculine, the adjective must also be singular and masculine. Adjectives that end in **-o** in the masculine form and **-a** in the feminine form will appear in the vocabulary lists in **Dos mundos** like this: **bonito/a.** Such adjectives have four possible forms.

A singular adjective is used to describe a singular noun. A plural adjective is used to describe a plural noun.

|  | SINGULAR | PLURAL |
|---|---|---|
| *Masculine* | viej**o** | viej**os** |
| *Feminine* | viej**a** | viej**as** |

Carmen lleva un suéter **bonito** y una falda **nueva.**
Mis zapatos de tenis son **viejos.**

*Carmen is wearing a pretty sweater and a new skirt.*
*My tennis shoes are old.*

**B.** Adjectives that end in a consonant,* the vowel **-e,** or the ending **-ista** have only two forms because the masculine and feminine forms are the same.

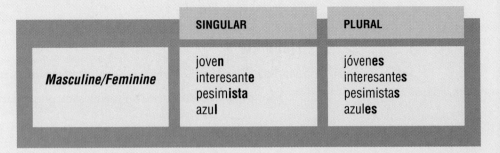

|  | SINGULAR | PLURAL |
|---|---|---|
| *Masculine/Feminine* | jove**n**<br>interesant**e**<br>pesim**ista**<br>azu**l** | jóven**es**<br>interesante**s**<br>pesimista**s**<br>azul**es** |

Luis lleva una camisa **azul** y un sombrero **azul.**

Mi amigo Nacho es **pesimista,** pero mi amiga Silvia es **optimista.**

*Luis is wearing a blue shirt and a blue hat.*

*My friend Nacho is pessimistic, but my friend Silvia is optimistic.*

## Ejercicio 8

Seleccione todas las descripciones posibles.

MODELO:   Alberto → *chico, guapo, estudiante*

Nora   Alberto   Esteban   Carmen   la profesora Martínez   Luis   Mónica   Pablo

1. Nora
2. Alberto
3. Esteban y Carmen
4. la profesora Martínez
5. Luis
6. Mónica y Carmen
7. Pablo

| | |
|---|---|
| **a.** mujer | **i.** estudiante |
| **b.** chico | **j.** profesor |
| **c.** secretaria | **k.** mexicana |
| **d.** chica | **l.** altas |
| **e.** guapo | **m.** bajo |
| **f.** niñas | **n.** morena |
| **g.** amigos | **o.** rubio |
| **h.** estudiantes | |

---

*Adjectives of nationality that end in a consonant are an exception to this, since they (like adjectives that end in **-o/-a**) have four forms: **inglés, inglesa, ingleses, inglesas.** See **Gramática C.4** for more information.

# Mi familia y mis amigos

Texas, Estados Unidos

**ACTIVIDADES DE COMUNICACIÓN**

La familia

¿Qué tenemos?

Los números (10–100) y la edad

Los idiomas y las nacionalidades

**EN RESUMEN**

**GRAMÁTICA Y EJERCICIOS**

C.1 Expressing Possession: The Verb **tener; de(l)**

C.2 Expressing Possession: Possessive Adjectives

C.3 Expressing Age: The Verb **tener**

C.4 Describing People: Adjectives of Nationality

C.5 Talking about Habitual Actions: Present Tense of Regular **-ar** Verbs

# Actividades de comunicación

## La familia

*Lea Gramática C.1.*

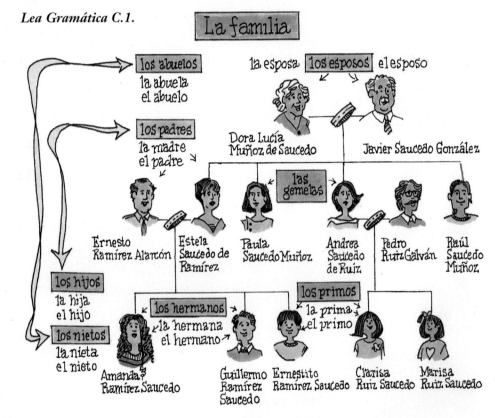

## Actividad 1. Identificaciones: La familia Saucedo (Parte 1)

¿Cierto o falso? Conteste según el dibujo.

1. Dora es la esposa de Javier.
2. Dora y Javier tienen cuatro hijos: tres hijas y un hijo.
3. Estela es soltera.
4. Raúl es casado.
5. Estela, Paula, Andrea y Raúl son hermanos.
6. La esposa de Pedro se llama Paula.
7. Amanda no tiene primos.
8. Dora tiene cinco nietos: tres nietas y dos nietos.
9. Pedro y Raúl son hermanos.
10. Amanda tiene dos hermanas.

### Actividad 2. Intercambios: La familia Saucedo (Parte 2)

Conteste según el dibujo de la página anterior.

MODELOS: E1: ¿Cómo se llama *el hermano de Estela, Paula y Andrea*?
     E2: Se llama *Raúl*.

     E1: ¿Cuántos *hermanos* tiene *Amanda*?
     E2: Tiene *dos*.

### Actividad 3. Diálogo: ¿Quién es?

Don Eduardo Alvar habla con Paula Saucedo.

DON EDUARDO: Perdón, señorita Saucedo. ¿Quién es ese joven?
PAULA SAUCEDO: Su nombre es Jorge Saucedo.
DON EDUARDO: ¿Saucedo? ¿Es su hermano?
PAULA SAUCEDO: No. Su apellido es Saucedo también, pero no es mi hermano.
      Mi hermano se llama Raúl.

### Actividad 4. Diálogo abierto: Mis hijos

E1: ¿Cómo se llama usted, señor (señora, señorita)?
E2: Me llamo _____.
E1: ¿Es usted casado/a (soltero/a, viudo/a, divorciado/a)?
E2: Soy _____.
E1: ¿Tiene usted hijos?
E2: Sí, tengo _____ hijos y _____ hijas. (No, no tengo hijos.)

### Actividad 5. Entrevista: Mi familia

1. ¿Cómo se llama tu *padre* (madre, hermano/a, abuelo/a)?
   Mi *padre* se llama _____.
2. ¿Cuántos *hermanos* (primos, abuelos, hijos, nietos) tienes?
   Tengo dos hermanos. (Tengo *un primo*. Tengo *una nieta*. No tengo *hijos*.)

# ¿Qué tenemos?

*Lea Gramática C.1–C.2.*

Doña Lola tiene un
coche nuevo.

Los discos compactos
son de Amanda.

Ernestito y su perro
Lobo son amigos.

## Actividad 6. Diálogo: El coche de don Eduardo

ERNESTITO: ¿Tiene usted coche, señor Alvar?
DON EDUARDO: Sí, tengo un coche azul, un poco viejo.
ERNESTITO: Yo no tengo coche pero tengo una bicicleta nueva.
DON EDUARDO: Sí, y tu bicicleta es muy bonita.

## Actividad 7. Descripción de dibujos: ¿De quién... ?

1. ¿Quién tiene dos camisas nuevas?
2. ¿Quién tiene dos perros?
3. ¿De quién es el vestido nuevo?
4. ¿Quién tiene una computadora?
5. ¿De quién es el carro nuevo?
6. ¿Quiénes tienen helados?

## Actividad 8. Entrevista: Mi perro y mi carro

1. ¿Tienes perro (gato)?
   Sí, tengo _____. (No, no tengo perro/gato.)
2. ¿Cómo es tu perro (gato)?
   Mi perro (gato) es _____.
3. ¿Tienes carro?
   Sí, tengo _____. (No, no tengo carro. Tengo bicicleta.)
4. ¿Cómo es tu carro (bicicleta)?
   Mi carro (bicicleta) es _____.

# Los números (10–100) y la edad

*Lea Gramática C.3.*

| | |
|---|---|
| 10 diez | 76 setenta y seis |
| 20 veinte | 80 ochenta |
| 30 treinta | 82 ochenta y dos |
| 40 cuarenta | 90 noventa |
| 50 cincuenta | 94 noventa y cuatro |
| 60 sesenta | 100 cien |
| 70 setenta | 110 ciento diez |

## Actividad 9. Diálogos: ¿Cuántos años tienen?

GRACIELA: Amanda, ¿quién es esa niña?

AMANDA: Es mi prima, Clarisa.

GRACIELA: ¿Cuántos años tiene?

AMANDA: Tiene sólo seis años, y es muy inteligente.

DON EDUARDO: Señor Ruiz, ¿cuántos hijos tiene usted?

PEDRO RUIZ: Tengo dos hijas.

DON EDUARDO: ¿Y cuántos años tienen?

PEDRO RUIZ: Bueno, Clarisa tiene seis años y Marisa tiene cuatro.

DON EDUARDO: ¡Sólo dos hijas! ¡Cómo cambia el mundo!

## Actividad 10. Diálogo abierto: ¿Cuántos años tienes?

E1: ¿Cuántos años tienes?

E2: Tengo _____ años.

E1: ¿Tienes hermanos?

E2: Sí, tengo _____ hermanos y _____ hermanas. (No, no tengo hermanos, pero tengo _____.)

E1: ¿Cuántos años tiene tu hermano/a mayor/menor?

E2: Mi hermano/a _____ tiene _____ años.

SIGLO XXI: UNA ESPAÑA DE VIEJOS
(en miles de personas)

26.500
23.500
19.600
ENTRE 15 Y 64 AÑOS
8.350   9.500   7.200
MENORES DE 15 AÑOS
2.500   4.700
MAYORES DE 64 AÑOS   6.500
1960   1980   (*) 2000

INDICE DE NATALIDAD
POR 1000 HABITANTES
1960-21 %
1980-15 %
1984-12 %

(*) ESTIMATIVO

# Los idiomas y las nacionalidades

*Lea Gramática C.4–C.5.*

Hans Schumann es alemán y habla alemán.

Gina Sfreddo es italiana y habla italiano.

Iara Gomes y Zidia Oliveira son brasileñas y hablan portugués.

Masato Hamasaki y Goro Nishimura son japoneses y hablan japonés.

| PAÍS | NACIONALIDAD | IDIOMA(S) |
|------|--------------|-----------|
| Alemania | alemán, alemana | alemán |
| Argentina | argentino/a | español |
| Brasil | brasileño/a | portugués |
| Canadá | canadiense | inglés/francés |
| China | chino/a | chino |
| Corea (del Norte / del Sur) | coreano/a | coreano |
| Cuba | cubano/a | español |
| Egipto | egipcio/a | árabe |
| España | español(a) | español |
| los Estados Unidos | (norte)americano/a | inglés |
| Francia | francés, francesa | francés |
| Inglaterra | inglés, inglesa | inglés |
| Israel | israelí | hebreo |
| Italia | italiano/a | italiano |
| Japón | japonés, japonesa | japonés |
| México | mexicano/a | español |

| PAÍS | NACIONALIDAD | IDIOMA(S) |
|------|--------------|-----------|
| la República de Sudáfrica | sudafricano/a | afrikaans / lenguas africanas / inglés |
| Rusia | ruso/a | ruso |
| Vietnam | vietnamita | vietnamés |

## Actividad 11.  Asociaciones: ¿Qué nacionalidad? ¿Qué idioma?

Diga cuál es la nacionalidad de estas personas y qué idiomas hablan.

MODELO:  Gloria Estefan... Cuba →
Gloria Estefan es *cubana* y habla *inglés y español.*

| | PERSONA | PAÍS |
|---|---------|------|
| **1.** | Nelson Mandela | la República de Sudáfrica |
| **2.** | el príncipe Carlos | Inglaterra |
| **3.** | Luciano Pavarotti | Italia |
| **4.** | Boris Yeltsin | Rusia |
| **5.** | Xuxa | Brasil |
| **6.** | Hosni Mubarak | Egipto |
| **7.** | Gérard Depardieu | Francia |
| **8.** | Arantxa Sánchez Vicario | España |
| **9.** | Benjamín Netanyahu | Israel |

## Actividad 12. Diálogo abierto: Amigos internacionales

E1: ¿Tienes un amigo *japonés* (una amiga *japonesa*)?
E2: Sí, se llama _____.
E1: ¿Hablas *japonés* o *inglés* con él (ella)?
E2: Hablamos *inglés.* (Normalmente hablamos *inglés,* pero a veces hablamos *japonés.*)

## Actividad 13. Intercambios: En la agencia de viajes

MODELO:   CLIENTE:   Señorita (Señor, Señora), quiero viajar *a París*.
               AGENTE:   ¿Habla usted *francés*?
               CLIENTE:   Sí, hablo *un poco de francés*. (No, no hablo *nada de francés*. / Sí, hablo *francés muy bien*.)

CIUDADES

| | | |
|---|---|---|
| Roma | Madrid | Río de Janeiro |
| Londres | Buenos Aires | Montreal |
| Toronto | Moscú | Berlín |
| Los Ángeles | Pekín | Tokio |

IDIOMAS

| | | |
|---|---|---|
| italiano | ruso | francés |
| inglés | chino | alemán |
| español | portugués | japonés |

### FRASES ÚTILES

| | | |
|---|---|---|
| un poco de | nada de | muy bien |

# En resumen

## De todo un poco

Entrevista: Su familia y sus amigos

Entreviste a su compañero/a. Tome apuntes y luego comparta la información con la clase.

1. —¿Son norteamericanos tus padres?
   —Sí/No, mis padres son _____.
2. —¿Cuántos años tienen ellos?
   —Mi padre tiene _____ años y mi madre tiene _____ años.
3. —¿Qué idiomas hablan?
   —Mis padres hablan _____. (Mi padre habla _____ y mi madre habla _____.)
4. —¿Cuántos años tienen tus abuelos?
   —Mi abuelo tiene _____ y mi abuela tiene _____. (Mis abuelos están muertos.)
5. —¿Qué idiomas hablan tus abuelos?
   —Hablan _____. (Mi abuelo habla _____ y mi abuela habla _____.)
6. —¿Tienes muchos hermanos?
   —Sí, tengo _____. (No, tengo sólo _____. / No, soy hijo único / hija única.)
7. —¿Cómo se llaman tus hermanos?
   —Mis hermanos se llaman _____ y _____. (Mi hermano/a se llama _____.)

8. —¿Tienes amigos de ( *país*)?
   —Sí, tengo amigos (un amigo / una amiga) de _____.
9. —¿Cómo se llaman tus amigos? (¿Cómo se llama tu amigo/a?)
   —Se llaman _____ y _____. (Se llama _____.)
10. —¿Qué idiomas hablan ellos? (¿Qué idiomas habla él/ella?)
    —Hablan _____. (Habla _____.)

## VIDEOTECA

In this first segment of the *Video to accompany Dos Mundos,* you will meet two students at **la Universidad Nacional Autónoma de México.** Try to identify where the students are from and how old they are. **Paso C** of the *Cuaderno de trabajo* contains additional activities for you to do after you have seen this video segment.

# Vocabulario

## La familia

| | |
|---|---|
| el abuelo / la abuela | grandfather/grandmother |
| los abuelos | grandparents |
| el esposo / la esposa | husband/wife |
| el hijo / la hija | son/daughter |
| el hijo único / la hija única | only child (only son / only daughter) |
| los hijos | sons (sons and daughters; children) |
| la madre | mother |
| el nieto / la nieta | grandson/granddaughter |
| el padre | father |
| los padres | parents |
| el primo / la prima | cousin |

## Los países / Countries

| | |
|---|---|
| Alemania | Germany |
| Corea del Norte / del Sur | North/South Korea |
| (los) Estados Unidos | United States |
| Inglaterra | England |
| (la) República de Sudáfrica | South Africa |

**PALABRAS SEMEJANTES:** Brasil, Canadá, China, Cuba, Egipto, Francia, Israel, Italia, Japón, México, Rusia, Vietnam

**REPASO:** España

## Las nacionalidades

| | |
|---|---|
| alemán/alemana | German |
| brasileño/a | Brazilian |
| chino/a | Chinese |
| coreano/a | Korean |
| egipcio/a | Egyptian |
| español(a) | Spanish |
| francés/francesa | French |
| inglés/inglesa | English |
| norteamericano/a | North American |
| ruso/a | Russian |
| sudafricano/a | South African |
| vietnamita | Vietnamese |

**PALABRAS SEMEJANTES:** americano/a, árabe, argentino/a, canadiense, cubano/a, israelí, italiano/a, japonés/japonesa, mexicano/a, portugués/portuguesa

## Los idiomas — Languages

| | |
|---|---|
| el alemán | German |
| el chino | Chinese |
| el español | Spanish |
| el francés | French |
| el hebreo | Hebrew |
| el inglés | English |
| las lenguas africanas | African languages |
| el ruso | Russian |

PALABRAS SEMEJANTES: el afrikaans, el árabe, el coreano, el italiano, el japonés, el portugués, el vietnamés

## Las ciudades — Cities

| | |
|---|---|
| Londres | London |
| Moscú | Moscow |
| Pekín | Beijing |

PALABRAS SEMEJANTES: Berlín, Buenos Aires, Los Ángeles, Madrid, Montreal, Río de Janeiro, Roma, Tokio, Toronto

## Los adjetivos

| | |
|---|---|
| casado/a | married |
| divorciado/a | divorced |
| mayor | older |
| menor | younger |
| muerto/a | dead |
| soltero/a | single |
| viudo/a | widowed |

## Las personas

| | |
|---|---|
| el gemelo / la gemela | twin |
| la princesa | princess |
| el príncipe | prince |

## Los verbos

| | |
|---|---|
| quiero | I want |
| tener | to have |
| viajar | to travel |

## Expresiones útiles

| | |
|---|---|
| ¡Cómo cambia el mundo! | How the world changes! |
| ¿Cuántos años tiene(s)? | How old are you? |
| Tengo... años. | I am . . . years old. |

| | |
|---|---|
| ¿Cuántos... tiene(s)? | How many . . . do you have? |
| ¿De quién es/son... ? | Whose is/are . . . ? |
| más/menos de | more/less than |
| nada de | nothing; any (at all) |
| perdón | pardon me; excuse me |
| un poco de | a little |
| ¿Qué tiene(n)... ? | What do/does . . . have? |
| ¿Quién(es) tiene(n)... ? | Who has . . . ? |

## Palabras útiles

| | |
|---|---|
| la agencia de viajes | travel agency |
| el apellido | last name |
| a veces | sometimes |
| la bicicleta | bicycle |
| bueno... | well . . . |
| el carro / el coche | car |
| ¿Cuál... ? | Which . . . ? |
| la edad | age |
| el helado | ice cream |
| pero | but |
| según | according to |
| sólo | only |

PALABRAS SEMEJANTES: la computadora, el disco compacto, normalmente

REPASO: un poco

## Palabras y frases del texto

| | |
|---|---|
| comparta(n) | share |
| conteste(n) | answer |
| la frase | phrase, sentence |
| luego | then |
| la página anterior | preceding page |
| Tome apuntes. | Take notes. |

PALABRAS SEMEJANTES: la información, internacional, la parte

## Los números

| | |
|---|---|
| setenta | seventy |
| ochenta | eighty |
| ochenta y dos | eighty-two |
| noventa | ninety |
| noventa y cuatro | ninety-four |
| cien | one hundred |
| ciento diez | one hundred ten |

# Gramática y ejercicios

## C.1   Expressing Possession: The Verb *tener; de(l)*

Just like English, Spanish has several ways of expressing possession. Unlike English, however, Spanish does not use an apostrophe and *s*.

**tener** = *to have*

**A.** Perhaps the simplest way of expressing possession is to use the verb **tener**\* (*to have*). Like the verb **ser, tener** is classified as an irregular verb because of changes in its stem.[†] The endings that attach to the stem, however, are regular.

**¿RECUERDA?**

In **Gramática A.6** you learned some of the forms of **tener.**

La profesora Martínez **tiene** el pelo negro. Yo **tengo** los ojos azules.

You have also heard and used these forms many times in class.

| tener (*to have*) | | |
|---|---|---|
| (yo) | tengo | *I have* |
| (tú) | tienes | *you (inf. sing.) have* |
| (usted, él/ella) | tiene | *you (pol. sing.) have; he/she has* |
| (nosotros/as) | tenemos | *we have* |
| (vosotros/as) | tenéis | *you (inf. pl., Spain) have* |
| (ustedes, ellos/as) | tienen | *you (pl.) have; they have* |

—Profesora Martínez, ¿**tiene** usted un automóvil nuevo?
—Sí, **tengo** un Toyota verde.

—*Professor Martínez, do you have a new automobile?*
—*Yes, I have a green Toyota.*

English: *'s*
   Mike**'s** new car
   Sarah**'s** friends
Spanish: **de** + person
   el carro nuevo **de Miguel**
   los amigos **de Sara**

**B.** The verb **ser** (*to be*) followed by the preposition **de** (*of*) can also be used to express possession. The equivalent of the English word *whose* is **¿de quién?** (literally, *of whom?* or *to whom?*).

—¿**De quién es** el cuaderno?
—**Es de** Carmen.

—*To whom does the notebook belong?*
—*It's Carmen's.*

**de** + **el** = **del**
**de** + **la** remains **de la**

**C.** The preposition **de** (*of*) followed by the masculine article **el** (*the*) contracts to **del** (*of the*).

—¿**De quién es** el bolígrafo?
—**Es del** profesor.

—*Whose pen is this?*
—*It's the professor's.*

The other combinations of **de** + article do not contract: **de la, de los, de las.**

Los zapatos **de la** niña son nuevos.

*The girl's shoes are new.*

---

\*Recognition: **vos tenés**
[†]See **Gramática C.5** for more information on verb stems.

## Ejercicio 1

Diga qué tienen estas personas. Use las formas del verbo **tener**.

> MODELO:   Luis *tiene* una bicicleta negra.

1. Pablo _____ una chaqueta negra.
2. Esteban y yo _____ un coche viejo.
3. Mónica, tú no _____ el libro de español, ¿verdad?
4. (Yo) _____ dos lápices y un cuaderno sobre mi pupitre.
5. Nora y Alberto no _____ hijos, ¿verdad?

## Ejercicio 2

Diga de quién son estas cosas.

> MODELO:   Mónica / bolígrafo → El bolígrafo *es de* Mónica.

1. la profesora Martínez / carro

2. Luis / camisa

3. Nora / perro

4. Esteban / lentes

5. Alberto / saco

6. Carmen / bicicleta

## C.2   Expressing Possession: Possessive Adjectives

Possession can be indicated by the following possessive adjectives. The particular adjective you choose depends on the owner, but the adjective itself, like other Spanish adjectives, agrees in number and gender with the word it describes: that is, with the *object owned*, not with the owner.

| SINGULAR OWNER | | PLURAL OWNER | |
|---|---|---|---|
| mi<br>tu* | *my*<br>*your (inf. sing.)* | nuestro/a<br>vuestro/a | *our*<br>*your (inf. pl., Spain)* |
| su | *your (pol. sing.), his/her* | su | *your (pl.); their* |

| | |
|---|---|
| ¿**Mi** hermano? Tiene el pelo negro. | *My brother? He has black hair.* |
| **Nuestro** carro nuevo es rojo. | *Our new car is red.* |
| **Nuestra** profesora es Adela Martínez. | *Our professor is Adela Martínez.* |

| SINGULAR POSSESSION (PLURAL POSSESSIONS) | | SINGULAR POSSESSION (PLURAL POSSESSIONS) | |
|---|---|---|---|
| mi(s)<br>tu(s) | *my*<br>*your (inf. sing.)* | nuestro(s)/a(s)<br>vuestro(s)/a(s) | *our*<br>*your (inf. pl., Spain)* |
| su(s) | *your (pol. sing.), his/her* | su(s) | *your (pl.); their* |

| | |
|---|---|
| **Mi** falda es vieja pero **mis** zapatos son nuevos. | *My skirt is old but my shoes are new.* |
| Clarisa y Marisa tienen una casa grande. **Su** casa es grande. | *Clarisa and Marisa have a big house. Their house is big.* |
| Raúl, ¿**tus** hermanas son gemelas? | *Raúl, are your sisters twins?* |
| Clarisa y Marisa tienen dos tías y un tío. **Su** tío se llama Raúl. | *Clarisa and Marisa have two aunts and one uncle. Their uncle's name is Raúl.* |

**su** = *his, her, your, their* (one item)
**sus** = *his, her, your, their* (multiple items)

Keep in mind that the pronoun **su(s)** can have various meanings: *your, his, her,* or *their.* The context normally clarifies to whom **su(s)** refers.

| | |
|---|---|
| Luis no tiene **sus** libros. | *Luis doesn't have his books.* |
| El señor y la señora Ruiz tienen **su** coche aquí. | *Mr. and Mrs. Ruiz have their car here.* |

Generally speaking, use **usted** and **su(s)** when addressing a person by his or her last name.

| | |
|---|---|
| Señor Ramírez, ¿es **usted** mexicano? ¿Y **sus** padres? | *Mr. Ramírez, are you Mexican? And your parents?* |

---

*****Tú** (with an accent mark) corresponds to *you;* **tu** (without an accent mark) corresponds to *your.*

When using a first name to address someone, use **tú** and **tu(s)**.

Raúl, **tu** amiga es inglesa pero **tú** y **tus** padres son mexicanos, ¿no?

*Raúl, your friend is English but you and your parents are Mexican, aren't you?*

## Ejercicio 3

Complete estas oraciones con la forma apropiada del adjetivo posesivo: **mi(s), tu(s), su(s)** o **nuestro(s)/a(s)**.

MODELO:  Estela, ¿dónde están *tus* hijos?

1. Mi novia no tiene _____ libro de matemáticas.
2. El profesor no tiene _____ botas.
3. No tienes _____ reloj, ¿verdad?
4. No tengo _____ zapatos de tenis.
5. No tenemos _____ cuadernos.
6. —Señores Ruiz, ¿dónde están _____ hijas?
   —_____ hijas, Clarisa y Marisa, están en casa.
7. Guillermo no tiene _____ chaqueta.
8. Estela y Ernesto no tienen _____ automóvil todavía.
9. Graciela, _____ ojos son muy bonitos.
10. No tengo _____ bicicleta aquí.

## Ejercicio 4

Complete los diálogos con la forma apropiada del adjetivo posesivo.

MODELO:  RAÚL: ¡Qué inteligente es *tu* amiga!
         ALBERTO: Sí, y ella es idealista, también.

1. RAÚL: Silvia, _____ perro, Sultán, es muy inteligente.
   SILVIA: Gracias, Raúl, pero no es _____ perro. Es de Nacho.

2. CLARA: Pilar, ¿tienen un carro _____ padres?
   PILAR: Sí, _____ padres tienen un Seat rojo.

3. JOSÉ: ¿Cómo se llama la novia de Andrés?
   PILAR: _____ novia se llama Ana.

4. ABUELA: Marisa y Clarisa, ¡qué bonitas son _____ faldas! ¿Son nuevas?
   MARISA: Sí, abuelita. Y _____ zapatos son nuevos también.

## C.3  Expressing Age: The Verb *tener*

English: **I am** 24 (years old).
Spanish: **Tengo** 24 (años).

In English, the verb *to be* is used for telling age (*I am 21 years old*), but in Spanish the verb **tener** expresses age. To ask about age, use the question **¿Cuántos años... ?** (*How many years . . . ?*)

—Señora Ramírez, **¿cuántos años tiene** usted?

—*Mrs. Ramírez, how old are you?*

—**Tengo** treinta y cinco (años).

—*I'm 35 (years old).*

## Ejercicio 5

Escriba la edad de estos amigos.

MODELO: Rogelio Varela / 21 → Rogelio Varela *tiene 21 años.*

1. Adriana Bolini / 35
2. Carla Espinosa / 22
3. Rubén Hernández Arenas / 38
4. Susana Yamasaki González / 33
5. doña María Eulalia González de Saucedo / 79
6. yo / _____ años

## Ejercicio 6

Escriba la edad de estas personas.

don Eduardo Alvar (n. 1918)  Estela Ramírez (n. 1963)  Ernestito Ramírez (n. 1990)  Amanda Ramírez (n. 1984)  doña Lola Batini (n. 1956)

## C.4 Describing People: Adjectives of Nationality

**A.** Adjectives of nationality that end in **-o/-a,** just like other adjectives that end in **-o/-a,** have four forms.

|  | SINGULAR | PLURAL |
|---|---|---|
| **Masculine** | chin**o** | chin**os** |
| **Feminine** | chin**a** | chin**as** |

Victoria no es **china,** pero habla chino muy bien.

*Victoria is not Chinese, but she speaks Chinese very well.*

**B.** Adjectives of nationality that end in a consonant have four forms also.

|  | SINGULAR | PLURAL |
|---|---|---|
| **Masculine** | inglé**s**\* | ingles**es** |
| **Feminine** | ingles**a** | ingles**as** |

John es **inglés,** pero su madre es **española.**

*John is English, but his mother is Spanish.*

\*See the *Cuaderno de trabajo*—**Capítulo 2** and Appendix 3—for details on written accent marks.

Do capitalize names of countries in Spanish.

**Colombia**
**Panamá**
**Inglaterra**

Do not capitalize nationalities and languages in Spanish.

**colombiano**
**panameñas**
**español**
**inglés**

**C.** Adjectives of nationality that end in **-e** have only two forms.

|  | SINGULAR | PLURAL |
|---|---|---|
| *Masculine/Feminine* | canadiens**e** | canadiens**es** |

**D.** Adjectives of nationality and the names of languages are not capitalized in Spanish. Names of countries, however, are capitalized.

## Ejercicio 7

¿De qué nacionalidad son estas personas?

> MODELO:   el señor Shaoyi He → *Es chino.*

1. _____ la señorita Fernández
2. _____ los señores Watanabe
3. _____ el señor Hartenstein
4. _____ las hermanas Lemieux
5. _____ la señorita Cardinale y la señorita Lomeli
6. _____ la señorita Tang
7. _____ el señor Thatcher

a. alemán/alemana
b. chino/china
c. español/española
d. francés/francesa
e. inglés/inglesa
f. italiano/italiana
g. japonés/japonesa

**¿RECUERDA?**

In Spanish the forms of a verb change to show who is performing the action. You have already seen the forms of **ser** (**Gramática A.3**), **llevar** (**Gramática A.6**), and **tener** (**Gramática C.1**). Now look at the drawings at the bottom of this page and notice the forms of the verb **hablar** (*to speak*).

*infinitive* = verb form ending in **-ar**, **-er**, or **-ir**

You will not find the conjugated forms of a verb—**hablo, hablas, habla,** and so forth—as main entries in a dictionary. You must know the infinitive in order to look up the verb.

## C.5   Talking about Habitual Actions: Present Tense of Regular *-ar* Verbs

**A.** The verb form listed in the dictionary and in most vocabulary lists is the *infinitive*. In Spanish many infinitives end in **-ar** (**llamar, llevar**), but some end in **-er** (**tener**) or in **-ir** (**vivir**). The forms of the verb are called its *conjugation*. Here is the present-tense conjugation of the regular **-ar** verb **hablar**.\* Regular verbs are classified as such because their *stem* (the infinitive minus the ending) remains the same in all forms; the only change is in the endings, which are added to the stem.

---

\*Recognition: **vos hablás**

| hablar (*to speak*) | | |
|---|---|---|
| (yo) | habl**o** | *I speak* |
| (tú) | habl**as** | *you (inf. sing.) speak* |
| (usted, él/ella) | habl**a** | *you (pol. sing.) speak; he/she speaks* |
| (nosotros/as) | habl**amos** | *we speak* |
| (vosotros/as) | habl**áis** | *you (inf. pl., Spain) speak* |
| (ustedes, ellos/as) | habl**an** | *you (pl.) speak; they speak* |

**B.** Remember that Spanish verb endings indicate, in many cases, who or what the subject is, so it is not always necessary to mention the subject explicitly. That is why the pronouns are in parentheses in the preceding table.

—¿**Hablas** español?               —*Do you speak Spanish?*
—Sí, y **hablo** inglés también.     —*Yes, and I speak English too.*

These endings take time to acquire. You can understand and communicate with an incomplete knowledge of them, but they are important; make sure you include them when you write.

## Ejercicio 8

Estamos en una fiesta en casa de Esteban. Complete estas oraciones con la forma correcta del verbo **hablar**.

1. Esteban, las dos chicas rubias _____ alemán, ¿verdad?
2. Mónica, ¿_____ francés tu padre?
3. Alberto y Luis no _____ francés.
4. Nora, ¿_____ tú chino?
5. No, yo no _____ chino, pero _____ un poco de japonés.

## Ejercicio 9

¿Qué idiomas hablan estas personas? Complete cada oración con la forma correcta del verbo **hablar** y el idioma apropiado.

1. Susana Yamasaki González es peruana y _____ español y _____.
2. Los señores Ramírez son mexicanos y _____ _____.
3. Li Yuan Tseng y Mei Chang son chinos y _____ _____
4. Kevin Browne y Stephen Craig son ingleses. _____ _____.
5. Talia Meir y Behira Sefamí son israelíes. _____ _____.
6. ¿Eres rusa? Entonces, tú _____ _____.

# Los datos personales y las actividades

Torreón, México

# Actividades de comunicación y lecturas

## Las fechas y los cumpleaños

*Lea Gramática 1.1.*

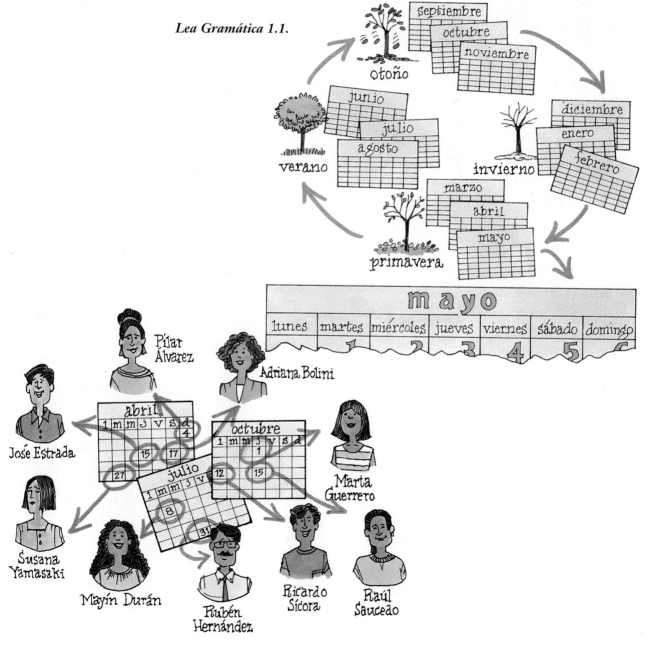

Felicidades en tu día

Feliz cumpleaños
a mi querido
esposo

Virginia

## Actividad 1. Intercambios: El cumpleaños

Hágale preguntas a su compañero/a sobre los dibujos de la página anterior.

MODELOS:   E1: ¿Cuándo nació *José Estrada*?
           E2: Nació el *15 de abril.*

           E1: ¿Quién nació el *15 de octubre*?
           E2: *Raúl Saucedo.*

## Actividad 2. Intercambios: Los amigos de Esteban Brown

MODELO:   E1: ¿Quién nació el *30 de mayo de 1977*?
          E2: *Rogelio Varela.*
          E1: ¿Dónde nació?
          E2: Nació en *San Juan, Puerto Rico.*

| NOMBRE | LUGAR DE NACIMIENTO | FECHA DE NACIMIENTO |
|---|---|---|
| Raúl Saucedo | Guanajuato, México | 15 de octubre de 1979 |
| Rogelio Varela | San Juan, Puerto Rico | 30 de mayo de 1977 |
| Pilar Álvarez | Madrid, España | 4 de abril de 1976 |
| Ricardo Sícora | Caracas, Venezuela | 12 de octubre de 1979 |
| Carmen Bradley | Corpus Christi, Texas | 23 de junio de 1979 |
| Nora Morales | San Antonio, Texas | 4 de julio de 1973 |

## Actividad 3. Intercambios: ¿Qué quieres para tu cumpleaños?

MODELO:   E1: ¿Quieres *un reloj* para tu cumpleaños?
          E2: Sí, quiero *un reloj.* (No, no quiero *un reloj,* quiero *una mochila.*)

1. un reloj
2. una computadora
3. una bicicleta
4. un reproductor para discos compactos
5. una camisa
6. un suéter
7. unos esquíes
8. entradas para un concierto

9. un coche  10. una mochila  11. una cámara

12. un televisor  13. discos compactos  14. un equipo de música

# LECTURA

# El horóscopo

**VOCABULARIO ÚTIL**

| todos | *everyone* |
| Lea | *Read* |
| ¡descubra! | *discover!* |
| el sentido | *sense* |

Aquí está el horóscopo, con información para todos. Lea la descripción de su signo y ¡descubra su personalidad!

**CAPRICORNIO** (del 22 de diciembre al 20 de enero): Usted es una persona muy organizada; tiene buen sentido del humor y una personalidad muy atractiva. Su color es el verde claro.

**ACUARIO** (del 21 de enero al 18 de febrero): Usted es una persona elegante y creativa; es un poco idealista y muy independiente. Colores: rosado y blanco.

**PISCIS** (del 19 de febrero al 20 de marzo): Usted es muy independiente y entusiasta. No es una persona idealista, pero sí muy trabajadora. Color: amarillo.

**ARIES** (del 21 de marzo al 19 de abril): Usted tiene una personalidad muy expresiva; es una persona activa, enérgica ¡y un poquito impulsiva! Su color es el rojo brillante.

**TAURO** (del 20 de abril al 20 de mayo): Usted es un poco temperamental. ¡Pero tiene buen sentido del humor! Es una persona muy generosa con sus amigos. Colores: café y negro.

**GÉMINIS** (del 21 de mayo al 20 de junio): Usted es versátil y muy sociable. No es muy sentimental. La familia y los amigos son muy importantes para usted. Su color favorito es el azul.

**CÁNCER** (del 21 de junio al 22 de julio): Usted es una persona romántica y un poco sentimental. Pero también es muy activa y trabajadora. Colores: crema y blanco.

**LEO** (del 23 de julio al 22 de agosto): Usted tiene una personalidad agresiva; es persistente en todas sus actividades. Tiene pocos, pero buenos, amigos. Color: anaranjado.

**VIRGO** (del 23 de agosto al 22 de septiembre): Usted es de carácter serio y práctico. ¡Tiene mucha energía! Es una persona muy selectiva en sus relaciones. Colores: café oscuro y verde.

**LIBRA** (del 23 de septiembre al 22 de octubre): Usted es una persona artística y un poco tímida. Es muy jovial y tiene muchos buenos amigos. Su color favorito: azul.

**ESCORPIÓN** (del 23 de octubre al 22 de noviembre): Usted tiene una personalidad reservada. Es una persona intuitiva, organizada y persistente. Colores: rojo y negro.

**SAGITARIO** (del 23 de noviembre al 21 de diciembre): ¡Usted es muy optimista! Es una persona sociable y sincera. También es idealista y un poco impulsiva. Colores: azul oscuro y violeta o morado.

## Comprensión

Todas las siguientes oraciones son falsas. Cambie las palabras incorrectas para decir la verdad, según la lectura.

MODELO:   Capricornio es del *21 de junio al 22 de julio.* →
Capricornio es del *22 de diciembre al 20 de enero.*

1. Libra es del *23 de julio al 22 de agosto.*
2. Las personas del signo Sagitario son *muy pesimistas.*
3. Un hombre del signo Virgo normalmente es *impulsivo.*
4. El signo de una mujer que nació el 25 de marzo es *Piscis.*
5. Si una muchacha es del signo Leo, entonces es *muy tímida.*
6. Los colores del signo Acuario son *el café oscuro y el negro.*
7. Una joven del signo Cáncer es *muy práctica.*
8. Generalmente, las personas del signo Géminis son *aburridas.*
9. Las personas del signo Libra tienen *pocos amigos.*
10. Un joven del signo Escorpión probablemente es *agresivo.*

## Ahora... ¡usted!

1. ¿Le gusta leer el horóscopo? ¿Por qué sí o por qué no?
2. ¿Cree usted que el horóscopo dice la verdad?
3. ¿Tiene amigos del mismo signo que usted? ¿Qué aspectos de la personalidad tienen ustedes en común?

 **Un paso más... ¡a escribir!**

Lea su signo y díganos, ¿es usted así? ¿Qué características de su personalidad *no* se mencionan? Escriba una breve descripción de su signo con más características.

MODELO:   Mi signo es _____. ¡Soy muy _____! Soy una persona _____ y
_____. También soy _____ y un poco _____. Mi color favorito es
el _____.

 # Datos personales: El teléfono y la dirección

*Lea Gramática 1.2–1.4.*

UNIVERSIDAD NACIONAL AUTÓNOMA DE MÉXICO

Nombre: Ignacio Padilla León
Dirección: Calle Juárez 528, México D.F.
Teléfono: 5-66-57-42
Fecha de Nacimiento: 26-II-77
Sexo: M
Ojos: negros          Edo. Civil: soltero
Pelo: castaño
Ciudadanía: mexicana
Nº. de Estudiante: 156-87-40-94

UNIVERSIDAD COMPLUTENSE DE MADRID

Nombre:  Pilar Álvarez Cárdenas
Dirección:  Calle Almendras 481, Madrid
Teléfono:  4-71-94-55
Fecha de Nacimiento:  4-IV-76
Sexo: F          Edo. Civil: soltera
Ojos: castaños   Pelo: castaño
Ciudadanía: española
Nº. de Estudiante: 115-38-95-42

## Actividad 4. Del mundo hispano: El pasaporte

| | |
|---|---|
| NOMBRE<br>**Susana Yamasaki González**<br>DIRECCIÓN   **Carabaya**    **883**<br>             Calle          No.<br>          **Cuzco**     **Perú**<br>        Ciudad        País<br>FECHA DE NACIMIENTO<br>      **27**   **abril**   **1965**<br>      Día    Mes    Año<br>LUGAR DE NACIMIENTO<br>     **Lima, Perú** | Nº. **M56  44937   26257**<br>CIUDADANÍA  **peruana**<br>ESTADO CIVIL<br>☐ casado(a)    ☐ soltero(a)<br>☒ divorciado(a)  ☐ viudo(a)<br>NOMBRE DE ESPOSO(A) _____<br>PROFESIÓN **secretaria / guía**<br>**de turistas**<br>OJOS **negros**    PELO **negro**<br>ESTATURA **1.62** mts. PESO **59** kg.<br>FIRMA *Susana Yamasaki González* |

1. ¿Cómo se llama la señora?
2. ¿Dónde vive?
3. ¿En qué mes nació?
4. ¿Cuál es su estado civil?
5. ¿De qué color tiene los ojos?

## Actividad 5. Intercambios: ¿Cómo se escribe?

Usted habla por teléfono con el operador / la operadora.

> MODELO:   OPERADOR(A):  Su nombre y apellido, por favor.
>               USTED: *Ted Klamath.*
>        OPERADOR(A):  Perdón, no entendí bien. ¿Cómo se escribe su
>                  apellido?
>              USTED: *Ca-ele-a-eme-a-te-hache.*

OPERADOR(A):  Su nombre y apellido, por favor.
     USTED: _____.
OPERADOR(A):  Perdón, no entendí bien. ¿Cómo se escribe su apellido?
     USTED: _____.

## Actividad 6. Diálogo abierto: ¿Dónde vives?

E1: ¿Cómo te llamas?
E2: _____. ¿Y tú?
E1: _____. ¿Dónde vives?
E2: En la calle _____, número _____. ¿Y tú?
E1: Vivo en la calle _____, número _____.
E2: ¿Cuál es tu número de teléfono?
E1: Es el _____. ¿Tienes teléfono tú?
E2: Sí, es el _____.

# EL MUNDO HISPANO... su gente

**A**na Lilia Gaitán es de Chile y tiene 31 años.

*¿Cuáles son sus gustos y pasatiempos?*

Me encanta[1] escuchar todo tipo de música, especialmente la latinoamericana. A veces[2] me gusta leer algún libro de Isabel Allende[3] o artículos de revistas[4] que, por lo general, son muy interesantes y son otra forma de aprender sobre otras culturas.

[1]Me... *I really like*   [2]A... *Sometimes*   [3]Isabel... *Famous Chilean novelist, author of the novel* La casa de los espíritus (House of the Spirits), *published in 1982. The film version was made in 1993.*   [4]*magazines*

SUDAMÉRICA

EL OCÉANO PACÍFICO

Chile

EL OCÉANO ATLÁNTICO

# EL MUNDO HISPANO... en los Estados Unidos

**E**lizabeth Álvarez nació en los Estados Unidos, de padres mexicanos. Elizabeth tiene 34 años y vive en Perrysburg, Ohio.

*Describa a un buen amigo o a una buena amiga.*

**Los Estados Unidos**

Perrysburg, Ohio

EL OCÉANO PACÍFICO

EL OCÉANO ATLÁNTICO

Una buena amiga es una persona que está disponible[1] para escucharte cuando más lo necesitas. Es esa persona que te brinda una amistad[2] sincera y que te acepta tal como eres.[3] Mi buena amiga se llama Juanita García. Vive en Calexico, California. Juanita celebra su cumpleaños el cinco de septiembre. Nos gusta celebrar juntas su cumpleaños cuando se puede,[4] porque yo vivo en otro estado. Lo que más nos gusta hacer cuando estamos juntas es conversar. Hablamos mucho de eventos especiales de nuestra niñez.[5]

[1]*available*   [2]te... *offers you a friendship*   [3]tal... *just as you are*   [4]cuando... *when it's possible*   [5]*childhood*

# La hora

*Lea Gramática 1.5.*

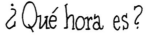

¿Qué hora es?

Es la una.

Son las nueve menos diez.

Es la una y media.

Son las diez menos veinte.

Son las tres.

Son las once y cuarto.

Es mediodía.

Es medianoche.

Son las tres menos veinticinco.
(Son las dos y treinta y cinco.)

Son las siete y cinco.

## Actividad 7. Diálogo: ¿Qué hora es?

SRA. SILVA: Perdón, don Anselmo, ¿qué hora tiene?
DON ANSELMO: *Son las siete y cuarto.*
SRA. SILVA: Muchas gracias.

PAULA SAUCEDO: Oye, Ernesto, ¿qué hora tienes?
ERNESTO RAMÍREZ: *Es casi medianoche.*
PAULA SAUCEDO: ¡Ya es tarde!

## Actividad 8. Intercambios: ¿Qué hora es?

Escuche a su profesor(a). Diga el número del reloj que corresponde a la hora que él/ella dice. Luego, hágale preguntas a su compañero/a según el modelo.

MODELO:   E1:  ¿Qué hora es?
          E2:  Es la _____. / Son las _____.

## Actividad 9. Del mundo hispano: Programas de televisión

Hágale preguntas sobre el siguiente horario a un compañero / una compañera.

1. ¿A qué hora es el programa «Treinta minutos»?
2. ¿A qué hora es el «Informativo de la mañana»?
3. ¿En qué canal se presenta el «Festival de cine»?
4. ¿En qué canal se presenta el programa «Hola Raffaella»?
5. ¿Qué canal presenta más programas de deportes?

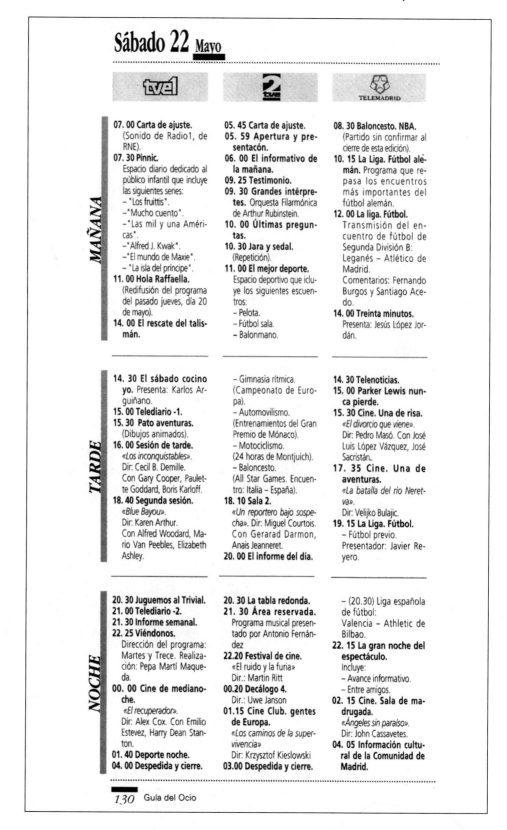

# Sábado 22 Mayo

|  | tve1 | 2 tve | TELEMADRID |
|---|---|---|---|

### MAÑANA

**tve1**

**07. 00 Carta de ajuste.** (Sonido de Radio1, de RNE).
**07. 30 Pinnic.** Espacio diario dedicado al público infantil que incluye las siguientes series:
– "Los fruittis".
– "Mucho cuento".
– "Las mil y una Américas".
– "Alfred J. Kwak".
– "El mundo de Maxie".
– "La isla del príncipe".
**11. 00 Hola Raffaella.** (Redifusión del programa del pasado jueves, día 20 de mayo).
**14. 00 El rescate del talismán.**

**2 tve**

**05. 45 Carta de ajuste.**
**05. 59 Apertura y presentacón.**
**06. 00 El informativo de la mañana.**
**09. 25 Testimonio.**
**09. 30 Grandes intérpretes.** Orquesta Filarmónica de Arthur Rubinstein.
**10. 00 Últimas preguntas.**
**10. 30 Jara y sedal.** (Repetición).
**11. 00 El mejor deporte.** Espacio deportivo que icluye los siguientes escuentros:
– Pelota.
– Fútbol sala.
– Balonmano.

**TELEMADRID**

**08. 30 Baloncesto. NBA.** (Partido sin confirmar al cierre de esta edición).
**10. 15 La Liga. Fútbol alemán.** Programa que repasa los encuentros más importantes del fútbol alemán.
**12. 00 La liga. Fútbol.** Transmisión del encuentro de fútbol de Segunda División B: Leganés – Atlético de Madrid. Comentarios: Fernando Burgos y Santiago Acedo.
**14. 00 Treinta minutos.** Presenta: Jesús López Jordán.

### TARDE

**tve1**

**14. 30 El sábado cocino yo.** Presenta: Karlos Arguiñano.
**15. 00 Telediario -1.**
**15. 30 Pato aventuras.** (Dibujos animados).
**16. 00 Sesión de tarde.** «Los inconquistables». Dir: Cecil B. Demille. Con Gary Cooper, Paulette Goddard, Boris Karloff.
**18. 40 Segunda sesión.** «Blue Bayou». Dir: Karen Arthur. Con Alfred Woodard, Mario Van Peebles, Elizabeth Ashley.

**2 tve**

– Gimnasia rítmica. (Campeonato de Europa).
– Automovilismo. (Entrenamientos del Gran Premio de Mónaco).
– Motociclismo. (24 horas de Montjuich).
– Baloncesto. (All Star Games. Encuentro: Italia – España).
**18. 10 Sala 2.** «Un reportero bajo sospecha». Dir: Miguel Courtois. Con Gerarad Darmon, Anais Jeanneret.
**20. 00 El informe del día.**

**TELEMADRID**

**14. 30 Telenoticias.**
**15. 00 Parker Lewis nunca pierde.**
**15. 30 Cine. Una de risa.** «El divorcio que viene». Dir: Pedro Masó. Con José Luis López Vázquez, José Sacristán.
**17. 35 Cine. Una de aventuras.** «La batalla del río Neretva». Dir: Velijko Bulajic.
**19. 15 La Liga. Fútbol.** – Fútbol previo. Presentador: Javier Reyero.

### NOCHE

**tve1**

**20. 30 Juguemos al Trivial.**
**21. 00 Telediario -2.**
**21. 30 Informe semanal.**
**22. 25 Viéndonos.** Dirección del programa: Martes y Trece. Realización: Pepa Martí Maqueda.
**00. 00 Cine de medianoche.** «El recuperador». Dir: Alex Cox. Con Emilio Estevez, Harry Dean Stanton.
**01. 40 Deporte noche.**
**04. 00 Despedida y cierre.**

**2 tve**

**20. 30 La tabla redonda.**
**21. 30 Área reservada.** Programa musical presentado por Antonio Fernández
**22.20 Festival de cine.** «El ruido y la furia» Dir.: Martin Ritt
**00.20 Decálogo 4.** Dir.: Uwe Janson
**01.15 Cine Club. gentes de Europa.** «Los caminos de la supervivencia» Dir: Krzysztof Kieslowski
**03.00 Despedida y cierre.**

**TELEMADRID**

– (20.30) Liga española de fútbol: Valencia – Athletic de Bilbao.
**22. 15 La gran noche del espectáculo.** Incluye:
– Avance informativo.
– Entre amigos.
**02. 15 Cine. Sala de madrugada.** «Ángeles sin paraíso». Dir: John Cassavetes.
**04. 05 Información cultural de la Comunidad de Madrid.**

# Las actividades y los deportes

*Lea Gramática 1.6.*

## Un fin de semana típico de los Ramírez

A Guillermo y a sus amigos les gusta jugar al fútbol.

A Amanda y a Graciela les gusta jugar al tenis.

A Ernestito le gusta andar en bicicleta.

A Estela le gusta ir de compras.

A Ernesto le gusta leer.

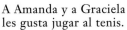

A Amanda le gusta ver su telenovela favorita.

A Ernesto y a Guillermo les gusta ver un partido de béisbol en el estadio.

A los Ramírez les gusta cenar en restaurantes italianos.

## Actividad 10. Intercambios: El fin de semana

MODELOS:   E1:  ¿A quién le gusta *jugar al basquetbol*?
           E2:  A *Ricardo Sícora.*

           E1:  ¿Qué le gusta hacer a *Ricardo los sábados*?
           E2:  Le gusta *ir al cine.*

| NOMBRE | LOS SÁBADOS LE GUSTA | LOS DOMINGOS LE GUSTA... |
|---|---|---|
| Ricardo Sícora, 18 años Caracas, Venezuela | ir al cine | jugar al basquetbol |
| Adriana Bolini, 35 años Buenos Aires, Argentina | cocinar | jugar al tenis |
| Raúl Saucedo, 19 años México, D.F., México | salir a bailar | ver un partido de fútbol |
| Nacho Padilla, 21 años México, D.F., México | ver la televisión | jugar al voleibol |
| Carla Espinosa, 22 años San Juan, Puerto Rico | ir de compras | ir a la playa |

## Actividad 11. Preferencias: Los gustos

Diga sí o no.

1. Durante las vacaciones me gusta...
   a. viajar.
   b. bailar por la noche.
   c. andar en bicicleta.
   d. dormir todo el día.
2. No me gusta...
   a. nadar en una piscina.
   b. acampar.
   c. jugar en la nieve.
   d. patinar en el hielo.
3. Por la noche, a mis padres les gusta...
   a. ver la televisión.
   b. cenar en restaurantes elegantes.
   c. ir a fiestas.
   d. leer el periódico.
4. A mi profesor(a) de español le gusta...
   a. ir a fiestas.
   b. hacer ejercicio.
   c. cocinar.
   d. llevar ropa elegante.

### Y TÚ, ¿QUÉ DICES?

| | | |
|---|---|---|
| ¡Qué interesante! | ¡No lo creo! | A mí no me gusta. |
| ¡Qué divertido! | A mí sí me gusta. | A mí tampoco me |
| ¡Qué aburrido! | A mí también me gusta. | gusta. |

E1: (A mí) No me gusta acampar.
E2: A mí sí me gusta. (A mí tampoco me gusta.)

## Actividad 12. Entrevista: ¿Qué te gusta hacer?

MODELO:  E1: ¿Te gusta *viajar*?
E2: Sí, *me gusta mucho* viajar. (No, *no me gusta* viajar.)

1. ver la televisión
2. cenar en restaurantes
3. pescar
4. bailar en discotecas
5. escribir cartas
6. viajar en carro
7. escuchar música
8. cocinar
9. sacar fotos
10. trabajar

### Actividad 13. Intercambios: Los juegos panamericanos

MODELOS:
  E1: ¿Qué días hay competición de *baloncesto* (*basquetbol*)?
  E2: Del *11 al 21 de marzo*, y del *23 al 26*.

  E1: ¿Cuándo hay competición de *nado sincronizado* el *13 de marzo*?
  E2: Por *la tarde*.

# XII JUEGOS DEPORTIVOS PANAMERICANOS MARZO 1995
## PROGRAMA DIARIO DE ACTIVIDADES

| EVENTO | V 10 | S 11 | D 12 | L 13 | M 14 | M 15 | J 16 | V 17 | S 18 | D 19 | L 20 | M 21 | M 22 | J 23 | V 24 | S 25 | D 26 |
|---|---|---|---|---|---|---|---|---|---|---|---|---|---|---|---|---|---|
| ACTO DE INAUGURACIÓN | ● | | | | | | | | | | | | | | | | |
| ATLETISMO | | ● | ● | ● | | ● | ● | | ● | ● | | | | | | | |
| BALONCESTO | | ● | ● | ● | ● | ● | ● | ● | ● | ● | ● | | ● | ● | ● | ● | ● |
| BALONMANO | | | ● | ● | ● | ● | ● | | ● | ● | | | | | | | |
| BÉISBOL | | | ● | ● | ● | ● | ● | | ● | ● | ● | ● | | ● | ● | | |
| BOXEO | | | | | ● | ● | ● | ● | ● | ● | ● | ● | ● | | ● | ● | |
| CANOA/KAYAK | | ● | ● | | | | | | | | | | | | | | |
| CICLISMO | | | ● | | | ● | ● | ● | ● | ● | | ● | | | | | |
| ECUESTRE | | | | | ● | ● | ● | ● | ● | | ● | | | | | | |
| FÚTBOL | | | ● | ● | ● | ● | | ● | | ● | | ● | | ● | | ● | |
| GIMNASIA ARTÍSTICA | | ● | ● | ● | ● | | | ● | ● | ● | ● | | | | | | |
| GIMNASIA RÍTMICA | | | | | | | | | | | | | ● | ● | ● | ● | ● |
| JUDO | | | | | | | ● | ● | ● | ● | ● | | | | | | |
| LEVANTAMIENTO DE PESAS | | | | ● | ● | ● | ● | ● | ● | | | | | | | | |

| EVENTO | V 10 | S 11 | D 12 | L 13 | M 14 | M 15 | J 16 | V 17 | S 18 | D 19 | L 20 | M 21 | M 22 | J 23 | V 24 | S 25 | D 26 |
|---|---|---|---|---|---|---|---|---|---|---|---|---|---|---|---|---|---|
| LUCHA | | | | | ● | ● | ● | ● | | ● | ● | ● | | | | | |
| CLAVADOS (ACUÁTICOS) | | ● | ● | | ● | ● | ● | | ● | ● | | | | | | | |
| NATACIÓN (ACUÁTICOS) | | | | | | | | | | | | ● | ● | ● | ● | ● | ● |
| NADO SINCRONIZADO (ACUÁTICOS) | | | ● | ● | ● | ● | ● | ● | ● | ● | | | | | | | |
| POLO ACUÁTICO (ACUÁTICOS) | | | | | ● | ● | ● | | ● | ● | ● | ● | | | | | |
| PATINAJE | | | | | | | | | | | ● | ● | ● | ● | ● | ● | |
| TAEKWONDO | | | | | | | | | | | | | | ● | ● | ● | ● |
| TENIS | | | | | ● | ● | ● | ● | ● | ● | ● | ● | | ● | ● | ● | ● |
| TENIS DE MESA | | | | ● | ● | ● | ● | ● | ● | ● | ● | ● | | | | | |
| TIRO | | | | | ● | ● | ● | ● | ● | ● | | | | | | | |
| TIRO CON ARCO | | | | | ● | ● | ● | ● | ● | ● | | | | | | | |
| VOLEIBOL | | | | | | | ● | ● | ● | ● | ● | ● | ● | ● | ● | ● | ● |
| PELOTA VASCA | | | | ● | ● | ● | ● | ● | ● | | | | | | | | |
| CEREMONIA DE CLAUSURA | | | | | | | | | | | | | | | | | ● |

**LEYENDA:**  ● MAÑANA   ○ TARDE   ◐ NOCHE

## EL MUNDO HISPANO... imágenes

**U**n deporte muy popular en España es el jai alai, un juego de origen vasco.[1] Las personas que juegan al jai alai necesitan ser ágiles y rápidas. Los dos jugadores de la foto se entrenan para un partido.

[1] *Basque*

# NOTA CULTURAL

# Los deportes

Los hispanos practican muchos deportes, pero hay dos que son muy populares. Antes de leer esta Nota cultural, mire las palabras **en negrilla** y descubra rápidamente el nombre de varios deportes importantes.

**VOCABULARIO ÚTIL**

| | |
|---|---|
| Antes de leer | *Before reading* |
| mire | *look at* |
| la natación | *swimming* |
| el ciclismo | *cycle racing* |
| ha ganado | *has won* |
| la carrera Tour-de-France | *Tour-de-France race, a bicycle touring race that covers approximately 2,500 miles (4,000 kilometers) in France and neighboring countries such as Spain.* |
| la Serie Mundial | *World Series (baseball)* |
| De hecho | *In fact* |

A los hispanos les gusta practicar deportes individuales, **el esquí** y **la natación,** por ejemplo. Muchas personas esquían en la Sierra Nevada, que está en España, y también esquían en Chile y Argentina. **El ciclismo** es muy popular en Colombia, México y España. Un ciclista español, Miguel Indurain, ha ganado varias veces la carrera Tour-de-France.

Todas las ciudades hispanas grandes tienen gimnasios donde es posible **nadar, levantar pesas, hacer gimnasia** o **ejercicios aeróbicos** y **jugar al ráquetbol** y **al tenis.** Y hablando del tenis, dos de las mejores tenistas son hispanas: una es una joven argentina que se llama Gabriela Sabatini, y la otra es una española que se llama Arantxa Sánchez Vicario.

Los dos deportes de más popularidad en el mundo hispano son sin duda **el fútbol** y **el béisbol.** (Cuando uno dice «fútbol» en español, habla del *soccer*; lo que en inglés se llama *football*, en español se llama **fútbol norteamericano**). El fútbol es el deporte favorito de los argentinos, los uruguayos y los chilenos, entre otros.

El béisbol, deporte de origen norteamericano, es el que más se juega en los países del Caribe: Puerto Rico, Cuba, Venezuela y la República Dominicana. Muchos caribeños miran la Serie Mundial en la televisión o la escuchan en la radio. ¡El programa tiene un público enorme en esa región!

Uno de los beisbolistas profesionales más jóvenes en los Estados Unidos, Manny Ramírez, nació en la República Dominicana. Pero también en México y otros países de América Latina hay gran entusiasmo por este deporte. De hecho, el famoso jugador profesional de béisbol Fernando Valenzuela es mexicano.

En realidad, la pasión por los deportes es un aspecto esencial del carácter hispano.

## Comprensión

¿Cierto o falso?

1. El fútbol se practica mucho en Chile y Argentina.
2. Es posible esquiar en los gimnasios.
3. Hay muchos jugadores de béisbol en el Caribe.
4. Normalmente, los hispanos no practican deportes individuales.
5. Hay un ciclista español muy famoso.

## Ahora... ¡usted!

1. ¿Le gustan los deportes? ¿Cuáles practica?
2. ¿Hay deportistas famosos que juegan su deporte favorito? ¿Quiénes son? ¿Es usted admirador(a) de esas personas?
3. ¿Cuáles de los deportes mencionados en la Nota cultural le gusta practicar a usted? Indique si le gusta practicarlos mucho, a veces o nunca.

|  | MUCHO | A VECES | NUNCA |
|---|:---:|:---:|:---:|
| el béisbol | ☐ | ☐ | ☐ |
| el ciclismo | ☐ | ☐ | ☐ |
| el esquí | ☐ | ☐ | ☐ |
| el fútbol | ☐ | ☐ | ☐ |
| el fútbol norteamericano | ☐ | ☐ | ☐ |
| la natación | ☐ | ☐ | ☐ |
| el ráquetbol | ☐ | ☐ | ☐ |
| el tenis | ☐ | ☐ | ☐ |

 Un paso más... ¡a escribir!

Imagínese que usted es un deportista famoso / una deportista famosa. ¿Cuál es su deporte? ¿Tiene muchos admiradores? ¡Descríbase! Puede incluir una descripción física y también de su personalidad.

Me llamo _____ y juego al _____. Soy muy famoso/a; tengo (*número*) admiradores. Practico este deporte (*frecuencia*). Soy (*descripción física*). ¿Mi personalidad? Pues... soy _____ y _____.

# En resumen

## De todo un poco

**A.** La correspondencia

Estos muchachos y muchachas de México quieren entablar correspondencia con otros muchachos y muchachas. Hágale preguntas a su compañero/a acerca de la información que hay sobre ellos.

MODELOS: E1: ¿Cuántos años tiene _____?

E2: Tiene _____.

E1: ¿Cuál es el deporte favorito de _____?

E2: Su deporte favorito es el/la _____.

E1: ¿Cuál es la dirección de _____?

E2: Su dirección es _____.

E1: ¿Qué le gusta hacer a _____?

E2: Le gusta _____.

## Y TÚ ¿QUIÉN ERES?

México
EL GOLFO DE MÉXICO
Morelia
México D.F.
JALISCO
MICHOACÁN
EL OCÉANO PACÍFICO

➥ **MIGUEL ÁNGEL OJEDA CEGUEDA (19 años)**
Calz. I. Zaragoza 1111, Col. Agrícola Oriental, México, D.F., C.P. 08500.
Pasatiempos: natación, baloncesto, fútbol americano y ciclismo.

➥ **JOSÉ GUADALUPE AYALA RAMÍREZ (18 años)**
Julio V. Plata 74, Col. Héroe de Nacozari, México, D.F., C.P. 07780.
Pasatiempos: jugar al fútbol y tener amigos por correspondencia.

➥ **LUIS MANUEL GALVÁN O. (20 años)**
Alzate 100, Ozumba, Edo. de México, C.P. 56800.
Pasatiempos: ir a las discos, jugar al basquetbol y leer *Eres*.

➥ **LETICIA VILLANUEVA R. (24 años)**
Ardilla 341, Col. Benito Juárez, Cd. Neza, Edo. de México, D.P. 57000.
Pasatiempos: escuchar música, bailar, pasear y tener amigos.

➥ **MARÍA GUADALUPE E IRMA PRECIADO MENDOZA (16 y 23 años)**
Calle Carretera a Tesistán 1051, Col. Arcos de Zapopan, Zapopan, Jal., C.P. 45130.
Pasatiempos: escuchar música, ver la televisión y leer.

➥ **MARÍA CRUZ RODRÍGUEZ P. (22 años)**
Motolinía 237, Centro, Morelia, Mich., C.P. 58000.
Pasatiempos: ir a la playa, escuchar música y tener muchos amigos.

**Abreviaturas:**

| | | |
|---|---|---|
| Calz.–calzada | C.P.–código postal | Gpe.–Guadalupe |
| Cd.–ciudad | D.F.–Distrito Federal | Jal.–Jalisco |
| Col.–Colonia | Edo.–Estado | Mich.–Michoacán |

**B.** La curiosidad

Trabaje con otros dos o tres estudiantes para escribir por lo menos dos preguntas interesantes para hacerles a estas personas famosas.

1. al presidente de los Estados Unidos
2. a un actor de cine muy guapo
3. a una actriz famosa y bonita
4. a una mujer muy bonita en una fiesta
5. a un hombre muy joven en su clase
6. a su profesor(a) de español

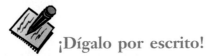

## ¡Dígalo por escrito!

Descripción de personas

De su revista favorita, seleccione una foto que tenga una o más personas y tráigala a clase. Trabajando con un compañero / una compañera, describan cada foto en detalle. ¡Usen su imaginación! Por ejemplo, pueden incluir información sobre los siguientes aspectos de la(s) persona(s) de la foto.

- ¿Cómo se llama?
- ¿De dónde es?
- ¿Dónde vive ahora? ¿Con quién(es) vive?
- ¿Cuántos años tiene?
- ¿Cuál es su fecha de nacimiento? ¿su signo?
- ¿Cómo es?
- ¿Qué ropa lleva?
- ¿Qué hace?
- ¿ ?

Después de la clase, cada uno de ustedes debe escribir una breve descripción de la foto de su compañero/a, basándose en su conversación en clase y también incluyendo todos los otros detalles que puedan. ¡No se olviden de entregar las fotos con las descripciones!

## VIDEOTECA

En este segmento de video, usted va a conocer a dos primos de Ecuador, Paloma y José Miguel. También va a conocer a Gustavo, un amigo de Paloma. Mientras mira el video, escuche bien para distinguir las frases y palabras que ya conoce. Por ejemplo, ¿qué deporte le gusta a Gustavo? ¿Cuál es la fecha del cumpleaños del padre de Paloma? También, trate de apuntar el número de teléfono de Paloma. En el Capítulo 1 del *Cuaderno de trabajo* hay más actividades para hacer después de ver el video.

# Vocabulario

## Los meses del año — Months of the Year

enero — January

**PALABRAS SEMEJANTES:** febrero, marzo, abril, mayo, junio, julio, agosto, septiembre, octubre, noviembre, diciembre

## Las estaciones — Seasons

la primavera — spring
el verano — summer
el otoño — fall, autumn
el invierno — winter

## Los días de la semana
Days of the Week

(el) lunes — Monday
(el) martes — Tuesday
(el) miércoles — Wednesday
(el) jueves — Thursday
(el) viernes — Friday
(el) sábado — Saturday
(el) domingo — Sunday

## ¿Cuándo? — When?

anteayer — day before yesterday
ayer — yesterday
durante — during
hoy — today
mañana — tomorrow
la mañana — morning
pasado mañana — day after tomorrow
por la mañana/tarde/ — in the morning / afternoon
    noche — (evening) / at night

## Los datos personales
Personal Data

la calle — street
la ciudadanía — citizenship
el cumpleaños — birthday
la dirección — address
¿Dónde vive usted — Where do you live?
    (vives tú)?
el estado civil — marital status

la fecha (de nacimiento) — date (of birth)
el lugar (de nacimiento) — place (of birth)
el peso — weight

**PALABRAS SEMEJANTES:** el pasaporte, el sexo

**REPASO:** el apellido, casado/a, divorciado/a, soltero/a, viudo/a

## La hora — Time; Hour

¿A qué hora (es)... ? — At what time (is) . . . ?
    (Es) A la(s)... — (It is) At . . .
la medianoche — midnight
el mediodía — noon
¿Qué hora es? — What time is it?
    Es la una y media. — It is one-thirty.
    Son las nueve menos — It is ten (minutes) to nine.
    diez (minutos).
Oye, ¿qué hora tienes? — Hey, what time do you have?
Perdón, ¿qué hora tiene? — Excuse me, what time do you have?

y cuarto / menos cuarto — quarter after / quarter till
y media — half past

## Los deportes y los juegos
Sports and Games

el basquetbol — basketball
    (baloncesto)
el equipo — team
el esquí — ski; skiing
el estadio — stadium
el fútbol — soccer
el fútbol americano — football
jugar — to play
nadar — to swim
el partido — game (in sports), match
patinar (en el hielo) — to skate (on ice)
pescar — to fish

**PALABRAS SEMEJANTES:** el bate, el béisbol, la competición, el tenis, el voleibol

## Las actividades

acampar — to camp (go camping)
andar en bicicleta — to ride a bicycle
bailar — to dance
cenar — to dine, have dinner

| | |
|---|---|
| cocinar | to cook |
| dormir (todo el día) | to sleep (all day) |
| escuchar (música) | to listen (to music) |
| escribir (cartas) | to write (letters) |
| hacer | to do; to make |
| hacer ejercicio | to exercise |
| ir | to go |
| a fiestas | to parties |
| de compras | shopping |
| jugar (en la nieve) | to play (in the snow) |
| leer (el periódico) | to read (the newspaper) |
| sacar fotos | to take photos |
| salir (a bailar) | to go out (dancing) |
| trabajar | to work |
| ver | to see; to watch |
| la televisión | television |
| una telenovela | a soap opera |
| un partido de... | a . . . game |

**REPASO:  hablar por teléfono**

## Los lugares             Places

| | |
|---|---|
| el cine | movie theater |
| la piscina | swimming pool |
| la playa | beach |

**PALABRAS SEMEJANTES:  la discoteca, el restaurante**

## Los verbos

| | |
|---|---|
| decir | to say |
| dice | he/she says; you (*pol. sing.*) say |
| querer | to want |
| quieren | they want |
| vivir | to live |
| vivo | I live |
| vives | you (*inf. sing.*) live |
| vive | he/she lives; you (*pol. sing.*) live |

## Palabras y expresiones del texto

| | |
|---|---|
| ¡Dígalo por escrito! | Say it in writing! |
| los gustos | likes (preferences) |
| Hágale preguntas a... | Ask . . . questions. |
| la lectura | reading (*n.*) |
| se presenta | is shown |
| sobre | about |
| trabaje(n) | work (*command*) |

**PALABRAS SEMEJANTES:  corresponde, la nota cultural, la preferencia**

## Palabras útiles

| | |
|---|---|
| a | to |
| casi | almost |
| ¿Cuándo... ? | When . . . ? |
| ¿Dónde... ? | Where . . . ? |
| del (de + el) | of the (*required contraction*) |
| las entradas (para un concierto) | tickets (for a concert) |
| el equipo de música | stereo |
| este/esta | this |
| feliz | happy |
| el fin de semana | weekend |
| la firma | signature |
| el horario | schedule |
| para | for |
| querido/a | dear |
| el reproductor para discos compactos | CD player |
| el televisor | television set |
| todo/a | all, every |

**PALABRAS SEMEJANTES: el actor / la actriz, la cámara, el canal, la correspondencia, la curiosidad, elegante, famoso/a, favorito/a, hispano/a, la información, la música, nacional, el operador / la operadora, panamericano/a, el presidente / la presidenta, la profesión, el programa, el teléfono, las vacaciones**

## Expresiones útiles

| | |
|---|---|
| ¿A quién le gusta... ? | Who likes to . . . ? |
| ¿Cómo te llamas (tú)? | What is your name? |
| ¿Cómo se escribe... ? | How do you spell . . . ? |
| ¿Cuándo (¿Dónde) nació? | When (Where) were you (was he/she) born? |
| ¡Felicidades! | Congratulations! |
| ¡Feliz cumpleaños! | Happy birthday! |
| No entendí bien. | I didn't understand well. |
| No lo creo. | I don't believe it. |
| Por favor. | Please. |
| ¡Qué aburrido! | How boring! |
| ¡Qué divertido! | How fun! |
| ¡Qué interesante! | How interesting! |
| ¿Qué le/te/les gusta hacer? | What do you (*pol. sing. / inf. / pl.*) like to do? |
| Le gusta... | He/She likes (You [*pol. sing.*] like) (to) . . . |
| Les gusta... | They/You (*pl.*) like (to) . . . |
| Te gusta... | You (*inf.*) like (to) . . . |
| (No) Me gusta... | I (don't) like (to) . . . |
| A mí también/tampoco. | I do too. / I don't either. |
| Ya es tarde. | It's late already. |
| Y tú, ¿qué dices? | And you? What do you say? |

# Gramática y ejercicios

## 1.1 Counting: Numbers 100–1000 and Dates

100 = **cien**
101 = **ciento uno**
161 = **ciento sesenta y uno**
**doscientos (200) hombres**
**doscientas (200) mujeres**
**quinientos (500) edificios**
**quinientas (500) sillas**

**A.** Here are the hundreds, from 100 to 1000. Note particularly the pronunciation and spelling of 500, 700, and 900. The word for *one hundred* is **cien,** but when combined with other numbers it is usually **ciento(s).** From 200 to 900, there is also a feminine form.

| | |
|---|---|
| 154 ciento cincuenta y cuatro | 600 seiscientos/as |
| 200 doscientos/as | 700 setecientos/as |
| 300 trescientos/as | 800 ochocientos/as |
| 400 cuatrocientos/as | 900 novecientos/as |
| 500 quinientos/as | 1000 mil |

—¿Cuántos estudiantes de España hay en el grupo? ¿Hay **cien**?

—*How many students from Spain are in the group? Are there a hundred?*

—No, hay **ciento cincuenta y cuatro.**

—*No, there are one hundred and fifty-four.*

—¿Cuántas sillas hay?
—Hay **doscientas diez.**

—*How many chairs are there?*
—*There are two hundred and ten.*

**B.** To state a year in Spanish, use **mil** (1000) followed by hundreds in the masculine form (if necessary).

1832 mil ochocientos treinta y dos
1993 mil novecientos noventa y tres
2000 dos mil

## Ejercicio 1

Diga las siguientes fechas.

1. 1876
2. 1588
3. 1775
4. 1991
5. 2000
6. 1945
7. 1011
8. 1929
9. 1615
10. 2025

## 1.2   Spelling: The Spanish Alphabet

| LETTER | NAME | EXAMPLE | LETTER | NAME | EXAMPLE |
|--------|------|---------|--------|------|---------|
| a | a | Ana | ñ | eñe | Íñigo |
| b | be, be grande | Bárbara | o | o | Olga |
| c | ce | Celia | p | pe | Pedro |
| d | de | David | q | cu | Quintín |
| e | e | Ernesto | r | ere | Mario |
| f | efe | Franco | rr | erre, doble ere | Roberto |
| g | ge | Gerardo | s | ese | Sara |
| h | hache | Hortensia | t | te | Tomás |
| i | i | Isabel | u | u | Úrsula |
| j | jota | Juan | v | uve, ve chica | Vicente |
| k | ca | Kati | w | doble ve, ve doble | Walter |
| l | ele | Laura | x | equis | Ximena |
| m | eme | Miguel | y | i griega | Yolanda |
| n | ene | Nora | z | zeta | Zulema |

Learn how to spell your first and last names in Spanish; that is what you will be expected to spell most frequently.

**A.** Letters are feminine: **la «ele», la «i», la «equis».** The letter combination **ll** (often referred to as **doble ele**) is pronounced like a *y*. The letter combinations **ch, ll,** and **rr** cannot be divided when splitting a word into syllables.*

**B.** **B** and **v** are pronounced identically, so speakers use different devices to differentiate them; the most common is to call one **la be grande** and the other **la ve chica** (or **la b larga** and **la v corta**). Many people say **la be de burro, la ve de vaca** (**b** as in **burro**, **v** as in **vaca**). The letters **k** and **w** are used mostly in words of foreign origin: **kilo, whisky.**

**C.** Spanish speakers do not normally spell out entire words, but rather tend to refer only to the letters that might cause confusion. For example, if the name is **Rodríguez,** one might ask: **¿Se escribe con *zeta* o con *ese*?** (*Is it written with a z or with an s?*) Common spelling questions asked by most Latin Americans are the following.

| | | | | |
|---|---|---|---|---|
| s, z | ¿Con **ese** o con **zeta**? | | y, ll | ¿Con **i griega** o con **doble ele**? |
| c, s | ¿Con **ce** o con **ese**? | | g, j | ¿Con **ge** o con **jota**? |
| c, z | ¿Con **ce** o con **zeta**? | | v, b | ¿Con **ve chica** o con **be grande**? |

Because the letter **h** is never pronounced in Spanish, a common question is: **¿Con o sin *hache*?** (*With or without h?*)

---

*Until recently, the letter combinations **ch** and **ll** were considered single units, had separate names (**che** and **elle**), and affected alphabetization (for example, **chico** after **cumpleaños, llamar** after **luna**). You will still see this pattern of alphabetization in many dictionaries and textbooks.

Only with foreign words (or perhaps very unfamiliar Spanish words) do Spanish speakers spell out the entire word.

—¿Cómo se escribe *Dorwick*, por favor?
—Se escribe: **de, o, ere, doble ve, i, ce, ca.**
—Gracias.

## Ejercicio 2

Escoja la respuesta correcta.

> MODELO: ¿Cómo se escribe _____apato?
> (a.) con zeta
> b. con ese

**1.** ¿Cómo se escribe _____ien?
  **a.** con ce
  **b.** con zeta

**2.** ¿Cómo se escribe _____aponés?
  **a.** con ge
  **b.** con jota

**3.** ¿Cómo se escribe nue_____o?
  **a.** con ve chica
  **b.** con be grande

**4.** ¿Cómo se escribe _____iudad?
  **a.** con ce
  **b.** con ese

**5.** ¿Cómo se escribe _____amar?
  **a.** con doble ele
  **b.** con i griega (y)

**6.** ¿Como se escribe _____ermano?
  **a.** con hache
  **b.** sin hache

**7.** ¿Cómo se escribe amari_____o?
  **a.** con doble ele
  **b.** con i griega (y)

**8.** ¿Cómo se escribe _____ombre?
  **a.** con hache
  **b.** sin hache

**9.** ¿Cómo se escribe piza_____a?
  **a.** con ere
  **b.** con erre

**10.** ¿Cómo se escribe ma_____or?
  **a.** con doble ele
  **b.** con i griega (y)

---

### ¿RECUERDA?

In **Gramática A.6** you learned that Spanish verbs change endings, letting you know who is performing the action. You saw these endings for regular **-ar** verbs, like **hablar,** in **Gramática C.5.** The verb form that appears in the dictionary and in most vocabulary lists, however, is the *infinitive;* Spanish infinitives always end in **-ar, -er,** or **-ir.** The endings are added to the *stem* (the infinitive minus **-ar, -er,** or **-ir**).

## 1.3 Talking About Habitual Actions: Present Tense of Regular *-er* and *-ir* Verbs

Following are the present-tense conjugations of the regular **-er** and **-ir** verbs **leer** and **vivir.**\*

| leer (*to read*) | | |
|---|---|---|
| (yo) | le**o** | *I read* |
| (tú) | le**es** | *you (inf. sing.) read* |
| (usted, él/ella) | le**e** | *you (pol. sing.) read; he/she reads* |
| (nosotros/as) | le**emos** | *we read* |
| (vosotros/as) | le**éis** | *you (inf. pl., Spain) read* |
| (ustedes, ellos/as) | le**en** | *you (pl.) read; they read* |

---

\*For recognition: **vos leés, vivís**

It takes time to acquire these endings. As you read, listen, and interact more in Spanish, you will be able to use them with greater accuracy.

| vivir (*to live*) | |
| --- | --- |
| (yo) viv**o** | *I live* |
| (tú) viv**es** | *you (inf. sing.) live* |
| (usted, él/ella) viv**e** | *you (pol. sing.) live; he/she lives* |
| (nosotros/as) viv**imos** | *we live* |
| (vosotros/as) viv**ís** | *you (inf. pl., Spain) live* |
| (ustedes, ellos/as) viv**en** | *you (pl.) live; they live* |

Remember that, because Spanish verb endings indicate in many cases who or what the subject is, it is not necessary to use subject pronouns in every sentence.

—¿Dónde vives?  —*Where do you live?*
—Vivo en San Juan.  —*I live in San Juan.*

## Ejercicio 3

leer = *to read*

Complete estas oraciones con la forma correcta del verbo **leer.**

1. Muchos españoles _____ el periódico *El País.*
2. ¿_____ (tú) muchas novelas?
3. Mi amigo _____ la Biblia todos los días.
4. (Yo) _____ libros en español.
5. Profesora, ¿_____ (usted) muchas composiciones?

## Ejercicio 4

vivir = *to live*

Complete estas oraciones con la forma correcta del verbo **vivir.**

1. Pablo _____ en Texas.
2. (Nosotros) No _____ en México.
3. Susana y sus hijos _____ en Perú.
4. ¿_____ (vosotros) en España?
5. (Yo) _____ en los Estados Unidos.
6. ¿_____ (ustedes) en Panamá?

## 1.4   Asking Questions: Question Formation

You have already seen and heard many questions in Spanish.

¿Cómo se llama usted?
¿Qué hora es?
¿Cuándo nació José?
¿Es alto Guillermo?
¿Habla usted español?
¿Tienen (ustedes) hijos?
¿Eres (tú) extrovertida?
¿Qué tiene Amanda?

**A.** Statements in Spanish are normally formed by using a subject, then the verb, and then any object or description.

Ernestito tiene un perro grande.
subject    verb    object  adjective

Amanda es delgada.
subject  verb  adjective

Questions, however, are generally formed by placing the subject *after* the verb, with any object or description either following or preceding the subject.

| STATEMENT: | Ernestito tiene un perro grande. | *Ernestito has a big dog.* |
| QUESTION: | ¿Tiene Ernestito un perro grande? | *Does Ernestito have a big dog?* |
| STATEMENT: | Amanda es delgada. | *Amanda is thin.* |
| QUESTION: | ¿Es delgada Amanda? | *Is Amanda thin?* |
| STATEMENT: | Susana vive en Perú. | *Susana lives in Peru.* |
| QUESTION: | ¿Vive Susana en Perú? | *Does Susana live in Peru?* |
| STATEMENT: | (Tú) Lees muchas novelas. | *You read a lot of novels.* |
| QUESTION: | ¿Lees (tú) muchas novelas? | *Do you read a lot of novels?* |
| STATEMENT: | Ellos hablan árabe. | *They speak Arabic.* |
| QUESTION: | ¿Hablan ellos árabe? | *Do they speak Arabic?* |

Note that in Spanish no additional words, such as *does* or *do*, are needed to turn a statement into a question.

Question words always have a written accent.
  **¿Qué?** = *What?*
  **¿Cuándo?** = *When?*
  **¿Quién(es)?** = *Who?*
  **¿De quién?** = *Whose?*
  **¿Dónde?** = *Where?*
  **¿Cuánto/a/os/as?** = *How much? / How many?*
  **¿Cómo?** = *How?; What?*
  **¿Cuál(es)?** = *Which?; What?*
  **¿Por qué?** = *Why?*

**B.** Sometimes interrogative (question) words like **¿Qué?**, **¿Cuándo?**, **¿(De) Quién?**, **¿Dónde?**, **¿Cuántos?**, **¿Cómo?**, **¿Cuál?**, or **¿Por qué?** are used. These words are placed at the beginning of the question, before the verb.

**¿Cuántos** años tiene Guillermo?
**¿Qué** tiene Ernestito?
**¿Dónde** vive Susana?
**¿De quién** es el coche nuevo?
**¿Cuál** es tu número de teléfono?

**¿Cómo** está usted?
**¿Quién** es ese muchacho?
**¿Cuándo** nació usted?
**¿Por qué** no hablamos inglés en clase?

## Ejercicio 5

Cambie las siguientes oraciones por preguntas.

MODELO: Amanda tiene 14 años. →
*¿Cuántos años tiene Amanda?*

1. Rubén Hernández vive en Florida.
2. Susana habla japonés.
3. Usted se llama Pedro Ruiz.
4. Ernesto y Estela tienen tres hijos.
5. Tú eres estudiante.

## Ejercicio 6

Haga todas las preguntas posibles según los dibujos.

MODELO:   →

*¿Estás cansado? / ¿Cómo estás?*

## 1.5   Telling Time: Hours and Minutes

The phrase **¿Qué hora es?** is often used in Spanish to ask what time it is. Another common question is **¿Qué hora tiene usted?** (*What time do you have?*) In both cases, the answer usually begins with **son.**

| | |
|---|---|
| —¿Qué hora es? | —*What time is it?* |
| —**Son** las tres. | —*It's three o'clock.* |

**Es** (not **son**) is used to tell the time with one o'clock and between one o'clock and two o'clock.

| | |
|---|---|
| —¿**Es** la una? | —*Is it one o'clock?* |
| —No, **es** la una y veinte. | —*No, it's one twenty.* |

Use **y** (*and*) to express minutes after the hour.

| | |
|---|---|
| —¿Son las seis **y** diez? | —*Is it ten after six?* |
| —No, son las seis **y** veinte. | —*No, its's twenty after six.* |

Use **menos** (*less*) or **para** (*to, till*) to express minutes before the hour.

| | |
|---|---|
| Son las siete **menos** veinte. | *It's twenty to seven.* (Literally: *It's seven less twenty.*) |
| Son veinte **para** las siete. | *It's twenty to* (*till*) *seven.* |

Use **cuarto** (*quarter*) and **media** (*half*) for fifteen and thirty minutes, respectively.

| | |
|---|---|
| —¿Qué hora tiene usted? | —*What time do you have?* |
| —Son las tres y **cuarto** (**media**). | —*It's a quarter after* (*half past*) *three.* |

Salvador Dalí, *La persistencia de la memoria*

*a* **la una** = *at one o'clock*
*a* **las siete menos cuarto** =
   *at six forty-five*

Use **a** to express *when (at what time)* an event occurs.

| | |
|---|---|
| **a** la una | *at one o'clock* |
| **a** las cuatro y media | *at four thirty* |
| Tengo clase **a** las nueve. | *I have class at nine.* |

## Ejercicio 7

¿Qué hora es?

MODELOS:   2:20 → *Son las dos y veinte.*
                2:40 → *Son las tres menos veinte.*

| | | | | | |
|---|---|---|---|---|---|
| **1.** 4:20 | | **5.** 7:07 | | **9.** 12:30 |
| **2.** 6:15 | | **6.** 5:30 | | **10.** 5:15 |
| **3.** 8:13 | | **7.** 3:00 | | |
| **4.** 1:10 | | **8.** 1:49 | | |

## 1.6   Expressing Likes and Dislikes: *gustar* + Infinitive

**Gustar** is used to express likes and dislikes.

**Me gusta bailar.** (*I like to dance.*)

**A.** The Spanish verb **gustar** expresses the meaning of English *to like*. From a grammatical point of view, however, it is similar to the English expression *to be pleasing to someone.**

| | |
|---|---|
| **Me gusta** leer. | *I like to read. (Reading is pleasing to me.)* |

---

*You will learn more about the verb **gustar** and similar verbs in **Gramática 8.2.**

**Gustar** is usually used with pronouns that tell *to whom* something is pleasing. Here are the pronoun forms.*

| SINGULAR | | PLURAL | |
|---|---|---|---|
| me | *to me* | nos | *to us* |
| te | *to you (inf. sing.)* | os | *to you (inf. pl., Spain)* |
| le | *to you (pol. sing.);* <br> *to him/her* | les | *to you (pl.); to them* |

¿*Te* gusta patinar?
(*Do you like to skate?*)
**A Ernestito *le* gusta jugar al fútbol.**
(*Ernestito likes to play soccer.*)
**A Estela y a Ernesto *les* gusta ir al cine.**
(*Estela and Ernesto like to go to the movies.*)
***Nos* gusta cocinar.**
(*We like to cook.*)

—¿Qué **te** gusta hacer? — *What do you like to do?*
—**Me** gusta aprender cosas nuevas. — *I like to learn new things.*

—¿Qué **les** gusta hacer? — *What do you like to do?*
—**Nos** gusta cocinar. — *We like to cook.*

**B.** Since **le gusta** can refer to *you* (*pol. sing.*), *him*, or *her*, and **les gusta** can refer to *you* (*pl.*) or *them*, Spanish speakers often expand the sentence to be more specific. They use phrases with **a** (*to*), such as **a mi papá** (*to my father*), **a Juan** (*to Juan*), or **a los estudiantes** (*to the students*), in addition to using the pronoun **le** or **les**.†

**A Carmen le** gusta cantar. *Carmen likes to sing.*

—¿**A usted le** gusta lavar su carro? — *Do you like to wash your car?*
—No, no **me** gusta. — *No, I don't like to.*

—¿**Les** gusta acampar **a Guillermo** y **a Ernestito**? — *Do Guillermo and Ernestito like to go camping?*
—Sí, **les** gusta mucho. — *Yes, they like to very much.*

**C.** The verb form that follows **gustar** is an infinitive, such as **hablar** (*to speak*), **leer** (*to read*), or **vivir** (*to live*).

| PRONOUN | + | *gusta* | + | INFINITIVE |
|---|---|---|---|---|
| me <br> te <br> le <br> nos <br> os <br> les | + | gusta | + | estudiar (*to study*) <br> jugar (*to play*) <br> comer (*to eat*) <br> correr (*to run*) <br> competir (*to compete*) <br> escribir (*to write*) |

---

*Recognition: (**A vos**) **Te gusta**
†You will learn more about phrases with **a**, **le**, and **les** in **Gramática 7.4, 8.2, 10.5, 13.4,** and **13.5.**

## Ejercicio 8

¿Qué les gusta hacer a Ernestito y a Guillermo? Complete los diálogos con **me, te, les** o **nos.**

MODELO: AMANDA: Graciela, ¿*te* gusta bailar?
GRACIELA: Sí, *me* gusta mucho bailar.

1. MAESTRA: Ernestito, ¿_____ gusta andar en bicicleta?
ERNESTITO: Sí, _____ gusta mucho. Tengo una bici nueva.

2. ERNESTITO: Guillermo, ¿_____ gusta jugar al béisbol?
GUILLERMO: No, pero _____ gusta jugar al fútbol.

3. PEDRO: Ernestito y Guillermo, ¿_____ gusta escuchar la música rock?
LOS CHICOS: ¡Claro que sí! _____ gusta mucho.

## Ejercicio 9

¿Qué le(s) gusta hacer a las siguientes personas?

1. A Ernestito _____ gusta _____.
2. A Estela (la madre de Ernestito) no _____ gusta _____.
3. A Clarisa y a Marisa (las primas de Ernestito) _____ gusta _____.
4. A Ernestito _____ gusta _____.
5. Al perro _____ gusta _____.
6. A mí _____ gusta _____.

# CAPÍTULO 2

# Mis planes y preferencias

▼▼▼▼▼▼▼▼▼▼▼▼▼▼▼▼▼▼▼▼▼

## METAS

In **Capítulo 2** you will discuss your plans for the future and your preferences. You will also talk about your classes and the weather.

Salamanca, España

## ACTIVIDADES DE COMUNICACIÓN Y LECTURAS

Los planes

Las clases

**Lectura**   Los amigos hispanos: Nora Morales

Las preferencias y los deseos

**El mundo hispano**... su gente

**Nota cultural**   ¡Vamos a pasear!

El tiempo

**El mundo hispano**... imágenes

**El mundo hispano**... en los Estados Unidos

**EN RESUMEN**

## GRAMÁTICA Y EJERCICIOS

2.1 Expressing Future Plans: **ir** + **a** + Infinitive

2.2 Sequencing: Ordinal Adjectives

2.3 Stating Preferences and Desires: **preferir** and **querer** + Infinitive

2.4 Describing the Weather: Common Expressions

# Actividades de comunicación y lecturas

## Los planes

*Lea Gramática 2.1.*

### Los planes de Pedro y Andrea para el fin de semana

El viernes por la noche Pedro y Andrea van a ver una película.

También van a bailar en una discoteca.

El sábado Pedro va a lavar el carro.

El sábado por la tarde, Pedro y Andrea van a dar una fiesta.

El domingo por la mañana, los Ruiz van a ir a misa con sus hijas.

Luego van a almorzar en un restaurante.

El domingo por la tarde Pedro va a escribir una carta.

El domingo por la noche Andrea va a escuchar música.

### Actividad 1. Preferencias: Los planes

Diga sí o no. También agregue otra actividad en cada caso.

1. El sábado por la mañana voy a...
   - **a.** reparar mi carro.
   - **b.** pasear por el centro.
   - **c.** dormir.
   - **d.** ¿ ?
2. El viernes por la noche mis padres van a...
   - **a.** salir a cenar.
   - **b.** ver la televisión.
   - **c.** dar una fiesta.
   - **d.** ¿ ?
3. El domingo por la tarde voy a...
   - **a.** limpiar mi cuarto.
   - **b.** practicar algún deporte.
   - **c.** ir al cine.
   - **d.** ¿ ?
4. Durante las vacaciones mis amigos y yo vamos a...
   - **a.** viajar.
   - **b.** descansar.
   - **c.** jugar al tenis.
   - **d.** ¿ ?
5. Este invierno voy a...
   - **a.** esquiar.
   - **b.** estudiar mucho.
   - **c.** patinar en el hielo.
   - **d.** ¿ ?

### Y TÚ, ¿QUÉ DICES?

| | | |
|---|---|---|
| ¡Qué aburrido! | ¿Dónde? | Yo también. |
| ¡Qué divertido! | ¿Con quién? | Yo no. |
| ¡Qué buena idea! | ¿Cuándo? / ¿A qué hora? | |

MODELO:   E1: El domingo por la tarde voy a *limpiar mi cuarto*.
E2: *¡Qué aburrido!*

## Actividad 2. Narración: ¿Qué va a hacer Carmen el sábado?

### PALABRAS ÚTILES

primero
luego
después
más tarde
por la mañana
por la tarde
por la noche
finalmente
por último

## Actividad 3. Entrevista: Tus planes

Pregúntele a su compañero/a qué va a hacer en las siguientes ocasiones.

MODELO:   E1: ¿Qué vas a hacer *en tu próximo cumpleaños*?
E2: Voy a *salir a cenar con mi familia*.

| OCASIONES | ACTIVIDADES | |
|---|---|---|
| en tu próximo cumpleaños | acampar | viajar |
| hoy, después de clases | ir al cine | salir a cenar |
| esta noche | descansar | estudiar |
| el próximo fin de semana | ir a la playa | nadar en un lago/río |
| durante las próximas vacaciones | trabajar | ir a muchas |
| el próximo verano | ver la televisión | fiestas |
| el viernes por la noche | leer un buen libro | ir de compras |

Actividades de comunicación y lecturas / **81**

## Actividad 4. Intercambios: Madrid en el verano

Imagínese que usted está en Madrid en el mes de julio. Mire la lista de actividades posibles y decida qué va a hacer.

MODELO: E1: Voy a *nadar en la piscina.*
E2: ¿Dónde?
E1: En *el Polideportivo de San Blas.*

**Actividades posibles:** jugar al boliche, levantar pesas, nadar, pasear en barca, salir a bailar, salir a cenar, tomar el sol, ver los animales, viajar a la ciudad en tren

### PREGUNTAS Y RESPUESTAS ÚTILES

¿Cuánto cuesta la entrada? — Cuesta *650* pesetas.
¿Dónde está? — Está en *la calle de Alcalá.*
¿A qué hora abren/cierran? — Abren/Cierran a *las 9:00.*
¿A qué hora sale/llega el tren? — Sale/Llega a *las 10:30.*
¿En qué restaurante (piscina, ... )? — En *el Café de Oriente.*

# Madrid en verano

## Barcas

En los lagos del Retiro y la Casa de Campo y en el río Manzanares, a la altura del puente de Segovia. Desde las 10 de la mañana a la puesta del sol. El precio oscila entre 300 pesetas que cuesta una barca para dos personas y 200 pesetas por persona cuando son tres o más. Paseos de una hora.

## Trenes turísticos

• **Trenes de ida y regreso en el día:**
«**Ciudad de Toledo**» (electrotrén, domingos). Salida de Chamartín a las 9,05 h.; regreso de Toledo a las 19,45 h. Precio: adultos, 1.650 pesetas; niños de cuatro a doce años, 1.200 pesetas.
«**Murallas de Ávila**» (sábados). Salida de Chamartín a las 9,15 h.; regreso de Ávila a las 19,40 h. Precios: adultos, 1.650 pesetas; niños de cuatro a doce años, 1.200 pesetas.
• **Trenes de fin de semana:**
«**Tierras del Cid**» (TER). Salida de Chamartín el sábado a las 8,30 h.; regreso de Burgos a las 17,45 h.
«**Ciudad Encantada de Cuenca**» (TER). Salida de Atocha los sábados a las 9,30 h.; regreso de Cuenca el domingo a las 19 h.

## Parques acuáticos

**Acuópolis.** Toboganes, Rompeolas, Atlantic-Surf, Lago de la Aventura, Poblado del Oeste. Restaurantes, Terrazas, Parking gratuito. Abierto todos los días de 1 a 20 h. Precios: adultos, 1.550 ptas.; menores de catorce años, 1.000 ptas.
**Lagosur.** Km. 9 carretera de Toledo a Leganés (Leganés). Abierto de 11 a 19 h. Precios: adultos, 1.400 ptas. Viernes y sábado abierto también desde las 23 h. hasta la madrugada. Precios: hombres, 1.100 ptas.; mujeres, 700 ptas., con derecho a consumición.

## Boleras

**Bolera Club Stella.** Arlabán, 7. Tel. 231 01 92.
**Bowling Chamartín.** Estación de Chamartín. Tel. 315 71 19.

## Gimnasios

**Gimnasio Ángel López.** Primer Centro Polaris de España. Squash (nueva instalación), karate, gimna-sia, pesas, aerobic, gim-jazz, ballet infantil y adulto, baile español y rítmica. Amparo Usera, 14.
**Gimnasio Argüelles.** Karate, squash, aerobic, gimnasia, jazz, culturismo, musculación. Máquinas Polaris. Andrés Mellado, 21-23.

## Piscinas

**Municipales**
Los precios de estas piscinas del Ayuntamiento son de 350 pesetas para los adultos y 150 para los niños. El horario de las piscinas es de 10 a 20 h., ininterrumpidamente.
**Centro.** Polideportivo de la Latina (plaza de la Cebada, 1), una piscina climatizada.
**Ciudad Lineal.** Polideportivo de la Concepción (Virgen del Portillo, s/n.), una piscina climatizada y una olímpica.
**San Blas.** Polideportivo de San Blas (avda. de Hellín, 79), una piscina climatizada, una olímpica, una para nadadores no expertos, una infantil y una piscina de 1.875 metros cuadrados.

## Discotecas al aire libre

**La Fiesta.** Paseo Virgen del Puerto (puente Segovia).
**El Jardín Del Sur. Disco-piscina.** Ctra. Toledo, km. 8. Tels. 688 13 35 y 688 92 83.
**Oh! Madrid. Disco-piscina.** Ctra. Coruña, km. 8,700 (dirección Madrid). Tel. 207 86 97.

## Restaurantes con terraza

**Café Oriente.** Pza. de Oriente, 2. Tels. 241 39 74 y 247 15 64.
**Casa Domingo.** Alcalá, 39. Tel. 276 01 37.
**Casa Mingo.** P°. de la Florida, 2. Tel. 247 79 18.
**Casa Rafa.** Narváez, 68. Tel. 273 10 87.
**Cuarto y Mitad.** Bolivia, 21. Tel. 250 83 84.
**Currito.** Pabellón de Vizcaya de la Feria del Campo. Tel. 464 57 04.

## Zoo

**Casa de Campo.** Tels. 711 98 50/54 16. Metro Batán. Horario apertura, 10 h. Cierre del parque, 21,30 h. Menores de ocho años, 490 pesetas; mayores, 680 pesetas. Pases delfinario: mañana y tarde.

# Las clases

*Lea Gramática 2.2.*

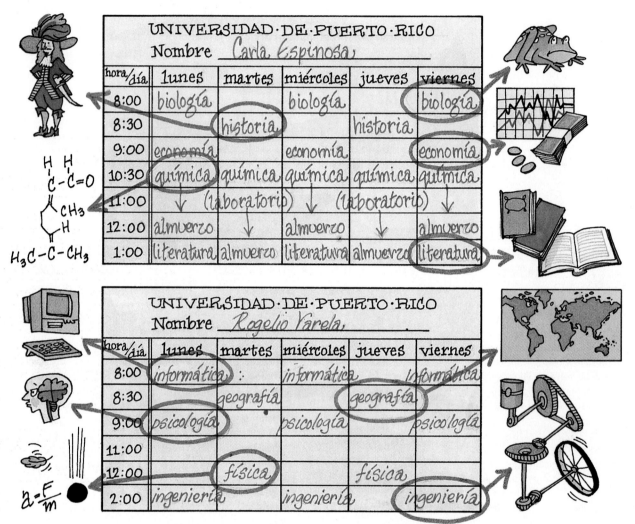

### UNIVERSIDAD·DE·PUERTO·RICO
Nombre   *Carla Espinosa*

| hora/día | lunes | martes | miércoles | jueves | viernes |
|---|---|---|---|---|---|
| 8:00 | biología | | biología | | biología |
| 8:30 | | historia | | historia | |
| 9:00 | economía | | economía | | economía |
| 10:30 | química | química | química | química | química |
| 11:00 | | (laboratorio) | | (laboratorio) | |
| 12:00 | almuerzo | | almuerzo | | almuerzo |
| 1:00 | literatura | almuerzo | literatura | almuerzo | literatura |

### UNIVERSIDAD·DE·PUERTO·RICO
Nombre   *Rogelio Varela*

| hora/día | lunes | martes | miércoles | jueves | viernes |
|---|---|---|---|---|---|
| 8:00 | informática | : | informática | | informática |
| 8:30 | | geografía | | geografía | |
| 9:00 | psicología | | psicología | | psicología |
| 11:00 | | | | | |
| 12:00 | | física | | física | |
| 2:00 | ingeniería | | ingeniería | | ingeniería |

## Actividad 5. Diálogo: Las clases

Raúl, un estudiante mexicano, habla de sus clases con Esteban, su amigo norte-americano.

RAÚL: Tengo cuatro clases este semestre.
ESTEBAN: Yo tengo cinco.
RAÚL: ¿Son muy difíciles?
ESTEBAN: Solamente la clase de física es difícil. Las otras son fáciles.
RAÚL: Mi clase de arte es difícil pero muy interesante.
ESTEBAN: No tengo clase de arte, pero sí tengo una clase de sociología que me gusta mucho.

## Actividad 6. Intercambios: Las clases

Ramón tiene muchas clases en su primer año de preparatoria. Pregúntele a su compañero/a cuál es la primera (segunda, tercera, cuarta, etcétera) clase de Ramón, a qué hora es y quién es el profesor / la profesora.

MODELO:    E1:  ¿Cuál es la *primera* clase de Ramón?
           E2:  Su primera clase es la clase de *inglés*.
           E1:  ¿A qué hora es?
           E2:  Es a *las 7:45.*
           E1:  ¿Quién es el profesor o la profesora?
           E2:  Es *el señor García.*

### SAGRADO CORAZÓN

Nombre: Ramón Gómez    Año: Primero de preparatoria

| hora | materia | salón de clase | profesor(a) |
|---|---|---|---|
| 7:45→8:30 | inglés | 403 | Manuel García |
| 8:40→9:25 | matemáticas | 207 | Eugenia Ibarra |
| 9:35→10:20 | geografía | 201 | Daniel Contino |
| 10:30→11:05 | alemán | 402 | Alma Morales de Braun |
| 11:05→11:20 | descanso | | |
| 11:30→12:15 | literatura española | 405 | Consuelo Acuña de Ramos |
| 12:25→1:10 | historia de México | 408 | Héctor Magaña M. |
| 1:20→3:20 | almuerzo | | |
| 3:30→4:15 | biología | 214 | Isabel Santizo de Barragán |
| 4:25→5:10 | música | 311 | Víctor Álvarez |

## Actividad 7. Entrevista: Las clases

1.  E1:  ¿Qué clases tienes este semestre/trimestre?
    E2:  Tengo ——, —— y ——.

2.  E1:  ¿Cuál es tu clase favorita? ¿A qué hora es?
    E2:  Mi clase favorita es la de ——. Es a la(s) ——.

3.  E1:  ¿Cuál es tu clase más fácil/difícil? ¿A qué hora es?
    E2:  Mi clase más fácil/difícil es la de ——. Es a la(s) ——.

### Actividad 8. Del mundo hispano: La Universidad del Valle de México

Éstas son las especialidades más importantes en el México actual. Trabaje con un compañero / una compañera para contestar las preguntas.

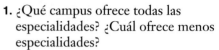

# UNIVERSIDAD DEL VALLE DE MEXICO

| ESPECIALIDADES | CENTRO | | SUR | | EDO. MEX. | QRO. |
|---|---|---|---|---|---|---|
| | SAN RAFAEL | GUADALUPE INSURGENTES | SAN ANGEL | TLALPAN | LOMAS VERDES | JURIQUILLA |
| **AREA ECONOMICO-ADMINISTRATIVA** | | | | | | |
| ADMINISTRACION | | • | • | • | • | |
| ADMINISTRACION DE EMPRESAS TURISTICAS | • | • | • | • | • | • |
| CONTADURIA PUBLICA | | • | • | | • | |
| ECONOMIA | • | | | | • | • |
| FINANZAS | | | | | • | • |
| MERCADOTECNIA | | • | | • | • | |
| RELACIONES INDUSTRIALES | • | | | | • | |
| RELACIONES PUBLICAS | • | | | | • | |
| **AREA DE CIENCIAS Y TECNOLOGIA** | | | | | | |
| ECOLOGIA | | | | • | • | |
| INGENIERIA CIVIL | | | | | • | |
| INGENIERIA EN ECOLOGIA | | | | | • | |
| INGENIERIA EN ELECTRONICA Y TELECOMUNICACIONES | | | | | • | |
| INGENIERIA INDUSTRIAL ELECTRICA | | | | • | • | |
| INGENIERIA INDUSTRIAL ELECTRONICA | | | | • | • | |
| INGENIERIA INDUSTRIAL MECANICA | | | | • | • | |
| INGENIERIA INDUSTRIAL QUIMICA | | | | • | • | |
| INGENIERIA INDUSTRIAL EN PRODUCCION | | | | • | • | • |
| SISTEMAS DE COMPUTACION ADMINISTRATIVA | • | | • | • | • | • |
| **AREA DE CIENCIAS SOCIALES** | | | | | | |
| CIENCIAS DE LA COMUNICACION | • | | | • | • | |
| DERECHO | • | | | • | • | |
| PEDAGOGIA | | | | • | • | |
| PSICOLOGIA | | | | • | • | |
| **AREA DE ARTE Y HUMANIDADES** | | | | | | |
| ARQUITECTURA | • | | | • | • | • |
| DISEÑO GRAFICO | • | | | • | • | • |

1. ¿Qué campus ofrece todas las especialidades? ¿Cuál ofrece menos especialidades?
2. ¿Cuántos campus ofrecen la especialidad en ingeniería industrial química?
3. Nombren las especialidades más atractivas, en su opinión.
4. ¿Se ofrecen esas especialidades en su universidad? ¿Estudian ustedes alguna de esas especialidades?
5. ¿Cuáles son las especialidades en el área de ciencias sociales?
6. En su opinión, ¿cuáles son las especialidades más importantes en el presente? ¿Por qué?

Estudiantes mexicanos en un laboratorio de biología en México, D.F.

# Los amigos hispanos: Nora Morales

**E**sta lectura es sobre una estudiante mexicoamericana de San Antonio, Texas. Ella habla aquí de su ciudad y de las clases que tiene este semestre.

Las palabras en negrilla son *cognados*, palabras similares en español y en inglés; por ejemplo, **personas** (*persons*). Antes de leer, mire esas palabras para tener una idea general.

Hola, amigos. Me llamo Nora Morales y soy **estudiante de historia** en la Universidad de Texas en San Antonio. Me gusta vivir en San Antonio. Aquí hay muchas **personas** que hablan español, y la **cultura** de esta ciudad tiene gran **influencia hispana.** Caray, pues es **lógico:** ¡la mitad de la **población** de San Antonio es hispana!

Nací el cuatro de **julio** de 1973. Entonces... ¿cuál es mi edad? Soy de estatura mediana; tengo el pelo castaño y los ojos verdes. **Me fascina** la **historia,** especialmente la historia de **México,** porque de allí son mis padres. Y también me gusta mucho el idioma español; este **semestre** tengo una **clase** muy divertida con la **profesora** Martínez.

Tengo también una clase de química y otra de **biología.** En la clase de biología hay un muchacho **mexicano** muy amable y chistoso; se llama Raúl Saucedo. A veces **practico** el español con él y hablamos de México.

## Comprensión

Diga si las siguientes oraciones son ciertas o falsas. Si son falsas, haga las correcciones necesarias.

MODELO: Los padres de Nora son de España. →
*Es falso.* Los padres de Nora son de *México.*

1. Nora nació el Día de la Independencia de los Estados Unidos.
2. Nora habla en español con un amigo norteamericano en la clase de biología.
3. A Nora le gusta mucho su clase de español.
4. Nora es alta y tiene el pelo negro.

## Ahora... ¡usted!

1. ¿Tiene clases que le gustan mucho? ¿Cuáles son sus favoritas?
2. ¿Le gusta su clase de español? ¿Por qué sí o por qué no?
3. ¿Cuáles son sus actividades favoritas en la clase de español?

 Un paso más... ¡a escribir!

Describa a su mejor amigo/a. ¿Cuándo nació? ¿Qué edad tiene? ¿Cuáles son sus características físicas? ¿Qué les gusta hacer a ustedes cuando están juntos?

# Las preferencias y los deseos

*Lea Gramática 2.3.*

## Los planes para el sábado

Doña Lola quiere coser.

Guillermo quiere montar a caballo.

El señor Ramírez prefiere nadar.

Doña Rosita quiere ir al parque.

Don Anselmo quiere pescar.

Ramón prefiere andar en motocicleta.

Andrea y Pedro prefieren descansar y charlar.

La familia Ruiz quiere merendar en el parque.

## Actividad 9. Diálogo: Una invitación

ESTEBAN: ¿Te gusta *jugar al tenis*?

LAN: Sí, me gusta mucho.

ESTEBAN: ¿Quieres *jugar al tenis en el parque* el *domingo*?

LAN: ¿A qué hora?

ESTEBAN: A *las once.*

LAN: Perfecto. Nos vemos el *domingo* a *las once.*

## Actividad 10. Intercambios: ¿Cuáles son sus actividades favoritas?

Converse con su compañero/a sobre sus preferencias.

MODELO: E1: ¿Qué prefieres hacer *los lunes a las cuatro de la tarde*?

E2: Prefiero *escribir cartas.*

HORA Y DÍA

1. Los sábados, a las siete de la mañana, prefiero...
2. Los viernes, a las ocho de la noche, prefiero...
3. Los lunes, a las cuatro de la tarde, prefiero...
4. Los domingos, a las diez de la mañana, prefiero...
5. Los sábados, a las tres de la tarde, prefiero...

ACTIVIDADES

a. jugar al tenis.
b. cocinar.
c. descansar.
d. correr.
e. escribir cartas.
f. montar a caballo.
g. bailar.
h. ver la televisión.
i. dormir.
j. leer el periódico.
k. ¿ ?

## Actividad 11. Entrevista: Mis actividades favoritas

MODELO: E1: ¿Prefieres *nadar en la piscina o en el mar*?

E2: Prefiero *nadar en el mar.*

1. ¿cenar en casa o en un restaurante?
2. ¿jugar al boliche o al billar?
3. ¿jugar al basquetbol o al fútbol?
4. ¿andar en motocicleta o en bicicleta?
5. ¿escribir cartas o recibir cartas?
6. ¿leer el periódico o ver la televisión?
7. ¿lavar el carro o trabajar en el jardín?
8. ¿merendar en un parque o comer en casa?
9. ¿ir a la playa o a las montañas?
10. ¿leer una novela o explorar la red mundial?

### Actividad 12. Del mundo hispano: ¿Qué prefieren hacer los españoles en su tiempo libre?

Converse con un compañero / una compañera sobre la tabla a continuación.

MODELOS:   E1: ¿Cuál es la *primera preferencia* de los españoles?
E2: *Pasar tiempo con la familia y los niños.*

E1: En general, ¿los europeos prefieren *recibir visitas* o *escuchar la radio*?
E2: Prefieren *recibir visitas.*

### Actividad 13. Conversación: El perfil del hombre perfecto

Trabajando en grupos, organicen estas descripciones en dos columnas: (1) el macho y (2) el hombre liberado.

- Le gusta ver películas violentas.
- Prefiere jugar al fútbol americano.
- Va a bailar con frecuencia.
- Le gusta jugar al tenis.
- Prefiere montar en motocicleta.
- Le gusta escuchar la música rock.
- Prefiere la música romántica.

- Prefiere manejar un jeep.
- Prefiere salir con los amigos.
- Prefiere llevar ropa deportiva.
- Le gusta mucho salir por la noche.
- Prefiere cenar en familia.
- Siempre quiere llevar vaqueros, botas y chaqueta negra.

Ahora, escriban una lista para describir uno de los siguientes estereotipos de mujer.

1. la mujer tradicional
2. la mujer liberada
3. la mujer perfecta

## EL MUNDO HISPANO... su gente

**C**ecilia Ortega tiene 24 años y es de España.

*¿Qué le gusta hacer en su tiempo libre?*

Leer me apasiona;[1] prácticamente devoro[2] los libros. Me gustan especialmente las novelas policíacas o de misterio, y las biografías. También voy al cine una vez por semana. Me gustan las películas europeas. En general, detesto las películas violentas y las comedias de chiste fácil,[3] aunque me gustan mucho las comedias inteligentes.

EL OCÉANO ATLÁNTICO
Francia
Portugal
España
EL MAR MEDITERRÁNEO

[1]me... *is my passion*   [2]*I devour*   [3]de... *simplistic*

## NOTA CULTURAL

# ¡Vamos a pasear!

En esta Nota cultural se describen dos lugares en las ciudades hispanas donde hay mucha actividad social: las calles y la plaza. La plaza, especialmente, es el lugar que muchos hispanos prefieren para estar con los amigos.

En las calles de las ciudades hispanas siempre hay mucha actividad de todo tipo: hay personas que conversan, que caminan, que van de compras. Los hispanos, en general, prefieren no planificar demasiado su tiempo libre. A muchos les gusta disfrutar del momento presente y hacer las cosas de un modo espontáneo. La gente sale con el pretexto de visitar a un amigo, de comprar algo o para pasear por la plaza.

La plaza está generalmente en el centro de la ciudad. Muchas plazas tienen una fuente, árboles y bancos. En algunos pueblos, la gente juega allí a diferentes juegos como el dominó, las damas o las cartas. Pero a la mayoría de los hispanos les gusta ir a la plaza para sentarse y conversar o simplemente para mirar a las personas que pasan.

¡Me gusta la lluvia en la plaza!

## Comprensión

Complete las siguientes oraciones lógicamente según la Nota cultural. Puede haber más de una respuesta correcta.

1. Generalmente, los hispanos prefieren...
   a. planificar todas sus actividades.
   b. ser espontáneos respecto al tiempo libre.
   c. pensar más en el momento presente.
2. A los hispanos les gusta pasear por...
   a. las calles.
   b. la plaza.
   c. su casa.
3. Normalmente, en la plaza, las personas...
   a. juegan a varios juegos y conversan.
   b. hacen su tarea o trabajan.
   c. se sientan y miran a otras personas.

## Ahora... ¡usted!

1. ¿Tiene esta ciudad un lugar donde la gente puede ir a pasear? ¿Qué lugar es? ¿Qué le gusta hacer a usted allí normalmente?
2. ¿Qué le gusta hacer en su tiempo libre?
3. Generalmente, ¿planifica muy bien sus actividades? ¿Por qué sí o por qué no?

### Un paso más... ¡a escribir!

Describa su lugar favorito. ¿Dónde está? ¿Por qué le gusta pasar tiempo allí? ¿Prefiere estar solo/a en ese lugar o con otras personas? ¿Con quién(es) prefiere estar?

# El tiempo

*Lea Gramática 2.4.*

¿Qué tiempo hace?

Hace buen tiempo.

Hace sol.

Hace mucho calor.

Hace mucho frío.

Nieva.

Llueve.

Hace viento.

Hace fresco.

Está nublado.

## Actividad 14. Definiciones: Las estaciones y el clima

Lea estas descripciones y diga qué estación representa cada una: la primavera, el verano, el otoño o el invierno.

1. Hace mucho frío y a veces nieva.
2. Llueve mucho, a veces hace viento, nacen muchos animales y hay muchas flores y plantas nuevas.
3. Las clases empiezan y hay árboles de hojas amarillas, anaranjadas y de color café. Es la temporada del fútbol norteamericano.
4. Es la estación de las vacaciones. Hace mucho calor y muchas personas van a nadar al lago o a la piscina.

Ahora, mire el país y los meses y diga qué estación es.

1. España: diciembre, enero, febrero. Es _____.
2. Chile: diciembre, enero, febrero. Es _____.
3. México: septiembre, octubre, noviembre. Es _____.
4. Perú: septiembre, octubre, noviembre. Es _____.
5. Uruguay: marzo, abril, mayo. Es _____.
6. Argentina: junio, julio, agosto. Es _____.

## Actividad 15. Intercambios: El clima

MODELOS:　E1:　¿Cuál va a ser la temperatura *máxima* en *Mexicali mañana*?
　　　　　E2:　Va a ser de *treinta y nueve grados*.

　　　　　E1:　¿Cuál fue la temperatura *mínima* en *Acapulco ayer*?
　　　　　E2:　Fue de *veinticinco grados*.

### CLIMA

| CIUDAD | TEMPERATURA DE AYER | | PRONOSTICO | |
|---|---|---|---|---|
| | MAXIMA | MINIMA | MAXIMA | MINIMA |
| DF | 21 | 12 | 22 | 12 |
| Mexicali | 37 | 25 | 39 | 24 |
| Mérida | 34 | 22 | 33 | 23 |
| Toluca | 18 | 8 | 18 | 8 |
| Chihuahua | 33 | 30 | 34 | 19 |
| Monterrey | 34 | 22 | 36 | 22 |
| Guadalajara | 26 | 16 | 25 | 16 |
| Acapulco | 32 | 25 | 32 | 24 |
| Veracruz | 25 | 23 | 29 | 24 |

## Actividad 16. Descripción de dibujos: ¿Qué tiempo hace?

Escuche la descripción de estos dibujos y diga el número del dibujo indicado.

1.

2.

3.

4.

5.

6.

Ahora, hágale preguntas sobre los dibujos a su compañero/a.

MODELO:   E1:  ¿Qué tiempo hace en el *dibujo número 3*?
          E2:  *Hace mucho calor.*
          E1:  ¿Qué estación es?
          E2:  Es *el verano.*

# EL MUNDO HISPANO... imágenes

**U**na plaza en el Barrio de Santa Cruz, en Sevilla, España. Cuando hace buen tiempo, a los hispanos les gusta ir a la plaza para sentarse, para pasear o para reunirse[1] con los amigos. Sólo cuando hace mucho frío hay muy pocas personas en este lugar.

En la foto vemos a varias personas, algunas alrededor de la fuente[2] y otras que comen en un café. ¡Todo el mundo se reúne en la plaza!

[1]*meet*   [2]*fountain*

## EL MUNDO HISPANO... en los Estados Unidos

**S**ofía Panagiotidis tiene 24 años y es de Venezuela. Lleva cinco años en los Estados Unidos y vive en Pensilvania.

*¿Cómo es el clima en su país? ¿Hace mucho frío en el invierno? ¿mucho calor en el verano? Generalmente, ¿llueve mucho o poco? ¿Es muy diferente el clima de su país al de la ciudad donde usted vive ahora? ¿Qué clima le gusta más? ¿Por qué?*

Yo soy de Caracas y el clima allí es muy agradable, nunca hace ni mucho frío ni mucho calor.[1] En general, Venezuela no tiene cuatro estaciones. Sólo hay épocas[2] de lluvia y épocas de sequía.[3] Donde vivo ahora, en el noreste[4] de los Estados Unidos, los inviernos son muy fríos y con mucha nieve, y los veranos son muy calurosos[5] y húmedos. Yo prefiero el clima de Venezuela porque uno no tiene que llevar abrigo cuando hace un poco de frío, y no hay mucha humedad cuando hace un poco de calor. ¡Es como vivir una eterna primavera!

[1]nunca... *it's never too cold nor too hot*   [2]*seasons*   [3]*de... dry*   [4]*northeast*   [5]*hot*

# En resumen

## De todo un poco

**A.** La ropa y el clima

MODELO:  E1:  ¿Qué ropa llevas *cuando hace frío?*
E2:  Cuando hace frío *llevo abrigo y botas.*

¿Qué ropa llevas...

1. cuando hace fresco?
2. cuando hace mucho calor?
3. cuando hace viento?
4. cuando nieva?
5. cuando llueve?
6. cuando hace mucho sol?

**B.** ¿Qué actividades asocia usted con el tiempo?

MODELO:   E1:  ¿Qué te gusta hacer *cuando hace viento*?
          E2:  Cuando hace viento me gusta *volar una cometa en la playa*.

¿Qué te gusta hacer...

**1.** cuando hace fresco?          **4.** cuando nieva?
**2.** cuando hace mucho calor?     **5.** cuando llueve?
**3.** cuando hace mucho frío?      **6.** cuando hace mucho sol?

**C.** ¡De vacaciones!

Imagínese que usted está de vacaciones. Lea estos pronósticos del tiempo y diga cuáles son sus planes. Luego, invente un pronóstico para la ciudad y el día de su preferencia, y léaselo a la clase para ver cuáles son los planes de sus compañeros.

**1.** Madrid, 2 de agosto: Va a hacer mucho calor. La temperatura máxima va a ser de 40°C.
**2.** México, D.F., 22 de julio: Va a hacer fresco y va a estar nublado por la mañana. Va a llover toda la tarde.
**3.** Los Ángeles, California, 28 de diciembre: Este fin de semana va a nevar en las montañas. Aquí en la ciudad va a hacer mucho frío y va a llover casi todos los días. La temperatura va a bajar a 51°F.
**4.** ¿ ?

## ¡Dígalo por escrito!

Las actividades de verano

En la página 81 hay una descripción de algunas de las actividades que se puede hacer en Madrid en el verano. Mire esa descripción otra vez y luego trabaje con dos o tres compañeros de clase para comentar algunos de los pasatiempos de verano típicos en su ciudad. Después, trabaje solo/a para escribir una descripción de su ciudad en verano.

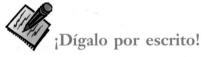

**VIDEOTECA**

Manolo, Lola y su hija Marta, los personajes de este segmento de video, viven en Sevilla, en la región de España que se llama Andalucía. Lola quiere hacer planes para el fin de semana. ¿Qué tiempo va a hacer? ¿Qué quiere hacer Lola con su familia? En el Capítulo 2 del *Cuaderno de trabajo* hay más actividades para hacer después de ver el video.

# Vocabulario

## Las actividades favoritas

| | |
|---|---|
| almorzar | to have lunch |
| andar en motocicleta/ bicicleta | to ride a motorcycle/bicycle |
| caminar | to walk |
| charlar | to chat |
| comer | to eat |
| correr | to run |
| coser | to sew |
| dar una fiesta | to give a party |
| desayunar | to have breakfast |
| descansar | to rest |
| divertirse | to have fun |
| esquiar | to ski |
| estudiar | to study |
| explorar (la red mundial) | to explore (the Internet) |
| ir | to go |
| va | you go; he/she goes |
| van | they go |
| lavar | to wash |
| levantar pesas | to lift weights |
| limpiar | to clean |
| merendar (en el parque) | to have a picnic (in the park) |
| montar a caballo | to ride a horse |
| pasar tiempo | to spend time |
| pasear | to go for a walk |
| pasear en barca | to go for a boat ride |
| practicar un deporte | to play a sport |
| preferir | to prefer |
| prefiero | I prefer |
| prefiere | you prefer; he/she prefers |
| recibir una visita | to have company |
| reparar | to fix |
| tomar (una siesta) | to take (a nap) |
| tomar el sol | to sunbathe |
| volar una cometa | to fly a kite |

## Las materias — School Subjects

| | |
|---|---|
| la especialidad | major |
| la informática | data processing |
| la ingeniería | engineering |
| la química | chemistry |

**PALABRAS SEMEJANTES:** la antropología, el arte, la biología, las ciencias sociales, el curso, la economía, la física, la geografía, la historia, la literatura, la música, la psicología, la sociología

**REPASO:** el español, el francés, el inglés, las matemáticas

## El tiempo — The Weather

| | |
|---|---|
| el clima | weather; climate |
| Está nublado. | It is overcast (cloudy). |
| el grado | degree |
| Hace (muy) buen/mal tiempo. | The weather is (very) fine/bad. |
| Hace fresco. | It's cool. |
| Hace (mucho) calor. | It's (very) hot. |
| Hace (mucho) frío. | It's (very) cold. |
| Hace (mucho) sol. | It's (very) sunny. |
| Hace (mucho) viento. | It's (very) windy. |
| llover | to rain |
| Llueve (mucho). | It rains (a lot). |
| nevar | to snow |
| Nieva (mucho). | It snows (a lot). |
| el pronóstico del tiempo | weather forecast |
| ¿Qué tiempo hace? | What is the weather like? |

**PALABRAS SEMEJANTES:** la temperatura máxima/mínima

## ¿Cuándo?

| | |
|---|---|
| ahora | now |
| a la(s) | at (*time*) |
| ... de la mañana | . . . in the morning |
| ... de la tarde | . . . in the afternoon |
| ... de la noche | . . . in the evening |
| con frecuencia | frequently |
| después | after |
| esta noche | tonight |
| finalmente | finally |
| más tarde | later |
| por último | lastly |
| siempre | always |

**REPASO:** ¿A qué hora... ?, ayer, anteayer, hoy, luego, mañana, pasado mañana, por la mañana/tarde/noche

## Los lugares

| | |
|---|---|
| el centro | downtown |
| el jardín | garden |

95

| | |
|---|---|
| el lago | lake |
| el mar | sea |
| la montaña | mountain |
| el parque | park |
| la preparatoria | prep school; high school |
| el río | river |

**PALABRAS SEMEJANTES:** el campus, el laboratorio

**REPASO:** la playa

## Los números ordinales
Ordinal Numbers

| | |
|---|---|
| primer, primero/a | first |
| segundo/a | second |
| tercer, tercero/a | third |
| cuarto/a | fourth |
| quinto/a | fifth |
| sexto/a | sixth |
| séptimo/a | seventh |
| octavo/a | eighth |
| noveno/a | ninth |
| décimo/a | tenth |

## Las descripciones

| | |
|---|---|
| actual | present-day |
| algún, alguno/a | some |
| buen, bueno/a | good |
| deportivo/a | sport related |
| europeo/a | European |
| próximo/a | next |
| solo/a | alone |

**PALABRAS SEMEJANTES:** atractivo/a, importante, industrial, liberado/a, macho/a, perfecto/a, romántico/a, tradicional, violento/a

**REPASO:** aburrido/a, interesante

## Otros verbos útiles   Other Useful Verbs

| | |
|---|---|
| abrir | to open |
| bajar | to go down |
| cerrar (ie) | to close |
| cierran | they close |
| contestar | to answer |
| empezar (ie) | to start, begin |
| llegar | to arrive |
| manejar | to drive |
| nacer | to be born |
| ofrecer | to offer |
| recibir | to receive |
| ser | to be |

**REPASO:** hablar, leer

## Los sustantivos   Nouns

| | |
|---|---|
| el almuerzo | lunch |
| el árbol | tree |
| el billar | billiards, pool |
| el boliche | bowling |
| el café | coffee |
| el descanso | break |
| el deseo | wish |
| el estereotipo | stereotype |
| la(s) flor(es) | flower(s) |
| la(s) hoja(s) | leaf/leaves |
| la misa | Mass |
| los (pantalones) vaqueros | jeans |
| el pasatiempo | hobby |
| la película | film, movie |
| la red mundial | Internet |
| la respuesta | answer |
| la revista | magazine |
| el té | tea |
| la temporada | season |
| el tiempo libre | free time |

**PALABRAS SEMEJANTES:** el animal, el área, el cereal, el fútbol americano, el grupo, la invitación, la lista, la música rock, la novela, el plan / los planes, las preferencias, el presente, la radio, el semestre, el trimestre

## Palabras del texto

| | |
|---|---|
| conversar | to converse |
| converse(n) | converse (*command*) |
| decidir | to decide |
| decida(n) | decide (*command*) |
| siguiente | following |
| la tabla | table (graph) |

**PALABRAS SEMEJANTES:** asociar, el caso, la columna, la conversación, la definición, describir, inventar, la narración, la ocasión, organizar, la palabra, representar

## Palabras y expresiones útiles

| | |
|---|---|
| aquí | here |
| en general | in general |
| fue | (it) was |
| más/menos | more (most) / less (least) |
| Nos vemos. | See you. |
| por | by, for |
| ¿Por qué... ? | Why . . . ? |
| ¡Qué buena idea! | What a good idea! |
| solamente | only |
| el tren | train |
| ¿Verdad? | Isn't that true? |

# Gramática y ejercicios

## 2.1 Expressing Future Plans: *ir* + *a* + Infinitive

**ir** = *to go*
**¿Qué vas a hacer esta noche?** (*What are you going to do tonight?*)
**Voy a estudiar.** (*I'm going to study.*)

The most common way of expressing future plans is to use the verb **ir** (*to go*) plus the preposition **a** (*to*) followed by an infinitive. This construction is commonly referred to as the *informal future*, because Spanish has another future tense, generally reserved for talking about more long-term future plans.*

| | |
|---|---|
| —¿Qué **vas a hacer** mañana? | —*What are you going to do tomorrow?* |
| —**Voy a esquiar.** | —*I am going to ski.* |
| —¿Qué **van a hacer** ustedes este fin de semana? | —*What are you going to do this weekend?* |
| —**Vamos a ir** al cine. | —*We're going to go to the movies.* |
| —¿Qué **van a hacer** Esteban y Alberto después de la clase? | —*What are Steven and Al going to do after class?* |
| —**Van a jugar** al basquetbol. | —*They're going to play basketball.* |

Here are the forms of the irregular verb **ir**.[†]

| ir (*to go*) | | |
|---|---|---|
| (yo) | voy | *I am going* |
| (tú) | vas | *you (inf. sing.) are going* |
| (usted, él/ella) | va | *you (pol. sing.) are going; he/she is going* |
| (nosotros/as) | vamos | *we are going* |
| (vosotros/as) | vais | *you (inf. pl., Spain) are going* |
| (ustedes, ellos/as) | van | *you (pl.) are going; they are going* |

## Ejercicio 1

A continuación tiene usted una conversación sobre los planes de algunos compañeros de clase. Complete las oraciones con las formas correctas del verbo **ir**.

MODELO: Luis *va* a hacer ejercicio en el parque.

1. —¿Qué _____ a hacer tú después de la clase?
   —(Yo) _____ a ir de compras con una amiga.

---

*You will learn how to form the future tense in **Gramática 15.3**.
[†]Recognition: **vos vas**

2. —¿Y qué _____ a hacer Esteban y Carmen?

—Esteban _____ a estudiar y Carmen _____ a trabajar.

3. —¿Y la profesora Martínez? ¿Qué _____ a hacer ella?

—Creo que _____ a leer la tarea de sus estudiantes, pero nosotros _____ a ir al cine.

4. —Pablo, ¿cuándo _____ a estudiar tú?

—(Yo) _____ a estudiar más tarde, probablemente esta noche.

5. —¿Y tú, Alberto? ¿Cuándo _____ a hacer la tarea para la clase de español?

—(Yo) _____ a hacer mi tarea mañana por la mañana.

## 2.2    Sequencing: Ordinal Adjectives

**primer, primero/a** = *first*
**segundo/a** = *second*
**tercer, tercero/a** = *third*
**cuarto/a** = *fourth*
**quinto/a** = *fifth*
**sexto/a** = *sixth*
**séptimo/a** = *seventh*
**octavo/a** = *eighth*
**noveno/a** = *ninth*
**décimo/a** = *tenth*

Ordinal adjectives are used to put things and people into a sequence or order. The ordinals in English are *first, second, third, fourth,* and so on. Here are the ordinals from *first* to *tenth* in Spanish.

| | |
|---|---|
| primero/a | sexto/a |
| segundo/a | séptimo/a |
| tercero/a | octavo/a |
| cuarto/a | noveno/a |
| quinto/a | décimo/a |

Mi **segunda** clase es difícil.    *My second class is difficult*

As with **uno** (*one*), the words **primero** and **tercero** drop the final **-o** when used before a masculine singular noun.

Estoy en el **primer** (**tercer**) **año**.    *I am in the first (third) grade.*

### Ejercicio 2

Conteste las preguntas según el dibujo.

Ernesto
Estela
doña Lola
Guillermo
Amanda
Ramón
don Anselmo

1. ¿Quién es la primera persona*?
2. ¿Quién es la segunda persona?
3. ¿Es Guillermo la quinta?
4. ¿Es Amanda la primera?
5. ¿Es doña Lola la tercera?
6. ¿Quién es la sexta persona?
7. Don Anselmo es la quinta persona, ¿verdad?
8. ¿Quién es el primer hombre?
9. ¿Quién es la segunda mujer?
10. ¿Es don Anselmo el tercer hombre?

*Persona is a feminine word, even when it refers to a man.

**preferir** = *to prefer, would rather*
**querer** = *to want*
**¿Qué quieres hacer ahora?** (*What do you want to do now?*)
**Quiero descansar.** (*I want to rest.*)
**¿Qué prefieres hacer?** (*What do you prefer to do?* [*What would you rather do?*])
**Prefiero comer ahora.** (*I prefer to eat now.*)

## 2.3 Stating Preferences and Desires: *preferir* and *querer* + Infinitive

The verbs **preferir*** (*to prefer, would rather*) and **querer*** (*to want*) are used to express preferences and desires. They are often followed by an infinitive. (Remember that infinitives are the non-conjugated verb forms that end in **-ar, -er,** or **-ir.**)

—¿Qué **quieres** hacer este invierno?
—**Quiero** esquiar.
—¿Qué **prefiere** hacer Pablo?
—**Prefiere** viajar.

—*What do you want to do this winter?*
—*I want to ski.*
—*What does Paul prefer to do?*
—*He would rather travel.*

Note that the **e** of the stem of these verbs changes to **ie**, except in the **nosotros/as** and **vosotros/as** forms.[†]

| | querer (*to want*) | preferir (*to prefer*) | |
|---|---|---|---|
| (yo) | quiero | prefiero | *I want/prefer* |
| (tú) | quieres | prefieres | *you (inf. sing.) want/prefer* |
| (usted, él/ella) | quiere | prefiere | *you (pol. sing.) want/prefer; he/she wants/prefers* |
| (nosotros/as) | queremos | preferimos | *we want/prefer* |
| (vosotros/as) | queréis | preferís | *you (inf. pl., Spain) want/prefer* |
| (ustedes, ellos/as) | quieren | prefieren | *you (pl.) want/prefer; they want/prefer* |

### Ejercicio 3

Complete estas oraciones según el modelo.

MODELO: Nora *quiere* patinar, pero Luis *prefiere* jugar al tenis.

1. Yo _____ ir al cine, pero Esteban _____ salir a bailar.
2. Nora _____ ver la televisión, pero Alberto _____ ir de compras.
3. Lan _____ pasear por el parque, pero yo _____ dormir todo el día.
4. Nora _____ comer comida china, pero Carmen y Pablo _____ cocinar en casa.
5. Mónica _____ dar una fiesta, pero Alberto _____ bailar en una discoteca.
6. El padre de Esteban _____ acampar, pero yo _____ ir a la playa.
7. Carmen _____ sacar fotos, pero Lan _____ escribir una carta.
8. Luis _____ dibujar, pero yo _____ tocar la guitarra.
9. Mónica y Pablo _____ ir a pasear por el centro, pero yo _____ dormir toda la tarde.
10. Luis y Alberto _____ descansar, pero Esteban _____ leer el periódico.

---

*Recognition: **vos preferís, querés**
[†]Verbs like **preferir** and **querer** that use more than one stem in their conjugation are known as *irregular verbs.* You will learn more about this type of verb beginning in **Gramática 3.3.**

## Ejercicio 4

¿Qué quieren hacer estas personas? Conteste según el modelo.

MODELO:   ¿Qué quiere hacer Guillermo? → *Quiere jugar al basquetbol.*

**1.** ¿Qué quiere hacer Ernestito?

**2.** ¿Qué prefiere hacer el señor Ramírez?

**3.** ¿Qué quieren hacer Estela y Andrea?

**4.** Luis y Nora, ¿qué prefieren hacer ustedes?

**5.** ¿Qué prefieren hacer Diego y Rafael?

**6.** ¿Qué quiere hacer Amanda?

## Ejercicio 5

Escriba los planes y las preferencias de estas personas.

| | PLANES | | PREFERENCIAS/DESEOS |
| --- | --- | --- | --- |
| MODELO:   Nora | *va a leer* | pero | *prefiere (quiere) dormir.* |

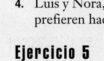

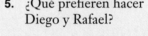

**1.** Lan

**2.** Carmen

3. Esteban

4. Alberto

5. Pablo

6. Mi compañera

7. Yo

## 2.4 Describing the Weather: Common Expressions

Spanish speakers use several verbs to describe weather conditions.

Most Spanish weather expressions use either **hacer** or **haber**.
**Hace frío.** (*It's cold.*)
**Hace calor.** (*It's hot.*)
**Hace buen/mal tiempo.** (*The weather is good/bad.*)
**Hay neblina.** (*It's foggy.*)

But to talk about resultant states, use **estar** + adjective.
**Está nublado.** (*It's cloudy.*)

**Nevar** and **llover** use just the verb.
**Nieva.** (*It's snowing.* [*It snows.*])
**Llueve.** (*It's raining.* [*It rains.*])

**A.** If a weather expression refers to a phenomenon that can be felt (good weather, heat, cold, wind), use **hacer**.

—¿Qué tiempo **hace** hoy?  —*What's the weather like today?*
—**Hace frío.**  —*It's cold.*

Other weather expressions with **hacer** are **hace calor** (*it's hot*), **hace buen/mal tiempo** (*the weather is good/bad*), **hace viento** (*it's windy*), **hace sol** (*it's sunny*), and **hace fresco** (*it's cool*).

**B.** If a weather expression refers to a phenomenon that can be seen, use **haber**.

—**Hay neblina** por la costa.  —*It's foggy (There is fog) along the coast.*
—**Hay nubes** hoy.  —*It's cloudy (There are clouds) today.*

**C.** For resultant states (that is, conditions that result from a specific phenomenon, such as **Hay nubes** or **Hace sol**), use **estar** with the appropriate adjective.

—**Está nublado** hoy.  —*It's cloudy today.*
—**Está soleado** en las montañas.  —*It's sunny in the mountains.*

**D.** To talk about rain and snow, use only the corresponding verb (**llover** or **nevar**).

—Siempre **llueve** aquí por la tarde.

—*It always rains here in the afternoon.*

—**Nieva** mucho en Montana.

—*It snows a lot in Montana.*

Note in all of these weather expressions that Spanish does not use a pronoun corresponding to English *it*.

## Ejercicio 6

Diga qué tiempo hace.

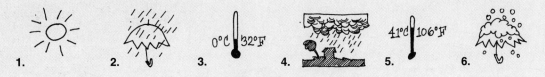

1.   2.   3.   4.   5.   6.

## Ejercicio 7

Diga si son posibles o imposibles estas combinaciones.

1. —¿Hace sol?
   —Sí, y también hace calor.
2. —¿Hace mal tiempo?
   —Sí, y llueve mucho.
3. —¿Hace buen tiempo?
   —Sí, y hace mucho frío.
4. —¿Hace calor?
   —Sí, y también nieva.
5. —¿Hace frío?
   —Sí, y también hace mucho calor.

# Las actividades y los lugares

In **Capítulo 3** you will discuss daily activities as well as activities happening at the moment. You will also talk about places on your campus and about where you and others are from.

Tegucigalpa, Honduras

# Actividades de comunicación y lecturas

## ¿Dónde está?

*Lea Gramática 3.1.*

### Actividad 1. Intercambios: La Universidad Estatal del Oriente

Mire el plano de la página siguiente. Escuche mientras su profesor(a) describe dónde están varios edificios. Escriba el nombre del edificio en el espacio en blanco.

**Edificios**: la biblioteca, la cafetería, la Facultad de Ciencias Sociales, la Facultad de Medicina, el gimnasio, el teatro

Ahora, pregúntele a su compañero/a dónde están los edificios en el plano.

MODELOS:   E1:  ¿Dónde está *el teatro*?
                  E2:  Está *enfrente de la Facultad de Bellas Artes*.

                  E1:  ¿En qué calle está *la cafetería*?
                  E2:  Está en la *avenida de las Rosas, enfrente de la librería*.

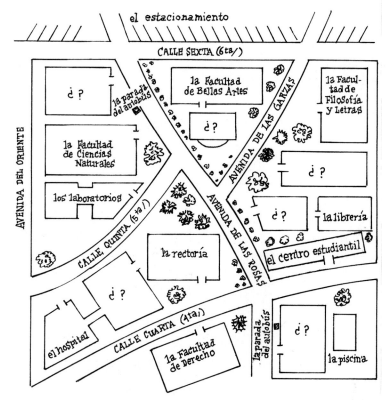

LA · UNIVERSIDAD · ESTATAL · DEL · ORIENTE

## Actividad 2. Diálogo abierto: Las clases

E1:  Hola, _____. ¿Tienes clases hoy?
E2:  Sí, tengo _____ y _____.
E1:  ¿Dónde?
E2:  En el edificio de _____.
E1:  ¿Dónde está ese edificio?
E2:  Está al lado del / de la _____.

## Actividad 3. Entrevista: En nuestra universidad

Pregúntele a su compañero/a dónde están los siguientes lugares en su universidad.
Use **al lado de, enfrente de, detrás de, entre, en el edificio de...**

MODELO:   E1:  ¿Dónde está *la cafetería*?
                 E2:  Está *detrás de...*

1. la biblioteca
2. el gimnasio
3. la librería

4. el teatro
5. la Facultad de _____
6. ¿ ?

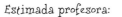

# Una tarjeta postal desde Madrid

## VOCABULARIO ÚTIL

| | |
|---|---|
| fue | *was* |
| manda | *she sends* |
| Estoy ansiosa por | *I'm looking forward to* |

Clara Martin es una joven norteamericana que ahora estudia en Madrid. El año pasado Clara fue estudiante de la profesora Martínez; gracias a esa clase, ahora Clara habla muy bien el español.

Ésta es la primera tarjeta postal que Clara manda a su profesora. ¡Adela Martínez va a recibir muchas postales más!

Estimada profesora:

¡Por fin estoy en Madrid! Es una ciudad muy grande y tiene mucho más tráfico que San Antonio. Estoy ansiosa por verlo todo. Me gusta mucho el Parque del Retiro. ¡Y el Museo del Prado es impresionante! Esta tarjeta es de la Plaza Mayor, un lugar interesante adonde va mucha gente a tomar café y a conversar. (Es mi lugar favorito.) Bueno, hasta muy pronto.
Un abrazo,
Clara
P.D. ¡Estoy hablando muchísimo español!

Prof. Adela Martínez
Department of Foreign Languages
University of Texas at San Antonio
San Antonio, TX 78285
USA

Madrid, España

## Comprensión

¿Cierto o falso? Si la oración es falsa, haga las correcciones necesarias.

1. San Antonio tiene menos tráfico que Madrid.
2. Clara va a ver pocos lugares.
3. Clara no practica mucho el español en Madrid.
4. El lugar favorito de Clara es el Museo del Prado.
5. En la Plaza Mayor la gente toma café y conversa.

## Ahora... ¡usted!

1. Cuando usted viaja, ¿les manda tarjetas postales a su familia y amigos? Por lo general, ¿le gusta escribir mucho en las postales o prefiere decir poco?
2. ¿Le gusta recibir tarjetas postales de sus amigos y familiares cuando viajan? ¿Por qué sí o por qué no?

### Un paso más... ¡a escribir!

**A.** Imagínese que usted está de vacaciones y que va a mandarle una tarjeta postal a alguna persona. ¿Quién es esa persona? ¿Qué va a decirle? Use la tarjeta de Clara como guía y... ¡escriba!

Querido/a _____:

Por fin estoy en _____. Es un lugar muy _____ y tiene _____. Me gusta mucho _____. Esta tarjeta postal es de _____.

Hasta muy pronto.

Un abrazo,

*(su firma aquí)*

P.D. ¡_____!

**B.** Ahora, léale el texto de su tarjeta postal a su compañero/a, ¡pero no mencione el lugar! Su compañero/a va a tratar de adivinar ese detalle.

# Las actividades diarias

*Lea Gramática 3.2–3.3.*

## Un día típico en la vida de la familia Ramírez

Ernesto lee el periódico todas las mañanas.

Los Ramírez y sus hijos desayunan juntos.

Ernesto sale de la casa a las 8:30.

Ernesto espera el autobús.

Amanda y sus hermanos caminan al parque.

Guillermo juega al fútbol con sus amigos.

Berta limpia la casa.

Estela prepara la cena.

La familia Ramírez cena a las 8:00.

## Actividad 4. Intercambios: Las actividades diarias

MODELOS:   E1: ¿Quién *va a misa*?
           E2: *Silvia*.

           E1: ¿Cuándo *hace ejercicio Mayín*?
           E2: *Los viernes por la mañana.*

| | SILVIA BUSTAMANTE MÉXICO, D.F. | ADRIANA BOLINI BUENOS AIRES | MAYÍN DURÁN LOS ÁNGELES |
|---|---|---|---|
| lun., por la mañana | va en metro al trabajo | va en carro a su oficina | va en coche a la estación de radio |
| mié., por la tarde | trabaja en la estación de autobuses | trabaja con una computadora | escribe un reportaje |
| vie., por la mañana | estudia | asiste a una reunión | hace ejercicio en el gimnasio |
| sáb., por la mañana | lleva su ropa a la lavandería | pasea por el parque | lee el periódico |
| dom., por la mañana | va a misa | juega al tenis | ve la televisión |

## Actividad 5. Asociaciones: Las actividades típicas

¿Cuáles son las actividades típicas de estas personas?

1. un profesor / una profesora
2. un hombre / una mujer de negocios
3. una ama de casa
4. un(a) estudiante

**Actividades posibles:** almuerza en un restaurante, charla con un amigo en la cafetería, cocina, habla por teléfono, lee las tareas de los estudiantes, lee una revista, limpia la casa, prepara las lecciones, trabaja en su oficina, va a la biblioteca

## Actividad 6. Narración: Un día en la vida de Carla Espinosa

### PALABRAS ÚTILES

| | | |
|---|---|---|
| primero | después | finalmente |
| luego | más tarde | por último |
| entonces | ¿A qué hora? | |
| | A la(s)... | |

## Actividad 7. Preferencias: ¿Con qué frecuencia?

Diga con qué frecuencia usted hace estas actividades durante la semana. Use **siempre, con frecuencia, a veces, varias veces** y **nunca**.

1. Veo la televisión por la noche.
2. Salgo a cenar con amigos.
3. Juego al basquetbol.
4. Voy al cine.
5. Lavo el carro.
6. Hago ejercicio aeróbico.
7. Preparo la cena.
8. Como en el carro.
9. Escucho la radio mientras estudio.
10. Tomo refrescos.

### Actividad 8. Asociaciones: Las actividades de mi familia

En su familia, ¿quién hace las siguientes actividades?

MODELOS:  estudia(n) en la universidad →
*Mis hermanos* estudian en la universidad.

trabaja(n) los sábados →
*Nadie* en mi familia trabaja los sábados.

1. sale(n) mucho con sus amigos
2. esquía(n) en el invierno
3. ve(n) la televisión
4. va(n) al cine los fines de semana
5. lee(n) el periódico por la mañana
6. escucha(n) música clásica
7. trabaja(n) los sábados
8. nada(n) en el verano

### Actividad 9. Entrevista: El fin de semana

GENERALMENTE LOS VIERNES POR LA NOCHE...
1. ¿Sales con tus amigos? ¿Vas al cine? ¿Vas a una discoteca o a un club?
2. ¿Trabajas? ¿Hasta qué hora?
3. ¿Cenas en algún restaurante?
4. ¿Lees un libro?
5. ¿Vas a (Das) una fiesta? ¿Dónde? ¿Con quién(es)?

GENERALMENTE LOS SÁBADOS...
6. ¿Practicas algún deporte? ¿Cuál prefieres?
7. ¿Ves la televisión? ¿Qué programas te gustan?
8. ¿Vas de compras? ¿Adónde?
9. ¿Trabajas? ¿Dónde? ¿Cuántas horas?
10. ¿Estudias? ¿Dónde? ¿Con quién(es)?

### Actividad 10. Entrevista: La música

1. ¿Escuchas mucho la radio? ¿Cuándo y dónde? ¿En casa? ¿En el carro? ¿Los fines de semana? ¿Por la mañana?
2. ¿Qué clase de música prefieres? ¿Qué emisora escuchas, generalmente?
3. ¿Cuáles son tus artistas preferidos?
4. ¿Prefieres escuchar la radio o poner discos compactos?

# Los amigos hispanos: Adela Martínez

**VOCABULARIO ÚTIL**

| | |
|---|---|
| la política | *politics* |
| de vez en cuando | *once in a while* |
| me pone | *makes me* |
| le hago la lucha | *I try* |
| estadounidense | *U.S. citizen* |

**L**a profesora Martínez nació en San Antonio, Texas, de padres mexicanos. Ella habla aquí de sus actividades favoritas y de su trabajo de verano en Guanajuato, México. A Adela le gusta conversar con los amigos, montar a caballo, escuchar música, tocar la guitarra y cantar.

¡Hola! Ya saben que soy profesora. Me gusta mucho enseñar español, pero no quiero hablarles solamente de mi trabajo. Voy a contarles, primero, de mis pasatiempos y de las actividades que hago en mi tiempo libre. Uno de mis pasatiempos favoritos es conversar con los amigos en algún café o restaurante. Los temas que más discutimos —¡y siempre con entusiasmo!— son la cultura hispana, la literatura y la política internacional. Pero también hablamos de cosas personales.

De vez en cuando monto a caballo; es un pasatiempo muy divertido. En mi tiempo libre, también escucho música. Creo que tengo un gusto bastante variado: me gusta la música clásica, la folclórica y la popular. Cuando estoy triste, toco la guitarra y canto. ¡La guitarra siempre me pone contenta! A mis estudiantes les fascina escucharme cantar canciones tradicionales como «Cielito lindo». Les confieso que no canto muy bien, pero, como dicen los mexicanos, le hago la lucha.

Durante los veranos enseño español en la ciudad de Guanajuato, México. Guanajuato es la capital del estado del mismo nombre, que está en el centro del país. Es una ciudad pequeña, muy hermosa, de aspecto colonial y con una historia muy interesante. En Guanajuato es fácil llegar a todas partes y la gente es muy amable y amistosa. Es la ciudad ideal para los cursos de verano, creo yo.

Me gustan mucho mis cursos de verano, además, porque llegan a mis clases personas de diferentes países. Normalmente tengo estudiantes árabes, chinos, japoneses, franceses y un gran número de canadienses y estadounidenses. Juntos hacemos excursiones, visitamos los museos y salimos por la noche a bailar. A veces los invito a mi casa a merendar. ¡Cuánto les gusta hablar de México cuando vienen a mi casa!

## Comprensión

Complete los siguientes comentarios. ¡Cuidado! A veces hay más de una respuesta correcta.

1. Cuando la profesora Martínez está triste...
   **a.** conversa con sus amigos en algún café.
   **b.** toca la guitarra y canta.
   **c.** monta a caballo.

2. La profesora viaja a Guanajuato todos los veranos porque...
   **a.** enseña un curso de español en esa ciudad.
   **b.** sus padres viven en Guanajuato.
   **c.** no hay cursos de verano en otras ciudades.

3. A los estudiantes de la profesora Martínez les gusta escucharla cantar porque...
   **a.** ella tiene una voz de soprano fantástica.
   **b.** ella sabe cantar canciones mexicanas muy bonitas.
   **c.** con la música, ellos pueden comprender la cultura de México.

4. A la profesora le gusta tener tiempo libre porque...
   **a.** entonces sale a cenar con sus amigos.
   **b.** necesita escribir libros sobre la política mexicana.
   **c.** detesta su trabajo.

## Ahora... ¡usted!

1. ¿Qué le gusta hacer, generalmente, durante los veranos? ¿estudiar? ¿trabajar? ¿viajar?

2. Compare las actividades de Adela Martínez con las actividades de verano que a usted le gusta hacer.

3. ¿Le gustaría viajar a otro país para estudiar? ¿Adónde le gustaría ir? ¿Por qué?

## Un paso más... ¡a escribir!

Describa la ciudad donde usted nació o la ciudad donde vive ahora. Utilice como guía la descripción de Guanajuato que hace Adela Martínez. Para empezar, ¿es grande o pequeña su ciudad? ¿Cómo se llama? ¿En qué estado del país está? Describa a la gente de allí: ¿es amistosa, indiferente, alegre, amable? Termine su descripción con esta oración: *Mi ciudad es ideal para...*

## EL MUNDO HISPANO... imágenes

En muchas ciudades hispanas, como Guanajuato, México, se conservan los edificios y la arquitectura de la época colonial. Guanajuato es una ciudad muy hermosa. Es famosa en todo el mundo hispano por su Festival de Teatro Cervantino,[1] que se celebra todos los años en octubre.

Un sitio muy interesante —¡y diferente!— en Guanajuato es el Museo del Panteón.[2] Allí se exhíben muchas momias;[3] algunas son del siglo[4] pasado, pero también hay varias más recientes. ¿Cómo es posible esto? Bueno, se dice que la tierra de Guanajuato contiene minerales que conservan intactos los cadáveres. ¡Es algo fantástico!

[1] *Theater festival named after the great Spanish writer Miguel de Cervantes (1547–1616), author of* Don Quijote.   [2] *Located on a hilll outside the city, this museum is also known as* El museo de las momias, *the Museum of the Mummies.*   [3] *mummies*   [4] *century*

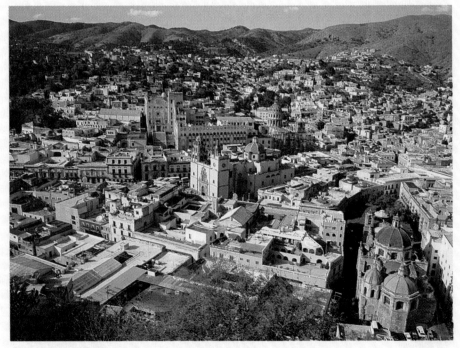

Guanajuato, México

# ¿De dónde es usted?

*Lea Gramática 3.4.*

**ESPAÑA**
español
española

**PORTUGAL**
portugués
portuguesa

Pilar Álvarez
Madrid, España

MÉXICO, AMÉRICA CENTRAL y EL CARIBE

Rubén Hernández
Miami, Florida
La Habana, Cuba

Silvia Bustamante
México, D.F.

**CUBA**
cubano/a

Carla Espinosa
San Juan, P.R.

**PUERTO RICO**
puertorriqueño/a

**MÉXICO**
mexicano/a

**LA REPÚBLICA DOMINICANA**
dominicano/a

**GUATEMALA**
guatemalteco/a

**PANAMÁ**
panameño/a

**EL SALVADOR**
salvadoreño/a

**NICARAGUA**
nicaragüense

**COSTA RICA**
costarricense

Mayín Durán
Los Ángeles, California
Colón, Panamá

**HONDURAS**
hondureño/a

**COLOMBIA**
colombiano/a

Ricardo Sícora
Caracas, Venezuela

Susana Yamasaki
Lima, Perú

**VENEZUELA**
venezolano/a

**ECUADOR**
ecuatoriano/a

**BRASIL**
brasileño/a

**PERÚ**
peruano/a

**BOLIVIA**
boliviano/a

**PARAGUAY**
paraguayo/a

**CHILE**
chileno/a

**URUGUAY**
uruguayo/a

**ARGENTINA**
argentino/a

SUDAMÉRICA

Adriana Bolini
Buenos Aires, Argentina

La presencia hispana en los Estados Unidos es fuerte y se expresa de muchas formas. En la foto, un mural hispano en el distrito de La Misión (*Mission District*) de la ciudad de San Francisco, California.

## Actividad 11. Diálogo: ¿De dónde eres tú?

ROGELIO: Buenos días. Yo soy Rogelio Varela. ¿Cómo te llamas?
MARTA: Me llamo Marta Guerrero. ¿De dónde eres tú?
ROGELIO: Soy de aquí, de San Juan. ¿Y tú?
MARTA: Soy de México, pero vivo en San Juan ahora.

## Actividad 12. Entrevista: ¿De dónde...?

1. E1: ¿De dónde eres?
   E2: Soy de _____.
2. E1: ¿De dónde es tu padre?
   E2: Es de _____.
3. E1: ¿De dónde es tu madre?
   E2: Es de _____.
4. E1: ¿Tienes algún amigo de otro país?
   E2: Sí, tengo un amigo / una amiga de _____.
5. E1: ¿Cómo se llama tu amigo/a?
   E2: Se llama _____.

# EL MUNDO HISPANO... su gente

**M**aría Diana Suárez tiene 17 años y es costarricense.

*¿Qué tipo de música le gusta más?*

Escucho todo tipo de música, pero me gusta más el rock en inglés y en español. Mis cantantes favoritos son Luis Miguel[1] y Whitney Houston. Y mis conjuntos[2] favoritos son Green Day y Los Sobraos.[3] Me gusta la música latina —la salsa, el merengue[4]— por su ritmo y su sabor,[5] y porque es nuestra. ¡Amo toda la música!

[1]Luis Miguel es un famoso cantante mexicano que canta canciones románticas. (*In 1994, Luis Miguel recorded "Come Fly With Me" with Frank Sinatra for* Duets II, *Sinatra's second collection of duets with renowned American and international performers.*)   [2]grupos musicales   [3]Conjunto español; sus alegres canciones son una combinación de rock, música de baile y ritmos flamencos; su disco más popular es *Rumba mola* (1996).   [4]La salsa y el merengue son parte de la música tradicional del Caribe.   [5]*energy, vitality* (lit., *flavor*)

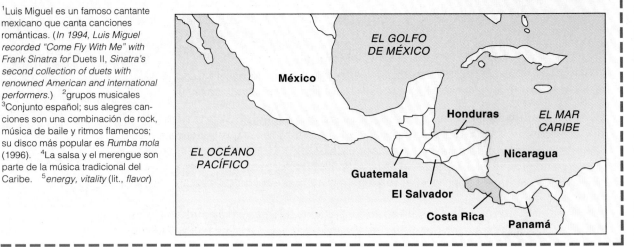

NOTA
CULTURAL

**VOCABULARIO ÚTIL**

| | |
|---|---|
| la comunidad | *community* |
| los campos | *fields* |
| se encuentran | *are found* |
| sea cual sea | *whatever might be* |

# Los hispanos en los Estados Unidos

La palabra *Hispanic* se usa con frecuencia para describir a todos los hispanos que viven en los Estados Unidos. Pero dentro de la comunidad hispana hay personas de varios países que forman grupos diferentes, como los mexicoamericanos y los puertorriqueños. En esta lectura se describen estos grupos y otros que también son hispanos.

Jackson Heights, Ciudad de Nueva York

Los hispanos que viven en los Estados Unidos contribuyen de manera importante a la vida cultural y social de este país. Los más famosos trabajan en el mundo artístico —el cine, la música— y en los deportes. Pero también están presentes en otros campos, como la política y la educación, por ejemplo.

Hay hispanos en casi todas las ciudades estadounidenses. Algunos son emigrantes de España, muchos otros de toda América Latina. Los hispanos en los Estados Unidos forman cuatro grandes grupos. Es importante saber cuáles son, pues cada uno tiene una historia interesante y muy particular.

El primer grupo es el de los **mexicoamericanos** o **chicanos**, que viven principalmente en el suroeste, en los estados de California, Nuevo México, Arizona, Texas y Colorado. Dentro de esta población hay descendientes de los primeros exploradores españoles.

El segundo grupo lo forman los **puertorriqueños**, muchos de los cuales viven en Nueva York. Y los **cubanos** forman el tercer grupo; éstos residen en varios estados, pero especialmente en la Florida, Nueva Jersey y California. El cuarto grupo es el de los **centroamericanos**, que se encuentran en California y los estados del este. Por ejemplo, en la ciudad de Takoma Park, Maryland, y en el área de Washington, D.C., hay una comunidad muy grande de **salvadoreños**.

Hay 24 millones de hispanos en los Estados Unidos. Dentro de este enorme grupo, existe una gran variedad de culturas y de historias nacionales. A algunos hispanos les gusta llamarse *Hispanic* o *Hispanic American*; otros usan las palabras *Latino* y *U.S. Latino*; también hay los que prefieren especificar su nacionalidad: salvadoreño, cubano o salvadoreñoamericano y cubanoamericano.

Sea cual sea la palabra preferida, la presencia de esta comunidad —y de cada uno de sus grupos— es cada día más visible y relevante en los Estados Unidos.

## Comprensión

**A.** Diga qué grupo(s) de hispanos predomina(n) en cada ciudad.

| CIUDAD | GRUPO(S) | CIUDAD | GRUPO(S) | CIUDAD | GRUPO(S) |
|---|---|---|---|---|---|
| Houston | _____ | Nueva York | _____ | Los Ángeles | _____ |
| Miami | _____ | Albuquerque | _____ | Takoma Park | _____ |

**B.** ¿Quién habla en cada caso? Indique si es una persona mexicanoamericana (**M**), puertorriqueña (**P**) o cubanoamericana (**C**).

1. _____ Vivo en Nuevo México; mi familia y yo somos descendientes de los primeros colonizadores españoles.
2. _____ Soy bilingüe y vivo en Los Ángeles. Mis padres nacieron en Guadalajara.
3. _____ Soy de una isla que es un estado libre asociado. Me consideran ciudadano de los Estados Unidos.
4. _____ Nací en una isla del Caribe. Ahora vivo con muchos de mis compatriotas en Miami.

## Ahora... ¡usted!

1. ¿Tiene amigos hispanos? ¿Son chicanos o de otros grupos?
2. ¿Cuántos hispanos famosos puede mencionar? ¿De qué países son?

### Un paso más... ¡a escribir!

Usando **Comprensión B** como guía, describa a algunos de sus amigos hispanos. Si no tiene ningún amigo hispano, describa a dos hispanos famosos.

# Las actividades del momento

*Lea Gramática 3.5.*

Son las 5:00 de la tarde y éstas son las actividades de algunos de los vecinos mexicanos.

Ramón está levantando pesas.

Pedro está leyendo el periódico.

Doña Lola está planchando la ropa.

El bebé está llorando.

Guau. Guau.

El perro está ladrando.

Marisa y Clarisa están masticando chicle.

Don Anselmo está fumando.

## Actividad 13. Asociaciones: ¿Acciones extrañas?

El gato está buceando.

El caballo está fumando.

El bebé está
levantando pesas.

Diga si estas actividades son extrañas o normales. Después, justifique sus respuestas.

1. una muchacha que está caminando
2. un pez que está nadando
3. un caballo que está fumando
4. un bebé que está llorando
5. una profesora que está masticando tabaco en clase
6. un hombre que está planchando
7. un pájaro que está patinando
8. un perro que está ladrando
9. un gato que está buceando
10. un bebé que está levantando pesas

## Actividad 14. Narración: ¿Qué está haciendo Rogelio?

## Actividad 15. Descripción de dibujos: La hora y las actividades

Diga qué están haciendo las siguientes personas y a qué hora. (Diga la hora usando **menos** o **para**.)

MODELO: Son las ocho menos diez y Guillermo está haciendo su tarea.
(Son diez para las ocho... )

**1.** Estela

**2.** Guillermo

**3.** Amanda

**4.** Ernesto

**5.** Berta

**6.** Pedro

## EL MUNDO HISPANO... en los Estados Unidos

Ilia Rolón tiene 25 años y nació en Nueva York, de padres puertorriqueños. Ilia vive en la ciudad de Nueva York.

*¿Qué hace usted para divertirse o descansar?*

Mi pasatiempo favorito es bailar. Cuando estoy bailando, ¡se me olvida casi todo![1] No me gusta bailar en pareja[2] porque me es difícil coordinar mis pasos con los pasos de mi pareja. Tengo mi propio estilo de baile con influencia latina y africana. A todo el que me ve bailar le impresiona la sensualidad de mi baile. Como puede imaginar, esto a veces causa malentendidos.[3] Pero yo no bailo para impresionar a nadie. El baile me alegra porque me permite una libertad física de la que carezco[4] en mi vida diaria.

[1]¡se... *I forget almost everything!*  [2]en... *with a partner*  [3]*misunderstandings*  [4]*I lack*

# En resumen

## De todo un poco

**A.** Una encuesta sobre las actividades diarias

Diga qué hace usted a estas horas todos los días.

> A las 3:00 p.m., _____.
> A las 5:00 p.m., _____.
> A las 6:30 p.m., _____.
> A las 8:00 p.m., _____.
> A las 10:00 p.m., _____.
> A las 12:00 (medianoche), _____.

Ahora, compare sus actividades con las de varios compañeros. ¿Hacen ustedes las mismas actividades a la misma hora?

> MODELO: E1: A las 12:00 *duermo*.
> E2: Yo no, yo *estudio*.

Finalmente, hable con varios compañeros para encontrar una persona que haga las mismas actividades que usted, a la misma hora.

**B.** El mapa de Sudamérica: ¿Dónde están estos países?

Trabajen en grupos de cuatro. Una persona debe leer las instrucciones a continuación; las otras tres personas deben seguir las instrucciones y escribir los nombres de los países en el mapa que el profesor / la profesora va a darles.

INSTRUCCIONES

1. Miren Venezuela. Está al norte, *arriba de* Brasil. Brasil es un país muy grande que está *al lado derecho del* mapa, *debajo de* Venezuela.
2. Ahora vamos a Colombia. Está *al lado izquierdo* de Venezuela.
3. Ahora escriban «Ecuador» en el país muy pequeño que está al sur, *debajo de* Colombia y al lado del Océano Pacífico.
4. *Al lado izquierdo de* Brasil, *en medio del* mapa, está Bolivia. Está *lejos del* mar.
5. *Al lado izquierdo de* Brasil y *debajo de* Ecuador y Colombia, escriban «Perú.» Este país está *entre* Brasil, Bolivia y el Océano Pacífico.
6. *Debajo de* Perú, al sur, está Chile. Éste es un país largo y angosto (delgado). Está *al lado del* Océano Pacífico.
7. *Al lado derecho de* Chile está otro país muy grande, Argentina.
8. *Al lado derecho de* Argentina, y *al lado izquierdo del* Océano Atlántico, está Uruguay. Éste es un país muy pequeño.
9. *Arriba de* Argentina, al norte, y *debajo de* Bolivia y Brasil está otro país pequeño, Paraguay. No está *cerca del* mar.

Ahora, revisen su trabajo con el mapa que está en la página 113.

¡Dígalo por escrito!

Los pasatiempos y las actividades

Imagínese que usted acaba de recibir una carta de un(a) estudiante de un pueblo pequeño de México. Él/Ella le pregunta: «¿Cómo pasa usted el tiempo libre?» ¿Qué le va a contestar usted? Primero, trabaje con otros dos o tres compañeros de clase para comentar las actividades en que ustedes participan en su tiempo libre y por qué les gustan esas actividades. ¿Las hacen a solas o con otras personas? ¿Con quién(es)? Después, cada uno de ustedes debe escribirle una carta al / a la estudiante, contestando sus preguntas y también incluyendo algunas preguntas que hacerle a él/ella.

## VIDEOTECA

¿Recuerda usted al estudiante Diego González? Es de los Estados Unidos, pero ahora estudia en la Ciudad de México. En este segmento de video, Diego está en la librería y habla con Lupe, una compañera de clase. ¿Qué pasa entre los dos? ¿Cuál es la materia preferida de Diego? ¿Qué tienen en común Lupe y Diego? Al final del segmento, ¿qué planes hacen? En el Capítulo 3 del *Cuaderno de trabajo* hay más actividades para hacer después de ver el video.

# Vocabulario

| ¿Dónde está... ? | Where is . . . ? |
|---|---|
| **a la derecha/izquierda de** | to the right/left of |
| **al lado de** | to the side of |
| **alrededor de** | around |
| **aquí** | here |
| **arriba de** | above; on top of |
| **cerca de** | close to |
| **debajo de** | under |
| **detrás de** | behind |
| **encima de** | on top of |
| **enfrente de** | in front of |
| **en medio de** | in the middle of |
| **entre** | between |
| **lejos de** | far from |
| **al norte/sur** | to the north/south |

## Los lugares en la universidad

| | |
|---|---|
| **la biblioteca** | library |
| **el edificio** | building |
| **el estacionamiento** | parking lot |
| **la Facultad de Bellas Artes** | School of Fine Arts |
| **la Facultad de Ciencias Naturales** | School of Natural Sciences |
| **la Facultad de Ciencias Sociales** | School of Social Sciences |
| **la Facultad de Derecho** | School of Law |
| **la Facultad de Filosofía y Letras** | School of Humanities |
| **la Facultad de Medicina** | School of Medicine |
| **la librería** | bookstore |

la parada del autobús — bus stop
la rectoría — office of the president
el teatro — theater

**PALABRAS SEMEJANTES:** la cafetería, el gimnasio, el hospital

**REPASO:** el laboratorio

## Los lugares en la ciudad

la avenida — avenue
la lavandería — laundromat
la tienda — store

## El origen

¿De dónde es usted (eres tú)? — Where are you from?
Soy de... — I am from . . .
¿De dónde es... ? — Where is . . . from?
Es de... — He/She is from . . .

## Los países hispanos y las nacionalidades
Hispanic Countries and Nationalities

Bolivia — boliviano/a
Chile — chileno/a
Colombia — colombiano/a
Costa Rica — costarricense
Cuba — cubano/a
Ecuador — ecuatoriano/a
El Salvador — salvadoreño/a
Guatemala — guatemalteco/a
Honduras — hondureño/a
Nicaragua — nicaragüense
Panamá — panameño/a
Paraguay — paraguayo/a
Perú — peruano/a
Puerto Rico — puertorriqueño/a
la República Dominicana — dominicano/a
Uruguay — uruguayo/a
Venezuela — venezolano/a

**REPASO:** Argentina, argentino/a; Brasil, brasileño/a; España, español(a); México, mexicano/a

## Otros lugares

el Caribe — Caribbean
Sudamérica — South America

**PALABRAS SEMEJANTES:** América Central, el Océano Atlántico, el Océano Pacífico, Portugal

## Los verbos

asistir (a) — to attend
bucear — to skin-dive/scuba dive; to snorkle
caminar — to walk
ducharse — to take a shower
esperar — to wait (for)
fumar — to smoke
ladrar — to bark
llorar — to cry
masticar (chicle) — to chew (gum)
mirar — to look
planchar — to iron
poner discos compactos — to play CDs
recoger — to gather, pick up
regresar — to return
tocar la guitarra — to play the guitar
tomar (el autobús, una clase) — to take (the bus, a class)

**PALABRAS SEMEJANTES:** preparar, usar

**REPASO:** desayunar, hablar, levantar pesas, manejar, practicar un deporte

## Las personas

el ama de casa — housewife
el hombre / la mujer de negocios — businessman/businesswoman
nadie — no one, nobody
el novio / la novia — boyfriend/girlfriend

**PALABRAS SEMEJANTES:** el/la artista, el/la bebé

## Los sustantivos

la cama — bed
la cena — dinner
el metro — subway
el pájaro — bird
el pez — fish
el refresco — soft drink
el reportaje — newspaper report, article
la reunión — meeting
la tarea — homework
el trabajo — work
la vida — life

**PALABRAS SEMEJANTES:** la acción, el autobús, el club, la ensalada, la estación, el tabaco

**REPASO:** el caballo, la misa

## ¿Cuándo?

| | |
|---|---|
| a la misma hora | at the same time |
| desde (+ *time*) | since, from |
| generalmente | usually; generally |
| hasta | until; up to |
| mientras | meanwhile |
| nunca | never |
| todos los días | everyday |
| varias veces | several times |

REPASO:  con frecuencia, esta noche, siempre

## Los adjetivos

| | |
|---|---|
| diario/a | daily |
| ese (edificio) | that (building) |
| extraño/a | strange |
| juntos/as | together |
| preferido/a | favorite |

PALABRAS SEMEJANTES:  aeróbico/a, clásico/a, normal, posible, típico/a

## Palabras del texto

| | |
|---|---|
| comparar | to compare |
| deber (debe) | should |

| | |
|---|---|
| encontrar | to find |
| la encuesta | survey |
| el espacio en blanco | blank (space) |
| el momento | moment |
| revisar | to check; to revise |
|   revise(n) | check (*command*) |
| seguir las instrucciones | to follow directions |
| varios/as | several |

## Palabras y expresiones útiles

| | |
|---|---|
| ¿Dónde... ? | Where . . . ? |
| la emisora | radio station |
| el estado | state |
| esto | this (in general) |
| el plano | map (of a room or city) |
| ¿Qué está haciendo... ? | What are you (is he/she) doing? |
|   Estoy... | I am . . . |
|   Está... | He/She is . . . |

PALABRA SEMEJANTE:  la lección

# Gramática y ejercicios

## 3.1 Locating People and Objects: *estar*

Estar is used for location.
**¿Dónde está Susana?**
(*Where is Susan?*)
**Está en casa.** (*She's at home.*)

Use the verb **estar**\* (*to be*) to locate people and objects.

—¿Dónde **está** la profesora Martínez?    —*Where is Professor Martínez?*
—**Está** en clase.    —*She's in class.*

—Esteban, ¿dónde **está** su libro?    —*Steve, where is your book?*
—**Está** en casa.    —*It's at home.*

Here are the present-tense forms of the irregular verb **estar**.

**estar** = *to be*

| estar (*to be*) | |
|---|---|
| (yo) est**oy** | *I am* |
| (tú) est**ás** | *you (inf. sing.) are* |
| (usted, él/ella) est**á** | *you (pol. sing.) are; he/she is*[†] |
| (nosotros/as) est**amos** | *we are* |
| (vosotros/as) est**áis** | *you (inf. pl., Spain) are* |
| (ustedes, ellos/as) est**án** | *you (pl.) are; they are* |

## Ejercicio 1

Diga dónde están estas personas.

MODELO: Mi hijo *está* en la escuela.

1. Yo _____ en la biblioteca.
2. Luis y Nora _____ en su clase de biología.
3. Tú _____ en la rectoría.
4. Esteban y yo _____ en el edificio de Ciencias Naturales.
5. La profesora Martínez _____ en su oficina.
6. Nora y yo _____ enfrente del hospital.
7. Esteban, ¿_____ detrás del teatro?
8. Profesora Martínez, ¿_____ usted en la librería ahora?
9. Alberto y Pablo _____ en la universidad.
10. Nosotros _____ aquí en la Facultad de Derecho.

---

\*Recognition: **vos estás**
[†]Remember that there is no Spanish equivalent for the English subject pronoun *it*. The third-person verb form conveys the meaning of *it* as well as of *he* or *she*.

## 3.2 Talking About Habitual Actions: Present Tense of Regular Verbs

As you have seen in **Gramática A.6, C.5,** and **1.3,** Spanish verb endings tell us who is performing the action. The subject pronouns (**yo, tú, usted, ella, nosotros,** etc.) are often omitted.

**A.** You already know that the endings of Spanish verbs must correspond to the subject of the sentence: that is, to the person or thing that does the action.

—Nora, ¿cuándo estudi**as**?          —*Nora, when do you study?*
—Estudi**o** por la mañana.          —*I study in the morning.*

—¿Qué hac**en** ustedes los domingos?   —*What do you do on Sundays?*
—Visit**amos** a nuestros abuelos.        —*We visit our grandparents.*

**B.** Most Spanish verbs end in **-ar.** Here are the endings for **-ar** verbs.*

**llegar** = *to arrive*

| llegar (*to arrive*) | | |
|---|---|---|
| (yo) | lleg**o** | *I arrive* |
| (tú) | lleg**as** | *you (inf. sing.) arrive* |
| (usted, él/ella) | lleg**a** | *you (pol. sing.) arrive; he/she arrives* |
| (nosotros/as) | lleg**amos** | *we arrive* |
| (vosotros/as) | lleg**áis** | *you (inf. pl., Spain) arrive* |
| (ustedes, ellos/as) | lleg**an** | *you (pl.) arrive; they arrive* |

—¿A qué hora lleg**as** a la escuela?   —*What time do you arrive at school?*
—Generalmente lleg**o** a las 9:00.      —*Generally I arrive at 9:00.*

**C.** Verbs that end in **-er** and **-ir** use identical endings, except for the **nosotros/as** and **vosotros/as** forms.†

**comer** = *to eat*

| comer (*to eat*) | | |
|---|---|---|
| (yo) | com**o** | *I eat* |
| (tú) | com**es** | *you (inf. sing.) eat* |
| (usted, él/ella) | com**e** | *you (pol. sing.) eat; he/she eats* |
| (nosotros/as) | com**emos** | *we eat* |
| (vosotros/as) | com**éis** | *you (inf. pl., Spain) eat* |
| (ustedes, ellos/as) | com**en** | *you (pl.) eat; they eat* |

*Recognition: **vos llegás**
†Recognition: **vos comés, escribís**

**escribir** = *to write*

| escribir (*to write*) | | |
|---|---|---|
| (yo) | escrib**o** | *I write* |
| (tú) | escrib**es** | *you (inf. sing.) write* |
| (usted, él/ella) | escrib**e** | *you (pol. sing.) write; he/she writes* |
| (nosotros/as) | escrib**imos** | *we write* |
| (vosotros/as) | escrib**ís** | *you (inf. pl., Spain) write* |
| (ustedes, ellos/as) | escrib**en** | *you (pl.) write; they write* |

—¿Dónde com**en** al mediodía?      —*Where do you eat at noon?*
—Com**emos** en casa.      —*We eat at home.*

—¿Escrib**es** la tarea a máquina?      —*Do you type the homework?*
—No, escrib**o** los ejercicios a mano.      —*No, I write the exercises by hand.*

These agreement rules take some time to acquire. Think about them when you are editing your writing; don't be overly concerned about them in speech.
Note that the principal difference between **-ar**, **-er**, and **-ir** verbs are the vowels **a** and **e**.

**D.** The verb form must agree with the subject even when the subject is not explicitly stated. When the subject is expressed, it may be a pronoun, as in the preceding table, or a noun.

**La profesora Martínez** no **habla** francés.      *Professor Martínez does not speak French.*

The subject may also consist of a noun + pronoun. A subject combining a noun or pronoun with **yo** takes the **nosotros/as** form.

**Nora y yo** no **hablamos** italiano.      *Nora and I don't speak Italian.*

A subject combining a noun or pronoun with **tú** or **usted** takes the plural form.

**Alberto y tú hablan** español con Raúl.      *Al and you speak Spanish with Raúl.*

In Central America, Argentina, and Uruguay, **vos** = **tú**.

**E.** Central America, Argentina, and Uruguay use a different subject pronoun—**vos**—and verb form for informal singular address.*

—¿Qué hora ten**és vos**?      —*What time do you have?*
—Tengo las 6:30.      —*I have 6:30.*

—¿Cuándo lleg**ás vos**?      —*When do you arrive?*
—Llego a las 9:00 de la noche.      —*I arrive at 9:00 p.m.*

---

*You may learn more about **vos** forms in the **Expansión gramatical** section of the *Cuaderno de trabajo*.

## Ejercicio 2

Combine las personas de la lista A con las actividades de la lista B.

> MODELO:   Mi hermano y yo jugamos al tenis.

LISTA A

1. la profesora Martínez
2. yo
3. tú
4. mi hermano y yo
5. mis compañeros de clase
6. vosotros

LISTA B

a. hacen la tarea para mañana
b. maneja un carro nuevo
c. jugamos al tenis
d. como demasiado
e. habláis español
f. lees el periódico

## Ejercicio 3

Éstas son las actividades de Amanda, su familia y sus amigos. Escriba la forma correcta del verbo entre paréntesis.

> MODELO:   Amanda *llama* a Graciela muy temprano en la mañana. (llamar)

1. Graciela y yo _____ las composiciones juntas. (escribir)
2. Mi novio Ramón _____ ropa muy elegante. (llevar)
3. Mi mamá y yo _____ la casa los sábados. (limpiar)
4. Mis padres _____ juntos por la mañana. (desayunar).
5. Mi hermano Guillermo _____ las tiras cómicas los domingos. (leer)
6. Andrea y Pedro Ruiz _____ juntos al mediodía. (comer)
7. Ernestito _____ mucho en su bicicleta. (montar)
8. (Yo) _____ por teléfono con mi amiga Graciela. (hablar)
9. Amanda, Guillermo y Ernestito _____ a la escuela de lunes a viernes. (asistir)
10. Ramón, Graciela y yo siempre _____ los últimos discos en la radio. (escuchar)

## Ejercicio 4

Imagínese que usted es Amanda. Escriba preguntas según los modelos. Use la forma correcta de **tú**, **usted** o **ustedes**.

> MODELOS:   Pregúntele a doña Lola si va en metro al trabajo. →
> *Doña Lola, ¿va usted en metro al trabajo?*
>
> Pregúntele a Rafael si lee el periódico por la mañana. →
> *Rafael, ¿lees el periódico por la mañana?*

1. Pregúntele a su papá si toma mucho café en el trabajo.
2. Pregúntele a Diego si él y sus amigos juegan al béisbol.
3. Pregúnteles a Graciela y a Diego si tienen una computadora.
4. Pregúntele a Raúl si hace ejercicio en un gimnasio.
5. Pregúntele a Pedro Ruiz si trabaja por la noche.
6. Pregúntele a don Eduardo si prepara café por la mañana.
7. Pregúntele a su mamá si cocina por la mañana o por la tarde.
8. Pregúntele a Clarisa si ve la televisión por la noche.
9. Pregúntele a doña Rosita Silva si asiste a misa los domingos.
10. Pregúntele a doña Lola si lava su ropa en casa o en una lavandería.

## 3.3 Using Irregular Verbs: *hacer*, *salir*, *jugar*

A verb that uses more than one stem in its conjugation is considered irregular. Here are the forms of three common irregular verbs.

**A.** The present tense of **hacer*** (*to do; to make*) uses two stems: **hag-** for the **yo** form and **hac-** for all others.

**hacer** = *to do; to make*
**(Yo) Hago**. = *I do; I make.*
**(Tú) Haces**. = *You (inf. sing.) do; you make.*
**(Nosotros) Hacemos**. = *We do; we make.*

**salir** = *to leave; to go out.*
**(Yo) Salgo**. = *I leave; I go out.*
**(Tú) Sales**. = *You (inf. sing.) leave; you go out.*
**(Nosotros) Salimos**. = *We leave; we go out.*

| hacer (*to do; to make*) | | |
|---|---|---|
| (yo) | hag**o** | *I do* |
| (tú) | hac**es** | *you (inf. sing.) do* |
| (usted, él/ella) | hac**e** | *you (pol. sing.) do; he/she does* |
| (nosotros/as) | hac**emos** | *we do* |
| (vosotros/as) | hac**éis** | *you (inf. pl., Spain) do* |
| (ustedes, ellos/as) | hac**en** | *you (pl.) do; they do* |

—¿Qué **haces** después de clases?
—**Hago** mi tarea.

—*What do you do after school?*
—*I do my homework.*

**B.** The present tense of **salir**† (*to leave; to go out*) uses the stems **salg-** for the **yo** form and **sal-** for all others.

| salir (*to leave; to go out*) | | |
|---|---|---|
| (yo) | salg**o** | *I leave* |
| (tú) | sal**es** | *you (inf. sing.) leave* |
| (usted, él/ella) | sal**e** | *you (pol. sing.) leave; he/she leaves* |
| (nosotros/as) | sal**imos** | *we leave* |
| (vosotros/as) | sal**ís** | *you (inf. pl., Spain) leave* |
| (ustedes, ellos/as) | sal**en** | *you (pl.) leave; they leave* |

To express a point of departure with **salir**, use the preposition **de**, even if the preposition *from* is not used in English.

—¿A qué hora **sales de** tu casa por la mañana?
—**Salgo** a las 7:30.

—*What time do you leave home in the morning?*
—*I leave at 7:30.*

---

*Recognition: **vos hacés**
†Recognition: **vos salís**

**C.** The present tense of the verb **jugar*** (*to play*) uses the stem **jug-** for the infinitive and the **nosotros/as** and **vosotros/as** forms and **jueg-** for all other forms. This verb follows the same pattern as **preferir** and **querer** in **Gramática 2.3.**

**jugar** = *to play*
**(Yo) Juego**. = *I play.*
**(Tú) Juegas.** = *You* (*inf. sing.*) *play.*
**(Nosotros) Jugamos**. = *We play.*

| jugar (*to play*) | | |
|---|---|---|
| (yo) | **jue**go | *I play* |
| (tú) | **jue**gas | *you (inf. sing.) play* |
| (usted, él/ella) | **jue**ga | *you (pol. sing.) play; he/she plays* |
| (nosotros/as) | jug**amos** | *we play* |
| (vosotros/as) | jug**áis** | *you (inf. pl., Spain) play* |
| (ustedes, ellos/as) | **jue**gan | *you (pl.) play; they play* |

Remember that there are two words spelled **juego: el juego** (*the game*) and **(yo) juego** (*I play*).

| | |
|---|---|
| Los sábados **juego** al fútbol con mis amigos. | *Saturdays I play soccer with my friends.* |
| ¡Me gusta mucho ese **juego**! | *I like that game a lot!* |

## Ejercicio 5

Complete las conversaciones con la forma correcta de **hacer**, **salir** o **jugar.**

> MODELO: —Luis, ¿cuándo *haces* las tareas?
> —*Hago* las tareas por la tarde.

1. —Señor Ramírez, ¿a qué hora _____ usted de casa para su trabajo?
   —_____ a las 8:30.
2. —Guillermo, ¿_____ al fútbol por la tarde?
   —Sí, _____ después de clases.
3. —Señor Padilla, ¿_____ usted ejercicio todos los días?
   —No, _____ ejercicio en el gimnasio solamente los lunes y los miércoles.
4. —Ernesto y Estela, ¿_____ ustedes al tenis?
   —Sí, _____ al tenis los sábados.

In **Gramática A.3** you saw how the verb **ser** is used to identify people and things, whereas the verb **estar** is used to locate people and objects (**Gramática 3.1**). Review those verbs and their conjugations now, if necessary.

## 3.4  Describing Origin and Location: *ser de / estar en*

**A.** A form of the verb **ser** (*to be*) followed by **de** (*from, of*) can specify origin. The following questions show you how to ask where someone is from.

| | |
|---|---|
| —¿**De dónde es** Adriana Bolini? | —*Where is Adriana Bolini from?* |
| —**Es de** Buenos Aires. | —*She's from Buenos Aires.* |
| —Raúl, ¿**de dónde eres**? | —*Raúl, where are you from?* |
| —**Soy de** México. | —*I'm from Mexico.* |

*Recognition: **vos jugás**

ser = origin; estar = location
**¿De dónde es usted?** (*Where are you from?*)
**Soy de Perú.** (*I'm from Peru.*)
**¿Dónde está usted?** (*Where are you?*)
**Estoy aquí, en el patio.** (*I'm here, on the patio.*)

The distinction between **ser** and **estar** takes a while to acquire. Keep listening to and reading Spanish and you will develop a feel for it.

As you know, **ser** can be followed directly by an adjective of nationality (see **Gramática C.4**).

—Sr. Ramírez, ¿**es** usted argentino?

—No, **soy** mexicano.

—*Mr. Ramírez, are you Argentinean?*

—*No, I'm Mexican.*

**B.** Remember that two verbs in Spanish correspond to the English verb *to be*. **Ser** is used to tell where someone is from; **estar** is used to express location (see **Gramática 3.1**).

Clara **es de** los Estados Unidos, pero este año **está en** España.
Ernesto y Estela **son de** México, pero ahora **están** en Italia.

*Clara is from the United States, but she's in Spain this year.*
*Ernesto and Estela are from Mexico, but now they're in Italy.*

## Ejercicio 6

Diga de dónde son las siguientes personas y dónde están ahora.

MODELO: Adriana es de Argentina, pero ahora está en Washington, D.C.

## 3.5   Referring to Actions in Progress: Present Progressive

The present progressive
(**estar** + verb ending in **-ndo**)
is used to express actions in
progress.
**Estoy leyendo un libro.** (*I am
reading a book.*)

To describe an action that is taking place at the moment, Spanish uses a form of
**estar** (*to be*) and an **-ndo** (*-ing*) form called a present participle.* This combination
is called the *present progressive.*

| estar + -ndo | | |
|---|---|---|
| estoy | | jugando (*playing*) |
| estás | | caminando (*walking*) |
| está | + | fumando (*smoking*) |
| estamos | | escuchando (*listening*) |
| estáis | | escribiendo (*writing*) |
| están | | comiendo (*eating*) |

—¿Qué **está haciendo** Paula?        —*What is Paula doing?*
—**Está lavando** su carro.            —*She's washing her car.*

—Guillermo, ¿qué **estás haciendo**?   —*Guillermo, what are you doing?*
—**Estoy escribiendo** una            —*I'm writing a composition.*
   composición.

Present participles:
**-ar** verbs: replace **-ar** of infinitive with **-ando**
**-er** and **-ir** verbs: replace
**-er/-ir** of infinitive with **-iendo**

The present participle (**-ando, -iendo**) is formed from the infinitive.

jug**ar** → jug**ando**              com**er** → com**iendo**
habl**ar** → habl**ando**            viv**ir** → viv**iendo**

When a present participle is irregular, it will be noted as follows: **dormir (du**r**-
miendo), leer (leyendo).**

—**¿Está durmiendo** Ernestito ahora?   —*Is Ernestito sleeping now?*
—Sí, está muy cansado.                —*Yes, he's very tired.*

—Estela, ¿qué **estás leyendo**?        —*Estela, what are you reading?*
—**Estoy leyendo** una novela.          —*I'm reading a novel.*

## Ejercicio 7

**1.** ¿Qué está haciendo
Guillermo?

**2.** ¿Qué están haciendo
don Eduardo y don
Anselmo?

**3.** ¿Qué está
haciendo Amanda?

---

*Recognition: **vos estás jugando**

**4.** ¿Qué está haciendo la señora Ramírez?  **5.** ¿Qué están haciendo Pedro y Andrea?  **6.** ¿Qué está haciendo Javier Saucedo?

## Ejercicio 8

Don Anselmo tiene curiosidad hoy y le hace muchas preguntas a don Eduardo. Conteste las preguntas que hace don Anselmo.

MODELO: —¿Y Amanda? ¿Va a ver la televisión más tarde?
—No, Amanda ya está *viendo la televisión*.

**1.** —¿Y Raúl? ¿Va a dormir esta noche?
—No, Raúl ya está _____.

**2.** —¿Y Ernestito? ¿Va a jugar con sus amigos esta tarde?
—No, Ernestito ya está _____ con ellos.

**3.** —¿Y doña Lola? ¿Va a leer el periódico más tarde?
—No, doña Lola ya está _____ el periódico.

**4.** —¿Y Estela Ramírez? ¿Va a lavar la ropa mañana?
—No, Estela ya está _____ la ropa.

**5.** —¿Y Guillermo Ramírez? ¿Va a tocar la guitarra esta noche?
—No, Guillermo ya está _____ la guitarra.

## CAPÍTULO 4

# La vida diaria y los días feriados

San Antonio, Texas: celebración de La Posada

## METAS

In **Capítulo 4** you will discuss where events take place, daily activities, and how you feel. You will share your family's holiday customs with your classmates and you will also learn about holidays and celebrations in the Hispanic world.

### ACTIVIDADES DE COMUNICACIÓN Y LECTURAS

Los lugares

**Lectura**   Una tarjeta de Clara: Los lugares en Madrid

Los días feriados y las celebraciones

**El mundo hispano...** en los Estados Unidos

**Nota cultural**   Celebraciones del mes de julio

La rutina diaria

**El mundo hispano...** su gente

Los estados físicos y anímicos

**Lectura**   «Versos sencillos»

**EN RESUMEN**

### GRAMÁTICA Y EJERCICIOS

4.1 Talking about Location: **ir + a(l); estar + en**

4.2 Discussing Habitual Actions: Verbs with Stem-Vowel Changes (**ie, ue**) in the Present Tense

4.3 Discussing Habitual Actions: Irregular Verbs

4.4 Describing Daily Routine: Reflexives

4.5 Describing States: **estar +** Adjective

4.6 Describing States: **tener +** Noun

# Actividades de comunicación y lecturas

## Los lugares

*Lea Gramática 4.1.*

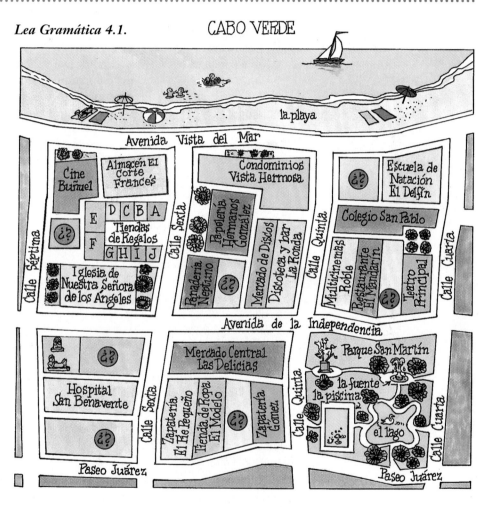

CABO VERDE

## Actividad 1. Descripción de dibujos: ¿Dónde está?

Escuche a su profesor(a) y escriba el nombre de estos lugares en los cuadros correspondientes.

Videocentro
Hotel Los Cabos
Bar El Gato Verde
Farmacia Cruz Blanca

Café de Paco
Biblioteca Municipal
Museo Nacional

## Actividad 2. Asociaciones: ¿Qué hacemos cuando vamos a estos lugares?

Empareje las actividades a continuación con los lugares apropiados.

MODELOS:   el parque →
Cuando vamos al parque, *merendamos con nuestros amigos.*

la papelería →
Cuando vamos a la papelería, *compramos papel, lápices y cuadernos.*

| LUGAR | | ACTIVIDAD | |
|---|---|---|---|
| 1. | el cine | a. | bailamos |
| 2. | una tienda de ropa | b. | compramos zapatos |
| 3. | la playa | c. | vemos las exhibiciones |
| 4. | el mercado | d. | caminamos y conversamos |
| 5. | una discoteca | e. | rezamos |
| 6. | una panadería | f. | vemos una película |
| 7. | un museo | g. | compramos pan o pasteles |
| 8. | la iglesia | h. | tomamos el sol y nadamos |
| 9. | la plaza | i. | compramos vestidos y camisas |
| 10. | un hospital | j. | compramos comida |
| 11. | una zapatería | k. | leemos y estudiamos |
| 12. | la biblioteca | l. | visitamos a un enfermo |

## Actividad 3. Preferencias: ¿Cuándo?

Diga sí o no, o complete cada oración con una frase adecuada.

1. Voy a estudiar en la biblioteca...
   a. este fin de semana.          c. ahora mismo.
   b. esta noche.                   d. ¿ ?
2. Voy a ir con mis amigos a una discoteca...
   a. mañana por la noche.         c. el próximo sábado.
   b. esta noche.                   d. ¿ ?
3. Mi profesor(a) de español va a comer en un restaurante...
   a. hoy.                          c. mañana por la noche.
   b. pasado mañana.                d. ¿ ?
4. Mi novio/a va a ir conmigo al cine...
   a. el próximo sábado.           c. el lunes por la tarde.
   b. este viernes.                 d. ¿ ?
5. Voy a salir de vacaciones...
   a. el próximo mes.              c. el próximo fin de semana.
   b. mañana por la mañana.         d. ¿ ?

### Y TÚ, ¿QUÉ DICES?

| | | |
|---|---|---|
| ¿De veras? | Buena idea. | ¡Qué aburrido! |
| ¿De verdad? | Yo también. | ¡Qué lástima! |
| ¡No lo creo! | ¡Qué divertido! | |

MODELO:   E1:  Voy a estudiar en la biblioteca a las 5:00 de la mañana.
E2:  *¡No lo creo!*

## Actividad 4. Intercambios: El cine en Sevilla

Lea esta guía del cine en Sevilla. Luego, hágale preguntas sobre la guía a su compañero/a.

MODELO: E1: ¿Quieres ir al cine?
E2: Hummm... no sé. ¿Qué película quieres ver?
E1: En el *cine Alameda* ponen *Fenómeno*.
E2: ¿A qué hora?
E1: A *las 12.00, 17.45, 20.15 y 22.45 horas*.
E2: ¿Cuánto cuesta?
E1: *650 pesetas*.
E2: Perfecto.

## Guía del ocio — el cine en Sevilla

**Alameda Multicines 4 salas.**
**Tel. (95) 438 01 56.**
**El Día de la Independencia.** De Roland Emmerich. Con Will Smith y Jeff Goldblum. 15.45, 18.00, 20.15 y 22.30 horas. No recomendada para menores de 18 años. 550 pesetas.
**Las aventuras de Pinocho.** De Steve Barron. Especial para toda la familia. 16.00, 19.00, 22.00 y 0.45 horas. Todos los públicos. 600 pesetas.
**Fenómeno.** De John Turteltaub. Con John Travolta. 12.00, 17.45, 20.15 y 22.45 horas. No recomendada para menores de 18 años. 650 pesetas.
**El hombre de California.** De George Zaloom. 12.30, 17.00, 19.00, 21.00 y 23.00 horas. Todos los públicos. 475 pesetas.

**Azul Multicines 2 salas.**
**Tel. (95) 441 53 09 / La Florida, 15.**
**Los últimos días del Edén.** 18.00, 20.15 y 22.30 horas. No recomendada para menores de 18 años. 500 pesetas.
**Borrador.** De Carles Russell. Con Arnold Schwarzenegger. 17.30, 20.00 y 22.30 horas. No recomendada para menores de 18 años. 650 pesetas.

**Regina**
**Tel. (95) 421 42 12 / Jerónimo Hernández 19.**
**Sensatez y sentimiento.** De Ang Lee. Con Emma Thompson y Hugh Grant. 17.45, 20.15 y 22.45 horas. Todos los públicos. 700 pesetas.

**Rialto Multicines 3 salas.**
**Tel. (95) 425 44 88 / Plaza del Padre Jerónimo de Córdoba, 7.**
**El mundo perdido.** 16.45, 18.45, 20.45 y 22.45 horas. Todos los públicos. 550 pesetas.
**El jorobado (Cuasimodo) de Notre Dame.** Especial infantil. Dibujos animados. 12.30, 17.00, 18.30, 20.00, 21.30 y 23.00 horas. Todos los públicos. 550 pesetas.
**Como agua para chocolate.** De Alfonso Arau. Con Lumi Cavazos y Marco Leonardi. Libreto de Laura Esquivel basado en su novela. 17.00, 19.00, 21.00 y 22.45 horas. No recomendada para menores de 18 años. 600 pesetas.

Madrid: El cine es uno de los pasatiempos favoritos de los españoles. En España se exhíben muchas películas españolas, que hoy tienen una reputación internacional, y películas extranjeras dobladas (*dubbed*) al español.

## Actividad 5. Entrevista: ¿Qué haces tú?

1. ¿Qué te gusta hacer cuando vas a la playa? ¿Te gusta andar en velero?
2. ¿Qué haces cuando estás en una biblioteca? ¿Lees periódicos?
3. ¿Qué haces en un parque? ¿Practicas algún deporte? ¿Cómo se llama tu parque favorito? ¿Caminas mucho allí? ¿Corres? ¿Cuándo?
4. ¿Vas mucho al cine? ¿Adónde vas? ¿Con quién(es)? ¿Qué tipo de películas te gusta? ¿Te gustan las películas de acción?
5. ¿En qué mercado o supermercado compras la comida? ¿Por qué? ¿Está cerca de tu casa? ¿Tiene precios módicos?

# LECTURA

# Una tarjeta de Clara: Los lugares en Madrid

**É**sta es la segunda tarjeta postal que Clara Martin le manda a la profesora Martínez.

Estimada profesora:

¡Qué divertido es vivir en Madrid! La ciudad es grande, pero es fácil llegar a todos los lugares porque el transporte público es muy bueno. Me gusta mucho ir de compras aquí. Hay dos almacenes muy populares: Galerías Preciados y El Corte Inglés. (Esta postal es de mi almacén favorito.) Pero lo ideal es que cerca de mi apartamento hay de todo: una panadería (¡qué rico es el pan caliente!), un mercado enorme, una plaza muy bonita, un cine, una discoteca... ¡de todo! ¡Hasta la próxima!
Un abrazo,

Clara

Prof. Adela Martínez
Department of Foreign Languages
University of Texas at San Antonio
San Antonio, TX 78285
USA

Madrid: El Corte Inglés es el almacén más grande de España.

## Comprensión

1. ¿Por qué es Madrid un lugar divertido para Clara?
2. ¿Cuál es una de sus actividades favoritas?
3. Mencione los dos almacenes que le gustan a Clara.
4. Según Clara, ¿cuál es el aspecto ideal de Madrid?

## Ahora... ¡usted!

1. ¿Le gusta ir de compras? ¿Por qué sí o por qué no?
2. ¿Va de compras con frecuencia? ¿Adónde va, normalmente?
3. ¿Prefiere ir a los almacenes grandes o a las tiendas pequeñas? ¿Por qué?

**Un paso más... ¡a escribir!**

Imagínese que usted va a mandarle una tarjeta postal de su ciudad a un amigo o a una amiga. Mencione sus lugares favoritos en la ciudad donde vive. ¿Cuáles son las actividades más divertidas que hace?

Puede usar el siguiente modelo para escribir la postal.

> Querido/a _____:
>
> Aquí tienes una postal de mi ciudad, *(nombre)*. Mis lugares favoritos son _____ y _____. En mi ciudad hago varias actividades divertidas. Por ejemplo, me gusta _____, _____ y _____.
>
> Bueno, ¡hasta la próxima!
>
> Un abrazo,
>
> *(firma)*

# Los días feriados y las celebraciones

## Actividad 6. Definiciones: ¿Qué día es?

1. Generalmente hay regalos y un pastel cuando uno celebra su _____.
2. En México se celebra el 16 de septiembre; en Argentina es el 9 de julio; en los Estados Unidos es el 4 de julio. Es el _____.
3. El _____ es un día de fiesta en los Estados Unidos. Las familias se reúnen y preparan una comida abundante.
4. Los hispanos celebran este día más que los norteamericanos. Es el día antes de la Navidad, _____.
5. Es la semana antes del Domingo de Pascua. Las personas religiosas, especialmente en España y en Latinoamérica, asisten a varias ceremonias en las iglesias. Es la _____.
6. Mucha gente le da la bienvenida a este primer día de enero con bailes y fiestas muy alegres. Esperan las 12:00 de la noche con impaciencia. Es el _____.
7. En muchos países hispanos, los niños no reciben regalos el 25 de diciembre. Los reciben el 6 de _____, el Día de _____.
8. El _____ es una fiesta de ocho noches. Cada noche se enciende una vela más, hasta 9. A veces los niños reciben un regalo.

# LAS PALABRAS VIVEN

Hay varios nombres para los días feriados en el mundo hispano. Por ejemplo, en México el Día de la Madre es **el Día de las Madres**. En España, el Día de la Raza es **el Día de la Hispanidad**. En algunos países *Easter* es **la Pascua**, pero también se le llama **las Pascuas**, **la Pascua Florida**, **el domingo de Pascua** o **la Pascua de Resurrección**. Y en muchos países la expresión **¡Felices Pascuas!** quiere decir lo mismo que **¡Feliz Navidad!**

## Actividad 7. Entrevista: Las fiestas

¿Qué prefiere usted hacer para celebrar...

1. su cumpleaños?
2. el Día de la Independencia?
3. la Navidad u otro día feriado? (el Jánuca, la Pascua, la Pascua Judía, el Ramadán)
4. su aniversario de boda u otro aniversario importante?
5. el Día de la Madre o el Día del Padre?
6. la Noche Vieja o el Año Nuevo?

**Actividades posibles:** celebrar con mis parientes, cenar en casa, comer pastel, dar una fiesta, ir a la playa, ir al cine, ir a un café, ir de compras, merendar en el parque, quedarme en casa, salir a bailar, salir a cenar en un restaurante, ver la televisión

Ahora, entreviste a un compañero / una compañera de clase.

MODELO: E1: ¿Qué prefieres hacer para celebrar *tu cumpleaños*?
E2: Durante el día, prefiero *quedarme en cama* y *ver la televisión*. Por la noche, me gusta *salir a cenar en un restaurante* con mis amigos.

## Actividad 8. Entrevista: Los días feriados

1. ¿Cómo te gusta celebrar tu cumpleaños? ¿Quién hace los preparativos para celebrar tu cumpleaños?
2. ¿Qué haces el Día de Acción de Gracias? ¿Celebras esta fiesta en casa con tu familia o vas a la casa de otros parientes o amigos? ¿Qué comen ustedes?
3. ¿Qué aspecto del Año Nuevo te gusta más? ¿Qué aspecto te gusta menos? ¿Celebras el Año Nuevo con tu familia o con tus amigos? ¿Qué hacen ustedes para celebrarlo?
4. ¿Cómo celebras el Día de la Independencia, con tu familia o con tus amigos? ¿Van a un parque o se quedan en casa? ¿Celebran solos o invitan a otros parientes/amigos? ¿Ven los fuegos artificiales? ¿De dónde los ven, de casa o de un parque? ¿A qué hora vuelves a tu casa?
5. ¿Qué otras fiestas celebras con tu familia o tus amigos? ¿Qué hacen ustedes para celebrar esas fiestas? ¿Dan muchos regalos? ¿Ponen decoraciones en casa?

## EL MUNDO HISPANO... en los Estados Unidos

**Ó**scar M. Ramírez es cubano, tiene 40 años y vive en Miami, Florida. Óscar lleva[1] 30 años en los Estados Unidos.

*Describa algunos de los días feriados que usted celebra con su familia.*

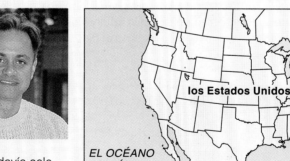

El único día feriado que mi familia todavía celebra en los Estados Unidos «a la hispana» es la Nochebuena, el 24 de diciembre. Se celebra dándole a la ocasión todo su significado religioso. La noche es «buena» porque es cuando celebramos el nacimiento del Niño Jesús. Aquí la palabra «buena» quiere decir «santa».

Siempre hay en la sala de la casa un pesebre,[2] con una figurita del Niño Jesús, recién nacido.[3] Están con él su madre, la Virgen María, y su padre en la

[1]*has been*  [2]*manger*  [3]*recién... just born*

(Continúa)

Tierra, San José. Los rodean una vaca, un burro y muchos pastores con sus ovejas.[4] A todo esto se le llama el «Nacimiento».[5] También están los tres Reyes Magos, que dan al Niño regalos preciosos. Pero los Reyes Magos no se ponen en el Nacimiento hasta[6] el 6 de enero, cuando llegan al pesebre guiados por una estrella,[7] la Estrella de Belén. (En mi país los niños no reciben regalos el 25 de diciembre, sino el 6 de enero.)

Delante del Nacimiento se sirve una gran cena: puerco asado, cidra, uvas, turrones de almendras y nueces[8] de diferentes tipos; se cantan villancicos,[9] y a medianoche todos vamos a misa.[10]

[4]Los... *They are surrounded by a cow, a donkey, and many shepherds with their sheep.*
[5]el... *Nativity scene*   [6]*until*   [7]guiados... *guided by a star*   [8]puerco... *pork roast, cider, grapes, almond nougat, nuts*   [9]*Christmas carols*   [10]*Mass*

## NOTA CULTURAL

**VOCABULARIO ÚTIL**

| | |
| --- | --- |
| los artesanos | *craftsmen* |
| la artesanía | *crafts* |
| los toros | *bulls* |
| el pañuelo | *handkerchief* |
| la faja | *waistband* |
| arriesgan la vida | *they risk their lives* |

# Celebraciones del mes de julio

El mes de julio es un mes de fiestas por todo el mundo hispano. Julio es un mes de invierno en algunos países, como en Argentina. Los argentinos celebran con fuegos artificiales la emocionante Fiesta de la nieve en Bariloche. Y México tiene la Fiesta de Uruapan, que se celebra en Michoacán. Puerto Rico ofrece la alegre Feria Artesanal de Barranquitas. En esta feria hay bailes folclóricos, música y canciones. Los artesanos de todo el país llevan sus artesanías para venderlas.

Bariloche, Argentina: Fiesta de la nieve

Michoacán, México: Fiesta de Uruapan

Puerto Rico: Feria Artesanal de Barranquitos

En Pamplona, España, se celebran las Fiestas de San Fermín, que duran una semana. Estas fiestas tienen un espectáculo impresionante. Varias calles de la ciudad se cierran por la mañana y entonces... ¡salen los toros! Muchísimos hombres (dos mil, más o menos) esperan la salida de estos animales. Los hombres van vestidos de blanco, con un pañuelo rojo al cuello y una faja roja a la cintura. Todos corren aproximadamente un kilómetro por las calles... ¡pero corren con los toros! Y algunos se arriesgan la vida.

El espectáculo de Pamplona dura sólo cuatro minutos, ¡pero son cuatro minutos de pura emoción!

Pamplona, España: las Fiestas de San Fermín

## Comprensión

Busque la definición correcta. ¡Cuidado! Hay varias respuestas posibles.

**1.** _____ las Fiestas de San Fermín

**2.** _____ la Fiesta de Uruapan

**3.** _____ la Fiesta de la nieve, en Bariloche

**4.** _____ la Feria Artesanal de Barranquitas

**a.** Hay un espectáculo corto, pero impresionante.

**b.** Se celebra en Michoacán, México.

**c.** Aquí los artesanos venden su trabajo.

**d.** Duran siete días.

**e.** Hay música y bailes.

**f.** En esta fiesta los hombres corren con los toros.

**g.** Hay fuegos artificiales.

**h.** Es una celebración de invierno.

## Ahora... ¡usted!

**1.** ¿Celebra usted el 4 de Julio, el Día de la Independencia de los Estados Unidos? ¿Cómo celebra este día feriado?

**2.** ¿En qué otras celebraciones participa usted?

**3.** ¿Conoce fiestas de otros países que se celebran en julio?

**4.** Mire las fotos que acompañan la Nota cultural e imagínese que usted está en esas fiestas. ¿Qué ve? ¿Qué está haciendo?

 Un paso más... ¡a escribir!

Usted tiene un amigo o una amiga de otro país. Esta persona quiere saber cuáles son los días feriados que usted celebra. Escríbale una tarjeta postal con una breve descripción de sus fiestas favoritas. ¿Por qué le gustan? ¿Qué hace en estas fiestas? ¿Las celebra con la familia o con amigos?

# La rutina diaria

*Lea Gramática 4.2–4.4.*

## Una mañana en la casa de los Ramírez

Ernesto se afeita.   Estela se maquilla.   Ernestito se lava los dientes.   Amanda se pone la ropa.   Guillermo se levanta.

## Actividad 9. Orden lógico: Primero... luego... y después...

Ponga en orden estas actividades. Use las palabras **primero**, **luego** y **después**.

1. **a.** Me seco.   **b.** Me lavo los dientes.   **c.** Me baño.
2. **a.** Me maquillo.   **b.** Me levanto.   **c.** Me pongo la ropa.
3. **a.** Me peino.   **b.** Me afeito.   **c.** Me ducho.
4. **a.** Me baño.   **b.** Me levanto.   **c.** Me despierto.
5. **a.** Me lavo el pelo.   **b.** Me quito la ropa.   **c.** Me seco el pelo.
6. **a.** Me lavo los dientes.   **b.** Desayuno.   **c.** Preparo el desayuno.
7. **a.** Me pongo el pijama.   **b.** Me acuesto.   **c.** Me quito la ropa.

## Actividad 10. Descripción de dibujos: La rutina

Escuche mientras su profesor(a) describe uno de los dibujos a continuación. Diga el título que corresponde al dibujo.

### Un lunes a las 6:30 con la familia Ramírez.

### Un jueves a las 6:30 con la familia Ramírez.

Un sábado a las 9:00 de la mañana con los amigos norteamericanos.

Un domingo a las 9:00 de la mañana con los amigos norteamericanos.

Ahora, escoja uno de los dibujos y descríbaselo a un compañero / una compañera de clase. Él/Ella va a decir qué dibujo es.

## Actividad 11. Narración: La rutina de Adriana

**PALABRAS ÚTILES**

primero
luego
después
más tarde
finalmente
por último
a la(s)...
desde la(s)...
 hasta la(s)...

## EL MUNDO HISPANO... su gente

**G**regorio Merino Díaz tiene 32 años y es de Chile.

*Describa un día típico de su vida.*

Un día típico es un día de trabajo. Soy Inspector General[1] de un colegio particular[2] de Santiago. Para mi esposa y para mí el día comienza a las 6:00 de la mañana, pues vivimos muy lejos de nuestro trabajo. Nos duchamos y luego desayunamos café y tostadas. A las 7:00 nos vamos al trabajo. Tomamos locomoción colectiva.[3] Luego de cuarenta y cinco minutos de viaje, llegamos al colegio; yo voy a mi oficina y mi esposa a la biblioteca, donde trabaja. Por lo general tomamos un café alrededor de[4] las 10:00. Regresamos a casa a las 15 horas, cuando termina la jornada de trabajo.[5]

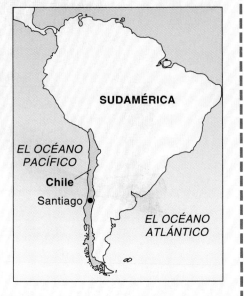

[1]Inspector... *administrator*   [2]colegio... *private school*   [3]locomoción... *public transportation*
[4]alrededor... *around*   [5]jornada... *workday*

## Actividad 12. Entrevista: Preguntas personales

1. ¿Te gusta levantarte temprano o tarde? ¿Quién se levanta primero donde tú vives?
2. ¿Te bañas o te duchas? ¿Cuándo prefieres bañarte? ¿Qué marca de jabón usas?
3. ¿Te afeitas con navaja o con rasuradora eléctrica?
4. ¿Te maquillas todos los días? ¿Te maquillas más cuando sales de noche?
5. ¿Te lavas el pelo todos los días? ¿Qué marca de champú prefieres? ¿Usas un acondicionador? ¿De qué marca es?
6. ¿Te pones perfume/colonia todos los días? ¿Qué marca prefieres?

# Los estados físicos y anímicos

*Lea Gramática 4.5–4.6.*

(Ernesto)   (Estela)

está contento

están tristes

está enojado

está enferma

está aburrido    está ocupada    está preocupado

Ramón    Amanda

tienen hambre    tienen prisa    tiene calor    tiene sed

tiene calor    tiene frío    tiene miedo

## Actividad 13. Conversación: Las emociones

Diga si usted está de acuerdo o no con las siguientes afirmaciones.

### FRASES ÚTILES

(No) Estoy de acuerdo.
Depende.

1. Es bueno gritar si uno está enojado.
2. Si uno está deprimido, es mejor comer algo.
3. Si uno tiene frío, es mejor tomar una limonada.
4. Si uno está de mal humor, es buena idea hablar con un buen amigo o un pariente.
5. Si uno está aburrido, es preferible ver la televisión.
6. Si uno tiene prisa y va a llegar tarde a clase, es mejor manejar muy rápido.
7. Es recomendable quedarse en casa cuando uno está enfermo.
8. Si uno tiene miedo, es buena idea comerse las uñas.

## Actividad 14. Preferencias: ¿Qué hace usted en estas situaciones?

1. Cuando estoy triste,...
   a. quiero estar solo/a.
   b. escucho música.
   c. compro ropa nueva.
   d. ¿ ?
2. Cuando estoy contento/a,...
   a. salgo en el carro.
   b. voy de compras.
   c. prefiero estar solo/a.
   d. ¿ ?
3. Cuando estoy cansado/a,...
   a. duermo.
   b. leo.
   c. me baño.
   d. ¿ ?
4. Cuando estoy aburrido/a,...
   a. como.
   b. llamo a mi novio/a
      o a un amigo / una amiga.
   c. me quedo en casa.
   d. ¿ ?
5. Cuando tengo hambre,...
   a. como hamburguesas.
   b. tomo un vaso de leche.
   c. me lavo los dientes.
   d. ¿ ?
6. Cuando tengo frío,...
   a. me quito la chaqueta.
   b. me baño con agua caliente.
   c. me pongo un suéter.
   d. ¿ ?
7. Cuando tengo calor,...
   a. tomo un refresco.
   b. tomo café caliente.
   c. me ducho.
   d. ¿ ?
8. Cuando tengo prisa,...
   a. camino rápidamente.
   b. tomo el autobús.
   c. doy un paseo.
   d. ¿ ?

## Y TÚ, ¿QUÉ DICES?

| | | |
|---|---|---|
| Sí, yo también. (Sí, a mí también me gusta eso.) | Yo sí. | ¡Excelente idea! |
| | Yo no. | ¡Qué buena idea! |
| Yo tampoco. (A mí tampoco me gusta eso.) | Es mejor. | ¡Ni pensarlo! |
| | Es peor. | ¡Qué ocurrencia! |

## Actividad 15. Asociaciones: Los estados anímicos

¿Qué estado de ánimo asocia usted con las siguientes ocasiones?

1. Es su cumpleaños.
2. Está tomando un examen de español.
3. Es un sábado de primavera. Hace sol y buen tiempo. Usted está en el parque con su perro.
4. Es la Noche Vieja.
5. Usted tiene una entrevista para un trabajo en 10 minutos y de pronto recibe una llamada de su abuela.
6. Usted recibe una buena nota en su examen de biología.
7. Encuentra a su perro comiendo su mejor camisa.
8. Su gato está muy enfermo.

## Actividad 16. Entrevista: Soluciones

¿Qué haces cuando estás...

1. deprimido/a?
2. nervioso/a?
3. de buen/mal humor?
4. enamorado/a?

¿Qué haces cuando tienes...

1. frío?
2. sueño?
3. sed?
4. miedo?

# «Versos sencillos» de José Martí (selecciones)

**V**arios de los *Versos sencillos* de este famoso poeta cubano (1853–1895) son parte de la canción popular «Guantanamera». En las siguientes selecciones, Martí hace una descripción de su personalidad: es un hombre sincero y artístico, a quien le gusta la naturaleza.[1] El poeta también habla de su poesía y de su hijo.

Yo soy un hombre sincero
De donde crece la palma,[2]
Y antes de morirme[3] quiero
Echar[4] mis versos del alma.[5]

Yo vengo de todas partes,
Y hacia[6] todas partes voy:
Arte soy entre[7] las artes.
En los montes,[8] monte soy.

Oigo un suspiro,[9] a través
De[10] las tierras y la mar,
Y no es un suspiro, —es
Que mi hijo va a despertar.

Con los pobres de la tierra
Quiero yo mi suerte[11] echar:
El arroyo[12] de la sierra
Me complace[13] más que el mar.

Todo es hermoso y constante,
Todo es música y razón,
Y todo, como el diamante,
Antes de luz es carbón.[14]

Mi verso es de un verde claro
Y de un carmín encendido:[15]
Mi verso es un ciervo herido[16]
Que busca en el monte amparo.[17]

Camagüey, Cuba: Una de las características del paisaje (*landscape*) cubano es la hermosa palma real (*royal*).

[1]*nature*  [2]*crece... the palm tree grows*  [3]*antes... before I die*  [4]*To cast; To express*  [5]*soul*  [6]*toward*  [7]*among*  [8]*forests*  [9]*sigh*  [10]*a... through*
[11]*luck*  [12]*brook*  [13]*Me... Pleases me*  [14]*coal*  [15]*carmín... bright crimson*  [16]*ciervo... wounded deer*  [17]*shelter*

## Comprensión

Escoja las respuestas correctas. ¡Cuidado! Hay más de una posibilidad.

1. ¿Cómo es la personalidad del poeta? Martí es...
   **a.** sincero.   **b.** agresivo.   **c.** artístico.   **d.** como el monte.
   **e.** tímido.   **f.** perezoso.
2. ¿De qué color son los versos de José Martí? Son...
   **a.** rojos.   **b.** verdes.   **c.** amarillos.   **d.** negros.
   **e.** de color carmín.   **f.** azules.
3. ¿Con qué se relaciona el despertar del hijo de Martí? Con...
   **a.** el llanto.   **b.** el suspiro.   **c.** la tierra.   **d.** el mar.
   **e.** el bosque.   **f.** su casa.
4. ¿Qué elementos de la naturaleza menciona el poeta? Martí menciona...
   **a.** la palma.   **b.** el arroyo.   **c.** el monte.   **d.** el árbol.
   **e.** el océano.   **f.** el carbón.

## Ahora... ¡usted!

1. ¿Le gusta leer poesía? ¿Por qué sí o por qué no? ¿Hay un poeta o una poeta que le guste mucho? ¿Por qué le gusta?
2. ¿Escribe usted poemas u otros tipos de escritura? ¿Cuáles son los temas de su poesía / su escritura en general?

 **Un paso más... ¡a escribir!**

Use los versos de Martí como guía y escriba un poema para expresar sus propios sentimientos.

Yo soy \_\_\_\_\_
De donde \_\_\_\_\_,
Y antes de morirme quiero \_\_\_\_\_.

Yo vengo de \_\_\_\_\_
Y hacia \_\_\_\_\_ voy:
\_\_\_\_\_ soy entre \_\_\_\_\_
En \_\_\_\_\_, \_\_\_\_\_ soy.

# En resumen

## De todo un poco

**A.** ¡Los Reyes Magos vienen mañana!

Mire los dibujos de la siguiente página y ponga en orden las oraciones a continuación para que coincidan con los dibujos.

**a.** _6_ Se lavan los dientes.

**b.** _5_ Finalmente son las siete y media. Se ponen el pijama.

**c.** _11_ Se despiertan a las cinco de la mañana. Tienen miedo de mirar la ventana.

**d.** _9_ Se acuestan pero no se duermen. Hablan de los juguetes que esperan recibir.

**e.** _2_ Su madre quiere llevarlas al museo y a la biblioteca pero ellas prefieren quedarse en casa.

**f.** _1_ Es el cinco de enero. Son las 5:00 de la tarde. Clarisa y Marisa están nerviosas e impacientes.

**g.** _8_ Rezan antes de acostarse.

**h.** _12_ Corren a la ventana. Ahí están los juguetes que quieren. ¡Qué contentas están!

**i.** _7_ Les dicen «Buenas noches» a sus padres con un beso.

**j.** _3_ Ponen los zapatos en la ventana y esperan... ¡Los Reyes Magos van a venir mañana muy temprano!

**k.** _10_ Por fin se duermen. Sueñan que los Reyes Magos no les traen nada.

**l.** _4_ Cenan con sus padres y charlan sobre los juguetes que quieren.

**B.** Entrevista con su profesor(a)

Trabaje con dos o tres estudiantes. Escriban preguntas para entrevistar a su profesor(a). Cada grupo va a escribir ocho buenas preguntas para saber más sobre él/ella. Escriban preguntas sobre su vida en casa, su rutina diaria, sus estados de ánimo, sus actividades favoritas, sus preferencias, cómo celebra los días feriados, etcétera.

MODELOS: ¿A qué hora se levanta usted durante la semana?
¿Qué le gusta hacer después del trabajo?
¿Qué hace usted cuando está aburrido/a?
¿Cómo celebra el Año Nuevo?
¿Qué le gusta hacer los viernes por la noche?

Después, cada grupo debe hacerle sus preguntas al profesor / a la profesora. Tomen apuntes sobre la información para luego escribir una composición sobre él/ella.

¡Dígalo por escrito!

Los días feriados

¿Cuál es el día feriado que más le gusta a usted? ¿Por qué? Trabaje con varios compañeros de clase para hablar de sus días feriados favoritos, por qué les gustan esos días y por qué *no* les gustan otros. Luego, en casa, escriba una descripción de su propio día feriado favorito. ¿Cómo lo celebra? ¿Dónde? ¿Con quién(es)? ¿Qué hace usted para prepararse para esa celebración?

## VIDEOTECA

En este segmento de video, la familia Durán, de Sevilla, celebra la primera comunión de Marta. Para muchas familias hispanas, la primera comunión es una ceremonia religiosa muy importante. ¿Quiénes vienen a la ceremonia? ¿Dónde la celebran? En el Capítulo 4 del *Cuaderno de trabajo* hay más actividades para hacer después de ver el video.

# Vocabulario

## Los lugares

| | |
|---|---|
| **abajo** | below |
| **ahí (allí)** | there |
| **el almacén** | department store |
| **el colegio** | private school |
| **la escuela** | school |
| **la iglesia** | church |
| **el mercado** | market |
| **la panadería** | bakery |
| **la papelería** | stationery store |
| **el supermercado** | supermarket |
| **el videocentro** | video store |
| **la zapatería** | shoe store |

**PALABRAS SEMEJANTES: la América Latina (Latinoamérica), el bar, el café, la discoteca, la farmacia, el hotel, el museo, el parque, la plaza**

**REPASO: el cine, el lago, la tienda**

## Los días feriados y las celebraciones
Holidays and Celebrations

| | |
|---|---|
| **el Año Nuevo** | New Year's Day |
| **el Día de Acción de Gracias** | Thanksgiving Day |
| **el Día de las Brujas** | Halloween |
| **el Día de los Enamorados** | Valentine's Day |
| **el Día de la Independencia** | Independence Day |
| **el Día de la Madre** | Mother's Day |
| **el Día de los Muertos** | All Souls' Day (November 2nd) |
| **el Día del Padre** | Father's Day |
| **el Día de los Reyes Magos** | Epiphany, Day of the Magi (January 6th) |
| **el día del santo** | saint's day |
| **el Día de Todos los Santos** | All Saints' Day (November 1st) |
| **el Domingo de Pascua** | Easter Sunday |
| **el Jánuca** | Hanukkah |

| | |
|---|---|
| la(s) Navidad(es) | Christmas |
| la Nochebuena | Christmas Eve |
| la Nochevieja | New Year's Eve |
| | (December 31st) |
| la Pascua Judía | Passover |
| el Ramadán | Ramadan |
| la Semana Santa | Holy Week |

## La rutina diaria   Daily Routine

| | |
|---|---|
| acostarse (ue) | to go to bed |
| me acuesto / se acuesta | |
| afeitarse | to shave |
| bañarse | to bathe |
| despertarse (ie) | to wake up |
| me despierto / se despierta | |
| dormir (ue) | to sleep |
| dormirse (ue) | to fall asleep |
| me duermo / se duerme | |
| lavarse los dientes | to brush one's teeth |
| lavarse el pelo | to wash one's hair |
| levantarse | to get up |
| maquillarse | to put on makeup |
| peinarse | to comb one's hair |
| ponerse (perfume / la ropa) | to put on (perfume/ clothes) |
| me pongo / se pone | |
| quitarse (la ropa) | to take off (one's clothes) |
| secarse (el pelo) | to dry (one's hair) |
| venir | to come |
| vengo/viene | |
| volver (ue) | to return, go back |
| (vuelvo/vuelve) | |

**REPASO:** almorzar (ue), cenar, ducharse, hacer (hago/hace), ir de compras, manejar

## Los estados físicos y anímicos
Physical and Mental States

| | |
|---|---|
| estar... | to be . . . |
| alegre | happy |
| contento/a | happy |
| de buen/mal humor | in a good/bad mood |
| deprimido/a | depressed |
| enamorado/a | in love |
| enfermo/a | sick |
| enojado/a | angry |
| ocupado/a | busy |
| preocupado/a | worried |
| triste | sad |
| tener... | to be . . . |
| calor | hot |
| frío | cold |

| | |
|---|---|
| hambre | hungry |
| miedo | afraid |
| prisa | in a hurry |
| sed | thirsty |
| sueño | sleepy |

**REPASO:** (estar) aburrido/a

## ¿Cuándo?

| | |
|---|---|
| ahora mismo | right now |
| antes de | before |
| cuando | when |
| de pronto | suddenly |
| desde la(s)... hasta la(s)... | from (hour) to (hour) |
| después de | after |
| la próxima semana | next week |
| tarde | late |
| temprano | early |
| todos los días | every day |

**REPASO:** ayer, después, hoy, luego, mañana, pasado mañana

## Los verbos

| | |
|---|---|
| andar en velero | to go sailing |
| aprender | to learn |
| beber (un refresco) | to drink (a soft drink) |
| comprar | to buy |
| dar (doy/da) | to give |
| dar la bienvenida | to welcome |
| dar un paseo | to go for a walk |
| escoger | to choose |
| escojo/escoge | |
| gritar | to yell, scream |
| llamar | to call (on the phone) |
| poner | to put |
| poner una película | to show a movie |
| quedarse (en casa) | to stay (at home) |
| reunirse | to get together |
| me reúno / se reúne | |
| rezar | to pray |
| saber | to know |
| sé/sabe | |
| soñar (ue) (con) | to dream (about) |
| traer | to bring |
| traigo/trae | |

**PALABRAS SEMEJANTES:** celebrar, coincidir, conversar, corresponder, invitar, visitar

## Palabras del texto

| | |
|---|---|
| correspondiente | corresponding |
| la oración | sentence |

## La gente

**People**

| | |
|---|---|
| el médico | doctor |
| el/la paciente | patient |
| el pariente / la parienta | relative |

## Los sustantivos

| | |
|---|---|
| el acondicionador | conditioner |
| el agua | water |
| el árbol (de Navidad) | (Christmas) tree |
| el beso | kiss |
| la boda | wedding |
| la colonia | cologne |
| la comida | food |
| el cuadro | box, square |
| el desayuno | breakfast |
| los fuegos artificiales | fireworks |
| la fuente | fountain |
| la guía | guide; guidebook |
| el jabón | soap |
| el juguete | toy |
| la leche | milk |
| la llamada | (telephone) call |
| la marca | brand |
| la natación | swimming |
| la navaja | razor blade |
| la nota | note; grade |
| el pan | bread |
| el pastel | cake |
| la peseta | *monetary unit of Spain* |
| el precio | price |
| la rasuradora eléctrica | electric razor |
| el regalo | gift |
| el tipo | type |
| el título | title |
| el vaso | glass |

**PALABRAS SEMEJANTES:** la afirmación, el aniversario, el aspecto, la celebración, la ceremonia, el champú, la composición, el condominio, la decoración, la emoción, el examen, la exhibición, la fruta, la hamburguesa, la impaciencia, la limonada, el/la patriota, el pijama, la situación, la solución

## Los adjetivos

| | |
|---|---|
| caliente | hot |
| hermoso/a | beautiful |
| módico/a | affordable |

**PALABRAS SEMEJANTES:** abundante, impaciente, municipal, preferible, recomendable

## Palabras y expresiones útiles

| | |
|---|---|
| ¿Adónde va usted... ? | Where do you go . . . ? |
| algo | something |
| conmigo | with me |
| depende | (it) depends |
| ¿De veras? / ¿De verdad? | Really? |
| ¿Dónde está... ? | Where is . . . (located)? |
| es mejor/peor | it is better/worse |
| especialmente | especially |
| ¡Excelente idea! | Excellent idea! |
| nada | nothing |
| ¡Ni pensarlo! | Don't even think of it! |
| ¡Qué lástima! | What a pity! |
| ¡Qué ocurrencia! | What a silly idea! |
| rápidamente | quickly, rapidly |
| rápido | quick |
| tampoco | neither |

# Gramática y ejercicios

**¿RECUERDA?**

Remember from
**Gramática 2.1** that the
present-tense forms of **ir**
are **voy, vas, va, vamos,
vais,** and **van.*** These
verb forms can mean
*going* or simply *go(es)*.

## 4.1 Talking about Location: *ir* + *a(l)*; *estar* + *en*

### Gramática ilustrada

Raúl y Mónica **van al** cine.

Raúl y Mónica **están en** el cine.

**adónde** = *where (to)*
**ir a** = *to go to*
**Voy al cine.** (*I'm going to the movies.*)

**A. ¿Adónde?** ([*To*] *Where*?) is used to ask where someone is going. The verb **ir** (*to go*) followed by the preposition **a** (*to*) is used to express the idea of movement toward a location. Note that **a** + **el** contracts to **al** (*to the*).

—¿**Adónde vas**? — *Where are you going?*
—**Voy al** parque. — *I'm going to the park.*

—¿**Adónde van** ustedes los sábados? — *Where do you go on Saturdays?*
—**Vamos al** trabajo y luego **vamos a la** biblioteca para estudiar. — *We go to work and then we go to the library to study.*

—¿**Adónde va** la profesora Martínez? — *Where's Professor Martínez going?*
—**Va a la** universidad. — *She's going to the university.*

**Ir a** + infinitive is used to express the future.
**Mañana voy a trabajar.**
(*Tomorrow I'm going to work.*)
**este viernes** = *this Friday*
**el próximo viernes** = *next Friday*
**El próximo mes vamos a empezar las clases.** (*Next month we're going to start classes.*)

The expression **ir** + **a** + *location*, used with the following expressions of time, indicates when you are going.

| | | | |
|---|---|---|---|
| este viernes | *this Friday* | el próximo sábado | *next Saturday* |
| este fin de semana | *this weekend* | la próxima semana | *next week* |
| esta primavera | *this spring* | el próximo mes | *next month* |

**Vamos a ir al** restaurante El Tecolote **la próxima semana.**
*We're going to go to the Tecolote Restaurant next week.*

*Recognition: **vos vas**

**¿RECUERDA?**

In **Gramática 3.4** you learned that **estar** + **en** is used to locate people and objects.
—¿Dónde están los niños?
—Están en la escuela.

**B.** The verb **estar** + **en** is used to express the idea of being at a location.

—¿**Está** Guillermo **en** la biblioteca?   —*Is Guillermo at the library?*
—No, **está en** el gimnasio.   —*No, he's at the gym.*

## Ejercicio 1

¿Adónde van estas personas? Complete las oraciones con la forma apropiada del verbo **ir** y **al** o **a la**.

MODELO:   Usted *va al* parque los domingos.

1. Mis compañeros y yo _____ tienda nueva enfrente de la universidad.
2. Mis hermanos siempre _____ cine los sábados.
3. (Nosotros) _____ supermercado a comprar fruta.
4. La profesora Martínez _____ oficina a trabajar.
5. (Yo) _____ playa a tomar el sol y nadar.
6. (Yo) Siempre _____ biblioteca a leer y estudiar.
7. Esteban y Carmen _____ restaurante chino que hay cerca de aquí para cenar.
8. Luis _____ plaza a pasear con una amiga.
9. (Nosotros) _____ librería a comprar el libro de español.
10. (Tú) _____ trabajo después de las clases.

## 4.2 Discussing Habitual Actions: Verbs with Stem-Vowel Changes (*ie*, *ue*) in the Present Tense

**A.** Here is the present tense of several commonly used verbs that follow the same pattern of stem-vowel changes as **querer** and **preferir: cerrar** (*to close*), **pensar** (*to think*), **empezar** (*to begin*), **perder** (*to lose*), and **encender** (*to light; to turn on*).[†]

**¿RECUERDA?**

Recall from **Gramática 2.3** that the verbs **querer** (**quiero, quieres, quiere, queremos, queréis, quieren**) and **preferir** (**prefiero, prefieres, prefiere, preferimos, preferís, prefieren**) use two stems in their present-tense conjugations.* The stem containing the vowel **e** appears only in the infinitive and in the **nosotros/as** and **vosotros/as** forms. The stem containing **ie** occurs in the rest of the forms.

|  | cerrar | pensar | empezar | perder | encender |
|---|---|---|---|---|---|
| (yo) | cierro | pienso | empiezo | pierdo | enciendo |
| (tú) | cierras | piensas | empiezas | pierdes | enciendes |
| (usted, él/ella) | cierra | piensa | empieza | pierde | enciende |
| (nosotros/as) | cerramos | pensamos | empezamos | perdemos | encendemos |
| (vosotros/as) | cerráis | pensáis | empezáis | perdéis | encendéis |
| (ustedes, ellos/as) | cierran | piensan | empiezan | pierden | encienden |

**cierro** = *I close*
**cerramos** = *we close*
**empiezo** = *I begin*
**empezamos** = *we begin*

—¿A qué hora **cierran** ustedes la Nochevieja?
—**Cerramos** a las 5:00 de la tarde.

—*What time do you close on New Year's Eve?*
—*We close at 5:00 P.M.*

---

*Recognition: **vos querés, preferís**
[†]Recognition: **vos cerrás, pensás, empezás, perdés, encendés**

**¿RECUERDA?**

Recall from **Gramática 3.3** that the verb **jugar*** (*to play*) changes the stem vowel **u** to **ue** in exactly the same way as the verbs listed on page 154 change their stem vowel **e** to **ie**.

—**¿Encienden** ustedes las velas de Jánuca cada año?
—Sí, las **encendemos** por ocho noches seguidas.

—*Do you light Hanukkah candles every year?*
—*Yes, we light them for eight nights in a row.*

**B.** Three other verbs follow the same pattern as **jugar: dormir** (*to sleep*), **volver** (*to return, go back*), and **almorzar** (*to have lunch*).*

|  | **jugar** | **dormir** | **volver** | **almorzar** |
|---|---|---|---|---|
| (yo) | ju**e**go | d**ue**rmo | v**ue**lvo | alm**ue**rzo |
| (tú) | ju**e**gas | d**ue**rmes | v**ue**lves | alm**ue**rzas |
| (usted, él/ella) | ju**e**ga | d**ue**rme | v**ue**lve | alm**ue**rza |
| (nosotros/as) | jugamos | dormimos | volvemos | almorzamos |
| (vosotros/as) | jugáis | dormís | volvéis | almorzáis |
| (ustedes, ellos/as) | ju**e**gan | d**ue**rmen | v**ue**lven | alm**ue**rzan |

**ju**e**go** = *I play*
**ju**ga**mos** = *we play*
**v**ue**lvo** = *I return*
**v**o**lve**mos** = *we return*

These forms may be difficult to remember, but they will feel more natural as you hear and read more Spanish. Therefore, don't try to memorize all this, but do refer to the rules when you edit your writing.

—¿A qué hora **vuelven** a casa después de una fiesta?
—A veces no **volvemos** hasta las 3:00 o 4:00 de la madrugada.

—*What time do you return home after a party?*
—*Sometimes we don't return until 3:00 or 4:00 in the morning.*

## Ejercicio 2

¿Qué hacen usted y sus amigos? Complete estas oraciones con la forma correcta del verbo entre paréntesis.

MODELO:  —¿*Cierran* ustedes los ojos en clase? (cerrar) →
—No, no *cerramos* los ojos en clase.

1. —¿_____ ustedes en su clase de español? (dormir)
—¡Claro que no! Nunca _____ en clase, porque nos divertimos.
2. —¿_____ ustedes en casa o en el trabajo? (almorzar)
—Generalmente _____ en casa con la familia.
3. —¿_____ ustedes al trabajo después de almorzar? (volver)
—Sí, _____ a las 2:00.
4. —¿_____ ustedes al tenis los fines de semana? (jugar)
—A veces _____, a veces no.
5. —¿_____ ustedes mucho al tenis en el invierno? (jugar)
—No, _____ poco porque hace demasiado frío.
6. —¿_____ ustedes frecuentemente cuando _____ al basquetbol? (perder, jugar)
—No, casi nunca _____ cuando _____ al basquetbol.
7. —¿_____ ustedes ir al cine por la tarde? (preferir)
—No, _____ ir por la mañana con los niños.
8. —¿_____ ustedes las vacaciones en mayo o en junio? (empezar)
—Normalmente _____ las vacaciones en junio.

---

*Recognition: **vos jugás, dormís, volvés, almorzás**

## 4.3   Discussing Habitual Actions: Irregular Verbs

**vengo** = *I come*
**viene** = *he/she comes; you come*
**venimos** = *we come*

**A.** As you know, an irregular verb is one that uses more than one stem to form its conjugation. (In many cases the irregularity is only in the **yo** form.) Here are some common verbs that add a **g** in the **yo** form: **tener** (*to have*), **venir** (*to come*), **salir** (*to leave; to go out*), and **poner** (*to put*).*

| | tener | venir | salir | poner |
|---|---|---|---|---|
| (yo) | ten**g**o | ven**g**o | sal**g**o | pon**g**o |
| (tú) | tienes | vienes | sales | pones |
| (usted, él/ella) | tiene | viene | sale | pone |
| (nosotros/as) | tenemos | venimos | salimos | ponemos |
| (vosotros/as) | tenéis | venís | salís | ponéis |
| (ustedes, ellos/as) | tienen | vienen | salen | ponen |

—¿Siempre **viene** usted temprano?
—Sí, casi siempre **vengo** a las 8:00.

—*Do you always come early?*
—*Yes, I almost always come at 8:00.*

—¿Dónde **pongo** mi ropa?
—Aquí mismo, encima de esta silla.

—*Where do I put my clothes?*
—*Right here, on this chair.*

**digo** = *I say*
**dice** = *he/she says; you say*
**decimos** = *we say*

**B.** The verbs **traer** (*to bring*) and **oír** (*to hear*) insert **ig** in the **yo** form.† In addition, **oír** adds a **y** in all but the **yo**, **nosotros/as**, and **vosotros/as** forms. The verbs **hacer** and **decir** change the **c** to **g** in the **yo** form. **Decir** (*to say, tell*) also changes the stem vowel **e** to **i** in all but the **nosotros/as** and **vosotros/as** forms.‡

| | traer | oír | hacer | decir |
|---|---|---|---|---|
| (yo) | tra**ig**o | o**ig**o | ha**g**o | d**ig**o |
| (tú) | traes | oyes | haces | d**i**ces |
| (usted, él/ella) | trae | oye | hace | d**i**ce |
| (nosotros/as) | traemos | oímos | hacemos | decimos |
| (vosotros/as) | traéis | oís | hacéis | decís |
| (ustedes, ellos/as) | traen | oyen | hacen | d**i**cen |

—¿Qué **traes** a las fiestas?
—**Traigo** mis discos compactos y algo de comer.

—*What do you bring to parties?*
—*I bring my CDs and something to eat.*

—¿No **oyes** un ruido extraño?
—No, no **oigo** nada.

—*Don't you hear a strange noise?*
—*No, I don't hear anything.*

---

*Recognition: **vos tenés, venís, salís, ponés**
†Recognition: **vos traés, oís**
‡Recognition: **vos hacés, decís**

# Ejercicio 3

Un amigo le hace preguntas sobre su clase de español. Contéstele según el modelo.

> MODELO: —Generalmente, ¿vienes temprano a la clase de español?
> —Sí, *vengo* temprano todos los días.

1. —¿Traes tu perro a la clase de español?
   —¡Claro que no! _____ solamente el libro y el cuaderno.
2. —¿Pones tu libro de español debajo de la mesa?
   —No, _____ el libro encima de la mesa.
3. —¿Le dices «Buenos días» en español al profesor / a la profesora?
   —¡Qué va! A las 2:00 de la tarde le _____ «Buenas tardes».
4. —¿Oyes música en tu clase?
   —Sí, _____ canciones en español, naturalmente.
5. —¿Sales de tu clase a las 3:00?
   —No, _____ a las 2:50.
6. —¿Siempre vienes a la clase preparado/a?
   —Sí, casi siempre _____ preparado/a.
7. —¿Tienes mucha tarea?
   —Sí, _____ tarea todos los días excepto el domingo.
8. —¿Qué haces en tu clase?
   —_____ un poco de todo: converso, leo, escribo.

## 4.4. Describing Daily Routine: Reflexives

**A.** In English, pronouns that indicate that the subject of a sentence does something to himself or herself are called *reflexive*; they end in *-self* (*-selves*).

| | |
|---|---|
| He cut himself. | Babies often talk to themselves. |
| She looked at herself in the mirror. | We didn't blame ourselves. |

Some actions that the subject does to himself or herself are not expressed with reflexive pronouns in English. For example, *I get up at 7:00. I take a bath and then get dressed.* In such sentences, Spanish always uses a reflexive pronoun: **Yo me levanto a las 7:00. Me baño y luego me pongo la ropa.**

**B.** Here is the present tense of the verb **levantarse** (*to get up*) with reflexive pronouns.*

> Actions done to oneself are expressed using reflexive words.
> **Me afeito**. (*I shave* [*myself*].)
> **Nos ponemos la ropa.** (*We put on our clothes.*)

| levantarse (*to get up*) | | | |
|---|---|---|---|
| (yo) | me levanto | *I get up* | |
| (tú) | te levantas | *you (inf. sing.) get up* | |
| (usted, él/ella) | se levanta | *you (pol. sing.) get up; he/she gets up* | |
| (nosotros/as) | nos levantamos | *we get up* | |
| (vosotros/as) | os levantáis | *you (inf. pl., Spain) get up* | |
| (ustedes, ellos/as) | se levantan | *you (pl.) get up; they get up* | |

---

*Recognition: **vos te levantás**

**C.** Following is a list of verbs with the reflexive pronouns **me** (*myself*) and **se** (*himself, herself, yourself* [*pol. sing.*]) that you can use to describe your daily routine or that of someone else. Notice that the infinitives with the reflexive pronoun end in **se**.

| | INFINITIVE | |
|---|---|---|
| Me acuesto. / Se acuesta.* | acostarse | *I go to bed. / He/She goes to bed; You (pol. sing.) go to bed.* |
| Me despierto. / Se despierta.† | despertarse | *I wake up. / He/She wakes up; You (pol. sing.) wake up.* |
| Me levanto. / Se levanta. | levantarse | *I get up (out of bed). / He/She gets up; You (pol. sing.) get up.* |
| Me baño. / Se baña. | bañarse | *I take a bath. / He/She takes a bath; You (pol. sing.) take a bath.* |
| Me ducho. / Se ducha. | ducharse | *I take a shower. / He/She takes a shower; You (pol. sing.) take a shower.* |
| Me lavo el pelo. / Se lava el pelo. | lavarse el pelo | *I wash my hair. / He/She washes his/her hair; You (pol. sing.) wash your hair.* |
| Me seco. / Se seca. | secarse | *I dry off. / He/She dries off; You (pol. sing.) dry off.* |
| Me afeito. / Se afeita. | afeitarse | *I shave. / He/She shaves; You (pol. sing.) shave.* |
| Me lavo los dientes. / Se lava los dientes. | lavarse los dientes | *I brush my teeth. / He/She brushes his/her teeth; You (pol. sing.) brush your teeth.* |
| Me peino. / Se peina. | peinarse | *I comb my hair. / He/She combs his/her hair; You (pol. sing.) comb your hair.* |
| Me maquillo. / Se maquilla. | maquillarse | *I put on makeup. / He/She puts on makeup; You (pol. sing.) put on makeup.* |
| Me pongo la ropa. / Se pone la ropa. | ponerse la ropa | *I put on my clothes. / He/She puts on his/her clothes; You (pol. sing.) put on your clothes.* |
| Me quito la ropa. / Se quita la ropa. | quitarse la ropa | *I take off my clothes. / He/She takes off his/her clothes; You (pol. sing.) take off your clothes.* |

**Me levanto** temprano y **me ducho** en seguida. General-mente **me lavo** el pelo. Luego **me seco** y **me peino**.

*I get up early and I take a shower immediately. Generally I wash my hair. Afterward I dry off and I comb my hair.*

Alberto **se levanta** tarde. **Se ducha** rápidamente, pero no **se afeita. Se pone la ropa** y **se peina.**

*Al gets up late. He showers quickly, but doesn't shave. He dresses and combs his hair.*

**D.** Reflexive pronouns are normally placed directly before the verb (**me seco**), but they may be attached to infinitives (**secarme**) and present participles (**secándome**).

---

*Acostarse is a stem-changing verb: the stem vowel **o** changes to **ue** in all but the **nosotros/as** and **vosotros/as** forms.

†**Despertarse** is also a stem-changing verb: the stem vowel **e** changes to **ie** in all but the **nosotros/as** and **vosotros/as** forms.

Me gusta **afeitarme** primero y luego **bañarme**.

*I like to shave first and then take a bath.*

Ernesto va a **levantarse** y **bañarse** inmediatamente.

*Ernesto is going to get up and take a bath immediately.*

—Amanda, ¿qué estás haciendo?

—Estoy **lavándome** los dientes.

—*Amanda, what are you doing?*

—*I'm brushing my teeth.*

## Ejercicio 4

¿Qué oración describe mejor los siguientes dibujos?

1. _____

2. _____

3. _____

4. _____

5. _____

6. _____

7. _____

**a.** Él se quita la camisa, pero ella se pone los zapatos.

**b.** Él sale para el trabajo a las 8:00, pero su hijo sale para la escuela a las 8:30.

**c.** Ella lee novelas después de trabajar, pero él prefiere ver la televisión.

**d.** Este joven se ducha por la mañana, pero las niñas prefieren bañarse por la noche.

**e.** Él se afeita la cara, pero su esposa se afeita las piernas.

**f.** A él no le gusta bañarse, pero le gusta bañar al perro.

**g.** Se acuesta a las 11:30 y se levanta a las 6:00.

## Ejercicio 5

Imagínese que su hermanito de tres años le hace estas preguntas tontas. Contéstele correctamente.

> MODELO: ¿Te lavas los dientes con jabón? →
>   No, me lavo los dientes con pasta de dientes.

1. ¿Te bañas antes de las 5:00 de la mañana?
2. ¿Te lavas el pelo con detergente?
3. ¿Te afeitas en la lavandería?
4. ¿Te levantas temprano los domingos?
5. ¿Te quitas la ropa en la universidad?
6. ¿Te peinas en la biblioteca?
7. ¿Te maquillas en la clase de español?
8. ¿Te duchas por la noche?

## 4.5  Describing States: *estar* + Adjective

**Estar** (*to be*) describes a state (how someone is at a particular time).
—**¿Cómo estás?** (*How are you?*)
—**Estoy cansada**. (*I'm tired.*)

Use **estar** (**estoy, estás, está, estamos, estáis, están**) to describe how someone is, or is feeling, at a particular time.

| | |
|---|---|
| —¿Cómo **estás**? | —*How are you?* |
| —**Estoy** un poco deprimido. | —*I'm a bit depressed.* |
| —¿Cómo **está** José Luis hoy? | —*How is José Luis today?* |
| —**Está** enfermo. | —*He's sick.* |
| —¿Cómo **están** ustedes? | —*How are you?* |
| —**Estamos** muy bien, gracias. | —*We are fine, thank you.* |

Remember that **ser** is used to identify or describe the relatively permanent characteristics of someone or something, *not* to tell how that person or thing is (feeling) at a particular moment.

| | |
|---|---|
| Alberto **es alto, delgado, joven y muy guapo**. | *Al is tall, thin, young, and very handsome.* |
| Hoy **está confundido y cansado**. | *Today he's confused and tired.* |

## Ejercicio 6

Describa el estado físico o anímico de estas personas.

> MODELOS: Carmen → Carmen *está nerviosa*.
>
>   yo → Yo *estoy cansado*.

| | | | |
|---|---|---|---|
| 1. | yo | a. | está nervioso |
| 2. | mi primo | b. | están ocupados |
| 3. | Luis y yo | c. | estoy enojado/a |
| 4. | Nora | d. | estamos preocupados |
| 5. | tú (*f.*) | e. | estás contenta |
| 6. | Pablo y Mónica | f. | está deprimida |

## Ejercicio 7

Mire los dibujos y haga preguntas. Use la forma correcta de **estar** y adjetivos como (**un poco**) **triste, ocupado/a, cansado/a, enojado/a, deprimido/a, interesado/a en...** , **irritado/a, contento/a, enamorado/a**, etcétera.

MODELO: ¿Está cansada Graciela?

Recall from **Gramática C.1** the forms of **tener: tengo, tienes, tiene, tenemos, tenéis, tienen.**

**Tener** + noun is used to describe some states.
**¿Tienes hambre**, **Yolanda?**
(*Are you hungry, Yolanda?*)

## 4.6 Describing States: *tener* + Noun

Some states of being are described in Spanish with the verb **tener** (*to have*), although they correspond to the verb *to be* in English. Common states expressed with **tener** are **tener hambre** (*to be hungry*), **tener sueño** (*to be sleepy*), **tener sed** (*to be thirsty*), **tener prisa** (*to be in a hurry*), **tener frío** (*to be cold*), **tener calor** (*to be hot*), and **tener miedo** (*to be afraid*).

—Ernesto, ¿cuándo quieres comer? **Tengo** mucha **hambre.**

—*Ernesto, when do you want to eat? I'm very hungry.*

—Estela, ¿quieren ir al cine tú y Ernesto esta noche?
—No, gracias. **Tenemos** mucho **sueño** y queremos acostarnos.

—*Estela, do you and Ernesto want to go to the movies tonight?*
—*No, thanks. We're very sleepy and want to go to bed.*

—Guillermo, ¿**tienes sed**?
—Sí, **tengo** mucha **sed**. Vamos a tomar algo.

—*Guillermo, are you thirsty?*
—*Yes, I'm very thirsty. Let's get something to drink (drink something).*

—¿Por qué **tiene prisa** Amanda?
—Porque su clase empieza a las 8:00.

—*Why is Amanda in a hurry?*
—*Because her class begins at 8:00.*

With the words **calor/frío** (*heat/cold*) and **caliente** (*hot*), several combinations are possible.

To describe people, use **tener** + **calor/frío**.

| | |
|---|---|
| —Nora, ¿tú no **tienes calor**? | —*Nora, aren't you hot?* |
| —No, no **tengo calor**. Me gusta mucho el sol. | —*No, I'm not hot. I love the sun.* |

To describe things, use **estar** + **caliente/frío**.

| | |
|---|---|
| Lan, cuidado. No toques la estufa. **Está** muy **caliente**. | *Lan, be careful. Don't touch the stove. It's very hot.* |

To describe the weather, use **hacer** + **calor/frío**.

| | |
|---|---|
| Ay, Pablo, **hace mucho frío** hoy. Voy a ponerme un abrigo. | *Paul, it's really cold today. I'm going to put on a coat.* |

## Ejercicio 8

Describa el estado de estas personas. Estados posibles: **tener calor**, **frío**, **hambre**, **prisa**, **sed**, **sueño**, **miedo**.

MODELO:   (Yo) *Tengo prisa* porque la clase empieza a las 4:00.

1. A mediodía, Mayín _____.
2. Si (tú) _____, ¿por qué no te pones un suéter?
3. (Nosotros) _____ porque la temperatura está a 45°C hoy.
4. A medianoche (yo) _____.
5. Estoy en casa. Son las 8:55 y tengo una clase a las 9:00. (Yo) _____.
6. Hace mucho sol hoy. Guillermo y Ernestito quieren tomar agua fría porque _____.
7. Cuando estoy solo/a de noche, a veces _____.
8. ¿Tienes algo para tomar? (Yo) _____.

## Ejercicio 9

Mire los dibujos. ¿Cuál es la oración que mejor identifica cada dibujo?

MODELO:   Tiene sed.

| | | |
|---|---|---|
| **a.** Tienen miedo. | **e.** Hace mucho calor. | **i.** Está preocupado. |
| **b.** Tiene prisa. | **f.** Nieva hoy. | **j.** Está deprimido. |
| **c.** Tiene calor. | **g.** Está enojado. | **k.** Tiene hambre. |

1. _____

2. _____

3. _____

4. _____

5. _____

# CAPÍTULO 5

# Las clases y las carreras

▼▼▼▼▼▼▼▼▼▼▼▼▼▼▼▼▼▼▼▼▼▼▼▼▼

## METAS

In **Capítulo 5,** you will discuss classroom activities and your classmates' talents and abilities. You will also talk about careers and recreational plans for the future.

Santiago, República Dominicana: la Universidad de Madre y Maestra

# Actividades de comunicación y lecturas

## Las actividades de la clase de español

*Lea Gramática 5.1.*

Alberto les habla a sus compañeros.

Mónica le escribe
una carta a su amigo.

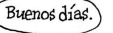

La profesora nos dice «Buenos días».

La profesora nos hace preguntas.

Le contestamos a la profesora.

Nora le lee las Notas
culturales a Esteban.

Carmen le hace una pregunta
a la profesora Martínez.

La profesora le explica la
gramática a Carmen.

## Actividad 1. Encuesta: ¿Con qué frecuencia?

¿Con qué frecuencia hacen ustedes las siguientes actividades en la clase de español?

MODELOS:   Escribimos las palabras nuevas en el cuaderno *todos los días*.

*A veces* leemos las Notas culturales.

La profesora *siempre* nos hace preguntas.

### PALABRAS ÚTILES

| | |
|---|---|
| nunca | muchas veces |
| raras veces | siempre |
| a veces | todos los días |

1. Les hablamos a los compañeros de clase.
2. Escribimos las palabras nuevas en el cuaderno.
3. Merendamos en el salón de clase.
4. Contestamos las preguntas del profesor / de la profesora.
5. Escuchamos las opiniones de los compañeros de clase.
6. Jugamos juegos de video.
7. Aprendemos palabras nuevas.
8. Le hacemos preguntas al profesor / a la profesora.
9. Hacemos la tarea en clase.
10. Dormimos una siesta.
11. Le decimos «Buenas noches» al profesor / a la profesora.
12. Les escribimos cartas a los parientes.

## Actividad 2. Preferencias: La clase de español

Aquí hay varias actividades relacionadas con la clase de español. Póngalas en orden, del número 1 (¡Me gusta mucho!) al número 7 (¡No me gusta nada!). Después, compare sus respuestas con las de sus compañeros de clase.

1. En el salón de clase:
   a. _____ tomar exámenes
   b. _____ trabajar en grupos
   c. _____ escuchar al profesor / a la profesora cuando nos habla
   d. _____ hablarles a mis compañeros en español
   e. _____ ver videos
   f. _____ participar en conversaciones
   g. _____ escuchar música hispana o cantar en español

2. Fuera del salón de clase:
   a. _____ estudiar para los exámenes
   b. _____ escribir composiciones
   c. _____ hacer la tarea de gramática
   d. _____ escuchar las cintas de comprensión oral
   e. _____ hablarles a mis amigos hispanos en español
   f. _____ ver la televisión en español
   g. _____ escuchar una emisora de radio hispana

### Actividad 3. Descripción de dibujos: En la universidad

Escuche a su profesor(a) mientras él/ella describe las actividades de los estudiantes norteamericanos. Diga el número del dibujo que corresponde a cada descripción.

Ahora, escoja uno de los dibujos y descríbaselo a su compañero/a. Él/Ella va a decir cuál de los dibujos usted describe.

### Actividad 4. Entrevista: La clase de español

1. ¿Te asigna mucha tarea el profesor / la profesora? ¿Lees todas las lecturas? ¿Dónde escuchas las cintas de comprensión oral: en tu coche, en casa o en el laboratorio de lenguas?
2. ¿Les explicas a tus compañeros cómo hacer la tarea cuando ellos no comprenden las instrucciones del profesor / de la profesora? ¿Te ayudan ellos?
3. ¿A veces llegas tarde a clase? Cuando llegas tarde, ¿qué le dices al profesor / a la profesora?
4. ¿Te gusta cuando el profesor / la profesora te hace una pregunta? ¿Siempre le contestas al profesor / a la profesora en español? ¿Piensas en español cuando hablas español?
5. ¿Te gusta la clase de español? ¿Qué cosas *no* te gusta hacer en la clase?

## LAS PALABRAS VIVEN

| VOCABULARIO ÚTIL | |
| --- | --- |
| extranjeras | *foreign* |
| el jonrón | *home run* |
| los préstamos | *borrowed words; lit. loan* |
| pertenecían | *belonged* |
| la pista | *clue; hint* |
| encontrar | *to find* |

# El inglés y el español

La adopción de palabras extranjeras ocurre con frecuencia en todos los idiomas. ¡Es un proceso natural! Por ejemplo, en el idioma español se usan diariamente palabras inglesas. En la comida, **bistec** —que viene de *beef steak*— y **sándwich.** En la ropa, **suéter** y **jeans.** Cuando se habla de deportes, los hispanos juegan al **fútbol,** al **basquetbol,** al **voleibol,** y hacen un **jonrón** o meten un **gol.** Entre los préstamos más recientes están los anglicismos el **estrés** y, del campo de las computadoras, **formatear.**

El inglés también tiene palabras que normalmente se consideran parte del idioma español: por ejemplo, *vista, plaza, sierra, rodeo, patio* y *siesta.* Otras palabras inglesas de origen español, un poco modificadas, son *cigar* (**cigarro**) y *lasso* (**lazo**). El inglés también usa palabras de origen indígena que ya forman parte del español que se habla hoy en día: *tamale* (**tamal**), de la lengua náhuatl en México; y *hurricane* (**huracán**) y *barbecue* (**barbacoa**), de la lengua de los indígenas del Caribe.

La influencia del español es muy evidente en los nombres geográficos. *Colorado, California, Nevada, San Francisco, San Diego, Los Angeles, Santa Fe, El Paso, Amarillo, Pueblo* y muchos otros nombres de ciudades y estados norteamericanos son españoles. ¿Sabe usted por qué tienen nombres en español estos lugares? La razón es que muchos de estos sitios pertenecían a México antes de formar parte de los Estados Unidos. Toda la región suroeste era territorio mexicano.

¿Puede usted nombrar otras palabras de origen extranjero que se usan en el inglés? Pista: En el vocabulario de la comida, ¡va a encontrar varias!

# Las habilidades

*Lea Gramática 5.2.*

—Señora Ramírez, ¿sabe usted montar a caballo?
—Sí, y también sé jugar al polo.

—Y sus hijos, ¿saben ellos montar a caballo también?
—No, pero saben patinar.

Ahora mi hijo Guillermo no puede patinar; tiene una pierna fracturada. Sólo puede leer y ver la televisión.

## Actividad 5. Descripción de dibujos: ¿Qué saben hacer estas personas?

Escuche a su profesor(a) mientras él/ella describe los talentos de las siguientes personas. Diga quién es cada persona que describe.

## Actividad 6. Orden lógico: Ernestito quiere bañar al perro

Busque el orden correcto de estas oraciones.

_____ ERNESTITO: Mamá, tengo ocho años. ¡Sé bañar a un perro!
_____ ESTELA: Perfecto, pero también vas a...
_____ ESTELA: Bueno, hijo, después de bañarlo, vas a secarlo muy bien.
_____ ERNESTITO: Ya sé, mamá.
_____ ESTELA: Sí, hijo, pero antes de traer al perro, prepara el agua y el jabón.
_____ ERNESTITO: Mamá, mamá, ¿puedo bañar a Lobo?
_____ ERNESTITO: Ya está todo listo, mamá.

## Actividad 7. Entrevistas: ¿Qué sabes hacer? ¿Qué puedes hacer?

LAS HABILIDADES

MODELO:  E1: ¿Sabes *esquiar*?
         E2: Sí, sé *esquiar*. (No, no sé *esquiar*. / Sí, sé *esquiar un poco*.)

1. patinar en el hielo
2. jugar al basquetbol
3. nadar
4. preparar comida mexicana
5. reparar carros
6. montar en motocicleta
7. bucear
8. hablar otro idioma (¿cuál?)
9. tocar algún instrumento musical (¿cuál?)
10. pintar

EN TU CASA O EN LA RESIDENCIA ESTUDIANTIL

MODELO:  E1: ¿Puedes *hacer la tarea en casa (en la residencia estudiantil)*?
         E2: No, no puedo *hacer la tarea en casa porque hay muchas distracciones*.

1. cenar a la hora que quieras
2. tener animales domésticos donde vives
3. ver la televisión a cualquier hora
4. dormir hasta las 10:00 de la mañana
5. escuchar música y hacer la tarea a la vez

## NOTA CULTURAL

# Los gestos

Aunque comunicamos las ideas con palabras, también usamos el cuerpo para la comunicación. Por ejemplo, cuando conocemos a una persona por primera vez, le damos la mano. Y para despedirnos o saludar a alguien también usamos las manos a veces.

(Continúa)

Hay gestos que son universales; hay otros que varían de cultura a cultura. ¡Tenga cuidado! En algunos casos, un gesto que se usa en un país puede crear grandes problemas en otro, porque significa algo diferente.

Aquí tiene usted algunos de los gestos que caracterizan a los hispanos. Éstos son los más usados en España y en América Latina.

**1.** No.      **2.** Quiero comer.      **3.** ¡Excelente!      **4.** furioso/a (enojado/a)      **5.** tacaño/a

**6.** muy amigos      **7.** Un momentito...      **8.** dinero (cuesta mucho)   **9.** ¡Ojo! ¡Tenga cuidado!

## Comprensión

Mire los dibujos y después indique qué gesto se puede usar en las siguientes situaciones.

1. Un chico tiene mucha hambre.
2. El profesor está muy contento con la clase.
3. La recepcionista de una oficina le dice que usted tiene que esperar.
4. Una muchacha ve a su novio con otra chica.
5. Un hombre no quiere llevar a su esposa a un restaurante caro.

## Ahora... ¡usted!

1. Haga algunos gestos que caracterizan a los norteamericanos (o a las personas de su país de origen). ¿Qué significan?
2. ¿Conoce algunos gestos similares a los de los hispanos, pero que signifiquen otra cosa? ¿Cómo son y qué significan?

### Un paso más... ¡a escribir!

Escoja una de las situaciones de la actividad de Comprensión y escriba un diálogo corto entre las personas, haciendo referencia a los gestos que hacen cuando hablan. Aquí tiene un ejemplo para la primera situación.

MODELO:   HIJO:  Papá, tengo mucha hambre.
                      (*Hace un gesto; pone la mano cerca de la boca y mueve la mano.*)
               PAPÁ:  Bueno, estoy preparando los sándwiches. Un momentito.
                      (*Hace un gesto con los dedos.*)
               HIJO:  ¿Sándwiches? ¡Súper! ¡Excelente!
                      (*Hace un gesto; se besa los dedos y luego los extiende.*)

## EL MUNDO HISPANO... en los Estados Unidos

**H**eidi Mercado-Littles tiene 45 años y es chilena. Heidi lleva 20 años en los Estados Unidos y ahora vive en Filadelfia.

*¿Qué cosas sabe usted hacer muy bien? ¿Qué le gustaría poder hacer que no puede hacer ahora? ¿Piensa aprender a hacer eso?*

Muchas de las cosas que hago bien son cosas artísticas. Toco el piano, la guitarra y canto bien. También dibujo y pinto bastante bien. Me gusta trabajar con las manos. Siempre les hago los regalos[1] de cumpleaños a mis niños. Me gustaría aprender a usar una computadora. Espero hacerlo en un futuro cercano.[2]

[1]*presents* [2]*near*

SUDAMÉRICA

EL OCÉANO PACÍFICO

**Chile**

Santiago

EL OCÉANO ATLÁNTICO

# Las carreras y las actividades del trabajo

*Lea Gramática 5.3.*

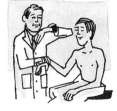

El médico examina a los enfermos.

El cocinero prepara la comida y el mesero les sirve a los clientes.

Los bomberos apagan los incendios.

La cajera recibe el dinero en un banco o en una tienda.

El plomero repara la tubería.

La abogada defiende a los acusados y la jueza decide casos criminales.

El peluquero corta el pelo.

La enfermera cuida a los enfermos.

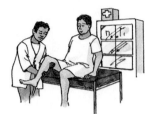

El terapeuta trabaja con un paciente.

Los obreros trabajan en una fábrica.

Esta dependienta habla con una clienta.

Aquella dependienta habla con la supervisora.

Ese dependiente arregla la ropa.

La mecánico repara el automóvil.

## Actividad 8. Asociaciones: ¿Dónde trabaja?

MODELO:   Un mecánico trabaja en un taller de reparaciones.

1. _____ un(a) electricista
2. _____ un mesero / una mesera
3. _____ un peluquero / una peluquera
4. _____ un médico / una doctora
5. _____ un(a) piloto
6. _____ un cajero / una cajera
7. _____ un secretario ejecutivo / una secretaria ejecutiva
8. _____ un dependiente / una dependienta
9. _____ un(a) cantante
10. _____ un profesor / una profesora
11. _____ un obrero / una obrera industrial
12. _____ un(a) mecánico
13. _____ un cocinero / una cocinera
14. _____ un(a) chofer
15. _____ un programador / una programadora

a. en un cuarto con muchas computadoras
b. en su consultorio y en un hospital
c. en un autobús
d. en un restaurante
e. en la cocina de un restaurante
f. en la calle o en una casa, con cables eléctricos
g. en una fábrica
h. en un banco
i. en una tienda
j. en una peluquería
k. en un avión
l. en una universidad
m. en un taller de reparaciones
n. en una oficina
o. en un club nocturno

## Actividad 9. Encuesta: Su opinión, por favor

Lea esta lista de profesiones y oficios y marque el más interesante (= 1), el más aburrido (= 2), el más peligroso (= 3), el más necesario (= 4) y el más prestigioso (= 5).

| | |
|---|---|
| _____ agente de seguros | _____ hombre/mujer de negocios |
| _____ ama de casa | _____ plomero/a |
| _____ asistente de médico | _____ programador(a) |
| _____ (mujer) policía | _____ secretario ejecutivo / |
| _____ contador(a) | secretaria ejecutiva |
| _____ (mujer) bombero | _____ abogado/a |
| _____ electricista | _____ trabajador(a) social |
| _____ gerente | |

Ahora, compare su opinión con las de sus compañeros y diga por qué usted piensa así.

## Actividad 10. Identificaciones: Un juego

Trate de adivinar la profesión de estas seis personas: los Hurtado (Jaime y Ana), los Pérez (Hugo y Cecilia) y los Salinas (Alejandro y Olivia). Las posibilidades son **doctor(a), dentista, ingeniero/a, maestro/a, secretario/a** y **abogado/a.** Use la siguiente información para encontrar la solución.

1. Ana trabaja en un hospital, pero no es doctora.
2. El esposo de la abogada es ingeniero.
3. La secretaria está casada con un doctor.
4. El esposo de la dentista trabaja en una escuela.
5. Jaime trabaja con enfermeras.
6. Alejandro enseña matemáticas.

## Actividad 11. Entrevistas: Las carreras y el trabajo

LAS CARRERAS

1. ¿Cuál es tu clase favorita en la universidad?
2. ¿Es requisito esa clase para tu especialidad?
3. ¿Qué carrera quieres seguir? ¿Cuántos años tienes que estudiar?
4. ¿Son buenos los sueldos en esa carrera?
5. Después de la graduación, ¿dónde quieres trabajar?

EL TRABAJO

6. ¿Tienes trabajo de jornada completa o de media jornada ahora?
7. ¿Dónde trabajas? ¿Cuánto tiempo tardas en ir de tu casa al trabajo?
8. ¿A qué hora entras al trabajo? ¿A qué hora sales? ¿Te gustan tus horas de trabajo? ¿Por qué sí o por qué no?
9. ¿Qué haces en tu trabajo? ¿Haces actividades diferentes o siempre la misma? De todas las actividades de tu trabajo, ¿cuál te gusta más? ¿Por qué?
10. ¿Cuáles son los aspectos desagradables de tu trabajo? ¿Por qué?

### Actividad 12. Del mundo hispano: ¿Busca empleo?

Conteste las preguntas según la información en estos avisos clasificados.

SE NECESITA cocinero/a con experiencia en comida mexicana. Venga personalmente a la Calle Obregón 838.

BAR «Noche de Ronda» necesita meseras/os para atender mesas. Sueldo y comisión. Si le interesa, favor de llamar al 45-67-94.

SECRETARIA/O con tres años de experiencia. Algo de inglés y que escriba a máquina mínimo 50 ppm, para trabajo estable de oficina cerca del centro. Llame sólo de 5 a 7 P.M. 58-03-49.

GUARDIA h/m. Para trabajo de noche, 4 días a la semana. Llame al 49-05-34.

CHOFER h/m. Con experiencia. Debe hablar inglés. Compañía «Transportes El Blanco» en Coyoacán. 67-45-93.

CARPINTERO h/m. Con experiencia en todo tipo de muebles. Llame de 9–11 A.M. al Sr. Varniz. 80-34-76.

ATENCIÓN: Compañía Hnos. Menéndez necesita varias personas bilingües para sus oficinas en Laredo y Ciudad Juárez. Llame al 56-94-93 o al 93-57-00 desde las 10 hasta las 2.

TALLER DE REPARACIONES busca mecánico con experiencia. Cinco días por semana. Buen sueldo. 56-94-83.

1. ¿Qué tienen que hacer las personas que trabajan en el bar Noche de Ronda?
2. ¿Qué aptitudes necesita tener el/la chofer?
3. Si usted quiere el trabajo de secretario/a, ¿qué experiencia necesita tener?
4. Si usted sabe hacer muebles, ¿a quién tiene que llamar?
5. ¿Qué tiene que saber hacer el cocinero / la cocinera?
6. ¿Es necesario ser hombre para obtener el trabajo de guardia?
7. ¿Qué compañía necesita personas que hablen inglés y español?
8. Si usted sabe reparar coches, ¿a qué número tiene que llamar?

# NUESTRO TRABAJO ES IMPORTANTE.

ESPAÑA 7 Ptas

Mañana, en Correos y Telégrafos, más de 60.000 personas se pondrán en marcha. Con eficacia y con los medios más modernos para que sus envíos y comunicaciones lleguen donde tienen que llegar y con el menor costo.

**Con toda seguridad.**

## EL MUNDO HISPANO... imágenes

**E**l sistema escolar en el mundo hispano se divide, por lo general, en cuatro partes: la educación primaria, la secundaria, la preparatoria y la universitaria. La primaria dura seis años. Después, los estudiantes reciben enseñanza preparatoria si quieren seguir estudios universitarios. En la universidad escogen[1] una carrera —Medicina, Filosofía y Letras, Derecho, Ingeniería— y estudian de cuatro a cinco años en la facultad[2] de su elección.

[1]*they choose*  [2]*department*

San José, Costa Rica: Estos estudiantes de secundaria participan en un experimento en su clase de química.

Lima, Perú

## EL MUNDO HISPANO... su gente

**S**u nombre es Erick Mario Braun Santizo y tiene 21 años. Erick es costarricense.

*Háblenos de las profesiones de sus padres.*

Mi padre es técnico en telecomunicaciones y trabaja para el Instituto Costarricense de Electricidad, empresa[1] que también está encargada[2] del servicio telefónico del país. Mi madre es empresaria[3] y tiene su propio negocio;[4] tiene una fábrica procesadora de productos de maíz.

[1]*company*  [2]*está... is in charge*  [3]*businesswoman*  [4]*su... her own business*

# Las actividades futuras

*Lea Gramática 5.4–5.6.*

Éstos son los planes y los deseos de Pilar Álvarez, José Estrada y Clara Martin.

Estudio informática, porque quisiera ganar mucho dinero.

Después de graduarse, José va a ir de vacaciones a México.

Nos gustaría ir a bailar este viernes por la noche.

Clara piensa quedarse en casa el viernes por la noche. Tiene ganas de descansar.

## Actividad 13. Intercambios: Los planes y los deseos

Escuche a su profesor(a) mientras él/ella describe estos dibujos. Diga quién es la persona en ellos. Ahora, pregúntele a su compañero/a cuáles son los planes y deseos de las siguientes personas. Use **le gustaría, quisiera, piensa** y **antes de** o **después de.**

MODELO:   E1:   ¿Qué le gustaría hacer a Amanda *después de jugar al tenis?*
          E2:   Le gustaría *tomar un refresco.*

**1.** Paula

**2.** Guillermo

**3.** Pedro

**4.** Raúl

**5.** doña Lola

**6.** don Eduardo

**7.** doña Rosita

**8.** Ernesto

### Actividad 14. Preferencias: Los planes

Diga sí o no.

1. El sábado por la noche pienso...
   a. salir con los amigos.
   b. ir al cine.
   c. quedarme en casa.
   d. ¿ ?
2. Este fin de semana voy a...
   a. levantarme temprano.
   b. dormir todo el día.
   c. limpiar la casa.
   d. ¿ ?
3. Este fin de semana mi padre tiene ganas de...
   a. acostarse tarde.
   b. trabajar en el jardín.
   c. merendar con la familia.
   d. ¿ ?

4. Durante las vacaciones mis hermanos quisieran...
   a. estudiar.
   b. divertirse mucho.
   c. leer varias novelas policíacas.
   d. ¿ ?
5. El próximo verano a mi amigo/a le gustaría...
   a. trabajar de mesero/a en un restaurante.
   b. viajar a España.
   c. tomar una clase de fotografía.
   d. ¿ ?

## Y TÚ, ¿QUÉ DICES?

¿Dónde?          ¡Qué divertido!          ¿Por qué?
¿Con quién(es)?          Yo también.          ¿Otra vez?

MODELO:    E1:  Este fin de semana mi padre tiene ganas de merendar con la familia.
           E2:  ¿Dónde? ¿En qué parque?

### Actividad 15. Encuesta: ¿Cuáles son sus planes?

1. Mañana, antes de ir a clases,...
2. Hoy, después de clases,...
3. Esta noche, antes de acostarme,...
4. Hoy, después de hacer la tarea,...
5. Antes de salir para el trabajo,...
6. Este fin de semana,...
7. Durante las vacaciones de invierno (verano, primavera),...

a. voy a _____.
b. pienso _____.
c. quisiera _____.
d. me gustaría _____.
e. tengo ganas de _____.

Estudiantes de Derecho en la Universidad de La Habana, Cuba.

### Actividad 16. Intercambios: ¿Qué quieres hacer?

Miren los dibujos a continuación. ¿Qué sugerencias hacen las personas? Inventen su diálogo.

MODELO:    E1:  ¿Qué quieres hacer?
                    E2:  Vamos a *jugar al voleibol.*

1.    2.    3.    4.

5.    6.    7.    8.

**VOCABULARIO ÚTIL**

| la informática | *data processing* |
| entrena | *she trains* |
| los empleados | *employees* |
| los negocios | *business* |

## Los amigos hispanos: Adriana Bolini

**E**n esta lectura se describe a una mujer argentina que sabe mucho de computadoras.[1] Ella vive en Buenos Aires.

Adriana Bolini tiene treinta y cinco años y trabaja en el Centro Argentino de Informática. Parte de su trabajo es estudiar los últimos modelos de computadoras y programas de informática que llegan al país. Adriana también entrena a los nuevos empleados del Centro en el uso de algunos programas.

---

[1]En español se usan las siguientes palabras para *computer:* **computadora** y **computador** (que son traducciones del inglés) en Hispanoamérica; **ordenador,** del francés *ordinateur,* en España.

Para Adriana, su profesión está llena de estímulos. Varias veces al año hace viajes de negocios a Brasil, Venezuela, México y los Estados Unidos. Asiste con frecuencia a exposiciones donde se presentan los últimos avances tecnológicos en el campo de las computadoras. Además del español, Adriana habla italiano —el idioma de sus padres[2]— y también inglés y francés. Le gustaría aprender japonés.

Adriana se divierte cuando puede; sale con sus amigos y va a fiestas, al teatro y al cine. Piensa casarse algún día porque le gustaría tener su propia familia, un esposo e hijos. Pero por el momento, prefiere disfrutar de su independencia y de su trabajo. Por ahora su profesión tiene prioridad en su vida.

---

[2]Muchos argentinos son de ascendencia italiana.

## Comprensión

Indique si estas actividades de Adriana son negocios (**N**), diversión (**D**) o los dos (**LD**).

1. \_\_\_\_\_ Adriana va diariamente al Centro Argentino de Informática.
2. \_\_\_\_\_ Sale con sus amigos.
3. \_\_\_\_\_ Entrena a otros empleados.
4. \_\_\_\_\_ Viaja a Brasil, Venezuela, México y los Estados Unidos.
5. \_\_\_\_\_ Asiste a exposiciones internacionales.
6. \_\_\_\_\_ Usa su computadora personal.
7. \_\_\_\_\_ Va al teatro y al cine.
8. \_\_\_\_\_ Habla español, italiano, inglés y francés.

## Ahora... ¡usted!

1. ¿Cree usted que hay más trabajo que diversión en su propia vida? ¿Qué aspectos de su rutina o de sus actividades quisiera cambiar?
2. ¿Usa usted una computadora? ¿Para qué la usa? ¿Cree que es importante hoy día saber usar la computadora? ¿Por qué sí o por qué no?

 Un paso más... ¡a escribir!

Imagínese que su amigo/a es un personaje (*character*) de un libro de texto como *Dos mundos*. ¡Escriba una descripción de ese personaje! Puede usar la lectura como modelo.

(*Nombre*) tiene (*edad*) y trabaja en (*lugar*). Parte de su trabajo es...

# En resumen

## De todo un poco

¿Qué oficio o carrera deben escoger?

Trabajen en grupos de tres para adivinar qué carreras son más apropiadas para las siguientes personas.

1. **Juan Limón:** Es una persona activa; nunca descansa. Nunca tiene miedo, y le gustaría ser héroe. Sabe manejar muy bien y maneja muy rápido.
2. **Guadalupe Morales:** Siempre contesta todas las preguntas que le hace la profesora de biología. Sabe mucho del cuerpo humano. No necesita dormir muchas horas. Le gusta ayudar a la gente enferma.
3. **Ángela López:** Les hace muchas preguntas a los profesores. No es tímida. Siempre quiere hacer presentaciones en clase. Nunca está nerviosa cuando habla en público. Cree que la justicia es muy importante y le gustaría defender a las personas inocentes. Quisiera ser famosa y millonaria.
4. **Lilián Torreón:** Piensa trabajar en un hospital o en una clínica. Es muy simpática, y sabe bastante sobre el cuerpo humano. También sabe usar las manos para tratar a los deportistas que tienen accidentes.

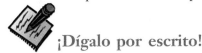

## ¡Dígalo por escrito!

Descripciones de los compañeros de clase

Trabajando en el mismo grupo, escriban descripciones de dos o tres compañeros para la clase. Hablen de los planes y deseos de la persona, de sus habilidades y de su personalidad. Usen las descripciones de la actividad anterior como modelos. ¡No se olviden de ponerle nombre y apellido(s) a cada persona que describan! Después de escribir las descripciones, escojan a un miembro del grupo para leerlas en voz alta. ¡A ver qué tal adivinan los otros compañeros de clase!

## VIDEOTECA

En este episodio, usted regresa a la Ciudad de México. Lupe Carrasco, la amiga de Diego, busca trabajo. Diego le lee a Lupe los anuncios clasificados. ¿Qué quisiera hacer Lupe? ¿Qué le sugiere Diego? ¿Dónde tiene Lupe la entrevista? ¿Qué le pregunta a Lupe la señora Ibáñez? ¿Por qué son importantes las horas de trabajo? En el Capítulo 5 del *Cuaderno de trabajo* hay más actividades para hacer después de ver este segmento de video.

# Vocabulario

## Las actividades en la clase de español
Activities in Spanish Class

| | |
|---|---|
| comprender | to understand |
| enseñar | to teach |
| explicar | to explain |
| hacer preguntas | to ask questions |
| llegar (tarde / a tiempo) | to arrive (late / on time) |
| pensar (ie) | to think |
|   pensar en | to think about |

**PALABRA SEMEJANTE:** asignar

**REPASO:** aprender

## Las habilidades      Abilities

| | |
|---|---|
| poder (ue) | to be able to |
| saber (+ *infin.*) | to know how to (*do something*) |

## Las profesiones y las carreras
Professions and Careers

| | |
|---|---|
| el abogado / la abogada | lawyer |
| el/la agente de seguros | insurance agent |
| el bombero / la mujer bombera | firefighter |
| el cajero / la cajera | cashier |
| el/la cantante | singer |
| el/la chofer | driver |
| el cocinero / la cocinera | cook |
| el contador / la contadora | accountant |
| el dependiente / la dependienta | clerk, salesperson |
| el/la electricista | electrician |
| el enfermero / la enfermera | nurse |
| el/la gerente | manager |
| el ingeniero / la ingeniera | engineer |
| el juez / la jueza | judge |
| el maestro / la maestra | teacher |
| el médico | doctor |
| el mesero / la mesera | waiter / waitress |
| el obrero / la obrera (industrial) | (industrial) worker |
| el peluquero / la peluquera | hairdresser |
| el plomero / la plomera | plumber |
| el policía / la mujer policía | policeman / policewoman |
| el/la terapeuta | therapist |
| el trabajador / la trabajadora social | social worker |

**PALABRAS SEMEJANTES:** el/la asistente, el/la carpintero, el/la dentista, el/la guardia, el/la mecánico, el/la piloto, el programador / la programadora, el secretario (ejecutivo) / la secretaria (ejecutiva), el supervisor / la supervisora

**REPASO:** el doctor / la doctora

## Los lugares del trabajo      Workplaces

| | |
|---|---|
| el avión | (air)plane |
| el club nocturno | nightclub |
| el consultorio | doctor's office |
| el empleo | job |
| la fábrica | factory |
| la peluquería | beauty parlor |
| el taller de reparación | garage |

**PALABRAS SEMEJANTES:** el banco, la clínica, la compañía

## Las actividades del trabajo
Work Activities

| | |
|---|---|
| apagar (incendios) | to put out (*fires*) |
| arreglar | to fix |
| atender (ie) mesas | to wait on tables |
| cortar (el pelo) | to cut (hair) |
| cuidar (de) | to take care of |
| entrar al trabajo | to start work |
| escribir a máquina | to type |
| ganar dinero | to earn money |
| pintar | to paint |
| seguir (i) una carrera | to have a career |
| servir (i) | to serve |
|   sirvo/sirve | |

**PALABRAS SEMEJANTES:** defender, examinar

## Los verbos

| | |
|---|---|
| ayudar | to help |
| buscar | to look for |
| cantar | to sing |
| creer | to believe |
| dibujar | to draw |
| divertirse (ie) | to have fun |
| escalar montañas | to go mountain climbing |

| | |
|---|---|
| **hornear** | to bake |
| **necesitar** | to need |
| **obtener** | to obtain |
| **olvidar** | to forget |
| **poner en orden** | to put in order |
| **preguntar** | to ask |
| **sacar buenas/malas notas** | to get good/bad grades |
| **tener que** (+ *infin.*) | to have to (*do something*) |
| **tratar de** (+ *infin.*) | to try to (*do something*) |

**PALABRAS SEMEJANTES:  graduarse, marcar, participar**

## Los sustantivos

| | |
|---|---|
| **el acusado / la acusada** | accused (person) |
| **el aviso (comercial)** | commercial |
| **el aviso clasificado** | classified ad |
| **el/la cliente** | customer |
| **la cocina** | kitchen |
| **el dinero** | money |
| **la fotografía** | photography |
| **el incendio** | fire |
| **los juegos de video** | video games |
| **los muebles** | furniture |
| **el oficio** | job, position |
| **el requisito** | requirement |
| **la residencia estudiantil** | (college) dormitory |
| **el sueldo** | salary |
| **la sugerencia** | suggestion |

**PALABRAS SEMEJANTES:  el accidente, el animal doméstico, la aptitud, el caso criminal, la comprensión, la distracción, el examen, la experiencia, la graduación, el héroe, el instrumento, la justicia, la novela policíaca, el/la paciente, el plan, la posibilidad, la presentación, el talento, el violín**

## Los adjetivos

| | |
|---|---|
| **desagradable** | unpleasant |
| **(estar) listo/a** | (to be) ready |
| **el mismo / la misma** | the same |
| **peligroso/a** | dangerous |

**PALABRAS SEMEJANTES:  activo/a, apropiado/a, bilingüe, correcto/a, diferente, fracturado/a, inocente, millonario/a, musical, necesario/a, prestigioso/a**

## ¿Con qué frecuencia?   How Often?

| | |
|---|---|
| **a cualquier hora** | at any time |
| **a la vez** | at the same time |

| | |
|---|---|
| **muchas veces** | many times |
| **nunca** | never |
| **otra vez** | again |
| **rara vez** | rarely |

**REPASO:  a veces, nunca, ... veces a la / por semana**

## Mi futuro   My Future

| | |
|---|---|
| **me (te, le, nos, os, les)** | I (you [*inf. sing.*], you [*pol. sing.*] /he/she, we, you [*inf. pl., Spain*], you [*pl.*]/they) |
| **gustaría** (+ *infin.*) | would like to (*do something*) |
| **pensar (ie)** (+ *infin.*) | to plan to (*do something*) |
| **quisiera** (+ *infin.*) | I (you [*pol. sing.*], he/she) would like to (*do something*) |
| **tener ganas de** (+ *infin.*) | to feel like (*doing something*) |

**REPASO:  ir a** (+ *infin.*), **querer (ie)** (+ *infin.*)

## Palabras y frases del texto
### Words and Phrases from the Text

| | |
|---|---|
| **la cinta** | (audio)tape |
| **corresponder** | to correspond |
| **fuera** | outside |
| **el laboratorio de lenguas** | language lab |
| **en voz alta/baja** | in a loud/low voice |

## Palabras y frases útiles

| | |
|---|---|
| **aquel/aquella** | that |
| **así** | this way |
| **este/esta** | this |
| **esto** | this (*in general*) |
| **favor de...** | please . . . |
| **jornada completa** | full time (*work*) |
| **media jornada** | part time (*work*) |
| **porque** | because |
| **vamos a** (+ *infin.*) | let's (*do something*) |
| **ya** | already |

# Gramática y ejercicios

## 5.1 Telling to Whom Something Is Said: Indirect Object Pronouns with Verbs of Informing

### Gramática ilustrada

Indirect object pronouns: **me, te, le, nos, os, les**

**A.** Indirect object pronouns (**los pronombres de complemento indirecto**) are used with verbs of informing, which tell to whom something is said, told, explained, reported, asked, answered, and so on.*

It takes a good deal of time to acquire these forms. Begin by understanding them and using them to describe pictures.

| me | *to me* | nos | *to us* |
|----|---------|-----|---------|
| te | *to you (inf. sing.)* | os | *to you (inf. pl., Spain)* |
| le | *to you (pol. sing.); to him/her* | les | *to you (pl.); to them* |

*Recognition: The indirect object pronoun for **vos** is **te**.

—¿Qué **les explica** la profesora Martínez?

—**Nos explica** el significado de las palabras nuevas.

Amanda ya no **me habla**.

¡Pobre Ernestito! Su mamá siempre **le dice** que no.

—*What does Professor Martínez explain to you?*

—*She explains the meaning of new words to us.*

*Amanda doesn't speak to me anymore.*

*Poor Ernestito! His mother always says no to him.*

**B.** Just like reflexive pronouns, indirect object pronouns are placed before the main verb or attached to infinitives (the **-ar, -er,** or **-ir** form of the verb) and present participles (the **-ndo** form of the verb).

—¿Qué **te va** a decir tu papá?

—No sé qué va a **decirme**.

Esteban **nos está** leyendo la respuesta.
Esteban está **leyéndonos** la respuesta.

—*What is your father going to say to you?*

—*I don't know what he is going to say to me.*

*Steve is reading the answer to us.*

**C.** When using **le** or **les**, it is very common to use a phrase with **a** to specify the person (or thing) involved. Spanish requires the pronoun even when the phrase with **a** is used.

—¿**A quién le** escribe Clara la carta?

—**Le** escribe la carta **a su amiga Norma**.

Yo siempre **le** aviso **a mi jefe** con tiempo si no voy a ir al trabajo.

—*To whom is Clara writing the letter?*

—*She's writing the letter to her friend Norma.*

*I always tell my boss ahead of time if I'm not going to go to work.*

> Indirect object pronouns are placed before the verb or attached to the infinitive.
> **Mi novia ya no me habla.** (*My girlfriend doesn't talk to me anymore.*)
> **Mi novia ya no quiere hablarme.** (*My girlfriend doesn't want to talk to me anymore.*)
>
> It takes time to acquire these forms. As you read and listen to more Spanish, you will get a feel for these pronouns and how to use them.

Buenos días.

## Ejercicio 1

Complete las siguientes oraciones basándose en los dibujos. Use **me, te, le, nos** o **les**.

MODELO: Carmen *les* dice «Buenos días» a sus amigas.

**1.** Esteban dice:
—_____ contesto a mis compañeros.

**2.** La profesora Martínez _____ explica la lección a los estudiantes.

**3.** Nosotros _____ hacemos muchas preguntas a la profesora.

**4.** Nora _____ lee la Nota cultural a nosotros.

**5.** —Lan, ¿ _____ dices qué tenemos de tarea?
—Sí, Luis, ahora _____ digo cuál es la tarea para mañana.

**6.** Carmen _____ escribe una carta a sus padres.

**7.** _____ decimos «Adiós» a la profesora, y ella _____ dice «Hasta luego».

**8.** —Nora, ¿ _____ dices la respuesta número 5, por favor?
—Sí, Lan, en un momento _____ digo todas las respuestas.

## Ejercicio 2

Complete estos diálogos con **me, te, le, nos** o **les**.

## 5.2   Expressing Abilities: *saber* and *poder* + Infinitive

**A.** In the present tense, the verb **saber** (*to know facts, information*)* is irregular only in the **yo** form: **sé, sabes, sabe, sabemos, sabéis, saben.**

—¿**Sabes** cuándo va a llegar Alberto?
—No, no **sé**.

—*Do you know when Al is going to arrive?*
—*No, I don't know.*

**Saber** followed by an infinitive means *to know how to do something*. Note that there is no need to include a separate word to convey the English *how to*.

—¿**Sabes hablar** francés?

—*Do you know how to speak French?*

—No, pero **sé hablar** un poco de árabe.

—*No, but I know how to speak a little Arabic.*

—¿Quién **sabe jugar** al ajedrez?
—Yo **sé jugar** al dominó, pero no al ajedrez.

—*Who knows how to play chess?*
—*I know how to play dominoes, but not chess.*

**B.** The verb **poder**† followed by an infinitive usually indicates potential (*can, to be able to do something*) or permission (*may*). **Poder** is a stem-changing verb and so uses two stems: **pod-** for the infinitive and the **nosotros/as** and **vosotros/as** forms and **pued-** for all other present-tense forms: **puedo, puedes, puede, podemos, podéis, pueden.**

—¿Van a correr una vuelta más Carmen y Nora?
—No **pueden**. Ya están cansadas.

—*Are Carmen and Nora going to run another lap?*
—*They can't. They're already tired.*

—Guillermo, ¿vas a jugar al fútbol el domingo?
—No **puedo**. Tengo un examen el lunes.

—*Guillermo, are you going to play soccer on Sunday?*
—*I can't. I have an exam on Monday.*

### Ejercicio 3

¿Qué (no) saben hacer estos vecinos hispanos? Complete las oraciones con la forma apropiada de **saber**.

MODELO:   Ernestito dice: «Yo no *sé* mucho de matemáticas.»

1. Doña Lola dice: «Yo _____ montar a caballo.»
2. Don Eduardo, ¿_____ usted hablar italiano?
3. Clarisa y Marisa no _____ montar en bicicleta todavía, porque son muy pequeñas.
4. Ernestito le pregunta a Guillermo: «¿_____ esquiar?»
5. Amanda le dice a Ramón: «Graciela y yo todavía no _____ manejar.»

*Recognition: **vos sabés**
†Recognition: **vos podés**

### Ejercicio 4

¿Qué (no) pueden hacer estos vecinos hispanos? Complete las oraciones con la forma apropiada de **poder**.

MODELO: Nosotros no *podemos* esperarte hoy después de clase, porque tenemos mucha prisa.

1. Ernestito le pregunta a Guillermo: «¿_____ salir a jugar conmigo?»
2. Andrea les pregunta a Estela y a Ernesto: «¿_____ venir a cenar con nosotros mañana?»
3. Silvia no _____ salir con Nacho mañana porque va a trabajar.
4. Doña Lola y doña Rosita no _____ ver su programa favorito de televisión mañana porque van a ir de compras.
5. Amanda le pregunta a su mamá: «¿_____ Graciela y yo ir a la plaza a pasear después de comer?»

## 5.3 Pointing out People and Objects: Demonstrative Adjectives

Demonstrative adjectives are normally used to point out nouns.

| | |
|---|---|
| Quiero terminar **esta lección** primero. | *I want to finish this lesson first.* |
| **Esos** tres **muchachos** quieren ser médicos. | *Those three boys want to be doctors.* |

A demonstrative adjective must agree in gender and number with the noun it modifies.

**este/esta** = *this*
**este libro** = *this book*
**esta fotografía** = *this photo*

**estos/estas** = *these*
**estos cuadernos** = *these notebooks*
**estas tareas** = *these homework assignments*

**ese/esa** = *that*
**ese cartel** = *that poster*
**esa silla** = *that chair*

**esos/esas** = *those*
**esos papeles** = *those papers*
**esas chicas** = *those girls*

| aquí/acá (*here*) (*close to the person speaking*) | |
|---|---|
| **Singular** | **Plural** |
| este libro   *this book*<br>esta señora   *this lady* | estos pantalones   *these pants*<br>estas casas   *these houses* |

| allí/allá (*there*) (*at some distance from the person speaking*) | |
|---|---|
| ese libro   *that book*<br>esa señora   *that lady* | esos pantalones   *those pants*<br>esas casas   *those houses* |

| | |
|---|---|
| —Amanda, ¿no te gusta **esta blusa**? | *—Amanda, don't you like this blouse?* |
| —No, prefiero **esa blusa** roja. | *—No, I prefer that red blouse.* |
| —**Estos pantalones** son nuevos. ¿Te gustan? | *—These pants are new. Do you like them?* |

**esto/eso** = *this/that* (*unidentified object*)

**aquel/aquella** = *that*
**aquel edificio** = *that building*
**aquella plaza** = *that plaza*

**aquellos/aquellas** = *those*
**aquellos árboles** = *those trees*
**aquellas puertas** = *those doors*

Use the demonstrative pronouns **esto** or **eso** when the object has not been identified.

—Estela, ¿sabes qué es **esto**?
—No, no sé.

—*Estela, do you know what this is?*
—*No, I don't know.*

The demonstratives **aquel, aquellos, aquella,** and **aquellas** indicate that the person or thing pointed out is more distant (generally far away in space or in time from both speakers).

—¿Ves **aquella casa**?

—*Do you see that house (over there)?*

—**¿Aquella casa** de los árboles grandes?

—*That house with the big trees?*

Estudio biología en **este edificio**, y estudio química en **aquel edificio**.

*I study biology in this building, and I study chemistry in that building (over there).*

## Ejercicio 5

Amanda está hablando con Graciela de su ropa. Complete las oraciones con **este, esta, estos** o **estas.**

MODELO:  Me gusta *esta* blusa azul.

1. \_\_\_\_\_ blusa es mi favorita.
2. \_\_\_\_\_ zapatos son muy viejos.
3. \_\_\_\_\_ pantalones son nuevos.
4. \_\_\_\_\_ faldas son bonitas pero un poco viejas.
5. \_\_\_\_\_ suéter es de mi mamá.

## Ejercicio 6

Doña Lola y doña Rosita están en la plaza hablando de sus vecinos. Complete las oraciones con **ese, esa, esos** o **esas.**

MODELO:  *Esa* señora es una cocinera magnífica.

1. \_\_\_\_\_ señoritas trabajan en la oficina con Paula Saucedo.
2. \_\_\_\_\_ chico es Guillermo, el hijo de Ernesto y Estela Ramírez.
3. \_\_\_\_\_ muchacha se llama Amanda. Tiene 14 años.
4. \_\_\_\_\_ señores juegan al ajedrez con don Anselmo.
5. \_\_\_\_\_ muchachos son compañeros de escuela de Ernestito.

## Ejercicio 7

Imagínese que usted está en una fiesta con Esteban. Él no conoce a muchas personas y por eso le hace a usted las siguientes preguntas. Complete las preguntas de Esteban con formas de **este** o **ese.**

1. ¿Cómo se llama \_\_\_\_\_ señora que está hablando con Nora allí en el rincón?
2. Creo que \_\_\_\_\_ señor que está aquí a la derecha es amigo de tu padre, ¿verdad?
3. ¿Son arquitectos \_\_\_\_\_ dos jóvenes que están allí en la cocina?
4. ¿Se llama Jesús \_\_\_\_\_ muchacho que está aquí detrás de nosotros?
5. ¿Cómo se llaman \_\_\_\_\_ muchachas que están sentadas aquí justamente enfrente de nosotros?

## Ejercicio 8

Usted sale a comprar zapatos. ¿Cuáles recomienda? Use formas de **este, ese** y **aquel,** según la distancia entre usted y los dibujos.

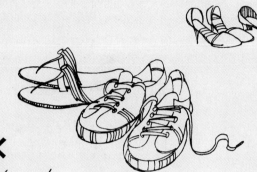

**Usted está aquí.**

1. _____ zapatos son mejores para jugar al tenis.
2. _____ zapatos son para un señor que trabaja en una oficina.
3. _____ zapatos me parecen muy incómodos.
4. _____ zapatos son para una mujer que trabaja en una oficina.
5. _____ botas son para un obrero.
6. _____ sandalias me gustan mucho.

### ¿RECUERDA?

You already know that the verbs **ir** + **a** (see **Gramática 2.1**) and **querer** (see **Gramática 2.3**) followed by infinitives are commonly used to talk about future actions in Spanish.

## 5.4 Expressing Plans and Desires: *pensar, quisiera, me gustaría, tener ganas de*

**A.** The verb **pensar**\*† (*to think*) followed by an infinitive expresses the idea of *to think about* or *to plan on doing* something. Here are the forms of **pensar (ie):**
**pienso, piensas, piensa, pensamos, pensáis, piensan.**

—¿Qué **piensan hacer** ustedes durante las vacaciones?
—**Pensamos viajar** a Europa.

—*What are you thinking about doing for vacation?*
—*We're planning on traveling to Europe.*

**B. Quisiera** and **me (le) gustaría**‡ are also frequently used to indicate future desires, especially those that are speculative. Both forms are equivalent to English *would like.* Neither has a **yo** form ending in **-o.**

**pensar** = *to think*
**pensar** + inf. = *to think about, plan on doing* (*something*)
**¿Qué piensas hacer después de clases?** (*What are you planning to do after school?*)
**Pienso ir a la biblioteca y luego voy a trabajar.** (*I'm planning to go to the library and then I'm going to work.*)

---

\*Recognition: **vos pensás**
†When not followed by an infinitive, **pensar (ie)** usually expresses *to think*: **pensar que** (*to think that*), **pensar de** (*to think about, have an opinion of*), **pensar en** (*to think about someone or something, have one's thoughts on*).

—¿Qué **piensas del** nuevo plan?
—**Pienso que** es muy bueno.

—*What do you think about the new plan?*
—*I think that it's very good.*

—Ramón, ¿**piensas** mucho **en** Amanda?
—No, **pienso en** ella solamente de vez en cuando.

—*Ramón, do you often think about Amanda?*
—*No, I think about her only from time to time.*

‡Recognition: **vos quisieras, a vos te gustaría**

| (yo) | quisiera | me gustaría | *I would like* |
|---|---|---|---|
| (tú) | quisieras | te gustaría | *you (inf. sing.) would like* |
| (usted, él/ella) | quisiera | le gustaría | *you (pol. sing.) would like; he/she would like* |
| (nosotros/as) | quisiéramos | nos gustaría | *we would like* |
| (vosotros/as) | quisierais | os gustaría | *you (inf. pl., Spain) would like* |
| (ustedes, ellos/as) | quisieran | les gustaría | *you (pl.) would like; they would like* |

**quisiera** = *I would like*
**me gustaría** = *I would like*
**Quisiera salir a cenar esta noche.** (*I'd like to eat out tonight.*)
**Me gustaría ver una película.** (*I'd like to see a movie.*)

**tener ganas de** + infinitive = *to feel like (doing something)*

**Quisiéramos viajar** este verano si tenemos tiempo.

*We would like to travel this summer if we have time.*

A mi esposa **le gustaría viajar** a España.

*My wife would like to travel to Spain.*

Estoy cansado; **quisiera descansar** un poco.

*I'm tired; I would like to rest a while.*

**C. Tener ganas de** (*to feel like* [*doing something*]) is also followed by an infinitive.

**Tenemos ganas de quedarnos** en casa esta noche.

*We feel like staying home tonight.*

**Tengo ganas de salir** a bailar.

*I feel like going out dancing.*

## Ejercicio 9

¿Qué quisieran hacer estos estudiantes el próximo sábado? Escoja la forma correcta: **quisiera, quisieras, quisiéramos** o **quisieran**.

1. Luis _____ ir al campo a montar a caballo.
2. Carmen y yo _____ ir de compras.
3. Alberto y Pablo _____ merendar con unas amigas.
4. Mónica, ¿_____ quedarte en casa a descansar?
5. Esteban dice: «Yo _____ jugar al tenis.»

## Ejercicio 10

¿Qué les gustaría hacer a Estela Ramírez y a su familia? Escoja la forma correcta del pronombre: **me, te, nos, le** o **les**.

1. A Guillermo _____ gustaría no tener un examen de matemáticas el viernes.
2. A mis hijos Amanda y Guillermo _____ gustaría ir al campo a merendar.
3. A mi esposo Ernesto _____ gustaría ir al cine.
4. A mí _____ gustaría salir a comer a un buen restaurante.
5. A Andrea y a mí _____ gustaría jugar a las cartas el sábado en la noche.

## Ejercicio 11

¿Qué piensan hacer Pilar y sus amigos?

1. El hermano de Pilar _____ quedarse en casa esta noche para estudiar.
2. Clara, ¿_____ tú ir de compras mañana?
3. José y yo _____ visitar a mis abuelos el sábado.
4. José y Clara _____ ir al Museo del Prado por la tarde.
5. Pilar dice: «Yo _____ hacer mi tarea el domingo por la noche.»

## 5.5   Ordering Events: Infinitives after Prepositions

**A.** When telling a story or relating a sequence of events, speakers use "sequencing" words to let listeners know the order in which the events occur. You have already used many of these sequencing words in the **Narración** activities, for example:

| | | | |
|---|---|---|---|
| primero | *first* | antes | *before* |
| luego | *then* | finalmente | *finally* |
| después | *afterward* | por último | *at last* |
| mas tarde | *later on* | | |

**Primero** me baño y **luego** me cepillo los dientes. **Después,** preparo el desayuno. **Luego** voy al trabajo y trabajo hasta las 6:00 de la tarde. **Finalmente** vuelvo a casa a eso de las 8:00.

*First I take a bath and then I brush my teeth. Afterward, I fix breakfast. Then I go to work and work until 6:00 p.m. Finally I return home about 8:00.*

**B.** The words **después** and **antes** by themselves express the meanings *after(ward)* and *before*.

**Después,** vamos a cenar con Pedro y Andrea Ruiz.

*Afterward, we're going to have dinner with Pedro and Andrea Ruiz.*

**antes de** + infinitive
**Antes de ducharse, Ramón se afeita.** (*Before showering, Ramón shaves.*)
**después de** + infinitive
**Después de estudiar, vamos a salir a bailar.** (*After studying, let's go out dancing.*)

**C.** The preposition **de** follows **antes** and **después** before a noun or an infinitive. (English uses the *-ing* form instead of the infinitive.) Don't forget to attach any object pronouns to the end of the infinitive.

**Antes de acostarme,** quiero terminar la tarea.
Vamos a terminar la tarea **antes de (después de) la comida.**
**Después de jugar** al béisbol, voy a ir a la playa.

*Before going to bed, I want to finish my homework.*
*We are going to finish our homework before (after) meal.*
*After playing baseball, I'm going to go to the beach.*

## Ejercicio 12

¿Qué oración describe mejor cada dibujo?

1. _____

2. _____

3. _____

4. _____

5. _____

a. Prepara la cena después de trabajar.
b. Limpian la casa antes de salir a jugar.
c. Siempre se lava los dientes después de comer.
d. Después de hacer ejercicio se ducha.
e. Antes de acostarse, apaga la luz.

## Ejercicio 13

Complete las oraciones lógicamente.

1. Nos gusta lavar el coche después de...
2. El señor Ramírez acostumbra leer el periódico antes de...
3. Pedro Ruiz dice: «Después de levantarme por la mañana, me gusta... »
4. Antes de acostarse, es necesario...
5. Guillermo siempre ayuda a su papá antes de...

a. desayunar.
b. apagar las luces.
c. almorzar.
d. salir a jugar con sus amigos.
e. salir a pasear.

## Ejercicio 14

Haga una oración lógica con **antes de** o **después de**.

MODELO:  terminar la tarea / ver la televisión (nosotros) →
Después de terminar la tarea, vamos a ver la televisión.
(Antes de ver la televisión, vamos a terminar la tarea.)

1. preparar la comida / hacer la compra (Estela)
2. limpiar la casa / invitar a unos amigos (Pedro y Andrea Ruiz)
3. dormir una siesta / ayudar a su papá (Guillermo)
4. correr / bañarse (tú)
5. salir a bailar / ponerse la ropa (nosotros)

## 5.6   Making Suggestions: *Let's*

¡**Vamos a** + infinitive! =
*Let's* _____ !
¡**Vamos a escuchar música!**
(*Let's listen to music!*)
¡**Vámonos!** (*Let's go!*)

To make a suggestion in Spanish, most speakers use the expression **vamos a** + infinitive.

No tengo ganas de estudiar esta noche. ¡**Vamos a dar** una fiesta! — *I don't feel like studying tonight. Let's give a party!*

No quiero quedarme en casa este fin de semana. ¡**Vamos a salir** a bailar! — *I don't want to stay home this weekend. Let's go out dancing!*

The use of **nos** makes the ¡**vamos!** command more emphatic. When **nos** is added, the **-s** of **vamos** is dropped.

¡**Vámonos!**          *Let's go! (Let's get going!)*

## Ejercicio 15

Usted está hablando con unos amigos después de clase. Haga sugerencias usando **vamos a** + infinitivo.

MODELO:  Tengo mucha sed. (tomar un refresco) →
¡Vamos a tomar un refresco!

1. Tengo frío.
2. Necesito hacer ejercicio.
3. No tengo comida en casa.
4. Estoy cansado/a.
5. No estoy listo/a para el examen mañana.

a. hacer la compra
b. estudiar esta noche
c. preparar chocolate caliente
d. nadar en la piscina
e. sentarnos debajo de ese árbol

CAPÍTULO

# 6 La residencia

▼▼▼▼▼▼▼▼▼▼▼▼▼▼▼▼▼▼▼▼▼▼▼

## METAS

In **Capítulo 6,** you will talk about where you live and what you do there. You and your classmates will discuss what you have done recently. You will also learn how to introduce people to each other.

Caracas, Venezuela: una zona residencial

# Actividades de comunicación y lecturas

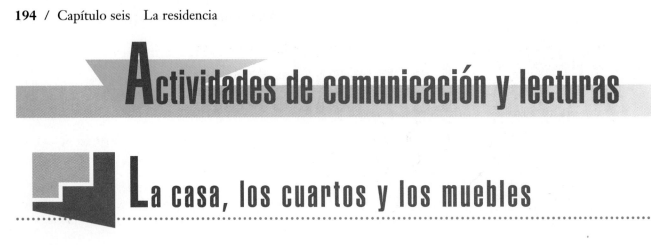

# La casa, los cuartos y los muebles

*Lea Gramática 6.1.–6.2.*

**Tropicano 10 F.**
Calienta. Refresca.

taurus

**Rápida y silenciosamente.**

Calienta o refresca cualquier ambiente.

En calefacción: Ahorra energía gracias a su sistema de control de temperatura y a su rapidez de acción.

En ventilación: Refresca inmediatamente.

**Disfrútelo todo el año.**

### Actividad 1. Encuesta: ¿Qué hay en su casa?

Diga sí o no. Si la respuesta es **no,** explique por qué no.

MODELO: En mi casa hay tres dormitorios. En mi casa no hay cancha de tenis porque no soy rico/a.

1. En mi casa hay...
   a. una cancha de tenis.
   b. tres dormitorios.
   c. una cocina pequeña.
   d. un garaje para dos carros.
   e. un patio detrás de la casa.
   f. ¿ ?
2. En la sala de mi casa hay...
   a. una cama.
   b. un lavabo.
   c. varias lámparas.
   d. muchas plantas.
   e. una alfombra.
   f. ¿ ?
3. En la cocina de mi casa hay...
   a. una estufa.
   b. un lavaplatos.
   c. un refrigerador.
   d. un estante con libros.
   e. un horno de microondas.
   f. ¿ ?
4. En mi cuarto hay...
   a. una cama matrimonial.
   b. una bañera.
   c. un armario.
   d. muchas almohadas.
   e. una cómoda.
   f. ¿ ?

### Actividad 2. Identificaciones: ¿Para qué sirve?

Mire los siguientes objetos y aparatos y diga para qué sirven.

MODELO: Una lámpara sirve para ver y leer de noche.

### FRASES ÚTILES

para apoyar la cabeza cuando uno duerme
para barrer
para calentar la comida rápidamente
para guardar la ropa
para lavarse las manos
para lavarse los dientes
para preparar el té o calentar agua
para secarse
para verse la cara
para ver y leer de noche

1. una lámpara
2. un horno de microondas
3. una almohada
4. una escoba
5. una cómoda
6. un cepillo de dientes
7. una tetera
8. un lavabo
9. un espejo
10. una toalla

## Actividad 3. Intercambios: Los aparatos domésticos

MODELO:  E1:  ¿Cuál cuesta más, el calentador o la cafetera?
         E2:  El calentador cuesta más. (El calentador cuesta más que la cafetera.)

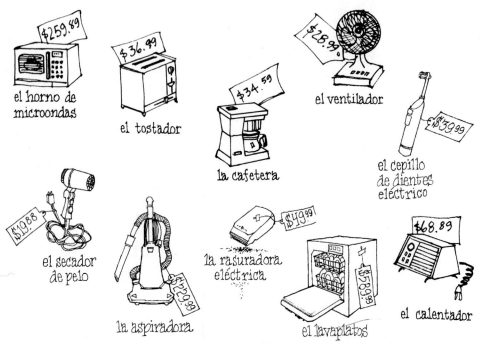

1. ¿Cuál cuesta más, el horno de microondas o la cafetera? ¿el ventilador o el secador de pelo?
2. ¿Cuál cuesta menos, la cafetera o el cepillo de dientes eléctrico? ¿la aspiradora o el tostador?
3. ¿Cuál de estos tres objetos es el más caro: el tostador, la rasuradora eléctrica o la cafetera?
4. ¿Cuál de estas tres cosas es la más cara: el lavaplatos, la rasuradora eléctrica o la aspiradora?
5. ¿Cuál de estas tres cosas cuesta menos: el secador de pelo, el calentador o el cepillo de dientes eléctrico?
6. ¿Cuál cuesta más, el ventilador o el tostador?
7. ¿Cuál cuesta menos, la rasuradora eléctrica o el cepillo de dientes eléctrico?

### Actividad 4. Entrevista: Tu casa

1. ¿Vives en una residencia estudiantil, en un apartamento o en una casa?
2. ¿Vives con otras personas? ¿Cómo son? Si vives solo/a, ¿te gusta? ¿Por qué sí o por qué no?
3. ¿Es grande el lugar donde vives o es pequeño? ¿Es de uno o dos pisos tu casa (apartamento)?
4. ¿Tiene comedor tu casa (apartamento)? ¿Comes allí con frecuencia? Si no, ¿dónde sueles comer?
5. ¿Tienes tu propio dormitorio? ¿O compartes un dormitorio con alguien? ¿Con quién? ¿Qué muebles y aparatos eléctricos hay en tu dormitorio?
6. ¿Tiene patio o terraza tu casa (apartamento)? ¿Cómo es? ¿Hay piscina? ¿Es grande? ¿Nadas allí con frecuencia? ¿Qué otros lugares hay allí para hacer ejercicio?
7. ¿Tu casa (apartamento) tiene garaje para dos coches? ¿Qué hay en tu garaje?
8. De todas las cosas que tienes, ¿cuál te gusta más? ¿Cuál es el aparato más útil que tienes en tu casa (apartamento)?

## LAS PALABRAS VIVEN

**Cuartos y lugares en la casa:** En algunos países **la sala** es también **el living**. Y **el cuarto** es **el dormitorio** en Argentina y varios otros países, **la recámara** en México y **la alcoba** o **la habitación** en España. **La piscina** tiene dos nombres más: **la pileta** en Argentina y **la alberca** en México.

**Algunos aparatos:** En España y varios países **la televisión** es **la tele**. Otras palabras que se usan para **el refrigerador** son **la heladera** en México, **el frigorífero** o **frigorífico** en Argentina y **la nevera** en España.

# La casa y el vecindario

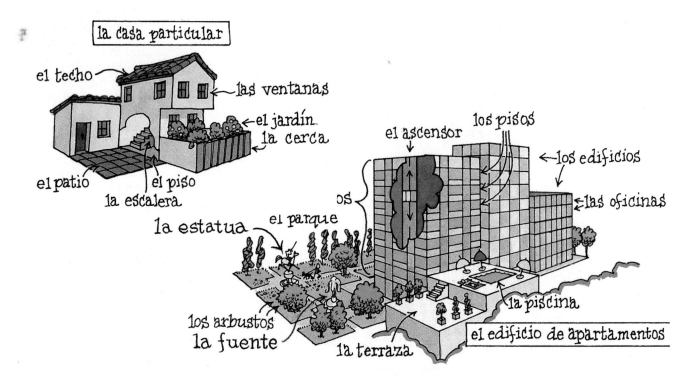

## Actividad 5. Del mundo hispano: Un departamento en México

Imagínese que usted va a pasar tres meses en la Ciudad de México y necesita alquilar un departamento. En el periódico mexicano *La Prensa* encuentra los siguientes anuncios. ¿Cuál le parece mejor? ¿Qué departamento o habitación le gustaría alquilar? ¿Por qué?

### ANUNCIOS

SE ALQUILA departamento. Dos recámaras. Sala. Comedor. Cocina. Baño. Lugar céntrico. Alquiler módico. Llamar a Luz María Galván. Tel. 6-59-50-69. Calle 12 no. 49, México 22, D.F.

SE ALQUILA departamento amueblado. Dos recámaras. Dos baños. Cocina amplia: estufa, refrigerador, gabinetes grandes y todos los utensilios. Ascensor. Avenida Juárez no. 420, México, D.F.

SE ALQUILA habitación amueblada. Preferible: joven estudiante, callado y serio. Alquiler bajo. Derecho a cocina. Favor de enviar datos personales. Isabel la Católica 96 (centro), México, D.F. Tel. 5-85-72-44.

DEPARTAMENTO Una recámara. Bien decorado. Ventanas grandes. Vista agradable. Cerca de todo transporte. Llamar al 7-79-09-22 o escribir a: Sres. Gallegos, Luis Kuhne no. 755, México 20, D.F.

## Actividad 6. Descripción de dibujos: Comparación de casas

Escuche las preguntas que le hace su profesor(a), y contéstelas según los dibujos que se ven a continuación.

1a casa de los Ramírez:
5 dormitorios
3 baños
1 biblioteca
3 balcones

1a casa de los Ruiz:
3 dormitorios
2 baños
2 balcones

1a casa de los Silva:
2 dormitorios
1 baño

Ahora, hágale preguntas sobre las casas a su compañero/a. (Se puede comparar **baños, dormitorios, puertas, ventanas, balcones, pisos** y **árboles**.)

MODELO:  E1: ¿Cuántas *ventanas* tiene la casa de los *Ramírez*?

E2: Tiene *ocho*. Tiene *más que* la casa de los *Ruiz*.

E1: ¿Cuántos *árboles* tiene la casa de los *Silva*?

E2 : Tiene *tres*. Tiene *tantos como* la casa de los *Ruiz*. Tiene *menos que* la casa de los *Ramírez*.

## LAS PALABRAS VIVEN

**El vecindario:**  La palabra **vecindad** también se usa con frecuencia en varios sitios. En España, México y otros países, la gente normalmente dice **el barrio** cuando habla de su vecindario. Y en México usan la palabra **colonia** para referirse a los barrios más nuevos de la ciudad.

## Actividad 7. Entrevista: Tu vecindario

1. ¿Vives en un vecindario viejo o nuevo? ¿Te gusta vivir allí? ¿Por qué sí o por qué no?
2. ¿Hay edificios de apartamentos en tu vecindario? ¿condominios?
3. ¿Hay muchos edificios comerciales en tu vecindario?
4. ¿Hay alguna gasolinera cerca de tu casa (apartamento)? ¿Dónde está la más cercana?
5. ¿Cuál es el centro comercial más cercano a tu casa (apartamento)? ¿Vas de compras allí a menudo? ¿Por qué sí o por qué no?
6. ¿Llevas tu ropa a la lavandería o tienes lavadora y secadora en tu casa (apartamento)?
7. ¿Hay alguna piscina pública en tu vecindario? ¿Te gusta nadar allí?
8. ¿Hay algún parque en tu vecindario? ¿Vas mucho allí? ¿Qué haces allí?

| **VOCABULARIO ÚTIL** | |
| --- | --- |
| antiguas | *ancient* |
| reconstruida | *reconstructed* |
| las afueras | *outskirts, suburbs* |
| debido a | *due to* |
| el crecimiento | *growth* |

# Las ciudades hispanas

Aquí tiene una breve descripción de algunas ciudades típicas en el mundo hispano. Entre otras características, son antiguas, grandes y tienen centros de mucha actividad comercial. ¡Visitemos estas ciudades hispanas!

Muchas ciudades hispanas son muy antiguas. Algunas tienen entre trescientos y cuatrocientos años, y en España hay varias que datan del Imperio Romano. En algunas ciudades, la parte más vieja está reconstruida y hoy es un centro de interés turístico, como el Viejo San Juan, la ciudad colonial de Santo Domingo en la República Dominicana y el Quito colonial.

Hay ciudades que se extienden hasta las afueras, debido al gran crecimiento de la población. Algunas zonas son únicamente residenciales, mientras que otras son industriales o comerciales. Pero en la típica ciudad hispana hay más que nada zonas mixtas: calles con casas particulares, apartamentos, tiendas y oficinas. Cartagena, en Colombia, es un buen ejemplo. La zona del centro es un lugar de mucha actividad comercial; allí se encuentran tiendas, oficinas, restaurantes y una gran variedad de negocios.

El Viejo San Juan, Puerto Rico

Cartagena, Colombia:
El centro de las ciudades hispanas
es un lugar de mucha actividad.

El centro de las ciudades hispanas es un lugar lleno de vida donde también residen muchas personas; algunas viven en casas particulares y otras en apartamentos, arriba de los locales comerciales.

Las diferentes zonas de la ciudad generalmente tienen nombres: «Argüelles», «La Loma», «La Villa». En muchos casos, los adultos de la familia trabajan lejos de su casa, pero hacen sus compras en las tiendas de su vecindario y los niños pasan el tiempo allí también, jugando con otros niños.

## Comprensión

Indique si las siguientes descripciones corresponden a las ciudades hispanas (**H**), a las ciudades norteamericanas (**N**) o a las dos (**D**).

1. \_\_\_\_\_ Son muy viejas.
2. \_\_\_\_\_ Hay ciudades que datan del Imperio Romano.
3. \_\_\_\_\_ El centro es muchas veces una zona turística.
4. \_\_\_\_\_ Hay mucha actividad comercial en el centro.
5. \_\_\_\_\_ Hay gran cantidad de restaurantes.
6. \_\_\_\_\_ Muchas personas viven en apartamentos en el centro.
7. \_\_\_\_\_ Cada área distinta tiene su propio nombre.
8. \_\_\_\_\_ Se hacen las compras muy cerca de la casa.

## Ahora... ¡usted!

1. ¿Le gusta el vecindario donde vive? ¿Le gustaría vivir en otro vecindario? ¿Por qué?
2. ¿Qué le gusta y qué no le gusta de la ciudad donde vive?
3. ¿Conoce alguna ciudad hispana? ¿Le parece muy diferente de una ciudad norteamericana típica? ¿Qué tienen en común? ¿Qué diferencias hay entre las dos?

 Un paso más... ¡a escribir!

Describa la ciudad donde nació o la ciudad donde vive ahora. Compárela con algunas de las ocho características que aparecen en la actividad de Comprensión.

## EL MUNDO HISPANO... su gente

**S**u nombre es Leticia Recina Pérez y tiene 20 años. Leticia es de Costa Rica.

*Describa su ciudad y su vecindario.*

La ciudad en la que yo vivo se llama Alajuela. A mí me gusta mucho porque todo queda[1] cerca de casa (el supermercado, la zapatería, la carnicería, el parque, la iglesia). Y casi todas las personas nos conocemos.[2]

[1]está   [2]todas... *we all know each other*

(Continúa)

El Parque Central, que está enfrente de la Catedral, tiene muchos árboles de mangos, por eso llaman a Alajuela «La Ciudad de los Mangos» y a los alajuelenses «manudos». Las tiendas no son muy grandes, pero podemos conseguir[3] todo lo que necesitamos.

En los jardines de las casas hay árboles frutales (de mango, naranja, mandarina) y algunas flores. Las casas no son muy grandes; unas son muy lindas y lujosas,[4] y hay otras que son muy humildes. Las casas están pegadas unas con otras,[5] ¡pero los vecinos no se pelean[6]!

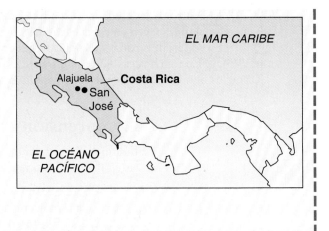

EL MAR CARIBE

Alajuela   **Costa Rica**
●●San José

EL OCÉANO PACÍFICO

[3]obtener   [4]*luxurious*   [5]están... *are very close to each other*
[6]se... *argue, fight*

# Las actividades en casa

*Lea Gramática 6.3.*

En la casa de los Ruiz

Marisa debe prender (encender) la luz.

Es necesario apagar la luz.

La empleada doméstica necesita limpiar el piso.

Andrea necesita cocinar.

Pedro tiene que barrer el patio

Hay que cortar el césped.

Clarisa debe regar las plantas.

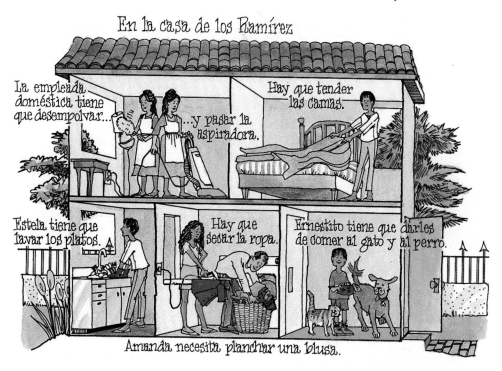

En la casa de los Ramírez

La empleada doméstica tiene que desempolvar...

...y pasar la aspiradora.

Hay que tender las camas.

Estela tiene que lavar los platos.

Hay que secar la ropa.

Ernestito tiene que darles de comer al gato y al perro.

Amanda necesita planchar una blusa.

## Actividad 8. Descripción de dibujos: ¿Qué tiene que hacer?

Escuche a su profesor(a). ¿A cuál de los siguientes dibujos corresponde su descripción?

1. Luis

2. Pablo

3. Mónica  Lan

4. Nora

5. Carmen

6. Esteban

### Actividad 9. Descripción de dibujos: ¡El cuarto de Esteban es un desastre!

Con su compañero/a, decidan qué debe hacer Esteban para arreglar su cuarto.

MODELO: Esteban debe recoger la ropa y necesita apagar el televisor.
Tambien...

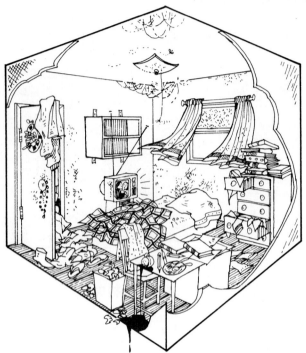
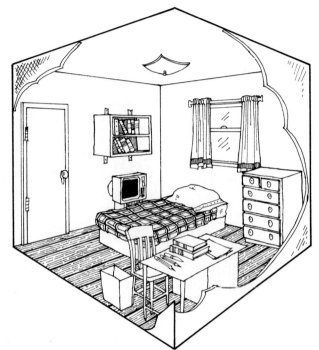

## LAS PALABRAS VIVEN

### VOCABULARIO ÚTIL

| | |
|---|---|
| a diario | *every day* |
| mientras | *while* |
| en broma | *jokingly* |

# ¡Este pibe labura mucho!

El idioma italiano tiene gran influencia en el español que se habla en Argentina. En el lenguaje coloquial argentino se usan a diario palabras como **laburar**, que quiere decir **trabajar** y viene de la palabra italiana *lavorare*; también se usa mucho la palabra **pibe**, que viene de *pivetto* y significa **niño**.

Imagínese esta escena en Buenos Aires: un niño está en su casa y su mamá le dice que debe limpiar su cuarto. El hijo no quiere hacerlo; prefiere salir a jugar. Después de muchas protestas, el niño decide hacer el trabajo. Y mientras limpia, lo visitan dos amiguitos. Al verlo tan ocupado, un amiguito le dice al otro, en broma: «¡Este pobre pibe labura mucho!»

En otras palabras: «¡El pobre chico trabaja mucho!»

### Actividad 10. Entrevista: Los quehaceres y las diversiones en casa

1. ¿Quién en tu casa tiene que limpiar el refrigerador, desempolvar, pasar la aspiradora, limpiar el microondas, limpiar los baños?
2. ¿Qué aspecto de tu casa (apartamento) te gusta más? ¿Por qué?
3. ¿Qué te gusta hacer en casa (en tu apartamento)?
4. ¿Pasas mucho tiempo en casa (en tu apartamento) los fines de semana o prefieres salir? ¿Te visitan mucho tus amigos los fines de semana?
5. ¿Das muchas fiestas en tu casa? ¿Qué tienes que hacer antes de la fiesta?

LECTURA

# Habla la gata Manchitas

| VOCABULARIO ÚTIL | |
|---|---|
| las pulgas | fleas |
| los amos | masters |
| los seres humanos | human beings |
| ¡Busca ratones! | Go look for mice! |
| ladra | he barks |
| las sobras | leftovers |
| la lengüita | little tongue |

Algunas personas dicen que los animales piensan y que tienen ideas. Pues, en casa de la familia Ramírez vive una gata muy especial. Se llama Manchitas y es un animal muy observador, con opiniones propias. Imagínese que, por un momento fantástico, Manchitas puede hablar. Éstas son sus observaciones...

Estas pulgas, ¡estas pulgas! Aquí estoy en el sofá, muy aburrida. Es que mis amos casi nunca me prestan atención. Sólo los niños de esta familia, Ernestito y Guillermo, juegan conmigo. Y no siempre me gusta jugar con ellos. ¡Esos pequeños seres humanos son muy agresivos! A veces me tratan mal, como un juguete. ¡Ay!

Mis amos, Ernesto y Estela, no saben que soy muy observadora. Ellos probablemente piensan que a mí sólo me gusta comer y dormir. ¡Ay! Los seres humanos no comprenden a los animales, y mucho menos a nosotros, los felinos.

Todos los días mis amos hacen las mismas cosas. Estela, mi ama, se levanta temprano y va a la cocina para tomar esa bebida negra y caliente que ellos toman todas las mañanas, el «café». Después, mi ama llama a mi amo, pero el señor siempre quiere dormir un poco más. Entonces ella abre las cortinas y entra mucha luz en el dormitorio. «¡Qué horror!», grita mi amo. «¡Es mucha luz! ¡No puedo abrir los ojos, Estela!»

Luego mi ama toca a la puerta de su hija Amanda y la muchacha sale de su cuarto. Amanda siempre saluda a su mamá; le dice «¡Buenos días!» La joven de esta familia no tiene problemas en despertarse. ¡Pero Ernestito y Guillermo sí tienen problemas! Estela va a su dormitorio y los despierta. Ellos también quieren dormir más. «¡Vamos, a la escuela!», dice mi ama. Y los dos niños se levantan poco a poco.

Ernesto se baña, se viste, lee el periódico, toma la bebida negra y dice algunas cosas complicadas que yo no comprendo. Mi ama y la señora Berta (que hace trabajos domésticos y también

Mis amos no saben que soy muy observadora...

vive en esta casa) preparan el desayuno de la familia. Todos desayunan juntos casi siempre. (Mmmm. Los seres humanos comen mucho mejor que nosotros los gatos.) Después, Ernesto y sus hijos salen y mi ama se queda en casa.

Estela entonces me lleva afuera, diciendo: «¡Anda, vete, Manchitas! ¡Busca ratones!» Hace frío por la mañana y no me gusta estar afuera; por eso siempre busco un poquito de sol o salto a la ventana. Desde la ventana puedo mirar a mi ama, que está adentro. Ella se baña, se viste, se maquilla, tiende la cama... ¡todos los días lo mismo! Y luego Berta sacude los muebles y pasa la aspiradora. ¡Miau! ¡No me gusta ese aparato!

Mi ama sale con Berta por la tarde. Creo que van al mercado, porque luego regresan con comida. Y yo me quedo en el patio, muy solita. Para divertirme me subo a la cerca. En mi jardín vive Lobo, el perro de Ernestito. Y en la casa de al lado hay un perro que se llama Sultán. Los dos perros saltan y saltan para llegar adonde estoy yo. ¡Ja! No pueden subir; están muy gordos. ¡Y ladran con tanta desesperación! A Ernestito le gusta Sultán; dice que quiere traerlo a vivir con nosotros. Pero ya tiene perro. ¿Dos perros en esta casa? ¡Qué horror!

Por las noches mis amos comen y me dan las sobras. Después de comer, van a visitar a los vecinos o a caminar por el barrio. Los niños miran el objeto de luz, que ellos llaman la «televisión». ¡Cómo les gusta mirar a otros seres humanos en ese objeto!

Por fin, todos se acuestan. Y yo, pues, me doy un buen baño con mi lengüita, y me duermo también en el sofá. Y aquí estoy ahora. ¡Miau! ¡Cuánto detesto estas pulgas!

## Comprensión

¿A quién se refiere cada oración? Diga si se refiere (**a**) al amo, (**b**) al ama, (**c**) a Amanda, (**d**) a Ernestito, (**e**) a Guillermo, (**f**) a Berta, (**g**) a Manchitas o (**h**) a toda la familia. ¡Ojo! A veces hay más de una respuesta.

1. \_\_\_\_\_ Es muy observadora.
2. \_\_\_\_\_ Le gusta el perro del vecino.
3. \_\_\_\_\_ Se levanta temprano.
4. \_\_\_\_\_ Detesta las pulgas.
5. \_\_\_\_\_ Pasa la aspiradora.
6. \_\_\_\_\_ Juega con Manchitas.
7. \_\_\_\_\_ Le es fácil despertarse.
8. \_\_\_\_\_ Toma la bebida negra.
9. \_\_\_\_\_ Mira la televisión.
10. \_\_\_\_\_ Saluda a su mamá todos los días.
11. \_\_\_\_\_ Visita a los vecinos.
12. \_\_\_\_\_ Siempre quiere dormir un poco más.

## Ahora... ¡usted!

1. ¿Le gustan los animales? ¿Por qué sí o por qué no?
2. ¿Tiene usted un animal doméstico? ¿Cómo es? ¿Qué le gusta comer? ¿Tiene una personalidad especial? ¿Hace cosas cómicas a veces? ¡Descríbalo! Si no tienes un animal doméstico, ¿por qué no? ¿Le gustaría tener uno? ¿Qué tipo? Describa lo que para usted es el animal doméstico ideal.
3. ¿Le gusta jugar o pasar mucho tiempo con su animal? ¿Por qué sí o por qué no?

**Un paso más... ¡a escribir!**

Imagínese que su animal doméstico puede hablar. (Si no tiene un animal, invente uno.) ¿Cuál es la opinión del animal sobre su condición doméstica? Hágale las siguientes preguntas, y luego escriba un párrafo con sus respuestas.

1. ¿Estás contento/a en tu casa? ¿Por qué sí o por qué no?
2. ¿Te gusta la comida? ¿Qué sueles comer? ¿Y qué prefieres comer?
3. ¿Qué cosas te molestan? ¿las pulgas, por ejemplo?
4. ¿Cómo son tus amos?

# Las actividades con los amigos

*Lea Gramática 6.4.*

1. —¿Limpiaste la casa el sábado?   2. —¿Estudiaste mucho?   3. —¿Saliste a comer en algún restaurante?

1. —¿Vio usted la televisión?   2. —¿Ya escribió los exámenes?   3. —¿Visitó a sus amigos este fin de semana?

## Actividad 11. Encuesta: ¿Qué hice?

Ponga las siguientes actividades en orden cronológico.

### PALABRAS ÚTILES

| | | |
|---|---|---|
| primero | después | finalmente |
| luego | más tarde | por último |

1.  Esta mañana (yo)...
    a.  me lavé el pelo.
    b.  desayuné.
    c.  me desperté.
    d.  corrí dos millas.
2.  Ayer por la tarde (yo)...
    a.  volví a casa.
    b.  asistí a una clase.
    c.  preparé el almuerzo.
    d.  salí para el trabajo.
3.  Anoche, antes de acostarme, (yo)...
    a.  vi la televisión.
    b.  planché una blusa / una camisa.
    c.  lavé los platos.
    d.  preparé la comida.
4.  El sábado pasado (yo)...
    a.  invité a unos amigos a cenar.
    b.  cené con mis amigos.
    c.  limpié la casa.
    d.  barrí el patio.

## Actividad 12. Intercambios: El fin de semana

Aquí tiene usted algunas de las actividades del fin de semana pasado de Guillermo, Estela y el señor Alvar. Coméntelas con su compañero/a.

MODELOS:   E1:  ¿Quién *preparó la comida* (*el viernes*)?
           E2:  *Estela.*

           E1:  ¿Cuándo *sacó fotos el señor Alvar*?
           E2:  *El domingo.*

| NOMBRE | EL VIERNES | EL SÁBADO | EL DOMINGO |
|---|---|---|---|
| Guillermo Ramírez | Bailó en una fiesta. Se acostó tarde. | Se levantó tarde. Limpió su cuarto. | Ayudó a su padre. Salió a pasear. |
| Estela Ramírez | Preparó la comida. Habló por teléfono. | Almorzó con una amiga. Charló con la vecina. | Visitó a su madre. Descansó toda la tarde. |
| el señor Alvar | Escribió una carta. Tocó el piano. | Jugó con sus nietos. Barrió el patio. | Asistió a Misa. Sacó unas fotos. |

## Actividad 13. Narración: Un fin de semana de Nora Morales

### PALABRAS ÚTILES

| | | |
|---|---|---|
| primero | después | finalmente |
| luego | más tarde | por último |

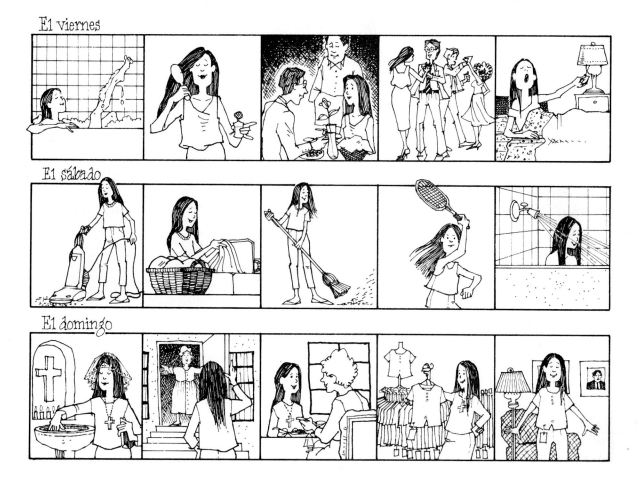

El viernes
El sábado
El domingo

## Actividad 14. Entrevistas: ¿Qué hiciste?

EL FIN DE SEMANA PASADO

1. ¿Limpiaste tu cuarto (tu casa)?
2. ¿Saliste con amigos? ¿Adónde?
3. ¿Comiste en un restaurante? ¿Cuál? ¿Con quién(es)?
4. ¿Practicaste algún deporte? ¿Con quién(es)? ¿Dónde?
5. ¿Fuiste al cine? ¿Qué película viste? ¿Te gustó? ¿Por qué sí o por qué no?

ANOCHE

6. ¿Trabajaste? ¿A qué hora volviste a casa?
7. ¿Estudiaste? ¿Qué?
8. ¿Hablaste por teléfono con tus amigos? ¿Escuchaste música?
9. ¿Viste la televisión?
10. ¿A qué hora te acostaste?

ESTA MAÑANA

11. ¿A qué hora te levantaste? ¿Te bañaste?
12. ¿Desayunaste? ¿Qué tomaste?
13. ¿A qué hora saliste para la universidad? ¿A qué hora llegaste?
14. ¿A qué clase asististe primero?
15. ¿Leíste el periódico?

# EL MUNDO HISPANO... imágenes

**L**as tierras de cultivo son sólo el 2 por ciento del territorio peruano, pero la agricultura es la actividad básica de Perú. Aproximadamente el 60 por ciento de la población se dedica a este trabajo. En Perú se cultivan, entre otros productos, la caña de azúcar, las papas, el maíz y el café.

En algunas partes del país ya tienen métodos modernos de cultivo, pero los campesinos[1] indígenas todavía trabajan de sol a sol, usando métodos tradicionales. En esta foto una pareja de Urubamba está arando[2] la tierra.

[1]*peasants*  [2]*plowing*

Urubamba, Perú: el altiplano (*highlands*)

# EL MUNDO HISPANO... en los Estados Unidos

**L**ety Guerrero Romero tiene 29 años y es de México, D.F. Ahora vive en Wilmington, California, y lleva cuatro años en los Estados Unidos.

*Describa la ciudad o pueblo donde usted se crió. ¿Es muy diferente de la ciudad o pueblo donde vive ahora? Compárelos y contrástelos.*

Nací y me crié en la Ciudad de México, D.F., a la cual quiero y extraño.[1] En la actualidad es una ciudad demasiado poblada. Como visitante, basta[2] estar poco tiempo para no olvidarla. Pero cuando se vive dentro, hay que conocer sus mañas;[3] no es fácil, pero una vez que se logra[4] dominarla y conocerla, es muy difícil dejarla. México es como una ciudad encantada.[5]

Ahora vivo en Wilmington, California, y en mi barrio hay mucha gente hispana. Aquí la vida es más calmada y con menos habitantes. Lo primero que noté aquí fue las distancias que hay de un lugar a otro, y que la mayoría de las personas tiene carro propio. En México todo se encuentra más concentrado y utilizamos más el metro, el camión de pasajeros[6] y los carros de alquiler.[7] ¡En la Ciudad de México la vida se vive mucho más de prisa!

[1]*I miss*  [2]*it's enough*  [3]*secretos*  [4]*una... once you manage*
[5]*enchanted*  [6]*camión... bus (Mex.)*  [7]*carros... taxis*

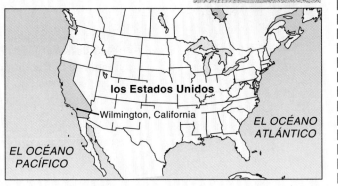

**los Estados Unidos**

Wilmington, California

EL OCÉANO PACÍFICO

EL OCÉANO ATLÁNTICO

# Las presentaciones

*Lea Gramática 6.5–6.6.*

ESTEBAN: Mónica, quiero presentarte a mi amigo, Jorge.
MÓNICA: Hola, Jorge, ¿qué tal?
JORGE: ¿Qué tal, Mónica?

ESTELA RAMÍREZ: Señor Luján, quisiera presentarle a mi amiga, la señora Medrano.
SR. LUJÁN: Mucho gusto en conocerla, señora.
SRA. MEDRANO: Igualmente, señor Luján.

DOÑA ROSITA: Señorita Batini, me gustaría presentarle a mi nuevo vecino, el señor Marcos.
LOLA BATINI: Mucho gusto en conocerlo, señor.
SR. MARCOS: Encantado, señorita Batini.

## Actividad 15. Diálogos abiertos: Las presentaciones

Preséntele su nuevo amigo / nueva amiga a otro amigo / otra amiga.

E1: \_\_\_\_\_, quiero presentarte a mi amigo/a \_\_\_\_\_. Vive en \_\_\_\_\_.
E2: Mucho gusto.
E3: \_\_\_\_\_.

Ahora, preséntele su nuevo amigo / nueva amiga a un amigo / una amiga de su familia.

E1: Sr./Sra./Srta. \_\_\_\_\_, quiero presentarle a mi amigo/a \_\_\_\_\_. Es \_\_\_\_\_.
E2: \_\_\_\_\_ en conocerlo/la.
E3: \_\_\_\_\_.

Presente a dos de sus compañeros que no se conocen.

E1: Oye \_\_\_\_\_, ¿conoces a mi amigo/a \_\_\_\_\_?
E2: No, no \_\_\_\_\_ conozco.
E1: \_\_\_\_\_, te presento a \_\_\_\_\_. Él/Ella estudia \_\_\_\_\_ aquí en la universidad.
E2: Mucho gusto, \_\_\_\_\_.
E3: Igualmente, \_\_\_\_\_.

### Actividad 16. Entrevista: ¿Conoces tu vecindario?

1. ¿Conoces a los vecinos de la casa (del apartamento) de la izquierda? ¿de la derecha? ¿de enfrente?
2. ¿Sabes el nombre del colegio más cercano a tu casa (apartamento)? ¿Conoces al director / a la directora de ese colegio?
3. ¿Sabes dónde hay un buen restaurante cerca de tu casa (apartamento)?
4. ¿Conoces a los dependientes del supermercado donde haces las compras?
5. ¿Sabes cuánto cuesta un apartamento pequeño en la ciudad o pueblo donde vives?
6. ¿Conoces a alguien que tenga piscina?
7. ¿Sabes cuánto cuesta una casa en tu vecindario?
8. ¿Sabes dónde está el parque _____?

# En resumen

## De todo un poco

---

**¡REÍR ES VIVIR!**

**Un largo camino**

Ésta es una conversación entre dos niños.

—¿Ves esa lámpara?

—Sí, es una lámpara normal.

—¡No! Es muy especial.

—¿Por qué? ¿Qué tiene de especial?

—Pues... si enciendo esa lámpara y la apunto hacia el planeta Venus, puedes subir hasta el planeta caminando por la luz.

—¡Ja! ¿Crees que soy tonto? ¿Y si a medio camino la apagas?

---

¿Cómo es tu casa/apartamento?

Trabajando en parejas, hablen de su casa (apartamento), su vecindario y sus obligaciones. Usen esta guía para hablar de su casa (apartamento) y su vecindario.

- descripción de la casa (del apartamento): los cuartos, los muebles, el patio, etcétera
- descripción del vecindario: las escuelas, la biblioteca, las tiendas, la lavandería, la gasolinera, etcétera
- las obligaciones que tiene cada miembro de la familia: lavar, planchar, cocinar, cortar el césped, etcétera

Después de hablar de la casa (del apartamento) y las obligaciones de cada uno de ustedes, hagan comparaciones. ¿Es más grande su casa (apartamento) o la (el) de su compañero/a? ¿Es tan bonito su barrio como el de su compañero/a?

## ¡Dígalo por escrito!

Casa a la venta

Imagínese que usted es agente de bienes raíces. Traiga a la clase una foto o un dibujo de una casa y trate de vendérsela a un compañero / una compañera. Hay que describirle todos los detalles y las ventajas para que compre la casa. Después, escriba un anuncio para una revista de bienes raíces describiendo la casa. Debe incluir en su anuncio una descripción detallada de la casa, los cuartos, los aparatos domésticos que tiene, la vecindad, el precio y, claro, la foto o el dibujo.

### VIDEOTECA

¿Vive usted con su familia, o vive en un apartamento o en una residencia estudiantil? Muchos estudiantes mexicanos viven con su familia, pero otros no. En este segmento de video, Diego va a vivir en el apartamento de su amigo Antonio. ¿Qué pasó esa mañana en la casa de su tía Matilde? ¿Por qué está contento Diego cuando llega al apartamento? ¿Qué muebles hay en su dormitorio? En el Capítulo 6 del *Cuaderno de trabajo* hay más actividades para hacer después de ver el video.

# Vocabulario

## Los cuartos y otras dependencias
### Rooms and Other Parts of the House

| | |
|---|---|
| el ascensor | elevator |
| el baño (la sala de baño) | bathroom |
| la cerca | fence |
| el césped | grass |
| la chimenea | fireplace |
| el comedor | dining room |
| el dormitorio | bedroom |
| la escalera | stairway, stairs |
| la habitación | room |
| la recámara | bedroom (*Mex.*) |
| la sala | living room |

**PALABRAS SEMEJANTES:** el balcón, el garaje, el patio, la terraza

**REPASO:** la cocina, el jardín

## Los muebles y los aparatos eléctricos
### Furniture and Electrical Appliances

| | |
|---|---|
| la alacena | kitchen cupboard |
| la alfombra | carpet |
| el almohada | pillow |
| el aparato (eléctrico) | (electrical) appliance |
| el armario | closet |
| la aspiradora | vacuum cleaner |

| | |
|---|---|
| la bañera | bathtub |
| el bote de basura | trash can |
| la cafetera | coffeepot |
| el calentador | heater |
| la cama (matrimonial) | (master) bed |
| el cepillo (de dientes) | (tooth)brush |
| la cómoda | chest of drawers |
| el congelador | freezer |
| la cortina | drapes |
| el cuadro | picture (*on a wall*) |
| la ducha | shower |
| la escoba | broom |
| el espejo | mirror |
| el estante | shelf |
| la estufa | stove, range |
| el fregadero | kitchen sink |
| el gabinete | cabinet |
| la gaveta | drawer |
| el horno (de microondas) | (microwave) oven |
| el inodoro | toilet |
|   la taza del inodoro |   toilet bowl |
| el lavabo | bathroom sink |
| la lavadora | washing machine |
| el lavaplatos | dishwasher |
| la mesita | coffee table |
| el secador (de pelo) | hair dryer |
| la secadora | (clothes) dryer |
| el sillón | easy chair |
| la tetera | teapot |
| la toalla | towel |
| el tocador | dresser |
| el ventilador | fan |

**PALABRAS SEMEJANTES: la lámpara, el piano, el plato, el refrigerador, el sofá, el tostador, el utensilio**

**REPASO: los muebles, la rasuradora, la silla, el televisor, el vaso**

## La casa y el vecindario
## House and Neighborhood

| | |
|---|---|
| el arbusto | bush |
| la cancha de tenis | tennis court |
| la casa particular | private home |
| el centro comercial | shopping center |
| el departamento | apartment (*Mex.*) |
| la estatua | statue |
| la gasolinera | gas station |
| el vecino de enfrente / de la derecha / de la izquierda | neighbor across the street / to the right / to the left |

**PALABRAS SEMEJANTES: el apartamento, la vista**

**REPASO: la ciudad, el colegio, el condominio, el edificio, la fuente, la iglesia, el lugar, el parque, la piscina, la plaza, el supermercado, la tienda**

## Los quehaceres domésticos
## Household Chores

| | |
|---|---|
| barrer | to sweep |
| calentar (ie) | to warm up |
|   caliento/calienta | |
| dar de comer | to feed |
| desempolvar | to dust |
| guardar (ropa) | to put away (clothes) |
| hacer las compras | to go grocery shopping |
| pasar la aspiradora | to vacuum |
| regar (ie) | to water (plants) |
|   riego/riega | |
| sacar la basura | to take out the trash |
| tender (ie) la cama | to make the bed |
|   tiendo/tiende | |

**REPASO: ayudar, cocinar, lavar, limpiar, planchar, sacar fotos, secar**

## Los verbos

| | |
|---|---|
| alquilar(se) | to rent; to be rented |
|   se alquila | |
| apagar | to turn off |
| apoyar | to support |
| colgar (ue) (ropa) | to hang (up) (clothes) |
|   cuelgo/cuelga | |
| compartir | to share |
| conocer | to know; to meet |
|   conozco/conoce | |
| doblar | to fold |
| encender (ie) (la luz) | to turn on (the light) |
|   enciendo/enciende | |
| enviar | to send |
| parecer (¿le parece... ?) | to seem (does it seem . . . to you?) |
| prender (la luz) | to turn on (the light) |

**PALABRAS SEMEJANTES: imaginarse (imagínese)**

**REPASO: almorzar (ue), cenar, desayunar**

## Los sustantivos

| | |
|---|---|
| el alquiler | rent |
| el anuncio | ad |
| el director / la directora | (school) principal |

| la diversión | entertainment |
| el empleado doméstico / la empleada doméstica | servant |
| la pareja | pair; couple |
| el polvo | dust |
| el pueblo | town |

**PALABRAS SEMEJANTES:** la comparación, el desastre, la manera, la milla, el objeto, el transporte

## Los adjetivos

| agradable | pleasant, nice |
| amplio/a | roomy |
| amueblado/a | furnished |
| callado/a | quiet |
| caro/a | expensive |
| cercano/a | near, close by |
| propio/a | own |
| rico/a | rich |
| serio/a | serious |

**PALABRAS SEMEJANTES:** decorado/a, democrático/a, interior, responsable

**REPASO:** cerca de, módico/a

## ¿Cuándo? ¿Con qué frecuencia?

| a menudo | often |
| anoche | last night |
| cada semana | every week |
| (el mes/año) pasado | last (month/year) |

**REPASO:** ahora, ahora mismo, antes de / después de, ayer, esta noche, hoy, mañana, por la mañana/tarde/noche, una vez (dos/tres/cuatro... veces)

## Las comparaciones / Comparisons

| bueno, mejor, el/la mejor | good, better, (the) best |
| malo, peor, el/la peor | bad, worse, (the) worst |
| el/la más (+ *adj.*) | the most (+ *adj.*) |
| más/menos que (de) | more/less than |
| tan... como | as . . . as |
| tanto(s)/tanta(s)... como | as much/many . . . as |

## Las obligaciones / Obligations

| es necesario | it is necessary |
| hay que (+ *infin.*) | it is necessary; one has to (*do something*) |

**REPASO:** deber (+ *infin.*), tener que (+ *infin.*), necesitar (+ *infin.*)

## Las presentaciones / Introductions

| Encantado/a. | Delighted (Pleased) to meet you. |
| Gusto en conocerlo/la. | Nice to meet you. |
| ¿Qué tal? | How's it going? |
| Quiero presentarle a... | I want to introduce you to . . . |

**REPASO:** igualmente, mucho gusto

## Palabras y expresiones útiles

| alguien | someone |
| allí | there |
| oye... | hey . . . |
| ¿Para qué sirve... ? | What is . . . used for? |

Y quién remodela mis baños y mi cocina?

EN OFICINAS - EMPRESAS - HOTELES - RESTAURANTES - CASAS - APARTAMENTOS

**Casaviva**
SOMOS PROFESIONALES EN LA CREACIÓN DE AMBIENTES

# Gramática y ejercicios

## 6.1   Making Comparisons of Inequality: *más/menos*
### Gramática ilustrada

Guillermo es **más alto que** Ramón.
Ramón es **menos alto que** Guillermo.

Amanda es **más seria que** Graciela.
Graciela es **menos seria que** Amanda.

Amanda recibe **mejores notas que** Graciela.
Graciela recibe **peores notas que** Amanda.

Ramón es **mejor atleta que** Guillermo.
Guillermo es **mejor estudiant** Ramón.

Ernestito es **el más grande de** los tres.
Marisa es **la más pequeña de** los tres.

---

**más que** = *more than*
**menos que** = *less than*

**A.**  Use the words **más... que** (*more . . . than*) and **menos... que** (*less . . . than*) to make unequal comparisons in Spanish. English often uses the ending -*er* (e.g., *taller*) in such comparisons, but Spanish uses **más/menos** + adjective.

| | |
|---|---|
| Guillermo es **más** alto **que** Ramón. | *Guillermo is taller than Ramón.* |
| Graciela es **menos** seria **que** Amanda. | *Graciela is less serious than Amanda.* |
| Yo tengo **más** experiencia **que** Pilar. | *I have more experience than Pilar.* |
| José tiene **menos** tiempo **que** Clara. | *José has less time than Clara.* |

**el más alto** = *the tallest* (*m. sing.*)
**los más altos** = *the tallest* (*m. pl.*)
**la más alta** = *the tallest* (*f. sing.*)
**las más altas** = *the tallest* (*f. pl.*)

**B.** To single out a member of a group as "the most" or "the least," add an article (**el, la, los, las**) to this construction. Note that English often uses the ending *-est*: **el más gordo** (*the fattest*), **las más grandes** (*the biggest ones*), **la más cara** (*the most expensive one*), **el menos útil** (*the least useful*). (Also note that Spanish uses **de** where English uses *of* or *in*.)

Adriana es **la más** simpática (**de** las tres que conozco).

Éstas son **las casas más** modernas **del** vecindario.

Aquí tiene usted **el** cuarto **más** grande **de** la casa.

*Adriana is the nicest (of the three I know).*

*These are the most modern houses in the neighborhood.*

*Here you have the largest room in the house.*

**el/la mejor** = *the best* (*sing.*)
**los/las mejores** = *the best* (*pl.*)
**el/la peor** = *the worst* (*sing.*)
**los/las peores** = *the worst* (*pl.*)

**C.** There are special comparative and superlative forms for **bueno** and **malo**.

| bueno | mejor | el/la mejor | | good/better/best |
| malo | peor | el/la peor | | bad/worse/worst |

En mi opinión, la cocina es **el mejor** cuarto de la casa.

No hay nada **peor** que el ruido de los coches cuando uno quiere dormir.

*In my opinion, the kitchen is the best room in the house.*

*There is nothing worse than traffic noise when you want to sleep.*

**mi hermana mayor** = *my older sister*
**mi hermano menor** = *my younger brother*

**D.** The special forms **mayor / el/la mayor** (*older/oldest*) and **menor / el/la menor** (*younger/youngest*) are used to compare ages.

Mi hermano **mayor** se llama Jaime y mi hermana **menor** se llama Leticia.

*My older brother is called Jaime, and my younger sister is called Leticia.*

## Ejercicio 1

Haga comparaciones. Use **más/menos que**.

MODELO: El sofá cuesta $150. El sofá-cama cuesta $500. →
El sofá-cama cuesta *más que* el sofá. (El sofá cuesta *menos que* el sofá-cama.)

1. La mesa pesa 25 kilos. El sillón pesa 48.
2. En mi casa viven ocho personas. En la casa de los vecinos viven cinco.
3. La casa de los López tiene cuatro dormitorios. La casa de los vecinos tiene dos.
4. En el patio de mis abuelos hay tres árboles. En nuestro patio hay cinco.
5. En la casa de los Ruiz hay tres dormitorios. En la casa de los Ramírez hay cuatro.

## Ejercicio 2

Exprese su opinión. Use **mejor, peor, mayor, menor** o **el/la más...**

MODELO:   el Mercedes Benz; el Jaguar (mejor) →
En mi opinión, el Jaguar es *mejor que* el Mercedes.

1. vivir en el desierto; vivir en el centro de la ciudad (peor)
2. vivir en una casa; vivir en un apartamento (mejor)
3. un ventilador; un horno de microondas; un refrigerador (útil)
4. mi hermano Armando tiene 12 años; mi hermana Irma tiene 10 (mayor)
5. mi sobrino tiene 6 meses; tu sobrina tiene 1 año (menor)
6. un Ferrari que cuesta $85,000; un Rolls Royce que cuesta $200,000; un BMW que cuesta $50,000 (caro)

## 6.2   Making Comparisons of Equality: *tan/tanto*
### Gramática ilustrada

Ramón no es **tan alto como** Guillermo.

Marisa y Clarisa son **tan inteligentes como** Ernestito.

Andrea no tiene **tanto tiempo libre como** su hermana, Paula.

Graciela tiene **tantos amigos como** Amanda.

---

**tan** + adjective + **como** = *as* + adjective + *as*

**A.** When stating that qualities are (or are not) equal or identical (*as pretty as / not as pretty as*), use (**no**) **tan... como**. **Tan** never changes form in comparisons or contrasts of qualities.

| | |
|---|---|
| Marisa es **tan** inteligente **como** Clarisa. | *Marisa is as intelligent as Clarisa.* |
| Ramón **no** es **tan** alto **como** Guillermo. | *Ramón is not as tall as Guillermo.* |

**tanto/a/os/as** + noun + **como** = *as much/many* + noun + *as*

**B.** When equating quantities (*as much/many as*), use **tanto... como**. **Tanto** agrees with the noun that follows: **tanto, tanta, tantos, tantas**.

| | |
|---|---|
| Andrea no tiene **tanto dinero como** Paula. | *Andrea doesn't have as much money as Paula.* |
| Ustedes tienen **tantas tareas como** nosotros. | *You have as many assignments as we do.* |

## Ejercicio 3

Haga comparaciones. Use **tan... como**.

> MODELO: El Parque de Chapultepec es muy grande. El Parque Juárez es pequeño. (grande) →
> El Parque Juárez no es *tan grande como* el Parque de Chapultepec.

1. La piscina de los señores Montes es muy bonita. La piscina de los señores Lugo es muy bonita también. (bonita)
2. El edificio de la avenida Oriente tiene seis pisos. El edificio nuevo de la avenida del Libertador tiene diez. (alto)
3. La lavandería nueva de la calle Ebro es muy limpia. La lavandería vieja de la avenida Almendros no es muy limpia. (limpia)
4. Los condominios «Princesa» son muy modernos. Los condominios «San Juan» tienen ya once años. (modernos)

## Ejercicio 4

Haga comparaciones. Use **tantos/as... como**.

> MODELO: Mi casa tiene dos dormitorios. Su casa tiene cuatro. →
> Mi casa no tiene *tantos* dormitorios *como* su casa.

1. La sala de nuestra casa tiene cuatro lámparas. La sala de su casa tiene sólo dos lámparas.
2. La casa de los señores Ramírez tiene ocho cuartos. La casa de los señores Ruiz tiene seis cuartos.
3. La casa de mis padres tiene dos baños. La casa de al lado también tiene dos baños.
4. El patio de doña Lola tiene muchas flores y plantas. El patio de don Anselmo tiene pocas flores y plantas.

---

**¿RECUERDA?**

You have already seen and used many times the combination of conjugated verb + infinitive: for example, in **Gramática 2.3** (**preferir** and **querer** + infinitive), **5.2** (**saber** and **poder** + infinitive), and **5.4** (**pensar, quisiera, me gustaría,** and **tener ganas de** + infinitive). This is the usual pattern; the other pattern you have learned so far, **estar** + present participle to express actions in progress (**Gramática 3.5**), is an exception to the general rule.

## 6.3 Expressing Obligation and Duty: *tener que, deber, necesitar, hay que, es necesario*

The verbs **tener que** (*to have to*), **deber** (*should, ought to*), and **necesitar** (*to need*) and the impersonal expressions **hay que** (*one must*) and **es necesario** (*it is necessary*) are always followed by infinitives.

—¿A qué hora **tenemos que estar** en el teatro?

—A las nueve. **Hay que llegar** un poco antes para recoger los boletos.

—¡Pero **necesito estudiar** más!

—Está bien, pero **debemos salir** pronto.

—*What time do we have to be at the theater?*

—*At 9:00. We have to (One must) get there a little early to pick up the tickets.*

—*But I need to study more!*

—*OK, but we should leave soon.*

## Ejercicio 5

¿Qué tienes que hacer este fin de semana? (*What do you have to do this weekend?*) Debo estudiar y también necesito lavar el carro y limpiar la casa. (*I ought to study and I also need to wash the car and clean the house.*)

Esteban cuenta lo que él y sus compañeros de clase tienen que hacer hoy. Complete las oraciones con una forma de **tener que**.

1. Luis _____ trabajar hasta las doce.
2. Carmen y Nora _____ prepararse para un examen de sociología.
3. Yo _____ terminar la tarea para mi clase de matemáticas.
4. Alberto y yo _____ lavar el carro.
5. Mónica, ¿qué _____ hacer tú esta noche?

## Ejercicio 6

Hay que regar las plantas con frecuencia en el verano. (*One must [We have to] water the plants frequently in the summer.*)

Estela Ramírez está hablando de lo que ella y su familia deben hacer mañana. Complete estas oraciones con la forma apropiada de **deber**.

1. Ernesto _____ barrer el patio.
2. Yo _____ limpiar la cocina.
3. Ernestito, tú _____ hacer la tarea para la escuela.
4. Guillermo y Amanda _____ recoger sus libros.
5. Ernesto, tú y yo _____ llevar a los niños al parque a jugar.

## 6.4   Talking About Past Actions: The Preterite of Regular Verbs (Part 1)

### Gramática ilustrada

hablé = *I spoke*
comí = *I ate*
viví = *I lived*
hablaste = *you (inf. sing.)
spoke*
comiste = *you (inf. sing.) ate*
viviste = *you (inf. sing.)
lived*
habló = *you (pol. sing.)
spoke; he/she spoke*
comió = *you (pol. sing.) ate;
he/she ate*
vivió = *you (pol. sing.) lived;
he/she lived*

The Spanish past tense (preterite), like the present tense, is formed by adding a set of endings to the stem. Here are the singular preterite endings of the regular verbs **hablar** (*to speak*), **comer** (*to eat*), and **vivir** (*to live*).*

|  | -ar *verbs* | -er *verbs* | -ir *verbs* |
|---|---|---|---|
| (yo) | habl**é** | com**í** | viv**í** |
| (tú) | habl**aste** | com**iste** | viv**iste** |
| (usted, él/ella) | habl**ó** | com**ió** | viv**ió** |

Note the written accent marks. They tell you where to put the stress. Also note that the singular endings for **-er** and **-ir** verbs are the same.

The following are some time expressions that often act as clues to help you recognize the preterite and that you can use to talk about the past.

> **anoche, ayer, ayer por la mañana (tarde, noche), anteayer, el lunes (martes, miércoles, etc.) pasado, la semana pasada, esta mañana, el mes (año) pasado, ya**

> **Hablé** con la vecina nueva ayer.
>
> *I spoke with the new neighbor yesterday.*

> —¿Ya **comiste**?
> —Sí, **comí** en casa.
>
> —*Did you already eat?*
> —*Yes, I ate at home.*

## Ejercicio 7

¿Hizo usted estas actividades ayer? Conteste sí o no.

MODELO:    trabajar → Sí, *trabajé* siete horas. (No, *no trabajé*.)

1. comprar un disco compacto
2. comer en un restaurante
3. hablar por teléfono
4. escribir una carta
5. estudiar por cuatro horas
6. abrir la ventana
7. visitar a un amigo / una amiga
8. correr por la mañana
9. tomar un refresco
10. lavar los platos

## Ejercicio 8

Diga si cada una de las personas a continuación hizo las actividades indicadas.

MODELO:    Gloria Estefan / cantar en la ducha esta mañana →
Gloria Estefan *cantó* en la ducha esta mañana.

1. mi madre / charlar con el presidente la semana pasada
2. el presidente de México / comer tacos en la calle ayer

---

*The plural endings and many common verbs that are irregular in the preterite are introduced in **Gramática 7.1** and **7.2**.

### ¿RECUERDA?

Spanish uses two different verbs to express the English verb *to know*. You have already seen and practiced the forms of one of these verbs, **saber**, which means *to know facts, information.* When followed by an infinitive, **saber** expresses the idea *to know how to* (*do something*). Return to **Gramática 5.2** to review the verb **saber** in more detail.

3. la profesora de español / salir con Antonio Banderas anoche
4. yo / jugar al tenis con Arantxa Sánchez Vicario ayer a medianoche
5. Fidel Castro / visitar los Estados Unidos el mes pasado

## 6.5 Knowing People, Places, and Facts: *conocer* and *saber*

**A. Conocer** (*to know*) is used in the sense of *to be acquainted* or *familiar with*; it is normally used with people and places. **Saber** (*to know*) is used in the sense of *to know facts, information* or, when followed by an infinitive, *to know how to* (*do something*). Here are the present-tense forms of **conocer*** and **saber**.

| | conocer (*to know people, places*) | saber (*to know facts, information*) | |
|---|---|---|---|
| (yo) | conozco | sé | *I know* |
| (tú) | conoces | sabes | *you (inf. sing.) know* |
| (usted, él/ella) | conoce | sabe | *you (pol. sing.) know; he/she knows* |
| (nosotros/as) | conocemos | sabemos | *we know* |
| (vosotros/as) | conocéis | sabéis | *you (inf. pl., Spain) know* |
| (ustedes, ellos/as) | conocen | saben | *you (pl.) know; they know* |

**conocer** = *to know people, places*
**saber** = *to know facts, information*
**saber** + inf. = *to know how to* (*do something*)
**Conozco a Adriana.** (*I know Adriana.*)
**Sé que Adriana vive en Buenos Aires.** (*I know that Adriana lives in Buenos Aires.*)

Note that the preposition **a** precedes a direct object noun when that noun is a person. This use of **a** is called the *personal **a**.*

—**¿Conoces a** Carla Espinosa?
—Sí, y **conozco** también **a** su hermano.
—¿Y **conoces** también **a** su amigo Rogelio?
—No, no lo **conozco a** él (no **lo** conozco).

—*Do you know Carla Espinosa?*
—*Yes, and I also know her brother.*
—*And do you also know her friend Rogelio?*
—*No, I don't know him.*

—**¿Conoces** muy bien la ciudad de México?
—Todavía no.

—*Do you know Mexico City well?*
—*Not yet.*

—**¿Sabes** nadar?
—No, no **sé** nadar.

—*Do you know how to swim?*
—*No, I don't know how to swim.*

---

*Recognition: **vos conocés**

—¿**Sabes** dónde está el
restaurante?
—No, no **sé**.

—*Do you know where the
restaurant is?*
—*No, I don't know.*

—¿**Sabes** si hay una biblioteca cerca?

—No, no **sé**.

—*Do you know if there is a library
nearby?*
—*No, I don't know.*

**conocer** in the preterite =
met (*for the first time*)

**B.** The preterite of **conocer** (**conocí**, **conociste**, **conoció**) expresses the meaning
*met* (*for the first time*) in English.

**Conocí** a Raúl la semana pasada.     *I met Raúl last week.*

### Ejercicio 9

—¿Conoce usted a los vecinos que viven enfrente?
—Sí, los conozco muy bien. Su apellido es Ramírez.

El señor Valdés lleva sólo una semana viviendo en el vecindario de San Vicente. Está hablando con su vecino, don
Eduardo. Complete con las frases apropiadas las preguntas
del señor Valdés.

¿Conoce usted...
¿Sabe usted...

1. a los dueños de la casa de la esquina?
2. a doña Rosita?
3. si hay una farmacia cerca?
4. si hay una alberca (piscina) pública cerca?
5. al director del colegio que está en la esquina?
6. un buen restaurante chino?
7. dónde está el Parque de Colón?
8. si hay una lavandería en el centro comercial El Toro?
9. cuánto cuesta ponerle un techo nuevo a la casa?
10. a la vecina de la casa amarilla?

**¿RECUERDA?**

In **Gramática 5.1** you
learned about indirect object pronouns **(los
pronombres de comple-
mento indirecto),** which
are used with verbs of informing to indicate to
whom something is told,
reported, said, and so
forth. Remember that the
indirect object pronouns
are **me, te, le, nos, os,** and
**les.** Review that section
again now, if necessary.

## 6.6  Referring to People Already Mentioned: Personal Direct Object Pronouns

**A.** Personal direct object pronouns (**los pronombres de complemento directo**)
are used with verbs such as *to see* (*someone*), *to remember* (*someone*), *to know* (*someone*),
*to love* (*someone*), *to take* (*someone somewhere*), *to invite* (*someone*), and so forth. Here
are some examples of direct object pronouns in English.

Raúl Saucedo? I don't remember *him.*
Ernestito and his brother and sister? We saw *them* yesterday.
I'm José Estrada. You remember *me,* don't you?

**B.** You already know four of the personal direct object pronouns, because they are
the same as the reflexive pronouns and the indirect object pronouns: **me** (*me*), **te**
(*you*), **os** (*you; inf. pl., Spain*), and **nos** (*us*).

Usted no **me** conoce todavía.
  Soy Raúl Saucedo.
**Te** quiero mucho.
Tú no **nos** recuerdas, ¿verdad?

*You don't know me yet. I'm Raúl
  Saucedo.*
*I love you a lot.*
*You don't remember us, do you?*

**C.** Four other direct object pronouns are used, according to the gender and number of the person(s) referred to.*

| lo | him, you (pol. m. sing.) | los | them, you (pl.) |
| la | her, you (pol. f. sing.) | las | them, you (females only) |

In the sentence *John saw her*, the word *her* is a direct object pronoun. Direct object pronouns answer the questions *Whom?* or *What?*

In the sentence **Juan la conoce** (*John knows her*), **la** is a direct object pronoun.

—**¿Dónde está *Lan*?**
—**No sé, no *la* veo.**
[*la* = **Lan**]
(—*Where is **Lan**?*
—*I don't know, I don't see **her**.*
[*her* = *Lan*])
—**¿Conoces a *los Silva*?**
—**Sí, *los* conocí ayer.**
[*los* = los Silva]
(—*Do you know **the Silvas**?*
—*Yes, I met **them** yesterday.*
[*them* = the Silvas])

—¿Conoces a **José Estrada**, el novio de Pilar?
—Sí, **lo** conozco.

—¿Mi hija Margarita? **La** llevo todos los días a la escuela.
—¿No **lo** vi a usted ayer, señor Torres?
—Sí, **me** vio en la biblioteca.

—¿Y tus **parientes**? ¿**Los** ves con frecuencia?
—Sí, durante las fiestas, **los** invitamos a casa a cenar con nosotros.

—¿Vas a visitar a tus **hermanas** mañana?
—Sí, **las** voy a ver al mediodía.

—Mamá, ¿cuándo vas a recoger**nos**?
—Paso a recoger**las** a las 2:45.

—*Do you know José Estrada, Pilar's boyfriend?*
—*Yes, I know him.*

—*My daughter Margaret? I take her to school every day.*
—*Didn't I see you yesterday, Mr. Torres?*
—*Yes, you saw me in the library.*

—*And your relatives? Do you see them frequently?*
—*Yes, during the holidays we invite them to our house to have dinner with us.*

—*Are you going to visit your sisters tomorrow?*
—*Yes, I'm going to see them at noon.*

—*Mom, when are you going to pick us up?*
—*I'll pick you up at 2:45.*

## Ejercicio 10

Complete estos diálogos con los pronombres de complemento directo apropiados.

MODELO:   —¿Conoces a Marta Guerrero?
—Sí, *la* conozco.

1. —¿Conocen ustedes a los señores Ramírez?
   —Sí, _____ conocemos muy bien.
2. —¿Conoces tú a doña Rosita?
   —Sí, _____ conozco un poco.
3. —¿Y a Pedro Ruiz?
   —Sí, _____ conozco también.
4. —¿Conoce Estela Ramírez a Silvia y a Nacho?
   —Sí, ella _____ conoce un poco.

---

*Some Spanish speakers from Spain use **le/les** instead of **lo/los** as the direct object pronoun to refer to males.

5. —Señor, yo no _____ conozco.

—¿No me conoce? ¡Soy Ernesto Ramírez, su vecino!

6. —¿Conoce usted al esposo de Andrea Ruiz?

—No, no _____ conozco.

7. —¿Conocen ustedes a la señorita Batini?

—Sí, _____ conocemos muy bien; es amiga de mi madre.

8. —¿Conocen los señores Ramírez a los señores Silva?

—Sí, los señores Ramírez _____ conocen muy bien; son vecinos.

9. —¿Conoces tú a Guillermo?

—Sí, _____ conozco muy bien; es mi mejor amigo.

10. —¿Conoce Amanda a Graciela?

—Sí, _____ conoce muy bien; son muy buenas amigas.

# CAPÍTULO 7

# Las experiencias

**METAS**

In **Capítulo 7** you will continue to talk about things that happened in the past: your own experiences and those of others.

Cantabria, España

# Actividades de comunicación y lecturas

## Mis experiencias

*Lea Gramática 7.1–7.2.*

Ayer por la mañana . . .

Me lavé el pelo.

Desayuné
rápidamente.

Salí de la casa.

Asistí a la clase
de biología.

Tomé café con algunos
amigos.

Escribí un informe
para la clase de química.

Ayer por la tarde...

Volví a casa a las dos.

Almorcé con mi mamá.

Trabajé por cuatro horas en
una tienda de ropa.

Anoche...

Cené con mi familia.

Leí un poco antes de
acostarme.

Me acosté temprano.

## Actividad 1. Orden lógico: Mis actividades

Ordene lógicamente las siguientes actividades.

\_\_\_\_\_ Leí una novela.
\_\_\_\_\_ Me duché.
\_\_\_\_\_ Me puse el pijama.
\_\_\_\_\_ Trabajé. / Asistí a clases.
\_\_\_\_\_ Me acosté.
\_\_\_\_\_ Hice la tarea.
\_\_\_\_\_ Cené.
\_\_\_\_\_ Desayuné.
\_\_\_\_\_ Salí para el trabajo / la universidad.
\_\_\_\_\_ Lavé los platos.
\_\_\_\_\_ Volví a casa.
\_\_\_\_\_ Me vestí.

## Actividad 2. Narración: La rutina

Complete lógicamente cada secuencia con la actividad que falta.

MODELO:   Anoche cené, luego me quité la ropa, *me puse el pijama*, me lavé los dientes y me acosté.

1. Hoy me desperté, me levanté inmediatamente y me duché. Después me sequé y me puse ropa limpia.
2. Anoche llegué del trabajo, me quité la ropa, me puse el pijama, cené y me acosté.
3. Esta mañana me desperté tarde. Me quité rápidamente el pijama, me duché y me sequé. Luego tomé un vaso de leche (no desayuné porque no tuve tiempo) y salí para el trabajo.
4. El sábado pasado fui al cine. Primero me quité la ropa, luego me sequé y me pusa ropa limpia. Un poco más tarde me peiné y me maquillé y, finalmente, salí para el cine con mi novio.
5. El domingo pasado me desperté, desayuné, me duché, me sequé, me vestí y salí de mi casa. Llegué a la cancha de tenis y jugué un partido con Esteban.

Ahora, escriba una secuencia como las anteriores para que la clase diga qué actividad falta.

## Actividad 3. Encuesta: La última vez

¿Cuándo fue la última vez que usted hizo las siguientes actividades?

MODELO:   ¿Cuándo habló con su mamá por teléfono? →
*Hablé* con ella *la semana pasada*.

### POSIBILIDADES

esta mañana
ayer
anteayer
anoche

la semana pasada
ayer por la mañana (tarde, noche)
el lunes (martes,... ) pasado
el año pasado

1. ¿Cuándo lavó su carro?
2. ¿Cuándo se bañó?
3. ¿Cuándo se cortó el pelo?
4. ¿Cuándo limpió la casa?
5. ¿Cuándo asistió a clase? ¿a un concierto?
6. ¿Cuándo estudió por más de una hora?
7. ¿Cuándo vio la televisión? ¿una película?
8. ¿Cuándo fue a la playa? ¿al lago? ¿al río?
9. ¿Cuándo fue de compras?
10. ¿Cuándo leyó el periódico? ¿una revista?

## Actividad 4. Narración: El fin de semana de Ricardo Sícora

### PALABRAS ÚTILES

primero             luego             más tarde
poco después     también        finalmente

## EL MUNDO HISPANO... su gente

**M**aría del Carmen Méndez tiene 19 años y es española.

*Describa unas vacaciones inolvidables.*[1]

Unas vacaciones inolvidables son las del verano de hace dos años. En junio estuve con mi madre en una residencia de estudiantes en El Escorial,[2] un pueblecito en las montañas. Todo el mes de julio lo pasé en Irlanda, en un pueblo al norte de Dublín. Me pareció un país precioso, ¡y sobre todo verde! Y la gente era toda muy abierta y cantarina.[3] En agosto fui con mi padre a los Pirineos y allí pasamos quince días en un refugio, paseando por el bosque.[4]

Ese verano fui a muchísimos sitios y conocí a mucha gente de mi edad, y todavía me mantengo en contacto con muchos de ellos. Además, ¡descubrí las bellezas[5] que hay por todo el mundo!

EL OCÉANO ATLÁNTICO

Los Pirineos
El Escorial ●
● Madrid
**España**

EL MAR MEDITERRÁNEO

[1]*unforgettable*  [2]El Escorial es famoso por el monasterio de El Escorial, que fue construido (*was built*) entre los años 1563 y 1584. En el monasterio hay un palacio, una iglesia y un mausoleo donde están enterrados (*buried*) los monarcas españoles.  [3]*fond of singing*  [4]*forest*  [5]*beauty*

# Las experiencias con los demás

*Lea Gramática 7.3–7.4.*

## Raúl y Esteban fueron a una fiesta ayer.

Se vistieron con cuidado.

Llegaron un poco tarde y les dijeron «¡Disculpen!» a sus amigos.

Bailaron y se divirtieron, pero bebieron mucha cerveza y...

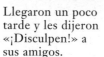

¡A caminar!

¡Se sintieron mal! Tuvieron que regresar a casa.

No quisimos beber en la fiesta.

Nos pusimos unos vestidos lindos.

Llegamos a la fiesta y nos sirvieron cerveza; no la aceptamos.

No nos quedamos en la fiesta. Preferimos ir a jugar al boliche.

Nos sentimos un poco ridículas con nuestros vestidos de fiesta, pero nos divertimos mucho.

## Actividad 5. Intercambios: El fin de semana de los vecinos

A continuación ustedes tienen una lista de lo que hicieron algunos de los vecinos de Ernesto y Estela durante el fin de semana.

MODELOS:
E1: ¿Qué hicieron *los Olivera el viernes*?
E2: Limpiaron la casa.

E1: ¿Quiénes *salieron a cenar el sábado*?
E2: *Los Silva.*

|  | LOS OLIVERA | LOS SILVA | LOS RUIZ |
|---|---|---|---|
| el viernes | Limpiaron la casa. | Fueron al cine y vieron *El amor secreto.* | Viajaron a Acapulco con sus hijas. |
| el sábado | Dieron una fiesta y se divirtieron mucho. | Salieron a cenar. | Pasaron el día en la playa. |
| el domingo | Durmieron hasta las once; no hicieron nada. | Asistieron al bautizo del nieto de sus amigos. | Almorzaron en un restaurante elegante. |

## Actividad 6. Narración: Las vacaciones de Rubén y Virginia Hernández

los Hernández
(Rubén y Virginia)

## Actividad 7. Intercambios: Las últimas vacaciones

Pregúntele a su compañero/a qué hicieron las personas en las siguientes fotos.

> MODELO: E1: ¿Qué hizo *la familia puertorriqueña?*
> E2: *Fueron a la playa, tomaron el sol y nadaron.*

Después, pregúntele a su compañero/a si él/ella hizo las mismas actividades durante sus últimas vacaciones.

> MODELO: E1: *¿Fuiste a la playa?*
> E2: No, no *fui a la playa,* pero *nadé mucho en la piscina.*

El tenis en México

Una playa en Puerto Rico

El cine en España

De viaje en Argentina

Un restaurante en
Sevilla, España

El esquí en Chile

## Actividad 8. Encuesta: ¿Cuándo?

Diga con quién y cuándo hizo usted las actividades de la próxima página. Luego comente sus respuestas con un compañero / una compañera.

> MODELO:   Fuimos al cine. → *Mi amigo Jorge y yo* fuimos al cine *anoche.*

1. Practicamos un deporte.
2. Esquiamos en las montañas.
3. Dormimos en el campo, al aire libre.
4. Dimos una fiesta.
5. Vimos una película.
6. Bailamos.
7. Nos divertimos muchísimo.
8. Montamos a caballo.
9. Corrimos varios kilómetros.
10. Estudiamos en la biblioteca.

## Y TÚ, ¿QUÉ DICES?

| ¿Dónde? | ¡Qué divertido! | ¿De veras? |
| ¿Cuál? | ¡Qué aburrido! | ¡Qué envidia! |

## Actividad 9. Narración: Los héroes y el ladrón

Los dibujos representan una aventura de Guillermo y su hermano Ernestito. Las oraciones a continuación describen cada dibujo. Póngalas en orden según los dibujos.

_____ Guillermo le ató las manos al ladrón y Ernestito llamó a la policía.

_____ Los chicos se pusieron rojos. Pero se sintieron muy bien porque hicieron algo heroico.

_____ Guillermo y Ernestito oyeron unos gritos desesperados.

_____ Corrieron detrás del ladrón.

_____ Miraron por la ventana y vieron a dos hermosas chicas asustadas.

_____ Lo atraparon y le quitaron las bolsas de las chicas.

_____ Ellas les dijeron: «¡Ayúdennos, por favor! ¡Aquel hombre nos robó las bolsas!»

_____ Las chicas les dijeron: «¡Muchísimas gracias!» y les dieron un beso.

_____ El policía arrestó al ladrón.

_____ Salieron y les preguntaron: «¿Qué les pasa?»

## Actividad 10. Entrevista: El domingo pasado

Entreviste a un compañero / una compañera. Hágale preguntas sobre las actividades de un amigo / una amiga, su novio/a o esposo/a o de otro miembro de su familia.

1. ¿Se levantó tarde? ¿A qué hora se levantó?
2. ¿Leyó el periódico? ¿Tomó café o té?
3. ¿Hizo ejercicio? ¿Practicó algún deporte?
4. ¿Asistió a misa? ¿Fue a la iglesia?
5. ¿Dónde almorzó?
6. ¿Salió con algún amigo / alguna amiga? ¿Adónde fueron? ¿Se divirtieron?
7. ¿Trabajó? ¿Dónde? ¿Por cuántas horas?
8. ¿Cenó en casa? ¿Qué hizo después de cenar? ¿Vio la televisión?
9. ¿Estudió? ¿Hizo mucha tarea? ¿Leyó alguna novela?
10. ¿A qué hora se acostó?

## EL MUNDO HISPANO... en los Estados Unidos

**A**ntonio Galván tiene 40 años y es salvadoreño. Antonio vivió por un tiempo en California; ahora reside en Takoma Park, Maryland. Lleva 22 años en los Estados Unidos.

*¿Estuvo alguna vez en una fiesta muy divertida? ¡Descríbala!*

La fiesta que yo no olvido es la de mi amiga Rosita Iraheta. Fue su «Fiesta Rosa», que también la llaman *quinceañera;* Rosita cumplió sus quince años. La fiesta no fue en su casa, sino[1] en la de sus parientes que viven en una mansión en las lomas,[2] con una vista de la ciudad. ¡Fue un fiestón[3]! La música la tocó el conjunto «Los Black Cats», y cantaba Chamba Maldonado. ¡Qué voz! Todo el mundo bailó. Y los enamorados se paseaban[4] por la terraza contemplando la ciudad iluminada, en una noche de brisas tibias inolvidable.

[1]*but rather*   [2]*en... on a hill*   [3]*huge party*   [4]*se... strolled along*

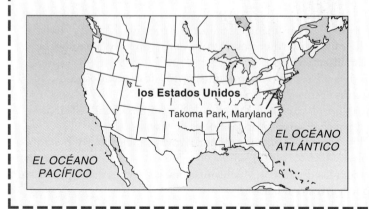

los Estados Unidos

Takoma Park, Maryland

EL OCÉANO ATLÁNTICO

EL OCÉANO PACÍFICO

# Hablando del pasado

*Lea Gramática 7.5.*

## 20,000 a.C.

Los indígenas americanos llegaron al continente desde Asia hace más de 20.000 años.

## 12 de octubre de 1492

Cristóbal Colón llegó a América hace cinco siglos.

## 4 de julio de 1776

Thomas Jefferson firmó la Declaración de la Independencia hace más de 200 años.

## 5 de mayo de 1862

Los mexicanos ganaron la batalla de Puebla hace aproximadamente 140 años.

## Actividad 11. Asociaciones: Hablando del pasado

Busque las actividades que *no* son lógicas y explique por qué no lo son.

1. Soy Ernesto. Esta mañana me levanté muy tarde.
   a. El despertador no sonó.
   b. Llegué temprano al trabajo.
   c. Desayuné tranquilamente en casa.
   d. Manejé el carro muy rápido, en vez de tomar el autobús, para llegar pronto a la oficina.

2. Hace una semana Ramón fue a acampar en las montañas con su familia.
   a. Su hermano se bañó en el río.
   b. Su hermana bailó toda la noche en una discoteca.
   c. Su papá escaló una montaña.
   d. Su mamá preparó el desayuno.

3. Soy Amanda. Hace dos días fui con algunas amigas a comprar el disco nuevo de Jon Secada.
   a. Tomamos el metro.
   b. No pagamos mucho por el disco.
   c. Compramos un taco en la tienda de discos.
   d. Encontramos otro disco de Enrique Iglesias que nos gustó.

4. Hace un año Estela y Ernesto fueron a Europa.
   a. Visitaron el Museo del Prado en Madrid.
   b. Comieron en restaurantes franceses muy buenos.
   c. Subieron a las pirámides de Teotihuacán.
   d. Cruzaron el canal entre Inglaterra y Francia.

## Actividad 12. Entrevista: Hechos memorables... una entrevista algo indiscreta

MODELO: E1: ¿Cuánto tiempo hace que empezaste a estudiar español? →
E2: Hace *seis meses* que empecé a estudiar español.

1. ¿Cuánto tiempo hace que saliste solo/a con un amigo / una amiga por primera vez?
2. ¿Cuánto tiempo hace que te dieron tu primer beso?
3. ¿Cuánto tiempo hace que te graduaste en la escuela secundaria? ¿que te matriculaste en la universidad?
4. ¿Cuánto tiempo hace que tus padres se casaron? ¿que tú te casaste?
5. ¿Cuánto tiempo hace que nació tu primer hijo / primera hija (primer sobrino / primera sobrina)?
6. ¿Cuánto hace que cumpliste años?
7. ¿Cuánto hace que conociste a tu mejor amigo/a?
8. ¿Cuánto hace que te pusieron una multa por manejar a exceso de velocidad?

# Los amigos hispanos: Una carta desde Perú

**E**n noviembre, Clara Martin viajó a Perú con un grupo de estudiantes españoles. Fue un viaje corto, pero Clara pudo ver las magníficas ruinas de Machu Picchu. La antigua ciudad sagrada de los incas está tan lejos de la civilización que es necesario usar varios medios de transporte para llegar a las ruinas.

En esta carta, Clara le describe a la profesora Martínez la excursión que ella hizo de Cuzco a Machu Picchu.

Cuzco, 15 de noviembre

Estimada profesora:

Aquí estoy en Perú. ¡Qué experiencia! Machu Picchu es increíble. Quiero contarle cómo llegamos allí, pues la larga excursión fue parte de la experiencia. Bueno, primero fuimos a Cuzco[1] por avión desde Lima. En el aeropuerto, tomamos un taxi directamente al hotel y allí descansé un poco. Después de una hora, más o menos, salí a pasear por la ciudad con los otros estudiantes. Fuimos al mercado, donde compré un suéter de alpaca muy bonito. Los indígenas de Cuzco hablan quechua[2] entre sí, pero con nosotros hablaron castellano.[3]

A la mañana siguiente, nos encontramos con todos los miembros de la excursión en la estación del tren, para ir a Machu Picchu. En el tren me senté al lado de la ventanilla para ver bien el paisaje. A la salida de Cuzco el tren tiene que subir muchos metros en una distancia muy corta, así que subimos muy despacio. ¡Dimos muchas vueltas por la misma ladera!

El viaje a Machu Picchu duró aproximadamente cuatro horas. Pasamos por valles entre montañas muy verdes. ¡Qué paisajes más bellos! Llegamos a una pequeña estación dentro de un valle profundo. De allí subimos en autobús a la cima de la montaña. Y por fin pudimos admirar las ruinas y una vista panorámica de los Andes. Fue la imagen más impresionante de mi vida. ¿Cómo pudieron construir todo aquello en un lugar tan remoto, tan inaccesible? ¿Cómo llevaron las piedras hasta allá arriba? ¡Si todavía no conocían la rueda!

Comimos en el hotel que está en la cima de la montaña, al lado de las ruinas. Luego bajé en el autobús con los estudiantes y demás miembros de la excursión. Ya casi de noche abordamos el tren para el viaje de regreso a Cuzco.

Como puede ver, profesora, mi viaje a Machu Picchu fue estupendo. Hasta mi próxima carta o tarjeta.

Un abrazo,

Clara

---

[1]Cuzco es la antigua capital de Perú; Lima es la capital hoy en día.
[2]El quechua es el idioma de los incas que se habla en Perú y Bolivia.
[3]En algunos países, como Argentina y Colombia, se usa la palabra **castellano** más que **español**. La palabra viene de **Castilla**, la región de España donde se originó el idioma.

Machu Picchu, Perú: En el Templo del Sol puede admirarse el tamaño enorme de las piedras.

## Comprensión

Busque el orden correcto.

_____ Clara compró un suéter.
_____ En el tren, Clara se sentó al lado de la ventanilla.
_____ Salió a pasear con otros estudiantes.
_____ Vio las ruinas impresionantes de Machu Picchu.
_____ Bajó en autobús con los demás.
_____ Subió a la cima de la montaña en autobús.
_____ Llegó a Cuzco.

### Un paso más... ¡a escribir!

Clara usó varios medios de transporte para llegar a Machu Picchu: el avión, el taxi, el tren y el autobús. ¿Conoce usted un lugar muy escondido, como Machu Picchu, al cual sea difícil llegar? Si no conoce un lugar así, ¡imagíneselo! ¿Dónde está? ¿Qué medios de transporte se usan para llegar allá? ¿Qué aspectos de interés tiene ese lugar? ¿Cómo son sus habitantes?

## EL MUNDO HISPANO... imágenes

«**S**ubimos en autobús a la cima de la montaña. Y por fin pudimos admirar las ruinas y una vista panorámica de los Andes. Fue la imagen más impresionante de mi vida. ¿Cómo pudieron construir todo aquello en un lugar tan remoto, tan inaccesible? ¿Cómo llevaron las piedras hasta allá arriba?»

Machu Picchu, Perú

## LAS PALABRAS VIVEN

**VOCABULARIO ÚTIL**

| | |
|---|---|
| incaica | *Incan* |
| la ciudad andina | *Andean city* |
| bordadas | *embroidered* |
| aunque | *although* |
| la cruda | *hangover (Mex.)* |
| en vez de | *instead of* |

# La cultura incaica en Ecuador

La cultura incaica es muy visible en Ecuador. Uno puede ver personas con trajes típicos de esa cultura en todas las ciudades del país. El grupo del área de la ciudad andina Otavalo es uno de los más notables. Las mujeres llevan faldas azul oscuro y hermosas blusas bordadas. Los hombres se ponen pantalones muy blancos y ponchos azules.

La presencia indígena es vital en la sociedad ecuatoriana, y se nota especialmente en el idioma. Se estima que el 30 por ciento de la población de Ecuador es monolingüe: habla solamente la lengua quechua. Y aproximadamente una tercera parte de la población es bilingüe; es decir, que habla español y quechua.

El mercado de Otavalo, Ecuador

Muchas palabras quechuas se usan diariamente en Ecuador. Estas palabras forman parte del español que se habla en ese país. Por ejemplo, *wawa* (se pronuncia *guagua*), que quiere decir **bebé**; *achachay*, que significa **tengo frío**; y *chuchaqui*, que es una **cruda**. Uno de los casos más interesantes es la palabra *ñaña*, que significa **hermana**. Esta palabra se usa tanto, que ahora muchos ecuatorianos dicen *ñaño* en vez de **hermano**. ¡Pero en la lengua quechua la palabra *ñaño* no existe!

# En resumen

### De todo un poco

¿Quién lo hizo?

Diga cuál de las personas que aparecen en la próxima página se relaciona con cada hecho histórico.

a. Neil Armstrong
b. Julio César
c. Hernán Cortés
d. Maximiliano de Habsburgo

e. Michael Johnson
f. Charles Lindbergh
g. Leonardo da Vinci
h. George Wáshington

1. _____ Cortó un árbol y dijo la verdad. Dijo: «Fui yo. No puedo decir una mentira.» Fue el primer presidente de los Estados Unidos.
2. _____ Conquistó a los aztecas hace aproximadamente 480 años. Quemó sus barcos para no regresar a España.
3. _____ Dijo: «Vine, vi y vencí» («*Vini, vidi, vici*» en latín.) Fue emperador de Roma hace muchos años... más de mil quinientos... casi dos mil.
4. _____ Pintó la *Gioconda* (la *Mona Lisa*) en Italia hace más de quinientos años.
5. _____ Es norteamericano; fue el primer hombre que caminó en la luna (hace aproximadamente treinta años).
6. _____ Ganó dos medallas de oro en las Olimpíadas de Atlanta en 1996: una en la carrera de los 200 metros y otra en la carrera de los 400 metros.
7. _____ Hizo el primer vuelo transatlántico. Cruzó el océano Atlántico en el «Espíritu de San Luis» en 1927, hace aproximadamente setenta años.
8. _____ Fue emperador de México hace más de cien años (de 1864 a 1867).

Ahora, trabajando en grupos, preparen dos o tres descripciones como las anteriores para sus compañeros.

## ¡Dígalo por escrito!

¡Soy inocente!

Debido a un error de identidad, la policía sospecha que usted participó en un robo que ocurrió durante el fin de semana pasado. Trabaje con un compañero / una compañera para hablar del asunto (su compañero/a es el policía / la mujer policía). Explíquele exactamente lo que usted hizo el fin de semana pasado (el sábado y/o el domingo). ¿A qué hora lo hizo? ¿Con quién estuvo, y dónde? Después del interrogatorio, escriba su declaración. Su compañero/a también debe escribir una declaración sobre los hechos del asunto y decir si en su juicio usted está diciendo la verdad o si está mintiendo.

## VIDEOTECA

Usted ya sabe algo de José Miguel y Paloma, los dos primos de Ecuador. En este episodio, Paloma le cuenta a José Miguel qué le pasó el fin de semana pasado. ¡Parece que fue un fin de semana muy interesante! Escuche bien y, utilizando las formas del pretérito, apunte tres de las cosas que hizo Paloma y dos más que hicieron Gustavo y Margarita. ¿Alguna vez le ocurrió a usted algo parecido? En el Capítulo 7 del *Cuaderno de trabajo* hay más actividades para hacer después de ver el video.

# Vocabulario

## La naturaleza — Nature

| | |
|---|---|
| la luna | moon |
| la ola | wave |
| el oso | bear |
| la palmera | palm tree |

**REPASO:** el río, el sol

## Los lugares — Places

| | |
|---|---|
| el aire libre | outdoors |
| la alberca | swimming pool (*Mex.*) |
| el campo | country(side) |
| la escuela secundaria | high school |
| el (jardín) zoológico | zoo |

**PALABRAS SEMEJANTES: Asia, el continente, la pirámide**

## Los verbos en el pasado (irregulares)
### Verbs in the Past (Irregular)

| | |
|---|---|
| almorzar (ue) almorcé/almorzó | to have lunch |
| buscar busqué/buscó | to look for |
| cruzar crucé/cruzó | to cross |
| dar (un beso) di/dio | to give (a kiss) |
| decir dije/dijo | to say; to tell |
| dormir (ue, u) dormí/durmió | to sleep |
| empezar empecé/empezó | to start |
| estar estuve/estuvo | to be |
| hacer hice/hizo | to do; to make |
| ir fui/fue | to go |
| jugar (ue) jugué/jugó | to play |
| leer leí/leyó | to read |

| | |
|---|---|
| llegar llegué/llegó | to arrive |
| oír oí/oyó | to hear |
| ponerse rojo / a me puse/se puso... | to blush |
| preferir (ie, i) preferí/prefirió | to prefer |
| querer (ie) quise/quiso | to want |
| secarse me sequé / se secó | to dry |
| sentirse (ie, i) (bien/mal) me sentí / se sintió | to feel (good/bad, ill) |
| ser fui/fue | to be |
| servir (i) serví/sirvió | to serve |
| tener tuve/tuvo | to have |
| traer traje/trajo | to bring |
| venir vine/vino | to come |
| vestirse (i) me vestí / se vistió | to get dressed |

## Más verbos

| | |
|---|---|
| atar | to tie |
| atrapar | to trap |
| casarse | to get married |
| cumplir años | to have a birthday |
| estacionar | to park |
| firmar | to sign |
| ganar | to win; to earn |
| hospedarse | to stay (*at a hotel*) |
| pagar | to pay |
| pasar el día | to spend the day |
| quemar | to burn |
| robar | to steal |
| saludar | to greet |
| sonar (ue) | to ring; to go off (*alarm*) |
| subir | to go up |

**PALABRAS SEMEJANTES: aceptar, arrestar, completar, contar**

## Otros sustantivos

| | |
|---|---|
| la arena | sand |
| el barco | ship |
| la batalla | battle |
| la cerveza | beer |
| el exceso de velocidad | speeding |
| el grito | shout, scream |
| el hecho | event |
| el informe | report |
| el ladrón / la ladrona | thief |
| la medalla de oro | gold medal |
| la mentira | lie |
| la multa | traffic ticket |
| la policía | police (force) |
| el siglo | century |
| el traje de baño | bathing suit |
| el vuelo | flight |

**PALABRAS SEMEJANTES: la aventura, la declaración, el emperador / la emperatriz, el kilómetro, el latín (*idioma*), las Olimpíadas, el palacio, la posibilidad, el secreto, la secuencia, el taco**

## Los adjetivos

| | |
|---|---|
| asustado/a | frightened |
| limpio/a | clean |
| lindo/a | pretty |

**PALABRAS SEMEJANTES: azteca, desesperado/a, heroico/a, histórico/a, indígena, indiscreto/a, lógico/a, memorable, ridículo/a, transatlántico/a**

## Los adverbios

| | |
|---|---|
| con cuidado | carefully |
| muchísimo | very much |
| poco después | a little later |
| pronto | soon |
| un rato | a while |

**PALABRAS SEMEJANTES: aproximadamente, inmediatamente, lógicamente, tranquilamente**

## Palabras y expresiones útiles

| | |
|---|---|
| ¡Auxilio! | Help! |
| ¿Cuánto tiempo hace que... ? | How long has it been since . . . ? |
| Hace... (+ *time*) que | It has been (+ *time*) since |
| Hace más de... | It has been more than (+ *time*) |
| disculpe | excuse me |
| lo que | that which; what |
| los demás | the rest, others |
| ¡Qué envidia! | What luck! (Lucky dog!) |
| ¿Qué pasa? | What's wrong? |
| ¿Qué pasó? | What happened? |

# Gramática y ejercicios

## ¿RECUERDA?

In **Gramática 6.4** you learned that the past tense (preterite) is formed by adding a set of endings to the verb stem. There are only two sets of endings for regular verbs: one for **-ar** verbs and one for **-er/-ir** verbs. Review that section briefly, if necessary.

## 7.1 Talking about Past Actions: The Preterite of Regular Verbs (Part 2)

### Gramática ilustrada

Singular preterite forms:

| -ar | -er/-ir |
|-----|---------|
| -é | -í |
| -aste | -iste |
| -ó | -ió |

Plural preterite forms:

| -ar | -er/-ir |
|-----|---------|
| -amos | -imos |
| -asteis | -isteis |
| -aron | -ieron |

**A.** You have already seen and used the singular preterite forms of regular verbs many times. Here is the complete set of preterite forms, singular and plural.*

|  | **hablar** | **comer** | **escribir** |
|---|---|---|---|
| (yo) | habl**é** | com**í** | escrib**í** |
| (tú) | habl**aste** | com**iste** | escrib**iste** |
| (usted, él/ella) | habl**ó** | com**ió** | escrib**ió** |
| (nosotros/as) | habl**amos** | com**imos** | escrib**imos** |
| (vosotros/as) | habl**asteis** | com**isteis** | escrib**isteis** |
| (ustedes, ellos/as) | habl**aron** | com**ieron** | escrib**ieron** |

Note the following details about the difference between present and preterite forms.

- In regular preterite forms, the stress is always on the final syllable of the **yo** and **usted, él/ella** forms.

  Generalmente me levanto a las ocho, pero ayer **me levanté** a la siete.

  *Usually I get up at 8:00, but yesterday I got up at 7:00.*

- **Tú** forms in the preterite do not end in **-s**.

  Normalmente me llamas por la noche, pero anoche no me **llamaste**.

  *Normally you call me at night, but last night you didn't call me.*

- Though both present and preterite third-person plural forms end in **-n**, it is always **-ron** in the preterite.

  Por lo general mis padres **salen** poco, pero la semana pasada **salieron** cinco veces.

  *Usually my parents go out very little, but last week they went out five times.*

- Notice that the present and preterite **nosotros/as** forms are different in **-er** verbs.

  Por lo general **comemos** un poco de carne, pero ayer no **comimos** ninguna.

  *Usually we eat a little meat, but yesterday we didn't eat any.*

  In **-ar** and **-ir** verbs, however, the **nosotros/as** form is the same in the preterite and the present tense (**hablamos, escribimos**). The context clarifies whether the speaker intends the present tense or the preterite.

  Ayer **salimos** para la universidad un poco tarde, pero mañana **salimos** temprano.

  *Yesterday we left for the university a little late, but tomorrow we're leaving early.*

*Recognition: **vos hablaste, comiste, escribiste**

**B.** If the stem of an **-er/-ir** verb ends in a vowel (**le-er**), the **i** of the **-ió** and **-ieron** endings changes to **y** in the preterite.

> **leer**: leí, leíste, le**y**ó, leímos, leísteis, le**y**eron
> **oír**: oí, oíste, o**y**ó, oímos, oísteis, o**y**eron

> Yo **leí** el libro pero Esteban no lo **leyó**.　　*I read the book, but Esteban didn't read it.*

**buscar: busqué/buscó**

**llegar: llegué/llegó**
**jugar: jugué/jugó**

**empezar: empecé/empezó**
**almorzar: almorcé/almorzó**

Don't try to remember all of this. Refer to this information when you are writing. In time you will acquire much of it through listening and reading.

**C.** Regular verbs that end in **-car**, **-gar**, and **-zar** change the spelling of the preterite **yo** form in order to preserve the same sound as the infinitive.*

> **buscar**: bus**qué**, buscaste, buscó, buscamos, buscasteis, buscaron
> **llegar**: lle**gué**, llegaste, llegó, llegamos, llegasteis, llegaron
> **almorzar**: almor**cé**, almorzaste, almorzó, almorzamos, almorzasteis, almorzaron

> **Llegué** al centro a las 4:00.　　*I arrived downtown at 4:00.*

# Ejercicio 1

¿Qué hizo Adriana ayer por la mañana? Busque el orden más lógico.

_____ Leyó el periódico.
_____ Llegó al trabajo a las 8:30.
_____ Comió cereal con leche y fruta.
_____ Se bañó.
_____ Comió una hamburguesa.
_____ Se levantó a las 7:00.
_____ Almorzó con un colega de su trabajo.
_____ Manejó el coche al trabajo.
_____ Se preparó un desayuno pequeño.

¿Y qué hizo usted ayer por la mañana?

# Ejercicio 2

Complete los diálogos con formas de **llegar** y **leer**.

JOSÉ: ¿A qué hora _____[1] (tú) a la universidad?
CLARA: _____[2] a las ocho y media. ¿Y tú?
JOSÉ: Pilar y yo no _____[3] hasta las nueve y media porque el metro _____[4] tarde.

CLARA: ¿_____[5] el artículo sobre el viaje a Mallorca la semana pasada?
JOSÉ: Sí, lo _____[6]. (**Lo** *refers back to* **el artículo**.)
CLARA: ¿Lo _____[7] Pilar y Andrés?
JOSÉ: No sé si Andrés lo _____[8], pero lo _____[9] Pilar y yo.

---

*For more information on spelling changes in the preterite, see **Capítulo 7** in the *Cuaderno de trabajo*.

## Ejercicio 3

Éstas son las actividades de Pilar y su hermana Gloria un domingo del verano pasado en Madrid. ¿Qué oración corresponde a qué dibujo?

a. _____ Leyeron (por) un rato antes de apagar las luces.
b. _____ Caminaron desde la estación del metro hasta su apartamento.
c. _____ Almorzaron hamburguesas en el Wendy's de la Gran Vía.
d. _____ Salieron a pasear por el centro de Madrid.
e. _____ Vieron una película francesa.
f. _____ Llegaron a su apartamento a las 12:00 de la noche.
g. _____ Regresaron en el metro.

Ahora, piense en un domingo del verano pasado. ¿Qué actividades hicieron usted y sus amigos (o parientes)?

> MODELO:   Mis amigos y yo *escuchamos música y bailamos en una discoteca*.

## 7.2   Relating More about the Past (Part 1): Verbs with Irregular Preterite Forms

Some verbs have a different stem in the preterite and a slightly different set of endings.*

|  | tener | estar | poder | poner | saber | hacer |
|---|---|---|---|---|---|---|
| (yo) | tuve | estuve | pude | puse | supe | hice |
| (tú) | tuviste | estuviste | pudiste | pusiste | supiste | hiciste |
| (usted, él/ella) | tuvo | estuvo | pudo | puso | supo | hizo |
| (nosotros/as) | tuvimos | estuvimos | pudimos | pusimos | supimos | hicimos |
| (vosotros/as) | tuvisteis | estuvisteis | pudisteis | pusisteis | supisteis | hicisteis |
| (ustedes, ellos/as) | tuvieron | estuvieron | pudieron | pusieron | supieron | hicieron |

*Recognition: The **vos** forms in the preterite (regular and irregular) are identical to the **tú** forms: **vos quisiste, fuiste, hiciste.**

| | venir | querer | decir | traer | conducir | traducir |
|---|---|---|---|---|---|---|
| (yo) | vine | quise | dije | traje | conduje | traduje |
| (tú) | viniste | quisiste | dijiste | trajiste | condujiste | tradujiste |
| (usted, él/ella) | vino | quiso | dijo | trajo | condujo | tradujo |
| (nosotros/as) | vinimos | quisimos | dijimos | trajimos | condujimos | tradujimos |
| (vosotros/as) | vinisteis | quisisteis | dijisteis | trajisteis | condujisteis | tradujisteis |
| (ustedes, ellos/as) | vinieron | quisieron | dijeron | trajeron | condujeron | tradujeron |

Many of the most common verbs in Spanish are irregular. Do not try to memorize each form, but refer to the chart when you write. In time, you will acquire these forms through listening and reading.

The preceding table provides the preterite forms of most common irregular verbs. Look at the table and you will notice the most important differences.

- Unlike regular preterite verb endings, the endings of the **yo** and **usted, él/ella** forms are not stressed.

  —¿Dónde **pusiste** mi chaqueta?          —*Where did you put my jacket?*
  —La **puse** encima de la cama.           —*I put it on the bed.*

  —¿Quién **vino** contigo?                 —*Who came with you?*
  —Nadie; **vine** solo.                    —*Nobody; I came alone.*

- The verb **hacer** has a spelling change from **c** to **z** in the **usted, él/ella** form.

  Ayer en el gimnasio Alberto **hizo**      *Yesterday at the gym Alberto did his*
    su tarea y yo **hice** ejercicio.         *homework and I exercised.*

- The verbs **conducir**, **decir**, **traducir**, and **traer** drop the **i** in the **ustedes, ellos/as** form.

  —¿Qué te **dijeron** de mí?               —*What did they tell you about me?*
  —Me **dijeron** que estás locamente       —*They told me that you are*
    enamorado de Carmen.                      *madly in love with Carmen.*

  —¿Qué **trajeron** ustedes de comer?      —*What did you bring to eat?*
  —Trajimos refrescos y sandwiches.         —*We brought sodas and sandwiches.*

- The verbs **dar** and **ver** take the **-er/-ir** endings, but with no written accents. The verbs **ser** and **ir** share the same stem in the past tense. Their forms are thus identical, so the meaning must be inferred from the context.

**fui** = *I went/was*
**fue** = *you (pol. sing.) went/were; he/she went/was*

| ser / ir (*to be/to go*) | | |
|---|---|---|
| (yo) | fui | *I was/went* |
| (tú) | fuiste | *you (inf. sing.) were/went* |
| (usted, él/ella) | fue | *you (pol. sing.) were/went; he/she was/went* |
| (nosotros/as) | fuimos | *we were/went* |
| (vosotros/as) | fuisteis | *you (inf. pl., Spain) were/went* |
| (ustedes, ellos/as) | fueron | *you (pl.) were/went; they were/went* |

| | |
|---|---|
| —¿Qué te **dieron**? | —*What did they give you?* |
| —Mi tío me **dio** dinero. | —*My uncle gave me money.* |
| —¿Adónde **fue** Luis anoche? | —*Where did Luis go last night?* |
| —**Fue** al cine. | —*He went to the movies.* |
| —¿Qué **fue** ese ruido? | —*What was that noise?* |
| —No **fue** nada. ¡Estás imaginando cosas! | —*It wasn't anything. You are imagining things!* |

## Ejercicio 4

Éstas son las actividades de ayer de algunos de los vecinos hispanos. Complete las oraciones con la forma correcta del pretérito de **ver**, **ir**, **dar**, **hacer**, **decir**, **traer**, **poner** o **venir**.

1. Ernesto Ramírez _____ una fiesta para sus amigos.
2. Dice Ernesto: « _____ más de treinta personas a mi fiesta.»
3. Dice Andrea: «Yo _____ una botella de tequila.»
4. Todos _____ que la fiesta fue fantástica.
5. Amanda _____ a Graciela hablando con su novio, Rafael.
6. Ernestito le _____ una cadena de identificación a su perro.
7. Guillermo _____ la tarea para su clase de biología.
8. Ernesto y Estela _____ al teatro.

## Ejercicio 5

Cuente lo que hicieron estas personas.

MODELO:   (Soy Pilar.) Anoche fui al cine con mi hermana. Después cenamos en un restaurante y dimos un paseo por el centro. Me acosté muy tarde. →
Pilar *fue* al cine con su hermana. Después ellas *cenaron* en un restaurante y *dieron* un paseo por el centro. Pilar *se acostó* muy tarde.

1. (Soy Ricardo Sícora.) Un sábado por la mañana fui con mis hermanos Pablo y Enrique y unos amigos a una playa cerca de Ocumare a bucear. Llegamos temprano a la playa, así que descansé un rato antes de meterme al agua. Buceamos una hora y vimos muchísimos peces y animales marinos. Por la noche hicimos una fogata en la playa y cocinamos pescado en ella. Luego, toqué la guitarra y cantamos y bailamos hasta muy tarde.
2. (Soy Silvia Bustamante.) Anoche fui con mi novio Nacho Padilla a una fiesta. Llegamos a las 9:00 y cuando entré, vi a Luisa Hernández, una amiga del Instituto de Inglés, donde estudié el año pasado. La saludé y salimos al patio a charlar de los viejos amigos del Instituto. Bailé mucho con Nacho y tomé una copa de champaña. ¡Regresé a casa un poco mareada!

## Ejercicio 6

Diga qué hacen las siguientes personas generalmente, qué hicieron ayer por la tarde y qué van a hacer mañana.

MODELO: Generalmente *Adriana juega al tenis por la tarde*, pero ayer *tradujo un documento del italiano al español* y mañana *va a aprender un nuevo programa de informática.*

| | GENERALMENTE | AYER | MAÑANA |
|---|---|---|---|
| Pilar | asistir a clase | dormir toda la tarde | visitar a una amiga |
| Andrea y Pedro | almorzar con sus hijas | estar en el D.F. todo el día | ir de compras |
| Adriana | jugar al tenis por la tarde, después de salir del trabajo | traducir un documento del italiano al español | aprender un nuevo programa de informática |
| doña Lola | quedarse en casa | tomar café con sus amigas | cocinar toda la tarde |
| Carla y Rogelio | estudiar en la biblioteca | ir a la playa | lavar el carro |

## 7.3 Relating More about the Past (Part 2): Stem-Changing Verbs in the Preterite

**A.** In most cases, the vowels of stem-changing verbs do *not* change in the preterite forms. Here is a comparison of present-tense and preterite forms of the verbs **cerrar** (*to close*) and **contar** (*to tell, relate*).

> **¿RECUERDA?**
>
> You'll recall from **Gramática 4.2** that a small number of verbs have stem-vowel changes in the present-tense forms in which the spoken stress is on the stem vowel: **pienso** versus **pensar**, **duermo** versus **dormir**. (See also **Gramática 2.3**, **3.3**, and **5.2** to review other familiar verbs with this type of stem change.)

Present:
cierro/cierra
pienso/piensa
Past:
cerré/cerró
pensé/pensó

| | | cerrar | | contar | |
|---|---|---|---|---|---|
| | | *Present* | *Past* | *Present* | *Past* |
| | (yo) | cierro | cerré | cuento | conté |
| | (tú) | cierras | cerraste | cuentas | contaste |
| | (usted, él/ella) | cierra | cerró | cuenta | contó |
| | (nosotros/as) | cerramos | cerramos | contamos | contamos |
| | (vosotros/as) | cerráis | cerrasteis | contáis | contasteis |
| | (ustedes, ellos/as) | cierran | cerraron | cuentan | contaron |

**B.** A few verbs, however, all in the **-ir** group, do change their stem vowel in the **usted, él/ella** and the **ustedes, ellos/as** forms of the preterite. There are two

Present:
me div**ie**rto / se div**ie**rte
d**ue**rmo/d**ue**rme
Past:
me div**e**rtí / se div**i**rtió
d**o**rmí/d**u**rmió

possible changes: **e** → **i** and **o** → **u**. The present-tense and preterite forms of the verbs **divertirse** (*to have a good time*) and **dormir** (*to sleep*) are given below.* Other common verbs with this change are **sentir** (*to feel*), **sugerir** (*to suggest*), **preferir** (*to prefer*), **mentir** (*to lie*), and **morir** (*to die*).

| | divertirse | | dormir | |
| --- | --- | --- | --- | --- |
| | *Present* | *Past* | *Present* | *Past* |
| (yo) | me divierto | me divertí | duermo | dormí |
| (tú) | te diviertes | te divertiste | duermes | dormiste |
| (usted, él/ella) | se divierte | se divirtió | duerme | durmió |
| (nosotros/as) | nos divertimos | nos divertimos | dormimos | dormimos |
| (vosotros/as) | os divertís | os divertisteis | dormís | dormisteis |
| (ustedes, ellos/as) | se divierten | se divirtieron | duermen | durmieron |

Do not try to memorize all these forms, but refer to the chart when you write. In time, you will acquire the forms through listening and reading.

Yo **dormí** bien. Estela **durmió** mal.

—¿**Se divirtió** usted anoche?
—Sí, **me divertí** mucho.

*I slept well. Estela slept poorly.*

—*Did you have fun last night?*
—*Yes, I had a great time.*

## Ejercicio 7

Complete los siguientes diálogos con la forma correcta de los verbos.

DORMIR
— ¿Cuántas horas _____[1] tú anoche?
— _____[2] solamente cinco.
— ¿Generalmente _____[3] tan pocas horas?
— No, generalmente _____[4] por lo menos siete, a veces ocho.

SENTIR(SE)
— ¿Tú te _____[5] mal ahora?
— No, me _____[6] bastante bien.
— Pero anoche te _____[7] muy mal, ¿verdad?
— Sí, anoche me _____[8] mal por un dolor de cabeza.

DIVERTIR(SE)
— ¿Te _____[9] anoche en la fiesta?
— Sí, me _____[10] muchísimo. ¿Se _____[11] tu esposa?
— No, no se _____[12] porque no le gustó la música.

MENTIR
— Tú me _____,[13] ¿verdad?
— No, no te _____.[14] Te dije la verdad.
— Pues, alguien me _____.[15]
— No fui yo.

_____

*This same stem-vowel change also occurs in the present participle: **durmiendo** (*sleeping*), **divirtiéndose** (*having fun*).

**¿RECUERDA?**

In **Gramática 5.1** you learned that the indirect object pronouns (**me, te, le, nos, os, les**) are frequently used with verbs of informing such as **hablar, preguntar,** and **contestar.** Review that section briefly.

**Le dije que...** = *I told you (pol. sing.)/him/her that . . .*
**Me dijo que...** = *You (pol. sing.)/He/She told me that . . .*
**Le dijimos que...** = *We told you (pol. sing.)/him/her that . . .*

Remember that **dijo** is a *preterite* form, not a present-tense form.

## 7.4 Reporting the Past: Indirect Object Pronouns with *decir*

In the preterite, the verb **decir** is commonly used with indirect object pronouns to report speech.

| decir (*to say; to tell*) | | |
|---|---|---|
| (yo) | dije | *I said* |
| (tú) | dijiste | *you (inf. sing.) said* |
| (usted, él/ella) | dijo | *you (pol. sing.) said; he/she said* |
| (nosotros/as) | dijimos | *we said* |
| (vosotros/as) | dijisteis | *you (inf. pl., Spain) said* |
| (ustedes, ellos/as) | dijeron | *you (pl.) said; they said* |

| | |
|---|---|
| **Le dije** que... | *I told (said to) you/him/her that . . .* |
| **Te dijimos** que... | *We told (said to) you that . . .* |
| **Me dijo** que... | *You/He/She told (said to) me that . . .* |
| **Me dijeron** que... | *You/They told (said to) me that . . .* |

Note that the phrase **Le dijo que...** has several possible meanings; interpretation depends on the context.

Le dijo que...
- *He/She told him that . . .*
- *He/She told her that . . .*
- *He/She told you that . . .*
- *You told him/her that . . .*

| | |
|---|---|
| Don Anselmo fue a la casa de doña Rosita y **le dijo que** sus hijos van a llegar pasado mañana. | *Don Anselmo went to doña Rosita's house and told her that his children are going to arrive the day after tomorrow.* |

## Ejercicio 8

Complete esta conversación telefónica usando pronombres de complemento indirecto (**me, te, le, nos, les**) y las formas correctas del pretérito del verbo **decir** (**dije, dijiste, dijo, dijimos, dijeron**).

GRACIELA: No oigo bien, Amanda. ¿Qué _____¹ _____²?

AMANDA: _____³ _____⁴ que no voy a estar en casa esta noche.

GRACIELA: ¡Ay, lo mismo _____⁵ _____⁶ tu hermano Guillermo! ¿Adónde vas?

AMANDA: Es que mi madre _____⁷ _____⁸ que hay una venta especial con precios muy rebajados hoy en El Palacio de Hierro.

GRACIELA: ¿Y qué _____⁹ _____¹⁰ tú a ella? ¿No _____¹¹ _____¹² que hoy tenemos mucha tarea?

AMANDA: Hummm... no, pero _____¹³ _____¹⁴ que tú quieres ir con nosotras. Es verdad, ¿no?

GRACIELA: Ay, sí, Amanda, sí quisiera acompañarlas, pero... ¡_____¹⁵ _____¹⁶ a mi papá que no voy a comprar más ropa este mes!

AMANDA: Pues, ven con nosotras pero... ¡deja tu dinero en casa!

GRACIELA: ¡Imposible!

## 7.5   Expressing *ago*: *hacer* + Time

The verb **hace** followed by an amount of time is equivalent to English expressions of time with *ago*.

| | |
|---|---|
| hace cinco minutos | *five minutes ago* |
| hace una hora | *an hour ago* |
| hace dos años | *two years ago* |

| | |
|---|---|
| —¿Cuándo salió Ricardo? | —*When did Ricardo leave?* |
| —**Hace una hora.** | —*An hour ago.* |

There are two ways to formulate the question *How long ago did . . . ?*

¿Cuánto (tiempo) hace que + *preterite*?
¿Hace cuánto (tiempo) que + *preterite*?

| | |
|---|---|
| —Srta. Durán, **¿cuánto (tiempo) hace que** usted **fue** a México? | —*Ms. Durán, how long ago did you go to Mexico?* |
| —**Fui hace tres años.** | —*I went three years ago.* |

## Ejercicio 9

Estela está de mal humor hoy, y acusa a Ernesto de no hacer nada para ayudarla. ¿Cómo puede defenderse Ernesto?

MODELO:   ESTELA:  ¡Tú nunca lavas los platos en esta casa!
ERNESTO:  Pero, Estela, *lavé* los platos *hace una hora*. (Pero, Estela, los lavé hace una hora.)

1. ¡Tú nunca limpias el baño!
2. ¡Tú nunca barres el patio!
3. ¡La alfombra está sucia porque tú nunca pasas la aspiradora!
4. El pobre perro, ¡tú nunca lo bañas!
5. Estoy cansada de comer las mismas cosas. ¡Tú nunca me llevas a ningún restaurante elegante!

## Ejercicio 10

¿Sabe usted mucho de historia? ¿Cuánto hace que... ?

MODELO:   ¿Cuánto (tiempo) hace que terminó la Segunda Guerra Mundial? (1945) →
Terminó hace aproximadamente cincuenta y cinco años.

1. ¿Cuánto tiempo hace que Alejandro G. Bell inventó el teléfono? (1876)
2. ¿Cuánto tiempo hace que Gustave Eiffel construyó la Torre Eiffel? (1889)
3. ¿Cuánto hace que murió Pancho Villa? (1923)
4. ¿Cuánto tiempo hace que Colón llegó a América? (1492)
5. ¿Cuánto hace que murió Francisco Franco, el dictador de España? (1975)
6. ¿Cuánto hace que Alemania se unificó? (1990)
7. ¿Cuánto hace que los países de la antigua Unión Soviética se independizaron? (1991)

# CAPÍTULO 8

# La comida

El Viejo San Juan, Puerto Rico

# Actividades de comunicación y lecturas

## Las comidas, las bebidas y la nutrición

*Lea Gramática 8.1–8.4.*

El desayuno

los huevos
el cereal
el yogur
el jugo de naranja
la leche
el tocino
el pan tostado con mantequilla
el panecillo
la fruta
el café

¿La leche? La bebemos todas las mañanas.

El almuerzo

la sopa
los tacos
las galletas
el sándwich de jamón y queso
la hamburguesa
los refrescos
las papas fritas
las galletitas

¿Las papas fritas? Siempre, las como para el almuerzo.

La cena

el bistec
la papa al horno
la ensalada de lechuga y tomate
las legumbres
el pan
el vino
el helado
el pastel
el flan
las enchiladas
el arroz
las tortillas de maíz
los frijoles
el postre

¿El vino? Lo compré ayer.

## Actividad 1. Conversación: Las comidas del día

Diga si comemos estas comidas para el desayuno, para el almuerzo o para la cena.

MODELOS: ¿Los huevos revueltos? *Los comemos para el desayuno.*

¿La sopa? *La tomamos para el almuerzo o para la cena.*

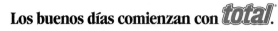

**Los buenos días comienzan con *total*.**

**D**espierte a su familia con un ¡buenos días!, una sonrisa, y un buen desayuno con Whole Grain Total. Una combinación perfecta, porque usted pone la alegría y Total la nutrición.

Y usted se queda tranquila, porque Total está hecho de trigo entero y le da el 100% de la ración diaria recomendada por el gobierno de 12 vitaminas y minerales... ¡en un solo plato! Por eso, haga que todos los días sean buenos días para su familia. Comiéncelos con Whole Grain Total.

No hay otro cereal más nutritivo que Total.

los huevos revueltos
los guisantes
las legumbres
la sopa
el pan tostado con jalea
las hamburguesas
un sándwich
el pollo frito
las enchiladas
la coliflor
los tacos
los panqueques
el cereal
los espárragos
la ensalada de lechuga
el tocino
el yogur
las chuletas de cerdo
las papas fritas
el arroz
el maíz

Ahora diga con qué frecuencia usted come estos alimentos.

MODELOS: ¿El cereal? *Nunca lo como. No me gusta.*

¿Las enchiladas? *Las como siempre en un restaurante mexicano en mi vecindario.*

## Actividad 2. Intercambios: La nutrición

¿Qué comidas son más ricas en proteína, en carbohidratos, en vitaminas? ¿Cuáles contienen más grasa? Mire los dibujos de las comidas en la página anterior. Trabajando con su compañero/a, pónganlas en uno (o más) de los cinco grupos de la tabla a continuación.

MODELO: E1: El arroz tiene muchos carbohidratos.
E2: Sí. Y las papas fritas contienen mucha grasa.

| LA PROTEÍNA | LOS CARBOHIDRATOS | EL CALCIO | LAS VITAMINAS A y C | LA GRASA |
|---|---|---|---|---|
| | *el arroz* | | | *las papas fritas* |
| | | | | |
| | | | | |
| | | | | |
| | | | | |

# LAS PALABRAS VIVEN

**VOCABULARIO ÚTIL**

| | |
|---|---|
| la guanábana | *soursop* |
| la batata | *sweet potato* |

**Algunas frutas y legumbres:** Las frutas y las legumbres reciben nombres diferentes en los países hispanos. A veces los nombres vienen del idioma indígena de cada país. Por ejemplo, las **judías verdes** son **ejotes** en México (del náhuatl, el antiguo idioma de los aztecas).

Hay frutas que no se comen en algunos sitios. La razón es que cada país tiene su propio clima y vegetación. Algunas frutas, como **la guanábana** en la región del Caribe, requieren un clima tropical y, claro, no se cultivan en países de clima frío.

La palabra para **legumbres** es **verduras** en algunos países y **hortalizas** en otros. (**Los vegetales** son plantas de cualquier tipo.) En Uruguay y Argentina **las fresas** son **frutillas**. En España, México y otros países, **la banana** es **plátano**. Y **la batata** es **camote** en México, **ñame** en los países andinos y **boniato** en Cuba. En España se le llama **patata** a **la papa** y **zumo** al **jugo de fruta**.

**Otras comidas:** La palabra más común para **sándwich** en España es **bocadillo**; en México es **la torta**. Y **el pastel** tiene varios nombres: es **bizcocho** en Puerto Rico, **queque** en Colombia y **torta** en España. Y en Cuba dicen **el cake**, que se pronuncia **quey** y a veces se escribe así también.

Para decir **helado** en México, se usa una palabra que viene del clima. Es fría, blanca y cae del cielo. ¿Sabe lo que es? Sí, en México el helado es **la nieve**. Finalmente, ¿sabe usted como se dice *junk food* en ese país? Pues... es **comida chatarra**.

## Actividad 3. Encuesta: Mis bebidas favoritas

Escoja su bebida favorita según la ocasión. Use **me gusta** o **prefiero**.

MODELO:    en la mañana →
Cuando me levanto en la mañana *me gusta tomar una taza de café con leche*.

**POSIBILIDADES**

| | | |
|---|---|---|
| agua mineral | jugos naturales (de | refrescos |
| batidos de leche | tomate, de naranja, | té caliente |
| café | de pera, de toronja) | té helado |
| cerveza | leche | vino |
| chocolate | limonada | |

1. para el desayuno
2. para el almuerzo
3. en una fiesta de Año Nuevo
4. después de hacer ejercicio
5. para dormir
6. cuando hace frío
7. cuando hace calor
8. en un restaurante

## Actividad 4. Del mundo hispano: Una dieta para mejorar la salud

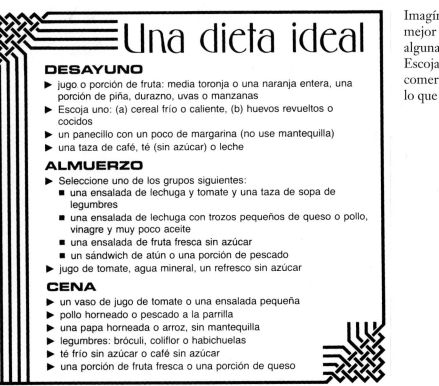

# Una dieta ideal

### DESAYUNO

▶ jugo o porción de fruta: media toronja o una naranja entera, una porción de piña, durazno, uvas o manzanas
▶ Escoja uno: (a) cereal frío o caliente, (b) huevos revueltos o cocidos
▶ un panecillo con un poco de margarina (no use mantequilla)
▶ una taza de café, té (sin azúcar) o leche

### ALMUERZO

▶ Seleccione uno de los grupos siguientes:
  ■ una ensalada de lechuga y tomate y una taza de sopa de legumbres
  ■ una ensalada de lechuga con trozos pequeños de queso o pollo, vinagre y muy poco aceite
  ■ una ensalada de fruta fresca sin azúcar
  ■ un sándwich de atún o una porción de pescado
▶ jugo de tomate, agua mineral, un refresco sin azúcar

### CENA

▶ un vaso de jugo de tomate o una ensalada pequeña
▶ pollo horneado o pescado a la parrilla
▶ una papa horneada o arroz, sin mantequilla
▶ legumbres: bróculi, coliflor o habichuelas
▶ té frío sin azúcar o café sin azúcar
▶ una porción de fruta fresca o una porción de queso

Imagínese que usted necesita comer mejor para mejorar su salud. Aquí tiene algunas sugerencias para una dieta. Escoja los alimentos que usted va a comer mañana. Diga lo que le gusta y lo que no le gusta. ¡No coma demasiado!

## Actividad 5. Conversación: La mesa

**Parte 1.** Diga para qué sirven estos objetos de la mesa. Use las palabras y frases útiles de la próxima página.

MODELO:  *El salero* sirve para *guardar la sal.*

## PALABRAS Y FRASES ÚTILES

| | | |
|---|---|---|
| las bebidas | guardar la pimienta | servir la comida |
| comer | guardar la sal | tomar café o té |
| cortar la comida | limpiarse la boca | tomar la sopa |
| cubrir la mesa | preparar la ensalada | |

**Parte 2.** Ahora, trabaje con un compañero / una compañera para decir dónde están esos objetos en el dibujo. Usen **al lado de, entre, a la derecha de, a la izquierda de, enfrente de** o **encima de.**

> MODELO:   E1:  ¿Dónde está *el tenedor*?
> E2:  Está *a la izquierda del* plato.

### Actividad 6. Entrevista: La comida en casa

1. ¿Qué desayunas normalmente? ¿Qué comiste esta mañana antes de salir de tu casa?
2. ¿Qué almuerzas generalmente? ¿Qué almorzaste hoy? ¿Qué vas a almorzar mañana?
3. ¿Tomas café durante el día? ¿Lo tomas con o sin azúcar? ¿con o sin leche? ¿Cuál te gusta más, el té caliente o el café?
4. ¿Comes entre comidas? ¿Qué comes?
5. ¿Prefieres comer más al mediodía o por la noche? ¿Por qué? ¿Cenas en tu casa, generalmente? ¿Con quién(es)? ¿Qué cenan?
6. ¿Qué prefieres de postre? ¿Siempre comes postre?
7. ¿Generalmente comes mientras ves la televisión? ¿Te gustan las palomitas de maíz? ¿Les pones mantequilla o sal? ¿Qué otra cosa te gusta comer?

LECTURA

# «Oda al tomate» de Pablo Neruda (selecciones)

**P**ablo Neruda (Chile, 1904–1973) es uno de los más grandes poetas y escritores de la literatura hispana. Neruda recibió el Premio Nóbel de Literatura en 1971.[1] Entre sus muchos libros, hay varios de gran popularidad: *Veinte poemas de amor y una canción desesperada, Odas elementales* y sus memorias, *Confieso que he vivido.*

En *Odas elementales* Neruda dedicó una serie de odas a objetos, legumbres y otros elementos de la vida diaria. En esta colección hay poemas que describen, por ejemplo, el libro, el reloj, la cebolla y hasta el tomate.

Sí, es posible escribir un poema sobre un tomate. ¡Aquí tiene usted uno!

---

[1]En 1995 la poesía de Neruda se hizo aún más popular en todo el mundo con la película *Il Postino* (*The Postman*). Esta excelente película italiana narra las relaciones entre el poeta chileno y un cartero.

La calle
se llenó de tomates,
mediodía,
verano,
la luz
se parte[2]
en dos
mitades[3]
de tomate,
corre
por las calles
el jugo.
En diciembre
se desata[4]
el tomate,
invade
las cocinas,
entra por los almuerzos,
se sienta
reposado[5]
en los aparadores,[6]
entre los vasos,
las mantequilleras,[7]
los saleros azules.
Tiene
luz propia,[8]
majestad benigna[9]...
Debemos, por desgracia,[10]
asesinarlo:
se hunde
el cuchillo
en su pulpa viviente,[11]
es una roja
víscera,
un sol fresco,
profundo,
inagotable,[12]
llena las ensaladas
de Chile...

[2]se... *breaks*   [3]*halves*   [4]se... *breaks away*
[5]calmado   [6]*sideboards*   [7]*butter dishes*
[8]luz... *its own light*   [9]buena   [10]por... *un-fortunately*   [11]se... *the knife sinks into its living pulp*   [12]*inexhaustible*

«La calle / se llenó de tomates, / mediodía, / verano... »

«Tiene / luz propia, / majestad benigna... / es... un sol fresco, / profundo,... »

## Comprensión

1. ¿En qué momento del día se describe el tomate?
2. ¿Qué estación y qué mes del año menciona el poeta? ¿Cómo se comparan con las estaciones y los meses en los Estados Unidos?
3. El poeta «personifica» el tomate, es decir, la legumbre del poema tiene atributos humanos y hace varias cosas. Mencione tres de las acciones del tomate.

## Ahora... ¡usted!

1. ¿Le gustan los tomates? ¿Qué otras legumbres o frutas le gustan? ¿Cuáles no le gustan y por qué no?
2. Normalmente, ¿qué le pone usted a una ensalada?

## Un paso más... ¡a escribir!

Escriba un breve poema sobre su legumbre favorita o la fruta que más le gusta. ¿De qué color es? ¿Qué vitaminas tiene? ¿En qué estación del año se cosecha más? ¿Por qué le gusta? Empiece con los siguientes versos de Neruda.

> La calle
> se llenó de...

## LAS PALABRAS VIVEN

| VOCABULARIO ÚTIL | |
| --- | --- |
| heredamos | *we inherited* |
| adivinar | *to guess* |

# El idioma de los aztecas

En el español que se habla en México hay muchas palabras que vienen del náhuatl. Éste es el idioma que hablaban los aztecas, habitantes de México al llegar los españoles allí en 1519.

En todo el mundo hispano hay una gran cantidad de alimentos que heredamos de los antiguos mexicanos: entre otros, *aguacatl* (**aguacate**), *xocolatl* (**chocolate**), *jitomatl* (**tomate**), *guajolotl* (**guajolote, pavo**), *ejotl* (**ejotes**) y *elotl* (**elote**).

Las siguientes palabras del náhuatl forman parte del idioma español en México y otros países: *mexica, coyotl, tomatl* y *chilli*. ¿Puede usted adivinar lo que significan esas palabras?

México, D.F.: Un tema común en la obra del artista mexicano Diego Rivera es el de los aztecas.

# La compra y la preparación de la comida

*Lea Gramática 8.5.*

## Actividad 7. Definiciones: Las comidas

Combine la definición a la izquierda con un alimento a la derecha.

1. _____ Es una legumbre anaranjada que contiene vitamina A.
2. _____ Esta fruta de cáscara amarilla crece en las zonas tropicales.
3. _____ Ésta es una fruta tropical, anaranjada por dentro y verde por fuera.
4. _____ Se pone en la ensalada.
5. _____ Es blanca, como el azúcar, pero no es dulce.
6. _____ Éstas son uvas secas.
7. _____ Es un líquido dorado, muy espeso y muy dulce.
8. _____ Es una legumbre larga y verde que se usa con frecuencia en las ensaladas.
9. _____ Se cocinan por tres o cuatro horas y se sirven con tortillas; son muy populares en la cocina mexicana.
10. _____ Es un postre hecho de huevos, leche y azúcar, muy popular en los países hispanos.

a. la sal
b. los frijoles
c. el pepino
d. el flan
e. las pasas
f. el plátano
g. la zanahoria
h. el aderezo
i. la miel
j. el mango

## EL MUNDO HISPANO... su gente

**P**ara mí, una cena ideal es...

« ... una cena sentados a la mesa y teniendo primer plato,[1] segundo plato y postre. Para la cena no me gusta nada muy pesado,[2] sino más bien ligero. Una sopa o un puré primero y una tortilla o carne después. De postre... un mousse.»
*María del Carmen Méndez Navarro, española*

« ... una pizza preparada por mí con atún y queso.»
*Joaquín Zasueta Ortiz, español*

« ... frijolitos fritos, queso, jamón, tortilla de harina o pollo con papas, con jugo de naranja.»
*Xiomara Zendejas, hondureña*

« ... arroz con frijolitos arreglados,[3] tamales (un platillo típico costarricense), puré de papas y té frío.»
*José Antonio Vásquez, costarricense*

« ... una copa de helado de vainilla, con nueces y bañado[4] de chocolate caliente (¡Mmmmmmm!).»
*Katia Capaldi, argentina*

« ... un pollo al horno con papas y verduras, con empanadas de entrada y panqueques con dulce de leche de postre.»
*Verónica Lugo, argentina*

[1]primer... *first course*   [2]*heavy*   [3]arroz... *rice covered with beans*   [4]*drenched*

## Actividad 8. Del mundo hispano: Supermercado El Diamante

Imagínese que usted va a ir al supermercado El Diamante en Puerto Rico para hacer las compras. Estudie las dos listas y calcule el precio total de cada una.

LISTA 1
1   paquete de tocino
2   latas de sopa de legumbres
2   aguacates
3   libras de carne molida
2   libras de limones
14  onzas de avena

LISTA 2
1   libra de carne molida
1   tarro de 16 onzas de mayonesa
3   libras de cebollas amarillas
1   paquete de zanahorias
2   libras de manzanas
1   sandía de ocho libras

## EL MUNDO HISPANO... imágenes

**T**odos juntos a la hora de comer. Después del postre, los adultos se quedan sentados a la mesa para la «sobremesa»: conversación y café. Para muchos hispanos, la sobremesa es una parte esencial —¡y divertida!— de la comida. Es el momento de charlar y compartir[1] impresiones, ideas y gustos. ¡Muchas veces la sobremesa dura más tiempo que la comida misma!

[1]share

España: la comida en familia

## Actividad 9. Asociaciones: Los alimentos

En cada grupo de palabras a continuación hay una que no pertenece a la lista. Búsquela y explique por qué no pertenece.

> MODELO:  la salchicha, la hamburguesa, la chuleta, la pera →
> *La pera* no pertenece a esta lista porque *no es carne.*

1. el apio, el pepino, la avena, los guisantes
2. el flan, el helado, las aceitunas, el pastel
3. la miel, la mazorca de maíz, la mermelada, la jalea
4. el plátano, las almejas, los camarones, la langosta
5. las nueces, albaricoque, la piña, la toronja

## Actividad 10. Orden lógico: ¿Cómo se prepara... ?

Ponga en orden los pasos para la preparación de estas comidas.

UN SÁNDWICH DE JAMÓN Y QUESO
_____ Se cortan varias rebanadas de tomate.
_____ Se pone mayonesa y mostaza en las dos rebanadas de pan.
_____ Se corta el jamón y el queso.
_____ Se come con un refresco frío.
_____ Se sacan dos rebanadas de pan.
_____ Se le agrega la lechuga y las rebanadas de tomate.

UNA QUESADILLA MEXICANA
_____ Se saca la quesadilla de la sartén.
_____ Se dobla la tortilla.
_____ Se saca una lata de chiles y una tortilla de harina.
_____ Se pone en una sartén.
_____ Se pone el queso y un chile en un lado de la tortilla.
_____ Se tapa la sartén y se fríe la quesadilla tres minutos de cada lado.
_____ Se ralla el queso.
_____ Se sirve con salsa y se come.

## Actividad 11. Narración: Vamos a preparar chiles rellenos

Narre los pasos en la preparación de los chiles rellenos.

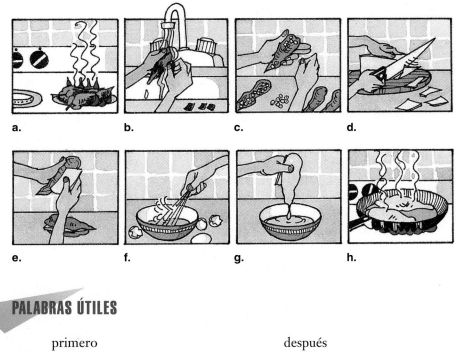

a.        b.        c.        d.

e.        f.        g.        h.

## PALABRAS ÚTILES

primero                 después
luego                   finalmente

## Actividad 12. Entrevista: Hacer la compra

1. ¿Quién hace la compra en tu casa?
2. ¿Se compran todos los comestibles en un supermercado o en varias tiendas pequeñas?
3. ¿Compras muchas legumbres y frutas?
4. ¿Compras muchas comidas pre-elaboradas? ¿Lees las etiquetas de las comidas para determinar si contienen colorantes o conservadores?
5. ¿Quién prepara las comidas en tu casa?
6. ¿Te gusta cocinar? ¿Qué platos sabes preparar?
7. ¿Compras mucha comida chatarra? ¿Qué compras?

# NOTA CULTURAL

# Algunos platillos hispanos

**VOCABULARIO ÚTIL**

| | |
|---|---|
| ¡pruebe! | *try!* |
| la cocina | *cuisine* |
| pescado en escabeche | *fish in a marinade of oil, vinegar, and spices* |
| están de moda | *are popular* |
| los boquerones | *small sardines* |
| la ensaladilla | *potato salad* |

En esta Nota cultural se mencionan varios platillos típicos de España y América Latina. Todos son verdaderamente deliciosos. Lea las descripciones y... ¡pruebe la cocina hispana!

La cocina hispana es muy variada. Dentro de un mismo país, los platos y la manera de prepararlos varían de región a región. El **arroz con pollo** se come especialmente en el Caribe: es un plato de arroz con trozos de pollo y tomate, aceitunas y otros condimentos. Las **empanadas**, populares en muchos países de América del Sur, son pasteles rellenos de diferentes tipos de carnes. En Argentina varios platillos llevan **fideos**. En ese país también se preparan exquisitas **parrilladas**: una variedad de carnes —cerdo, cordero, ternera, salchichas— cocinadas a la parrilla. Y los peruanos tienen platillos deliciosos: entre otros, el **ají de gallina**, que es pollo cocinado en una crema de nueces, y el **cebiche**, un plato de pescado en escabeche.

La deliciosa paella es el plato más conocido de España.

La rica **paella valenciana** que se ve en la foto es el plato más conocido de España. La paella es un plato de arroz que lleva mariscos y también puede llevar pollo, chorizo y verduras. Otro platillo típico es la **tortilla española**, un tipo de *omelet* hecho de huevos, cebollas, patatas y otras legumbres. La tortilla española se sirve muchas veces como «tapa».

Ahora las **tapas** españolas están muy de moda en los Estados Unidos. Las tapas son pequeñas porciones de comida que se sirven en los bares de España; por lo general acompañan el vino o la cerveza. Las tapas pueden ser muy sencillas —**aceitunas y cacahuetes**— o platillos más elaborados, como la tortilla. Algunas de las tapas que más se comen en

En los bares, la copa de vino y la cerveza van acompañadas de una variedad de tapas: aceitunas, pescado frito, cacahuetes, patatas fritas, trozos de tortilla española y todo tipo de fiambres.

España son los **calamares**, los **boquerones fritos**, la **ensaladilla** y todo tipo de **carnes** frías o calientes.

Una de las diversiones favoritas de los españoles es «ir de tapas». Esto quiere decir que van de un lugar a otro probando una variedad de tapas. Es una oportunidad ideal para pasar tiempo con los amigos. ¡Buena conversación y rica comida!

El cebiche peruano

# Comprensión

¿Qué ingredientes se usan en estos platillos hispanos? ¡Cuidado! Algunos se usan en más de un platillo.

| | | |
|---|---|---|
| **1.** el arroz con pollo | **a.** las aceitunas |
| **2.** la paella | **b.** los mariscos |
| **3.** la tortilla española | **c.** los huevos |
| **4.** las empanadas | **d.** las verduras |
| **5.** las tapas | **e.** las papas |
| **6.** la parrillada | **f.** la carne de cerdo |
| **7.** el cebiche | **g.** el pescado |
| **8.** el ají de gallina | **h.** la ternera |
| | **i.** las salchichas |
| | **j.** el pollo |

# Ahora... ¡usted!

**1.** ¿Cuáles de los platillos mencionados no conoce pero le gustaría probar? ¿Cuáles *no* le gustaría probar? Explique.

**2.** En algunas partes de los Estados Unidos son populares los «*tapa bars*», que en muchos casos funcionan más como restaurantes que como bares. ¿Conoce usted alguno de estos lugares? ¿Le gustan las tapas? ¿Cuáles prefiere?

 Un paso más... ¡a escribir!

Imagínese que hay una fiesta en su clase de español y que usted y su compañero/a van a planear el menú. El cocinero de un restaurante hispano cercano va a preparar todos los platillos. ¿Cuáles van a incluir ustedes? ¿Por qué? Traten de incluir otros no mencionados en la Nota cultural. ¡Hay muchos platillos en la cocina hispana!

Después, escríbanle una nota a su profesor(a) para convencerlo/la de la necesidad de incluir en la fiesta los platillos que ustedes quieren. Pueden usar el siguiente modelo.

Estimado profesor / Estimada profesora:

Gracias por permitir la fiesta en la clase. Mi compañero/a, _____, y yo pensamos que el menú debe incluir los siguientes platos: _____, _____, y _____. Seleccionamos estos platillos porque...

¡Gracias por su consideración!

Afectuosamente,

(*su firma*)

## LAS PALABRAS VIVEN

**VOCABULARIO ÚTIL**

| | |
|---|---|
| el enojo | *anger* |
| queda lista | *is ready* |
| las recetas | *recipes* |

# ¡Estoy como agua para chocolate!

En México se usa la frase coloquial **como agua para chocolate** para expresar la idea de «mucho enojo». Si una persona dice «¡Estoy como agua para chocolate!», eso quiere decir que está muy enojada (en inglés, *madder than hell*). ¡A punto de hervir como el agua!

La expresión tiene su origen en la preparación del chocolate caliente. Para hacerlo, se pone agua a calentar y cuando empieza a hervir, se le echan trozos de chocolate en barra. La rica bebida queda lista muy pronto.

La escritora mexicana Laura Esquivel usó esta frase para el título de su novela *Como agua para chocolate* (1990), donde aparecen varias recetas de la cocina de México. El libro fue adaptado después al cine, y resultó ser una película muy popular. La verdad es que el título es muy apropiado: en la novela de Esquivel se combinan los temas de la comida, el enojo y el amor apasionado.

Laura Esquivel, autora de la novela *Como agua para chocolate*.

Por tradición, el chocolate se bate a mano con un molinillo como éste.

# Los restaurantes

*Lea Gramática 8.6.*

Pedro y Andrea pidieron una ensalada, bistec al punto, papas fritas y bróculi.

El cocinero les preparó un platillo especial.

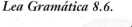

El mesero les sirvió la comida.

Andrea tomó una copa de vino tinto, pero Pedro prefirió tomar agua mineral.

Comieron con gusto.

Pagaron la cuenta con su tarjeta de crédito.

Dejaron una buena propina.

la carne cruda    el bistec    poco asado/ poco cocido    al punto/ cocido    bien asado/ bien cocido

### Actividad 13. Narración: Mayín Durán sale a cenar

Lea las siguientes oraciones y póngalas en orden, según los dibujos. Luego, trabaje con un compañero / una compañera para narrar la historia.

_____ Comieron y conversaron.

_____ Pidieron la cuenta.

_____ Mayín pidió agua mineral y su amigo pidió un refresco.

_____ Mayín y su amigo pidieron la comida.

_____ Los dos pidieron postre.

_____ Pagaron la cuenta y dejaron una propina.

_____ Salieron a cenar.

_____ El mesero les sirvió la comida.

_____ Tomaron sus bebidas y conversaron, y luego el mesero les preguntó si estaban listos para pedir.

_____ Salieron a pasear.

_____ El mesero les preguntó si querían tomar algo.

_____ Leyeron el menú.

## Actividad 14. Intercambios: Restaurante Mi Casita

Con su compañero/a, lean el menú del Restaurante Mi Casita. Primero miren los precios; después escojan las comidas y bebidas que van a pedir y digan por qué las van a pedir. Sigan los modelos.

MODELOS:   E1: ¿Cuánto cuestan *los tamales de puerco*?
           E2: Cuestan *$12.00 pesos*.

           E1: ¿Qué vas a pedir?
           E2: Me gustaría pedir *los chiles rellenos de queso*, pero voy a pedir *el chop suey porque estoy a dieta*.

           E1: Voy a pedir *una hamburguesa*, porque *me fascina la comida norteamericana* (*la comida de los Estados Unidos*).

# Restaurante Mi Casita
### Rica comida mexicana e internacional a precios módicos

**Plato del día:**
Lasaña, pan de ajo, ensalada mixta, sopa minestrone   $18.50

## Antojitos mexicanos

Se sirven para el almuerzo y la cena. (Con cada uno se incluye pan o tortillas, ensalada, arroz y frijoles o sopa del día.)

| | | |
|---|---|---|
| Enchiladas (3) . . . . . . . verdes o rojas . . . . . . . . . . . . | $17.50 |
| Tostadas (2) . . . . . . . . de res o de pollo . . . . . . . . . . | 12.50 |
| Tacos (4) . . . . . . . . . de res o de pollo . . . . . . . . . . | 13.00 |
| Burritos (2) . . . . . . . de res y/o frijoles . . . . . . . . . | 9.90 |
| Chiles rellenos (2) . . . de carne o queso . . . . . . . . . | 16.00 |
| Tamales de puerco con chile verde (3) . . . . . . . . . . . . | 12.00 |
| Tamales dulces con almendras y pasas (3) . . . . . . | 9.50 |

## Rincón internacional

| | | |
|---|---|---|
| De España: | Rica paella valenciana . . . . . . . . . . . . | $45.00 |
| | (mínimo tres personas) | |
| De Perú: | Sabrosísimo cebiche . . . . . . . . . | 12.00 |
| De los Estados Unidos: | Las mejores hamburguesas al sur de la frontera . . . . . . . . . . . . . . . . . | 14.00 |
| De Italia: | Exquisita pizza de la casa (tamaño grande) . . . . . . . . . . | 45.00 |
| De China: | Delicioso y ligero chop suey de pollo | 18.60 |

## Desayuno
(Incluye pan o tortillas.)

| | |
|---|---|
| Huevos rancheros . . . . . . . . . . . | $17.50 |
| Cereal frío . . . . . . . . . . . . . . . . | .6.30 |
| Avena . . . . . . . . . . . . . . . . . . . | .5.00 |
| Leche (vaso) . . . . . . . . . . . . . . | .4.50 |
| Jugos frescos (vasito) . . . . . . . . | .5.50 |
| Fruta fresca (3 piezas) . . . . . . . . | .7.80 |

## Sopas

| | |
|---|---|
| Caldo de res con legumbres . . . . . . | $9.00 |
| Crema de espárragos . . . . . . . . . . | .8.30 |
| Crema de hongos . . . . . . . . . . . . | .7.15 |
| Minestrone . . . . . . . . . . . . . . . . | 10.50 |
| Sopa del día . . . . . . . . . . . . . . | .5.50 |

## Bebidas

| | |
|---|---|
| Cerveza Carta Blanca . . . . . . . . . . | $6.30 |
| Cerveza Tecate . . . . . . . . . . . . . | .5.50 |
| Cerveza Superior . . . . . . . . . . . . | .7.00 |
| Cerveza Bohemia . . . . . . . . . . . . | .4.90 |
| Refrescos . . . . . . . . . . . . . . . . | .3.15 |
| Limonada . . . . . . . . . . . . . . . . | .4.00 |
| Té helado con limón . . . . . . . . . . | .2.90 |
| Tehuacán (Agua mineral) . . . . . . . | .3.00 |
| Tehuacán de sabores . . . . . . . . . . | .4.65 |
| Café . . . . . . . . . . . . . . . . . . . | .3.15 |
| Té caliente . . . . . . . . . . . . . . . | .2.50 |
| Vino tinto (copa) . . . . . . . . . . . . | 10.50 |
| Vino blanco (copa) . . . . . . . . . . . | 11.50 |

## Postres

| | |
|---|---|
| Arroz con leche . . . . . . . . . . . . . | $6.00 |
| Flan . . . . . . . . . . . . . . . . . . . . | .8.00 |
| Helado de fresa o vainilla . . . . . . . | .9.50 |
| Melocotón en almíbar . . . . . . . . . | .5.15 |
| Mango en almíbar . . . . . . . . . . . | .9.15 |
| Pastel (rebanada) . . . . . . . . . . . | .7.00 |

## RECOMENDAMOS

 **22 puntos** **LA POSTA DEL ANGEL**
Santa Clara del Mar (Mar del Plata). Reservas al (023) 602-2311/2384. Abadejo a la argelina. Inviernos, fines de semana de 12 a 05 hs. Entre $ 15 y $ 30 por persona.

 **18 puntos** **LOS TRONCOS**
Suipacha 732. Reservas al 322-1295. Parrilla. Chivito al asador. Todos los días, de 11 a 02 hs. Entre $ 17 y $ 22 por persona.

 **15 puntos** **OVIEDO**
Berutti 2602. Reservas al 83-5415. Cocina porteña y especialidades españolas. Langostinos al ajillo. Todos los días mediodía y noche. Entre $ 13 y $ 30 por persona.

 **16 puntos** **POMODORO**
Juan F. Seguí 3760. Reservas al 802-3709. Lomo Pomodoro. Todos los días mediodía y noche. Entre $ 11 (menú ejecutivo mediodía) y $ 15 (menú de la noche).

## Actividad 15. Del mundo hispano: Dónde comer en Buenos Aires

Primero lea las recomendaciones de una revista argentina que están a la izquierda. Luego conteste estas preguntas con su compañero/a.

1. De los cuatro restaurantes recomendados, ¿cuál es el mejor? ¿Cuántos puntos recibió?
2. De los restaurantes que se recomiendan en la revista, ¿cuáles son «buenos»? ¿Cuáles son «normales»? ¿Cuáles son «muy buenos»? ¿Hay alguno «excelente»?
3. ¿Cuáles son los elementos que se consideran para calificar un restaurante? ¿Cuál de todos es el más importante, en tu opinión? ¿Por qué?
4. ¿En cuál de los restaurantes es más barata la comida?
5. ¿En cuál de todos te gustaría cenar? ¿Por qué?

Ahora usen las descripciones de la revista como modelos para hablar con su compañero/a de algunos de los restaurantes de su ciudad.

RESTAURANTES

0/10 puntos MALO REGULAR — 11/15 puntos NORMAL — 16/20 puntos BUENO — 21/25 puntos MUY BUENO — 26/30 puntos EXCELENTE

### ¡REÍR ES VIVIR!

**Situaciones en el restaurante**

—¡Camarero!
—A sus órdenes, señor.
—¿Tiene algo frío?
—Sí, los pies.

—¡Mesera! ¡Señorita mesera!
—¿Sí, señor? ¿Qué pasa?
—¡En esta sopa hay una mosca!
—Ay, no se preocupe; está muerta.

## Actividad 16. Entrevista: Los restaurantes

1. ¿Qué clase de restaurante te gusta más?
2. ¿Te gusta la comida japonesa? ¿la comida china? ¿Qué otro tipo de comida internacional te gusta?
3. ¿Cuál es el restaurante más elegante cerca de tu casa? ¿Comes allí con frecuencia? ¿Te gusta la comida? ¿el ambiente? ¿Te gustan los precios? ¿Es necesario hacer una reservación?
4. ¿Conoces algún restaurante vegetariano? ¿Sirven buena comida allí?
5. ¿Cuánto consideras que se debe pagar por una comida excelente en un buen restaurante?
6. ¿Cuántas veces por semana comes fuera de casa? ¿Comes frecuentemente en algún lugar en especial? ¿Dónde?
7. ¿Vas mucho a los restaurantes de «servicio rápido»? ¿Cuál de ellos es tu favorito? ¿Por qué?
8. ¿Con quién prefieres ir a un restaurante? ¿Por qué?

## EL MUNDO HISPANO... en los Estados Unidos

**J**aime Gómez es colombiano; tiene 37 años y vive en Princeton, Nueva Jersey. Jaime lleva 14 años en los Estados Unidos.

*Describa algunos platillos típicos de su país de origen. ¿Cuáles son sus favoritos? ¿Come usted esos platillos en los Estados Unidos? ¿Los prepara en su casa o los come en un restaurante?*

En Colombia disfrutamos de innumerables y deliciosos platos típicos; hay varios por cada región y uno para cada ocasión. Entre mis favoritos está *la bandeja paisa*, típica del departamento de Antioquía. Como su nombre lo indica, es una bandeja[1] de frijoles rojos, arroz, carne molida, huevo frito, patacón (plátano frito), chicharrón (cuero de cerdo frito) y aguacate.

Otro de mis platillos favoritos es el *ajiaco bogotano*, una sopa que se prepara con pollo, tres o cuatro clases de papas diferentes, cilantro, cebolla, alcaparras,[2] crema de leche y aguacate.

En los Estados Unidos hay algunos restaurantes latinos donde se encuentra la bandeja paisa, pero el ajiaco es más difícil de encontrar; por eso a mí me gusta prepararlos en mi casa en ocasiones especiales.

[1]*casserole*   [2]*capers (plant and fruit)*

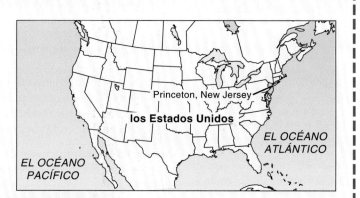

# En resumen

## De todo un poco

Cuadros de preferencias

Complete los siguientes cuadros según sus propias preferencias.

EN MI CASA SERVIMOS LAS SIGUIENTES COMIDAS CON FRECUENCIA

| COMIDAS | RAZÓN |
|---|---|
| 1. | |
| 2. | |
| 3. | |
| 4. | |
| 5. | |

ALGUNAS POSIBILIDADES

*No tiene mucha grasa.*
*Es saludable.*
*Tiene poco colesterol.*
*Nos encanta a todos.*
*Los ingredientes son baratos.*

EN MI CASA NUNCA SERVIMOS ESTAS COMIDAS

| COMIDAS | RAZÓN |
|---|---|
| 1. | |
| 2. | |
| 3. | |
| 4. | |
| 5. | |

ALGUNAS POSIBILIDADES

*Tiene mucha grasa.*
*Es muy picante.*
*Tiene mucho colesterol.*
*No nos gusta.*
*Los ingredientes cuestan mucho.*

Ahora, charle con un compañero / una compañera sobre el contenido de los cuadros.

## ¡Dígalo por escrito!

Un propósito empresarial

Trabajando con un compañero / una compañera, imagínense que van a comprar un restaurante y que necesitan un préstamo de un banco local. Escriban un plan detallado del negocio para presentárselo al banco que les va a prestar el dinero. Incluyan en el plan respuestas a las siguientes preguntas y también agreguen otra información importante. ¿Cómo se llama el restaurante? ¿Dónde está? ¿Cuántos camareros van a necesitar? ¿Van a servir tres comidas diarias o sólo el almuerzo y/o la cena? ¿Cuál es el horario del restaurante? ¡No se les olvide incluir el menú!

## VIDEOTECA

A todos les gusta comer y cenar en restaurantes... y a pocos les gusta hacer las compras. En este episodio en Sevilla, Lola se prepara para ir al mercado. Escuche bien y apunte la comida que necesita comprar. Su esposo, Manolo, le dice que no tiene que ir al mercado, que van a cenar en un restaurante. ¿Cómo es el ambiente del restaurante? ¿Qué piden de comer Manolo y Lola? En el Capítulo 8 del *Cuaderno de trabajo* hay más actividades para hacer después de ver el video.

# Vocabulario

## El desayuno — Breakfast

| | |
|---|---|
| la avena | oatmeal |
| los huevos (fritos, cocidos, revueltos) | eggs (fried, hard-boiled, scrambled) |
| el panecillo | roll, bun |
| los panqueques | pancakes |
| el pan tostado | toast |
| el tocino | bacon |

REPASO: el cereal, el pan

## El almuerzo y la cena — Lunch and Dinner

| | |
|---|---|
| el caldo | clear soup |
| la papa al horno | baked potato |
| las papas fritas | French fries |
| el plato (platillo) | prepared dish |
| el queso | cheese |
| la salchicha | sausage; frankfurter, hot dog |

PALABRAS SEMEJANTES: la enchilada, la pizza, el sándwich, la sopa, la tortilla

REPASO: la ensalada, la hamburguesa

## En el restaurante — In the Restaurant

| | |
|---|---|
| el ambiente | atmosphere |
| la comida | meal |
| la cuenta | bill, check |
| el postre | dessert |
| la propina | tip |
| la tarjeta de crédito | credit card |

PALABRAS SEMEJANTES: el menú, la reservación

REPASO: atender (ie), la cena, cenar, la comida, la mesa, el mesero / la mesera, pagar, servir (i)

## La carne — Meat

| | |
|---|---|
| el ave | poultry |
| el bistec | (beef)steak |
| la carne de cerdo/puerco | pork |
| la carne molida | ground beef |
| la carne de res | beef |
| las chuletas (de cerdo/puerco) | (pork) chops |
| el hígado | liver |
| el jamón | ham |
| el pollo (frito) | (fried) chicken |

## El pescado y los mariscos — Fish and Seafood

| | |
|---|---|
| las almejas | clams |
| el atún | tuna |
| los camarones | shrimp |
| el cangrejo | crab |
| la langosta | lobster |

## Las legumbres — Vegetables

| | |
|---|---|
| el apio | celery |
| la calabacita | zucchini |
| la cebolla | onion |
| los frijoles | beans |
| los guisantes / los chícharos / las arvejas | green peas |
| las habichuelas / los ejotes | green beans |
| los hongos | mushrooms |
| la lechuga | lettuce |
| el maíz | corn |
| la mazorca de maíz / el elote | ear of corn |
| la papa | potato |
| el pepino | cucumber |
| el rábano | radish |
| la zanahoria | carrot |

PALABRAS SEMEJANTES: el bróculi, la coliflor, los espárragos, el tomate / el jitomate

## Las frutas y las nueces — Fruits and Nuts

| | |
|---|---|
| el aguacate | avocado |
| el albaricoque | apricot |
| las almendras | almonds |
| los cacahuetes | peanuts |
| el durazno (el melocotón) | peach |
| la fresa | strawberry |
| la manzana | apple |
| la nuez (las nueces) | walnut(s) |
| las pasas | raisins |
| la piña (el ananá) | pineapple |
| el plátano | banana |
| la sandía | watermelon |
| la toronja (el pomelo) | grapefruit |
| las uvas | grapes |

PALABRAS SEMEJANTES: la banana, el limón, el mango, el melón, la papaya, la pera

REPASO: la naranja / la china

## Los postres — Desserts

| | |
|---|---|
| el arroz con leche | rice pudding |
| la crema | cream |
| el flan | sweet custard |
| las galletitas | cookies |

**REPASO:** el helado, el pastel, el yogur

## Las bebidas — Drinks

| | |
|---|---|
| el batido (de leche, de frutas) | (milk, fruit) shake |
| el jugo natural | fresh-squeezed juice |
| el té (caliente, frío, helado) | (hot, cold, iced) tea |
| el vino (blanco, tinto) | (white, red) wine |

**PALABRAS SEMEJANTES:** el agua mineral

**REPASO:** el agua, el café, la cerveza, la leche, la limonada, el refresco

## Los condimentos, las especias y otros ingredientes — Condiments, Spices, and Other Ingredients

| | |
|---|---|
| el aceite | oil |
| la aceituna | olive |
| el aderezo | (salad) dressing |
| el ajo | garlic |
| el almíbar | syrup |
| el arroz | rice |
| el azúcar | sugar |
| el conservador | preservative |
| la harina | flour |
| la jalea | jelly |
| la mantequilla | butter |
| la miel | honey |
| la mostaza | mustard |
| la pimienta | pepper |
| la sal | salt |

**PALABRAS SEMEJANTES:** la grasa, la margarina, la mayonesa, la mermelada, la salsa, la vainilla, el vinagre

## La mesa y los cubiertos — Table Setting and Utensils

| | |
|---|---|
| la azucarera | sugar bowl |
| la cuchara | spoon |
| la cucharita | teaspoon |
| el cucharón | ladle |
| el cuchillo | knife |
| la fuente de sopa | soup tureen |
| la jarra | jug |
| el mantel | tablecloth |
| el pimentero | pepper shaker |

| | |
|---|---|
| el platillo | saucer |
| el plato hondo | bowl |
| el salero | salt shaker |
| la servilleta | napkin |
| la taza | cup; mug |
| el tenedor | fork |

**REPASO:** el plato, el vaso

## Las medidas y los recipientes — Measurements and Containers

| | |
|---|---|
| la botella | bottle |
| la copa | wine glass |
| la lata | can |
| la libra | pound |
| la onza | ounce |
| el paquete | package |
| la porción | serving |
| la rebanada | slice |
| la sartén | (frying) pan |
| el tamaño | size |
| el tarro | jar |

## Los verbos

| | |
|---|---|
| agregar | to add |
| asar | to roast |
| batir | to beat |
| contener | to contain |
| crecer | to grow |
| cubrir | to cover |
| dejar | to leave; to let |
| doblar | to fold |
| encantar | to delight |
| estar a dieta | to be on a diet |
| freír (i) | to fry |
|   frío/fríe | |
| incluir | to include |
| llenar | to fill |
| mejorar | to (make) better |
| pedir (i) | to ask for; to order food |
|   pido/pide; pedí/pidió | |
| rallar | to grate |
| tapar | to cover |

**PALABRAS SEMEJANTES:** calcular, considerar, costar, determinar, fascinar, narrar

## La descripción de la comida — Describing Food

| | |
|---|---|
| a fuego lento | over a low fire |
| a la parrilla | grilled, char-broiled |
| al punto, cocido/a | medium rare |
| bien asado/a, bien cocido/a | well-done |

| | |
|---|---|
| crudo/a | raw |
| dorado/a | golden brown |
| dulce | sweet |
| espeso/a | thick |
| fresco/a | fresh |
| horneado/a | baked |
| ligero/a | light |
| maduro/a | ripe |
| picante | hot (spicy) |
| poco asado/a, poco cocido/a | rare |
| rico/a | delicious |
| saludable | healthy |
| seco/a | dry |

PALABRAS SEMEJANTES: concentrado/a, delicioso/a, excelente, exquisito/a

## Los adjetivos

| | |
|---|---|
| barato/a | cheap |
| medio/a | half |

PALABRAS SEMEJANTES: recomendado/a, el total, tropical, vegetariano/a

## Los sustantivos

| | |
|---|---|
| el agua corriente | running water |
| el alimento | food; meal |
| el antojito | snack (*Mex.*) |
| la cáscara | peel |
| la comida chatarra | junk food (*Mex.*) |

| | |
|---|---|
| la etiqueta | label |
| la frontera | national border |
| el lado | side |
| las palomitas de maíz | popcorn |
| el restaurante de servicio rápido | fast-food restaurant |
| la salud | health |
| la semilla | seed |

PALABRAS SEMEJANTES: el calcio, la caloría, el carbohidrato, el chocolate, el colesterol, la dieta, el error, el ingrediente, el líquido, la nutrición, la preparación, la proteína, la vitamina, la zona

## Palabras y expresiones del texto

| | |
|---|---|
| el paso | step |
| pertenecer | to belong |
| la razón | reason |

PALABRAS SEMEJANTES: el ejemplo, el elemento, el punto, la recomendación

## Palabras y expresiones útiles

| | |
|---|---|
| con gusto | with pleasure |
| demasiado | too much |
| ningún, ninguno/a | none |
| por dentro/fuera | on the inside/outside |
| sin | without |

# Gramática y ejercicios

## 8.1 Referring to Objects Already Mentioned: Impersonal Direct Object Pronouns *lo*, *la*, *los*, and *las*

**lo** = *you, him, it* (m.)
**la** = *you, her, it* (f.)
**los** = *you, them* (m. pl.)
**las** = *you, them* (f. pl.)

**¿Quién preparó los frijoles?**
(*Who made the beans?*)
**Papá los preparó.** (*Dad made them.*)

When referring to things already mentioned, use the Spanish object pronouns **lo** and **la**, which correspond to the English object pronoun *it:* **lo** refers to masculine words and **la** to feminine words. Spanish **los** and **las** correspond to English *them:* **los** refers to masculine words and **las** to feminine words.

—¿Quién compró **el pastel**?　　　　—*Who bought the cake?*
—**Lo** compró Raúl.　　　　　　　　—*Raúl bought it.*

—¿Quién trajo **la fruta**?　　　　　—*Who brought the fruit?*
—**La** trajo Nora.　　　　　　　　　—*Nora brought it.*

—Luis, ¿preparaste **los tacos**?　　—*Luis, did you prepare the tacos?*
—Sí, **los** preparé esta mañana.　　—*Yes, I prepared them this morning.*

—Carmen, ¿dónde pusiste **las**　　—*Carmen, where did you put the*
　**servilletas**?　　　　　　　　　　　*napkins?*
—**Las** puse en la mesa.　　　　　　—*I put them on the table.*

---

### ¿RECUERDA?

As you saw in **Gramática 6.6**, the object pronouns **lo**, **la**, **los**, and **las** also serve as personal direct object pronouns.

—¿Viste a Alberto ayer?　　　　　—*Did you see Al yesterday?*
—No, no **lo** vi.　　　　　　　　　—*No, I didn't see him.*

¿La profesora Martínez?　　　　　*Professor Martínez? I saw her*
　**La** vi ayer en el mercado,　　　　*yesterday at the market, but she*
　pero ella no me vio.　　　　　　　*didn't see me.*

Review this section now, if necessary.

---

Thus the Spanish direct object pronouns **lo**, **la**, **los**, and **las** may substitute for words referring to people *or* to things. For example, **la** in the first exchange below refers to **Mónica** (*her*); in the second one it refers to **la salsa** (*it*).

—¿Llamaste a **Mónica**?　　　　　—*Did you call Mónica?*
—Sí, **la** llamé ayer.　　　　　　　—*Yes, I called her yesterday.*

—Luis, ¿encontraste **la salsa**?　　—*Luis, did you find the sauce?*
—Sí, **la** encontré en el refrigerador.　—*Yes, I found it in the refrigerator.*

| **DIRECT OBJECT PRONOUNS** | |
|---|---|
| lo | *you, him, it (m.)* |
| la | *you, her, it (f.)* |
| los | *you, them (m. nouns or males or males and females)* |
| las | *you, them (f. nouns or females)* |

These pronouns take time to acquire. You will find that you will gradually come to use them in your speech as you hear and read more Spanish.

Like other pronouns, direct object pronouns are usually placed before the verb.

¿La ensalada? Ella no **la** come nunca.   *Salad? She never eats it.*

They may, however, be attached to the end of an infinitive or present progressive form.

¿El flan? Van a preparar**lo** más tarde.   *The flan? They're going to fix it later.*

¿Los huevos? Estoy batiéndo**los** ahora.   *The eggs? I'm beating them now.*

You will learn more about the placement of pronouns in **Gramática 13.5** and **14.2**.

## Ejercicio 1

Conteste con **lo, la, los** o **las** y una terminación lógica.

MODELO:   —¿Cuándo bebiste el jugo de naranja?
   —*Lo* bebí...
   a. hace diez años.
   (b.) anoche.
   c. antes de levantarme.

1. —¿Cuándo preparaste el postre?
   —_____ preparé...
   a. en el restaurante.
   b. ayer.
   c. en la cocina.

2. —¿Dónde pusiste la carne?
   —_____ puse en...
   a. el jardín.
   b. el supermercado.
   c. el congelador.

3. —¿Dónde compraste las legumbres?
   —_____ compré...
   a. en una tienda de ropa.
   b. en el supermercado.
   c. en la cafetería de la escuela.

4. —¿Cuándo trajiste el hielo?
   — _____ traje...
   a. el año pasado.
   b. hace diez minutos.
   c. hace dos semanas.

5. —¿Dónde pusiste la mayonesa?
   —_____ puse en...
   a. la mesa.
   b. el sofá.
   c. el dormitorio.

6. —¿Cuándo preparaste las bebidas?
   —_____ preparé...
   a. hace dos minutos.
   b. para la fiesta de esta noche.
   c. mañana por la noche.

7. —¿Dónde pusiste los vasos?
   —_____ puse en...
   a. el armario.
   b. la cómoda.
   c. el gabinete.

8. —¿Dónde compraste el pan?
   —_____ compré...
   a. esta mañana.
   b. en la panadería.
   c. en la biblioteca.

9. —¿Cuándo hiciste las tortillas?
   —_____ hice...
   a. en el fregadero.
   b. cuando me levanté.
   c. después de acostarme.

10. —¿Cuándo trajiste los tomates para la salsa?
    —_____ traje...
    a. esta mañana.
    b. hace veinte años.
    c. el mes pasado.

## Ejercicio 2

Complete estos diálogos con **lo, la, los** o **las**.

1. —¿Viste a Mónica y a Nora en la fiesta?
   —Sí, _____ vi. Las dos bailaron toda la noche.
2. —Raúl, ¿conoces a la señora Venegas?
   —No, no _____ conozco. ¿Quién es?
3. —¿Visitaron ustedes a sus parientes durante las vacaciones?
   —No, _____ visitamos hace tres semanas.
4. —Alberto, ¿conociste al profesor nuevo ayer en la reunión?
   —Sí, _____ conocí. Me parece muy simpático.
5. —Carmen, ¿es esa señora que está allí la madre de Luis?
   —No sé; no _____ conozco.

## 8.2 More about Expressing Likes: The Verbs *gustar* and *encantar*

**A. Gustar** can also be followed by a noun. If the noun is singular, use the singular form, **gusta**; if it is plural, use the plural form, **gustan**.

| | |
|---|---|
| —¿Te gusta **la sandía**? | —*Do you like watermelon?* |
| —Sí, pero me gust**an** más **las uvas**. | —*Yes, but I like grapes better.* |

The preterite forms are **gustó** (*sing.*) and **gustaron** (*pl.*).

| | |
|---|---|
| —¿Te **gustó** el helado? | —*Did you like the ice cream?* |
| —Sí, me **gustó** mucho. | —*Yes, I liked it a lot.* |
| —Nos **gustaron** mucho esas galletitas. | —*We really liked those cookies.* |

**B.** To ask who likes something, begin with **¿A quién... ?**

—**¿A quién** le gusta la pizza?     —*Who likes pizza?*
—¡A todos nos gusta!     —*We all do!*

To identify a specific person or persons who like(s) something, use the following pattern.

Use **gusta** if one item is being referred to; use **gustan** if more than one item is referred to.
**Me gusta el café.** (*I like coffee.*)
**Me gustan las tortillas de maíz.** (*I like corn tortillas.*)

**A** + *name* + **le(s)** + **gusta(n)**...

**A Lan le gusta** leer novelas.     *Lan likes to read novels.*
**A Graciela** no **le gusta** la comida italiana.     *Graciela doesn't like Italian food.*
**A Guillermo** y **a Ernestito les gusta** mucho montar en bicicleta.     *Guillermo and Ernestito like to ride their bikes a lot.*

**C.** To state more emphatically that someone likes something, use the preposition **a** followed by the person (noun or pronoun) and then the corresponding indirect object pronoun (**me, te, le, nos, os, les**) + **gusta(n)**.

—**¿A Paula le gustan** las hamburguesas?     —*Does Paula like hamburgers?*
—¡**¿A Paula?!** No, **a ella** no **le gustan** las hamburguesas.     —*Paula?! No, she doesn't like hamburgers.*

For emphasis, add:
**a mí**
**a ti**
**a él / a ellos**
**a ella(s)**
**a usted(es)**
**a nosotros/as**

**A mí me gusta el chocolate.** (*I like chocolate*).
**A ellas les gustan las papas fritas.** (*They like French fries.*)

The following emphatic phrases are made up of the preposition **a** followed by pronouns. Notice that these pronouns are the same as the subject pronouns, except for **mí** and **ti**.*

| | |
|---|---|
| a mí me gusta(n) | a nosotros/as nos gusta(n) |
| a ti te gusta(n) | a vosotros/as os gusta(n) |
| a usted le gusta(n) | a ustedes les gusta(n) |
| a él le gusta(n) | a ellos les gusta(n) |
| a ella le gusta(n) | a ellas les gusta(n) |

Pues, **a mí me gustan** mucho todas las frutas, especialmente la papaya.     *Well, I really like all fruits, especially papaya.*
¿Y de veras **a ti no te gustan** las papas fritas?     *And do you really not like French fries?*

**D.** Emphatic short answers to questions with **gustar** are very common. Use the preposition **a** plus a pronoun or noun and the words **sí** or **no**.

—¿Le gustan las sardinas?     —*Do you like sardines?*
—¡**A mí, no!**     —*No, I don't!*

—¿Les gustan los postres de chocolate?     —*Do you like chocolate desserts?*
—**A mí, sí**, pero **a Nora, no**.     —*I do, but Nora doesn't.*

With **gustar:**
**a mí también** = *me too*
**a mí tampoco** = *me neither*

You can use the words **también** (*also*) and **tampoco** (*neither*) instead of **sí** and **no** in short answers.

—A Pablo le gustan las fajitas.     —*Pablo likes fajitas.*
—Pues, **a mí también**.     —*Well, so do I.*

---

*Recognition: **a vos te gusta**

—Luis, a mí no me gustan mucho estos tacos.
—**A mí tampoco**.

—*Luis, I don't like these tacos very much.*
—*I don't either.*

Remember to use **encanta** if referring to one item or **encantan** if more than one.
**Les encanta la comida japonesa.** (*They really like Japanese food.*)
**Nos encantan las papas fritas.** (*We adore French fries.*)

**E.** There are other Spanish verbs that function like **gustar**. One common one used to express likes and dislikes is **encantar**. (You will learn more about this kind of verb in **Gramática 10.6**.)

—A mí **me encanta** el flan.
—A mí también.

—*I adore flan.*
—*Me too.*

—**Nos encantan** los mariscos que sirven en este restaurante.
—A nosotros también.

—*We love the seafood they serve in this restaurant.*
—*So do we.*

A Ernesto y a Estela **les encanta** salir a cenar.

*Ernesto and Estela love to eat dinner out.*

The preterite forms of **encantar** are **encantó** and **encantaron**.

A ella **le encantó** la cena.
**Me encantaron** esas enchiladas.

*She loved the dinner.*
*I really liked those enchiladas.*

**Diputación, 424 • ☎ 2310057 • Barcelona**

## ESPECIALIDADES

◄ Parrilladas
◄ Mariscadas
◄ Pulpo gallego
◄ Ostras gallegas
◄ Almejas ◄ Berberechos
◄ Tallarinas ◄ Bocas
◄ Necoras ◄ Percebes
◄ Angulas ◄ Cañaillas
◄ Sepia ◄ Calamar
◄ Caracoles

———

◄ Chuleton gallego
◄ Paletilla cabritillo est. Segovia
◄ Solomilla
◄ Jamón pato negra
◄ Lacón gallego

———

### MENU DE MERCADO

Pan, bebida, repostería casera
950 ptas.

**Mariscada para dos**

◄ Buey de mar
◄ Necoras
◄ Bocas ◄ Cañaillas
◄ Percebes ◄ Almejas vivas
◄ Ostras gallegas
◄ Gambas saladas
◄ Bigaros

Con una botella de vino turbio
de obsequio 6 600 ptas.

———

**Parrillada para dos**

◄ Rape ◄ Merluza ◄ Salmón
◄ Sepia ◄ Gambas ◄ Navajas
◄ Almejas ◄ Berberechos
◄ Tallarinas ◄ Cigalas

Con una botella de vino turbio
de obsequio 5.750 ptas.

## Ejercicio 3

Complete los siguientes diálogos.

Use **me/mí** y **te/ti**.

—¿ _____¹ gustan las zanahorias?
—A mí no _____² gustan mucho. ¿Y a _____³?
—A _____,⁴ sí. Son muy buenas para los ojos.

Use **él/le**, **me/mí** y **te/ti**.

—¿A tu hermano _____⁵ gusta el pollo frito?
—A _____⁶ sí le gusta, pero a _____,⁷ no.
—¡A _____⁸ no te gusta el pollo! ¿Por qué no _____⁹ gusta?
—A _____¹⁰ sí me gusta el pollo, pero no _____¹¹ gusta el pollo frito.

### Ejercicio 4

Haga oraciones que describan los gustos de las personas a continuación. Use
1) una forma del verbo **encantar** (**encanta** o **encantan**); 2) el pronombre apropiado (**me, te, le, les** o **nos**); y 3) el nombre de una comida.

MODELO:   A mi hermana *le encantan las fresas.*

#### SUGERENCIAS

| | | |
|---|---|---|
| el café | los dulces | el guacamole |
| los chiles rellenos | las fresas | las hamburguesas |
| el chocolate | los frijoles | las palomitas con mantequilla |
| la comida mexicana | la fruta | el pan |

1. A mi mejor amigo/a _____.
2. A mis padres _____.
3. A mi profesor(a) de español _____.
4. A mi novio/a (esposo/a) _____.
5. A mí _____.
6. A mi mejor amigo/a y a mi _____.

## 8.3   Expressing *for, from,* and *to whom:* Prepositions + Pronouns

**A.** As you saw in **Gramática 8.2**, pronouns often follow prepositions in Spanish.

| | | | |
|---|---|---|---|
| a mí | *to, at me* | para ella | *for her* |
| de ti, usted(es) | *of, from you* | sin nosotros/as | *without us* |
| en él | *in, on him/it* | con ellos/as | *with them* |
| | | para vosotros/as | *for you* |

| | |
|---|---|
| —¿Para quién es el regalo? ¿Es **para mí**? | —*Who is the present for? Is it for me?* |
| —No, es **para él**. | —*No, it's for him.* |
| —¿**Sin** Rogelio? No podemos ir **sin él**. | —*Without Rogelio? We can't go without him.* |
| Adriana es una magnífica empleada. Tengo mucha confianza **en ella**. | *Adriana is a great employee. I have a lot of confidence in her.* |

**B. Con** and **mí** combine to form **conmigo** (*with me*). **Con** and **ti** form **contigo** (*with you*).

**conmigo** = *with me*
**contigo** = *with you* (*inf. sing.*)

| | |
|---|---|
| —Marta, ¿quieres ir **conmigo** al teatro esta noche? | —*Marta, do you want to go to the theater with me this evening?* |
| —No, no puedo ir **contigo** esta noche. Tengo que estudiar. | —*No, I can't go with you tonight. I have to study.* |

### Ejercicio 5

Graciela le dice a Amanda para quién(es) son algunas cosas, y Amanda reacciona con sorpresa. ¿Qué dice Amanda en cada caso?

MODELO:   Esta cerveza es para mi hermanito. →
¿Para *él*? ¡No lo creo! *¡Es muy pequeño!*

▶ **POSIBILIDADES**

| | |
|---|---|
| ¿Para _____? | ¡No me/te/le/nos/les gusta(n)! |
| ¡No lo creo! | ¡Es muy pequeño/a! |
| ¿Te/Le/Les gusta(n)? | |

1. Esta comida congelada es para mi madre.
2. Este hígado es para ti.
3. Esta tequila es para Clarisa y Marisa.
4. Estos ajos son para ti y para tus amigos.
5. Esta dieta es para mi papá.
6. Este vino es para mí.
7. Estas cebollas son para la profesora de español.
8. Este jugo de naranja es para Lobo, el perro de Ernestito.

## Ejercicio 6

Complete estos diálogos con **mí, ti, él, conmigo** o **contigo**.

1. DIEGO: Amanda, ¿quieres ir _____ᵃ al Baile de los Enamorados?
   AMANDA: No, Diego, lo siento, no puedo ir _____ᵇ porque voy a ir con Ramón, mi novio.

2. RAFAEL: Graciela, estas rosas son para _____ᵃ. ¿Te gustan?
   GRACIELA: ¿Para _____ᵇ? ¡Ay, Rafael, muchas gracias! Me encantan.

3. AMANDA: Graciela, ¿qué piensas tú de Richard, el nuevo estudiante francés?
   GRACIELA: ¿Qué pienso de _____ᵃ? Pues, no lo conozco pero creo que es *muy* atractivo.
   AMANDA: Ajá... y yo voy a estudiar con _____ᵇ esta tarde... en mi casa.
   GRACIELA: No lo creo, Amanda! ¿Vas a estudiar con _____ᶜ? ¿Sola? ¿Sin _____ᵈ? Pues... ¡Fabuloso para _____ᵉ y terrible para _____ᶠ!

## 8.4 Making Negative Statements and Questions: *No, never*

| | | | |
|---|---|---|---|
| algo | *something* | nada | *nothing* |
| alguien | *somebody* | nadie | *nobody* |
| algún | *some* | ningún | *none, no one* |
|   alguno/a/os/as | |   ninguno/a (de) | |
| siempre | *always* | nunca (jamás) | *never* |
| también | *also* | tampoco | *neither* |

Whereas in English it is generally incorrect to have more than one negative in a sentence, in Spanish multiple negatives are frequently required.

**A.** Spanish often requires the use of multiple negatives in the same sentence.

—¿Tienes algo en el horno?

—**No, no** tengo **nada**.

—¿Hay alguien en la puerta?
—**No, no** hay **nadie**.

—*Do you have something in the oven?*

—*No, I don't have anything.*

—*Is there someone at the door?*
—*No, there is no one.*

—Señora Silva, ¿va usted
siempre al mercado los martes?
—**No**, no voy **nunca** los
martes.

—*Mrs. Silva, do you always go to
the market on Tuesdays?*
—*No, I don't ever (I never)
go on Tuesdays.*

**algún (alguno/a/os/as)** =
*some, any*
**ningún (ninguno/as)** =
*none, not any, neither*

**B. Alguno/a** corresponds to English *some* or *any*, and **ninguno/a** corresponds to English *none*, *not any*, or *neither*.

—¿Hay **algunos** postres sin
azúcar?
—No, señor, no tenemos
**ningún** postre sin azúcar.

—*Are there any desserts without
sugar?*
—*No, sir, we don't have any
desserts without sugar.*

—¿Hay **alguna** sopa sin carne?

—No, no hay **ninguna**; todas
tienen carne.

—*Are there any soups without
meat?*
—*No, there aren't any; they all
have meat.*

Note that Spanish uses **ninguno/a** in the singular form.

**C. Alguno** and **ninguno** shorten to **algún** and **ningún** before masculine singular nouns.

—¿Hay **algún** restaurante en esta
calle?
—No, no hay **ningún** restaurante
por aquí.

—*Is there a restaurant on this
street?*
—*No, there aren't any restaurants around here.*

**Uno/Un**, **bueno/buen**, **primero/primer**, and **tercero/tercer** follow the same rule.

¿Quieres pedir **una** copa de vino?

*Do you want to order a glass of
wine?*

Sólo hay **un** plato mexicano en
el menú.

*There is only one Mexican dish on
the menu.*

¡Aquí sirven **unos** mariscos
exquisitos!

*They serve excellent seafood here!*

Esteban es un **buen** cocinero.

*Steve is a good cook.*

Nora y Carmen también son
**buenas** cocineras.

*Nora and Carmen are also good
cooks.*

Vamos a sentarnos en la **tercera**
mesa.

*Let's sit down at the third table.*

El **primer** plato es la sopa.

*The first course is the soup.*

**D. No** is not used when the negative word precedes the verb.

**Nunca** como entre comidas.
**Nadie** fue al mercado.

*I never eat between meals.*
*Nobody went to the market.*

**E.** Express *I ( you, we . . . ) don't either* with a subject pronoun + **tampoco**.

—Yo no quiero comer helado.
—**Yo tampoco.**

—*I don't want to eat ice cream.*
—*I don't either. (Me neither.)*

Yo no quiero más arroz. **Tú
tampoco**, ¿verdad?

*I don't want more rice. You don't
either, do you?*

## Ejercicio 7

Conteste las siguientes preguntas de forma negativa. Use **nada**, **nadie**, **nunca** o **ninguno/a**.

> MODELO: —¿Hay algo de comer en el refrigerador?
> —No, no hay *nada*.

1. —¿Fue alguien al supermercado ayer?
   —No, no fue _____.
2. —¿Desayunaste algo esta mañana?
   —No, no comí _____.
3. —¿Siempre comes en restaurantes chinos?
   —No, _____ como en ellos.
4. —¿Invitaste a alguien a cenar esta noche?
   —No, no invité a _____.
5. —¿Compraste una sandía?
   —No, no encontré _____ madura.
6. —¿Quieres algo de tomar?
   —No gracias, no quiero _____.
7. —¿Te sirvo espinacas?
   —No, gracias. ¡_____ las como!
8. —¿Por qué no invitaste a Diego y a Ramón a la fiesta?
   —Los invité, pero _____ de los dos quiso venir.

## Ejercicio 8

Responda afirmativa o negativamente a lo siguiente. Venga a clase preparado/a para comentar sus respuestas con los otros compañeros de clase.

1. Me gustan las espinacas.
   a. A mí también.
   b. A mí no me gustan.
2. No me gusta comer hígado.
   a. A mí tampoco.
   b. A veces me gusta comerlo.
3. ¿Invitaste a alguien a comer la semana pasada?
   a. Sí, invité a _____ porque...
   b. No, no invité a nadie porque...
4. Prefiero el batido de chocolate al de vainilla.
   a. Yo también.
   b. No me gusta ninguno de los dos.
5. ¿Dejaste una propina la última vez que comiste en un restaurante?
   a. Sí, dejé...
   b. No, no dejé nada porque...
6. No me gusta desayunar cereal.
   a. A mí, sí. Siempre lo como.
   b. A mí tampoco. No lo como nunca.

## 8.5 Expressing *one* or *you:* The Impersonal *se*

In addition to being a reflexive pronoun (see **Gramática 4.4**), **se** is also used in "impersonal" constructions.

Se + third-person singular verb is used to express *one, you,* or impersonal *they.*
**Se come mucho ajo en España.** (*One eats* [*They eat*] *lots of garlic in Spain.* (*Lots of garlic is eaten in Spain.*)

Se + third-person verb form is also used for instructions.
**Primero se hierve el agua, después se le agrega la sal y luego se ponen los fideos y se cuecen por 8 minutos.** (*First you boil the water, then you add the salt, and then you put in the noodles and cook them for 8 minutes.*)

In English this structure is expressed with the impersonal *you* (*You need good film to take good pictures*), the pronoun *one* (*One should always think before acting*), the pronoun *they* (*They sell beer by the glass*), or the simple passive (*Beer is sold only by the glass here*).

—¿Cómo **se dice** *tablecloth* en español?
—**Se dice** «mantel».

—*How do you say* tablecloth *in Spanish?*
—*You say* **mantel**.

Aquí **se habla** español.

*Spanish is spoken here.* (*They speak Spanish here.*)

Primero **se agrega** la sal y después **se mezcla** todo.
No **se debe** dormir inmediatamente después de comer.

*First you add the salt and then you mix everything.*
*One shouldn't ( go to) sleep immediately after eating.*

If the topic in question is plural, the verb is usually also plural.

—**Se sirven mariscos** frescos aquí?
—Sí, **se preparan camarones** deliciosos y el precio es muy módico.

—*Are fresh shellfish served here?*
—*Yes, they prepare delicious shrimp, and the price is very moderate.*

## Ejercicio 9

Complete estas oraciones con la forma **se** impersonal de los siguientes verbos: **preparar, poner, cortar, lavar, agregar, necesitar, hablar** y **batir.**

1. Para preparar un sándwich de jamón y queso, _____ el jamón y el queso en rebanadas.
2. Para alimentarse bien, _____ comer de los cuatro grupos esenciales de alimentos.
3. Primero _____ el bróculi y luego _____ en el agua a hervir.
4. En este restaurante _____ mariscos frescos y deliciosos.
5. Para hacer un buen guacamole, _____ cebolla y otros ingredientes.
6. Para hacer una tortilla española, _____ huevos y patatas.
7. ¿_____ francés en ese restaurante?
8. ¿_____ los huevos para la tortilla española?

**pedir** = *to ask for*
present: (**yo**) **pido**, (**él**) **pide**
past: (**yo**) **pedí**, (**él**) **pidió**
**servir** = *to serve*
present: (**yo**) **sirvo**, (**él**) **sirve**
past: (**yo**) **serví**, (**él**) **sirvió**
**Pedí camarones y fideos.** (*I ordered shrimp and pasta.*) **El mesero me sirvió almejas y arroz.** (*The waiter served me clams and rice.*)

## 8.6   Using Stem-Changing Verbs like *pedir* and *servir:* Present-Tense and Preterite Forms

In a few verbs like **pedir** (*to order; to ask for*) and **servir** (*to serve*), the **-e-** of the infinitive changes to **-i-** in the present tense and the preterite. In the present, all forms of **pedir** and **servir** use the stems **pid-** and **sirv-** except for the **nosotros/as** and **vosotros/as** forms and the infinitive.*†

---

*The **e** ⟶ **i** change also occurs in the present participles: **pidiendo** (*ordering*) and **sirviendo** (*serving*).
†Recognition: **vos pedís, servís; vos pediste, serviste**

|  | **pedir** | **servir** |
|---|---|---|
| (yo) | pido | sirvo |
| (tú) | pides | sirves |
| (usted, él/ella) | pide | sirve |
| (nosotros/as) | pedimos | servimos |
| (vosotros/as) | pedís | servís |
| (ustedes, ellos/as) | piden | sirven |

In the preterite, only the **usted, él/ella** and **ustedes, ellos/as** forms use the stem with **i**.

|  | **pedir** | **servir** |
|---|---|---|
| (yo) | pedí | serví |
| (tú) | pediste | serviste |
| (usted, él/ella) | pidió | sirvió |
| (nosotros/as) | pedimos | servimos |
| (vosotros/as) | pedisteis | servisteis |
| (ustedes, ellos/as) | pidieron | sirvieron |

En este restaurante **sirven** excelente comida. La semana pasada me **sirvieron** una paella sabrosísima.

*They serve excellent food in this restaurant. Last week they served me a delicious paella.*

—Silvia, ¿qué platillo **pediste** en el Restaurante Mi Casita?
—**Pedí** unas enchiladas de pollo. Siempre **pido** lo mismo.

*—Silvia, what dish did you order at Mi Casita Restaurant?*
*—I ordered chicken enchiladas. I always order the same thing.*

The verbs **vestirse** (*to dress*) and **seguir** (*to follow*) conform to the **e → i** pattern.*

| **vestirse** | | **seguir** | |
|---|---|---|---|
| *Present* | *Past* | *Present* | *Past* |
| me visto | me vestí | sigo | seguí |
| te vistes | te vestiste | sigues | seguiste |
| se viste | se vistió | sigue | siguió |
| nos vestimos | nos vestimos | seguimos | seguimos |
| os vestís | os vestisteis | seguís | seguisteis |
| se visten | se vistieron | siguen | siguieron |

*The **e → i** change also occurs in the present participles: **vistiendo/vistiéndose** and **siguiendo**.

Raúl se **vistió** rápido anoche.    *Raúl dressed quickly last night.*
Estela no **siguió** la receta.    *Estela didn't follow the recipe.*

**Reír** (*to laugh*), **sonreír** (*to smile*), and **freír** (*to fry*) also follow this pattern, except that in the third-person preterite forms one **i** is dropped: **fri- + -ió → frió; fri- + -ieron → frieron.***

| freír | | | |
|---|---|---|---|
| **Present** | | **Past** | |
| frío | | freí | |
| fríes | | freíste | |
| fríe | | frió | |
| freímos | | freímos | |
| freís | | freísteis | |
| fríen | | frieron | |

Doña Rosita **frió** las tortillas.    *Doña Rosita fried the tortillas.*
Don Eduardo **sonrió** cuando le    *Don Eduardo smiled when they*
sirvieron su platillo favorito.    *served him his favorite dish.*

La comida mexicana es muy variada. Entre los platillos más populares se encuentran los tacos.

## Ejercicio 10

Complete estos diálogos con las formas apropiadas de **servir** o **pedir**.

PILAR: ¿Qué vas a _____[1] ahora?
CLARA: Creo que voy a _____[2] pollo asado.
PILAR: En este restaurante _____[3] muy buenos mariscos.
CLARA: Entonces voy a _____[4] camarones fritos.

JOSÉ: ¿Qué _____[5] tú en un restaurante mexicano?
PILAR: Eso depende. Si _____[6] mariscos, _____[7] un cóctel de mariscos.
JOSÉ: ¿Y si no hay mariscos?
PILAR: Entonces prefiero _____[8] un chile relleno.

PILAR: Ayer mi novio y yo fuimos a un restaurante francés muy elegante.
CLARA: ¿Qué _____[9] ustedes?
PILAR: _____[10] cóctel de mariscos, ensalada y carne de res en salsa de vino.
CLARA: Mmm. ¿Y les _____[11] postre también?
PILAR: Sí, yo _____[12] flan y mi novio _____[13] pastel de chocolate.

JOSÉ: Pilar, ¿_____[14] leche otra vez?
PILAR: No, ayer yo _____[15] una Coca-Cola y Clara _____[16] un vaso de leche.
JOSÉ: Ah sí, ya entiendo. Después ustedes _____[17] un sándwich de pollo.
PILAR: No, José. Después _____[18] un sándwich de jamón pero el mesero nos _____[19] sándwiches de pollo.
JOSÉ: ¿Y a mí también me _____[20] un sándwich de pollo?
PILAR: No, hombre. ¡Tú no fuiste con nosotros!

---

*The present participles are: **friendo, sonriendo,** and **riendo.** Recognition: Present: **vos te vestís, seguís, freís, sonreís, reís.** Preterite: **vos te vestiste, seguiste, freíste, sonreíste, reíste.**

# El pasado

▼▼▼▼▼▼▼▼▼▼▼▼▼▼▼▼▼▼▼▼▼▼▼

## METAS

In **Capítulo 9** you will expand your ability to talk about your family. You will learn to express different kinds of memories: your habitual activities and those of others, as well as how you felt about things in the past.

Zaragoza, España

# Actividades de comunicación y lecturas

## La familia y los parientes

*Lea Gramática 9.1.*

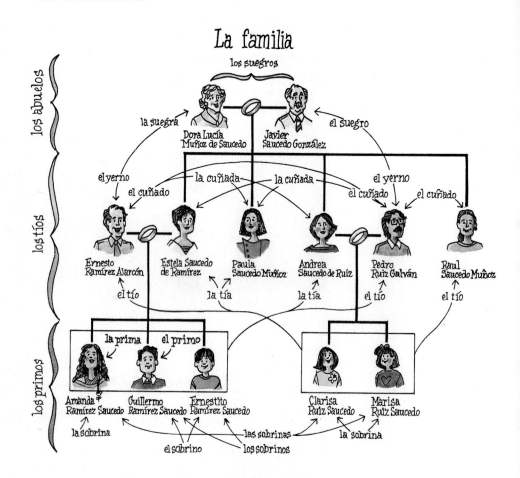

La familia

### Actividad 1. Definiciones: La familia de Raúl

Mire el dibujo de arriba y escuche las oraciones que le va a leer su profesor(a).
Diga si son ciertas o falsas.

MODELO:    PROF.: «La tía de Clarisa y Marisa se llama Andrea.» →
E.: Falso. Andrea es *la madre de* Clarisa y Marisa.

## Actividad 2. Intercambios: La familia de Raúl

Hágale estas preguntas a su compañero/a.

1. ¿Cómo se llaman las hermanas de Raúl?
2. ¿Cuántos sobrinos tiene Raúl? ¿Cómo se llaman?
3. ¿Tienen nueras Dora y Javier?
4. ¿Cómo se llaman los cuñados de Raúl?
5. ¿Cómo se llama el suegro de Pedro y Ernesto?
6. ¿Cómo se llaman las cuñadas de Ernesto?
7. ¿Cuántos nietos tienen Dora y Javier?
8. ¿Cómo se llaman los tíos de Clarisa y Marisa?
9. ¿Cómo se llaman los primos de Clarisa y Marisa?
10. ¿Cómo se llaman los yernos de Dora y Javier?

## Actividad 3. Descripción de dibujos: La familia de Mónica

Lea la siguiente descripción de la familia de Mónica. Basándose en el árbol genealógico, llene los espacios en blanco con los nombres o palabras apropiados.

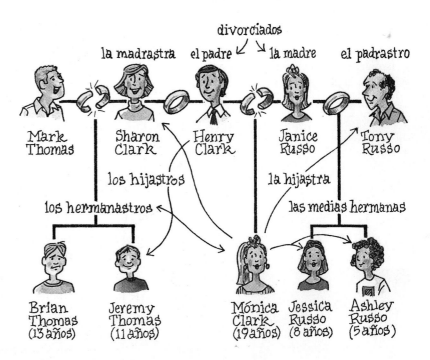

Los padres de Mónica se llaman _____ y _____ y están _____. Mónica vive con su madre y su _____, Tony. Su madre y Tony tienen dos hijas, Jessica y Ashley. Ellas son las _____ de Mónica. Jessica se parece a _____, pero Ashley se parece más a _____.

La nueva esposa de Henry Clark se llama _____. Sharon tiene dos hijos de su primer esposo; se llaman _____ y _____ y son los _____ de Mónica. Mónica no visita a sus hermanastros con frecuencia, pero se lleva bien con ellos. A Mónica le gusta hablar con Sharon, su _____, pero dice que su padrastro, Tony, no la comprende.

## LAS PALABRAS VIVEN

**VOCABULARIO ÚTIL**

| | |
|---|---|
| el dios | *god* |
| la profecía | *prophecy* |
| señalaba | *indicated* |
| la serpiente emplumada | *feathered serpent* |

# En México, un cuate es un buen amigo

Entre los jóvenes mexicanos, **tener un cuate** significa lo mismo que **tener un buen amigo**. La palabra **cuate** viene del náhuatl, el idioma de los aztecas.

La llegada de Hernán Cortés a México en 1519 coincidió con la fecha que una profecía de la mitología azteca señalaba para el regreso del dios Quetzalcóatl. Quetzalcóatl les enseñó a los aztecas la agricultura, el trabajo de los metales, las artes y el calendario. Predicaba una religión de amor y resignación. Los antiguos mexicanos lo representaban como una serpiente emplumada.

En náhuatl, la palabra *coatl* significaba **serpiente**. Y también llegó a significar **gemelo**, pues Quetzalcóatl tenía un hermano idéntico a él, otro dios llamado Xolotl.

Con el tiempo y el uso diario, *coatl* se transformó en **cuate**. Hoy en día la palabra quiere decir **amigo** y **gemelo**. Pero los mexicanos la usan más que nada para referirse a un *buen* amigo.

## Actividad 4. Conversación: Las relaciones familiares

Diga a quién se parecen estas personas en su familia: usted, su hermano/a, su hijo/a, su esposo/a y su primo/a. Use **Me parezco a** y **Se parece a**.

MODELOS: Me parezco a mi abuela.

Mi hermano se parece a mi papá.

Ahora, diga con quién(es) en su familia (no) se llevan bien estas personas: usted, su padre, su hermano/a, su suegro/a y su cuñado/a. Use **(No) Me llevo bien** y **(No) Se lleva bien**.

MODELOS: Me llevo muy bien con mi padre.

Mi cuñada no se lleva bien con mi padre.

### Actividad 5. Entrevista: Mi familia y mis parientes

1. ¿Vives con tus padres o con otros parientes? ¿Cuántos años tiene tu padre? ¿Y tu madre? ¿Te llevas bien con ellos? ¿Están divorciados tus padres? ¿Tienes padrastro o madrastra? ¿Te llevas bien con él/ella?

2. ¿Te pareces más a tu padre o a tu madre? ¿Te pareces a otro pariente, por ejemplo, a un abuelo o a una tía?

3. ¿Están vivos o muertos tus abuelos? Si todavía están vivos, ¿cuántos años tienen? ¿Dónde viven? ¿Los ves con frecuencia? Si están muertos, ¿cuánto tiempo hace que murieron?

4. ¿Cuántos hermanos tienes? ¿Tienes medios hermanos o medias hermanas? ¿Te pareces a ellos/as? ¿Tienes hermanastros o hermanastras? ¿Te llevas bien con ellos/as? ¿Qué cosas hacen ustedes juntos?

5. ¿Cuántos tíos tienes? ¿Dónde viven? ¿Tienes muchos primos o pocos? ¿Pasas mucho tiempo con ellos? ¿Celebras los días feriados con tus tíos y tus primos?

6. ¿Están casados tus hermanos? ¿Te llevas bien con tus cuñados? ¿Tienes sobrinos? ¿Cuántos años tienen? ¿Cómo se llaman?

7. ¿Estás casado/a? ¿Tienes hijos? ¿Cómo se llaman? ¿Cuántos años tienen?

8. ¿Están casados tus hijos? ¿Cómo es tu nuera/yerno? ¿Tienes nietos? ¿Cuántos años tienen? ¿Cómo se llaman?

## NOTA CULTURAL

# Los hispanos hablan de su familia

| VOCABULARIO ÚTIL | |
|---|---|
| cariño | *affection* |
| extraño | *I miss* |
| estrecha | *close* |
| recurro a | *I turn, go to* |
| se ocupa | *he takes care* |
| criarlos | *to raise them* |
| se apoyan | *support each other* |

Lea las siguientes descripciones que algunos hispanos dan de su familia. Usted va a notar que todas las familias a continuación tienen varias características en común. La más predominante es que son muy unidas.

RAÚL SAUCEDO, estudiante mexicano de 19 años: «Mi familia es bastante grande: están mis padres, tres hermanas mayores que yo, sus esposos (dos están casadas), mis sobrinos y mis primos. Mi abuela María Eulalia también va incluida, ¡claro! (Pero ella no vive en la Ciudad de México, donde está casi toda la familia.) A veces, los domingos, nos vamos todos al Parque de Chapultepec a merendar. ¡Y cuánto nos divertimos! Ahora que vivo y estudio en Texas, los extraño mucho.»

Raúl

ADRIANA BOLINI, argentina de 35 años: «Mis padres son mis mejores amigos. Con ellos tengo una relación estrecha y sincera. Cuando estoy de viaje, los llamo por teléfono y les escribo mucho. Siempre recurro a ellos cuando necesito algún consejo.»

Adriana

ROGELIO VARELA, estudiante puertorriqueño de 21 años: «En mi familia somos muy unidos. Cuando tengo problemas personales, prefiero hablar con mi padre, mi madre o con uno de mis hermanastros, antes que hablar con un amigo. ¿La razón?

Rogelio

Bueno, es que un amigo puede tratar de ayudarnos, pero nadie puede entendernos tan bien como un miembro de la familia. ¡Ésa es mi opinión!»

SUSANA YAMASAKI GONZÁLEZ, peruana de 33 años: «Tengo dos hijos: Armando de trece años y Andrés de nueve. Por el momento, los niños y yo vivimos con mis padres en Cuzco. Es que estoy divorciada, y mi ex esposo casi no se ocupa de sus hijos. La verdad, es mucho trabajo criarlos yo sola. ¡Son muy traviesos! Por suerte papá y mamá me ayudan con la crianza. Mis hijos viven en un hogar donde hay amor, donde todos nos llevamos bien. Armando y Andrés tienen los mejores abuelos del mundo.»

Susana

Rubén

RUBÉN HERNÁNDEZ ARENAS, cubano de 38 años: «Mi familia en los Estados Unidos es pequeña: mi esposa, mis padres y yo. Lamentablemente, estoy separado de varios miembros de mi familia. Vivo en Miami y tengo un hermano, dos sobrinos y varios primos que están en Cuba. De vez en cuando me comunico con ellos, pero quisiera tenerlos cerca, poder verlos. Extraño sobre todo a mis sobrinos Tatiana y Bladimir. Uno de mis sueños es reunir a toda la familia aquí algún día.»

Estas personas ofrecen una imagen realista y típica de la familia hispana. En el mundo hispano hay muchos tipos de familia; no siempre son tradicionales. Hay hogares donde el padre o la madre está ausente, o donde los abuelos crían a los nietos. Como en todas las sociedades modernas, también hay familias de padres solteros o divorciados. Pero sea cual sea el caso, la familia es una de las instituciones más fuertes y vitales de la sociedad hispana.

## Comprensión

**A.** ¿Quién habla aquí, probablemente: Rogelio (**RO**), Adriana (**A**), Raúl (**RA**), Susana (**S**) o Rubén (**RU**)?

1. _____ Mis padres son mis amigos.
2. _____ Nos gusta ir al parque los domingos.
3. _____ Tengo una familia muy unida.
4. _____ Cuando tengo un problema, hablo con mis padres.
5. _____ Extraño mucho a mis sobrinos.
6. _____ Me es difícil criar a los hijos yo sola.
7. _____ Les mando tarjetas postales y los llamo.
8. _____ Mi familia es grande.

**B.** ¿Cierto o falso? Si la oración es falsa, haga las correcciones necesarias para decir la verdad.

1. _____ La familia hispana es pequeña: normalmente la forman los padres y los hijos.
2. _____ La familia es muy importante en la sociedad hispana.
3. _____ Muchos hispanos prefieren hablar de sus problemas personales con un amigo / una amiga.
4. _____ A veces tíos y primos viven en la casa familiar.
5. _____ En el mundo hispano sólo existen familias tradicionales.

## Ahora... ¡usted!

1. ¿Quiénes forman parte de una familia norteamericana típica?
2. ¿Cómo son sus relaciones con sus padres? ¿con sus hermanos?

3. ¿Qué le gusta hacer a usted con su familia?
4. ¿Con quién(es) prefiere hablar de sus problemas? ¿Por qué?

## Un paso más... ¡a escribir!

Pregúnteles a cuatro o cinco compañeros de clase qué opina cada uno de su propia familia. Luego, escriba una composición titulada «Los estudiantes de español hablan de su familia». Use el mismo formato de la Nota cultural. ¡Y no se olvide de escribir una conclusión!

## LAS PALABRAS VIVEN

**Hablando de la familia:** La palabra **boda** se usa en todo el mundo hispano. Pero en México también se dice **casamiento** y **matrimonio**. Hay palabras de cariño para los abuelos: **tata** (abuelo) y **nana** (abuela), y los diminutivos **abuelito** y **abuelita**.

En Cuba, la palabra más usada para decir **gemelos** es **mellizos**. Y en el habla coloquial mexicana, los gemelos son **los cuates**. (Recuerde que en México un cuate es también un **buen amigo**.)

## EL MUNDO HISPANO... imágenes

**L**as relaciones entre los mayores y los jóvenes son íntimas y especiales. Conversan, intercambian ideas, salen a pasear. Los niños escuchan los consejos[1] de sus abuelos, y éstos disfrutan de[2] la juventud y las experiencias de sus nietos. Los abuelos a veces cuentan sus recuerdos,[3] así manteniendo viva la historia familiar.

En la foto, la abuela viste a su nietecita con un traje tradicional de la región.

EL OCÉANO ATLÁNTICO

**España**

● Madrid

La Alberca

EL MAR MEDITERRÁNEO

La Alberca, España

[1]*advice* [2]*disfrutan... enjoy* [3]*memories*

# La niñez

*Lea Gramática 9.2.*

Cuando Adela Martínez era niña, vivía en Guanajuato.

Mis amigas y yo jugábamos al escondite en el parque.

Leía las tiras cómicas los domingos.

Saltaba la cuerda.

Mis amigas y yo jugábamos con nuestras muñequitas en el jardín de la casa.

Mi abuela y yo preparábamos la cena.

Jugaba al bebeleche en el patio de recreo de la escuela.

## Actividad 6. Asociaciones: La niñez de algunas personas famosas

¿Qué hacían estas personas famosas en su niñez? ¿A cuál(es) de estas personas le(s) atribuye usted las actividades a continuación?

Elizabeth Taylor, actriz
Fidel Castro, primer ministro de Cuba
Marie Curie, científica francesa
Cristóbal Colón, explorador/navegante

1. Soñaba con cambiar la sociedad.
2. Pensaba mucho en la ciencia.
3. Vivía en Cuba.
4. Jugaba con muñecas.
5. Vivía en Francia.
6. Navegaba.
7. Hablaba francés.
8. Soñaba con viajar.
9. Trabajaba en el cine.
10. Leía mucho.
11. Estudiaba danza.
12. Quería descubrir «nuevos mundos».
13. Montaba a caballo.
14. Hablaba español.
15. Estudiaba los mapas.
16. Se miraba con frecuencia en el espejo.
17. Soñaba con descubrir una nueva ruta a la India.

## Actividad 7. Conversación: ¡Viva el verano!

Mire el dibujo y piense en su niñez.

¿Hacía usted las mismas cosas que los niños de los dibujos?
¿Iba al cine? ¿Con quién(es)?
¿Jugaba a la pelota? ¿Dónde?
¿Volaba un papalote? ¿Dónde?
¿Iba al zoológico? ¿Dónde? ¿Con quién(es)?
¿Paseaba en bicicleta? ¿Dónde, en el parque o en su barrio?
¿Tomaba helados? ¿Qué sabor prefería?
¿Qué otras cosas hacía durante el verano?

### ¡REÍR ES VIVIR!

#### El regalo
La señora le compró una bicicleta a su hijo, y el niño, contento, se fue a montarla.
   Unos minutos después le gritó a su mamá, muy entusiasmado:
—Mira, mamá, ¡estoy montando con una mano!
   La madre, preocupada, le dijo:
—¡Ten cuidado, mi niño!
   El hijo no le hizo caso y exclamó:
—¡Mira, mamá, sin manos!
   Al poco tiempo dijo:
—¡Con un pie!
   Y una hora más tarde:
—Mira, mamá, ¡sin dientes!

### Actividad 8. Descripción de dibujos: La niñez de los amigos norteamericanos

Mire la tabla a continuación y escuche las oraciones que le lee su profesor(a). Diga si son ciertas o falsas.

Ahora, hágale preguntas a un compañero / una compañera según la tabla.

MODELO:   E1:  ¿Qué hacía Lan siempre de niña?
          E2:  *Sacaba buenas notas.*

Finalmente, hágale preguntas a su compañero/a sobre lo que él/ella hacía de niño/a.

MODELO:   E1:  De niño/a, ¿qué hacías después de las clases?
          E2:  *Jugaba con mis amiguitos.*

## LAS PALABRAS VIVEN

**VOCABULARIO ÚTIL**
andar en patineta          *to skateboard*

Una de las actividades favoritas de los niños en todo el mundo es andar en patineta, que en España se dice **andar en monopatín**. A muchos niños también les gustan los juegos de video, que en México se llaman **las chispas**.

Panamá, Mar Caribe: villa de pescadores cerca de Isla Grande

## Actividad 9. Entrevista: La niñez

1. De niño/a, ¿vivías en una ciudad o en un pueblito?
2. ¿Qué te gustaba hacer? ¿Jugabas con muñequitas? ¿con carritos?
3. ¿Tenías perro o gato? ¿Cómo se llamaba?
4. ¿A qué escuela asistías? ¿Cómo era? ¿Recuerdas cómo se llamaba tu maestro favorito / maestra favorita? ¿Por qué era tu favorito/a?
5. ¿Qué te gustaba hacer en la escuela? ¿Qué no te gustaba hacer?
6. ¿Tenías muchos amiguitos? ¿A qué jugaban en el recreo? ¿al gato? ¿a la pelota? ¿al escondite? ¿a la rayuela (al bebeleche)?
7. ¿Qué hacías después de las clases todos los días? ¿Jugabas? ¿Estudiabas? ¿Con quién(es)?
8. ¿Hacías muchas cosas con tus padres? ¿Visitabas mucho a tus abuelos? ¿Te divertías mucho con tus hermanitos?
9. ¿Ibas al cine con frecuencia? ¿Qué películas te gustaba ver?
10. ¿Qué hacías durante el verano? ¿Salías de vacaciones? ¿Adónde? ¿Tomabas clases? ¿De qué?

# ¡Así piensan los niños!

**A** continuación tiene usted tres breves anécdotas de la revista española *Ser Padres*. En todas se narran experiencias humorísticas de la infancia. Léalas y... ¡recuerde el lado cómico de su niñez!

### ¡QUÉ DIVER!

María (3 años) y su amiga Patricia (5 años) estaban jugando en el jardín de nuestra casa. De pronto, María hizo una propuesta sugerente: «¿Por qué no jugamos a que tú te escondes detrás de ese árbol y yo te busco?»

(*Ana Isabel Fernández, Palma*)

### VOCABULARIO ÚTIL

| | |
|---|---|
| diver | divertido |
| la propuesta | *proposal* |
| te escondes | *you hide* |

### NIÑA PRECAVIDA

Mi hija Ana (3 años) bajó corriendo por una cuesta muy empinada. «¡Ten cuidado, que te vas a caer!» exclamé al verla correr tan alocada. «No te preocupes, mamá», respondió ella. «Voy agarrada a los tirantes!»

(*Lurdes Mejido, Badajoz*)

### VOCABULARIO ÚTIL

| | |
|---|---|
| precavida | *cautious* |
| cuesta empinada | *steep hill* |
| ¡te vas a caer! | *you'll fall!* |
| agarrada | *hanging* |
| los tirantes | *suspenders* |

### LÓGICA INFANTIL

Le dije a mi hija Conchita (4 años) que tenía que comer todo el arroz para hacerse grande como papá y mamá. La pequeña se quedó pensativa y después de un rato me dijo: «Mami, yo tengo que comer para hacerme grande como papá y como tú, ¿verdad?»

«¡Sí, mi niña!» exclamé, contenta de que por fin lo hubiese entendido. «Oye —prosiguió ella— ¿y vosotros para qué coméis?»

(*Conchita Palazón, Sardañola*)

### VOCABULARIO ÚTIL

| | |
|---|---|
| hacerse grande | *become a big girl* |
| pensativa | *thoughtful* |
| un rato | *a while* |
| hubiese entendido | *she had understood* |
| prosiguió | *she continued* |

## Comprensión

1. ¿Por qué está preocupada la mamá de Ana? Según Ana, ¿por qué no necesita preocuparse su mamá?
2. ¿A qué jugaban María y Patricia?
3. Según la madre de Conchita, ¿para qué tienen que comer los niños todo lo que sus padres les sirven?
4. ¿Por qué pregunta Conchita para qué comen sus padres?
5. ¿Cuál de las tres anécdotas le parece más chistosa? ¿Por qué?

## Ahora... ¡usted!

1. ¿Recuerda algo chistoso que usted (o su hijo/a) dijo cuando tenía cuatro, cinco, seis o siete años? ¡Cuéntenoslo!
2. De niño/a, ¿a qué jugaba? ¿Con quién(es) jugaba?
3. De niño/a, ¿qué comía usted con gusto? ¿Qué no comía nunca?
4. ¿Qué hacía cuando su madre le servía algo que a usted no le gustaba? ¿Siempre servían postre en su casa?
5. ¿Comía usted en restaurantes con frecuencia? ¿Cuál era su restaurante favorito y qué pedía allí?

## Un paso más... ¡a escribir!

Usted y su compañero/a van a preparar una breve comedia en la que se presenta una experiencia cómica o interesante de la infancia. Escriban un guión y luego, ¡actúen su comedia en la clase!

# La juventud

*Lea Gramática 9.3–9.4.*

doña Lola

Doña Lola era una joven muy bonita.

Bailaba con su novio en las fiestas.

Estudiaba todas las noches.

En la escuela siempre sabía la lección.

Tenía muchos amigos y amigas. Iba al cine con ellos.

Conoció a su mejor amiga, Rosita, cuando las dos tenían 8 años.

Quería casarse a los 15 años, pero su papá no quiso darle permiso.

Torreón, México: La familia hispana, como lo demuestra esta familia, es generalmente grande y muy unida.

### Actividad 10. Intercambios: La juventud de los amigos hispanos

Hágale preguntas a su compañero/a sobre lo que hacían los amigos hispanos en su juventud.

MODELOS:   E1:  ¿Qué hacía *Ricardo después de las clases*?
           E2:  *Veía la televisión*.

           E1:  ¿Quién *iba de compras los fines de semana*?
           E2:  *Adriana*.

### Actividad 11. Intercambios: La escuela secundaria

Diga qué hacía usted en estas situaciones cuando era estudiante de la escuela secundaria.

1. Cuando no quería ir a la escuela,...
   - **a.** decía: «Ay, estoy enfermo/a».
   - **b.** iba al cine.
   - **c.** decía: «Pero... hoy no hay clases».
   - **d.** ¿ ?

2. Cuando mi madre no me permitía ver la televisión antes de hacer la tarea,...
   - **a.** lloraba.
   - **b.** hacía la tarea rápidamente.
   - **c.** decía: «¡Pero hoy no tengo tarea!».
   - **d.** ¿ ?

3. Cuando quería comprar ropa nueva y no tenía dinero,...
   a. le pedía dinero a mi padre (madre, abuelo,... ).
   b. ahorraba dinero.
   c. trabajaba.
   d. ¿ ?

4. Cuando quería salir con mis amigos y mi padre/madre no me daba permiso,...
   a. me escapaba cuando todos estaban dormidos.
   b. discutía con mi padre/madre.
   c. lloraba y gritaba.
   d. ¿ ?

5. Cuando tenía que entregarle la tarea al profesor / a la profesora y no la tenía,...
   a. la hacía rápidamente durante la clase.
   b. le decía: «Anoche no pude hacerla porque estaba enfermo/a».
   c. le preguntaba: «¿Teníamos tarea?».
   d. ¿ ?

## Y TÚ, ¿QUÉ DICES?

Yo también.
Yo no, yo...
¿De veras?
¡Qué pícaro/a!

¡No lo creo!
¡Qué mentiroso/a!
¡Qué buena idea!
¿Y nunca tuviste problemas?

MODELO:   E1:   Cuando mi madre no me permitía ver la televisión antes de hacer la tarea, hacía una parte y le decía: «¡Ya terminé!»
          E2:   ¡Qué pícaro!

## EL MUNDO HISPANO... su gente

**G**regorio Merino Díaz tiene 32 años y es chileno.

*Piense en su vida de hace cinco años. ¿Era muy diferente de su vida actual?*

Hace cinco años mi vida era algo distinta de la actual. De partida,[1] aún no estaba casado y trabajaba como profesor en dos colegios. Vivía con mi hermana mayor y su familia. Ya estaba de novio[2] pero recién empezaba a concebir[3] seriamente la posibilidad de matrimonio con mi esposa. De hecho,[4] en esa época no nos imaginábamos siquiera que tendríamos[5] una hijita tan linda como nuestra Francisquita, ni que un hijo pudiese[6] darnos tanta dicha.[7]

[1]De... *For starters*  [2]estaba... *I had a serious relationship*  [3]pensar en  [4]De... *In fact*
[5]*we would have*  [6]*could*  [7]alegría, felicidad

## Actividad 12. Entrevista: La escuela secundaria

1. ¿Cómo se llamaba tu escuela secundaria?
2. ¿Vivías lejos de la escuela o vivías cerca? ¿Cómo ibas a la escuela?
3. ¿Llegabas a la escuela a tiempo o llegabas tarde?
4. ¿Te quejabas de las tareas?
5. ¿Qué materia preferías? ¿Estudiabas mucho? ¿Sacabas buenas notas?
6. ¿Participabas en actividades deportivas? ¿En cuáles?
7. ¿Qué hacías después de las clases todos los días?
8. ¿Salías mucho con tus amigos? ¿Adónde iban?

## EL MUNDO HISPANO... en los Estados Unidos

Ilia Rolón tiene 25 años y nació en Nueva York, donde vive ahora.

*Piense en los veranos de su infancia o de su juventud. ¿Cuáles eran sus actividades preferidas?*

Mi actividad preferida durante los veranos que pasaba en Puerto Rico era ir a la playa con mis primos. Recuerdo la ansiedad que sentía esperando que los adultos se alistaran para partir.[1] Al llegar, tiraba mis cosas a la arena sin mirar donde caían y corría hacia la orilla del mar para hundirme[2] bajo las olas. No me gustaba salir del agua para comer; sabía que los adultos me obligarían a[3] esperar una hora antes de entrar al agua otra vez, para prevenir calambres.[4] El agua era tibia y la arena caliente. En la noche, en mi cama, todavía podía sentir el ritmo de las olas correr por mi cuerpo.

[1]se...(*waiting for the adults*) *to get ready to go*   [2]*submerge myself, plunge*   [3]*obligarían... would make*   [4]*cramps*

## Actividad 13. Entrevista: Los veranos

1. Cuando eras más joven, ¿dónde pasabas los veranos? ¿Viajabas solo/a o con tus padres o hermanos?
2. ¿Visitabas a tus parientes? ¿Qué hacías con ellos?
3. ¿Trabajabas? ¿Dónde? ¿Qué hacías? ¿Ganabas mucho dinero?
4. ¿Qué hacías por las tardes? ¿por las noches? ¿Practicabas algún deporte? ¿Cuál?
5. ¿Había cosas que querías hacer pero que tus padres no te permitían? ¿Recuerdas algunas? ¿Por qué no te permitían hacerlas? ¿Las hacías de todos modos?

# En resumen

## De todo un poco

Los recuerdos

¿Qué recuerdos tiene usted relacionados con su familia y con su niñez o juventud? Complete las siguientes oraciones.

> MODELO: Recuerdo que para Pascua siempre *íbamos al parque a buscar huevitos.*

1. Recuerdo que en Navidad (Jánuca, Ramadán, el Año Nuevo,... ) mi abuela (madre, tío,... ) siempre...
2. Cuando era niño/a, para el Día de la Independencia (el 4 de julio) mi familia siempre...
3. Para mi cumpleaños, mis padres (tíos, primos, abuelos, hermanos,... ) siempre...
4. Todavía recuerdo que para el Día de Acción de Gracias...

Ahora, comparta sus recuerdos con un compañero / una compañera.

 ¡Dígalo por escrito!

La niñez

Piense en su niñez. ¿Qué hacía usted durante el verano cuando tenía seis, siete y ocho años? Descríbale su rutina típica a un compañero / una compañera y escuche cuando él/ella le describe sus propias actividades de los veranos de aquel entonces. En casa, escriba una composición de dos partes: una descripción detallada de sus propias actividades de verano y después una comparación de sus actividades con las de su compañero/a. ¿Eran semejantes o diferentes? ¿Por qué?

## VIDEOTECA

¿De dónde vienen sus antepasados? ¿Dónde se criaron sus abuelos? En este segmento de video los amigos de México, Diego, Lupe y Antonio, hablan de su familia. También hablan de cómo fue su niñez. Escuche bien y apunte algo sobre cada persona. Por ejemplo, ¿dónde vivieron? ¿Qué hacían de niños? Después, compare la niñez de los tres amigos con su propia niñez. ¿Fue muy diferente la suya? En el Capítulo 9 del *Cuaderno de trabajo* hay más actividades para hacer después de ver el video.

# Vocabulario

## La familia y los parientes
Family and Relatives

| | |
|---|---|
| el cuñado / la cuñada | brother-in-law/sister-in-law |
| el hermanastro / la hermanastra | stepbrother/stepsister |
| el hijastro / la hijastra | stepson/stepdaughter |
| la madrastra | stepmother |
| el medio hermano / la media hermana | half brother / half sister |
| la nuera | daughter-in-law |
| el padrastro | stepfather |
| el sobrino / la sobrina | nephew/niece |
| los sobrinos | nieces and nephews |
| el suegro / la suegra | father-in-law/mother-in-law |
| los suegros | in-laws |
| el tío / la tía | uncle/aunt |
| el yerno | son-in-law |

REPASO: el abuelo (abuelito) / la abuela (abuelita), el hermano / la hermana, el hijo / la hija, la madre, el nieto / la nieta, el padre, los padres, el primo / la prima

## Los verbos

| | |
|---|---|
| ahorrar | to save |
| cambiar | to change |
| dar permiso | to give permission |
| descubrir | to discover |
| discutir | to discuss; to argue |
| entregar | to hand in, turn in |
| jugar (ue) | to play |
| al la rayuela (bebeleche [Mex.]) | hopscotch |
| al escondite | hide-and-seek |
| al gato | tag |
| con carritos, muñequitas | with little cars, dolls |
| llevarse bien | to get along well |
| parecerse | to look like |
| pelearse | to fight |
| permitir(se) | to allow |
| quejarse | to complain |
| recordar (ue) | to remember |
| sacar buenas/malas notas | to get good/bad grades |
| saltar la cuerda | to jump rope |

| | |
|---|---|
| subirse a los árboles | to climb trees |
| terminar | to finish |
| volar (ue) un papalote (Mex.) | to fly a kite |

PALABRAS SEMEJANTES: atribuir, escaparse, navegar

## Los sustantivos

| | |
|---|---|
| el barrio | neighborhood |
| la juventud | youth |
| la muñeca (muñequita) | (little) doll |
| la niñez | childhood |
| la pelota | ball |
| el pueblito | little town |
| el recreo | recess, break |
| el patio de recreo | playground |
| los recuerdos | memories |
| las relaciones familiares | family relationships |
| las tiras cómicas | comic strips |

PALABRAS SEMEJANTES: la ciencia, la danza, Europa, el explorador / la exploradora, el navegante, la pizzería, el/la primer ministro, la ruta, la sociedad, la terminal de autobuses

## Los adjetivos

| | |
|---|---|
| dormido/a | asleep |
| estar muerto/a (vivo/a) | to be dead (alive) |
| relacionado/a | related |
| sorprendido/a | surprised |

## Palabras y expresiones útiles

| | |
|---|---|
| ¿Cómo era... ? | What was/were . . . like? |
| de niño/a | as a child |
| de todos modos | anyway |
| por ejemplo | for example |
| ¡Qué mentiroso/a! | What a liar! |
| ¡Qué pícaro/a! | What a rascal! |
| todavía | still |

# Gramática y ejercicios

### ¿RECUERDA?

You have already studied some reflexive verbs (see **Gramática 4.4**) that are used to express daily routine: **levantarse, ducharse, despertarse, vestirse, afeitarse, maquillarse,** etc. Remember that reflexive verbs use a reflexive pronoun (**me, te, se, nos, os, se**) placed in front of the conjugated verb.

**me levanto** = *I get up*
**te bañas** = *you (inf. sing.) take a bath*
**se afeita** = *you (pol. sing.) shave; he/she shaves*
**nos vestimos** = *we get dressed*
**se acuestan** = *you (pl.)/they go to bed*

## 9.1 Describing Family Relationships: The Reciprocal Reflexive Verbs *parecerse* and *llevarse bien*

### Gramática ilustrada

Andrea y Paula son gemelas. Se parecen mucho (Son muy parecidas).

Mónica y su padrastro no siempre se llevan bien.

Susana se lleva muy bien con sus hijos.

Some reflexive verbs have a special meaning. One such verb is **parecerse*** (*to look like*).

**parecerse** = *to look like*
—**¿A quién te pareces?**
(*Who do you look like?*)
—**Me parezco a mi hermana.**
(*I look like my sister.*)

| parecerse (*to look like*) | | |
|---|---|---|
| (yo) | me parezco† | *I look like* |
| (tú) | te pareces | *you (inf. sing.) look like* |
| (usted, él/ella) | se parece | *you (pol. sing.) look like; he/she looks like* |
| (nosotros/as) | nos parecemos | *we look like* |
| (vosotros/as) | os parecéis | *you (inf. pl., Spain) look like* |
| (ustedes, ellos/as) | se parecen | *you (pl.) look like; they look like* |

*Recognition: **vos te parecés**
†Don't forget to use the personal **a** with this verb. See **Gramática 6.5**.

—¿**A** quién **te pareces**?      —*Who do you look like?*
—**Me parezco a** mi tía Lila.      —*I look like my aunt Lila.*
Nuestros hijos **se parecen**      *Our children look like my*
**a** mi suegro.      *father-in-law.*

You may also use the adjective **parecido/a** with the verb **ser** to express resemblances.

**Soy** muy **parecida** a mi madre.      *I look a lot like my mother.*
Guillermo y Raúl **no son** muy      *Guillermo and Raul don't look very*
**parecidos**.      *much alike.*

Another reflexive verb with special meaning is **llevarse... con** (*to get along . . . with*).

—¿**Con** quién **te llevas** mejor,      —*With whom do you get along*
con tu mamá o con tu papá?      *better, your mother or your*
     *father?*

—**Me llevo** mejor **con** mi papá.      —*I get along better with my father.*

When used in plural form, some reflexive verbs can express reciprocal action (*to each other*). Both **parecerse** and **llevarse** can be used in this way. (You will learn more about other reciprocal reflexives in **Gramática 15.1**.)

Clarisa y Marisa no son gemelas,      *Clarisa and Marisa are not twins,*
pero **se parecen** mucho.      *but they look a lot alike.*
Mi abuela y yo **nos parecemos**.      *My grandmother and I look alike.*
Mi cuñada y yo **no nos llevamos**      *My sister-in-law and I don't get*
bien.      *along well.*
Graciela y Amanda **se llevan** muy      *Graciela y Amanda get along very*
bien; son muy buenas amigas.      *well; they are very good friends.*

## Sidebar

**llevarse bien con** = *to get along well with*
—¿**Te llevas bien con tus hermanos**? (*Do you get along well with your siblings?*)
—**Sí, me llevo bien con todos en mi familia**. (*Yes, I get along well with everyone in my family.*)

Reflexive verbs are used to express reciprocal actions (*each other*).

**nos parecemos** = *we look alike* (*like each other*)
**se parecen** = *they look alike* (*like each other*)
**se llevan bien** = *they get along well* (*with each other*)

## Ejercicio 1

Use las formas apropiadas del verbo **parecerse** para completar las siguientes oraciones.

1. Ernestito ＿＿＿ mucho a su padre.

2. Amanda y Guillermo son hermanos pero no ＿＿＿.

   Amanda dice: «Yo ＿＿＿ a papá; ¿a quién ＿＿＿ tú, Guillermo?»

3. Andrea dice: «Yo ＿＿＿ mucho a Paula, pero ＿＿＿ menos a Raúl.»

4. Paula dice: «Sí, Andrea, tú y yo ＿＿＿ mucho porque somos gemelas. Raúl ＿＿＿ más a mamá.»

5. En mi familia, ＿＿＿ y yo (no) ＿＿＿ mucho.

6. Mi(s) hermano(s) ＿＿＿ más a mi ＿＿＿ que a mi ＿＿＿.

## Ejercicio 2

Use las formas apropiadas del verbo **(no) llevarse** para terminar correctamente estas oraciones.

1. MÓNICA: Mis padres se divorciaron, pero ahora _____ bien.
2. SR. VO.: Lan, ¿_____ bien con tus compañeros de clase?
   LAN: Sí, papá. En la clase de la profesora Martínez todos _____ muy bien; somos buenos amigos.
3. MÓNICA: Mis hermanastros y yo _____ bien, pero yo no _____bien con mi padrastro.
4. NORA: Mis primos _____ muy bien; siempre les gusta estar juntos.
5. ESTEBAN: Raúl, ¿ahora _____ (tú) bien con las chicas?
   RAÚL: ¡Por supuesto, Esteban! Las chicas bonitas y yo _____ muy bien.

## 9.2 Saying What You Used to Do: The Imperfect Tense

> The imperfect often means *used to* or *would*.
> **De niña, nadaba todos los días en el verano**. (*As a child, I used to [would] swim every day in the summer*.)
> **Cuando éramos jóvenes, íbamos al cine todos los sábados**. (*When we were young, we would go to the movies every Saturday*.)

**A.** The Spanish imperfect tense is used to describe actions that occurred repeatedly or habitually in the past. To express the same idea, English often uses the phrases *used to* or *would*, or just the simple past.

| ¿A qué hora **te levantabas** aquel verano? | *What time* | *did you / did you used to / would you* | *get up that summer?* |
| Siempre **me levantaba** a las 9:00. | *I always* | *got up / used to get up / would get up* | *at 9:00.* |

> Imperfect endings: **-ar** verbs = **-aba**; **-er/-ir** verbs = **-ía**

**B.** There are two patterns of endings for the imperfect: for **-ar** verbs, the **-aba** endings; for **-er/-ir** verbs, the **-ía** endings.*

|  | **manejar** | **comer** | **vivir** |
|---|---|---|---|
| (yo) | manej**aba** | com**ía** | viv**ía** |
| (tú) | manej**abas** | com**ías** | viv**ías** |
| (usted, él/ella) | manej**aba** | com**ía** | viv**ía** |
| (nosotros/as) | manej**ábamos** | com**íamos** | viv**íamos** |
| (vosotros/as) | manej**abais** | com**íais** | viv**íais** |
| (ustedes, ellos/as) | manej**aban** | com**ían** | viv**ían** |

| | |
|---|---|
| Mis hermanos **comían** mucho cuando **visitábamos** a nuestros abuelos. | *My brothers used to eat a lot when we visited (would visit) our grandparents.* |
| —¿Qué **hacía** Raúl los domingos cuando **estaba** en la secundaria? | *—What did Raúl used to do on Sundays when he was in high school?* |
| —**Jugaba** al tenis con sus amigos. | *—He used to play tennis with his friends.* |

---

*Recognition: In the imperfect, the **vos** form is identical to the **tú** form: **manejabas**, **comías**, **vivías**, etc.

Only **ir**, **ser**, and **ver** are irregular in the imperfect.

**C.** Only three verbs are irregular in the imperfect.

| | ir | ser | ver |
|---|---|---|---|
| (yo) | iba | era | veía |
| (tú) | ibas | eras | veías |
| (usted, él/ella) | iba | era | veía |
| (nosotros/as) | íbamos | éramos | veíamos |
| (vosotros/as) | ibais | erais | veíais |
| (ustedes, ellos/as) | iban | eran | veían |

Te **veía** más cuando trabajabas en esta oficina.

Cuando **era** muy joven, **íbamos** a la finca y mi padre me llevaba en su caballo.

*I used to see you more when you worked in this office.*

*When I was very young, we used to go to the farm and my father would let me ride with him on his horse.*

## Ejercicio 3

¿Qué hacían estas personas de niños?

MODELO:   jugar mucho al tenis / Paula → Paula *jugaba* mucho al tenis.

1. montar en bicicleta / Guillermo
2. jugar con muñecas / Amanda y yo
3. leer las tiras cómicas del periódico los domingos / Andrea
4. bañarse en el mar en Acapulco / doña Lola y doña Rosita
5. comer muchos dulces / don Eduardo
6. limpiar su recámara / Estela
7. pasar las vacaciones en Acapulco / la familia Ramírez
8. escuchar música rock / Pedro Ruiz
9. ver dibujos animados en la televisión / Ernesto
10. cuidar el jardín / el abuelo de Ernestito

## Ejercicio 4

Complete cada oración con la forma apropiada del imperfecto, y luego indique a qué dibujo corresponde.

MODELO:   Ya no monta a caballo mucho, pero antes *montaba* a caballo todos los fines de semana.

a. _____ Ya no juegan a las cartas, pero antes _____ todas las tardes.
b. _____ Antes _____ a misa todos los domingos, pero ya no van mucho.
c. _____ De niña _____ la cuerda, pero ya nunca salta la cuerda.
d. _____ Ya no se pelea con sus hermanas, pero antes _____ mucho con ellas.
e. _____ Ya no llora tanto cuando ve películas tristes, pero de adolescente _____ mucho.
f. _____ Cuando tenía ocho años, no _____ bien con las niñas.
g. _____ De niñas, _____ mucho.

## 9.3 Describing the Past: The Imperfect and Preterite of "State" Verbs

**Gramática ilustrada**

Verbs of state do not express action—for example, *to want, to have.* When used in talking about the past, they are usually conjugated in the imperfect.

**A.** Some verbs express actions (*run, jump, eat*); others express states (*want, have, be, can*). In the narration of a past event, verbs describing states or ongoing conditions are usually conjugated in the imperfect tense.

| | |
|---|---|
| —Guillermo, ¿**sabías** la respuesta de la cuarta pregunta? | —*Guillermo, did you know the answer to the fourth question?* |
| —**Sabía** una parte pero no toda. | —*I knew part of it, but not all.* |
| —¿Qué **querías** hacer? | —*What did you want to do?* |
| —**Quería** ir al cine. | —*I wanted to go to the movies.* |
| —¿Por qué no **podías** ir? | —*Why couldn't you go?* |
| —Porque no **tenía** dinero. | —*Because I didn't have any money.* |

**B.** When Spanish speakers use state verbs in the preterite, they usually do so to convey that the state came to an end. English speakers often use completely different verbs to express that meaning. Compare the English equivalents of the following state verbs in the imperfect and in the preterite.

(yo) **sabía** = *I knew*
(yo) **supe** = *I found out*

usted **conocía** = *you (pol. sing.) knew*
usted **conoció** = *you (pol. sing.) met*

| IMPERFECT | | PRETERITE | |
|---|---|---|---|
| sabía | *I knew* | supe | *I found out* |
| no sabía | *I didn't know* | no supe | *I never knew* |
| conocía | *I was acquainted with* | conocí | *I met* |
| tenía | *I had* | tuve | *I had; I received* |
| quería | *I wanted* | quise | *I wanted (and tried)* |
| no quería | *I didn't want* | no quise | *I refused* |
| podía | *I was able; could* | pude | *I could (and did)* |
| no podía | *I wasn't able, couldn't* | no pude | *I (tried and) couldn't* |

| | |
|---|---|
| —¿**Supiste** lo que les pasó a Graciela y a Amanda? | —*Did you find out what happened to Graciela and Amanda?* |
| —No, no **supe** nada. ¿Qué les pasó? | —*No, I didn't find out (never heard) anything. What happened to them?* |
| —¿Por qué no **pudiste** terminar? | —*Why weren't you able to finish?* |
| —**No quise** terminar, porque me cansé mucho. | —*I didn't try to finish, because I got very tired.* |

When used to express *was/were*, **ser** and **estar** are usually in the imperfect.

**Estaba muy cansado**. (*I was very tired.*)
**Éramos amigas íntimas en la escuela secundaria**. (*We were very close friends in high school.*)

**C.** The verbs **ser** and **estar** are usually used in the imperfect; they are used in the preterite only when the state has explicitly come to an end within a specified amount of time.

| INFINITIVE | IMPERFECT | | PRETERITE | |
|---|---|---|---|---|
| ser | era | *I was* | fui | *I was* |
| estar | estaba | *I was* | estuve | *I was* |

Within a limited or specified time frame, **ser** and **estar** may be used in the preterite to express *was/were*.

**Estuvimos cinco días en Acapulco**. (*We were in Acapulco for 5 days.*)
**Mi hijo fue presidente del Club de Español por dos años**. (*My son was president of the Spanish Club for two years.*)

—¿Cómo **eras** de niño?
—Yo **era** muy tímido.

—*What were you like as a child?*
—*I was very shy.*

—¿Cuánto tiempo **fuiste** presidente del club?
—**Fui** presidente seis años.

—*How long were you president of the club?*
—*I was president for six years.*

—¿Dónde **estaban** tus padres anoche?
—**Estaban** con los abuelos.

—*Where were your parents last night?*
—*They were with my grandparents.*

—¿Cuánto tiempo **estuvieron** en España?
—**Estuvimos** allí de mayo a julio.

—*How long were you in Spain?*
—*We were there from May to July.*

## Ejercicio 5

Complete las oraciones según el modelo. Use el imperfecto de los verbos en letra cursiva.

MODELO: Ahora no *soy* tímido, pero de niño *era* muy tímido.

1. Ahora Guillermo *tiene* 12 años, pero cuando tú lo conociste _____ sólo 8 años.
2. Ahora *sé* muy bien las respuestas, pero esta mañana, cuando tomé el examen, no las _____.
3. Ahora *conocemos* muy bien a doña Rosita, pero hace un año no la _____.
4. Ahora Paula *es* agente de viajes, pero yo recuerdo cuando _____ secretaria.
5. Ahora Paula *está* aquí en México, pero hace una semana _____ en España.

## Ejercicio 6

Complete las siguientes oraciones con la forma apropiada del imperfecto de estos «verbos de estado»: **tener, querer, estar, ser, conocer, saber** y **poder**.

1. Luis _____ sólo 10 años cuando viajó a Colombia.
2. Einstein _____ un joven muy inteligente, pero sacaba malas notas.
3. Yo no _____ a tu hermano. ¡Qué guapo es!
4. (Nosotros) _____ comprar un carro nuevo pero no _____ dinero. Ahora, por fin tenemos suficiente dinero.
5. ¿Dónde _____ (tú) esta mañana?
6. Ayer almorcé a las 11:00 porque _____ mucha hambre.

Ahora, use la forma apropiada del pretérito de estos «verbos de estado»: **saber, tener, conocer, poder** y **querer**.

7. Ayer _____ que el hijo mayor de mi vecino es adoptado.
8. Hoy no fui a trabajar porque no dormí anoche. Toda la noche _____ un dolor de cabeza horrible.
9. ¡Qué simpático es el esposo de Andrea Ruiz! Lo _____ anoche en la fiesta.
10. Ah, sí, la fiesta de fin de año... Los Ruiz me invitaron pero yo no _____ ir. ¡A mí no me gustan las fiestas!
11. Ayer fui al parque con mis hijos; traté de patinar con ellos pero no _____. ¡Me estoy poniendo viejo!

Recall from **Gramática 1.1** that the present tense of **ir** + **a** + infinitive is used to express future actions.

Amanda, ¿**vas a llamar** a Ramón esta noche? (*Amanda, are you going to call Ramón tonight?*)

**va a** + infinitive = *he/she/you (pol. sing.) is/are going to* **Paula va a comprar un coche**. (*Paula is going to buy a car.*)

**iba a** + infinitive = *I/he/she/you (pol. sing.) was/were going to* **Iba a viajar por Europa pero tuve que trabajar**. (*I was going to travel through Europe but I had to work.*)

## 9.4 Saying What You Were Going to Do: The Imperfect of *ir* + *a* + Infinitive

The imperfect of **ir** (**iba, ibas, iba, íbamos, ibais, iban**) can be used in this construction to express past intentions (*was/were going to do something*).

| | |
|---|---|
| **Íbamos a esquiar** el jueves, pero ahora dicen que va a llover. | *We were going to ski on Thursday, but now they say it's going to rain.* |
| **Rubén y Virginia iban a pasar** el día en el parque, pero decidieron visitar las pirámides. | *Rubén and Virginia were going to spend the day at the park, but they decided to visit the pyramids.* |

The imperfect of **querer** and **pensar** + infinitive is similar in meaning.

| | |
|---|---|
| **Quería acampar** en las montañas este verano, pero resulta que tengo que trabajar. | *I wanted (was hoping) to go camping in the mountains this summer, but it turns out I have to work.* |
| Carmen **pensaba pasar** el verano en España, pero no ahorró suficiente dinero. | *Carmen was thinking about (was planning on) spending the summer in Spain, but she didn't save enough money.* |

## Ejercicio 7

Invente una excusa. Use **iba** + **a** + infinitivo, seguido de su excusa.

MODELO: —¿Por qué no me llamaste anoche?
—*Iba a llamarte*, pero llegué a casa muy tarde.

1. ¿Por qué no viniste en tu carro anoche?
2. ¿Por qué no trajiste flores?
3. ¿Por qué no me compraste un regalo?
4. ¿Por qué no cenaste con nosotros?
5. ¿Por qué no fuiste al «Baile de los Enamorados»?
6. ¿Por qué no me dijiste que no sabías bailar?
7. ¿Por qué no llegaste a tiempo?
8. ¿Por qué no asististe a clase ayer?

# La geografía, el transporte y el medio ambiente

▼▼▼▼▼▼▼▼▼▼▼▼▼▼▼▼▼▼▼▼▼▼▼▼▼

Cuzco, Perú

# Actividades de comunicación y lecturas

# La geografía y el clima

*Lea Gramática 10.1–10.2.*

¡Qué bosque tropical más húmedo!

¡Qué bonita es esta playa!

¡Cuántas islas hay en la costa de Chile!

## Actividad 1. Definiciones: La geografía

1. _____ la selva
2. _____ el río
3. _____ la montaña
4. _____ el lago
5. _____ la playa
6. _____ el desierto
7. _____ la península
8. _____ la isla
9. _____ el valle
10. _____ la bahía

a. porción de tierra rodeada completamente de agua
b. espacio entre dos montañas
c. parte de arena a la orilla del mar
d. lugar árido, a veces con mucha arena
e. porción de tierra rodeada de agua pero unida a tierra firme por un lado
f. entrada del mar en la costa, más pequeña que un golfo
g. extensión de agua rodeada de tierra
h. lugar donde llueve mucho y hay mucha vegetación
i. elevación considerable del terreno
j. corriente de agua que generalmente corre hacia el mar

## Actividad 2. Descripción de fotos: ¡Qué impresionantes son esas montañas!

Escuche la descripción que les da su profesor(a) y señale la foto correspondiente.

**3.** El Yunque, Puerto Rico

**4.** Cozumel, México

**1.** El nudo de Huascarán, Perú

**2.** Bariloche, Argentina

**5.** La Cordillera Vilcabamba en Perú

**7.** La playa en Cancún, México

**6.** Salto del Laja, Chile

**8.** San Felipe, México

**9.** Bariloche, Argentina

Ahora, con un compañero / una compañera, miren las demás fotos y expresen los pensamientos que se les ocurran.

### FRASES ÚTILES

| | | |
|---|---|---|
| ¡Cuánto/a/os/as... ! | ¡Qué... ! | la vegetación |
| las olas | las estrellas | profundo/a |
| los peces coloridos | las cataratas | las flores |

### Actividad 3. Del mundo hispano: El pronóstico del tiempo

Conteste las preguntas según la información en este anuncio de un periódico de Tampico, México.

**La temperatura de la semana: Tampico**

LUNES. Se anticipa un día de calor con una temperatura máxima de 30° C (grados centígrados) y una mínima de 18° C.

MARTES. Neblina por la costa en la mañana, pero se anticipa un día de mucho calor. La temperatura máxima va a llegar a 35° C. En la noche la temperatura va a bajar a 20° C.

MIÉRCOLES. Se pronostica un día fresco, parcialmente nublado. La temperatura máxima durante el día será de 22° C y la mínima esta noche será de 14° C.

JUEVES. Un día soleado pero va a hacer más frío que ayer. Temperatura máxima de 19° C, mínima de 15° C.

1. ¿Qué día va a ser el más caluroso?
2. ¿Cuál va a ser la noche más fría?
3. ¿Va a llover esta semana?
4. ¿Qué día va a estar nublado?
5. ¿Va a haber neblina? ¿Dónde? ¿Qué día?
6. ¿Ha visto usted el pronóstico de hoy para la ciudad donde vive? ¿Qué se pronostica?

### Actividad 4. Descripción de dibujos: El tiempo

Use estas palabras para completar las oraciones a continuación: **escarcha, fresco, humedad, llovizna, neblina, nubes, rocío, tormenta, truenos** y **viento**.

1. Después de los relámpagos, casi siempre vienen los _____.
2. Si por la noche baja la temperatura puede aparecer _____ en las ventanas y en los techos.
3. Antes de una _____, las _____ cubren el sol.
4. Una lluvia ligera también se llama _____.
5. Cuando hace mucho _____, la gente pierde el sombrero.
6. En las zonas tropicales hay mucha _____.
7. Hay que manejar lentamente cuando hay mucha _____.
8. Cuando la temperatura está a 18° C, hace _____.
9. Las gotas de agua que aparecen en las plantas por la mañana son _____.

LECTURA

# «Oda a la tormenta» de Pablo Neruda (selección)

**U**sted ya tiene algunos datos importantes sobre este gran poeta chileno. Aquí incluimos otra selección de un poema suyo, de su libro *Odas elementales*. En este poema el poeta personifica la tormenta, es decir, le da las características de una persona. Dice, por ejemplo, que la tormenta tiene ojos y pelo (**cabellera**), que duerme y...

Anoche
vino
ella,
rabiosa,[1]
azul, color de noche,
roja, color de vino,
la tempestad[2]
trajo
su cabellera de agua,
ojos de frío fuego,
anoche quiso
dormir sobre la tierra.

Llegó pronto...
quería dormir
y preparó su cama,
barrió selvas, caminos,
barrió montes,[3]
lavó piedras de océano,
y entonces
como si fueran plumas[4]
removió los pinares[5]
para hacerse su cama.
Sacó relámpagos
de su saco de fuego,

[1]furiosa  [2]tormenta  [3]*woodlands*  [4]como... *as if they were feathers*  [5]*pine trees*

dejó caer truenos
como grandes barriles.[6]
De pronto
fue silencio:
una hoja
iba sola en el aire,
como un violín volante,[7]
entonces,
antes
de que llegara al suelo,[8]
tempestad, en tus manos
la tomaste...
y cuando ya creíamos
que terminaba el mundo,
entonces,
lluvia,
lluvia,
sólo
lluvia...

«Sacó relámpagos / de su saco de fuego, / dejó caer truenos... »

[6]*barrels*   [7]*flying*   [8]antes... *before it hit the ground*

## Comprensión

Busque en el poema...

1. dos de los colores de la tormenta.
2. cinco de las acciones que personifican la tormenta (por ejemplo, «barrió»).

## Ahora... ¡usted!

1. ¿Cree que la tormenta del poema causó mucho daño? ¿Por qué sí o por qué no? ¿Qué destruyó, probablemente?
2. ¿Ha estado usted en una tormenta fuerte alguna vez? ¿Qué pasó? ¿Qué hizo usted?
3. ¿Hay tormentas con frecuencia donde usted vive? ¿En qué estación o estaciones del año tienden a ocurrir? ¿Cómo son?

 Un paso más... ¡a escribir!

Imagínese que usted es poeta y que quiere escribir una oda para el «Concurso Pablo Neruda». Escoja un objeto de su vida diaria: puede ser una cosa que se come, un mueble, una prenda de ropa, ¡cualquier cosa! Ahora describa el objeto. ¿De qué color es? ¿Qué forma tiene? ¿Es grande o pequeño? ¿largo o corto? Personifique el objeto e imagínese un día típico en la vida de ese objeto. ¿Qué hizo? ¿Dónde estuvo? ¿Qué pasó?

### Actividad 5. Del mundo hispano: Los recursos naturales

Lea el siguiente artículo y luego trabaje con un compañero / una compañera para decir si las afirmaciones de las páginas 321–322 son ciertas o falsas. Corrijan las afirmaciones falsas con información del artículo.

# EXPEDICIONES al Mar de Cortés

**Catalogado como uno de los ecosistemas más ricos del mundo por su abundante flora y fauna, el Mar de Cortés es todo un reto para buzos profesionales y aficionados.**

Por su gran concentración y diversidad de animales y aves marinas, los especialistas afirman que el Mar de Cortés y las lagunas de Baja California —a donde llega a aparearse la ballena gris después de recorrer 10,000 kilómetros— son la versión mexicana de las islas Galápagos. En este lugar se conocen bien muchos sitios de buceo por la belleza de sus cañones y montañas submarinas; las islas rocosas y áridas contrastan con la colorida variedad de plantas y animales debajo de la superficie: nudibranquios, estrellas marinas, esponjas, anémonas y moluscos en abundancia, peces multicolores, delfines, leones marinos...

Quienes desean sumergirse en estas aguas y descubrir su extraordinaria vida marina, lo pueden hacer de junio a noviembre en expediciones organizadas que parten desde la amistosa ciudad de La Paz. Los paquetes incluyen tres inmersiones al día con tanques y pesas, experimentados maestros de buceo y tripulación, duchas de agua fresca, fácil acceso a la rampa de buceo, cubierta con área de sombra, un cocinero a bordo que prepara desayunos, comidas, refrigerios y bebidas, sistema de video VHS, hotel, transporte al aeropuerto.

## Salidas de junio a noviembre

| Precio de los paquetes: | Cabañas Los Arcos | Hotel Los Arcos |
|---|---|---|
| 3 noches, 2 días de buceo | $299 | $325 |
| 4 noches, 3 días de buceo | $399 | $460 |
| 5 noches, 4 días de buceo | $499 | $595 |
| 6 noches, 5 días de buceo | $599 | $730 |
| 7 noches, 6 días de buceo | $699 | $865 |

Todos los precios son por persona con base en ocupación doble, en dólares. Reservaciones a Expediciones Baja California al teléfono 1-800-483-7696.

la estrella marina
el león marino
el nudibranquio
la anémona
la esponja
la ballena gris
el delfín

1. El Mar de Cortés se compara con las islas de Hawai.
2. Tanto en las Islas Galápagos como en el Mar de Cortés hay gran concentración y diversidad de animales y aves marinos.
3. En las lagunas de Baja California se pueden observar ballenas grises.

4. En este lugar hay abundancia de sitios de buceo muy bellos.
5. En el Mar de Cortés hay islas verdes y húmedas y arrecifes coloridos de muchos animales y plantas marinos.
6. Los paquetes turísticos incluyen tanques y pesas, lecciones de buceo, hotel y transporte aéreo.
7. Hay paquetes durante las cuatro estaciones del año: la primavera, el verano, el otoño y el invierno.

Ahora, hágale preguntas a su compañero/a acerca de los precios de los varios paquetes turísticos.

MODELO:   E1:   ¿Cuánto cuesta el paquete de 6 noches con 5 días de buceo en Cabañas Los Arcos?
          E2:   Cuesta *$599.00.*

## EL MUNDO HISPANO... su gente

EL OCÉANO ATLÁNTICO

Madrid

España

EL MAR MEDITERRÁNEO

**C**laudia Hernández Alarcón tiene 35 años y es española.

*¿Cómo es el clima en la ciudad donde usted vive? ¿Ha cambiado el clima últimamente? ¿De qué manera?*

En la ciudad donde vivo, que es Madrid, decimos «tres meses de invierno y nueve de infierno»[1], pero llevamos varios años que todas las estaciones son menos crudas. Apenas[2] nieva y el verano no es tan fuerte. Ya no caen esas heladas[3] que hasta los cristales de las ventanas se nos llenaban de hielo por dentro de las casas. El verano no es tan riguroso; sólo hace calor fuerte veinte días.

A mí la estación del año que más me ha gustado en mi ciudad ha sido el otoño, por el color de miel de los árboles. Los atardeceres[4] daban la sensación de dulzones[5] y más si llovía por las tardes. Pero ya los otoños no son como antes, pues se han perdido muchos bulevares con los árboles tan preciosos que tenían; en su lugar han hecho grandes avenidas para los coches.

[1]hell  [2]Barely  [3]frosts  [4]late afternoons  [5]soft, mellow

Parque del Retiro, Madrid: El otoño es hermoso «por el color de miel de los árboles... »

## Actividad 6. Entrevistas: Los viajes, las actividades y el tiempo

¿ADÓNDE HAS VIAJADO?

1. ¿Has pasado algún tiempo en las montañas? ¿Dónde? ¿Qué hiciste allí? ¿Te gustó? ¿Por qué sí o por qué no?
2. ¿Vives cerca del mar? Si no, ¿cuál es el mar más cercano a donde vives? ¿Cuántas veces has ido al mar / a la playa durante los últimos seis meses? ¿Cómo estaba el agua? ¿muy fría?
3. ¿Conoces algún lago o río cerca de donde vives? ¿Cómo se llama? ¿Qué puedes hacer allí? ¿Vas con frecuencia? ¿Por qué? Explique.
4. ¿Has ido alguna vez al desierto? ¿Dónde? ¿Cuándo? ¿Qué hiciste allí?
5. ¿Has visto una selva? ¿Dónde? ¿Te gustó? ¿Por qué? Explique.

LAS ACTIVIDADES Y EL TIEMPO

1. ¿Qué te gusta hacer cuando hace calor (frío, viento, mal tiempo)?
2. ¿Qué haces cuando llueve (nieva, hace buen tiempo, hay relámpagos y truenos)?
3. ¿Has vivido en un lugar muy húmedo? ¿en un lugar muy seco? ¿Dónde? ¿Te gustó? ¿Por qué sí o por qué no?
4. ¿Has estado alguna vez en un huracán? ¿Qué pasó? ¿Has visto un tornado alguna vez? ¿Dónde? ¿Causó daño?
5. ¿Has manejado alguna vez por la carretera en la neblina? ¿Tenías miedo? ¿Has pasado por una tormenta en avión? ¿Dónde? ¿Tuviste mucho miedo?

## EL MUNDO HISPANO... imágenes

**E**l lago de Nicaragua está al sur del país, cerca de la frontera con Costa Rica. En Nicaragua, como en otros países del Caribe, la Navidad se asocia con la estación seca. En los países al sur de la línea ecuatorial, como Argentina, la Navidad también es una época de calor y clima veraniego.

En algunos países, como en Guatemala, hay solamente dos estaciones: la estación de las lluvias y la estación seca. En la Ciudad de Guatemala, por ejemplo, normalmente no llueve entre noviembre y abril. Por su altura —aproximadamente 1.500 metros—, hace fresco por las noches y sol durante el día. En los meses de lluvia, de mayo a octubre, puede hacer buen tiempo por la mañana y llover por una o dos horas por la tarde. Muchos llaman a Guatemala «la tierra de la eterna primavera».

El lago de Nicaragua

Tikal, Guatemala

# Un terremoto en Chile

## VOCABULARIO ÚTIL

| | |
|---|---|
| el sismo | earthquake |
| alcanzó | attained, reached |
| telúrico | de la tierra |
| las posteriores réplicas | aftershocks |
| los heridos | wounded people |
| las grietas | cracks |
| los desmoronamientos | crumbling, breaks |
| las desgracias | misfortunes |
| los derrumbes | landslides |

**É**sta es una noticia del periódico chileno *La Estrella*. Trata de un terremoto que no tuvo consecuencias trágicas, pero que sí asustó a muchas personas.

SUDAMÉRICA

EL OCÉANO PACÍFICO

Chile

Santiago

EL OCÉANO ATLÁNTICO

## SISMO PROVOCÓ PÁNICO EN LA TERCERA REGIÓN

COPIAPÓ, CHILE. Escenas de pánico y confusión se vivieron esta mañana en Copiapó como consecuencia de un sismo que alcanzó 6 grados en la escala de Richter. Según se informó en la Dirección Regional de Emergencia de la provincia, el temblor se registró a las 5 de la mañana con 12 minutos. En Vallenar tuvo una intensidad de 5 a 6 grados, y en Chañaral de 3 a 4.

El movimiento telúrico estuvo acompañado de fuertes ruidos subterráneos, que causaron pánico entre la población. Muchas personas abandonaron sus hogares esperando posteriores réplicas que no se produjeron. No se registraron heridas ni viviendas destruidas, aunque algunas casas antiguas resultaron con grietas o pequeños desmoronamientos.

En Vallenar, hasta este mediodía, no se tenía conocimiento de desgracias personales ni derrumbes. Tampoco había informaciones en tal sentido desde pueblos del interior. «La situación es totalmente normal», se informó.

Vecinos agregaron que «más que el movimiento, fue el gran ruido el que asustó a la gente; ¡parecía una avalancha!»

## Comprensión

Imagínese que usted es el gobernador / la gobernadora de Copiapó y que ahora tiene que mandar un informe sobre el terremoto al presidente de Chile.

1. Lugar exacto y hora del terremoto:
_____

2. Grados en la escala de Richter:
_____

3. ¿Hubo víctimas?
_____

4. ¿Destruyó residencias?
_____

5. ¿Destruyó edificios comerciales?
_____

6. Describa la situación en este momento:
_____

## Ahora... ¡usted!

1. Si usted ha tenido la experiencia de estar en un terremoto, descríbala. ¿Sabe cuántos puntos marcó en la escala de Richter? ¿Qué daño causó?

2. En 1985 la Ciudad de México sufrió un terremoto devastador. En 1989, en el norte de California hubo también un terremoto que causó mucho daño. Uno de los más catastróficos fue el de 1994 en Kobe, Japón. ¿Tiene usted información sobre estas catástrofes? ¿Dónde estaba y qué estaba haciendo cuando ocurrieron? ¿Estuvo presente en alguna? ¿Estuvo presente algún miembro de su familia o algún amigo?

3. ¿Cuáles son los efectos de estas catástrofes? ¿Cuál es su impacto en la comunidad donde ocurren? ¿y su impacto en el mundo?

 Un paso más... ¡a escribir!

**A.** Mencione las ciudades, los estados o las regiones de su país que se ven afectados por los siguientes fenómenos.

| FENÓMENOS | CIUDADES O ESTADOS |
|---|---|
| terremotos | _____ |
| huracanes | _____ |
| tornados | _____ |
| lluvias fuertes | _____ |
| sequías | _____ |
| nevadas | _____ |
| inundaciones | _____ |

**B.** Escriba un breve ensayo considerando las siguientes preguntas.

1. ¿Qué fenómenos naturales afectan el área donde usted vive? ¿Cómo se prepara usted para protegerse?

2. ¿Qué pasó la última vez que un fenómeno natural se manifestó donde usted vive? Narre el incidente.

# Los medios de transporte y el automóvil

*Lea Gramática 10.3–10.4.*

Se puede viajar cómodamente por avión.

Salimos ahora para España.

Los trenes en Suiza salen y llegan puntualmente.

Hicimos una gira en bicicleta por dos semanas.

Hoy salimos. Tenemos que estar en Madrid para el lunes.

el crucero    la lancha    el barco

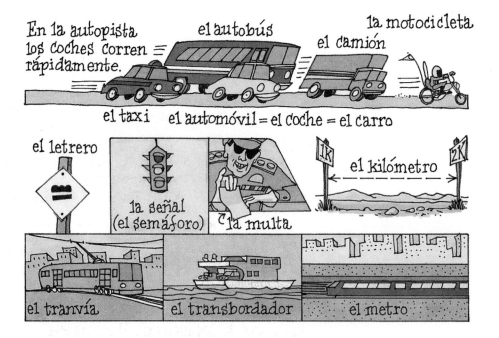

En la autopista los coches corren rápidamente.

el autobús    el camión    la motocicleta

el taxi    el automóvil = el coche = el carro

el letrero

la señal (el semáforo)    la multa    el kilómetro

el tranvía    el transbordador    el metro

el maletero    el espejo retrovisor    el limpiaparabrisas    el parabrisas    la antena    el volante    los cambios    el acumulador    el radiador

el automóvil    la bocina (tocar la bocina)    el motor

¡Qué auto más hermoso!

¡Cuánto tránsito hay
hoy en la autopista!

# PARA ALCANZAR LOS 120 Km/h. NO HACE FALTA IR EN CUARTA. VAYA EN PRIMERA.

Si quiere utilizar un medio de comunicación veloz, moderno, que llegue a todas partes, no necesita sufrir estrecheces, ni pasar miedos.
Dé un cambio a su vida. Con el tren puede llegar hasta donde quiera sin sobresaltos ni incomodidades. El tren es un mundo en marcha.
En él encontrará todo lo que desee sin tener que detenerse.

**RENFE**

**MEJORA TU TREN DE VIDA.**

## Actividad 7. Definiciones: El transporte

LOS MEDIOS DE TRANSPORTE

1. _____ el avión
2. _____ el tren
3. _____ el barco
4. _____ la bicicleta
5. _____ el automóvil
6. _____ el autobús

a. vehículo aéreo
b. medio de transporte personal y familiar que permite mayor independencia
c. vehículo de dos ruedas que no usa gasolina
d. vehículo de ocho ruedas que puede transportar de 30 a 80 personas
e. medio de transporte que flota en el agua
f. medio de transporte que tiene vagones y una locomotora

LAS PARTES DEL CARRO

1. _____ los frenos
2. _____ los limpiaparabrisas
3. _____ el volante
4. _____ la bocina
5. _____ la placa
6. _____ el parabrisas
7. _____ el radiador

a. Protege a los pasajeros del viento.
b. Guarda agua para enfriar el motor.
c. Se usan cuando llueve.
d. Se usan para parar el coche.
e. Se usa para manejar el coche.
f. Tiene los números para identificar el coche.
g. Se toca para llamar la atención de los peatones y otros choferes.

LECTURA

# Iberia, la aerolínea española

**A**quí tiene un anuncio de la principal aerolínea de España. Si usted no ha viajado nunca en Iberia, ¡se la recomendamos!

©STRICKLER/MONKMEYER

## IBERIA

*¡Volamos por el mundo adonde todo el mundo quiere volar!*

**IBERIA PRESENTA
SERVICIO «CABINA ANCHA»
A MADRID 5 DÍAS A LA SEMANA.**

Bienvenido a bordo del nuevo 747 de Iberia. El avión de «cabina ancha» más avanzado tecnológicamente ahora está volando sin escala 5 días a la semana a las 6:10 P.M. de San Juan a Madrid.

El 747 vuela suave y silenciosamente. La «cabina ancha» le ofrece más espacio para usted y su equipaje de mano. Y como siempre, usted disfruta del servicio y la hospitalidad que son tradicionales de Iberia... tanto en la lujosa primera clase como en la acogedora económica. Cuando usted quiera viajar a Madrid, o a cualquier ciudad de España, llame a su agente de viajes para que le reserve un asiento en el fabuloso 747 de Iberia.

# Comprensión

¿Son ciertas o falsas estas afirmaciones? Si son falsas, diga por qué.

1. La cabina del avión 747 es estrecha.
2. Los vuelos a Madrid salen todos los días a las 6:10 de la tarde.
3. El 747 es ruidoso pero muy rápido.
4. Usted no puede llevar equipaje de mano a bordo.
5. A bordo del avión usted disfruta del servicio y la hospitalidad tradicionales de esta compañía.
6. La clase económica es lujosa.

# Ahora... ¡usted!

1. ¿Ha viajado usted por avión? ¿Adónde fue? ¿Le gusta usar este medio de transporte? ¿Por qué sí o por qué no?
2. Si no ha viajado en avión, ¿le gustaría hacerlo? ¿Adónde le gustaría ir? ¿Por qué?

 Un paso más... ¡a escribir!

Describa su primer viaje en avión. ¿Cómo fue esa experiencia? ¿Adónde fue? ¿Le gustó? ¿Qué sintió? (Si no ha viajado nunca en avión, ¡imagínese la experiencia!)

## Actividad 8. Asociaciones: Cómo mantener su auto en buenas condiciones

¿Con qué frecuencia se debe hacer estas actividades relacionadas con el carro?

MODELO: Se debe *lavar el carro cada semana*.

| ACTIVIDADES DE MANTENIMIENTO | FRECUENCIA |
|---|---|
| 1. revisar la presión de las llantas | a. todos los días |
| 2. revisar el aceite | b. cada semana |
| 3. agregarle líquido al recipiente de agua para el limpiaparabrisas | c. cada mes |
| 4. revisar el acumulador | d. cada tres meses |
| 5. ponerle gasolina al tanque | e. cada seis meses |
| 6. pasar la aspiradora en el interior | f. una vez al año |
| 7. encerar el auto | g. de vez en cuando |
| 8. ¿ ? | h. ¿ ? |

NOTA CULTURAL

# SEAT: La asistencia en la carretera

En este anuncio se describe un servicio para las personas que viajan en coche por España.

## Si piensa hacer un viaje—

corto o largo— no necesita preocuparse por su coche. Uno de los 250 talleres-rodantes de **SEAT** puede resolverle cualquier problema. Circulan diariamente, y sobre todo durante las vacaciones veraniegas, domingos y días festivos. Los talleres-rodantes pasan por todas las carreteras de España y reparan cualquier coche. Usted no necesita tener un **SEAT** para obtener nuestro servicio. La mano de obra es gratis...

**¡Así sus vacaciones van sobre ruedas!**

SEAT asistencia en carretera

## Comprensión

Forme oraciones lógicas con las frases de ambas columnas.

1. En el servicio de SEAT no se incluye...
2. Se usa el taller-rodante cuando...
3. En todas las carreteras de España...
4. Los talleres-rodantes de SEAT reparan...
5. Hay talleres-rodantes todos los días...

a. y especialmente durante los días festivos.
b. el coche se descompone en el camino.
c. el costo de las piezas.
d. también coches de otras marcas.
e. se encuentran los talleres-rodantes de SEAT.

## Ahora... ¡usted!

1. ¿Tiene carro propio? ¿Qué hace cuando se le descompone? ¿Lo lleva a un taller de reparaciones o lo repara usted mismo/a?

2. ¿Considera que este servicio de talleres-rodantes es una buena idea? ¿Hay un servicio similar en la ciudad donde usted vive? ¿Lo ha usado? Describa el incidente. ¿Cuánto cuesta?

3. Cuando usted viaja a otras ciudades, ¿normalmente alquila un carro? ¿Por qué sí o por qué no?

## Un paso más... ¡a escribir!

¿Ha tenido usted problemas con su coche en la carretera? ¿Qué pasó? ¿Qué hizo? ¿Lo reparó usted mismo/a? ¿Llamó a un club de automovilistas? ¡Narre su experiencia! (Si no ha tenido una experiencia personal, invente un cuento humorístico o serio sobre algún incidente en la carretera.)

## Actividad 9. Del mundo hispano: Coches pequeños

Lea este anuncio y hágale preguntas a un compañero / una compañera.

MODELO: E1: ¿Cuántas marchas tiene *el Renault 5C*?
E2: Tiene *cuatro*.

### Coches pequeños (1)
#### Hasta 1.200.000 pesetas

| Marca y modelo | Cilindrada (c.c.) | Potencia (CV) | Velocidad máxima (km/h) | Tracción | Núm. de marchas | Combustible | Precio |
|---|---|---|---|---|---|---|---|
| Renault 4 | 1.108 | 38 | 120 | D | 4 | N | 725.215 |
| Seat Marbella L | 903 | 40 | 117 | D | 4 | N | 819.724 |
| Ford Fiesta 1.1 | 1.117 | 50 | 146 | D | 5 | S | 857.500 |
| Renault 5C | 1.108 | 38 | 135 | D | 4 | S | 909.292 |
| Opel Corsa 1.0 | 993 | 45 | 142 | D | 4 | S | 919.334 |
| Seat Ibiza Street | 903 | 44 | 132 | D | 4 | N | 936.995 |
| Volkswagen Polo Bunny | 1.043 | 40 | 143 | D | 4 | N | 960.044 |
| Fiat Uno 45S Fire | 999 | 45 | 146 | D | 4 | S | 997.500 |
| Peugeot 205 XL | 1.118 | 55 | 144 | D | 4 | S | 1.039.999 |
| Seat Ibiza 1.2 Junior | 1.193 | 63 | 154 | D | 5 | N | 1.064.715 |
| Opel Corsa Swing 1.2 | 1.196 | 55 | 153 | D | 5 | S | 1.066.984 |
| Citroën AX 14 TRS | 1.360 | 65 | 156 | D | 5 | S | 1.087.374 |
| Austin Metro 1.3 LE | 1.275 | 63 | 155 | D | 4 | S | 1.091.000 |
| Renault 5 GTL | 1.397 | 60 | 156 | D | 4 | S | 1.108.218 |
| Ford Fiesta Ghia 1.4 | 1.392 | 75 | 166 | D | 5 | S | 1.116.900 |
| Opel Corsa Swing D | 1.448 | 50 | 149 | D | 5 | G | 1.192.546 |

*N = gasolina normal; S = súper; G = gasóleo. El precio comprende IVA y transporte; ha entrado en vigor en febrero de este año y el fabricante puede haberlo modificado.*

### PREGUNTAS ÚTILES

¿Cuántas marchas (Cuántos cambios) tiene el... ?
¿Qué clase de combustible usa el... ?
¿Cuál es la velocidad máxima de un... ?
¿Cuánto cuesta un... ?

# LAS PALABRAS VIVEN

En España, **el estacionamiento** es **el aparcamiento**; en algunos países del Caribe es **el parking**. Los puertorriqueños **parquean el carro**, pero en España uno **aparca el coche**. **El carro**, a propósito, es también **el auto** y **el automóvil**.

Hay otras dos palabras para **manejar**: en España, **conducir**, y en muchas partes de América Latina, **guiar**. Una calle con mucho **tráfico** es también una calle con mucha **circulación** o **tránsito**. Y **el semáforo** puede ser **la señal de tráfico** o, entre los hispanos de los Estados Unidos, **la luz**.

Muchas personas en México viajan en **camión**, es decir, en **autobús**. El autobús es **el bus** en América Central, **la guagua** en Cuba y Puerto Rico y **el colectivo** en Argentina. Otra palabra que se usa en algunas partes es **el ómnibus**.

## Actividad 10. Descripción de dibujos: Los letreros de la carretera

Diga cuál es la frase u oración que corresponde a cada número.

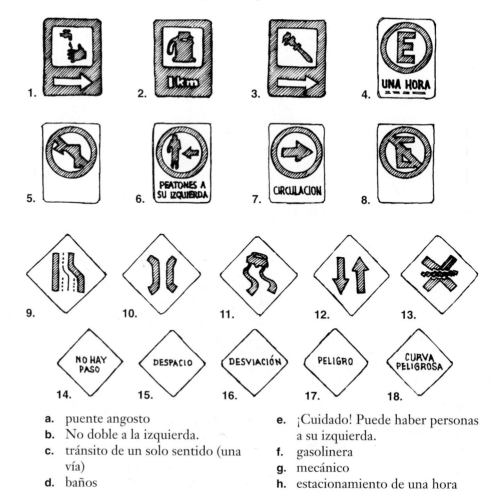

**AYUDA EN CARRETERA**

Ojalá que no ocurra, pero hay que estar prevenidos. En caso de avería o cualquier otro percance es útil ser socio de algún club automovilístico o asociación de ayuda al automovilista como la AMA, o ANA, que, por una cuota mensual ofrecen distintos servicios en carretera. También conviene llevar la lista de los talleres oficiales de la marca del auto que se conduzca.

a. puente angosto
b. No doble a la izquierda.
c. tránsito de un solo sentido (una vía)
d. baños

e. ¡Cuidado! Puede haber personas a su izquierda.
f. gasolinera
g. mecánico
h. estacionamiento de una hora

i.  tránsito de doble sentido (vía)
j.  No se estacione.
k.  tren
l.  camino angosto
m.  superficie resbalosa
n.  prohibido el tránsito

o.  Disminuya la velocidad porque hay una curva.
p.  Tiene que ir por otro camino.
q.  Disminuya la velocidad.
r.  Tenga mucho cuidado.

## Actividad 11. Entrevistas: El transporte y los coches

EL TRANSPORTE

1.  ¿Usas mucho el autobús? ¿Por qué sí o por qué no? ¿Montas mucho en bicicleta? ¿Montabas mucho en bicicleta de niño/a? ¿Cuál es tu forma de transporte preferida?

2.  De niño/a, ¿viajabas mucho en auto con tu familia? ¿Adónde iban? ¿Te gustaba hacer viajes con tu familia?

3.  ¿Has viajado por tren? ¿Adónde fuiste? ¿Te gusta viajar por tren? ¿Por qué sí o por qué no? ¿Has viajado por avión? ¿Adónde has ido? ¿Te gusta viajar por avión? ¿Crees que es peligroso viajar por avión? Explica.

4.  ¿Has montado alguna vez en motocicleta? ¿Te gustó? ¿Llevas casco cuando montas en moto? ¿Crees que es peligroso montar en moto? ¿Por qué sí o por qué no?

5.  ¿Has viajado en barco? ¿Adónde fuiste? ¿Te gustó el viaje? ¿Era grande o pequeño el barco? ¿Te mareas cuando viajas por barco?

TÚ Y TU COCHE

1.  ¿Tienes tu propio coche? ¿De qué marca es? ¿Cómo es tu coche? ¿Es práctico? ¿grande? ¿elegante?

2.  ¿Tienes seguro? ¿De qué compañía? ¿Es muy caro? ¿Te gusta manejar? ¿Cuántas millas manejas cada día, aproximadamente?

3.  ¿Has tenido un accidente en tu coche? ¿Cuánto (tiempo) hace? ¿Fue serio o sin importancia?

4.  ¿Has salido de vacaciones en tu coche? ¿Cuánto (tiempo) hace? ¿Adónde fuiste? ¿Con quién fuiste? ¿Cuántas horas tuviste que manejar? ¿Te gustó?

5.  ¿Le has dado «un aventón» a una persona que no conocías? ¿Tuviste miedo? ¿Por qué lo hiciste?

Monumento a la Independencia, avenida Paseo de la Reforma, Ciudad de México. En toda ciudad grande del mundo hispano, el transporte público es barato y accesible; gran parte de la población prefiere usarlo en vez de manejar. Y, claro, hay gente que simplemente camina. Muchos hispanos completan un viaje en autobús o metro con una caminata de varias cuadras para llegar a casa o al trabajo.

# La ecología y el medio ambiente

*Lea Gramática 10.5.*

A los científicos les interesa resolver el problema de la destrucción de las selvas tropicales.

A todos nos preocupa mucho el agujero en la capa de ozono.

A Esteban y a Raúl les llama mucho la atención el número de especies que están en peligro de extinción.

## Actividad 12. Asociaciones: El medio ambiente —Problemas y soluciones

¿Le preocupan los siguientes problemas ecológicos? Diga qué podemos hacer para resolverlos.

MODELO: Me preocupa *la sequía*. Creo que no debemos *desperdiciar el agua*.

PROBLEMAS ECOLÓGICOS

1. el consumo excesivo de petróleo
2. la destrucción de las selvas tropicales
3. el uso excesivo de productos plásticos
4. la destrucción del hábitat de algunas especies de animales y plantas
5. la contaminación de los ríos y los océanos
6. el agujero en la capa de ozono
7. los desperdicios de las plantas nucleares
8. la contaminación del aire en las grandes ciudades
9. la sequía; la escasez de agua
10. ¿ ?

SOLUCIONES

a. usar pesticidas no tóxicos
b. imponerles fuertes restricciones a las industrias
c. usar menos energía
d. fomentar la agricultura orgánica
e. restringir el uso de los autos
f. criar animales en los zoológicos
g. controlar la natalidad
h. crear nuevas reservas naturales
i. desarrollar otros medios de transporte
j. reducir drásticamente o eliminar la producción de carburos fluorados
k. comprar productos en envases de vidrio y participar en programas de reciclaje
l. no desperdiciar el agua
m. ¿ ?

# EL MUNDO HISPANO... en los Estados Unidos

**L**ety Guerrero Romero tiene 29 años y es de México, D.F. Vive ahora en Wilmington, California.

*¿Le preocupan a usted los problemas del medio ambiente y la ecología?*
*¿Qué hace usted para mejorar su medio ambiente?*

Este tema nos debe preocupar a todos. Debemos tomar conciencia[1] de que la Tierra es el único planeta azul que conocemos, donde sabemos que existe la vida. Pero, parece que cada día lo lastimamos[2] más. Hay que ser realistas y darnos cuenta de que cada día avanzamos con paso agigantado para destruir a la madre Naturaleza. De ella nos alimentamos y por eso vivimos. No es justo que le paguemos tan mal.[3]

Debemos colaborar cada uno de nosotros —por muy pequeña que sea la ayuda—[4] para tratar de no perjudicar[5] más este planeta. Por ejemplo, cuando vamos al parque, recoger todos los desperdicios que originamos. No desperdiciar dejando abiertas las llaves del agua, reciclar la basura. Eso a nivel del hogar. Los industriales deben de tener muchas más reglas estrictas dentro de cada área o departamento.

Nuestro pequeño planeta azul es fuerte. Pero llegará[6] un día en que ya no nos soporte más. ¡Hay que ayudarlo!

[1]tomar... *become aware*  [2]lo... *we hurt it*  [3]No... *It's not fair to repay it so badly.*  [4]por... *no matter how small the help*  [5]*damage*  [6]*will arrive*

## EN NUESTRO MUNDO INCREÍBLE,...

- ocurren dos mil setecientos temblores cada día.
- en Venezuela, hay que pasar un examen psicológico para sacar la licencia de manejar.
- las estrellas de mar no tienen cerebro.
- el pulpo tiene tres corazones.
- hay un caballo muy pequeño —¡el más pequeño del mundo!— que pesa ocho libras y mide doce pulgadas. Este caballito nació en el estado de Virginia, Estados Unidos.
- el animal que tiene la vida más larga es la tortuga gigante; ¡vive más de 150 años!
- el 98 por ciento de todos los animales y plantas que han habitado la tierra se ha extinguido.
- El dinosaurio más grande que se ha descubierto hasta el momento es el Argentinosaurio. Lo descubrió el científico Rodolfo Coria en 1995, en Patagonia. El Argentinosaurio habitó el continente sudamericano hace 100 millones de años. Este enorme dinosaurio pesaba 100 toneladas y era vegetariano.

## Actividad 13. Del mundo hispano: El «abecedario ecológico»

Lea este artículo sobre la Amazonia con su compañero/a. Luego, unan las frases para tener una lista de las ideas principales del artículo.

### ABECEDARIO ECOLÓGICO

**Amazonia:** Es una zona selvática que llega al sur de Colombia y Venezuela, a una parte del oriente peruano y a toda la zona norte de Brasil. Su área total es de 7 millones de kilómetros cuadrados, tiene 200 millones de hectáreas de flora y alberga[1] a 30 millones de especies animales. Su temperatura promedio es de 27 grados centígrados, llueve durante todo el año y está conformada[2] por densas selvas y grandes ríos, lo que le da un potencial maderero[3] e hidroeléctrico inmenso.

A pesar de esto, la flora tropical crece en terrenos relativamente infértiles, pues el 70%[4] del suelo[5] amazónico es muy pobre. La escasa cantidad de nutrientes que circula en el ecosistema se mantiene dentro de las plantas vivas. A esto se suma que el consumo maderero ha crecido 15 veces desde 1950 y para los próximos 25 años se espera una marcha de extinción animal próxima a las 100 especies por día.

Otro elemento de explotación que no ha sido controlado es el de las plantas: muchos medicamentos tienen origen en el trópico y, sin ciertas especies de la Amazonia, la industria farmacéutica no existiría. A propósito, el científico[6] brasileño Carlos Nobre asegura que «si existiera alguna cura para el cáncer, ésta se encontraría en algún lugar del Amazonas».

[1]*gives shelter to*   [2]*está... is made up of*   [3]*potencial... potential for lumber*   [4]*setenta por ciento*   [5]*soil*   [6]*scientist*

1. La Amazonia cubre una área inmensa y...
2. La temperatura promedio es de 27° centígrados y...
3. La Amazonia tiene densas selvas y grandes ríos que...
4. El suelo de esta región es muy pobre;...
5. Dentro de los próximos veinticinco años, se espera la extinción de...
6. Según un científico brasileño, si existe una cura para el cáncer...

a. los pocos nutrientes se mantienen en las plantas vivas.
b. aproximadamente cien especies por día.
c. está entre las plantas de la Amazonia.
d. tiene 30 millones de especies de animales.
e. ofrecen mucho potencial para producir madera y energía hidroeléctrica.
f. llueve durante todo el año.

Selva amazónica en Perú

# La visión ideal de Costa Rica

| **VOCABULARIO ÚTIL** | |
| --- | --- |
| rechazan | *they reject* |
| la repoblación forestal | *reforesting* |
| el Movimiento Ambiental | *Environmental Movement* |
| lanzaron | *they launched* |
| subvencionadas | *subsidized* |

**E**n esta Lectura se discute el tema de la desaparición de los bosques. Se menciona en específico la situación de Costa Rica, un país muy rico en territorio forestal. Usted también va a descubrir aquí por qué es tan especial este país centroamericano.

Costa Rica* es un país único no sólo en el mundo hispano, sino en el mundo entero. Varios aspectos de la sociedad costarricense contribuyen a formar esta imagen especial. De partida, el país no tiene ejército, pues los ciudadanos rechazan la idea de la guerra. Pero eso no es todo. Los costarricenses también están muy conscientes de la importancia de la naturaleza. El gobierno tiene reglas estrictas con respecto al desarrollo y la construcción de viviendas y hoteles en zonas selváticas. El 40 por ciento del territorio del país está poblado de bosques. Y hay en Costa Rica uno de los sistemas más extensos de parques nacionales en todo el mundo hispano. El nombre del país es verdaderamente apropiado, pues la *costa* que da al océano Atlántico es muy *rica* en selvas tropicales.[†]

---

*La población de Costa Rica es de tres millones de habitantes. El país tiene una industria estable de turismo, y exporta café, plátanos, carne, azúcar y cacao. El clima es de dos estaciones: la seca, de diciembre a abril; y la húmeda, de mayo a noviembre.
[†]En realidad, *Costa Rica* no se refiere a la riqueza forestal del país. Cuando los exploradores españoles llegaron a la región en el siglo XVI, le dieron el nombre porque pensaban que iban a encontrar grandes cantidades de oro allí.

Playa Manuel Antonio, Costa Rica

Costa Rica: Parque Nacional
Braulio Carillo

A todos los niveles de la sociedad, se nota el deseo de los costarricenses de conservar sus recursos naturales: sus especies de animales, sus bosques y selvas. De hecho, el reciente movimiento de «ecoturismo» — que propone, entre otras ideas, un tipo de turismo que no dañe el medio ambiente— comenzó en Costa Rica.

A pesar de esta visión ideal, Costa Rica ha tenido que hacer algunos sacrificios debido a presiones económicas. Hace apenas diez años, el país estaba exportando mucha madera. Como no había un plan oficial de repoblación forestal, los bosques de árboles para madera empezaron a desaparecer. Entre 1981 y 1990 Costa Rica perdió un 2 por ciento de todos sus bosques.

Por suerte, miembros del Movimiento Ambiental lanzaron una campaña para convencer al gobierno costarricense de la necesidad de sembrar árboles, y la campaña tuvo resultados muy positivos. Ahora hay varias iniciativas de repoblación forestal en Costa Rica, algunas subvencionadas por el gobierno.*

Los proyectos de repoblación forestal sufren diariamente una serie de obstáculos, no siempre económicos sino también provocados por fenómenos naturales. En 1996, por ejemplo, hubo una sequía que duró desde diciembre del año anterior hasta marzo. Inevitablemente, esta tremenda sequía afectó la siembra y el crecimiento de los árboles en regiones forestales. Pero lo importante es que los costarricenses han seguido tratando de conservar su flora y fauna. ¡Y siguen plantando árboles!

Hay pocos países como Costa Rica, con una conciencia nacional del medio ambiente, donde la gente toma en serio las cuestiones ambientales. En nuestro planeta —devastado por las guerras y por la destrucción de la naturaleza— Costa Rica representa una feliz excepción. Su visión de la Tierra es ideal.

---

*Una de las más activas es la Iniciativa de Bosques Tropicales (*Tropical Forestry Initiative, TFI*). Esta iniciativa, formada por ocho personas, tiene como propósito repoblar las selvas tropicales de Costa Rica, plantando especies de árboles indígenas a cada región.

## Comprensión

Complete las siguientes oraciones con frases de la columna a la derecha.

1. En la década de los ochenta, ...
2. El Movimiento Ambiental le hizo ver al gobierno...
3. Costa Rica es un país pacífico, pues...
4. El gobierno costarricense no permite...

a. no cree en la guerra y no tiene ejército.
b. la construcción de muchos hoteles en zonas selváticas.
c. la importancia de plantar más árboles.
d. Costa Rica perdió una gran cantidad de bosques.

## Ahora... ¡usted!

1. ¿Ha estado usted en Costa Rica? Si no ha estado, ¿le gustaría visitar ese país?
2. ¿Le gustaría vivir en un país donde no haya ejército? ¿Por qué sí o por qué no? ¿Cuáles son las ventajas y desventajas de tener una fuerza militar?
3. ¿Le preocupa la cuestión de la repoblación forestal? ¿Por qué sí o por qué no? ¿Qué ideas o planes propone usted para evitar la destrucción de los bosques?

### Un paso más... ¡a escribir!

Imagínese que, por un momento fantástico, un árbol en el bosque puede hablar. ¿Qué va a decir con respecto a su vida, su medio ambiente y sus vecinos? ¿Qué va a decir sobre los seres humanos? Escriba una composición titulada «El mensaje del árbol».

# En resumen

## De todo un poco

**A.** La geografía y el clima de América Latina

Trabaje con varios compañeros para poner los nombres de los siguientes mares y océanos, las cordilleras y los ríos más importantes de América Latina en el mapa a continuación.

1. el Río Bravo
2. cuatro cordilleras:
   a. Sierra Madre Occidental
   b. Sierra Madre Oriental
   c. Sierra Madre del Sur
   d. cordillera de los Andes
3. el canal de Panamá
4. el lago Titicaca
5. el río Orinoco
6. el río Amazonas
7. el río Paraná
8. las cataratas del Iguasú
9. el océano Atlántico
10. el océano Pacífico
11. el Mar Caribe
12. el golfo de Baja California
13. el golfo de México

Ahora, contesten estas preguntas.

1.  ¿Cuál es la estación, y qué tiempo hace en México (parte del hemisferio norte) en enero? ¿Y en julio y agosto?
2.  ¿Qué tiempo hace en los países de América Central (Costa Rica y Nicaragua, por ejemplo) en marzo? ¿Y en septiembre y octubre?
3.  ¿Cuál es la estación, y qué tiempo hace en Argentina (parte del hemisferio sur) en enero? ¿Y en julio y agosto?
4.  ¿Qué más saben ustedes del clima de América Latina? ¿Dónde lo aprendieron?

Finalmente, si algunos de ustedes han viajado por los países de habla hispana (América Latina y España), preparen un pequeño informe para sus compañeros. Incluyan la siguiente información.

> en qué medio de transporte viajaron
> qué países han visitado y en qué estación
> qué tiempo hizo durante su viaje
> cuánto (tiempo) hace que viajaron allí
> qué ríos, montañas, etcétera, vieron
> si vieron algo que les fascinó
> si vieron algo del medio ambiente que les preocupó
> dos o tres fotos de su viaje

**B.** ¡Salvemos el medio ambiente!

**1.** Hagan una lista de medidas que cualquier ciudadano puede tomar para reducir la cantidad de basura que produce diariamente. Compartan sus ideas con la clase.

MODELO: Uno puede llevar sus propias bolsas de lona al supermercado.

**2.** Digan lo que ustedes ya han hecho para proteger el medio ambiente, para reducir la cantidad de desperdicios que generan en su casa.

MODELO: Hemos usado ambos lados de las hojas de papel. Hemos reciclado el papel y el vidrio.

## ¡Dígalo por escrito!

El medio ambiente y usted

Traiga a la clase una foto o un dibujo de un problema climático o ambiental que a usted le preocupe. Explíqueles el problema a sus compañeros de clase. ¿Dónde ocurre? ¿Cuáles son las causas principales? ¿Cuáles son las consecuencias? ¿Qué se puede hacer para mitigar o resolver el problema? Después, en casa, escriba una breve composición sobre el tema, incluyendo algunos de los comentarios que sus compañeros hicieron cuando les describió el problema en clase.

## VIDEOTECA

El medio ambiente es un tema que nos preocupa a todos. En este episodio del video, Elisa Velasco, la periodista de Ecuador, escribe un artículo sobre el medio ambiente. Escuche bien mientras ella escribe. ¿Cuáles son las cosas que le molestan a Elisa? Según su artículo, ¿qué ha hecho el grupo estudiantil? ¿Ha hecho usted algo para proteger el medio ambiente? ¿Qué ha hecho? También observe bien el sitio donde está Elisa y apunte tres cosas notables de su clima y geografía. En el Capítulo 10 del *Cuaderno de trabajo* hay más actividades para hacer después de ver el video.

# Vocabulario

## La geografía

| | |
|---|---|
| el arrecife | reef |
| la bahía | bay |
| el bosque | forest |
| la catarata | waterfall |
| la colina | hill |
| la cordillera | (mountain) range |
| la corriente | current (of water) |
| la isla | island |
| el llano | plain |
| la orilla | shore; (river)bank |
| la selva (tropical) | (tropical) jungle |
| el terreno | ground, terrain |
| la tierra (firme) | land |

**PALABRAS SEMEJANTES: la agricultura, la América Latina, el cañón, la costa, el desierto, la elevación, la extensión, el golfo, el océano, la península, la región, la laguna, el valle, la vegetación**

## El clima — Weather

| | |
|---|---|
| caluroso | warm, hot |
| el cielo | sky |
| la escarcha | frost |
| la humedad | humidity |
| la llovizna | drizzle |
| la lluvia | rain |
| la neblina | fog |
| la nube | cloud |
| (parcialmente) nublado | (partially) cloudy |
| pronosticar | to forecast (*weather*) |
|   se pronostica... | . . . is forecast |
| el relámpago | lightning |
| el rocío | dew |
| soleado | sunny |
| la tormenta | storm |
| el trueno | thunder |

**PALABRAS SEMEJANTES: el centígrado, el ciclón, húmedo, el huracán, el tornado**

**REPASO: el grado, llover (ue), la temperatura**

## Los medios de transporte — Means of Transportation

| | |
|---|---|
| el camión | truck |
| el crucero | cruise ship |
| la lancha | (small) boat |

| | |
|---|---|
| el pasajero / la pasajera | passenger |
| el tránsito | traffic |
| el transbordador | ferry |
| el tranvía | cable car; streetcar |
| el vagón | car (of a train) |

**PALABRAS SEMEJANTES: la locomotora, el taxi, transportar, el vehículo**

**REPASO: barco**

## El automóvil

| | |
|---|---|
| abrocharse el cinturón de seguridad | to fasten one's seat belt |
| el acumulador | battery |
| el arranque | ignition |
| la autopista | freeway |
| los cambios | gears |
| el camino | road |
| el capó | hood |
| la carretera | highway |
| el espejo retrovisor | rearview mirror |
| los frenos | brakes |
| gastar combustible | to use (burn) fuel |
| el guardafangos | fender |
| el limpiaparabrisas | windshield wiper |
| la llanta (desinflada) | (flat) tire |
| el maletero | trunk |
| el parabrisas | windshield |
| el parachoques | bumper |
| el peatón / la peatona | pedestrian |
| la placa | license plate |
| la presión | pressure |
| el puente | bridge |
| la rueda | wheel |
| el seguro (de automóvil) | (automobile) insurance |
| el semáforo | traffic light |
| tocar la bocina | to honk the horn |
| el volante | steering wheel |

**PALABRAS SEMEJANTES: el aire acondicionado, la antena, el autobús, la circulación, la gasolina, la licencia de manejar, el motor, el radiador, el tanque, la transmisión**

## Los letreros en la carretera — Road Signs

| | |
|---|---|
| despacio | slow |
| desviación | detour |

| | |
|---|---|
| doble sentido | two-way (street) |
| no hay paso | no entrance |
| peligro | danger |
| la señal | sign; signal |
| un solo sentido | one-way |

PALABRA SEMEJANTE: la curva

## La ecología y el medio ambiente
Ecology and the Environment

| | |
|---|---|
| el agujero en la capa de ozono | hole in the ozone layer |
| los desperdicios (nucleares) | (nuclear) waste |
| el envase | packing, packaging; bottle |
| la madera | wood |
| la natalidad | birth rate |
| el promedio | average |
| el reciclaje | recycling |
| la sequía | drought |
| la superficie | surface |
| el vidrio | glass (*material*) |

PALABRAS SEMEJANTES: el carburo fluorado, la contaminación del aire, la destrucción, la energía, las especies, la extinción, el hábitat, el nutriente, el pesticida, el petróleo, la planta nuclear, la reserva, el uso

## Los verbos

| | |
|---|---|
| crear | to create |
| desarrollar | to develop |
| desperdiciar | to waste |
| disminuir | to reduce |
| encerar | to wax |
| enfriar | to cool down |
| hacer una gira | to take a tour |
| molestar | to bother |
| parar | to stop |
| preocupar | to worry |
| proteger | to protect |
| resolver (ue) | to solve |
| salvar | to save |

PALABRAS SEMEJANTES: causar, controlar, eliminar, expresar, flotar, identificar, interesar, mantener, observar, producir, reciclar, reducir, restringir

## Los sustantivos

| | |
|---|---|
| la ballena | whale |
| el buceo | underwater swimming; diving |
| la cantidad | quantity |
| el casco | helmet |

| | |
|---|---|
| el ciudadano / la ciudadana | citizen |
| la entrada | entrance |
| el esfuerzo | effort |
| la estrella | star |
| el recipiente | container |
| el recurso | resource |
| el suelo | ground |
| el sitio | place |
| la vía | way |

PALABRAS SEMEJANTES: la abundancia, el cáncer, la concentración, la condición, la cura, la diversidad, la industria, el potencial, el problema, la producción, el producto, la restricción, el sistema

## Los adjetivos

| | |
|---|---|
| aéreo/a | pertaining to air (travel) |
| ambos/as | both |
| bello/a | beautiful |
| cualquier(a) | any |
| fuerte | strong |
| nevado/a | snowy |
| pobre | poor |
| profundo/a | deep |
| resbaloso/a | slippery |
| rodeado/a | surrounded |
| tantos/as | so many |

PALABRAS SEMEJANTES: árido/a, colorido/a, considerable, denso/a, ecológico/a, impresionante, inmenso/a, marino/a, natural, orgánico/a, plástico/a, principal, prohibido/a, tóxico/a, turístico/a

## Los adverbios

| | |
|---|---|
| cómodamente | comfortably |
| de vez en cuando | once in a while |
| diariamente | daily |
| lentamente | slowly |

PALABRAS SEMEJANTES: completamente, drásticamente, puntualmente

## Palabras y expresiones útiles

| | |
|---|---|
| ¡Cuanto/a/os/as...! | How many...! |
| hacia | toward |
| ¡Qué + *noun* + tan/más + *adjective*! | What a + *adjective* + *noun*! |

# Gramática y ejercicios

## 10.1   Saying What You Have Done: The Present Perfect

**(Yo) he viajado a Panamá.** (*I have traveled to Panama.*)
**he** = present tense of **haber**
**viajado** = past participle of **viajar**

**A.** The present perfect is formed with the present tense of the verb **haber*** (*to have*) followed by a form of the verb called the past participle.

—¿**Han visitado** ustedes Europa?　—*Have you visited Europe?*
—Sí, **hemos visitado** España　　　—*Yes, we've visited Spain*
　dos veces.　　　　　　　　　　　　*twice.*

**Tú has visto el museo del Prado.** (*You have seen the Prado museum.*)
**has** = present tense of **haber**
**visto** = past participle of **ver**

**B.** The present-tense forms of **haber** are irregular.

| haber (*to have*) | | |
|---|---|---|
| (yo) | he | *I have* |
| (tú) | has | *you (inf. sing.) have* |
| (usted, él/ella) | ha | *you (pol. sing.) have; he/she has* |
| (nosotros/as) | hemos | *we have* |
| (vosotros/as) | habéis | *you (inf. pl., Spain) have* |
| (ustedes, ellos/as) | han | *you (pl.) have; they have* |

**Ellos han ido a Europa cinco veces.** (*They have gone to Europe five times.*)
**han** = present tense of **haber**
**ido** = past participle of **ir**

—Ernesto, ¿**has recogido** el　　—*Ernesto, have you picked up*
　coche?　　　　　　　　　　　　　*the car?*
—No, todavía no **han llamado**　—*No, they haven't called yet*
　del taller.　　　　　　　　　　　*from the shop.*

**C.** The past participle is formed by adding **-ado** to the stem of **-ar** verbs and **-ido** to the stem of **-er** and **-ir** verbs.

| -ar | |
|---|---|
| *Infinitive* | *Past Participle* |
| hablar | hablado |
| jugar | jugado |
| preparar | preparado |

---

*Recognition: **vos habés**

| -er / -ir | |
|---|---|
| **Infinitive** | **Past Participle** |
| comer | comido |
| vivir | vivido |
| dormir | dormido |

—¿Ya **han comprado** los señores
Ruiz los boletos?
—No, no **han tenido** tiempo
todavía.

—*Have the Ruizes already bought
the tickets?*
—*No, they haven't had time yet.*

—Andrea, ¿**has terminado**?
—No, el agente de viajes no
**ha conseguido** las reservaciones todavía.

—*Andrea, have you finished?*
—*No, the travel agent hasn't
got the reservations yet.*

**D.** A few verbs have irregular participles.

| | |
|---|---|
| abrir: **abierto** | *to open / opened* |
| cubrir: **cubierto** | *to cover / covered* |
| decir: **dicho** | *to say / said; to tell / told* |
| escribir: **escrito** | *to write / written* |
| hacer: **hecho** | *to do / done; to make / made* |
| morir: **muerto** | *to die / died; dead* |
| poner: **puesto** | *to put / put* |
| resolver: **resuelto** | *to solve / solved* |
| romper: **roto** | *to break / broken* |
| ver: **visto** | *to see / seen* |
| volver: **vuelto** | *to return / returned* |

The participles of verbs derived from these verbs are also irregular. For example,
**describir** is derived from **escribir**.

| | |
|---|---|
| describir: **descrito** | *to describe / described* |
| devolver: **devuelto** | *to return / returned* |
| inscribir: **inscrito** | *to enroll / enrolled* |
| reponer: **repuesto** | *to put back / put back* |
| suponer: **supuesto** | *to suppose / supposed* |

—Estela, ¿dónde **has puesto**
mis pantalones nuevos?
—Ya te **he dicho** que están
encima de la cama.

—*Estela, where have you put
my new pants?*
—*I've already told you that
they're on top of the bed.*

Ernesto fue a la agencia de
viajes hace dos horas y todavía
no **ha vuelto**.

*Ernesto went to the travel agency
two hours ago and hasn't come
back yet.*

Note that **ya** (*already*) and **todavía no** (*not yet*) are adverbs commonly used with
the present perfect tense.

## Ejercicio 1

Éstas son algunas de las cosas que han hecho los amigos y parientes de Estela. Complete las oraciones con **comer, escribir, ver, viajar, comprar, hablar, limpiar, oír, ir** y **pasar**.

MODELO: Mis cuñados *han ido* mucho a Puerto Vallarta porque les gustan las playas y el sol.

1. Ernesto y yo _____ la nueva película de Almodóvar cuatro veces.
2. Ramón le _____ varias cartas a Amanda.
3. Yo _____ tres veces este mes a Cuernavaca.
4. La señorita Batini _____ una casa nueva.
5. Pedro, ¿_____ en un restaurante chino últimamente?
6. Guillermo no _____ con Ernesto hoy.
7. Graciela, tú nunca _____ a España, ¿verdad?
8. Marisa y Clarisa _____ su cuarto muy bien.
9. Ernestito, ¿_____? ¡Tu padre dice que vamos a ir de vacaciones en Florida!
10. Pedro y Andrea _____ sus vacaciones en Acapulco muchas veces.

## Ejercicio 2

¿Cuántas veces ha hecho usted estas cosas? Haga preguntas y respuestas.

MODELO: bucear en el mar Caribe →
—¿Cuántas veces *has buceado* en el mar Caribe?
—Nunca *he buceado* allí. (Mi hermana y yo *hemos buceado* en el mar Caribe dos o tres veces.)

1. viajar a México
2. esquiar en un lago
3. subir a una pirámide
4. acampar en las montañas
5. alquilar un coche
6. cocinar para diez personas
7. leer tres novelas en un día
8. correr 5 kilómetros sin parar
9. decirles una mentira a sus padres
10. romper un vaso en un restaurante

## 10.2  Exclaiming: *¡Qué… !, ¡Cuánto/a/os/as… !*

**¡Qué montañas tan altas!**
(*What tall mountains!*)
**¡Qué azul es el agua aquí!**
(*How blue the water is here!*)

**A.** Form exclamations with **qué** using ¡**Qué** + *adjective* . . . !*

| ¡**Qué bonita** es la playa! | *How pretty the beach is!* |
| ¡**Qué interesante** fue ese viaje! | *What an interesting trip that was!* |

**B.** Use the pattern ¡**Qué** + *noun* + **tan/más** + *adjective*! to express *What a(n) . . . !*

| ¡**Qué país tan grande!** | *What a large country!* |
| ¡**Qué viaje más divertido!** | *What an enjoyable trip!* |

**¡Cuántas personas hay en esta playa!** (*There sure are a lot of people on this beach!* [*What a lot of people there are on this beach!*])

**C.** Use **cuánto/a/os/as** to express surprise about quantity.

| ¡**Cuánto** dinero tiene ese hombre! | *What a lot of money that man has!* |
| ¡No te imaginas **cuántas** horas tuvimos que esperar! | *You can't imagine how many hours we had to wait!* |

*Note that **qué** and **cuánto** take an accent mark in exclamations as well as in questions.

## Ejercicio 3

Imagínese que usted está mirando las fotos de Susana Yamasaki y sus hijos, quienes acaban de regresar de un viaje por América Latina. Exprese su sorpresa al ver estas fotos.

> MODELO: las pirámides de Teotihuacán: pirámides / altas →
> Las pirámides de Teotihuacán... ¡Qué pirámides tan (más) altas!

1. Bolivia: país / interesante
2. un vuelo de Quito a México, D.F.: vuelo / largo
3. los Andes: montañas / altas
4. una selva tropical en Venezuela: selva / verde
5. una playa en el Caribe: arena / blanca

## Ejercicio 4

Ahora imagínese que usted también ha hecho un viaje por España y por América Latina. Haga comentarios sobre los lugares interesantes que ha visto.

> MODELO: azul / el agua del Caribe → ¡Qué azul es el agua del Caribe!

1. impresionantes / las ruinas de Machu Picchu
2. grande / el lago Titicaca
3. cosmopolita / la ciudad de Buenos Aires
4. húmeda / la selva de Ecuador
5. seco / el desierto de Atacama en Chile
6. alta / la torre de la Giralda en Sevilla
7. hermoso / el edificio del Alcázar de Segovia
8. inmenso / el parque del Retiro en Madrid
9. interesante / el Museo del Prado
10. antiguo / el acueducto de Segovia

## 10.3 Expressing *by*, *through*, Destination, and Time: *por* and *para* (Part 1)

**por** = movement *through* or *by*, or *means of transportation*

**para** = movement *toward a destination*

**Caminamos por la playa.** (*We walked along the beach.*)
**Fuimos por tren.** (*We went by train.*)
**Salen mañana para Cuzco.** (*They leave tomorrow for Cuzco.*)

The prepositions **por** and **para** have distinct meanings.

**A. Para** indicates movement *toward* a destination.

| | |
|---|---|
| Cuando era niño, salía **para** la escuela a las 7:30. | *When I was a kid, I used to leave for school at 7:30.* |
| Perdón, señor, ¿cuál es el tren que sale **para** Madrid? | *Excuse me, sir, which is the train that is leaving for Madrid?* |

**Por**, on the other hand, indicates motion *through* or *by* (*along*) a place.

| | |
|---|---|
| Pasamos **por** varios pueblos antes de llegar a Salamanca. | *We went through various villages before arriving in Salamanca.* |
| Por las noches caminábamos **por** la orilla del lago de Chapala. | *In the evenings we would take walks along the shore of Lake Chapala.* |

**Por** is also used to indicate means of transportation.

| | |
|---|---|
| Mis hermanos quieren viajar **por** barco, pero yo quiero ir **por** avión. | *My brothers want to travel by boat, but I want to go by plane.* |

Note the contrast in usage in the following example.

| | |
|---|---|
| Mañana salgo **para** París. Voy a viajar **por** tren. | *Tomorrow I'm leaving for Paris. I'll travel by train.* |

**B. Por** and **para** can also be followed by expressions of time.

1. Use **por** to indicate length of time (although you may often omit **por** in these cases). Some examples of time expressions are **por una semana, por tres meses, por un año**, and **por mucho tiempo**.

| | |
|---|---|
| Hoy tengo que trabajar en el taller (**por**) **diez horas**. | *Today I have to work in the shop for ten hours.* |

You can also use **por** to express *during*, *in*, or *at* with parts of the day: **por la mañana, por la tarde, por la noche**.

| | |
|---|---|
| Aquí **por la noche** todo el mundo sale a pasear. | *Here in (during) the evening everybody goes out for a walk.* |

2. Use **para** to indicate a deadline by which something is expected to happen.

| | |
|---|---|
| Hay que entregar el informe **para** las 10:00. | *We have to turn in the report by 10:00.* |
| La tarea es **para** el viernes. | *The homework is for (due) Friday.* |

> **por** = *length of time, during*
> **para** = *deadline*
> **Estuvimos en España por tres semanas.** (*We were in Spain for three weeks.*)
> **Paula necesita terminar el trabajo para el lunes.** (*Paula needs to finish the job by Monday.*)

## Ejercicio 5

Aquí tiene usted parte de una conversación entre Silvia Bustamante y su novio, Nacho Padilla. Escoja **por** o **para**.

SILVIA: Ayer trabajé _____ [1] ocho horas en la terminal de autobuses.
NACHO: Yo manejé mi taxi _____ [2] solamente cinco horas.
SILVIA: ¿Cuándo sales _____ [3] Morelia?
NACHO: Dentro de dos días. Salgo _____ [4] la mañana, y voy a viajar _____ [5] tres horas.
SILVIA: ¿No vas _____ [6] avión?
NACHO: ¡Claro que no! Voy _____ [7] tren. Es mucho más barato.
SILVIA: ¿Cuánto tiempo piensas quedarte allí?
NACHO: ¡Una semana! Necesito recoger unos documentos importantes. Van a estar listos _____ [8] el próximo viernes.

## 10.4   Describing Actions: Adverbs

> **-mente** = *-ly*
> **cómodamente** = *comfortably*
> **calmadamente** = *calmly*

Words that describe actions are called *adverbs*. Many adverbs are formed in Spanish by adding **-mente** to the feminine or neuter form of the adjective: **rápida** (*fast*) → **rápidamente** (*quickly*); **libre** (*free*) → **libremente** (*freely*).

| | |
|---|---|
| —Amanda, ¿vas al cine **frecuentemente**? | *—Amanda, do you go to the movies frequently?* |
| —Sí, voy casi todos los fines de semana. | *—Yes, I go almost every weekend.* |

| | |
|---|---|
| En este país puedes hablar **abiertamente**. | *In this country you can talk openly.* |

## Ejercicio 6

Primero escoja el adjetivo más lógico entre **puntual**, **inmediata**, **constante**, **cómoda** y **rápida**. Luego forme un adverbio.

> MODELO: (general) → *Generalmente* tomo el autobús número 73 para ir a la universidad.

1. ¡Los trenes en Japón transitan a 250 kilómetros por hora! Los pasajeros llegan _____ a su destino.
2. Me gusta viajar por tren. Me siento _____ y miro el paisaje por la ventanilla.
3. En Suiza los trenes y los autobuses llegan y salen _____.
4. ¡Nunca he visto tantos autobuses! En la estación de autobuses de Guadalajara, los autobuses llegan y salen _____.
5. Tenemos que correr; el próximo autobús sale _____.

## 10.5 Expressing Reactions: More Verbs like *gustar*

Like **gustar** and **encantar**, several other verbs also use indirect object pronouns.

| | |
|---|---|
| dar miedo *to frighten* | llamar la atención *to attract attention* |
| dar rabia *to infuriate* | molestar *to bother* |
| fascinar *to be fascinating; to love* | parecer *to seem like* |
| importar *to matter* | preocupar *to worry, be worrying* |
| interesar *to be interesting* | urgir *to be pressing, really necessary* |

The English equivalents of these verbs vary according to context.

| | |
|---|---|
| —¿Qué **te interesa**? | —*What interests you?* |
| —**Me interesa** la geografía porque **me fascina** viajar. | —*I'm interested in geography because I love to travel.* |
| El paisaje es tan lindo que no **nos importa** si llueve. | *The countryside is so pretty that it doesn't matter to us if it rains.* |
| —Susana, ¿qué **te parece** un viaje a Chile y Bolivia? | —*Susana, what do you think about a trip to Chile and Bolivia?* |
| —**Me parece** una idea fantástica. | —*It seems like a great idea to me.* |

The person whose opinion is described (**me, te, le, nos, os, les**) is usually mentioned first. The subject of this kind of sentence normally follows the verb. In the following sentence, *our* opinion (**nos**) is described, and the smoke (**el humo**) is the subject of the sentence. **Molesta** is singular because **el humo** is singular.

| | |
|---|---|
| **Nos** molesta **el humo**. | *The smoke bothers us.* |

If the subject that follows the verb is a singular noun or an infinitive, the verb is singular. In the following sentence, the verb is followed by an infinitive, so the verb is singular.

| | |
|---|---|
| **Me** importa **conservar** energía. | *I care about conserving energy.* |

In the next sentence, the subject (**las maletas**) is plural, so the verbs (**gustan/ parecen**) are plural.

**Me** gusta**n las maletas** que usted compró; **me** parece**n** muy prácticas.

*I like the suitcases you bought; they seem very practical to me.*

## Ejercicio 7

Exprese su opinión usando la forma apropiada de los verbos indicados. Luego pídale su opinión a un compañero / una compañera. ¿Están ustedes de acuerdo?

MODELO: La contaminación del aire...

    **a.** me _____ (molestar)
    **b.** me _____ (encantar)
    **c.** ¿ ? →
    La contaminación del aire me *molesta*.

1. La conservación de nuestros recursos naturales...
   **a.** me _____ necesaria. (parecer)
   **b.** no me _____. (importar)
   **c.** ¿ ?
2. Los bosques y las selvas...
   **a.** me _____. (fascinar)
   **b.** no me _____. (interesar)
   **c.** ¿ ?
3. Vivir en un clima caluroso...
   **a.** me _____. (encantar)
   **b.** no me _____. (gustar)
   **c.** ¿ ?
4. El tránsito en las autopistas...
   **a.** me _____. (molestar)
   **b.** no me _____. (gustar)
   **c.** ¿ ?
5. Los ríos del mundo...
   **a.** me _____. (importar)
   **b.** no me _____. (interesar)
   **c.** ¿ ?

S.O.S. NOS QUEDAMOS SIN OZONO
**Un nuevo agujero amenaza a Europa**

# CAPÍTULO 11

# Los viajes

▼▼▼▼▼▼▼▼▼▼▼▼▼▼▼▼▼▼▼▼▼

## METAS

In **Capítulo 11** you will continue to talk about travel-related experiences: making plans, following directions, and reading maps. You will learn about travel in Spanish-speaking countries, including changing money, clearing customs, and finding lodging. You will also discover new places to visit in the Hispanic world.

Granada, España: la Alhambra

## ACTIVIDADES DE COMUNICACIÓN Y LECTURAS

Los planes de viaje

**El mundo hispano...** su gente

Buscando sitios y usando planos

**Lectura**   Una tarjeta de Clara: ¡Cuánto me gusta Madrid!

De viaje por los países hispanos

**El mundo hispano...** su gente

**Lectura**   Los amigos hispanos: Planes para un viaje a México

**El mundo hispano...** imágenes

Los sitios turísticos

**El mundo hispano...** en los Estados Unidos

**EN RESUMEN**

## GRAMÁTICA Y EJERCICIOS

11.1 Giving Instructions: Polite Commands

11.2 Softening Commands (Part 1): The Present Subjunctive Following **querer** and **cuando**

11.3 Softening Commands and Expressing Future Doubt: The Present Subjunctive of Irregular Verbs

11.4 Talking about Past Actions in Progress: The Imperfect Progressive

11.5 Saying What Was Happening: The Imperfect in Contrast to the Preterite

# Actividades de comunicación y lecturas

## Los planes de viaje

## Actividad 1. Intercambios: La agencia de viajes Salinas

MODELO: E1: ¿Cuánto cuesta el pasaje a *Costa Rica* desde Los Ángeles?
E2: Cuesta *$715.00.*

# AGENCIA DE VIAJES SALINAS
### Los Ángeles, California

No haga sus reservaciones a última hora. Hágalas ahora y pase los próximos días feriados en su país natal, junto a su familia. Nosotros tenemos los precios que usted busca. Disponemos de un moderno sistema de computadoras «SABRE» para hacer sus reservaciones inmediatamente. ¡Llame ahora mismo al 850-8921 y disfrute de sus próximas vacaciones!

**Tarifas de ida y vuelta desde Los Ángeles**
(sujetas a cambios y ciertas restricciones)

| | |
|---|---|
| ARGENTINA (Buenos Aires) . . . . . . . . . . | .$ 1,366 |
| BOLIVIA (La Paz/Cochabamba) . . . . . . . . . . | .$ 987 |
| COLOMBIA (Bogotá) . . . . . . . . . . . . . . . . . . | .$ 699 |
| COSTA RICA (San José) . . . . . . . . . . . . . . . | .$ 715 |
| CHILE (Santiago) . . . . . . . . . . . . . . . . . . . | .$ 1,001 |
| ECUADOR (Quito) . . . . . . . . . . . . . . . . . . | .$ 834 |
| EL SALVADOR (San Salvador) . . . . . . . . . . | .$ 599 |
| GUATEMALA (Guatemala) . . . . . . . . . . . . . | .$ 529 |
| HONDURAS (Tegucigalpa) . . . . . . . . . . . . | .$ 649 |
| NICARAGUA (Managua) . . . . . . . . . . . . . . | .$ 659 |
| PANAMÁ (Panamá) . . . . . . . . . . . . . . . . . | .$ 779 |
| PERÚ (Lima) . . . . . . . . . . . . . . . . . . . . . | .$ 954 |
| VENEZUELA (Caracas) . . . . . . . . . . . . . . . | .$ 810 |

# AGENCIA DE VIAJES SALINAS
*¡Nombre de excelencia desde 1969!*

## EL MUNDO HISPANO... su gente

**V**erónica Lugo es una joven argentina de 20 años.

*¿Ha hecho algún viaje interesante en su vida? ¡Descríbalo!*

Hace unos años, mi mejor amiga y yo decidimos veranear en las playas de Uruguay. Trabajamos durante un año para conseguir el dinero y el permiso de nuestros padres. Finalmente, en enero partimos[1] hacia ese país. Viajamos toda una noche en colectivo y al día siguiente llegamos a Montevideo. Como estábamos las dos solas, tuvimos que hacernos cargo[2] de todo: los documentos de la aduana, el transporte de las valijas[3] y el cambio de moneda.
    Por fin llegamos al camping[4] y, con la ayuda de otros chicos y chicas, armamos la carpa.[5] El lugar era hermosísimo, a dos cuadras del mar y con muchos árboles. Y estábamos con gente joven. Aunque parezca increíble, nos quedamos en ese lugar un mes, sin más lujos que[6] una carpa y las instalaciones del camping (baños, despensas,[7] agua... ). Pero teníamos todo lo que hacía falta para pasar unas vacaciones inolvidables: sol, playas, gente joven ¡y muchas ganas de divertirnos!

[1]salimos  [2]hacernos... *take charge*  [3]maletas (*Arg., El Salvador*)  [4]*campground*  [5]armamos... *we pitched the tent*
[6]sin... *with only*  [7]*provisions*

## Actividad 2. Conversación: ¡Viajar es tan fácil como decir 1, 2, 3!

Ordene lógicamente estas actividades.

_____ comprar los boletos

_____ abordar el avión

_____ comprar ropa y otras cosas

_____ planear el viaje

_____ ir al aeropuerto

_____ hacer las maletas (empacar)

_____ comprar cheques de viajero

_____ ahorrar el dinero necesario

_____ hacer las reservaciones

_____ sacar el pasaporte y la visa

## Actividad 3. Intercambios: Las vacaciones ideales

Las siguientes personas quieren ir de vacaciones. Con su compañero/a, lean estas descripciones de excursiones y escojan las vacaciones perfectas para cada persona. Escriban una oración que explique su selección en cada caso. Luego, compartan su selección con la clase.

MODELOS: A _____ le(s) recomiendo la excursión a _____ porque _____.

A mí me gustaría la excursión de _____ porque _____.

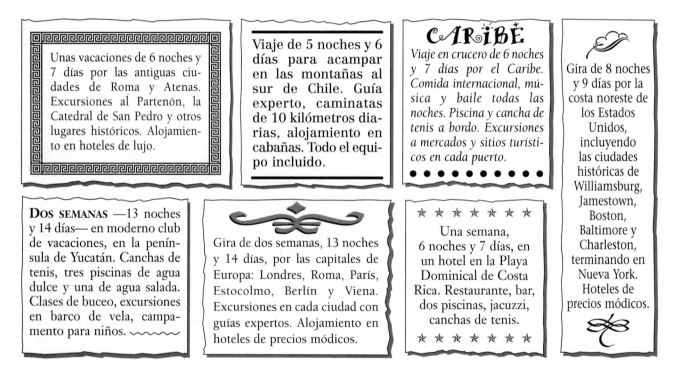

Unas vacaciones de 6 noches y 7 días por las antiguas ciudades de Roma y Atenas. Excursiones al Partenón, la Catedral de San Pedro y otros lugares históricos. Alojamiento en hoteles de lujo.

Viaje de 5 noches y 6 días para acampar en las montañas al sur de Chile. Guía experto, caminatas de 10 kilómetros diarias, alojamiento en cabañas. Todo el equipo incluido.

CARIBE

Viaje en crucero de 6 noches y 7 días por el Caribe. Comida internacional, música y baile todas las noches. Piscina y cancha de tenis a bordo. Excursiones a mercados y sitios turísticos en cada puerto.

Gira de 8 noches y 9 días por la costa noreste de los Estados Unidos, incluyendo las ciudades históricas de Williamsburg, Jamestown, Boston, Baltimore y Charleston, terminando en Nueva York. Hoteles de precios módicos.

DOS SEMANAS —13 noches y 14 días— en moderno club de vacaciones, en la península de Yucatán. Canchas de tenis, tres piscinas de agua dulce y una de agua salada. Clases de buceo, excursiones en barco de vela, campamento para niños.

Gira de dos semanas, 13 noches y 14 días, por las capitales de Europa: Londres, Roma, París, Estocolmo, Berlín y Viena. Excursiones en cada ciudad con guías expertos. Alojamiento en hoteles de precios módicos.

Una semana, 6 noches y 7 días, en un hotel en la Playa Dominical de Costa Rica. Restaurante, bar, dos piscinas, jacuzzi, canchas de tenis.

1. Adriana Bolini: Adriana es argentina, soltera, de 35 años. Ella es mujer de negocios. Le gusta mucho viajar, y ha viajado por muchas partes de Europa.
2. Susana Yamasaki y sus hijos, Armando y Andrés (de 13 y 9 años, respectivamente): Susana es madre divorciada y trabaja de secretaria y también de guía de turistas para las ruinas de Machu Picchu. A Susana le gusta salir de vacaciones con sus hijos.
3. Dora y Javier Saucedo: Son los padres de Estela, Andrea, Paula y Raúl. Están jubilados y salen de vacaciones sólo una vez cada dos o tres años. Prefieren un viaje de lujo, con todas las comodidades.

4. Raúl Saucedo: Raúl es estudiante de ingeniería en la Universidad de Texas, en San Antonio. Es muy aventurero y le gusta viajar porque le encanta conocer a gente interesante.
5. Pilar y Clara: Clara está de visita en España por un año. Allí conoció a Pilar. Las dos son estudiantes y tienen un mes de vacaciones entre semestres.
6. Su profesor(a)
7. Usted

# Buscando sitios y usando planos

*Lea Gramática 11.1.*

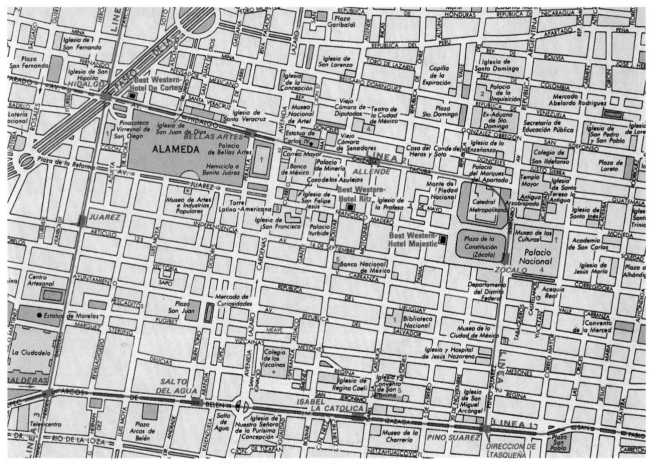

México, D.F.: Del Museo de Artes e Industrias Populares al Colegio de las Vizcaínas (los dos marcados con asterisco)

TURISTA: Perdone, ¿puede decirme cómo llegar al Colegio de las Vizcaínas?

NACHO: Sí. Mire aquí en su plano. **Salga** del museo **a la derecha** y **camine por** Juárez hasta la avenida Lázaro Cárdenas. En Lázaro Cárdenas **doble a la derecha**. Así puede ver la Torre Latinoamericana también. Si tiene tiempo, **suba**; hay una vista hermosa de la ciudad. **Camine seis cuadras por** Lázaro Cárdenas. Luego **doble a la izquierda** en Vizcaínas. El colegio está al lado derecho.

TURISTA: Muchísimas gracias, señor.

NACHO: Para servirle. Adiós.

## Actividad 4. Conversación: La Ciudad de México

Mire el plano de la página anterior y explique cómo se va de una parte del centro de la ciudad a otra. (Los números en el plano van a ayudarle a encontrar los lugares mencionados.)

MODELO: del Museo de las Culturas hasta el Palacio de Bellas Artes (los dos están marcados con un obelisco [†]) →
Después de salir del museo, tome Moneda a la izquierda y siga hasta Seminario. Doble a la derecha en Seminario y siga hasta Calzada Tacuba; doble a la izquierda. Camine ocho cuadras hasta la avenida Lázaro Cárdenas. El Palacio de Bellas Artes está en la avenida Lázaro Cárdenas.

1. de la Biblioteca Nacional a la Pinacoteca Virreinal de San Diego
2. del Palacio de la Inquisición al Correo Mayor
3. del Museo de la Ciudad de México a la Torre Latinoamericana
4. del Palacio Nacional al Teatro de la Ciudad de México
5. de la Iglesia y Convento de San Jerónimo al Banco Nacional de México

## Actividad 5. Del mundo hispano: Consejos para los viajeros

Lea el artículo de la izquierda (de la revista *Geomundo*). Luego, trabajando con un compañero / una compañera de clase, escriban otros dos o tres consejos útiles para los viajeros.

# Una tarjeta de Clara: ¡Cuánto me gusta Madrid!

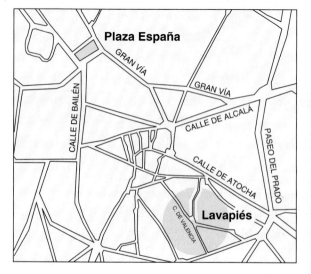

Plaza de España, Madrid

En esta tarjeta, Clara habla de sus experiencias buscando sitios en Madrid. También expresa su opinión de la gente madrileña.

**VOCABULARIO ÚTIL**

| | |
|---|---|
| me he perdido | *I've gotten lost* |
| sin saber cómo | *not knowing how* |
| se me acercó | *approached me* |
| ella misma | *herself* |

Estimada profesora:

¡Cuánto me gusta Madrid! Ya conozco bien la ciudad, aunque me he perdido varias veces. Una vez tomé un autobús en la universidad para ir a la Plaza de España, y, sin saber cómo, ¡terminé en el barrio de Lavapiés! Por suerte los madrileños son muy amables; siempre ayudan a los extranjeros. Un día estaba yo buscando una calle, mirando mi plano de Madrid, y se me acercó una señora para ayudarme. ¡La señora me llevó ella misma a la calle!

Un abrazo,

Clara

Prof. Adela Martínez
Department of Foreign Languages
University of Texas at San Antonio
San Antonio, TX 78285
USA

## Comprensión

De la siguiente lista, escoja las actividades que menciona Clara en su tarjeta a la profesora Martínez.

1. Clara comió helado.
2. Fue al parque.
3. Tomó el autobús.
4. Jugó con un perro en la Plaza Mayor.
5. Recibió ayuda de una señora.

## Ahora... ¡usted!

1. ¿Conoce muy bien la ciudad donde usted vive? ¿Se ha perdido en su ciudad alguna vez? Describa qué pasó.
2. ¿Se ha perdido en otra ciudad o en otro país? ¿Le ofrecieron ayuda las personas de ese sitio? ¿Encontró el lugar que buscaba? ¿Cómo lo encontró?

 Un paso más... ¡a escribir!

Imagínese que usted está escuchando la conversación entre Clara y la amable señora madrileña que le ayudó en la calle. ¿Qué dicen? ¡Escriba el diálogo!

## LAS PALABRAS VIVEN

Si usted se pierde en un país hispano y le pregunta a alguien cómo llegar a un sitio, es muy probable que escuche la frase **siga derecho**. Si el país es México, le van a decir **derecho derecho**. Esta frase expresa la idea de que uno no debe doblar. En América Central dicen **siga recto**. Y la expresión que se escucha a veces en Costa Rica, la República Dominicana y otros países es **al fondo**, literalmente, *at the bottom*. **Ir al fondo** significa, por lo general, que uno debe caminar derecho hasta que termine la calle.

## Actividad 6. Del mundo hispano: El metro de Madrid

Dé instrucciones para ir de una estación del metro a otra.
No olvide hacer los transbordos necesarios.

MODELO:  De Atocha a El Carmen →
Suba a un tren de la Línea 1
en Atocha, dirección Plaza
de Castilla, y baje en la
Estación Sol. Allí suba a un
tren de la Línea 2, dirección
Ventas, y baje en la Estación
Ventas. En Ventas, suba a
un tren de la Línea 5, dirección Canillejas, y siga hasta
la primera estación. Bájese;
allí es El Carmen.

1. de Tetuán a Sevilla
2. de Puente de Vallecas
   a Ríos Rosas
3. de Aluche a Puerta de
   Toledo
4. de Oporto a Portazgo
5. de Esperanza a Quin-
   tana

# De viaje por los países hispanos

*Lea Gramática 11.2–11.3.*

reclamo de equipaje

Cuando llegue
al hotel, voy a
descansar.

Cuando encuentre mi
traje de baño, voy a
bajar a la piscina del
hotel para broncearme.

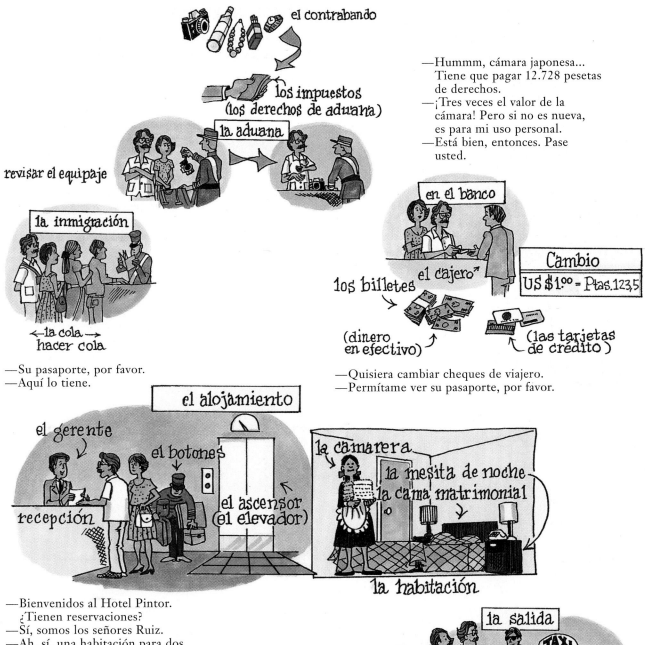

el contrabando

los impuestos
(los derechos de aduana)

la aduana

revisar el equipaje

—Hummm, cámara japonesa...
Tiene que pagar 12.728 pesetas
de derechos.
—¡Tres veces el valor de la
cámara! Pero si no es nueva,
es para mi uso personal.
—Está bien, entonces. Pase
usted.

la inmigración

la cola
hacer cola

—Su pasaporte, por favor.
—Aquí lo tiene.

en el banco

Cambio
US $1.⁰⁰ = Ptas. 123,5

los billetes     el cajero

(dinero
en efectivo)     (las tarjetas
de crédito)

—Quisiera cambiar cheques de viajero.
—Permítame ver su pasaporte, por favor.

el alojamiento

el gerente

el botones

la cámarera

la mesita de noche
la cama matrimonial

el ascensor
(el elevador)

recepción

la habitación

—Bienvenidos al Hotel Pintor.
¿Tienen reservaciones?
—Sí, somos los señores Ruiz.
—Ah, sí, una habitación para dos
con cama matrimonial, ¿verdad?

la salida

Los Ruiz se hospedaron en el Hotel Pintor
por tres días. Hoy van a viajar a Segovia.
Quieren que el botones recoja su equipaje.

## Actividad 7. Intercambios: Los paquetes turísticos

Mire estos paquetes turísticos ofrecidos por la aerolínea costarricense Lacsa. Después, hágale preguntas a su compañero/a.

### Barranquilla Ejecutivo
#### 2 noches / 3 días
*Desde* **$297**

*Incluye:*
+ **Boleto aéreo ida y vuelta** (sin impuestos).
+ Dos noches de alojamiento con desayuno americano.
+ Impuestos hoteleros.
+ 3 días de Assist Card.

### Quito Ejecutivo
#### 3 noches / 4 días
*Desde* **$478**

*Incluye:*
+ **Boleto aéreo ida y vuelta** (sin impuestos).
+ Traslado aeropuerto/hotel/aeropuerto.
+ 3 noches de alojamiento en hotel seleccionado.
+ Impuestos hoteleros.
+ 4 días de Assist Card.

### Houston Ejecutivo
#### 3 noches / 4 días
*Desde* **$495**

*Incluye:*
+ **Boleto aéreo ida y vuelta** (sin impuestos).
+ Traslado aeropuerto/hotel/aeropuerto.
+ 3 noches de alojamiento.
+ Impuestos hoteleros.
+ 4 días de Assist Card.
+ Vía San Salvador.

### México tradicional
#### 4 noches / 5 días
*Desde* **$399**

*Incluye:*
+ **Boleto aéreo ida y vuelta** (sin impuestos).
+ Traslado aeropuerto/hotel/aeropuerto.
+ 4 noches de alojamiento en hotel seleccionado.
+ Impuestos hoteleros.
+ Tour Basílica/Pirámides.
+ 5 días de Assist Card.

### Nueva Orleáns en auto
#### 7 días
*Desde* **$541**

*Incluye:*
+ **Boleto aéreo ida y vuelta** (sin impuestos).
+ Hasta 7 días de auto económico con seguros incluidos.
+ Hasta 7 días de Assist Card.
+ Algunas noches de alojamiento en Hotel Days Inn Canal.

### Santiago de compras
#### 4 noches / 5 días
*Desde* **$899**

*Incluye:*
+ **Boleto aéreo ida y vuelta** (sin impuestos).
+ 4 noches de alojamiento en Hotel Galerías.
+ Impuestos hoteleros.
+ Traslado aeropuerto/hotel/aeropuerto.
+ Desayuno Buffet.
+ Coctel de bienvenida.
+ Tour de compras.
+ 5 días de Assist Card.

1. ¿Cuánto cuesta el paquete a Barranquilla?
2. ¿Están incluidos los impuestos de hotel en el paquete «México tradicional»?
3. ¿Está incluido un tour de compras en el paquete «Quito Ejecutivo»?
4. ¿Está incluido el seguro de auto en el paquete de Nueva Orleáns?
5. ¿Están incluidos los traslados del aeropuerto al hotel en el paquete «Houston Ejecutivo»?

6. ¿Qué más está incluido, además del alojamiento, en el paquete «Barranquilla Ejecutivo»?
7. ¿Qué incluye el paquete «Santiago de compras» además del boleto, el alojamiento y los traslados del aeropuerto al hotel?

Chile
Santiago

### Actividad 8. Del mundo hispano: Hoteles y restaurantes en dos ciudades de Andalucía

# Andalucía

## Granada

### HOTELES Y RESTAURANTES

**HOTELES: Alhambra Palace.** Caro. Hermoso palacio estilo morisco en la cumbre de la montaña Alhambra con magníficas vistas. Tel. 22-14-68. **Parador de San Francisco.** Caro. Está en un antiguo convento dentro de los muros de la Alhambra y es el parador más popular de España. Se requiere hacer reservación de 4 a 6 meses de anticipación. Tel. 22-14-93. **América.** Moderado. Encantador hotel dentro de los terrenos de la Alhambra. Es muy popular, reserve con anticipación. Tel. 22-74-71.

**RESTAURANTES: Baroca.** Caro. Considerado uno de los mejores de Granada. Tel. 26-50-61. **Cunini.** Caro. Muy famoso por su pescado y comida marina. Tel. 26-37-01. **Colombia.** Caro-Moderado. En la montaña de la Alhambra con elegante decorado árabe, música de guitarra y espléndidas vistas. Muy turístico, pero divertido. Tel. 22-74-33.

## Sevilla

### HOTELES Y RESTAURANTES

Todos los precios pueden duplicarse e incluso triplicarse durante la Semana Santa y los días que dura la Feria.

**HOTELES: Alfonso XIII.** De lujo. Construido en estilo morisco para la exhibición de 1929, es el hotel clásico de Sevilla lleno de belleza y encanto. Tel. 22-28-50. **Doña María.** Caro. Pequeño, con habitaciones de buen gusto amuebladas con antigüedades y piscina en el azotea con vista a la Giralda. Tel. 22-49-90. **Bécquer.** Moderado. Hotel agradable y moderno. Tel. 22-89-00. **Fernando III.** Moderado. A orillas del barrio Santa Cruz; piscina en la azotea. Tel. 21-73-07.

*S*evilla ofrece a los visitantes hoteles de lujo, como el Alfonso XIII, un edificio de estilo morisco construido en 1929 para la Exhibición Mundial.

**RESTAURANTES: Albahaca.** Caro. Todos frecuentan este restaurante, hermosamente localizado en el corazón del viejo barrio judío; platos creativos. Tel. 22-07-14. **La Dorada.** Caro. Muy famoso por sus pescados y comida marina. Tel. 45-51-00. **Bodegón Torre del Oro.** Moderado. Atmósfera rústica, buena comida y popular entre turistas y locales. Tel. 21-31-69. **Bolero.** Moderado. Muy popular para disfrutar paella y platos de pescado. Tel. 21-26-31.

*D*e estilo morisco, el Alhambra Palace es uno de los hoteles caros de Granada, con magníficas vistas desde la cumbre de la montaña.

EN GRANADA

1. Si usted necesita un hotel de precios módicos, ¿en dónde va a hospedarse?
2. Si quiere pasar unos días en un parador muy popular, ¿en dónde se va a hospedar?
3. Si quiere comer en un restaurante de ambiente árabe, ¿en dónde va a cenar?
4. ¿En dónde va a cenar, si tiene ganas de comer mariscos?
5. Si desea cenar en el mejor restaurante de Granada, ¿a cuál va a ir?

EN SEVILLA

1. Si desea cenar en un restaurante en el centro del barrio judío, ¿a cuál piensa ir?
2. Si busca un hotel elegante y clásico, ¿cuál va a escoger?
3. Si prefiere un hotel de precios módicos con piscina, ¿en dónde va a hospedarse?
4. Si desea comerse una buena paella, ¿en qué restaurante puede hacerlo?
5. Si quiere cenar en un restaurante de precios módicos y ambiente informal, ¿adónde va a ir?

## EL MUNDO HISPANO... su gente

**G**regorio Merino Díaz es chileno y tiene 32 años. Gregorio vive con su esposa y su hija en Santiago de Chile.

*¿Qué opina usted de los estereotipos que existen de los hispanos?*

Creo que entre los norteamericanos predomina todavía el estereotipo del «latin lover», pero también el del latino flojo, sin educación, que ingresa[1] ilegalmente en los Estados Unidos y es mano de obra[2] barata.

Lamentablemente, para el común de la gente[3] de los Estados Unidos, los países de Latinoamérica son un grupo de estados que nunca podrán salir del subdesarrollo.[4] Pero existen diferencias, pues algunos países como el mío están logrando grandes avances.

[1]entra   [2]mano... *labor*   [3]común... *average person*   [4]*underdevelopment*

## LECTURA

# Los amigos hispanos: Planes para un viaje a México

**P**aula Saucedo Muñoz tiene 27 años y es gerente de una agencia de viajes en la Ciudad de México. A Paula le encanta su trabajo: le gusta ayudar a sus clientes a planear sus vacaciones, y ofrecerles información sobre los sitios turísticos de México.

En esta carta, Paula le escribe a Pilar Álvarez, su amiga española que vive en Madrid. Las amigas se han escrito muchas veces, pero no se conocen en persona. Este verano por fin van a conocerse: Pilar está planeando una visita a México.

**VOCABULARIO ÚTIL**

| | |
|---|---|
| ubicada | located |
| entero | entire, whole |
| broncearte | to get a tan |
| las sendas frondosas | shaded paths |
| mundialmente | worldwide |
| la obra | art work |
| el mármol | marble |
| los dramaturgos | playwrights |
| las conferencias | lectures |

Pilar Álvarez
Calle Almendras 481
Madrid, España

Querida Pilar:

¡Por fin vamos a conocernos! Sé que te va a gustar mi país. Hay tanto que ver en el Distrito Federal. Estoy preparando un itinerario para tu visita. ¡No vamos a tener un solo minuto libre! Aquí te envío algunas fotos muy bonitas y unos panfletos turísticos, para darte una idea. Pero también quiero hablarte un poquito de mi país, al que quiero mucho.

Ya sabes que la Ciudad de México es la capital más grande del mundo hispano. Los mexicanos también la llamamos «el D.F.» por el Distrito Federal. Las otras ciudades grandes de mi país son Guadalajara, Monterrey y Tijuana. También hay muchas ciudades hermosas que debes conocer, como Veracruz, un puerto en el Golfo de México, y Mérida, que está situada en la península de Yucatán. A propósito, Mérida es un centro importante de la cultura maya.

Acapulco y Puerto Vallarta son dos sitios turísticos en la costa del Pacífico, con clima tropical el año entero. Si quieres broncearte y nadar, debes ir a esas dos ciudades. (¡Y yo muy feliz te acompaño!) Hay muchas otras que conservan el aspecto colonial por su arquitectura, como Taxco, San Miguel de Allende y Guanajuato.

Uno de los lugares de la capital adonde pienso llevarte es el Parque de Chapultepec. En este parque hay dos zoológicos y muchas sendas frondosas por donde caminar. Además, uno puede visitar allí el Museo de Antropología y un castillo mundialmente famoso que data de los tiempos coloniales. Los domingos por la tarde hay conciertos gratis al aire libre en el Parque de Chapultepec.

El centro y corazón de la ciudad es el Zócalo (creo que es comparable a la Plaza Mayor de Madrid, ¿no?). En la zona del Zócalo está la catedral, que data también de los tiempos de la colonia, y el Palacio Nacional. En éste hay varios murales impresionantes de Diego Rivera.[1] Sé que te va a encantar su obra.

Aquí, en el D.F., vamos a visitar también el Palacio de Bellas Artes. Éste es un edificio de mármol blanco donde se presentan conciertos, óperas, obras de los más famosos dramaturgos del mundo, espectáculos de danza y conferencias.

Creo que esta carta se está haciendo demasiado larga, amiga mía. Antes de concluir, sólo te quiero mencionar las pirámides de Teotihuacán, que están al nordeste de la capital. Son una muestra importante de la cultura indígena.

Bueno, en mi familia todos estamos ansiosos por verte y recibirte en nuestra casa. Avísame cuando tengas tu viaje confirmado.

Abrazos de
*Paula*

---

[1]Diego Rivera (1886–1957) fue un pintor mexicano, famoso por sus grandes murales que narran la historia de México.

Una vista de la linda ciudad colonial de Taxco.

El Palacio de Bellas Artes, México, D.F.

Las impresionantes pirámides de Teotihuacán, México.

## Comprensión

Busque la definición correcta.

1. _____ el Palacio de Bellas Artes
2. _____ el Zócalo
3. _____ el Palacio Nacional
4. _____ Guanajuato
5. _____ Teotihuacán
6. _____ el Parque de Chapultepec
7. _____ la Ciudad de México
8. _____ Puerto Vallarta
9. _____ Veracruz
10. _____ Monterrey

a. zona en el centro de la ciudad
b. ciudad grande que también se conoce como el Distrito Federal
c. lugar al nordeste del D.F. donde están las Pirámides del Sol y de la Luna
d. una de las ciudades grandes en el norte del país
e. sitio turístico en la costa del océano Pacífico
f. edificio donde se hacen presentaciones culturales
g. ciudad y puerto en el Golfo de México
h. parque donde se ofrecen conciertos los domingos
i. ciudad que conserva su aspecto colonial
j. edificio donde se encuentran los murales de Diego Rivera

## Ahora... ¡usted!

1. ¿Ha estado en México? ¿Dónde? Describa su experiencia.
2. Mire el mapa al comienzo de esta Lectura y diga cuáles de las ciudades indicadas conoce. ¿Cuál le parece más atractiva, según la descripción de Paula? ¿Cuáles no conoce pero le gustaría visitar? ¿Por qué?

### Un paso más... ¡a escribir!

Imagínese que usted tiene un amigo hispano / una amiga hispana y que esta persona va a venir de visita a los Estados Unidos por primera vez. Escríbale una carta en que le describe los lugares que puede visitar. ¿Cuáles son los puntos de interés que usted piensa mostrarle a su visitante?

## EL MUNDO HISPANO... imágenes

**L**a población indígena en América Latina es grande. Los indígenas mantienen vivo su pasado: muchos conservan su cultura a pesar de[1] la industrialización y las tecnologías agresivas del mundo moderno.

Los niños aprenden desde muy pequeños a hacer artesanía. Detrás de esta niña se ven los famosos bordados[2] panameños conocidos por su fino trabajo y colores brillantes.

[1] *a... in spite of*  [2] *embroidery*

Este niño y su hermana son descendientes de los mayas. Están celebrando la festividad de los Reyes Magos en Tizimín, península de Yucatán, México.

Niña de la tribu Cuna en las Islas San Blas, en Panamá.

### Actividad 9. Del mundo hispano: La Barranca del Cobre en México

Lea este artículo y luego hágale las siguientes preguntas a un compañero / una compañera de clase.

## Barranca del Cobre
## Una de las maravillas naturales de México

Visitar la Barranca del Cobre es una de las grandes experiencias que puede tener un viajero en México. Localizada en la Sierra Madre Occidental de Chihuahua, en una área de más de 35,000 km², es 1.5 veces más profunda y cubre cuatro veces la extensión del Gran Cañón en Arizona. Su vegetación y fauna desde el fondo de las barrancas —que en algunas zonas llegan a tener 3,000 metros de profundidad— hasta sus sierras nevadas en invierno son tan diversas, que nunca se acaban de admirar. En la región viven dispersos más de 50,000 indios tarahumaras, que todavía conservan una cultura muy interesante.

Quienes deseen conocer esta región, considerada por muchos la octava maravilla natural del mundo, pueden hacerlo en una de las excursiónes de siete días organizadas por Ecogrupos de México. Incluyen: organizador de grupo bilingüe, seis noches de hospedaje en hotel, transportación en autobús, lanchas, tren (desde donde se tienen vistas espectaculares atravesando puentes y túneles), camionetas, entradas a los sitios de interés, caminatas guiadas por los tarahumaras, 10 alimentos y bitácora impresa con información de la región. No incluye: transportación aérea, bebidas alcohólicas, gastos extras en el hotel (teléfono, lavandería, etc.).

Adulto doble: $4,405 (579 dólares), triple: $3,607 (474 dólares), sencillo: $5,677 (746 dólares), niño $2,576 (338 dólares). Los precios no incluyen IVA. Para mayores informes y reservaciones llame al 661-9121. Fax: 663-5381.○

1. ¿Dónde está la Barranca del Cobre?
2. ¿Qué tribu de indígenas vive en esta región?
3. ¿Es más grande o menos grande la Barranca del Cobre que el Gran Cañón en Arizona?
4. ¿Cómo se llama la compañía que organiza las excursiones?
5. ¿Está incluido el vuelo en el precio de la excursión?
6. ¿Es necesario saber hablar español para ir en esta excursión?
7. ¿Cuánto cuesta una habitación doble, por adulto? ¿y una habitación sencilla?

Los volcanes Popocatépetl e Iztaccíhuatl pueden verse desde la capital de México. Según la leyenda, dos jóvenes enamorados fueron convertidos en estos dos volcanes. (Vea la Lectura del Capítulo 11 del *Cuaderno de trabajo*.)

# Los sitios turísticos

*Lea Gramática 11.4–11.5.*

Pedro y Andrea hicieron las reservaciones en la Agencia Mercurio el 6 de junio.

Pedro y Andrea llegaron a Madrid el 2 de julio.

Pedro y Andrea dormían cuando sonó el teléfono.

## Nuevos vuelos entre
## Lima y Santiago

Los viajeros de negocios pueden ahora salir por la mañana de Lima para asistir a una reunión en Santiago y estar de regreso a la hora de la cena, gracias al nuevo vuelo que ofrece United Airlines. Los vuelos que enlazan ambas ciudades operan miércoles, viernes y sábados en un Boeing 757. El vuelo 973 sale de Lima a las 8:35 a.m. y llega a Santiago a las 12:55 p.m.; el vuelo 972 sale de Santiago a las 6:00 p.m. y llega a Lima a las 8:35 p.m. El trayecto dura aproximadamente tres horas y media. ◗

Estaban tomando un refresco en un café de la Gran Vía cuando vieron a un viejo amigo de Pedro.

A las 4:00 de la tarde Pedro y Andrea admiraban las pinturas de Goya en el Museo del Prado cuando las luces se apagaron.

## EL MUNDO HISPANO... en los Estados Unidos

**A**ntonio Galván tiene 40 años y es salvadoreño. Vive en Takoma Park, Maryland.

*¿Ha pasado usted sus vacaciones en algún sitio turístico interesante?*

Yo les recomiendo a todos —viejos y jóvenes— que vayan de vacaciones a Baja California, al lado del Golfo. ¡No se imaginan qué extraordinario es el sitio! Yo llevé a mi mujer allí para unas vacaciones de Navidad y ella no paraba de decir:[1] «¡Qué belleza!» El paisaje es un inmenso desierto lleno de flora y fauna (cuando se deja ver) que desemboca en[2] un mar de un azul profundo. La comida es para morirse del gusto:[3] mariscos a precios regalados.[4] Pero lo más agradable, creo, es la tranquilidad que da el lugar. No hay aglomeración[5] de turistas, pero sí los suficientes como para no sentirse aislado.

[1]*no... she didn't stop saying*   [2]*desemboca... leads to, runs to*   [3]*para... so good you could die*   [4]*dirt cheap*   [5]*crowds*

### Actividad 10. Descripción de dibujos: El viaje de Virginia y Rubén

Diga qué estaba pasando.

MODELO:   A las 6:05 Virginia y Rubén *estaban recogiendo los boletos en la agencia de viajes.*

MODELO:   Virginia y Rubén *estaban paseando por el Paseo de la Reforma cuando dos carros chocaron.*

# En resumen

**Conversación en un hotel**
—¿Cuánto cuesta una
  habitación?
—En el primer piso, dos-
  cientos dólares.
—¿Y en el segundo?
—Ciento cincuenta.
—¿Y en el tercero?
—Cien.
—¿Y en el cuarto?
—No tenemos cuarto piso.
—Entonces, no me
  hospedo aquí.
—¿Pero por qué?
—¡Su hotel no es lo bas-
  tante alto para mí!

## De todo un poco

Dramas

Su profesor(a) va a dividir la clase en parejas, y a cada una le va a asignar uno de los siguientes escenarios para que ustedes lo preparen y lo presenten ante la clase.

1. En el aeropuerto: Usted va a salir de vacaciones con destino a Centro y Sudamérica. Acaba de llegar al aeropuerto y está en el mostrador, facturando sus maletas. Hable con el empleado / la empleada para obtener la siguiente información: la hora de salida del avión, las escalas, la hora del almuerzo, la sección de fumar, la película y la hora de llegada del avión.

2. En el banco: Un(a) turista llega al banco para cambiar cheques de viajero.

   USTED: ¿En qué puedo servirle, señor/señora?
  TURISTA: Quisiera cambiar unos cheques de viajero.
   USTED: Muy bien. ¿Cuánto quiere cambiar?
  TURISTA: Quisiera cambiar...

3. En el hotel: Usted acaba de llegar a un hotel después de manejar ocho horas. Está muy cansado/a y necesita una habitación para una noche. Dígale al empleado / a la empleada lo que usted quiere y pídale la información necesaria (el precio, etcétera). Luego, decida si quiere la habitación o no.

  EMPLEADO/A: Buenas noches, señor/señora. ¿En qué puedo servirle?
      USTED: Quisiera una habitación con...
  EMPLEADO/A: Tengo la habitación perfecta. ¿Cuál es su nombre?
      USTED: Perdón, primero quisiera verla y saber...

 ¡Dígalo por escrito!

Viajando por el mundo hispano

Imagínese que usted es agente de viajes y que su compañero/a es su cliente. Usando fotos, su propia experiencia y recomendaciones de otros clientes, trate de venderle un viaje a algún país de habla española. Después, prepare un folleto de turismo para viajeros a ese país. El folleto debe incluir fotos o dibujos, boletos, consejos y recomendaciones para turistas, mapas, hoteles, excursiones, restaurantes (incluyendo ejemplos de sus menús y precios), etcétera.

## VIDEOTECA

En este segmento de video, Elisa hace los preparativos para un viaje a las famosas islas Galápagos, que son parte de Ecuador. ¿Qué sabe usted de las islas Galápagos? Escuche bien la conversación entre Elisa y el agente de viajes. ¿Qué quiere Elisa que haga el agente? ¿Qué hicieron el agente de viajes y su esposa durante sus vacaciones en las islas? En el Capítulo 11 del *Cuaderno de trabajo* hay más actividades para hacer después de ver el video.

# Vocabulario

## Los viajes

| | |
|---|---|
| la aduana | customs |
| el alojamiento | lodging |
| el cheque de viajero | traveler's check |
| los derechos de aduana | customs duty, tax |
| el destino | destination |
| el equipaje | baggage |
| la escala | stopover |
| la excursión | tour |
| los impuestos | taxes |
| las instrucciones | directions |
| la llegada | arrival |
| la maleta | suitcase |
| el mostrador | counter |
| el pasaje | ticket |
| la primera clase | first class |
| la sala de espera | waiting room |
| la salida | departure, exit |
| la vacuna | vaccination, shot |
| el visado (la visa) | visa |

**PALABRAS SEMEJANTES: la clase turística, el consulado, el contrabando, la inmigración**

**REPASO: el/la agente de viajes, el plano, el seguro de automóvil**

## Los lugares y las atracciones turísticas
### Places and Tourist Attractions

| | |
|---|---|
| el correo | post office |
| el parador | state (tourist) hotel |
| la torre | tower |

**PALABRAS SEMEJANTES: el convento, el elevador, el palacio, la ruina**

## El transporte aéreo  Air Transportation

| | |
|---|---|
| el/la asistente de vuelo | flight attendant |
| el boleto | ticket |
| de ida y vuelta | round-trip |
| la sección de (no) fumar | (no) smoking section |

| | |
|---|---|
| el transbordo | transfer |
| el traslado de... a... | transportation from . . . to . . . |

PALABRAS SEMEJANTES: la aerolínea, el aeropuerto

REPASO: la agencia de viajes, el avión, el/la piloto, el vuelo

## Los mandatos

| | |
|---|---|
| baje (bajar) | get off (to get off ) |
| doble (doblar) | turn (to turn) |
| haga (hacer) | do; make (to do; to make) |
| siga (seguir) | keep going (to keep going) |
| suba (subir) | board (to board) |
| tome (tomar) | take (to take) |

## Los verbos

| | |
|---|---|
| abordar | to board |
| broncearse | to get a tan |
| caerse | to fall down |
| cambiar un cheque | to cash a check |
| chocar (con) | to crash, run into (something) |
| cuidarse | to take care of oneself |
| desear | to wish |
| disfrutar | to enjoy |
| disponer de | to have available |
| empacar | to pack |
| estar de visita | to be staying |
| facturar (la maleta) | to check (baggage) |
| hacer cola | to stand in line |
| hacer las maletas | to pack |
| hacer la reservación | to make a reservation |
| ir de vacaciones | to go on vacation |
| irse | to go away |
| romperse | to break |
| sacar el pasaporte (el visado) | to get a passport (visa) |
| suponer | to suppose |
| tropezar | to trip |

PALABRAS SEMEJANTES: admirar, anunciar, dividir, ordenar, planear, recomendar

REPASO: hospedarse

## La gente        People

| | |
|---|---|
| la camarera | chambermaid |
| el empleado / la empleada | employee |
| el/la guía de turistas | tourist guide |
| el viajero / la viajera | traveler |

PALABRAS SEMEJANTES: la tribu, el/la turista

## Los sustantivos

| | |
|---|---|
| el billete | ticket |
| el botones | bellboy |
| el cambio | change (money) |
| la comodidad | comfort |
| el consejo | advice |
| la contestadora telefónica | (telephone) answering machine |
| la cuadra | (street) block |
| el dinero en efectivo | cash (money) |
| el escenario | scene |
| los informes | information |
| el lujo | luxury |
| la mesita de noche | night table |
| la pintura | painting |
| la recepción | lobby |
| el reclamo de equipaje | baggage claim |
| la tarifa | fare |
| el valor | value |

PALABRAS SEMEJANTES: el ballet folclórico, la selección

## Los adjetivos

| | |
|---|---|
| aventurero/a | adventurous |
| bienvenido/a | welcome |
| jubilado/a | retired |
| sencillo/a | simple |

PALABRAS SEMEJANTES: informal, popular, probable

## Palabras y expresiones útiles

| | |
|---|---|
| además de | besides |
| ¿Cómo se va de... a... ? | How does one get from . . . to . . . ? |
| en parejas | in pairs |
| ¿En qué puedo servirle? | How may I help you? |
| entonces | then |
| junto a | next to, near |
| para servirle | you are welcome |
| perdone | excuse me |
| permítame | allow me |

PALABRAS SEMEJANTES: ¡Qué coincidencia!, respectivamente

REPASO: a la derecha / a la izquierda

# Gramática y ejercicios

## 11.1   Giving Instructions: Polite Commands

**A.** Polite singular commands (a command you would make to a person you address with **usted**) are formed by changing **-ar** verb endings to **-e**; **-er** and **-ir** endings change to **-a**. (Informal commands are presented in **Gramática 14.1.**)

| | | |
|---|---|---|
| **-ar:** | Lleve el paquete. | *Take the package.* |
| **-er:** | Coma cereal por la mañana. | *Eat cereal in the morning.* |
| **-ir:** | Abra la ventana, por favor. | *Open the window, please.* |

**B.** To give polite commands to more than one person, add **-n.**\*

| | |
|---|---|
| No bailen más de dos horas. | *Don't dance more than two hours.* |

**C.** If a verb stem is irregular in the **yo** form of the present tense, it usually has the same irregularity in the command form: **yo pongo → ponga.**

| | |
|---|---|
| **Venga(n)** temprano, por favor. | *Come early, please.* |
| **Salga(n)** inmediatamente. | *Leave immediately.* |

Here are some common irregular commands based on the **yo** form.

| | | | | | | |
|---|---|---|---|---|---|---|
| conozca | (conocer) | *know* | | tenga | (tener) | *have* |
| diga | (decir) | *say* | | traiga | (traer) | *bring* |
| haga | (hacer) | *do; make* | | vea | (ver) | *see* |
| oiga | (oír) | *hear* | | venga | (venir) | *come* |

| | |
|---|---|
| **Tengan** cuidado en la autopista. | *Be careful on the freeway.* |
| **Traiga** sus documentos mañana a la oficina de la aduana. | *Bring your documents tomorrow to the customs office.* |

**D.** The following irregular command forms do not match the first-person singular forms.

| | | | | | | |
|---|---|---|---|---|---|---|
| dé | (dar) | *give* | | sepa | (saber) | *know* |
| esté | (estar) | *be* | | vaya | (ir) | *go* |
| sea | (ser) | *be* | | | | |

| | |
|---|---|
| **Sepa** muy bien lo que quiere decir antes de hablar. | *Know well what you want to say before speaking.* |
| Si quiere reservar un asiento para diciembre, **vaya** ahora mismo a la agencia de viajes. | *If you want to reserve a seat for December, go to the travel agency right away.* |

**E.** Verbs with vowel changes in the stem show the same changes in the polite command forms.

---

\*In Spain the **vosotros/as** command form is used for plural *informal* commands. See the section on **vos** and **vosotros** in the **Expansión gramatical** at the end of the *Cuaderno de trabajo*. In most of Latin America, however, the plural polite command is used to give a command to more than one person, whether one normally addresses them politely or informally.

| | | | | | | |
|---|---|---|---|---|---|---|
| **pie**nse | pensar (ie) | *think* | | **cie**rre | cerrar (ie) | *close* |
| **due**rma | dormir (ue) | *sleep* | | **vue**lva | volver (ue) | *return* |
| **sir**va | servir (i) | *serve* | | **consiga** | conseguir (i) | *get* |

| | |
|---|---|
| **Duerma** por lo menos ocho horas cada noche. | *Sleep at least eight hours every night.* |
| **Cierre** la maleta. | *Close the suitcase.* |
| **Sirva** los refrescos. | *Serve the refreshments.* |

**F.**  Object pronouns and reflexive pronouns are attached to affirmative commands and precede negative ones.

| | |
|---|---|
| **Tráigale** café, por favor; **no le traiga** té. | *Bring her coffee, please; don't bring her tea.* |
| **Dígame** la verdad; **no me diga** que no la sabe. | *Tell me the truth; don't tell me that you don't know (it).* |
| Espere, **no lo haga** ahora; **hágalo** más tarde. | *Wait, don't do it now; do it later.* |
| **Levántese** temprano; **no se pierda** las noticias de las seis. | *Get up early; don't miss the six o'clock news.* |

## Ejercicio 1

Imagínese que usted es agente de viajes. Conteste las preguntas de sus clientes con un mandato lógico. Si es necesario, use un pronombre de complemento directo (**lo, la, los** o **las**).

MODELOS: ¿Tengo que pagar el pasaje hoy? →
Sí, *páguelo* hoy, por favor.

¿Necesito ir al consulado mañana? →
Sí, *vaya* lo más pronto posible.

1. ¿Debo hacer las rese rvaciones inmediatamente?
2. ¿Tengo que comprar ya los cheques de viajero?
3. ¿Tengo que traer el dinero mañana?
4. ¿Necesito recoger los pasajes la semana que viene?
5. ¿Debo llegar al aeropuerto dos horas antes de la salida de mi vuelo?
6. ¿Necesito conseguir otro pasaporte?

San Miguel de Allende, México

### Ejercicio 2

Sus primos dicen que deben hacer las siguientes cosas. Déles mandatos directos. Si es necesario, use un pronombre de complemento directo (**lo**, **la**, **los** o **las**).

MODELOS: Debemos llamar a Jorge. → ¡Buena idea! *¡Llámenlo!*

Debemos volver antes de septiembre. →
Sí, *vuelvan* antes de septiembre.

1. Debemos preparar el itinerario.
2. Debemos conseguir los pasaportes.
3. Debemos limpiar las maletas.
4. Debemos hacer las maletas esta noche.
5. Debemos dormir antes de salir.
6. Debemos salir inmediatamente.

## 11.2   Softening Commands (Part 1): The Present Subjunctive Following *querer* and *cuando*

### Gramática ilustrada

Softened command: command forms after **querer que.**

**Quieren que yo termine el trabajo.** (*They want me to finish the job.*)
**Quiero que tú comas con nosotros.** (*I want you to eat with us.*)

**A.** You already know the Spanish verb forms used to give direct commands: for example, **siéntese, descanse, tome la medicina.** Rather than give a direct command, a speaker may prefer to use a "softened" expression, such as *I want you to . . .* A softened expression is used to talk about what one person wants another to do: *My parents want me to . . .*

—¿Qué **quiere** el aduanero?

—**Quiere** que abramos todas las maletas.

—*What does the customs inspector want?*

—*He wants us to open all of our suitcases.*

In Spanish, the verb in the clause that follows softened expressions like **quiero que...** has the same form as a command, but because these softened commands can be addressed to anyone, the second verb changes endings to indicate who is to do the action. These forms are called the *subjunctive mood.* You will learn more about the subjunctive in **Capítulo 14.**

Quiero que $\begin{cases} \textbf{vayamos} \text{ al museo primero.} \\ \text{tú } \textbf{te quedes} \text{ con Adriana.} \\ \text{Carla nos } \textbf{compre} \text{ los boletos.} \end{cases}$

I want $\begin{cases} \textit{us to go to the museum first.} \\ \textit{you to stay with Adriana.} \\ \textit{Carla to buy us the tickets.} \end{cases}$

Subjunctive (command forms) also used after **cuando** when referring to the future:

**Cuando salga de viaje, voy a...** (*When I leave on my trip, I'm going to . . .*)

**B.** When the action or state described in a clause that begins with **cuando** refers to the future, the subjunctive form of the verb is also used.

Vamos a facturar el equipaje **cuando revisen** el boleto.
Pedro va a hacer las reservaciones **cuando hable** con Andrea.
**Cuando lleguemos** a Madrid, quiero ver el Museo del Prado

*We are going to check in the bags when they check the ticket.*
*Pedro is going to make the reservations when he speaks with Andrea.*
*When we get to Madrid, I want to see the Prado Museum.*

However, if the action or state described in the **cuando** clause refers to a habitual action, the present indicative is used.

Mis primos **siempre** van a la costa **cuando viajan.**

*My cousins always go to the coast when they travel.*

Present subjunctive forms = polite command forms with person/number endings: **coma, comas, coma, comamos, comáis, coman; viaje, viajes, viaje, viajemos, viajéis, viajen**

**C.** The forms of the present subjunctive are the same as the **usted** command forms plus the person/number endings: **hablar** → **hable** + **-s, -mos, -éis,\* -n.** Thus, the endings contain a different vowel from the present tense (which we will call *present indicative* when we want to contrast it with the present subjunctive).

| INFINITIVE | PRESENT INDICATIVE | PRESENT SUBJUNCTIVE |
|---|---|---|
| hablar | habl**a** | habl**e** |
| comer | com**e** | com**a** |
| escribir | escrib**e** | escrib**a** |

---

*Note that the **vosotros/as** form drops the **-e** of the **usted** command form.

Here are the rest of the present subjunctive forms.*

| | -ar | -er | -ir |
|---|---|---|---|
| (yo) | hable | coma | escriba |
| (tú) | hables | comas | escribas |
| (usted, él/ella) | hable | coma | escriba |
| (nosotros/as) | hablemos | comamos | escribamos |
| (vosotros/as) | habléis | comáis | escribáis |
| (ustedes, ellos/as) | hablen | coman | escriban |

—¿Qué quiere la mesera?
—Quiere que **paguemos**† en la caja a la salida.

—*What does the waitress want?*
—*She wants us to pay at the cash register when we leave.*

**D.** Although pronouns are attached to affirmative commands (**cómalo**), they are placed before conjugated verbs. (Pronouns are also attached to infinitives and present participles.)

—¿Qué quiere nuestro agente de viajes?
—Quiere que **lo llamemos** mañana.

—*What does our travel agent want?*
—*He wants us to call him tomorrow.*

## Ejercicio 3

Aquí tiene usted algunas recomendaciones del agente de viajes de Rubén y Virginia Hernández. Ahora Virginia está repitiéndole la información a una vecina. Use el subjuntivo en todos los casos.

MODELO:   Lleguen al aeropuerto con una hora de anticipación. →
Nuestro agente de viajes quiere que *lleguemos* al aeropuerto con una hora de anticipación.

1. Recojan sus boletos pronto.
2. Escriban una lista de lo que van a necesitar.
3. No lleven demasiadas cosas en las maletas.
4. Compren cheques de viajero.
5. Coman en restaurantes buenos, no coman en la calle.
6. Lleguen al aeropuerto temprano.
7. Beban refrescos o agua mineral, no beban el agua.

## Ejercicio 4

Escoja el verbo que mejor corresponda al contexto.

---

\*Recognition: **vos hablés, comás, escribás**
†See Appendix 3 and the *Cuaderno de trabajo*, **Capítulo 11**, for an explanation of spelling changes in the present subjunctive.

## Prohibido
fumar a bordo

El aire se ha limpiado en cerca de 80% de los vuelos programados sin escala entre los Estados Unidos y destinos extranjeros, informa el Departamento de Transporte de ese país. US Air, por ejemplo, ha prohibido fumar en todos sus vuelos internacionales y American Airlines en todos sus vuelos hacia y desde Europa, el Caribe y un buen número de destinos mexicanos. United ahora prohíbe fumar en todos sus vuelos dentro de Europa y en vuelos transatlánticos (excepto entre Dulles y Milán, Italia). TWA ha prohibido fumar en todos sus vuelos hacia y desde Francia, Alemania y el Reino Unido. Continental ha prohibido fumar en sus vuelos en todo el mundo a partir del 1º de agosto. Y Delta ha quedado libre de humo desde el 1º de enero de 1995. ◑

MODELO: Voy a darte tu boleto cuando *subamos/subimos* al avión.

1. Voy a mandarte una postal cuando *llegue/llego* al hotel.
2. Cuando *viajemos/viajamos* a Argentina, siempre nos hospedamos en el Hotel Río Plata.
3. Todos los días la asistente de vuelo sirve las bebidas cuando los pasajeros *suban/suben* al avión.
4. Voy a saber más de los mayas cuando *lea/leo* estos libros sobre su cultura.
5. José y Pilar van a pagar en la caja cuando *terminen/terminan* de cenar.

## 11.3 Softening Commands and Expressing Future Doubt: The Present Subjunctive of Irregular Verbs

The subjunctive takes a long time to acquire. You will hear it and read it extensively before you are able to produce it comfortably.

**A.** Verbs that have different stems in the **yo** forms of the present indicative have those same stems in the present subjunctive (as they do in the command forms).

| | | |
|---|---|---|
| conocer | conozco | conozca, conozcas, conozca, conozcamos, conozcáis, conozcan |
| construir | construyo | construya, construyas, construya, construyamos, construyáis, construyan |
| decir | digo | diga, digas, diga, digamos, digáis, digan |
| hacer | hago | haga, hagas, haga, hagamos, hagáis, hagan |
| oír | oigo | oiga, oigas, oiga, oigamos, oigáis, oigan |
| poner | pongo | ponga, pongas, ponga, pongamos, pongáis, pongan |
| recoger | recojo | recoja, recojas, recoja, recojamos, recojáis, recojan |
| salir | salgo | salga, salgas, salga, salgamos, salgáis, salgan |
| tener | tengo | tenga, tengas, tenga, tengamos, tengáis, tengan |
| traer | traigo | traiga, traigas, traiga, traigamos, traigáis, traigan |
| venir | vengo | venga, vengas, venga, vengamos, vengáis, vengan |
| ver | veo | vea, veas, vea, veamos, veáis, vean |

Cuando **recojamos** los boletos, le vamos a preguntar al agente si necesitamos vacunas.

*When we pick up the tickets, we'll ask the agent if we need vaccinations.*

**B.** Verbs that end in **-oy** in the **yo** form, as well as the verb **saber**, have irregular stems in the present subjunctive.*

| | | |
|---|---|---|
| dar | doy | dé, des, dé, demos, deis, den |
| estar | estoy | esté, estés, esté, estemos, estéis, estén |
| ir | voy | vaya, vayas, vaya, vayamos, vayáis, vayan |
| ser | soy | sea, seas, sea, seamos, seáis, sean |
| saber | sé | sepa, sepas, sepa, sepamos, sepáis, sepan |

---

*Recognition: **vos des, estés, vayás, seás, sepás**

Quiero que me **des** tu nuevo
número de teléfono antes de
salir.

La profesora quiere que **sepamos** todos estos verbos para el
examen.

*I want you to give me your new
telephone number before you
leave.*
*The professor wants us to know all
these verbs for the exam.*

Use this section as a reference; don't try to memorize all these forms!

**C.** The present subjunctive forms of stem-changing verbs are as follows.

*Group I.* Verbs with stem-vowel changes **e → ie** and **o → ue** in the present indicative keep those changes in the present subjunctive. The stems of **pensar** and **volver** always change except for the **nosotros/as** and **vosotros/as** forms.*

| INDICATIVE | SUBJUNCTIVE | INDICATIVE | SUBJUNCTIVE |
|---|---|---|---|
| pienso | piense | vuelvo | vuelva |
| piensas | pienses | vuelves | vuelvas |
| piensa | piense | vuelve | vuelva |
| pensamos | pensemos | volvemos | volvamos |
| pensáis | penséis | volvéis | volváis |
| piensan | piensen | vuelven | vuelvan |

No quiero que tú **pienses** mal
de mí.

El presidente del Banco de Guadalajara quiere que sus empleados **vuelvan** al trabajo a las 2:00.

*I don't want you to think badly of
me.*
*The president of the Bank of Guadalajara wants his employees to
return to work at 2:00.*

*Group II.* Verbs like **pedir** and **servir**, whose stems show an **e → i** change in the present indicative (except for the **nosotros/as** and **vosotros/as** forms†), have the same stem-vowel change in *all* the present subjunctive forms.

| INDICATIVE | SUBJUNCTIVE | INDICATIVE | SUBJUNCTIVE |
|---|---|---|---|
| pido | pida | sirvo | sirva |
| pides | pidas | sirves | sirvas |
| pide | pida | sirve | sirva |
| pedimos | pidamos | servimos | sirvamos |
| pedís | pidáis | servís | sirváis |
| piden | pidan | sirven | sirvan |

---

*Recognition: **vos pensés, volvás**
†Recognition: **vos pidás, sirvás**

Papá quiere que todos **pidamos** un sándwich.

El cocinero quiere que **se sirva** la comida a partir de las 7:00.

*Dad wants all of us to order a sandwich.*

*The cook wants the meal to be served starting at 7:00.*

*Group III.* Verbs like **divertirse**, which show an **e → ie** change in the present indicative as well as an **e → i** change in the preterite, and verbs like **dormir**, which show an **o → ue** change in the present indicative and an **o → u** change in the preterite, maintain *both* changes in the present subjunctive.*

| INDICATIVE | SUBJUNCTIVE | INDICATIVE | SUBJUNCTIVE |
|---|---|---|---|
| me divierto | me divierta | duermo | duerma |
| te diviertes | te diviertas | duermes | duermas |
| se divierte | se divierta | duerme | duerma |
| nos divertimos | nos divirtamos | dormimos | durmamos |
| os divertís | os divirtáis | dormís | durmáis |
| se divierten | se diviertan | duermen | duerman |

Todos quieren que **nos divirtamos** mucho en el viaje.

Quiero que **te duermas** ahora, porque el viaje mañana va a ser difícil.

*Everyone wants us to have a lot of fun on the trip.*

*I want you to sleep now, because the trip tomorrow is going to be difficult.*

## Ejercicio 5

Usted va a ir de excursión a México con un grupo de estudiantes de la clase de español. Ahora sus padres quieren saber las recomendaciones que su profesor(a) les ha hecho. Repítales la información.

MODELO: No salgan sin los boletos. →
El profesor / La profesora no quiere que nosotros *salgamos* sin los boletos.

1. Hagan las maletas dos días antes de la salida.
2. Duerman ocho horas la noche anterior a la salida.
3. Traigan ropa para ocho días.
4. Vayan directamente a la estación de autobuses.
5. Pongan el dinero en un lugar seguro.
6. Denme los pasaportes.
7. Vuelvan con buenos recuerdos del viaje.
8. No pidan comida americana en los restaurantes.
9. Diviértanse mucho.
10. Díganle «Adiós» a su familia.

Cuernavaca, México: uno de los impresionantes murales de Diego Rivera

---

*Recognition: **vos te divirtás, te durmás**

## Ejercicio 6

Primero escriba las formas apropiadas de los verbos indicados. Luego señale la frase que mejor complete cada oración.

MODELO: Mi profesora quiere que yo *me divierta* (divertirse) cuando *salga* (salir: yo) de vacaciones.

1. Mis padres quieren que los _____ (llamar: yo)...
2. Queremos que Juan, el mesero más guapo, nos _____ (servir)...
3. Quiero que _____ (oír: tú) mi nuevo disco...
4. Alberto quiere que nosotros le _____ (traer) regalos...
5. Quiero que _____ (sacar: tú) muchas fotos...

a. cuando _____ (estar: tú) en México.
b. cuando _____ (venir: tú) a visitarme.
c. cuando _____ (llegar: yo) a mi destino.
d. cuando _____ (ir: nosotros) al restaurante argentino.
e. cuando _____ (volver: nosotros) de Madrid.

## 11.4   Talking about Past Actions in Progress: The Imperfect Progressive

### Gramática ilustrada

Ayer, a las 4:00 de la tarde,...

Andrea estaba descansando al lado de la piscina.

Pedro estaba escribiendo una carta.

Marisa y Clarisa estaban paseando en el parque con su abuela.

To describe an action that was taking place at some past moment, use the imperfect tense of **estar** (**estaba, estabas, estaba, estábamos, estabais, estaban**), followed by a present participle.

—¿Qué **estabas haciendo** a las 4:00?

—Creo que **estaba viendo** la televisión.

—Rubén, ¿qué **estabas haciendo** ayer cuando te llamé?

—¡**Durmiendo,** por supuesto!

—*What were you doing at 4:00?*

—*I think I was watching television.*

—*Rubén, what were you doing yesterday when I called?*

—*Sleeping, of course!*

## Ejercicio 7

Usando el participio del presente de **ver**, **estudiar**, **asistir**, **dormir** y **leer**, diga qué estaba haciendo y qué no estaba haciendo usted ayer.

Ayer a las 4:00 de la tarde estaba...

|   |   | SÍ | NO |
|---|---|----|----|
| 1. | _____ una siesta. | ☐ | ☐ |
| 2. | _____ a una clase. | ☐ | ☐ |
| 3. | _____ la televisión. | ☐ | ☐ |
| 4. | _____ la lección de español. | ☐ | ☐ |
| 5. | _____ el periódico. | ☐ | ☐ |

Ahora diga qué estaban haciendo las siguientes personas.

6. Mi profesor(a) _____.
7. Mi mejor amigo/a _____.
8. Dos compañeros de clase _____.
9. Mis padres _____.
10. El presidente de los Estados Unidos _____.

## 11.5 Saying What Was Happening: The Imperfect in Contrast to the Preterite

**Gramática ilustrada**

Era un día de primavera. Hacía sol y hacía un poco fresco. Pedro y Andrea estaban sentados en un café de la Gran Vía cuando de repente Pedro vio a un viejo amigo de la universidad. Pedro se levantó, corrió hacia él, lo saludó y lo invitó a tomar un refresco con él y Andrea. Los tres tomaron refrescos y charlaron.

Some review:
**preterite** = *action completed*
**imperfect** = *action went on over time in past*
**imperfect progressive** = *action was going on at a particular time in the past*

Although the imperfect and the preterite both describe past actions or states, their uses are not the same. As you know, the preterite is used with verbs of action to emphasize that a past event was completed.

—¿Qué **hiciste** ayer?  —*What did you do yesterday?*
—**Visité** el Museo del Prado.  —*I visited the Prado Museum.*

The imperfect, on the other hand, is chosen if the speaker wishes to emphasize that an action happened repeatedly in the past.

Cuando **íbamos** de vacaciones a Acapulco, siempre **nos quedábamos** en el Hotel Condesa del Mar.
*When we were on vacation in Acapulco, we would always stay at the Condesa del Mar hotel.*

In **Gramática 11.4**, you learned that the imperfect progressive can be used to indicate that something was happening at a particular time in the past.

—¿Qué **estabas haciendo** cuando te llamé?  —*What were you doing when I called?*
—**Estaba bañándome**.  —*I was taking a bath.*

**action in progress** = *imperfect*
**interrupting action** = *preterite*

Imperfect is used for past habitual action:
**De joven, vivía en México.**
or past action in progress:
**Caminaba por la plaza cuando oí la música.**

Similarly, you can use the simple imperfect to describe an action that was in progress in the past when something else interrupted it. The interrupting action is expressed in the preterite tense.

**Caminaba** por la calle cuando **vi** al agente de policía.
*I was walking down the street when I saw the policeman.*

**Descansaba** en mi cuarto cuando **sonó** el teléfono.
*I was resting in my room when the phone rang.*

**Comía** un postre cuando alguien **tocó** a la puerta.
*I was eating dessert when someone knocked at the door.*

**Salía** de la casa cuando me **gritó** la vecina.
*I was leaving (the house) when the neighbor yelled to me.*

**Llegábamos** a Madrid cuando **se descompuso** el motor.
*We were arriving in Madrid when the engine broke down.*

## Ejercicio 8

Escriba la forma apropiada de los verbos entre paréntesis. Luego indique si eso le ha pasado a usted alguna vez.

MODELO:   El profesor *hablaba* (hablar) cuando me dormí en clase.

|  | SÍ | NO |
|---|---|---|
| **1.** _____ (manejar: yo) en la autopista cuando dos carros se chocaron. | ☐ | ☐ |
| **2.** _____ (ver: yo) mi programa favorito cuando sonó el teléfono y no contesté. | ☐ | ☐ |
| **3.** _____ (caminar: yo) por la calle cuando vi un accidente. | ☐ | ☐ |
| **4.** Mi profesor _____ (hablar) cuando entré tarde a la clase. | ☐ | ☐ |

|  |  | SÍ | NO |
|---|---|---|---|
| **5.** | _____ (hacer: yo) mi tarea en la biblioteca cuando comenzó una tormenta y no pude salir por largo rato. | ☐ | ☐ |
| **6.** | _____ (bañarse: yo) cuando entró una persona desconocida. | ☐ | ☐ |

## Ejercicio 9

Pilar habla de sus vacaciones. Lea toda la historia primero y luego escoja entre el imperfecto o el pretérito según el contexto.

Cuando *era/fui*[1] niña, todos los años mi familia y yo *íbamos/fuimos*[2] a las islas Baleares. Siempre *alquilábamos/alquilamos*[3] una casa con vista al mar. De día *buceábamos/buceamos*[4] y nos *bañábamos/bañamos*.[5] De noche *salíamos/salimos*[6] a cenar a un restaurante elegante y luego *caminábamos/caminamos*[7] por la plaza.

Una tarde de verano, cuando mi hermano menor, Felipe, *tenía/tuvo*[8] ocho años, él y yo *íbamos/fuimos*[9] solos a la playa. Nuestros padres *estaban durmiendo / durmieron*[10] todavía. Mi hermanito *jugaba/jugó*[11] en el agua y yo *hablaba/hablé*[12] con unos chicos que ya *conocía/conocí*[13] de otros veranos. Después de unos minutos *miraba/miré*[14] hacia donde *jugaba/jugó*[15] mi hermanito y no lo *veía/vi*.[16] Mis amigos y yo nos *levantábamos/levantamos*[17] y *corríamos/corrimos*[18] al agua para buscarlo. No lo *encontrábamos/encontramos*.[19] Lo *buscábamos/buscamos*[20] por toda la playa y no lo *podíamos/pudimos*[21] encontrar. *Estaba/Estuve*[22] desesperada. Por fin *regresábamos/regresamos*[23] adonde *teníamos/tuvimos*[24] las toallas... allí *estaba/estuvo*[25] sentado mi hermanito, comiendo un bocadillo. «¿Adónde *ibas/fuiste*?[26]» le *gritaba/grité*.[27] Él no me *contestaba/contestó*[28] pero yo *estaba/estuve*[29] tan contenta de verlo que no me *enojaba/enojé*[30] demasiado con él.

# La salud y las emergencias

▼▼▼▼▼▼▼▼▼▼▼▼▼▼▼▼▼▼▼▼▼▼▼

## METAS

In **Capítulo 12** you will talk about health-related situations: keeping healthy and fit as well as other people's and your own experiences with illnesses and accidents.

Quintana Roo, México

## ACTIVIDADES DE COMUNICACIÓN Y LECTURAS

El cuerpo humano y la salud

**El mundo hispano...** en los Estados Unidos

**Lectura**  «Los sentidos»

Las enfermedades y su tratamiento

**Lectura**  De la Cruz Roja Americana: El VIH y el SIDA

Las visitas al médico, a la farmacia y al hospital

**El mundo hispano...** imágenes

Los accidentes y las emergencias

**El mundo hispano...** su gente

**Las palabras viven**  ¡El pobre hombre estiró la pata!

**EN RESUMEN**

## GRAMÁTICA Y EJERCICIOS

12.1  Expressing Existence: **haber**

12.2  Expressing Changes in States: *Become, Get*

12.3  Making Requests: Indirect Object Pronouns with Commands and the Present Subjunctive

12.4  Relating Unplanned Occurrences: **se**

12.5  Narrating Past Experiences: The Present Perfect, Imperfect, and Preterite

12.6  Narrating Past Experiences: The Present Perfect and the Pluperfect

# Actividades de comunicación y lecturas

## El cuerpo humano y la salud

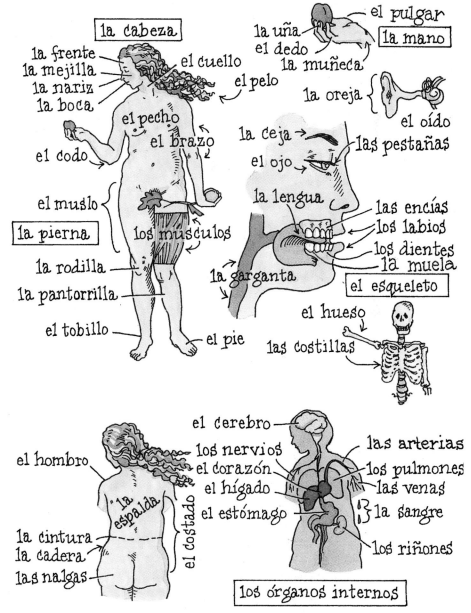

la cabeza

la frente
la mejilla
la nariz
la boca

el cuello
el pelo

el pecho
el brazo

el codo

el muslo

la pierna

los músculos

la rodilla

la pantorrilla

el tobillo

el pie

el pulgar
la mano
la uña
el dedo
la muñeca

la oreja
el oído
las pestañas

la ceja
el ojo

la lengua

las encías
los labios
los dientes
la muela

la garganta

el esqueleto

el hueso
las costillas

el hombro

la espalda

la cintura
la cadera
las nalgas

el costado

el cerebro
los nervios
el corazón
el hígado
el estómago

las arterias
los pulmones
las venas
la sangre
los riñones

los órganos internos

## Actividad 1. Asociaciones: Las funciones de las partes del cuerpo

¿Para qué usamos estas partes del cuerpo?

MODELO:  E1:  ¿Para qué usamos *la boca*? →
         E2:  Usamos la boca *para comer y para hablar.*

1. las manos        a. caminar
2. las piernas      b. tocar
3. los ojos         c. abrazar
4. los brazos       d. besar
5. los labios       e. oír
6. la nariz         f. ver
7. los oídos        g. oler
8. los dedos        h. escribir

## Actividad 2. Definiciones: Los órganos internos

1. los pulmones     a. Órganos internos que se usan para respirar.
2. el cerebro       b. Parte interior del cuello.
3. el corazón       c. Órgano que se usa para hablar y comer.
4. la garganta      d. Lo que usamos para percibir los sonidos.
5. los músculos     e. Órgano del pensamiento que forma parte del sistema
6. la sangre           nervioso.
7. los oídos        f. Órgano principal de la circulación de la sangre.
8. la lengua        g. Sus contracciones permiten los movimientos del
                       cuerpo.
                    h. Líquido rojo que circula por las venas y las arterias.

## Actividad 3. Encuesta: ¿Es bueno para la salud?

Diga si estas actividades son beneficiosas para mantenerse en buena salud y en buenas condiciones físicas. Explique por qué sí o por qué no.

¿Es beneficioso...

1. comer carne con frecuencia?
2. tomar el sol tres horas o más diariamente?
3. hacer ejercicio cada día?
4. trabajar diez horas al día?
5. tomar vino con la cena?
6. dormir siete horas o más cada noche?
7. fumar cigarrillos?
8. tomar café todas las mañanas?
9. beber seis vasos de agua o más diariamente?
10. tomar muchas vitaminas?

## EL MUNDO HISPANO... en los Estados Unidos

**V**irginia Muñoz es cubanoamericana. Nació en Los Ángeles y ahora vive en Pasadena, California. Tiene 23 años.

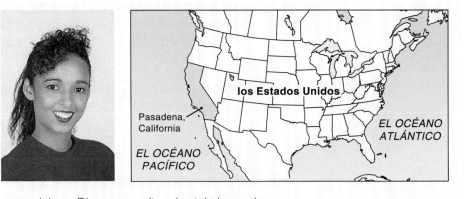

*¿Se mantiene en forma? ¿Qué hace para lograrlo? ¿Hace ejercicio? ¿Tiene una dieta equilibrada? ¿Evita el estrés?*

Sí, trato de mantenerme en forma. Es muy importante para vivir y sentirse bien. Hago ejercicio todos los días y siempre trato de caminar en vez de[1] usar mi carro. También como muchas frutas y menos dulces. Dicen que evitar el estrés lo ayuda a uno a mantenerse saludable, pero evitar el estrés es prácticamente imposible cuando se vive en una ciudad grande. Para combatir el estrés, junto con hacer ejercicio, duermo lo suficiente todos los días.

[1]en... *instead of*

## Actividad 4. Del mundo hispano: Consejos para la salud

Lea los siguientes consejos de una revista hispana y luego hágale preguntas a un compañero / una compañera de clase. Las preguntas siguen en la próxima página.

### C O N S E J O S ...

**Ejercicios:** Los músculos fríos se lastiman con el estrés del ejercicio. Todas las investigaciones muestran que calentar los músculos antes de ejercitarse evita lesiones.

**La regla de los 3/4:** Ésta es la proporción de legumbres, granos y frutas que tiene que haber en su plato. El 1/4 restante debe dedicarlo a carne, pollo o pescado.

**Dieta:** Si ingiere más panes de granos enteros, arroces y pastas, consumirá más fibra y carbohidratos complejos, lo cual mejorará su dieta.

**Legumbres verdes:** ¿Sabía usted que mientras más oscuro sea el verde de las hojas de las legumbres más nutritivas son? En este sentido, las espinacas, el berro, etcétera, resultan inmejorables.

**Sueño:** ¿Es malo dormir con la TV o la radio puestas toda la noche? Sí, el ruido puede hacer su sueño menos profundo y también interferir con las fases más relajadoras del sueño, de acuerdo con un estudio de la Universidad de la Florida.

1.  ¿Por qué se recomienda calentar los músculos antes de hacer ejercicio?
2.  Según este artículo, ¿se recomienda dormir con la televisión y la radio puestas? Explique.
3.  ¿Cómo se puede obtener más fibra en la dieta?
4.  ¿A qué se refiere la regla de los ¾?
5.  ¿Cuáles son las legumbres verdes que contienen más vitaminas y minerales?

PREGUNTAS PERSONALES

1. ¿Duermes con la radio o la televisión puesta?
2. ¿Haces ejercicio todos los días? ¿Calientas los músculos antes de empezar?
3. ¿Observas la regla de los ¾? ¿Cuántas porciones de legumbres y frutas comes al día?
4. ¿Qué legumbres verdes te gustan? ¿Las comes con frecuencia?
5. ¿Qué otros consejos tienes para mantener la salud?

# «Los sentidos» de Amado Nervo

Amado Nervo (México, 1870–1919) es uno de los escritores y poetas más conocidos de México. Fue periodista y también diplomático, trabajando en la delegación mexicana en Madrid. Nervo publicó muchas obras, sobre todo poesía y cuentos. En esta hermosa canción infantil, el poeta describe los cinco sentidos,[1] que son la vista, el tacto, el oído, el gusto y el olfato.

Niño, vamos a cantar
una bonita canción;
yo te voy a preguntar,
tú me vas a responder:
—Los ojos, ¿para qué son?
—Los ojos son para ver.
—¿Y el tacto? —Para tocar.
—¿Y el oído? —Para oír.
—¿Y el gusto? —Para gustar.
—¿Y el olfato? —Para oler.
—¿Y el alma[2]? —Para sentir,
para querer y pensar.

[1] *senses*   [2] *soul*

## Comprensión

1. ¿Quiénes son las dos personas que hablan en el poema?
2. Mencione la función de los cinco sentidos. ¿Para qué se usa cada uno?

## Ahora... ¡usted!

1. ¿Ha tenido que enseñarle algo a un niño / una niña alguna vez? ¿Qué le enseñó? ¿Cómo lo hizo? ¿Aprendió el niño / la niña lo que usted quería enseñarle?

**2.** En su opinión, ¿por qué se incluye el alma en el poema, si no es uno de los cinco sentidos?

### Un paso más... ¡a escribir!

Escriba una canción o un poema para niños con el propósito de enseñarles una idea o un concepto. Puede hacerlo en forma de una conversación, como lo hizo Amado Nervo.

# Las enfermedades y su tratamiento

*Lea Gramática 12.1–12.2.*

## Actividad 5. Preferencias: Cuando me siento mal...

Responda con **siempre**, **generalmente**, **a veces** o **nunca**.

1. Cuando tengo fiebre,...
   a. me quedo en la cama.
   b. tomo aspirinas.
   c. consulto con el médico.
   d. tomo muchos líquidos.
   e. ¿ ?
2. Cuando tengo tos,...
   a. tomo jarabe.
   b. tomo té caliente.
   c. corro.
   d. voy al trabajo.
   e. ¿ ?

3. Cuando tengo dolor de cabeza,...
   a. me acuesto y descanso.
   b. escucho música clásica.
   c. tomo aspirinas.
   d. me pongo algo frío en la frente.
   e. ¿ ?
4. Cuando tengo gripe,...
   a. tomo aspirinas y me acuesto.
   b. bebo muchos líquidos.
   c. tomo el sol en la playa.
   d. leo y descanso.
   e. ¿ ?

### Y TÚ, ¿QUÉ DICES?

Yo también.
Yo no.

Yo prefiero...
Es mejor...

## Actividad 6. Intercambios: Doctor, ¿qué debo hacer?

Trabaje con un compañero / una compañera. Uno de ustedes debe hacer el papel de paciente y el otro el de doctor(a). El doctor / La doctora debe escoger el consejo o remedio adecuado para los síntomas del / de la paciente.

MODELO:   PACIENTE:   Doctor(a), *tengo el tobillo hinchado.*
          DOCTOR:   Si tiene el tobillo hinchado, *póngalo en agua fría.*

1. Tengo resfriado.
2. Tengo tos.
3. Me duele la cabeza.
4. Me corté el dedo.
5. Tengo dolor de garganta.
6. Tengo la nariz tapada.
7. ¿ ?

a. póngase gotas
b. póngase una curita
c. tome jarabe para la tos
d. haga gárgaras de agua con sal
e. tome aspirinas
f. tome vitamina C
g. ¿ ?

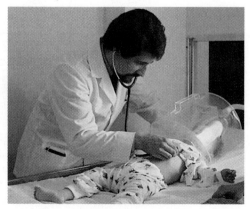

Bogotá, Colombia: Este doctor especialista en pediatría revisa el aparato de oxígeno de su pequeño paciente.

### Actividad 7. Encuesta: Los estados de ánimo

¿Es usted irritable? ¿tranquilo/a? Conteste estas preguntas.

|  | SÍ | NO | A VECES |
|---|---|---|---|
| **1.** Me pongo muy nervioso/a cuando tengo un examen. | ☐ | ☐ | ☐ |
| **2.** Me vuelvo loco/a con las presiones de la vida moderna. | ☐ | ☐ | ☐ |
| **3.** Me pongo molesto/a cuando mi familia quiere que haga algo que no quiero hacer. | ☐ | ☐ | ☐ |
| **4.** Me enojo si pierdo algo valioso. | ☐ | ☐ | ☐ |
| **5.** Me pongo de mal humor cuando hay mucho tránsito y no puedo llegar a tiempo a una cita. | ☐ | ☐ | ☐ |

VALOR DE SU RESPUESTA
**sí** = 2 puntos          **a veces** = 1 punto          **no** = 0 puntos

De 8 a 10 puntos = Usted es una persona muy irritable. No es bueno para su salud. ¡Contrólese un poco!

De 5 a 8 puntos = Usted es una persona de un estado de ánimo normal.

De 0 a 5 puntos = Usted es una persona muy tranquila.

### Actividad 8. Entrevistas: La salud física y mental

LAS MEDICINAS Y LOS REMEDIOS

**1.** ¿Qué medicinas buenas hay para el dolor de cabeza? ¿para el dolor de estómago? ¿para la tos? ¿la gripe?

**2.** ¿Había medicinas buenas para estas dolencias hace 20 años?

**3.** ¿Crees que algún día habrá una vacuna contra el VIH? ¿contra el SIDA? ¿y una medicina buena para los que ya sufren de esta enfermedad? ¿Hay algún tratamiento o medicina ahora?

LOS ESTADOS FÍSICOS Y ANÍMICOS

**1.** ¿Cuándo estás más contento/a? ¿Te sientes feliz cuando estás solo/a? ¿Por qué sí o por qué no?

**2.** ¿Te sientes cansado/a frecuentemente? ¿Qué actividades te cansan?

**3.** ¿Te enojas con frecuencia? ¿Qué te hace enojarte? ¿Qué cosas te entristecen? ¿Te entristeces fácilmente?

**4.** Cuando hay muchas presiones en tu vida, ¿qué síntomas tienes? ¿Sientes cansancio? ¿mareo? ¿picazón?

**LECTURA**

# De la Cruz Roja Americana: El VIH y el SIDA

**L**a siguiente información es parte de un folleto publicado por la Cruz Roja Americana. El propósito de este tipo de publicación es informarnos sobre las causas y formas de contagio de ciertas enfermedades, y sobre cómo podemos protegernos. ¡Infórmese, por favor!

### VOCABULARIO ÚTIL

| el SIDA | Síndrome de inmunodeficiencia adquirida |
|---|---|
| el folleto | *brochure* |
| protegernos | *protect ourselves* |
| las agujas | *needles* |
| contraer | *contract* |
| el comportamiento | la conducta |
| el riesgo | *risk* |
| la prueba | *test* |
| alentadores | *encouraging* |
| la molécula | *molecule* |
| las células | *cells* |

La enfermedad conocida como el SIDA* es causada por el virus de inmunodeficiencia humana (VIH). Este virus puede vivir en el cuerpo humano durante muchos años y puede transmitirse a otras personas aun antes de aparecer cualquier síntoma. El VIH impide que el cuerpo humano se defienda de infecciones y de otras enfermedades. Estas enfermedades e infecciones pueden causar la muerte.

El VIH, o sea, el virus que causa el SIDA, se está propagan-

\*Síndrome de inmunodeficiencia adquirida

do. Hasta la fecha se calcula que hay entre un millón y medio y dos millones de personas en los Estados Unidos que están infectadas con el VIH. Cada una de estas personas puede transmitirles el virus a otras. La mayoría de la gente se contagia del VIH cuando comparte agujas y/o cuando tiene relaciones sexuales con personas que ya están infectadas. El virus puede atacar a cualquiera, no importa quién sea o dónde viva. Se puede contraer el virus tanto en los pueblos como

en las ciudades, en las escuelas, en las universidades o en la calle.

Hasta hoy no existe una vacuna ni hay una cura para la infección del VIH o para el SIDA. Los expertos opinan que el VIH, y por tanto el SIDA, van a ser parte de nuestra vida por muchos años. Pero usted puede aprender a protegerse a sí mismo y proteger a sus seres queridos contra el VIH. La educación y el comportamiento sin riesgo son nuestras mejores defensas contra la transmisión del virus.

Después de leer esta información, muchos nos preguntamos: ¿habrá una cura para el SIDA en un futuro cercano? Algunos científicos dicen que sí. Por primera vez en los catorce años de esta epidemia, se está hablando de una posible cura. Ya hay avances médicos que les ayudan a los enfermos a mejorar y prolongar su vida: medicamentos para prevenir la pulmonía, por ejemplo. Por eso es tan importante hacerse la prueba del SIDA, si hay sospecha de contagio. Al descubrir pronto la infección, uno tiene más tiempo para prevenir o combatir la enfermedad.

Algunos de los descubrimientos recientes son alentadores. Por ejemplo, se ha diseñado una molécula que detiene el proceso de crecimiento del VIH. También hay un estudio importante que hicieron varias organizaciones, entre ellas AmFAR (Fundación Americana para la Investigación del SIDA). Gracias a este estudio, se han detectado las proteínas que hacen posible la entrada del virus en las células del

**¡QUE CREZCA EL ESFUERZO, NO EL SIDA!**

cuerpo. Estas proteínas se llaman «co-receptores». Es muy significativo el descubrimiento de los co-receptores, pues ahora los científicos pueden crear nuevas drogas para atacarlos.

En fin, que el mensaje de los médicos y los científicos es optimista. Todavía no hay una cura definitiva para el SIDA, ¡pero ya hay maneras eficaces de combatir el síndrome!

## Comprensión

Provea la información solicitada.

1. descripción del VIH
2. número aproximado de personas infectadas hasta la fecha del folleto
3. causas del contagio
4. personas que pueden contraer el SIDA
5. lugares donde se puede contraer la enfermedad
6. maneras de combatir el VIH y el SIDA

## Ahora... ¡usted!

1. ¿Piensa que hay suficiente información sobre el SIDA en su comunidad? ¿Por qué sí or por qué no?
2. ¿Ha discutido el tema del SIDA con su familia? ¿con sus amigos? ¿con su novio/a o esposo/a? ¿Cómo han reaccionado estas personas? Explique.

Un paso más... ¡a escribir!

Imagínese que un(a) representante de la Cruz Roja está de visita en su universidad para informar a los estudiantes sobre el SIDA. Usted tiene la oportunidad de hacerle preguntas. ¿Qué le va a preguntar? ¡Escriba el diálogo!

# Las visitas al médico, a la farmacia y al hospital

*Lea Gramática 12.3.*

La enfermera atiende a los pacientes.

El dentista le examina los dientes a su paciente.

La farmacéutica surte las recetas médicas.

El médico examina al enfermo.

La psiquiatra (psicóloga) cuida de
la salud mental de sus pacientes.

El cirujano opera a los pacientes.

El veterinario cuida a los animales.

## Actividad 9. Del mundo hispano: El médico recomienda...

Lea estas recomendaciones de un médico que aparecieron en una revista hispana.
Con su compañero/a, contesten las preguntas a continuación y luego háganse las
preguntas personales.

### El médico recomienda

| Resfriado | Tos | Fiebre del heno | Pulmonía |
|---|---|---|---|
| **QUÉ HACER:**<br>• Tome aspirina o paracetamol para bajar la fiebre.<br>• Utilice descongestionantes para reducir la inflamación y destapar la nariz.<br>• Quédese en casa uno o dos días; esto le ayudará a recuperarse más rápidamente.<br>• Cuide el resfriado. Si no, puede abrirle la puerta a una enfermedad más grave.<br><br>**QUÉ NO HACER:**<br>• No tome antibióticos, ya que no tienen efecto sobre el virus.<br>• No les dé aspirinas a los niños menores de 6 años. | **QUÉ HACER:**<br>• Insista en que los niños se suenen la nariz frecuentemente.<br>• Beba gran cantidad de líquido.<br>• Inhale vapor.<br>• Acuda al doctor / a la doctora si las secreciones son verdes, si la tos provoca dolor en el pecho o si sube la fiebre.<br><br>**QUÉ NO HACER:**<br>• No fume.<br>• No tome antibióticos si no hay infección bacteriana. | **QUÉ HACER:**<br>• Consulte con el doctor / la doctora y aplíquese inyecciones preventivas.<br>• Utilice descongestionantes por períodos breves.<br>• Evite la exposición al polen.<br>• Evite el contacto con la hierba recién cortada.<br><br>**QUÉ NO HACER:**<br>• No use los descongestionantes por períodos prolongados (mucho tiempo). | **QUÉ HACER:**<br>• Acuda al doctor / a la doctora para que le haga un diagnóstico con la ayuda de radiografías.<br>• Tome antibióticos en caso de infección bacteriana.<br>• Beba grandes cantidades de líquidos para evitar la deshidratación.<br>• Haga inhalaciones de vapor.<br>• Quédese en cama una semana o más.<br><br>**QUÉ NO HACER:**<br>• No impida la tos; es aconsejable que se expulsen libremente las secreciones.<br>• No fume. |

1. ¿Se debe tomar antibióticos si uno tiene tos o resfriado? ¿Por qué sí o por qué no?
2. ¿Por qué es recomendable cuidar un resfrío?
3. Si uno tiene tos, ¿qué síntomas indican una visita al médico / a la doctora?

4. ¿Para qué malestares se recomienda el uso de descongestionantes?
5. Si uno tiene fiebre del heno, ¿qué debe evitar?
6. ¿Es recomendable tomar antibióticos para la pulmonía?
7. ¿Para qué enfermedades se recomienda la inhalación de vapor?

PREGUNTAS PERSONALES

1. ¿Te resfrías con frecuencia? ¿Cuáles de estas recomendaciones sigues?
2. ¿Cuándo tomas antibióticos?
3. ¿Acudes siempre al médico / a la doctora si estás enfermo/a?
4. ¿Padeces de fiebre del heno? ¿Qué síntomas tienes? ¿Vas a un médico / una doctora alergista?
5. ¿Has tenido pulmonía alguna vez? ¿Fuiste al médico / a la doctora? ¿Te dolían los pulmones? ¿Cuánto tiempo tardaste en recuperarte?

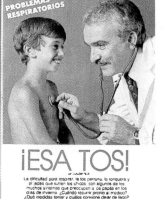

## Actividad 10. Narración: Silvia tiene bronquitis

LOS SÍNTOMAS

ESE MISMO DÍA

AL DÍA SIGUIENTE

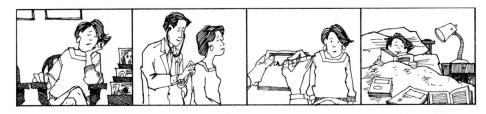

## LAS PALABRAS VIVEN

En algunos países se usa **la bandita** para las cortadas; en otros, **la curita**. Uno siempre va a la farmacia para comprar medicinas, pero en Puerto Rico y Cuba se va a **la botica**. Otra palabra para **resfrío** es **resfriado**, que en los países del Caribe se llama **el catarro**. La palabra **gripe** se refiere a la influenza; en México ésta se llama **la gripa**.

## Actividad 11. Entrevista: El hospital

1. ¿Has estado internado/a alguna vez en un hospital? (Si nunca has estado internado/a en un hospital, describe la experiencia de un amigo / una amiga o pariente que sí ha estado internado/a alguna vez.)
2. ¿Qué tenías? ¿Cuánto tiempo estuviste allí?
3. ¿Te hicieron un análisis de sangre?
4. ¿Tuviste que quedarte mucho tiempo en cama después de regresar a casa?
5. ¿Faltaste a muchas clases? ¿al trabajo?
6. ¿Fue muy doloroso/a? ¿Qué medicinas tomaste?
7. ¿Tenías seguro médico o tuviste que pagarlo tú mismo/a?

## EL MUNDO HISPANO... imágenes

En muchos países hispanos —México y Guatemala, por ejemplo— los estudiantes de medicina pasan un año trabajando en zonas rurales. Este trabajo es parte de su entrenamiento y de su servicio social. Pero aunque estos servicios médicos se les ofrecen a los campesinos, muchos todavía prefieren los remedios naturales hechos en casa. Algunos de éstos, como la «balsamina» en la foto, tienen varios usos.

En algunos pueblos pequeños de España y América Latina, hay personas que intentan curarse en casa con remedios naturales. Pero para los que buscan ayuda médica, los países hispanos ofrecen modernos recursos y doctores muy bien preparados. Ésta es una foto del Hospital Universitario de Caracas, Venezuela. Muchos hospitales en América Latina sirven de centros de investigación médica.

# Los accidentes y las emergencias

*Lea Gramática 12.4–12.6.*

Esteban subía la escalera cuando tropezó y se le cayeron los lentes.

—Sí, señor, iba despacio, pero se me descompusieron los frenos y no pude detener el coche.

—¿Tomaste la medicina esta mañana?
—¡Ay! Se me olvidó en casa. La voy a tomar cuando vuelva esta tarde.

Andrea se siente muy frustrada. Se le perdió un anillo muy valioso. Lo ha buscado por todas partes pero no lo encuentra.

Nora iba a esquiar con sus amigos este fin de semana, pero no pudo porque se le rompieron los esquíes.

## Actividad 12. Descripción de dibujos: Los accidentes

Escuche mientras su profesor(a) describe los siguientes dibujos. Señale el dibujo que mejor corresponda a cada descripción.

## Actividad 13. Narración: El accidente de Guillermo

### PALABRAS ÚTILES

| | | |
|---|---|---|
| primero | más tarde | también |
| luego | (poco) después | por fin |

## EL MUNDO HISPANO... su gente

**M**aría del Carmen Méndez Navarro tiene 19 años y es española.

*¿Ha presenciado o sufrido alguna vez un accidente?*

Nunca he sufrido un accidente grave aunque sí uno en el que mis padres y yo nos pegamos un susto[1] tremendo. Estábamos en el sur de España de vacaciones, en un pueblecillo llamado San Roque. Una noche cogimos el coche para ir a un restaurante; el que conducía era mi

[1]nos... *we got a scare*

papá. Por el camino yo iba mirando por la ventana porque me gusta ver el paisaje (aún por la noche). Y vi que un coche se acercaba a la carretera principal a la misma velocidad que nosotros. Pensé que llegado un momento pararía.[2] ¡Pero no paró! Nos cogió por sorpresa y nos pegó un golpe en el costado.[3] El coche giró pero mi papá no dejó que chocase[4] con el borde de la autopista. Todo fue rapidísimo, ¡nos dio un gran susto!

Llegó la policía y les hizo la prueba del alcohol a los dos conductores —a mi papá y al otro. Cuando los policías se fueron, inspeccionamos el coche y no encontramos ningún daño. Afortunadamente, lo único que pasó fue que mi mamá se rompió una uña. Nos reímos un poco del accidente y continuamos nuestro viaje.

[2]llegado... *it would stop at the right moment*   [3]*side (of the car)*   [4]*no... didn't let it crash*

## LAS PALABRAS VIVEN

# ¿El pobre hombre estiró la pata!

**Estirar la pata** quiere decir, literalmente, *to stretch one's paw*. La frase significa **morir** (en inglés, equivale más o menos a la expresión «*to kick the bucket*»). En todos los idiomas hay expresiones como ésta, que no se pueden traducir fácilmente porque son parte esencial de la cultura de un país.

El modismo «estirar la pata», por ejemplo, tiene su origen en la corrida de toros. Al morir el toro, sus patas se estiran y se endurecen. Y de ahí viene la expresión. Pero uno debe tener cuidado con quién la usa, pues es una frase coloquial que podría ofender a algunas personas.

Y ya que hablamos de la corrida de toros, aquí tiene un toque de historia: el espectáculo se originó en Grecia, pero fue en España donde se hizo popular y adquirió su forma contemporánea. La corrida de toros se practica también en América Latina, especialmente en México. Los toreros pueden alcanzar en el mundo hispano el tipo de fama que tienen algunos deportistas en los Estados Unidos.

Ahora ya sabe lo que significa el título de esta lectura. Sí, ¡el pobre hombre se murió!

### Actividad 14. Entrevista: Historial clínico

1. De niño/a, ¿te enfermabas con frecuencia? ¿Tuviste todas estas enfermedades: las paperas, la varicela, el sarampión, la gripe, un resfriado, una infección de los oídos?

2. ¿Tenías miedo de ir al doctor / a la doctora cuando eras niño/a? Cuenta una experiencia chistosa o interesante que tuviste en el consultorio del doctor / de la doctora o en el hospital.

3. ¿Cuántas veces has ido a la sala de emergencias? ¿Te atendieron rápidamente? De niño/a, ¿tuviste que ir a la sala de emergencias alguna vez? ¿Qué pasó? ¿Fue grave?

4. ¿Has sufrido un accidente automovilístico alguna vez? ¿Cómo ocurrió? ¿Quién tuvo la culpa?

# En resumen

## De todo un poco

Dramas

### EN NUESTRO MUNDO INCREÍBLE,...

- la lesión más frecuente entre los deportistas es el tobillo torcido.
- la condición médica más común es el dolor de garganta. La segunda condición más común es el dolor de espalda.
- los tres objetos que causan más accidentes son las bicicletas, las pelotas de fútbol americano y las escaleras.
- los seres humanos tienen sesenta y seis libras de músculo, cuarenta libras de hueso, ¡y solamente 3,25 libras de cerebro!

1. EN EL CONSULTORIO DEL DOCTOR / DE LA DOCTORA
Trabaje con un compañero / una compañera. Una persona va a hacer el papel del médico / de la doctora y la otra, el papel de paciente. Escriban un diálogo para actuar en clase. El/La paciente debe saludar al doctor / a la doctora y luego decirle sus síntomas. El doctor / La doctora debe escuchar los síntomas, hacerle algunas preguntas, luego dar su diagnóstico y recetar las medicinas apropiadas.

2. EN EL HOSPITAL
Trabaje con otros dos compañeros para representar una escena en el hospital. Una persona es el/la asistente de la ambulancia, otra es el/la paciente y otra es el doctor / la doctora de la Sala de Urgencias (emergencias). El/La asistente de la ambulancia llega con el/la paciente en una camilla. El doctor / La doctora sale a recibir al / a la paciente. El/La asistente le da los datos del / de la paciente y la información básica del accidente. El/La paciente también debe darle algunos datos. Luego el doctor / la doctora le dice lo que va a hacer para atenderlo/la.

### ¡Dígalo por escrito!

Los recuerdos

Cuéntele a un compañero / una compañera de un accidente que usted tuvo o de un situación en la cual usted tenía mucho miedo. Si describe un accidente, hable de los daños y de quién tuvo la culpa. Si habla de una situación que le dio miedo, describa el lugar y cómo reaccionó usted.

Recuerdo que una vez, cuando tenía ＿＿ años, yo iba a ＿＿ cuando de repente ＿＿.

## VIDEOTECA

En este episodio Marta, la hija de Lola y Manolo, está enferma. Su madre la lleva a la clínica para consultar con la doctora. ¿Qué le recomienda a Marta que haga? ¿Cómo reacciona Marta? Lola también quiere consultar con la doctora. ¿Por qué? ¿Por qué se pone tan feliz Manolo al final del episodio? En el Capítulo 12 del *Cuaderno de trabajo* hay más actividades para hacer después de ver el video.

# Vocabulario

| El cuerpo humano | The Human Body |
|---|---|
| la cadera | hip |
| la ceja | eyebrow |
| el cerebro | brain |
| la cintura | waist |
| el codo | elbow |
| el corazón | heart |
| el costado | side |
| la costilla | rib |
| el dedo | finger |
| las encías | gums |
| la frente | forehead |
| la garganta | throat |
| el hueso | bone |
| el labio | lip |
| la lengua | tongue |
| la mejilla | cheek |
| la muela | molar (tooth) |
| la muñeca | wrist |
| el muslo | thigh |
| la nalga | buttock |
| el oído | (inner) ear |
| la pantorrilla | calf |
| el pecho | chest |
| la pestaña | eyelash |
| el pulgar | thumb |
| el pulmón | lung |
| el riñón | kidney |
| la rodilla | knee |
| la sangre | blood |
| el tobillo | ankle |
| la uña | fingernail |

**PALABRAS SEMEJANTES:** la arteria, el esqueleto, el músculo, el nervio, el órgano interno, el sistema nervioso, la vena

**REPASO:** la boca, el brazo, la cabeza, la cara, el cuello, el diente, la espalda, el estómago, el hígado, los hombros, las manos, la nariz, los ojos, las orejas, el pelo, las piernas, los pies

| Las enfermedades | Illnesses |
|---|---|
| el ataque del corazón | heart attack |
| el catarro | cold |
| el estornudo | sneeze |
| la fiebre del heno | hay fever |
| el malestar | malaise, indisposition |
| el mareo | nausea; seasickness |
| las paperas | mumps |
| la picazón | itch |
| la pulmonía | pneumonia |
| el resfriado | cold |
| el resfrío | cold |
| el sarampión | measles |
| el SIDA | AIDS |
| la tos | cough |
| la varicela | chicken pox |
| el VIH | HIV |

**PALABRAS SEMEJANTES:** el alcoholismo, la alergia, la bronquitis, el cáncer, la drogadicción, el síntoma

## Estados físicos y anímicos

| | |
|---|---|
| **estar...** | to be . . . |
| congestionado/a | congested |
| hinchado/a | swollen |
| internado/a (en el hospital) | hospitalized |
| mareado/a | dizzy; seasick; nauseous |
| **estar resfriado/a** | to have a cold |
| **tener...** | to have . . . |
| calentura | a fever |
| catarro | a cold |
| fiebre | a fever |
| gripe | the flu |
| la nariz tapada | a stuffy nose |
| tos | a cough |
| **tener dolor de...** | to have a . . . |
| cabeza | headache |
| estómago | stomachache |
| garganta | sore throat |
| **tener náuseas** | to be nauseous |

## Las medicinas y los remedios
Medicines and Remedies

| | |
|---|---|
| el agua con sal | salt water |
| el análisis (de sangre) | (blood) test |
| la curita | Band-Aid |
| las gotas (para la nariz) | (nose) drops |
| el jarabe (para la tos) | (cough) syrup |
| la píldora | pill |
| la receta | prescription |
| el tratamiento | treatment |
| el vendaje | bandage |

**PALABRAS SEMEJANTES:** el antibiótico, la aspirina, la cura, la droga, la inhalación de vapor, la inyección

## Las profesiones médicas
Medical Professions

| | |
|---|---|
| el/la asistente de ambulancia | ambulance attendant |
| el cirujano / la cirujana | surgeon |

**PALABRAS SEMEJANTES:** el/la alergista, el farmacéutico / la farmacéutica, el psicólogo / la psicóloga, el/la psiquiatra, el/la veterinario

**REPASO:** el/la dentista, el doctor / la doctora, el enfermero / la enfermera, el médico

## Los accidentes y las emergencias
Accidents and Emergencies

| | |
|---|---|
| atropellar | to run over with a car |
| la camilla | gurney |
| el choque | crash |
| la cicatriz (las cicatrices) | scar |
| detener(se) | to stop (oneself) |
| la herida | wound |
| el herido | wounded (person) |
| la muleta | crutch |
| la quemadura | burn |
| la sala de emergencias | emergency room |
| ¡Socorro! | Help! |
| el/la testigo | witness |

**PALABRA SEMEJANTE:** la ambulancia

**REPASO:** ¡Auxilio!, la clínica, el enfermo / la enferma

## Los verbos

| | |
|---|---|
| abrazar | to hug, embrace |
| abusar de | to abuse |
| aconsejar | to advise |
| acudir | to go; to come |
| atender (ie) | to assist |
| besar | to kiss |
| cansar | to make tired |
| cansarse | to get tired |
| consultar con | to consult |
| dejar de (+ infin.) | to stop (*doing something*) |
| desmayarse | to faint |
| doler (ue) | to hurt, ache |
| enfermarse | to get sick |
| enojarse | to get angry |
| entristecerse | to become sad |
| estornudar | to sneeze |
| evitar | to avoid |
| golpear(se) | to hit (oneself) |
| haber | to be (to exist) |
| había | there was/were |
| habrá | there will be |
| hay | there is/are |
| hacer el papel (de) | to play the role (of) |
| hacer gárgaras | to gargle |
| mantenerse | to maintain oneself |
| oler (ue) | to smell |
| huele/huela | it smells / smell (*command*) |
| padecer | to suffer (*from an ailment*) |
| recetar | to prescribe |
| resfriarse | to catch a cold |
| respirar | to breathe |
| señalar | to point out |
| surtir (una receta) | to fill (a prescription) |
| tener la culpa | to be guilty; to be to blame |
| toser | to cough |
| volverse (ue) loco/a | to go crazy |

PALABRAS SEMEJANTES: circular, controlarse, operar, recuperarse, referir (ie, i), sufrir

REPASO: chocar, sentirse (ie, i)

## Accidentes y casos imprevistos
Accidents and Unforeseen Occurrences

| | |
|---|---|
| caerse | to fall down |
|    se le cayó/cayeron | fell (from your/his/her hands) |
|    se me cayó/cayeron | fell (from my hands) |
| descomponerse | to break down |
|    se le descompuso/ descompusieron | broke down (on you/ him/her) |
|    se me descompuso/ descompusieron | broke down (on me) |
| escaparse | to escape, run away |
|    se le escapó/escaparon | escaped (from you/him/ her) |
|    se me escapó/escaparon | escaped (from me) |
| irse | to go away |
|    se le fue/fueron | went away; got away (from you/him/her) |
|    se me fue/fueron | went away; got away (from me) |
| olvidarse | to forget |
|    se le olvidó/olvidaron | slipped your/his/her mind |
|    se me olvidó/olvidaron | slipped my mind |
| perderse (ie) | to get lost |
|    se le perdió/perdieron | lost (your/his/her . . . ) |
|    se me perdió/perdieron | lost (my . . . ) |
| quedarse | to stay, remain; to get left behind |
|    se le quedó/quedaron | you/he/she left (your/his/her . . . ) |
|    se me quedó/quedaron | I left my . . . |
| romperse | to break |
|    se le rompió/rompieron | broke (on you/him/her) |
|    se me rompió/rompieron | broke (on me) |

## Los sustantivos

| | |
|---|---|
| el anillo | ring |
| el cansancio | tiredness, exhaustion |
| los cigarrillos | cigarettes |
| la cita | appointment; date |
| la dolencia | ailment |
| el dolor | pain |
| el estado de ánimo | state of mind |
| el florero | flower vase |
| el globo | balloon |
| el historial clínico | medical history |
| la llave | key |
| la regla | rule |
| la sala de urgencias | emergency room |
| el seguro médico | medical insurance |
| el sonido | sound |
| el vicio | vice, bad habit |

PALABRAS SEMEJANTES: el alcohol, la contracción, el descongestionante, el diagnóstico, la emergencia, la escena, el episodio, la fiebre, la forma, la función, el hábito, la infección, el mineral, el/la motorista, el movimiento, el pulso

REPASO: el consejo, el/la paciente

## Los adjetivos

| | |
|---|---|
| automovilístico/a | of or related to an automobile |
| chistoso/a | funny |
| dañado/a | damaged |
| doloroso/a | painful |
| enyesado/a | in a cast |
| inconsciente | unconscious |
| molesto/a | upset |
| puesto/a | turned on (*appliance*) |
| torcido/a | twisted, sprained |
| valioso/a | valuable |

PALABRAS SEMEJANTES: adecuado/a, alérgico/a, básico/a, beneficioso/a, frustrado/a, irritable, médico/a, mental, tranquilo/a

REPASO: cansado/a, grave, muerto/a

## Palabras y expresiones útiles

| | |
|---|---|
| contra | against |
| fácilmente | easily |
| por fin | finally |
| ¡Salud! | To your health! |

PALABRAS SEMEJANTES: frecuentemente, precisamente

# Gramática y ejercicios

## 12.1 Expressing Existence: *haber*

**hay** = *there is/are*
**Hay cien centavos en un dólar.** (*There are a hundred cents in a dollar.*)

**hubo** = *there was/were*
**Ayer hubo un terremoto en Chile.** (*Yesterday there was an earthquake in Chile.*)

**había** = *there was/were*
**Después del terremoto, había mucha gente en las calles.** (*After the earthquake, there were a lot of people in the streets.*)

The verb that signals existence in Spanish is **haber** (see **Gramática B.4**). It has only singular forms when used in this manner.

| | |
|---|---|
| hay | *there is/are* |
| hubo, había | *there was/were* |
| va a haber | *there is/are going to be* |
| tiene que haber | *there has/have to be* |
| cuando haya | *whenever there is/are* |

| | |
|---|---|
| **Hay** 118 pacientes en el hospital. | *There are 118 patients in the hospital.* |
| Ayer **hubo** un accidente en la calle Octava. | *Yesterday there was an accident on Eighth Street.* |
| ¿**Había** mucha gente allí cuando llegaste? | *Were there many people there when you arrived?* |
| ¿**Va a haber** mucha gente en el consultorio? | *Are there going to be many people at the doctor's office?* |
| **Tiene que haber** varios médicos, no uno sólo. | *There have to be several doctors, not just one.* |
| Avíseme cuando **haya** una enfermera disponible. | *Let me know when there is a nurse available.* |

## Ejercicio 1

Complete lo siguiente con **hay, tiene que haber**, **había**, **haya** o **va a haber**.

1. Ayer me sentía mal. A las 11:30 hablé con la recepcionista de la doctora Estrada y le dije: «Señorita, me siento muy mal. ¡＿＿＿ una buena medicina para mis dolores!»

2. Ella me dijo: «Necesita ver a la doctora. ＿＿＿ una hora libre esta tarde, de las 2:00 a las 3:00.»

3. Yo le dije que por la tarde no podía ir. Luego le pregunté si ＿＿＿ muchos pacientes esperando en este momento.

4. Ella me contestó: «No, solamente ＿＿＿ dos ahora, pero seguramente ＿＿＿ más a la hora del almuerzo. ¡＿＿＿ una epidemia de gripe!»

5. Yo tosía y me quejaba. Entonces ella me dijo que la doctora podía verme esa mañana, que los casos de gripe no toman mucho tiempo. Yo le dije: «Vivo muy cerca del consultorio. Por favor llámeme cuando no ＿＿＿ nadie esperando.»

## 12.2   Expressing Changes in States: *Become, Get*
### Gramática ilustrada

Esteban se puso nervioso cuando daba un informe en su clase de historia.

Después de muchos años de estudios, Luis Ventura se hizo médico.

A veces Estela se vuelve loca con todas las presiones de los niños y la casa.

---

**ponerse:** *signals a change in condition*
**hacerse:** *signals a more permanent change of being*

**Al oír la mala noticia, se puso triste.** (*On hearing the bad news, he became sad.*)

**Después de tres años de estudios, se hizo abogada.** (*After three years of study, she became a lawyer.*)

**A.  Ponerse, hacerse,** and **volverse** describe changes in states when followed by adjectives and certain nouns.

Use **ponerse** with — most adjectives, such as **triste, furioso/a, nervioso/a, contento/a, serio/a, de mal (buen) humor, molesto/a,** and so on.

Use **hacerse** with — **rico/a, bueno/a, malo/a**; all professions (**abogado/a** and so on); religions and political affiliations (**católico/a** and so on).

Use **volverse** with — **loco/a.**

**Me puse muy contenta** cuando leí tu carta.
*I became very happy when I read your letter.*

Adela estudió mucho y **se hizo profesora** en tres años.
*Adela studied a lot and became a professor in three years.*

Alberto va a **volverse loco** con todo el trabajo que tiene.
*Alberto is going to go crazy with all the work that he has.*

**B.**  Some adjectives have corresponding verb forms that express *become* + the adjective. In these cases, either the verb form or the expression **ponerse** + adjective can be used.

| | |
|---|---|
| ponerse alegre = alegrarse | ponerse enojado/a = enojarse |
| ponerse delgado/a = adelgazar | ponerse gordo/a = engordar |
| ponerse enfermo/a = enfermarse | ponerse triste = entristecerse |

Cuando Estela leyó la noticia de la muerte de su primo, **se entristeció**.

*When Estela read the news of her cousin's death, she became sad.*

Ernesto **se enojó** cuando le contaron la historia del accidente.

*Ernesto got angry when they told him the story of the accident.*

Diego **engordó** mucho el verano pasado porque no hizo bastante ejercicio.

*Diego became very fat last summer because he didn't exercise enough.*

## Ejercicio 2

Indique la respuesta lógica.

MODELO: Ayer cuando salió el sol,...
  a. nos pusimos de buen humor.
  b. nos enfermamos.
  c. nos hicimos médicos. →
  Ayer cuando salió el sol, nos pusimos de buen humor.

1. Después de muchos años de estudio, Esteban...
   a. se puso muy nervioso.
   b. se hizo veterinario.
   c. se entristeció.
2. Cuando supieron los detalles del accidente de Amanda con el coche nuevo, sus padres...
   a. se pusieron molestos.
   b. se hicieron republicanos.
   c. se alegraron.
3. Cuando el héroe murió al final de la película, Graciela...
   a. se volvió loca.
   b. se puso triste.
   c. se hizo actriz.
4. Con tantos exámenes la semana pasada, los estudiantes...
   a. se volvieron locos.
   b. se pusieron contentos.
   c. se hicieron católicos.
5. Después de caminar algunos kilómetros bajo la lluvia, don Eduardo...
   a. se puso enfermo.
   b. se hizo rico.
   c. se puso alegre.

## 12.3 Making Requests: Indirect Object Pronouns with Commands and the Present Subjunctive

### ¿RECUERDA?

As you know from **Gramática 11.1**, object pronouns follow and are attached to affirmative commands but precede negative ones.

Muéstre**me** dónde le duele.
No **le** lleve la medicina al señor Ruiz hasta mañana.

*Show me where it hurts (you).*
*Don't take the medicine to Mr. Ruiz until tomorrow.*

Object pronouns:

1) are generally placed before the first verb.

**El médico le recetó jarabe para la tos.**

(*The doctor prescribed cough syrup for him/her.*)

2) may optionally be attached to the end of an infinitive or present paticiple (-**ando**/-**iendo**).

**La doctora iba a ponerle una inyección.**

**La doctora le iba a poner una inyección.**

(*The doctor was going to give him/her a shot.*)

**¿El paciente? Están examinándole la pierna ahora mismo.**

**¿El paciente? Le están examinando la pierna ahora mismo.**

(*The patient? They are examining his leg right now.*)

3) *must* be attached to the end of affirmative commands.

**Póngale una curita.**

(*Put a Band-Aid on him/her.*)

In negative commands and subjunctive forms, object pronouns precede the verb.

**No le ponga la inyección ahora.**

(*Don't give him/her the shot now.*)

**El médico recomienda que Andrea les dé la medicina a las niñas antes de la cena.**

(*The doctor recommends that Andrea give the girls their medicine before dinner.*)

Remember that only the position of the pronoun changes; verb forms are the same in both affirmative and negative **usted** commands.

Object pronouns also precede subjunctive verb forms.

| | |
|---|---|
| El médico quiere que **le** ponga a la señora Silva una inyección de antibióticos. | The doctor wants you to give Mrs. Silva an injection of antibiotics. |
| Voy a comprar la medicina cuando mi esposo **me** dé el dinero. | I'm going to buy the medicine when my husband gives me the money. |

Here are four additional verbs that can be used like **querer** to give "softened" commands. It is necessary to use an indirect object pronoun with these verbs to point out to whom the command is given, even when the person or persons receiving the action are mentioned.

aconsejar  *to advise* (*someone to do something*)
decir  *to tell* (*someone to do something*)
pedir (i)  *to ask* (*that someone do something*)
recomendar (ie)  *to recommend* (*that someone do something*)

| | |
|---|---|
| Los médicos siempre **les recomiendan** a los niños que no coman muchos dulces. | *Doctors always recommend to children that they not eat a lot of candy.* |
| Voy a **pedirles** a las enfermeras que estén aquí a las 4:00. | *I am going to ask the nurses to be here at 4:00.* |
| Mi papá siempre **me dice** que tenga mucho cuidado en la autopista. | *My dad always tells me to be very careful on the freeway.* |
| El psiquiatra **les aconseja** a muchos de sus pacientes que tomen unas vacaciones. | *The psychiatrist advises many of his patients to take a vacation.* |

## Ejercicio 3

Usted no está de acuerdo. Haga negativos estos mandatos afirmativos.

MODELO:   Hágale las preguntas a la dentista. →
         *No le haga* las preguntas.

1. Muéstrele su pierna a la enfermera.
2. Dígame si le duele mucho.
3. Llévele estos papeles a la recepcionista.
4. Tráigale la comida al paciente.
5. Déle la receta al farmacéutico.

## Ejercicio 4

Cambie estos mandatos negativos por mandatos afirmativos.

MODELO:   No le muestre la herida a la enfermera. →
         *Muéstrele* la herida a la enfermera.

1. No me llame el miércoles.
2. No nos traiga la medicina.
3. No le diga su nombre al médico.
4. No les lleve la receta a los pacientes.
5. No me dé la información.

### Ejercicio 5

¿Qué les recomienda el doctor Sánchez a estas personas?

> MODELO: Al paciente: Explíqueme sus síntomas. →
> El doctor Sánchez le recomienda al paciente que *le explique* sus síntomas.

1. A la enfermera: Póngale la inyección a la paciente del cuarto número 408.
2. Al paciente: Llámeme mañana para pedir los resultados del análisis de sangre.
3. A la enfermera: Explíquele los síntomas de la gripe a la señora López.
4. A la recepcionista: Lléveles a los señores Gómez estos papeles del seguro médico.
5. Al paciente: Cuéntele a la enfermera cómo ocurrió el accidente.

## 12.4 Relating Unplanned Occurrences: *se*

This construction will take some time to acquire, but it is very common. You will read and hear it often.

Use the pronoun **se** + a verb to describe unplanned occurrences such as forgetting, dropping, leaving behind, and breaking.

| | |
|---|---|
| —¿Qué le pasó al coche? | —*What happened to the car?* |
| —**Se** descompuso. | —*It broke down.* |
| —¿Qué le pasó a la botella? | —*What happened to the bottle?* |
| —**Se** cayó y **se** rompió. | —*It fell and broke.* |

If a person is involved, he or she is referred to with an indirect object pronoun: **me**, **te**, **le**, **nos**, **os**, or **les**.

| | |
|---|---|
| **Se me** olvidó la medicina. | *I forgot the medicine.* |
| A Ernestito **se le** perdió el dinero. | *Ernestito lost the money.* |

If the object involved is plural, the verb must also be plural.

| | |
|---|---|
| Se me **quedaron los libros** en casa. | *I left my books at home.* |

### Ejercicio 6

Mire los dibujos y diga qué les pasó a estos objetos. (Los dibujos siguen en la próxima página.)

> MODELO: —¿Qué le pasó al cajero automático?
> —¡Se descompuso!

1. —¿Qué le pasó al perrito?

2. —¿Qué les pasó a los lentes?

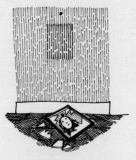

**3.** —¿Qué le pasó al cuadro?

**4.** —¿Qué le pasó a la máquina de los refrescos?

## Ejercicio 7

¿Qué les pasó a estas personas? Describa las escenas.

MODELO: romper / botella / Esteban →
A Esteban *se le rompió* la botella.

**1.** descomponer / carro / Lan

**2.** caer / espejo / Carmen

**3.** olvidar / libro de español / en el salón de clase / profesora Martínez

**4.** quedar dentro de la casa / llave / Ernesto y Estela

**5.** perder / libro de matemáticas / Luis y Alberto

## 12.5 Narrating Past Experiences: The Present Perfect, Imperfect, and Preterite

### Gramática ilustrada

**1.** Cuando el paciente llegó al consultorio del doctor Eloy Ovando, ya había tres pacientes. Todos esperaban con paciencia. Pero él no quería esperar.

**2.** Habló con la recepcionista y ella le dijo que el doctor no podía atenderlo porque no tenía cita y había muchos pacientes esperando. El paciente se puso furioso y dijo: «Siempre he venido sin hacer cita y el doctor siempre me ha atendido inmediatamente. ¡Eloy es mi mejor amigo!»

**3.** El doctor salió a ver quién gritaba tanto. La recepcionista le dijo que un paciente insistía en entrar inmediatamente pero que había llegado después de todos y no tenía cita.

**4.** Al ver al paciente, el doctor lo saludó cortésmente y le preguntó: «¿Se siente mal? ¿Tiene cita hoy?» Los pacientes y la recepcionista se pusieron contentos. Pero el paciente se puso más furioso todavía.

---

Tenses and examples:
present perfect: **(yo) he hablado** (*I have spoken*)
imperfect: **(yo) hablaba** (*I used to speak, was speaking*)
preterite: **(yo) hablé** (*I spoke* [completed event])

**A.** English and Spanish each have several verb forms to choose from that relate past experiences. For example, the verb *to go* has the following past forms in English: *went*, *used to go*, *was going*, and *have gone*. Here are some guidelines to help you choose the Spanish form that will best convey the information you want to express.

PRESENT PERFECT
(See **Gramática 10.1**) This tense is used to ask and answer a *Have you ever . . . ?* question. It has no reference to the specific time when an event occurred.

—¿**Has escalado** una montaña alguna vez en tu vida?

—Sí, **he escalado** muchas montañas.

—*Have you ever in your life climbed a mountain?*

—*Yes, I've climbed many mountains.*

It also describes something you *have* or *have not yet* done.

| | |
|---|---|
| Nunca **he montado** a caballo, pero mañana voy a aprender. | *I have never ridden a horse, but tomorrow I am going to learn.* |

IMPERFECT

(See **Gramática 9.2–9.3**.) The imperfect tense describes things you *used to do* or *would always do*.

| | |
|---|---|
| De niña, siempre **jugaba** con mis muñecas en el patio. | *As a little girl, I used to play with my dolls on the patio.* |

It commonly describes states in the past.

| | |
|---|---|
| En el kínder, yo **era** una niña muy curiosa y nunca **tenía** miedo de nada. | *In kindergarten, I was a very curious little girl and was never afraid of anything.* |

It also describes what someone was doing or what was happening when something else interrupted the action.

| | |
|---|---|
| **Caminaba** tranquilamente por la calle cuando oí los gritos. | *I was walking peacefully down the street when I heard the shouts.* |

PRETERITE

(See **Gramática 6.4; 7.1–7.3**.) The preterite (simple past tense) is used to describe *completed events* that are isolated in the past.

| | |
|---|---|
| Anoche **fui** al cine con mis amigos. **Vimos** una película muy aburrida. Después **comimos** pizza en un restaurante italiano. | *Last night I went to the movies with my friends. We saw a very boring movie. Afterward we ate pizza in an Italian restaurant.* |

**B.** To tell a story or relate past events, the preterite forms are most frequently used: **fui**, **comí**, **salí**, **bailé**, **me divertí**, **dormí**, and so on. Imperfect forms usually describe the background or set the stage for the story: **vivía**, **jugaba**, **llovía**, **hacía calor**. In the following examples, the tenses in parentheses indicate what tense the corresponding Spanish verb would be in.

> One night I was waiting (*imperfect*) at the bus stop on my way home from work. It was raining (*imperfect*) very hard, and I was (*imperfect*) very tired after a long, difficult day at work.

In most stories after the stage has been set with the imperfect, as in the preceding example, the story line is developed with the preterite.

> Suddenly, I saw (*preterite*) the familiar face of my friend Ralph speed by in a new car. I waved (*preterite*) to him, but he didn't stop (*preterite*). He sped (*preterite*) on by without even a glance toward me. The bus arrived (*preterite*) within a few minutes, and I boarded (*preterite*).

Often in a story, description and narration of the main events are intermixed, so the tenses are, too.

> I immediately noticed (*preterite*) that the bus was (*imperfect*) full and that I had to (*imperfect*) stand. Many other people were standing (*imperfect*), too. Buses were (*imperfect*) always so crowded during rush hour in San Francisco.

The preterite is often used to narrate the outcome of a story.

> Finally we arrived (*preterite*) at my stop. I quickly got off (*preterite*) and walked (*preterite*) home. The house was (*imperfect*) dark, but when I opened (*preterite*) the door about fifty people, including Ralph, shouted (*preterite*) "Happy Birthday!" It turned out (*preterite*) to be a very good day indeed!

## Ejercicio 8

En cada uno de los dibujos a continuación hay dos actividades: una interrumpe la otra. Describa cada dibujo, siguiendo el modelo.

MODELO: Amanda y Graciela *caminaban* por el parque cuando don Eduardo *tuvo* un infarto (ataque del corazón).

**1.** Estela y Ernesto          **2.** Ramón y Amanda

**3.** Andrea y Pedro          **4.** Ernesto

**5.** Ernestito y sus amigos          **6.** Ernesto y Estela

### Ejercicio 9

Aquí tiene usted lo que Paula le contó a su hermana Andrea anoche. Escoja la forma correcta de los verbos en letra cursiva.

Ayer *trabajé/trabajaba*[1] hasta las ocho de la noche. *Salí/Salía*[2] como de costumbre de mi oficina y *caminé/caminaba*[3] hasta la parada del autobús. *Hubo/Había*[4] poca gente que *esperó/esperaba*[5] porque ya *fue/era*[6] muy tarde. *Pensé/Pensaba*[7] en el proyecto para el día siguiente, cuando *vi/veía*[8] a una señora muy vieja que *caminó/caminaba*[9] por la calle directamente enfrente de la parada donde yo *estuve/estaba*.[10] De repente, *llegó/llegaba*[11] un hombre, muy joven, y por supuesto, mucho más grande que la viejita, y le *robó/robaba*[12] la bolsa a la señora. Ella *empezó/empezaba*[13] a gritar. El ladrón *desapareció/desaparecía*[14] rápidamente, pero cuando *llegó/llegaba*[15] el policía, yo le *di/daba*[16] una descripción muy detallada del hombre y de su ropa. Por fin *llegó/llegaba*[17] el autobús y *llegué/llegaba*[18] a casa un poco antes de las diez.

## 12.6  Narrating Past Experiences: The Present Perfect and the Pluperfect

### Gramática ilustrada

Como el médico no había llegado, la enfermera le puso la inyección al paciente.

Cuando el médico llegó, la enfermera ya le había puesto la inyección al paciente.

Tenses and examples:
present perfect: (**Él**) **Ha vuelto**. (*He has returned.*)
pluperfect: (**Él**) **Había vuelto**. (*He had returned.*)

Another perfect tense that you may often hear is the pluperfect (past perfect) for actions that precede preterite events. This tense uses the imperfect tense of the auxiliary verb **haber**.*

| PLUPERFECT | | |
|---|---|---|
| (yo) | había | |
| (tú) | habías | |
| (usted, él/ella) | había | |
| (nosotros/as) | habíamos | + -ado |
| (vosotros/as) | habíais | -ido |
| (ustedes, ellos/as) | habían | |

Remember that all pronouns must be placed before the auxiliary verb **haber**.

## Ejercicio 10

Escoja todas las respuestas lógicas.

1. A los siete años yo ya...
   a. había terminado la escuela primaria.
   b. había asistido al kínder.
   c. había aprendido a caminar.
   d. había visitado el consultorio de un médico.
2. A los doce años tú ya _____, ¿verdad?
   a. habías manejado un camión
   b. habías tomado jarabe para la tos
   c. habías tenido la gripe varias veces
   d. habías estudiado en la universidad
3. Hoy, cuando llegamos a clase, mis compañeros y yo ya...
   a. habíamos escrito la composición.
   b. habíamos desayunado.
   c. habíamos tomado vitaminas.
   d. habíamos hablado con el presidente de Chile.
4. Cuando mi amigo llegó a la universidad hoy, todavía no...
   a. había hecho la tarea.
   b. había respirado.
   c. se había vestido
   d. había leído la lección para hoy.
5. A los ocho años Paula y Andrea, mis hermanitas gemelas, ya...
   a. habían tenido la varicela.
   b. habían tenido varios ataques del corazón.
   c. habían estado una vez en el hospital.
   d. habían estado resfriadas varias veces.

---

*The other perfect tenses will appear in the **Expansión gramatical** section of the *Cuaderno de trabajo*. Like their English counterparts, they are not often used in conversation but are used in written or formal Spanish.

# De compras

Burgos, España

# Actividades de comunicación y lecturas

# Los productos y los materiales

*Lea Gramática 13.1–13.2.*

Las tijeras son
de acero.

El vestido es
de algodón.

La caja es
de cartón.

El edificio es
de cemento.

Las botas son
de cuero.

El anillo tiene
diamantes.

Las botas están
hechas de goma.

La sartén es de
hierro.

Las herramientas
son de acero.

La chimenea es
de ladrillo.

El suéter es de lana.

La mecedora es
de madera.

El abrelatas está
hecho de plástico.

Las joyas son de
oro y plata.

El vaso es
de vidrio.

## Actividad 1. Definiciones: Los materiales

Lea las siguientes definiciones y diga qué material corresponde a cada descripción.

1. Es una piedra preciosa translúcida y muy valiosa. África del Sur exporta muchas de estas piedras.
2. Es la piel de un animal que se usa en la fabricación de botas, cinturones, bolsas y maletas.
3. Este material es como el papel, pero es más resistente. Se utiliza en la fabricación de cajas.

*(Las definiciones siguen en la próxima página.)*

4. Este material se deriva del petróleo. Se usa para fabricar envases, botellas, bolígrafos, cepillos, aparatos domésticos y muchas cosas más.

5. Éstos son de un material derivado de la tierra. Vienen en varios colores naturales como rojo, café o beige. Se usan mucho en la construcción de edificios, chimeneas, asadores y patios.

6. Es una materia prima que viene de los árboles. Se usa en la construcción de casas y para fabricar muebles.

## Actividad 2. Asociaciones: Los productos y sus usos

Escoja las cosas que usan estas personas. ¿Para qué las usan?

MODELO:   un fotógrafo →
Un fotógrafo usa *un rollo de película para sacar fotos.*

| | |
|---|---|
| 1. una madre con su bebé | a. un martillo |
| 2. un carpintero | b. una calculadora |
| 3. un ama de casa | c. una mecedora |
| 4. una contadora | d. una licuadora |
| 5. un escritor | e. una computadora |

Ahora, diga para qué se usan estas cosas.

| | |
|---|---|
| 1. una tienda de campaña | a. para cortar tela |
| 2. las herramientas | b. para abrir una lata |
| 3. una pala | c. para reparar el carro |
| 4. las tijeras | d. para quitar nieve |
| 5. un abrelatas | e. para dormir en el campo |

## Actividad 3. Intercambios: Los materiales y sus usos

Con su compañero/a, digan de qué están hechos los siguientes objetos.

MODELO:   E1:  ¿De qué están hechos *los lentes?*
E2:  Están hechos de *vidrio, plástico y metal.*

| | | |
|---|---|---|
| 1. la mesa | 3. el martillo | 5. los zapatos |
| 2. las tijeras | 4. el anillo | 6. las llantas |

Ahora, digan para qué se usan los siguientes materiales.

MODELO:   E1:  ¿Para qué se usa *la plata?*
E2:  Se usa para *hacer anillos y joyas.*

| | | |
|---|---|---|
| 1. el acero | 3. la lana | 5. la goma |
| 2. el algodón | 4. el vidrio | 6. el cartón |

## Actividad 4. Intercambios: Mis preferencias

Usted necesita comprar varios regalos. El dependiente / La dependienta (su compañero/a) le ha mostrado varios productos de diferentes estilos. Diga cuál prefiere y por qué.

MODELO:   DEPENDIENTE/A:  ¿Prefiere usted el suéter de lana o el de algodón?
USTED:  Prefiero el de lana porque es más caliente.

1. el anillo de oro o el de plata
2. las tijeras de acero o las de plástico
3. la calculadora pequeña o la grande
4. la mesa de madera o la de vidrio
5. el abrelatas eléctrico o el manual

## LAS PALABRAS VIVEN

# El que tiene mucho dinero, ¡tiene lana!

La expresión **tener mucha lana** quiere decir **tener mucho dinero**. La frase data de la época colonial (entre los siglos XVI y XIX), cuando España dominaba todo México y América Central y casi toda Sudamérica.

Las ovejas se encontraban entre los animales que los españoles trajeron al llamado «Nuevo mundo». Y las condiciones resultaron ideales para criarlas en varias regiones de América. Considerando la gran necesidad de lana que había en Europa, era natural considerar ricos a los dueños de muchas ovejas.

Hoy la industria de la lana ya no tiene tanta importancia, pero en el lenguaje coloquial de los hispanohablantes, todavía se hace la asociación de la lana con el dinero y la riqueza.

## EL MUNDO HISPANO... en los Estados Unidos

**V**irginia Muñoz es cubanoamericana y tiene 23 años. Ahora vive en Pasadena, California.

*¿Le gusta ir de compras? ¿Va de compras con frecuencia? ¿Qué tipo de productos le gusta comprar más?*

Me encanta ir de compras. Lo que más me gusta es encontrar productos nuevos, que acaban de salir[1] al mercado. ¡Lo que menos me gusta es no poder comprarlos todos! Por eso ahora que tengo menos dinero no voy mucho de compras. Es mejor evitar las tentaciones. Pero cuando lo tengo, casi siempre salgo de las tiendas con un nuevo CD.

[1]acaban... *have just appeared*

# Los precios

*Lea Gramática 13.3.*

—¿Cuánto valen estas playeras?
—Pido sólo $33.00 pesos por cada una.
—¡Qué ganga!

—¿Cuánto cuesta esta chamarra de cuero?
—Cuesta $475.00 pesos, señorita.
—¡Qué lástima! Sólo tengo $415.00.

—Compré una playera y una chamarra muy lindas hoy.
—¿Cuánto pagaste por la chamarra?
—Pagué $415.00 pesos ¡y ahora no tengo ni un centavo!

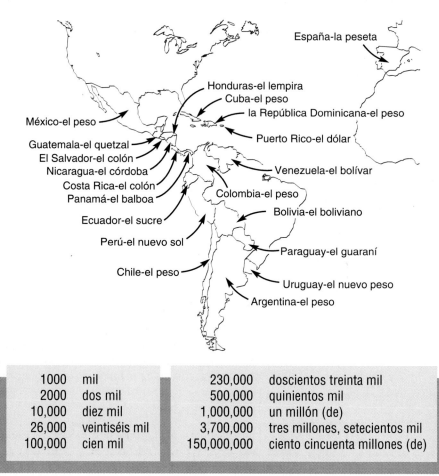

España-la peseta

Honduras-el lempira
Cuba-el peso
la República Dominicana-el peso
Puerto Rico-el dólar
México-el peso
Guatemala-el quetzal
El Salvador-el colón
Nicaragua-el córdoba
Venezuela-el bolívar
Costa Rica-el colón
Panamá-el balboa
Colombia-el peso
Bolivia-el boliviano
Ecuador-el sucre
Perú-el nuevo sol
Paraguay-el guaraní
Chile-el peso
Uruguay-el nuevo peso
Argentina-el peso

| | | | |
|---|---|---|---|
| 1000 | mil | 230,000 | doscientos treinta mil |
| 2000 | dos mil | 500,000 | quinientos mil |
| 10,000 | diez mil | 1,000,000 | un millón (de) |
| 26,000 | veintiséis mil | 3,700,000 | tres millones, setecientos mil |
| 100,000 | cien mil | 150,000,000 | ciento cincuenta millones (de) |

### Actividad 5. Asociaciones: ¿Cuánto cuestan?

¿Cuánto cuestan en los Estados Unidos los siguientes aparatos para la casa? Haga una lista, empezando con el artículo más caro y terminando con el más barato. Luego decida cuáles considera usted más útiles y necesarios y explique por qué.

GRUPO A
1. un televisor en colores
2. un abrelatas eléctrico
3. una calculadora de bolsillo
4. un horno de microondas
5. un refrigerador

GRUPO B
1. un radio-reloj despertador
2. una licuadora
3. una sartén eléctrica
4. un radiocassette portátil
5. una videocasetera

# «Nada más» de María Elena Walsh

María Elena Walsh (Argentina, 1930– ) es una artista de muchos talentos: poeta, actriz, cantante; también ha escrito obras de teatro para niños. Entre sus canciones publicadas se encuentra «Nada más», que habla de las cosas que no se pueden comprar con dinero.

Con esta moneda
me voy a comprar
un ramo[1] de cielo
y un metro de mar,
un pico[2] de estrella,
un sol de verdad,
un kilo de viento,
y nada más.

[1]*a piece (of sky); lit., a bouquet*  [2]*point*

## Comprensión

1. ¿Qué se va a comprar la poeta?
2. ¿Es posible comprar esas cosas en realidad?
3. ¿Cómo interpreta usted el poema? ¿Qué quiere decir María Elena Walsh cuando expresa su deseo de comprar elementos de la naturaleza?

## Ahora... ¡usted!

1. ¿Disfruta usted de la naturaleza? ¿Por qué? Explique.
2. ¿Qué elementos le gustan? ¿Le gustan, como a la poeta, el cielo, el mar, las estrellas y el viento?

## Un paso más... ¡a escribir!

Imagínese que usted tiene una moneda mágica y que con ella puede comprar cualquier cosa que se encuentre en la naturaleza. ¿Qué va a comprar? ¿Por qué? Escriba un poema, una canción o una composición para describir su compra.

### Actividad 6. Intercambios: El precio de una casa

Pregúntele a su compañero/a cuánto cuestan estas casas y luego dígale qué casa prefiere usted y por qué.

**SAN ANTONIO, TEXAS**
4 dormitorios ○ 3 baños ○ sala de recreo ○ garaje para 3 carros ○
○ $198,800.00

**FILADELFIA, PENSILVANIA**
3 dormitorios ○ 2 baños ○ chimenea enorme ○ cocina renovada ○
○ $165,000.00

**SAN JUAN, WASHINGTON**
2 dormitorios ○ 1 baño ○ cocina y comedor combinados ○ vista panorámica ○
○ $185,750.00

**MIAMI, FLORIDA**
3 dormitorios ○ 3 baños ○ terraza con spa ○ aire acondicionado ○ garaje para dos autos ○
○ $174,900.00

**ANN ARBOR, MICHIGAN**
4 dormitorios ○ 3 baños ○ piscina ○ cocina amplia ○ sala y sala de recreo ○ corral y establo para caballos ○
○ $262,000.00

**SANTA CRUZ, CALIFORNIA**
5 dormitorios ○ 5 baños ○ cocina ultramoderna ○ dos salas enormes con chimenea ○ garaje para 4 carros ○ piscina y canchas de tenis ○
○ $774,500.00

# Comprando ropa

### Actividad 7. Definiciones: La ropa

| | | | |
|---|---|---|---|
| **1.** la bufanda | **a.** | Se ponen en los pies. |
| **2.** el pijama | **b.** | Se usa para dormir. |
| **3.** los calcetines | **c.** | Se usa para sujetar los pantalones. |
| **4.** el cinturón | **d.** | Se ponen en las manos cuando hace frío. |
| **5.** los guantes | **e.** | Se pone en el cuello cuando hace frío. |

## LAS PALABRAS VIVEN

**La ropa y otras prendas:** En Argentina y Uruguay **la falda** es también **la pollera**. En esos dos países y en Cuba **el suéter** es **el pulóver**, que en España se llama **el jersey**. Los cubanos le llaman **el brazalete** a **la pulsera**. Y en algunos países **la cartera** es también **la bolsa** o **el bolso**.

### Actividad 8. Intercambios: Una venta

# deTodo
San Francisco esquina Félix Cuevas
## GRAN LOTE REBAJADO

### Para niñas
**Pantalones** de pana de algodón, corte vaquero; tallas para 10 a 16 años de $99.00 a **$79.99**

**Suéter** cerrado, de acrilán, cuello «V» en colores de moda; tallas 4 a 16 años de $70.00 a **$54.99**

### Para damas
**Pantalón** estilo «jean» en mezclilla de algodón, corte recto; tallas del 5 al 13 de $109.50 a **$69.50**

Elegante **vestido** de manga corta y elástico en la cintura, % poliéster en los modelos y los colores de moda; tallas del 36 al 42 de $135.00 a **$115.75**

### Para niños
**Chamarra** en pana de algodón, elástico en mangas y cintura, en gris, azul marino o beige; tallas 8 a 10 años de $245.00 a **$189.90**

**Playera** de algodón, manga larga o corta; tallas de 6 a 15 años, colores de moda de $55.69 a **$39.99**

### Para caballeros
**Saco** de hilo y algodón, en gris y negro de $255.00 a **$191.90**

Comodísimos **zapatos** de fina piel, importados de Italia, en todos los tamaños de $398.99 a **$298.99**

# deTodo *tiene* de todo
## Para toda la familia

MODELOS:   E1:  ¿Cuánto cuesta una playera de algodón?
            E2:  Cuesta 39 pesos, 99 centavos.

           E1:  ¿Cuánto costaban los sacos?
            E2:  Costaban 255 pesos.

           E1:  ¿Cuánto ahorras si compras el suéter?
            E2:  Ahorro 15 pesos y un centavo.

## EL MUNDO HISPANO... imágenes

¿**Q**ué ropa les gusta llevar a los jóvenes hispanos? Pues, hay varios estilos de moda. Los *jeans*, o pantalones vaqueros, se llevan para casi toda ocasión. La ropa va con la personalidad. Hay jóvenes que se visten con mucha elegancia y formalidad, mientras que otros prefieren la ropa cómoda y amplia, por ejemplo, las camisas y camisetas de tamaño gigante ¡y pantalones enormes!

Como en los Estados Unidos, en el mundo hispano los estilos de años pasados están siempre regresando. En la década actual hay una combinación interesante de la ropa *hippie* de los años sesenta y del estilo *new wave* de los años ochenta. Y los atuendos[1] que usan los cantantes de música popular —sobre todo los de rock y rap— influyen mucho en la manera de vestir de los adolescentes hispanos.

[1]*outfits*

## Actividad 9. Intercambios: De compras

Imagínese que usted acaba de ir de compras a varias tiendas de ropa en México, D.F. Su compañero/a le pregunta qué cosas compró usted, dónde las compró, cuánto le costaron y de qué material son.

MODELO:  E1: ¿Qué compraste?
E2: *Una guayabera azul.*
E1: ¿Cuánto te costó?
E2: *Estaba rebajada a $35.00.*
E1: ¡Qué *barata*! ¿De qué es?
E2: *Es de algodón.*
E1: ¿Dónde *la* compraste?
E2: *En el Bazar de San Ángel.*

PRENDAS
un suéter de lana ($360.50)
una bufanda de seda ($144.00)
un par de guantes de piel ($392.00)
una cartera de cuero ($440.00)
un pijama de seda ($544.00)
una bata de algodón ($200.00)
un sombrero color caqui ($528.75)
un vestido de lino ($976.00)
un anillo de plata ($120.00)
un pantalón de mezclilla ($360.00)
¿ ? ($____)

TIENDAS
El Palacio de Hierro
El Correo Francés
Safari Europeo
Sanborn's
el Bazar de San Ángel
Milano—Ropa para Caballero
la Zapatería Tres Estrellas
Trajes Suárez
Mercado de Artesanías
El Puerto de Liverpool

## EL MUNDO HISPANO... su gente

**A**na Lilia Gaitán tiene 31 años y es de Chile.

*¿Ha tenido usted alguna experiencia cómica o desagradable en una tienda?*

Una vez acompañé a una de mis amigas y a su mamá a comprar una falda; ésta tenía que ser muy elegante, pues la señora la usaría en el matrimonio de mi amiga. Fuimos a una tienda elegante en Providencia.[1] La señora se probó tantas faldas que al final ella se ponía una encima de la otra.[2] Pero no compró ninguna, pues nada de lo que nos gustaba a mi amiga y a mí estaba dentro del presupuesto.[3]

Cuando salimos de la tienda la señora decía que se sentía incómoda,[4] que tenía mucho calor y de repente[5] se pone a reír y con cara asustada nos mira y nos dice: «¿Saben, chiquillas? ¡Tengo una falda de la tienda puesta!»

¡Qué distraída la señora!, pensé yo.

[1]zona en la ciudad de Santiago de Chile   [2]una... *one over the other*   [3]*budget*
[4]*uncomfortable*   [5]de... *suddenly*

## Actividad 10. Situación: De compras en Cancún

Imagínese que usted está de vacaciones en Cancún. Entra a una tienda de ropa donde hay ropa muy original, de colores vivos. Todo le gusta, y quiere comprar algo. Uno de ustedes debe hacer el papel de dependiente/a y la otra persona, el de turista. Pruébese varias cosas y comente cómo le quedan.

DEPENDIENTE/A:  ¿En qué puedo servirle?
TURISTA:  Quisiera probarme un(a) _____.
DEPENDIENTE/A:  ¿Qué talla usa?
TURISTA:  ¿Talla? Pues, creo que _____.
DEPENDIENTE/A:  ¿Por qué no se prueba éste/a? Creo que le va a quedar bien.
TURISTA:  A ver... Pues, ... creo que me queda _____.
DEPENDIENTE/A:  Entonces, pruébese éste/a.
TURISTA:  ...

# Las compras y el regateo

*Lea Gramática 13.4–13.5.*

## Actividad 11. Asociaciones: Las tiendas en el mundo hispano

¿Dónde se compran estas cosas?

MODELO: el helado → El helado se compra *en la heladería.*

| | | |
|---|---|---|
| **1.** la fruta | **5.** el pan | **9.** los muebles |
| **2.** la carne | **6.** las tortillas | **10.** los juguetes |
| **3.** un anillo (joya) | **7.** un reloj | **11.** las flores |
| **4.** los zapatos | **8.** un libro | **12.** los dulces |

Ahora, entreviste a un compañero / una compañera. (Hay más preguntas en la próxima página.)

**1.** ¿Cómo se llama tu zapatería favorita? ¿Por qué te gusta comprar los zapatos allí?

2. ¿Hay muchas librerías en tu ciudad? ¿Cuál prefieres? ¿Vas allí con frecuencia?

3. ¿Vas con frecuencia a las joyerías? ¿Compras algo o solamente te gusta ver las joyas?

4. ¿Te gustan los dulces y los chocolates? ¿Cómo se llama la dulcería más famosa de tu ciudad?

5. ¿Compras el pan en el supermercado o vas a una panadería? ¿Hay una panadería buena en tu barrio? ¿Cómo se llama?

## LAS PALABRAS VIVEN

**Las tiendas:** La tienda de comestibles (el mercado) es también **la tienda de abarrotes** en México, **el almacén** o **la pulpería** en Sudamérica y **la bodega** o **la trucha** en algunos países de América Central.

### Actividad 12. Narración: Un día de compras

¿Qué hizo Amanda y qué compró? Narre las experiencias de Amanda en su día de compras.

### PALABRAS ÚTILES

| | | |
|---|---|---|
| primero | más tarde | también |
| luego | después | por fin |

El Rastro, un mercado al aire libre en un barrio típico de Madrid. Para comprar en el Rastro hay que regatear. ¡Es un juego y hay que saber jugarlo!

## VOCABULARIO ÚTIL

| | |
|---|---|
| miradme | *look at me (vosotros/as command)* |
| Ya vais a ver | *You'll see (vosotros/as)* |
| ¿A que no adivina? | *I bet you can't guess* |
| no nos atrevimos | *we didn't dare* |
| de ahora en adelante | *from now on* |
| ¡qué pinta! | *quite a look!* |

**S**i a usted le gusta regatear, Madrid le ofrece una experiencia ideal: el Rastro. En la siguiente carta, Clara Martin le describe ese lugar a la profesora Martínez. Obviamente, a la joven le fascinó el Rastro. También aprendió una lección valiosa sobre el regateo.

Estimada profesora:

Hoy tuve una experiencia muy interesante que quiero contarle. Fui de compras con un grupo de estudiantes al Rastro. Nos acompañó José Estrada, un amigo español. El Rastro me fascinó; es un mercado al aire libre y los domingos por la mañana varias calles de esta zona se cierran al tránsito y se llenan de puestos y de gente.

En el Rastro se puede comprar de todo: desde pájaros o cuadros hasta ropa, zapatos, radios y libros. Es divertido escuchar las voces de los vendedores que ofrecen su mercancía: «¡Los precios más bajos!» «¡La mejor calidad!»

Cuando llegamos al lugar, José nos dijo: —Para comprar aquí hay que regatear. Porque si no, pagas el precio más alto. Es como un juego, y uno tiene que saber jugarlo. Miradme a mí...

José fue entonces a un puesto de ropa para hombres y le preguntó al vendedor: —Oiga, señor, ¿cuánto cuesta esta chaqueta?

—Veinte mil pesetas, joven.

—¿Veinte mil? Es demasiado cara.

—¡Pero es de muy buena calidad!

José tocó la chaqueta, la miró, la revisó con cuidado y luego le dijo al vendedor: —Le doy diez mil pesetas.

—Imposible —respondió el vendedor—. Se la dejo en dieciocho mil.

—Bueno, voy a pensarlo.

Dimos sólo unos pasos para irnos y en seguida escuchamos la voz del vendedor: —No se vaya, joven, no se vaya. Pues... quince mil. ¿Qué le parece quince mil?

José no compró la chaqueta. Sólo quería enseñarnos una lección. (El pobre vendedor, ¡no hizo su venta!) Cuando nos fuimos de aquel puesto, José nos dijo sonriendo:

—Probablemente vamos a encontrar una chaqueta igual por mejor precio. Ya vais a ver.

En esa misma calle, un poco más abajo, vimos otro puesto de ropa para hombres y allí José sí compró la chaqueta. ¿A que no adivina por cuánto? ¡Por ocho mil pesetas! ¡Qué ganga!

Todos pensamos regresar al Rastro el próximo domingo, porque hoy no nos atrevimos a regatear. Estoy ansiosa por probar mi suerte con este juego. Hasta ahora, sólo he ido de compras en Galerías Preciados y El Corte Inglés. Pero, comparado con esos dos almacenes, el Rastro es mucho más divertido. Si aprendo a regatear, de ahora en adelante voy a ir allí de compras.

Recibí sus dos amables cartas, profesora, y me agradaron mucho ¡Le agradezco todos sus consejos! Gracias a usted hablo esta lengua y conozco esta cultura fascinante.

Un abrazo muy fuerte,

Clara

P.D. Aquí le mando una foto mía. Ya era hora, ¿no? Me la tomó mi amiga Pilar en el Rastro. Como diría ella, ¡qué pinta!

## Comprensión

¿Quién diría cada oración, Clara (**C**), José (**J**), el vendedor (**V**) o ninguno de ellos (**N**)?

1. _____ Cuesta demasiado.
2. _____ Es una chaqueta de muy buena calidad.
3. _____ Me gusta, pero es muy barata. Le ofrezco mil pesetas más.

4. _____ ¿Se la envuelvo?
5. _____ Voy a pensarlo un poco.
6. _____ Se la dejo en quince mil pesetas.
7. _____ Hoy no compré nada.
8. _____ Sí, señor, me gusta. Envuélvamela, por favor.
9. _____ En el Rastro hay que regatear.

## Ahora... ¡usted!

1. ¿Ha ido de compras en otro país? ¿Dónde? ¿Cuándo? ¿Qué compró? ¿Pudo regatear o era una tienda de precios fijos?
2. ¿Dónde se puede regatear en los Estados Unidos? ¿Qué diferencias hay entre regatear en los Estados Unidos y regatear en el extranjero?
3. ¿Le gusta ir de compras solo/a o acompañado/a? ¿Por qué?
4. ¿Prefiere ir de compras cuando hay una venta especial o cuando hay menos gente?

### Un paso más... ¡a escribir!

Imagínese que hay un mercado como el Rastro en su ciudad y que usted está de compras allí. Quiere comprar un objeto muy especial, pero cuesta demasiado. Escriba un diálogo entre usted y el vendedor / la vendedora. ¡Y no olvide regatear!

# En resumen

## De todo un poco

Drama: ¡Tengo frío!

Usted está en el Rastro de Madrid y busca un suéter de lana o una chaqueta de cuero. Ve algo que le gusta. Trabaje con un compañero / una compañera para crear un diálogo en el que usted regatea un poco.

### FRASES ÚTILES

| | |
|---|---|
| ¿Qué talla lleva usted? | ¿Me lo/la puede dejar en... ? |
| (No) Me queda bien. | Es de muy buena calidad. |
| Me queda apretado/a (suelto/a). | Es de... Está hecho/a a mano. |
| Me queda grande/pequeño/a. | No puedo rebajárselo/la tanto. |
| No traigo tanto dinero. | Lléveselo/la por... |
| No puedo gastar tanto. | ¿Se lo/la envuelvo? |

## ¡Dígalo por escrito!

Un desfile de modas

Trabajando en grupos de cuatro, preparen un desfile de modas y preséntenselo a los demás compañeros de clase. Todos los modelos deben explicar en detalle lo que llevan. Después, entréguenle el guión al profesor / a la profesora.

---

### VIDEOTECA

Diego, el estudiante de Los Ángeles, quiere comprarle un regalo a su hermana. Él y su amiga Lupe van de compras a un mercado al aire libre. ¿Qué decide comprarle? Describa el artículo que le compra. ¿De qué material es? Diego regatea con la vendedora el precio del artículo. ¿Cuánto paga al final? ¿Por qué queda impresionada Lupe? En el Capítulo 13 del *Cuaderno de trabajo* hay más actividades para hacer después de ver el video.

# Vocabulario

## Los materiales

| | |
|---|---|
| **el acero** | steel |
| **el algodón** | cotton |
| **el cartón** | cardboard |
| **el corte (recto)** | (straight) cut (*style*) |
| **el cuero** | leather |
| **la goma** | rubber |
| **el hierro** | iron |
| **el hilo** | thread; linen |
| **el ladrillo** | brick |
| **la lana** | wool |
| **el lino** | linen |
| **la materia prima** | raw material |
| **la mezclilla** | denim |
| **el oro** | gold |
| **la pana** | corduroy |
| **la piedra** | stone |
| **la piel** | leather |
| **la plata** | silver |
| **la seda** | silk |

**PALABRAS SEMEJANTES: el acrilán, el cemento, el diamante, el elástico, el metal, el plástico, el poliéster**

**REPASO: la madera, el vidrio**

## Las prendas de vestir y las joyas
Articles of Clothing and Jewelry

| | |
|---|---|
| **la bata** | (bath)robe |
| **el bolsillo** | pocket |
| **la bufanda** | scarf |
| **los calcetines** | socks |
| **los calzoncillos** | underpants |
| **el camisón** | nightgown |

| | |
|---|---|
| la cartera | wallet |
| la chamarra | jacket |
| la combinación | (women's) slip |
| el cuello en V | V-neck |
| la gorra | cap |
| el guante | glove |
| la guayabera | *embroidered shirt of light material worn in tropical climates* |
| la manga | sleeve |
| las medias | stockings |
| las pantaletas | women's underpants |
| las pantimedias | pantyhose |
| un par de... | a pair of . . . |
| el paraguas | umbrella |
| la playera | T-shirt (*Mex.*) |
| ¿Qué talla usa? | What size do you wear? |
| la ropa interior | underwear |
| el sostén | bra |
| las zapatillas | slippers |
| los zapatos de tacón alto | high-heeled shoes |

**REPASO: el anillo, las botas, la camiseta, el cinturón, el pijama, el suéter, los pantalones vaqueros**

## Los verbos

| | |
|---|---|
| acabar de (+ *inf.*) | to have just (*done something*) |
| alarmarse | to become alarmed |
| dárselo(s)/la(s) en: Se lo(s)/la(s) doy en... | I'll let you have it/them for . . . |
| dejar en: Se lo(s)/la(s) dejo en... | I'll let you have it/them for . . . |
| devolver (ue) | to return (*something*) |
| envolver (ue) | to wrap |
| gastar | to spend (*money*) |
| llevarse | to take away |
| me lo llevo | I'll take (buy) it |
| mostrar (ue) | to show |
| probarse (ue) | to try on |
| quedarle apretado/suelto | to fit tightly/loosely |
| quedarle bien/mal | to look nice/bad on one |
| quedarle grande/pequeño | to be too big/small |
| Me queda... | It is . . . on me |
| rebajar (tanto) | to lower the price (so much) |
| regatear | to bargain |
| sujetar | to hold up; to attach |
| traer dinero | to have money with one |
| valer | to be worth |
| ¿Cuánto vale? | How much is this (worth)? |
| vender | to sell |

**PALABRAS SEMEJANTES: derivar, exportar, utilizar**

**REPASO: ahorrar, pagar**

## Las personas

| | |
|---|---|
| el caballero | gentleman |
| la dama | lady |
| el escritor / la escritora | writer |
| el fotógrafo / la fotógrafa | photographer |
| el vendedor / la vendedora | salesman/saleswoman |

**REPASO: el ama de casa (*f.*), el contador / la contadora**

## Las lugares

| | |
|---|---|
| la carnicería | meat market |
| la dulcería | candy store |
| la frutería | fruit store |
| la heladería | ice cream parlor |
| la joyería | jewelry store |

**REPASO: la panadería, la papelería, la zapatería**

## Los sustantivos

| | |
|---|---|
| el abrelatas | can opener |
| el aparato doméstico | appliance |
| el asador | barbecue grill |
| la caja | box |
| la calidad | quality |
| el cepillo | brush |
| la fabricación | making, manufacture |
| las herramientas | tools |
| la joya | jewel |
| la licuadora | blender |
| el martillo | hammer |
| la mecedora | rocking chair |
| la moda | fashion |
| la pala | shovel |
| el radiocassette (portátil) | (portable) radio cassette player |
| el radio-reloj despertador | alarm clock radio |
| el Rastro | the Rastro (*Madrid flea market*) |
| el regateo | bargaining |
| el rollo de película | roll of film |
| la sala de recreo | recreation room |
| el tamaño | size |
| la tela | material (*cloth*) |
| la tienda de campaña | tent |
| las tijeras | scissors |
| la venta | sale |
| la videocasetera | VCR |

**PALABRAS SEMEJANTES: el aire acondicionado, la calculadora, la cerámica, la construcción, el corral, el establo, el estilo, el lote**

**REPASO: el sueldo, el televisor, en colores**

## Las unidades monetarias y el dinero
Monetary Units and Money

| | |
|---|---|
| el balboa | *monetary unit of Panama* |
| el bolívar | *monetary unit of Venezuela* |
| el centavo | cent |
| el colón | *monetary unit of Costa Rica, El Salvador* |
| el córdoba | *monetary unit of Nicaragua* |
| el guaraní | *monetary unit of Paraguay* |
| la lempira | *monetary unit of Honduras* |
| el nuevo sol | *monetary unit of Peru* |
| el sucre | *monetary unit of Ecuador* |
| el quetzal | *monetary unit of Guatemala* |

**PALABRAS SEMEJANTES: el cheque, el dólar**

**REPASO: la peseta, el peso**

## Los adjetivos

| | |
|---|---|
| azul marino | navy blue (*color*) |
| cerrado/a | closed |
| cómodo/a | comfortable |
| color caqui | khaki |
| (color) vivo | bright (color) |
| de cuadros | checkered, plaid |
| de lunares | polka-dotted |
| de moda | fashionable |
| de rayas | striped |
| estrecho/a | tight |
| fino/a | of good quality |
| hecho/a a mano | handmade |
| hecho de... | made of . . . |
| precioso/a | beautiful; precious |
| rebajado/a | reduced (*price*) |
| renovado/a | remodeled |

**PALABRAS SEMEJANTES: alarmado/a, beige, enorme, importado/a, manual, resistente, translúcido/a**

## Palabras y expresiones útiles

| | |
|---|---|
| A ver | Let's see |
| ¿De qué (material) es? | What (material) is it made of? |
|   Es de... | It's (made) of . . . |
| ¿De qué está hecho/a? | What is it made of? |
|   Está hecho/a de... | It's made of . . . |
| no tener ni un centavo | to be broke |
| ¡Qué ganga! | What a bargain! |
| tener de todo | to be well-stocked |

## Los números

| | |
|---|---|
| mil | one thousand |
| ciento quince mil | one hundred and fifteen thousand |
| un millón | a million |
| un millón de | a million (*of something*) |
| cincuenta y dos millones de personas | fifty-two million people |

# LAS MAS TAQUILLERAS

«Independence day» invade las taquillas españolas.

| Película/Director | Semanas | Recaudación |
|---|---|---|
| 1 INDEPENDENCE DAY/Roland Emmerich | 1 | 33.614.622 |
| 2 TWISTER/Jan de Bont | 4 | 23.823.650 |
| 3 LA ROCA/Michael Bay | 7 | 17.260.135 |
| 4 BELLEZA ROBADA/Bernardo Bertolucci | 1 | 10.711.550 |
| 5 ERASER/Charles Rusell | 3 | 9.791.725 |
| 6 MOLL FLANDERS/Pen Desham | 1 | 6.787.300 |
| 7 MISION IMPOSIBLE/Brian de Palma | 12 | 4.593.300 |
| 8 TENGO UNA CASA/Mónica Laguna | 2 | 4.376.432 |
| 9 FARGO/Joel Coen | 13 | 2.824.375 |
| 10 EL CARTERO/Michael Radford | 47 | 2.246.225 |

Semana del 16 al 22 de septiembre       *FEDICINE*

# Gramática y ejercicios

## 13.1 Describing People and Things: Adjectives Used as Nouns

**¿Cuál prefieres, la chaqueta roja o la amarilla?** (*Which do you prefer, the red jacket or the yellow one?*)
**Prefiero la roja.** (*I prefer the red one.*)

**A.** In English and Spanish, adjectives can be nominalized (used as nouns). To nominalize an adjective in Spanish, delete the noun to which it refers and use a definite or indefinite article before the adjective.

—¿Te gusta esta **blusa**?      —*Do you like this blouse?*
—Sí, pero prefiero **la roja**.      —*Yes, but I prefer the red one.*

—¿Quieres una **ensalada** grande o **una pequeña**?      —*Do you want a large salad or a small one?*
—**Una grande**, por favor.      —*A large one, please.*

Note that **uno** rather than **un** is used in nominalizations before masculine singular adjectives.

—¿Tienes un **coche** viejo o **uno nuevo**?      —*Do you have an old car or a new one?*
—Tengo **uno** muy **viejo**.      —*I have a very old one.*

**Cuando compro ropa, nunca compro la de poliéster.** (*When I buy clothes, I never buy polyester.*)

**B.** The nominalization of adjectives is also possible in sentences that contain adjectival phrases using **de**.

Me gustan más los muebles de madera que **los de plástico**.      *I like wood furniture more than plastic (furniture).*
Carmen se compró una blusa de seda, pero yo me compré **una de algodón**.      *Carmen bought herself a silk blouse, but I bought myself a cotton one.*

**Lo difícil es hacer paella; lo bueno es comérsela.** (*The hard part is making paella; the good part is eating it.*)

**C.** To express an abstract idea using a nominalized adjective, use **lo** before the masculine singular form of the adjective: **lo atractivo, lo bueno, lo difícil, lo divertido, lo increíble, lo moderno, lo malo**, etc.\*

Hay muchas novelas buenas. **Lo difícil** es encontrar tiempo para leerlas.      *There are many good novels. The hard part is finding time to read them.*
**Lo malo** es que él nunca comprendió lo que hizo.      *The bad part (thing) is that he never understood what he did.*
¡Qué mercado más lleno de gente! **Lo bueno** es que pudimos regatear y comprar varias cosas a precios bajos.      *What a crowded market! The good thing is that we were able to bargain and buy some things at low prices.*

---

\***Lo que** corresponds to *what* (*that which*) in English.

Rafael no sabe **lo que** quiere.      *Rafael doesn't know what (that which) he wants.*
Lo bueno es que Amanda nunca supo **lo que** pasó.      *The good thing is that Amanda never found out what (that which) happened.*

## Ejercicio 1

Los estudiantes de la clase de español van a una fiesta, pero nadie puede decidir lo que va a llevar. Dígales lo que prefiere usted.

MODELO:   Carmen / las botas largas o las cortas →
Carmen, yo prefiero *las largas*.

1. Nora / el vestido largo o el corto
2. Alberto / el abrigo de cuero o el de lana
3. Pablo / el suéter ligero o el grueso
4. Carmen / la falda azul o la blanca
5. Esteban / la camisa de seda o la de algodón

## Ejercicio 2

Pregúnteles a los parientes y amigos de Estela lo que van a comprar.

MODELO:   Pedro Ruiz: un carro rojo / un carro azul→
Sr. Ruiz, ¿va a comprar *uno rojo* o *uno azul*?

1. Andrea Ruiz: una licuadora verde / una licuadora amarilla
2. Lola Batini: un abrelatas eléctrico / un abrelatas manual
3. Paula: un asador pequeño / un asador grande
4. Ramón: una raqueta grande / una raqueta mediana
5. Amanda: una computadora grande / una computadora portátil

## 13.2   Indicating Which One(s): Demonstrative Pronouns

When a demonstrative adjective (**este**, **ese**, **aquel**) functions as a noun, it is called a *demonstrative pronoun*.* As you saw in **Gramática 5.3**, there are three different demonstrative adjectives/pronouns to indicate distance from the speaker. Often you will hear these used in conjunction with adverbs of place that further clarify distance from the speaker.

| este/a, estos/as... aquí (*nearest*) | ese/a, esos/as... allí | aquel/aquella, aquellos/as... allá (*farthest*) |
|---|---|---|
| —¿Quieres este reloj o **ése**? | | —*Do you want this watch or that one?* |
| —Prefiero **éste**. | | —*I prefer this one.* |
| —Estos vestidos son muy caros. | | —*These dresses are very expensive.* |
| —Sí, pero **aquéllos** no. | | —*Yes, but those aren't.* |

---

*In *Dos mundos* and many other books you will see an accent on these pronouns because, until recently, they were always written with an accent mark to distinguish them from demonstrative adjectives. Obviously, all books published before the rule was changed have accents on demonstrative pronouns. Up-to-date usage suggests that the accent mark can be omitted when context makes the meaning clear.

## Ejercicio 3

Estas personas están tratando de decidir lo que quieren comprar. Use un adjetivo o un pronombre demostrativo en cada caso.

MODELO:  Ayer me gustó *esta* blusa, pero ahora prefiero *ésa* que está allí.

1. Me gusta _____ bata, pero voy a comprar _____, la rosada.

2. No me gustan _____ guantes. Quiero comprar _____, los negros.

3. Creo que _____ tijeras funcionan bien, pero por favor muéstreme _____, las que cuestan más.

4. No me dé _____ martillo; es demasiado pequeño. Déme _____.

5. _____ pijama es caro. Prefiero comprar _____ porque tiene el precio rebajado.

## 13.3 Talking About Price, Beneficiary, and Purpose: *por* and *para* (Part 2)

If a number is involved when you are choosing between **por** and **para** to express *for*, **por** is usually correct:
**por 10 kilómetros**
**por 250 pesos**
**por 3 horas**
**por 8 meses**

**para** = *in order to*, *for* (recipient)

**A.** You already know from **Gramática 10.3** that **por** is used as an equivalent for *through*, *by*, and *along* (**Caminamos por el río.**) and with time (**Esperamos por diez minutos.**). **Por** is also used with quantities and prices and corresponds to English (*in exchange*) *for*.

—Raúl, ¿cuánto pagaste **por** el suéter?
—Lo compré **por** sesenta pesos.

—*Raúl, how much did you pay for the sweater?*
—*I bought it for sixty pesos.*

**B.** In addition to indicating destination (**Mañana salgo para Madrid.**) and deadlines (**La tarea es para el lunes.**), **para** can be followed by an infinitive to indicate function or purpose. In such cases **para** corresponds to English (*in order*) *to*.

—¿**Para qué** usan estos trapos?
—**Para** limpiar las ventanas.

—*What do you use these rags for?*
—*To clean the windows.*

**Para** coser su propia ropa, uno necesita mucha paciencia.

*In order to make your own clothes, you need a lot of patience.*

**Para** is also used to indicate the beneficiary or recipient of something.

—¿**Para** quién es este regalo?
—Es **para** mi esposa.

—*For whom is this gift?*
—*It's for my wife.*

## Ejercicio 4

Indique la respuesta más lógica.

MODELO:   ¿Para qué haces ejercicio? →
Para mantenerme en buena condición física.

1. ¿Para qué vas a la biblioteca?
2. ¿Para qué estás limpiando tu cuarto ahora?
3. ¿Para qué vas a usar la aspiradora?
4. ¿Para qué trajiste las herramientas?
5. ¿Para qué compraste el mantel rojo?

a. limpiar la alfombra de la sala
b. reparar el coche
c. buscar un libro que necesito para una clase
d. usarlo en la fiesta esta noche
e. no tener que limpiarlo después

## Ejercicio 5

Complete los diálogos entre Pilar y Clara con **por** o **para**.

— Mira, ¡qué blusa más bonita! Y la compré _____[1] solamente 1.300 pesetas.
— ¿_____[2] quién es?
— Es _____[3] mi hermana, pero me gustaría comprar una _____[4] mí también.
— En El Corte Inglés vi unos pantalones Levi _____[5] 5.000 pesetas.
— Eso es un poco caro. Los míos los compré _____[6] 3.500.
— Acabo de comprar una bufanda de lana _____[7] 2.200 pesetas.
— ¿_____[8] quién es?
— Es _____[9] mi abuela.
— Yo vi unas bufandas de seda muy lindas en Galerías Preciados _____[10] solamente 3.100 pesetas.
— ¿Bufandas de seda? ¿A ese precio? ¡Es una ganga! Tal vez compre una _____[11] mi mamá también.

## 13.4   Exchanging Items: Indirect Object Pronouns

Certain verbs describe the exchange of items between persons: **dar** (*to give* [*something to someone*]), **traer** (*to bring* [*something to someone*]), **llevar** (*to carry, take* [*something to someone*]), **prestar** (*to lend* [*something to someone*]), **devolver** (*to give* [*something*] *back* [*to someone*]), **regalar** (*to give* [*something*] *as a gift* [*to someone*]), and so forth.

**¿RECUERDA?**

Indirect object pronouns generally answer the questions *To whom?* and *For whom?* Review **Gramática 1.6**, **5.1**, **7.4**, and **10.5** for more information about these pronouns.

Amanda me va a **traer** el disco
que le **presté**.

*Amanda is going to bring me the
record that I lent her.*

Guillermo me **devolvió** el dinero
que me debía.

*Guillermo returned (to me) the
money that he owed me.*

> Indirect object pronouns are
> used with verbs of giving and
> exchanging.
> **Pedro le dio un anillo a An-
> drea.** (*Pedro gave a ring to
> Andrea.*)

Normally these verbs are accompanied by indirect object pronouns (**me, te, le,
nos, os,** and **les**) even when the person involved is specifically mentioned.

**Le** di el dinero **a mi hermano
Guillermo.**

*I gave the money to my brother
Guillermo.*

Ramón, ¿**le** llevaste **a tu novia**
las flores que le prometiste?

*Ramón, did you take your girlfriend
the flowers you promised her?*

Amanda, ¿qué **le** vas a regalar **a
tu novio** para Navidad?

*Amanda, what are you going to
give (to) your boyfriend for
Christmas?*

## Ejercicio 6

Llene cada espacio en blanco con el pronombre apropiado y luego indique la(s)
respuesta(s) lógica(s).

MODELO: Este año mis padres *me* (a mí)...
   ⓐ prestaron dinero.
   ⓑ regalaron ropa nueva.
   ⓒ trajeron comida cuando
      estaba enfermo/a.
   d. dieron una F en la clase
      de matemáticas.

1. La semana pasada la profesora _____ (a nosotros)...
   a. hizo muchas preguntas.
   b. dio buenas notas.
   c. explicó el subjuntivo muy bien.
   d. regaló carros nuevos.
2. La semana pasada yo _____ (a mi mejor amigo/a)...
   a. conté mis secretos.
   b. ofrecí un café.
   c. hice un regalo barato y feo.
   d. compré una casa en las Bahamas.
3. En la última clase de español yo _____ (a mis compañeros)...
   a. dije: —¡Hola!
   b. regalé camisetas viejas.
   c. contesté las preguntas de las entrevistas.
   d. presté mis herramientas para hacer la tarea.
4. Ayer, cuando fui de compras, la dependienta _____ (a mí)...
   a. atendió muy bien.
   b. sirvió la cena rápidamente.
   c. llevó ropa de mi talla al probador.
   d. preguntó: —¿En qué puedo servirle?
5. La última vez que yo fui al cine contigo _____ (a ti)...
   a. compré palomitas.
   b. presté mi diccionario.
   c. conté toda la historia de la película antes.
   d. pagué $1000.00 por tu suéter favorito.

## 13.5  Referring to People and Things Already Mentioned: Using Indirect and Direct Object Pronouns Together

**Gramática ilustrada**

When the context is clear, you will be able to understand speech with two object pronouns, but you may not be able to produce such sentences for a while.

**A.** Sometimes there is more than one object pronoun in a sentence. This is common if you want to *do something for someone, take something to someone, fix something for someone, buy something for someone,* and so forth. The indirect object (**me, te, le, nos, os,** or **les**) is usually the person *for whom* you are doing something, and the direct object (**lo, la, los,** or **las**) is the thing involved.

indirect object pronoun (**me, te, le, nos, os, les**) = person to or for whom you are doing something

direct object pronoun (**lo, la, los, las**) = the thing involved

When two object pronouns are used together, the indirect object pronoun always precedes the direct object pronoun.

**Me las** compró ayer. (*He bought them for me yesterday.*)

The correct order of pronouns in a sentence is *indirect object + direct object*.
   Object pronouns:
1. are usually placed immediately before the verb.
2. may optionally be attached to the end of infinitives and present participles.
3. *must* be attached to the end of affirmative commands.

**Le** and **les** become **se** when they precede **lo, la, los,** or **las**.

—¿Me compraste las pantimedias ayer?
—Sí, **te las** compré por la tarde.

—*Did you buy me the pantyhose yesterday?*
—*Yes, I bought them for you in the afternoon.*

—¿Quiere usted **el postre** ahora?
—Sí, tráiga**melo**, por favor.

—*Do you want the dessert now?*
—*Yes, bring it to me, please.*

**B.** Note the following possible combinations with **me, te, nos,** and **os.**

| me lo(s) \\ me la(s) ∫ | *it/them to me* | nos lo(s) \\ nos la(s) ∫ | *it/them to us* |
| te lo(s) \\ te la(s) ∫ | *it/them to you (inf. sing.)* | os lo(s) \\ os la(s) ∫ | *it/them to you (inf. pl.)* |

Pedro, si **te** falta **dinero**, puedo prestár**telo**.

*Pedro, if you need money, I can lend it to you.*

—¿**Me** lavaste las camisetas el sábado?
—Sí, **te las** lavé; aquí están.

—*Did you wash my T-shirts on Saturday?*
—*Yes, I washed them for you; here they are.*

—Señores, ¿**les** preparo **la cena** ahora?
—No, por favor, prepáre**nosla** más tarde.

—*Gentlemen, should I prepare dinner for you now?*
—*No, please prepare it for us later.*

**C.** The indirect object pronouns **le** and **les** change to **se** when used together with the direct object pronouns **lo, la, los,** and **las.**

| se lo | *it (m.) to you (pol. sing.), him, her, them* |
| se la | *it (f.) to you (pol. sing.), him, her, them* |
| se los | *them (m.) to you (pol. sing.), him, her, them* |
| se las | *them (f.) to you (pol. sing.), him, her, them* |

All these combinations may look confusing in abstract sentences, but in the context of real conversations you will generally know to whom and to what the pronouns refer.

—Ernestito, ¿**le** llevaste a **papá** sus zapatillas?
—Sí, ya **se las** llevé.

—*Ernestito, did you take Dad his slippers?*
—*Yes, I already took them to him.*

—Mamá, ¿**le** compraste una camisa nueva a **papá**?
—Sí, **se la** compré hoy.

—*Mom, did you buy Dad a new shirt?*
—*Yes, I bought it for him today.*

—Guillermo, ¿**les** diste los discos compactos a las amigas de Amanda?
—Sí, **se los** di esta mañana.

—*Guillermo, did you give the CDs to Amanda's friends?*
—*Yes, I gave them to them this morning.*

—Señor Ramírez, ¿**le** entregó usted las llaves al **gerente**?
—Sí, **se las** entregué ayer.

—*Mr. Ramírez, did you hand in the keys to the manager?*
—*Yes, I handed them in to him yesterday.*

**D.** Remember that object pronouns can be attached to infinitives and present participles and are always attached to affirmative commands. When the verb form and the object pronouns are written together as one word, you must place an accent mark on the stressed syllable.

—Señorita López, en cuanto al informe para la señorita Saucedo, ¿va usted a **entregárselo** ahora?

—No, ya **se lo entregué** esta mañana.

—*Miss López, about that report for Miss Saucedo: are you going to give it to her now?*

—*No, I already turned it in to her this morning.*

—Adriana, necesito las listas de los clientes. ¿Vas a **preparármelas** esta tarde?

—No, estoy **preparándotelas** ahora mismo.

—*Adriana, I need the lists of clients. Are you going to get them ready for me this afternoon?*

—*No, I'm getting them ready for you right now.*

## Ejercicio 7

Hoy Ernestito le hace muchas preguntas a Guillermo. Conteste por Guillermo según el modelo.

MODELO:   ERNESTITO:  ¿Ya le diste la revista a mamá?
GUILLERMO:  Sí, *se la di* ayer.

1. ¿Ya le entregaste la tarea de biología a la profesora?
2. ¿Ya le vendiste el cassette de Lucero a Ramón?
3. ¿Ya le diste la carta a Amanda?
4. ¿Ya le prestaste la calculadora a Diego?
5. ¿Ya les llevaste la muñeca a las niñas?

Ahora Guillermo le hace a Ernestito algunas preguntas. Haga el papel de Ernestito y conteste según el modelo.

MODELO:   GUILLERMO:  ¿Cuándo me vas a mostrar tu nuevo radio cassette? →
ERNESTITO:  Voy a *mostrártelo* mañana.

6. ¿Cuándo vas a prestarme las herramientas para reparar mi bicicleta?
7. ¿Cuándo vas a devolverme el suéter que te presté la semana pasada?
8. ¿Cuándo vas a traerme el cassette de Alejandra Guzmán que me prometiste?
9. ¿Cuándo vas a darme la carta que me escribió Raúl?
10. ¿Cuándo vas a mostrarme tus libros nuevos?

## Ejercicio 8

La madre de Guillermo le hace algunas preguntas sobre lo que él va a hacer. Conteste por él, según el modelo.

MODELO:     MADRE:  ¿Les vas a mostrar tu nuevo radio portátil a tus amigos? →
GUILLERMO:  Sí, voy a *mostrárselo* mañana.

1. ¿Le vas a pedir dinero a tu padre?
2. ¿Les vas a prestar los juegos de video a Ernestito y a sus amiguitos?

3. ¿Le vas a llevar las fotos a tu abuelita?
4. ¿Les vas a devolver las herramientas a tus tíos?
5. ¿Le vas a regalar un cassette a Graciela?

## Ejercicio 9

Estela tiene mucha prisa y por eso le pide a Ernesto que haga algunas cosas. Conteste las preguntas, haciendo el papel de Ernesto.

MODELO: ESTELA: Sírveme el desayuno, por favor. →
ERNESTO: *Te lo estoy sirviendo* ahora mismo.

1. ¿Puedes darme una servilleta, por favor?
2. No voy a tener tiempo de salir a almorzar. ¿Puedes prepararme una torta de jamón?
3. Ernesto, quiero ponerme una blusa limpia. ¿Puedes planchármela?
4. Ay, tengo prisa y no encuentro mi cinturón. ¿Puedes buscármelo?
5. Hoy trabajé mucho y estoy muy cansada. ¿Puedes buscarme las pantuflas (zapatillas)?

## Ejercicio 10

Ernesto Ramírez le hace a Amanda varias preguntas sobre lo que van a hacer sus amigos, vecinos y familiares. Haga el papel de Amanda y conteste según el modelo.

MODELO: ERNESTO: ¿Te va a reparar Ramón tu radio cassette? →
AMANDA: Ya *me lo reparó* la semana pasada.

1. ¿Te va a regalar tu abuela una blusa nueva para tu cumpleaños?
2. ¿Te va a comprar Graciela un regalo para tu cumpleaños?
3. ¿Te va a prestar Guillermo su bicicleta para este fin de semana?
4. ¿Te va a traer Diego los libros de la escuela?
5. ¿Te va a dar tu madre el dinero para el cine?

LO MAS IMPORTANTE DEL CALDO RONDO ES LO QUE NO TIENE.

RONDO caldo

✔ SIN COLESTEROL

# CAPÍTULO 14

# Los consejos y el comportamiento

## METAS

In **Capítulo 14** you will practice persuading others by giving commands, offering advice, and making suggestions. You will also talk about child rearing and social behavior.

Caracas, Venezuela

# Actividades de comunicación y lecturas

## Las instrucciones y los mandatos

*Lea Gramática 14.1–14.2.*

Los mandatos de los vecinos mexicanos

### Actividad 1. Identificaciones: Mandatos para Ernestito

Si usted piensa un poco en su niñez, va a recordar que los niños pasan mucho tiempo escuchando órdenes. Ernestito tiene ocho años. ¿Quién le da los siguientes mandatos: la prima, la madre o la maestra?

|  | LA PRIMA | LA MADRE | LA MAESTRA |
|---|---|---|---|
| 1. Haz la tarea antes de acostarte. | ☐ | ☐ | ☐ |
| 2. Lee la Lección dos con mucho cuidado. | ☐ | ☐ | ☐ |
| 3. Sal de mi cuarto. | ☐ | ☐ | ☐ |
| 4. No toques mi muñeca. | ☐ | ☐ | ☐ |
| 5. No grites, estoy hablando por teléfono. | ☐ | ☐ | ☐ |
| 6. No escribas en tu pupitre. | ☐ | ☐ | ☐ |
| 7. Juega conmigo, por favor. | ☐ | ☐ | ☐ |
| 8. No me jales el pelo. | ☐ | ☐ | ☐ |
| 9. Escribe las respuestas en la pizarra. | ☐ | ☐ | ☐ |
| 10. Báñate y lávate los dientes. | ☐ | ☐ | ☐ |
| 11. No comas dulces ahora, que ya vamos a comer. | ☐ | ☐ | ☐ |
| 12. Quédate en tu pupitre. | ☐ | ☐ | ☐ |

### Actividad 2. Asociaciones: Los mandatos

¿Qué mandatos se le puede dar a... ?

1. un asistente de vuelo
2. una dependienta en una tienda de ropa
3. un mesero en un restaurante
4. un mecánico
5. una estudiante en una clase universitaria
6. su profesor(a)

### PALABRAS ÚTILES

| | | |
|---|---|---|
| tráigame... | enséñeme... | dígame... |
| entregue... | llévele... | explique... |
| estudie... | lea... | revise... |
| muéstreme... | | |

### Actividad 3. Descripción de dibujos: Mandatos para los muchachos Ramírez

Interprete los mandatos que sus padres y maestros les dan a Amanda, a Guillermo y a Ernestito.

## Actividad 4. Del mundo hispano: Consejos del veterinario

Lea esta columna y luego empareje a los amos con las recomendaciones del veterinario.

### Consejos del veterinario

problema bacteriano o de hongos. Llévala al veterinario para que le haga un cultivo.

■ **Cambié a mi tortuga de hábitat y desde entonces casi ha dejado de comer, incluso después de regresarla a su lugar. ¿Por qué?**
**Patricia Pidrahita**
Las tortugas tienen menos apetito ahora porque están medio invernando. Vigila la temperatura (22º y 28º) y si pasado un tiempo no reacciona llévala al veterinario.

■ **Mi perra de 13 años se fracturó la cadera, ¿debo sacrificarla?**
**Ma. del Pilar Ansa**
Depende de la fractura y su reparación. En principio es operable, pero hay que estudiar los riesgos de una operación en un animal tan mayor.

■ **A mi gata le salieron unas heridas, con caída de pelo, alrededor del cuello, ¿qué le pasa?**
**Marisol Briviesca**
Seguramente se trata de un

■ **Me gustaría saber por qué no crían mis dos parejas de periquitos.**
**Rosario Pérez**
Observa qué parejas se llevan mejor y júntalos en época de cría -primavera- en las mejores condiciones: un nido, tranquilidad, buena temperatura etc. Los periquitos son monógamos y tienen que "gustarse" para reproducirse.

**ENVIA TUS CARTAS A:**

"Consejos del Veterinario"
Revista **Clara**, Mier y Pesado 126, Col. del Valle. C.P. 03100.

1. al ama de la perra
2. al ama de los periquitos
3. al ama de la tortuga
4. al ama de la gata

a. «Cuida bien la temperatura.»
b. «Llévala al veterinario.»
c. «Obsérvalos bien. Si se llevan bien, ponlos juntos.»
d. «Opérale sólo si no hay muchos riesgos.»

Ahora, trabaje con un compañero / una compañera para inventar uno o dos problemas más que suelen tener los amos de las mascotas. Léanselos al resto de la clase para que los demás estudiantes respondan con unas recomendaciones lógicas.

### Actividad 5. Intercambios: Consejos para los amigos

Con su compañero/a, piensen en dos o tres buenos consejos para las siguientes personas. Luego, coméntenlos con el resto de la clase.

1. Un compañero: siempre llega tarde a clase.
2. Una estudiante nueva en su clase de español: quiere sacar buenas notas.
3. Su hermana menor: tiene muchos problemas con sus padres; usted no fue un «ángel» pero nunca tuvo problemas con ellos.
4. Un amigo: tiene una ex novia que a él ya no le gusta, pero ella es muy insistente.
5. Una amiga: va a salir con un chico a quien no conoce.
6. Su papá/mamá: está preocupado/a por el precio de la matrícula de la universidad.

# Las órdenes, los consejos y las sugerencias

*Lea Gramática 14.3.*

## Los consejos

## Actividad 6. Conversación: Consejos para una vida feliz

¿Qué importancia tienen estos consejos para tener una vida feliz? Explique sus opiniones.

Para vivir feliz, es indispensable que uno...
es importante que uno...
no es necesario que uno...

1. tenga paciencia.
2. cuide su salud.
3. visite a la familia y a los amigos con frecuencia.
4. trabaje por el gusto de trabajar y no solamente para ganar dinero.
5. duerma ocho horas diariamente.
6. se case con una persona físicamente atractiva.
7. conserve su sentido del humor.
8. no use drogas.
9. disfrute cada día.
10. viaje a otros países.

Ahora, invente dos o tres consejos que usted considere importantes para tener una vida feliz.

Es importante que uno...
Es indispensable que uno...

## EL MUNDO HISPANO... en los Estados Unidos

Ilia Rolón tiene 25 años y nació en Nueva York, donde vive ahora.

*¿Qué consejos le daría a alguien para que viva feliz? ¿Qué debe hacer esa persona?*

La felicidad no es un estado físico o emocional constante sino una serie de iluminaciones psicológicas que producen placer y satisfacción. Para ser feliz es necesario exponerse a personas, lugares, obras de arte, libros, música, cosas que produzcan sentimientos positivos. Uno es feliz cuando menos lo sospecha.[1] Uno es feliz cuando no tiene que preguntarse: ¿Soy feliz?

[1]cuando... *when you least suspect it*

Ciudad de Nueva York

EL OCÉANO ATLÁNTICO

## Actividad 7. Descripción de dibujos: ¿Qué les aconseja?

¿Qué les aconseja usted a estos compañeros de la clase de la profesora Martínez?

MODELO:   Le aconsejo / Le recomiendo *que llegue a clase a tiempo.*

Lan

Luis

Examen de sociología mañana a las 10:00.

Mónica

Alberto

sábado por la noche

Nora     Carmen

Esteban

## Actividad 8. Conversación: Influyendo en las acciones de los demás

Use estas frases para sugerirles algo importante a las siguientes personas: **le aconsejo que, espero que, es necesario que, es preferible que, es recomendable que, es mejor que**.

MODELO: Sr. Gobernador, *es recomendable que* usted nos *dé* más dinero para los servicios sociales.

| PERSONAS | IDEAS |
|---|---|
| **1.** Sr. Presidente | que nos dé más/menos tarea |
| **2.** Sr./Sra. _____ (su jefe/jefa) | que resuelva el problema del presupuesto |
| **3.** Sr. Senador / Sra. Senadora | que (no) ayude a los desamparados |
| **4.** Sr. Profesor / Sra. Profesora | que (no) suba los impuestos |
| **5.** ¿ ? | que me aumente el sueldo |
| | que (no) apruebe el proyecto nuevo |
| | que reduzca el déficit federal |
| | ¿ ? |

Ahora, deles consejos a algunos de sus compañeros de clase.

MODELO: Mike, *te ruego que no mastiques chicle* en clase.

### ALGUNAS IDEAS

que (no) vengas a la fiesta
que (no) invites a _____ a la fiesta
que (no) le prestes dinero a_____
que (no) llegues tarde / a tiempo
que (no) manejes tan rápido
que (no) hagas la tarea
que (no) me ayudes con la tarea

## Actividad 9. Entrevistas: Las metas

AL FINAL DE ESTE SEMESTRE (TRIMESTRE)
**1.** Después de terminar este curso, ¿vas a seguir estudiando español?
**2.** ¿Tienes amigos o parientes con quienes puedas practicarlo? ¿Puedes usar el español en tu trabajo?
**3.** ¿Te gustaría visitar algún país hispano? ¿Cuál?

DESPUÉS DE LA GRADUACIÓN
**4.** ¿Qué quieres hacer después de graduarte en la universidad? ¿Qué quieren tus padres que hagas?
**5.** Si vives ahora con tus padres, ¿quieres seguir viviendo con ellos por un tiempo? ¿Por qué? Explícame. ¿Quieren tus padres que sigas viviendo con ellos?
**6.** ¿Qué es más importante, seguir los deseos de uno mismo o los de los padres?
**7.** Si no estás casado/a, ¿quieres casarte? ¿Quieren tus padres que te cases? ¿Por qué? Explica.

# NOTA CULTURAL

## VOCABULARIO ÚTIL

| | |
|---|---|
| los refranes | sayings, proverbs |
| estiró la pata | kicked the bucket |
| la espada | sword |
| amenaza | threatens |
| cumple | follows through |
| ladra | barks |
| muerde | bites |
| madruga | wakes up |
| la sabiduría | wisdom |
| los dichos | sayings |
| te embarques | embark on a journey |
| el diablo | devil |

# Los refranes

Los refranes son una parte esencial de todo idioma. Estas frases populares expresan la actitud de los seres humanos hacia la vida, y también reflejan su cultura. El origen de muchas de estas expresiones se encuentra en la literatura y el folklore. Los refranes pueden ser muy humorísticos y siempre dan color al lenguaje coloquial. Aquí tiene algunos ejemplos. ¡Trate de usarlos!

Cuando decimos que una persona «pasó a mejor vida» o que «estiró la pata», queremos decir que murió. Cuando una persona tiene un dilema difícil de resolver, está «entre la espada y la pared». Si alguien ofrece su opinión abiertamente, con honestidad, se dice que esa persona «llama al pan, pan y al vino, vino»; en otras palabras, que expresa la verdad.

Con respecto a alguien que amenaza mucho pero no cumple sus amenazas, podemos comentar: «Perro que ladra, no muerde.» Las personas que se levantan muy temprano, trabajan más y tienen buena suerte, es porque «al que madruga, Dios le ayuda». Cuando hay un problema que puede afectar su vida y usted no lo sabe, no va a sufrir porque «ojos que no ven, corazón que no siente». Es decir, para usted el problema ¡prácticamente no existe!

Muchos de estos refranes expresan la sabiduría popular. Los siguientes dichos, por ejemplo, ofrecen algún tipo de consejo.

- «Más vale (andar) solo que mal acompañado.» Es mejor estar solo, sin amigos, que tener malos amigos.
- «El martes ni te cases ni te embarques.» El martes es un día de mala suerte, como el viernes trece en los Estados Unidos. No se debe hacer nada importante ese día.
- «Más vale pájaro en mano que cien volando.» No corra riesgos. Lo más seguro es lo que uno tiene ahora; no importa que sea poco. Debemos estar contentos con lo que tenemos.
- «Hay que consultarlo con la almohada.» Es necesario reflexionar y considerar las decisiones importantes con calma, cuando uno se acuesta.
- «Más sabe el diablo por ser viejo que por ser diablo.» Escuche los consejos de las personas mayores. Éstas tienen mucha experiencia del mundo porque han vivido más tiempo que usted.

## Comprensión

Busque el equivalente en inglés de cada refrán a continuación.

1. _____ Cada loco con su tema.
2. _____ Al que le venga el saco, que se lo ponga.
3. _____ Dime con quién andas y te diré quién eres.
4. _____ Agua que no has de beber, déjala correr.
5. _____ Aunque la mona se vista de seda, mona se queda.
6. _____ Estar entre la espada y la pared.
7. _____ La mentira tiene las piernas cortas.
8. _____ Perro que ladra, no muerde.
9. _____ Llamar al pan, pan y al vino, vino.

a. If the shoe fits, wear it.
b. Birds of a feather flock together.
c. Live and let live.
d. To each his own.
e. His bark is worse than his bite.
f. Oh, what a tangled web we weave . . .
g. To call a spade a spade.
h. You can't make a silk purse out of a sow's ear.
i. Between a rock and a hard place.

## Ahora... ¡usted!

1. ¿Recuerda algún refrán que usted aprendió cuando era niño/a? ¿Cuál es? ¿Quién le enseñó ese refrán?
2. ¿Hay una expresión en particular que su familia usa mucho? ¿Cuál es? ¿Qué significa?
3. ¿Le gusta usar refranes cuando conversa? ¿Por qué sí o por qué no?
4. En general, ¿para qué sirven los refranes?

 **Un paso más... ¡a escribir!**

Imagínese que usted va a enseñarle un refrán o expresión coloquial de su idioma a un estudiante hispano / una estudiante hispana. Escriba un diálogo explicándole a esta persona lo que significa el refrán. Luego trate de darle un equivalente en español.

# La crianza y el comportamiento

*Lea Gramática 14.4–14.5.*

### Actividad 10. Conversación: Cómo criar a los niños

Aquí tiene usted algunas ideas y sugerencias que da Ernesto para la crianza de Ernestito. ¿Está usted de acuerdo con estas sugerencias? Explique.

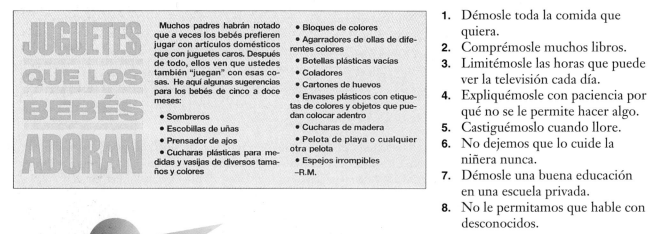

**JUGUETES QUE LOS BEBÉS ADORAN**

Muchos padres habrán notado que a veces los bebés prefieren jugar con artículos domésticos que con juguetes caros. Después de todo, ellos ven que ustedes también "juegan" con esas cosas. He aquí algunas sugerencias para los bebés de cinco a doce meses:

• Sombreros
• Escobillas de uñas
• Prensador de ajos
• Cucharas plásticas para medidas y vasijas de diversos tamaños y colores

• Bloques de colores
• Agarradores de ollas de diferentes colores
• Botellas plásticas vacías
• Coladores
• Cartones de huevos
• Envases plásticos con etiquetas de colores y objetos que puedan colocar adentro
• Cucharas de madera
• Pelota de playa o cualquier otra pelota
• Espejos irrompibles
–R.M.

1. Démosle toda la comida que quiera.
2. Comprémosle muchos libros.
3. Limitémosle las horas que puede ver la televisión cada día.
4. Expliquémosle con paciencia por qué no se le permite hacer algo.
5. Castiguémoslo cuando llore.
6. No dejemos que lo cuide la niñera nunca.
7. Démosle una buena educación en una escuela privada.
8. No le permitamos que hable con desconocidos.

## EL MUNDO HISPANO... su gente

**K**atia Capaldi tiene 22 años y es argentina.

*¿Cree usted que hay mucha diferencia entre los jóvenes de hoy y los de la generación de sus padres?*

Sí, creo que hay diferencias. Por ejemplo, los jóvenes de la generación de mis padres se veían obligados a desarrollar[1] más su imaginación, al no tener tanta televisión u otras cosas que actualmente ocupan parte de nuestro tiempo libre. Con respecto a la relación entre padres e hijos, no era muy diferente de la del presente: informal y de confianza.[2] Tanto como ahora, los jóvenes se expresaban libremente y luchaban por sus ideales y sus principios.[3]

[1]*develop*  [2]*de... based on trust*  [3]*principles*

## Actividad 11. Descripción de dibujos: La crianza de los niños

¿Qué les recomienda usted a los padres de estos niños y jóvenes?

MODELOS:  Le aconsejo al padre que *ayude a su hijo a limpiar el cuarto.*

Le recomiendo al padre que *no deje jugar a su hijo si no guarda los juguetes.*

## Actividad 12. Conversación: El comportamiento social de sus hijos

Imagínese que usted es la madre o el padre de un niño / una niña de 4 años. ¿Qué hace o dice usted en las siguientes situaciones? (Hay más en la próxima página.)

1. Su hijo/a no quiere jugar con el hijo / la hija de un amigo que ha llegado de visita.
2. Su hijo/a le pregunta si de veras existe Papá Noel. Sólo faltan seis semanas para la Navidad.
3. Usted entra en el comedor y ve que se ha roto un plato de porcelana muy bonito. Usted sospecha que lo rompió su hijo/a porque hace cinco minutos él/ella estaba jugando allí. Cuando se lo pregunta, su hijo/a no lo admite y dice: «No fui yo.»

Ahora su hijo/a tiene 13 años. ¿Qué hace o dice usted en estas situaciones?

4. Su hijo/a está enamorado/a y a cada rato quiere llamar a su novia/o por teléfono —hasta tres o cuatro veces al día.
5. Su hijo/a quiere llevar una prenda de ropa que está muy de moda pero que a usted no le gusta.
6. Su hijo/a no se lleva bien con uno de sus maestros. Ha habido varios problemas y ya no hace la tarea para esa clase. Dice que el maestro es un tipo imposible.

## EL MUNDO HISPANO... imágenes

**E**sta madre salvadoreña comparte la lectura con su hija. Ella sabe que hay que estimular a los niños a leer, que es importante que aprendan a disfrutar de la lectura. Además, algunas historietas,[1] leyendas y cuentos de hadas[2] tienen lecciones significativas. Estos textos les enseñan a los pequeños a discernir entre el bien y el mal, entre los «buenos» y los «malos». Esas lecturas les presentan una imagen del mundo.

Al escoger los textos de lectura para los niños, debemos cuidarnos de no reforzar los estereotipos y de no presentar relaciones demasiado violentas. Hay que buscar historias que no enfaticen los sentimientos negativos, como la vanidad y la envidia. Y es importante que ayudemos a los niños a cuestionar lo que leen, a pensar.

[1]literatura escrita para niños   [2]cuentos... *fairy tales*

## Actividad 13. Entrevista: Cuando sales...

1. ¿Sales mucho con tus amigos?
2. ¿Qué le dices a una persona a quien quieres invitar a salir contigo aunque no la conoces bien?
3. ¿Adónde vas la primera vez que sales con una persona?
4. ¿Es recomendable salir con una persona a quien no se conoce? ¿Te gusta salir en grupo o prefieres salir solo/a?

LECTURA «Lazarillo y el ciego» (selección)

**VOCABULARIO ÚTIL**

| | |
|---|---|
| el pícaro | *rogue* |
| el ciego | *blind man* |
| el racimo | *bunch* |
| el banquete | *feast* |
| el engaño | *trick* |
| de dos en dos | *by twos* |
| el trato | *agreement* |
| el bastón | *cane* |
| ¡me has engañado! | *you deceived me!* |
| astuto | *astute, clever* |

**E**l siguiente pasaje viene de la novela *Lazarillo de Tormes*, escrita en 1554 por un escritor español anónimo. Lazarillo es un niño muy pobre que no tiene padres ni hogar. Es por eso que vive con diferentes amos.

Sus aventuras son casi siempre humorísticas, pero también contienen mensajes y una crítica social. A Lazarillo se le conoce como el «pícaro», un personaje que aparece mucho en la literatura española.

En este pasaje, Lazarillo cuenta una anécdota de su vida con el ciego, uno de sus amos.

Un campesino le dio al ciego un racimo de uvas y el ciego decidió compartirlas conmigo. Nos sentamos entonces a disfrutar del banquete. ¡Teníamos tanta hambre! Pero antes de empezar a comer, mi amo me dijo:

—Quiero que los dos nos comamos este racimo y que tú comas tantas uvas como yo. Tú tomarás una y yo otra. Pero debes prometerme que no vas a tomar más de una uva cada vez. Yo voy a hacer lo mismo, hasta que acabemos el racimo y de esa manera no habrá engaño.

Hecho así el acuerdo, comenzamos a comer. Pero inmediatamente el ciego empezó a tomar uvas de dos en dos. Como vi que él rompía nuestro trato, decidí hacer lo mismo que él. Pero no me contenté con tomar sólo dos uvas. ¡Empecé a tomarlas de tres en tres y a veces hasta más!

Cuando terminamos el racimo, el ciego levantó su bastón y, moviendo la cabeza, dijo:

—Lázaro, ¡me has engañado!

—¿Yo? ¡No, señor! —le respondí.

—Estoy seguro que tomaste tres uvas cada vez. ¡Y a veces más!

—No es verdad. ¿Por qué sospecha eso? —le pregunté.

—Y el ciego astuto respondió:

—¿Sabes cómo lo sé? Porque cuando yo tomaba dos, tú no decías nada.

## Comprensión

Narre con sus propias palabras la anécdota, tomando en cuenta los siguientes pasos.

1. el racimo de uvas
2. el trato (o acuerdo)
3. el banquete
4. el engaño

## Ahora... ¡usted!

1. ¿Piensa que esta breve historia tiene un mensaje? Explique.
2. ¿Conoce alguna novela o cuento similar de su país? ¿Cuál es? ¿Qué tiene en común con la historia de Lazarillo?

 Un paso más... ¡a escribir!

Imagínese que usted va a contribuir a una nueva versión de la novela *Lazarillo de Tormes*. En esta versión, el pícaro Lazarillo vive en el mundo de hoy. Escriba una anécdota o aventura en la vida de este niño. Recuerde que es huérfano y no tiene hogar. ¿Contiene un mensaje la historia que usted va a contar?

## LAS PALABRAS VIVEN

# ¡Ojalá!

Una gran cantidad de palabras del idioma español son de origen árabe; por ejemplo, **algodón**, de *al qutn*. Además, varios lugares de España y México tienen nombres árabes, como Guadalajara y Guadalquivir (*guadi* significa **río**). Es de notar que el artículo árabe *al*, equivalente a *el* o *la*, se fundió con varios sustantivos. Por eso tenemos hoy las palabras **álgebra** (de *al-yabra*), **alberca**, **almohada**, **alcázar**, **alcohol** y **azúcar**, entre otras.

Una de las palabras de origen árabe más usadas en español es **ojalá**, la cual se refiere a Alá, nombre que dan los musulmanes a Dios. La palabra **ojalá** viene del árabe *wa-sa Alláh*, que significa «Y quiera Dios». Entonces, si por ejemplo uno dice, «¡Ojalá que llueva!», básicamente lo que está diciendo es «¡Que quiera Dios [Alá] que llueva!»; si dice «¡Ojalá que lleguemos a tiempo!», está diciendo «¡Que quiera Dios [Alá] que lleguemos a tiempo!»

Como casi todas las palabras árabes que se incorporaron al castellano, **ojalá** se hizo parte del español después de la invasión musulmana de la península Ibérica, la cual comenzó en el año 711. Durante ocho siglos, los musulmanes ocuparon el sur de la península. El lenguaje viajó rápidamente entre las comunidades musulmanas y las cristianas. De ahí que tantas palabras del idioma español (y también del inglés) vengan del árabe.

Encontramos palabras árabes en muchísimos campos. En el de la ciencia tenemos **almanaque**, que viene de *al-manaj*. En el campo de la medicina: **alcohol**, de *al-kuhl*, y **alcanfor**, de *al-kafur*. En la agricultura: **azahar**, que significa *orange blossom* y viene de la palabra árabe para «flor», *zhar*; también **alfalfa**, de *al-fasfasa*. En el campo de la arquitectura: **alcoba**, que viene de *al-qubba* y significa «cuarto pequeño» en árabe; **almacén**, de *al-majzan*, que quiere decir «depósito». Y, finalmente, en el campo del gobierno: **alcalde**, del árabe *al-qadi*, que significa «juez».

---

### EN NUESTRO MUNDO INCREÍBLE,...

- el programa de televisión hispano más popular es *El Show de Cristina*, que se transmite desde Miami, Florida. Es un programa al estilo de *Oprah* donde los invitados discuten cuestiones personales (sus relaciones o su estilo de vida) y el público interviene con preguntas y opiniones. ¡Un millón de personas mira este show!
- en 1995, se vendió en los Estados Unidos un total de dos mil millones de libros. Una tercera parte de éstos eran libros de información y consejos para el mejoramiento de la vida, lo que en inglés se llama *self-help books*.

---

# En resumen

### De todo un poco

Cartas a la pediatra Elsa Ríos

Trabajando en grupos, lean las siguientes cartas y hagan el papel de la doctora Ríos para darles consejos a los padres que se los piden. Recuerden usar el subjuntivo después de frases como **le recomiendo que**, **le aconsejo que** o **le sugiero que**.

1.

Querida doctora Ríos:

Mi hijo Toño tiene cinco años. Mi esposo y yo creíamos que iba a ser hijo único pero, para nuestra sorpresa, estoy embarazada. Últimamente Toño, que antes era un niño alegre y obediente, literalmente un ángel, se ha vuelto un niño egoísta que siempre está de mal humor y llora por nada. ¿Qué podemos hacer para que Toño sea nuestro angelito otra vez?

Padres preocupados

2.

Estimada doctora Ríos:

¡Por favor ayúdenos! Mi esposo y yo ya no sabemos qué hacer. Tenemos dos hijas, una de seis años y una de cinco años. Se parecen mucho físicamente pero su personalidad es 100 por ciento distinta. Lilia, la de seis años, es una niña callada y tímida, pero obediente y estudiosa. Sus maestros la quieren mucho y siempre la ponen de ejemplo.

Su hermana Clarita es todo lo opuesto, sobre todo en la escuela. Todos los días recibimos quejas. En la escuela disfruta peleando con todos los niños y en casa atormenta a Lilia. Ya estamos cansados de decirle que debe ser como su hermanita. Ella sólo se enoja más y dice que preferimos a Lilia, que a ella no la queremos. Nada es efectivo: ni regaños ni castigos. ¿Qué nos aconseja? ¿Cómo podemos resolver este problema tan tremendo?

Padres frustrados y tristes

## ¡Dígalo por escrito!

Querida Abby

Busque una copia de «Dear Abby» o de otra consejera semejante y escoja una de las cartas para contestar. ¿Qué opina usted? ¿Está de acuerdo con los consejos que le da Abby a la persona que escribió la carta? ¿Por qué? Explique. ¿Qué otro(s) consejo(s) tiene usted para esa persona? ¿Ha sufrido usted una experiencia semejante? Comparta esa experiencia en su respuesta.

## VIDEOTECA

En este segmento de video, José Miguel le cuenta a su prima Paloma que tiene un problema muy grave, y que quiere que ella lo aconseje. Identifique el problema que tiene José Miguel y apunte algunos de los consejos que le da Paloma. ¿Qué consejo le daría usted a José Miguel? Imagínese que usted es Paloma y aconseje a José Miguel. En el Capítulo 14 del *Cuaderno de trabajo* hay más actividades para hacer después de ver el video.

# Vocabulario

## Los verbos

| | |
|---|---|
| aprobar (ue) | to approve |
| aumentar | to increase |
| borrar | to erase |
| castigar | to punish |
| dejar (+ *infin.*) | to allow someone (*to do something*) |
| dejar que (+ *subjunctive*) | to allow someone (*to do something*) |
| enseñar | to show; to teach |
| influir | to influence |
| jalar | to pull |
| prestar | to lend |
| rogar (ue) | to beg |
| sacudir | to dust; to shake off |
| sospechar | to suspect |
| sugerir (ie, i) | to suggest |
| tener razón | to be right |
| volverse | to turn into, become |

**PALABRAS SEMEJANTES: admitir, conservar, interpretar, limitar, prohibir, responder**

**REPASO: aconsejar, criar(se)**

## Los mandatos

| | |
|---|---|
| bajarse: bájate | get off |
| hacer: haz | do; make |
| poner: pon atención | pay attention |
| salir: sal | get out |

## Frases impersonales

| | |
|---|---|
| Es mejor que... (+ *subjunctive*) | It is better that . . . |

**REPASO: Es... importante que, indispensable que, necesario que, recomendable que**

## Las personas

| | |
|---|---|
| el amo / el ama | master/mistress |
| los desamparados | homeless (people) |
| el desconocido / la desconocida | stranger |
| el jefe / la jefa | boss |
| la niñera | babysitter |
| (el) Papá Noel | Santa Claus |

**PALABRAS SEMEJANTES: el ángel, el gobernador / la gobernadora, el senador / la senadora**

**REPASO: el/la asistente de vuelo**

## Los sustantivos

| | |
|---|---|
| el castigo | punishment |
| el comportamiento | behavior |
| la crianza | upbringing |
| los dulces | candy |
| el gusto | taste |
| la mascota | pet |
| la matrícula | (school) registration |
| la meta | goal |
| el periquito | parakeet; little parrot |
| el presupuesto | budget |
| el regaño | scolding |
| el riesgo | risk |
| el ruido | noise |
| el sentido del humor | sense of humor |
| la tortuga | turtle |

**PALABRAS SEMEJANTES: el déficit, el documento, la educación, la importancia, las órdenes, la personalidad, el proyecto, el resto, el resultado, el subjuntivo**

**REPASO: los consejos**

## Los adjetivos

| | |
|---|---|
| distinto/a | different |
| embarazada | pregnant |
| estimado/a | dear; esteemed |
| de gran valor | of great value |
| universitario/a | of or pertaining to the university |

**PALABRAS SEMEJANTES: efectivo/a, egoísta, federal, imposible, insistente, obediente, privado/a, social**

## Palabras y expresiones útiles

| | |
|---|---|
| a cada rato | every few minutes |
| al final de | at the end of |
| aunque | although |
| contigo | with you |
| entre semana | on weekdays, during the week |
| uno/a mismo/a | oneself |

# Gramática y ejercicios

## 14.1 Giving Direct Commands: Polite and Informal
### Gramática ilustrada

A review of polite (**usted**) commands

**A.** Polite commands are used to give a direct order to someone you address with **usted**. The forms of the polite commands were introduced in **Gramática 11.1**. They are also the same as the **usted** form of the present subjunctive (see **Gramática 11.2** and **11.3**).

Remember that **-ar** verbs take «**e**» endings; **-er/-ir** verbs take «**a**» endings.

**hablar** → **hable**
**vender** → **venda**
**escribir** → **escriba**

| INFINITIVE | PRESENT (yo/usted) | COMMAND (usted) | COMMAND (ustedes) |
|---|---|---|---|
| habl**ar** | habl**o**/habl**a** | habl**e** | habl**en** |
| vend**er** | vend**o**/vend**e** | vend**a** | vend**an** |
| escrib**ir** | escrib**o**/escrib**e** | escrib**a** | escrib**an** |

affirmative **tú** commands = *he/she* form of present indicative

**Él/Ella/Usted** *come.* (*He/She eats; You* [*pol. sing.*] *eat.*)
***Come*** (**tú**). (*Eat* [*inf. sing.*].)

**Él/Ella/Usted** *arregla* los papeles. (*He/She straightens up the papers; You* [*pol. sing.*] *straighten up the papers.*)
***Arregla*** (**tú**) los papeles. (*Straighten up the papers* [*inf. sing.*].)

**B.** Singular informal commands are given to people you address with **tú** rather than **usted**—for example, your classmates or close friends.

Esteban, **trae** algunas bebidas para la fiesta.
*Steve, bring some drinks for the party.*

Nora, no **mandes** los libros ahora, por favor.
*Nora, don't send the books now, please.*

**C.** If the singular informal command is affirmative, it is identical to the *he/she* form of the present indicative.

Nora, **busca** las palabras en el diccionario y después **escribe** las definiciones.
*Nora, look up the words in the dictionary and afterward write down the definitions.*

Alberto, **come** temprano porque después vamos a la discoteca.
*Al, eat early because afterward we're going to the discotheque.*

¡Suscríbete a mia!

MIA está en los quioscos todos los lunes y es posible que en más de una ocasión te hayas quedado sin ella, al haberse agotado. Por ello, te ofrecemos la oportunidad de suscribirte a la revista más práctica y llena de consejos útiles para cada día de tu vida. Escríbenos.

negative **tú** commands = **usted** command form + **-s**

**hable** [usted]
**no hables** [tú]

**coma** [usted]
**no comas** [tú]

**pida** [usted]
**no pidas** [tú]

**venga** [usted]
**no vengas** [tú]

**D.** If the informal command is negative, add **-s** to the **usted** command form.

**No hables** con ella; habla con Esteban.
*Don't talk to her; talk to Steve.*

**No comas** tanto, Luis, y come más despacio.
*Don't eat so much, Luis, and eat more slowly.*

**E.** Here is a summary of the singular informal command forms.

| -ar VERBS | | -er/-ir VERBS | |
|---|---|---|---|
| (-a) | (-es) | (-e) | (-as) |
| habl**a** | no habl**es** | come | no com**as** |
| cant**a** | no cant**es** | escribe | no escrib**as** |
| estudi**a** | no estudi**es** | pide | no pid**as** |

The affirmative **tú** command of some verbs is irregular, but the negative command follows normal command/subjunctive rules.

**ven**
**no vengas**

**di**
**no digas**

**pon**
**no pongas**

**F.** Some verbs have an irregular affirmative informal command form; these verbs still take the regular forms in the negative.

| INFINITIVE | tú (+) | tú (−) | |
|---|---|---|---|
| decir | di | no digas | *say / don't say* |
| hacer | haz | no hagas | *do / don't do* |
| ir | ve | no vayas | *go / don't go* |
| poner | pon | no pongas | *put / don't put* |
| salir | sal | no salgas | *leave / don't leave* |
| ser | sé | no seas | *be / don't be* |
| tener | ten | no tengas | *have / don't have* |
| venir | ven | no vengas | *come / don't come* |

**Ven** ahora; no **vengas** mañana.
**Ponlo** en tu cuarto; no lo **pongas** en la cocina.

*Come now; don't come tomorrow.*
*Put it in your room; don't put it in the kitchen.*

affirmative **vosotros/as** commands = change final **-r** of infinitive to **-d**

hablar → hablad
decir → decid

negative **vosotros/as** commands = subjunctive

hablar → no habléis
decir → no digáis

**G.** Affirmative **vosotros/as** commands are derived from the infinitive by changing the final **-r** to **-d**. Negative **vosotros/as** commands use the subjunctive.

| INFINITIVE | vosotros/as (+) | vosotros/as (−) | |
|---|---|---|---|
| hablar | hablad | no habléis | *speak / don't speak* |
| comer | comed | no comáis | *eat / don't eat* |
| escribir | escribid | no escribáis | *write / don't write* |
| decir | decid | no digáis | *say / don't say* |
| ir | id | no vayáis | *go / don't go* |
| venir | venid | no vengáis | *come / don't come* |

**H.** Here is a summary of the polite and informal command forms.* Note that with the exception of the affirmative **tú** and **vosotros/as** commands, all commands use subjunctive forms.

| usted(es) | tú (−) | tú (+) | vosotros/as (−) | vosotros/as (+) |
|---|---|---|---|---|
| (no) hable(n) | no hables | habla | no habléis | hablad |
| (no) coma(n) | no comas | come | no comáis | comed |
| (no) escriba(n) | no escribas | escribe | no escribáis | escribid |
| (no) diga(n) | no digas | di | no digáis | decid |
| (no) ponga(n) | no pongas | pon | no pongáis | poned |

*Affirmative **vos** commands drop the **-r** of the infinitive and add an accent to the last vowel: **hablá vos, comé vos, escribí vos, decí vos, vení vos.** Negative **vos** commands are the same as the **tú** subjunctive forms, but these too add an accent to the last vowel: **no hablés vos, no comás vos, no escribás vos, no digás vos, no vengás vos.**

## Ejercicio 1

Éstos son algunos de los mandatos que Estela le dio a Ernestito durante el día. Complételos con **acuéstate, apaga, bájate, dile, habla, haz, lee, levántate, sal, ten, ve** o **ven**.

1. _____ rápido porque es muy tarde.
2. _____ conmigo a tu cuarto ahora.
3. _____ cuidado al cruzar la calle.
4. _____ de la casa por un ratito.
5. _____ de ese árbol ahora mismo.
6. _____ con tu papá si quieres una bicicleta nueva.
7. _____ en tu cama y _____ la luz.
8. _____ adiós a tu abuelita.
9. _____ a la sala y _____ uno de tus libros.
10. _____ tu tarea ahora y luego puedes ver la televisión.

## Ejercicio 2

Nora y Esteban están de compras en un mercado en Nuevo Laredo. Ponga los infinitivos en el mandato (**tú/usted**) apropiado para el contexto.

MODELO: Ay, Esteban, no *compres* dulces, *come* fruta. (comprar/comer)

1. _____ nos dos especialidades de la casa, por favor. (traer) No nos _____ la cuenta ahora. (dar)

2. _____ me éste, por favor. (mostrar) ¿Cuánto cuesta? ¡No me _____ ! (decir)

3. Momentito, _____ me aquí, Nora, quiero ver aquellas chaquetas de cuero. (esperar) No _____ a otra tienda. (irse)

4. _____ me el precio, por favor. (rebajar) No me lo _____ . (subir)

5. _____ mi nueva chaqueta, Nora. (mirar) ¡Qué ganga! No me _____ que gasté demasiado dinero. (decir)

## 14.2 Using Pronouns: Summary of Placement

**Gramática ilustrada** _____

A single set of rules governs the placement of reflexive (**me**, **te**, **nos**, **os**, **se**), indirect (**me**, **te**, **le**, **nos**, **os**, **les**), and direct (**me**, **te**, **nos**, **os**, **lo**, **la**, **los**, **las**) object pronouns.*

_____

*Recognition: **te** is the reflexive, direct, and indirect object pronoun that corresponds to the subject pronoun **vos**.

Pronouns precede a simple
conjugated verb.
Él no **me** vio.
**Les** dije que no.
**Se** acostaron tarde.
Y ¿qué **te** recomendaron tus
padres?

**A.** Object pronouns directly precede a conjugated verb (a verb with endings in any tense).

—¿Cuándo **te diviertes** más?
—Cuando mi novio **me lleva** a bailar.

—*When do you have the most fun?*
—*When my boyfriend takes me dancing.*

—¿Qué **te dijo** Carmen?
—**Me dijo** que tenía prisa.

—*What did Carmen tell you?*
—*She told me that she was in a hurry.*

—¿Has visto a Alberto hoy?
—No, no **lo he visto** todavía.

—*Have you seen Al today?*
—*No, I haven't seen him yet.*

---

Pronouns *may* be attached to
infinitives or present participles.
**Quería** *hablarte*. or *Te* **quería**
**hablar**. (*I wanted to talk to
you*.)
**¿La carta? Estoy escribién-**
**dola ahora.** or ¿La carta? *La*
**estoy escribiendo ahora.**
(*The letter? I'm writing it
now.*)

**B.** When a conjugated verb is followed by an infinitive or a present participle, object pronouns can either precede the conjugated verb or follow and be attached to the infinitive or the present participle.

—¿Qué **ibas a decirme**?
—**Quería decirte** que te quiero.

—*What were you going to tell me?*
—*I wanted to tell you that I love you.*

—¿Ya llamaste a Amanda?
—No, pero estoy **llamándola** ahora.

—*Did you call Amanda?*
—*No, but I'm calling her now.*

—¿Ya terminaste la tarea?
—No, pero **la estoy terminando** ahora.

—*Did you finish the homework?*
—*No, but I'm finishing it now.*

---

Pronouns are *always* attached
to affirmative commands.
**Tráiga***selo*. (*Bring it to
him/her.*)
**Salúda***lo/la*. (*Greet him/her.*)
**Dé***melos*. (*Give them to me.*)

**C.** These same pronouns follow and are attached to affirmative commands but precede negative ones.

**Tráeme** el café.
¡No **lo hagas**!

*Bring me the coffee.*
*Don't do it!*

---

Pronouns precede negative
commands.
No *se lo* traiga.
No *lo/la* saludes.
No *me los* dé.

**D.** Double-pronoun sequences such as **me lo** (*it to me*) and **se los** (*them to her/him/you/them*) also follow the rules described above.

—¿Te preparo la cena ahora?
—Sí, **prepáramela** por favor.

—*Shall I prepare dinner for you now?*
—*Yes, prepare it for me, please.*

—¿Tienes el libro?
—No, Carmen no **me lo ha dado** todavía.

—*Do you have the book?*
—*No, Carmen hasn't given it to me yet.*

—¿Cuándo vas a llevarle los documentos a la señorita Ramírez?
—Ya **se los llevé** ayer.

—*When are you going to take the documents to Mrs. Ramírez?*
—*I already took them to her yesterday.*

**E.** Note that it is necessary to add an accent on the verb in the following combinations.

1. present participles with one or two pronouns (**bañándome**)
2. affirmative commands with one or two pronouns (**lléveselo**)
3. infinitives with two pronouns (**vendérmelo**)

This is done to preserve the original stress on the verb form.

## Ejercicio 3

Los Ruiz están de vacaciones en Acapulco. Acaban de regresar de la playa, y Clarisa le pide muchas cosas a su madre. Dé la forma correcta de los mandatos de Clarisa.

Remember that indirect object pronouns can signal *to* or *for* someone.

MODELO:  traer / refresco → Mamá, *tráeme* un refresco, por favor.

1. hacer / un sándwich
2. lavar / el traje de baño
3. poner / música
4. comprar / una playera
5. dar / la loción

## Ejercicio 4

Guillermo le hace preguntas a Amanda, y ella siempre contesta que no. ¿Qué dice Amanda?

MODELO:  ¿Te traigo los libros? → No, *no me los traigas*.

1. ¿Te arreglo el radio cassette?
2. ¿Te abro la puerta?
3. ¿Te presto el dinero?
4. ¿Te preparo el sándwich?
5. ¿Te enciendo el televisor?
6. ¿Te digo la verdad?

## Ejercicio 5

El secretario de Paula le hace algunas preguntas. Ella siempre contesta que sí. Dé las contestaciones de Paula usando mandatos formales y dos pronombres.

MODELO:  ¿Le doy los cuadernos a la señora González? → Sí, *déselos*.

1. ¿Le pido los documentos a la señora Vargas ahora?
2. ¿Le leo el mensaje del señor Ruiz?
3. ¿Le presto el dinero a la recepcionista?
4. ¿Le escribo las cartas a máquina?
5. ¿Le cuento las noticias al señor Ochoa?

## Ejercicio 6

Es Nochebuena en casa de los Saucedo. Los regalos están en la sala pero sin etiquetas. Todos quieren saber quién les hizo esos regalos. Amanda y Guillermo contestan.

MODELO:   DORA:  ¿Quién me regaló esta magnífica licuadora? (papá) →

AMANDA Y GUILLERMO:  *Te la* regaló papá.

1. ANDREA: ¿Quién me dio esta bata tan fina? (nosotros)
2. DORA Y JAVIER: ¿Quién nos dio estas herramientas tan útiles? (Raúl)
3. RAÚL: ¿Quién me regaló este magnífico reloj? (papá y mamá)
4. JAVIER: ¿Quién me ha comprado estas lindísimas corbatas? (la abuela)
5. DORA: ¿Y quién me regaló esta sartén tan moderna? (Estela)
6. AMANDA: Oye, Guillermo, ¿quién nos trajo estas playeras tan hermosas? (Raúl)

## 14.3   Using Softened Commands: The Subjunctive Mood

### ¿RECUERDA?

Spanish has two present tenses: the present indicative and the present subjunctive. The present indicative is used to ask questions and make statements. As you saw in **Gramática 11.2**, in Spanish the present subjunctive is used after the verb **querer** in softened commands and after **cuando** in statements about the future.

| | |
|---|---|
| **Cuando llegues** al aeropuerto, llámame. | *When you get to the airport, call me.* |
| —¿Qué **quiere** Ramón? | *—What does Ramón want?* |
| —Quiere que yo **vaya** con él al Baile de los Enamorados. | *—He wants me to go with him to the Valentine's Day Dance.* |

**A.** Like Spanish, English has a present subjunctive, but because most of its forms are identical to the infinitive, many speakers never notice them. Only in the singular *he/she* form is there a difference between the present indicative and the present subjunctive. Note the indicative *goes* and the subjunctive *go* in these examples.

Did you know that John *goes* to football practice after classes?
Is it necessary that John *go* to football practice after classes?

The present subjunctive is used to give softened commands.
**Quiero que me digas la verdad.** (*I want you to tell me the truth.*)
**Les aconsejo que no lo compren.** (*I advise you not to buy it.*)

**B.** As you learned in **Gramática 11.2** and **12.3**, it is possible to give softened commands in Spanish with verbs like **querer** (*to want*) and **aconsejar** (*to advise*) plus a present subjunctive verb form.

| | |
|---|---|
| Diego, **te aconsejo que no comas** tantos dulces. | *Diego, I advise you not to eat so many sweets.* |

Such sentences consist of two parts, or clauses. The first clause contains a verb or a verb phrase indicating a desire, a recommendation, or a suggestion. The second begins with the connector **que** (*that*) and contains a verb in the subjunctive.

Other, similar sentences may contain a personal verb phrase like **espero que** (*I hope that*) or an impersonal one like **es necesario que** (*it is necessary that*).

| | |
|---|---|
| **Espero que no nos llame** nadie esta noche. | *I hope (that) nobody calls us tonight.* |
| **Es necesario que llegues** a tiempo para el banquete. | *It is necessary that you arrive on time for the banquet.* |

Here is a list of typical phrases, both personal and impersonal, that are used with the present subjunctive to give softened commands.

### PERSONAL

| | | | |
|---|---|---|---|
| aconsejar que | *to advise (that)* | pedir (i) que | *to ask, request (that)* |
| decir que | *to tell, order (that)* | permitir que | *to permit (that)* |
| dejar que | *to allow (that)* | preferir (ie) que | *to prefer (that)* |
| desear que | *to desire (that)* | prohibir que | *to prohibit (that)* |
| esperar que | *to hope (that)* | querer (ie) que | *to want (that)* |
| exigir que | *to demand (that)* | rogar (ue) que | *to beg, plead (that)* |
| mandar que | *to command (that)* | | |

| IMPERSONAL | |
| --- | --- |
| es importante que<br>es imposible que<br>es mejor que<br>es necesario que<br>es preferible que | *it is important that*<br>*it is impossible that*<br>*it is better that*<br>*it is necessary that*<br>*it is preferable that* |

You may wish to review the forms of the present subjunctive in **Gramática 11.2** and **11.3** before doing the exercises that follow.

## Ejercicio 7

La profesora Martínez requiere la participación de todos sus alumnos. Siguiendo el modelo, diga lo que quiere la profesora.

> MODELO: Le *pide* a Luis que *borre* la pizarra. (pedir/borrar)

1. Le _____ a Alberto que _____ a clase a tiempo. (rogar/llegar)
2. _____ que todos _____ buenas notas en el examen. (esperar/sacar)
3. _____ que Esteban y Nora _____ las preguntas. (desear/contestar)
4. _____ que Pablo _____ en voz alta. (preferir/leer)
5. _____ que nosotros le _____ la tarea a tiempo. (querer/entregar)

## Ejercicio 8

Estela Ramírez les hace sugerencias a varias personas.

> MODELO: a Ernesto: prefiero que / lavar el coche →
> Ernesto, prefiero que tú *laves* el coche.

1. a Guillermo: es mejor que / hacer la tarea
2. a Graciela: quiero que / hablar con Amanda
3. a Amanda: es necesario que / llamar a Graciela
4. a Clarisa: es muy importante que / quedarse en el patio
5. a Clarisa: sugiero que / jugar con tu hermanita

## Ejercicio 9

En las situaciones de la próxima página unas personas quieren que otras hagan algo. Primero, llene cada espacio en blanco con la forma correcta del verbo indicado. Luego, indique las opciones lógicas. Siga el modelo.

> MODELO: Todos los días mi mamá me pide que...
>     ⓐ. *saque* la basura. (sacar)
>     b. *beba* licor en la autopista. (beber)
>     ⓒ. *haga* mi tarea. (hacer)
>     d. *regrese* muy tarde de las fiestas. (regresar)

1. Les sugiero a mis compañeros de clase que...
   a. _____ conmigo a la biblioteca. (ir)
   b. _____ a clase mucho. (faltar)
   c. _____ español en clase. (hablar)
   d. me _____ las respuestas durante el examen. (dar)

2. El médico nos aconseja que...
   a. _____ muchos cigarrillos. (fumar)
   b. _____ ocho horas. (dormir)
   c. _____ al psiquiatra todos los días. (consultar)
   d. _____ más legumbres. (comer)

3. Ernesto y Estela les dicen a sus hijos que...
   a. _____ en la calle. ( jugar)
   b. _____ sus recámaras. (limpiar)
   c. _____ galletitas todo el día. (comer)
   d. _____ televisión toda la tarde. (ver)

4. Es importante que...
   a. yo le _____ un regalo bonito a mi novio/a. (hacer)
   b. mi hermano me _____ hoy. (llamar)
   c. mis padres me _____ con los gastos de la matrícula. (ayudar)
   d. yo _____ muy buenas notas en la clase. (sacar)

5. Quiero que tú...
   a. _____ conmigo en la cafetería. (almorzar)
   b. _____ a mi casa a estudiar esta noche. (venir)
   c. _____ todos los muebles. (sacudir)
   d. me _____ un horno de microondas. (regalar)

## 14.4  Saying *Let/Have Someone Else Do It!*: ¡*Que* + Subjunctive!

¿Bróculi? ¡Que lo coma Jorge! (*Broccoli? Let George eat it!*)

**A.** To form the indirect command *let/have someone else do it*, omit the initial verb of the softened command and start the sentence with **que**.

| | |
|---|---|
| Quiero que manejen con cuidado. | *I want them to drive carefully.* |
| ¡**Que manejen** con cuidado! | *Have them drive carefully!* |

| | |
|---|---|
| Sugiero que lo termine Carmen. | *I suggest that Carmen finish it.* |
| ¡**Que lo termine** Carmen! | *Have/Let Carmen finish it!* |

You can also use this form to express good wishes. As before, the initial verb is omitted. For example, to a sick person you might say the following.

| | |
|---|---|
| Deseo que te mejores pronto. | *I hope you get well soon.* |
| ¡**Que te mejores** pronto! | *Get well soon!* |

Here are other common good wishes.

| | |
|---|---|
| ¡**Que tenga** un buen viaje! | *Have a good (safe) trip!* |
| ¡**Que les vaya** bien! | *I hope everything goes well for you!* |
| ¡**Que pasen** buenas noches! | *Have a nice evening!* |
| ¡**Que tengas** un buen día! | *Have a nice day!* |
| ¡**Que duermas** bien! | *Sleep well!* |
| ¡**Que vuelvan** pronto! | *Come back soon!* |

**Ojalá que todo vaya bien.** (*I hope everything goes well.*)

**B.** The word **ojalá** derives from an old Arabic expression that meant *May Allah grant that . . .* Today the expression **Ojalá (que)**... means *I hope (that)* . . . and is used with the present subjunctive.

> **Ojalá** (que) no llueva.          *I hope it doesn't rain.*
> **Ojalá** (que) me quiera.          *I hope that she loves me.*

## Ejercicio 10

Estela está muy cansada y no quiere hacer las siguientes cosas. Por eso sugiere que las hagan otras personas. ¿Qué dice Estela?

> MODELO:  preparar las enchiladas / Berta →
> ¿Las enchiladas? *¡Que las prepare* Berta!

1. bañar al perro / Ernestito
2. barrer el patio / Guillermo
3. pagar las cuentas / Ernesto
4. cuidar a los niños / Ernesto
5. sacudir los muebles / Berta
6. arreglar el coche / Ernesto
7. enviar el paquete / Amanda
8. jugar con la gata / los niños
9. recoger la ropa / Ernestito
10. poner flores allí / Berta

## Ejercicio 11

Lea las siguientes situaciones y escriba la respuesta apropiada.

> MODELO:  E1: ¡Adiós! Nos vemos el mes próximo.
> E2: *Que tengas buen viaje.*

1. Me voy a acostar. Hasta mañana.
2. Se me está haciendo tarde. Ya me voy al trabajo.
3. ¡Ay! Tengo un examen hoy.
4. Mi esposo está en el hospital y está muy grave (muy enfermo).
5. Mañana mis amigos y yo salimos para San Sebastián.

## Ejercicio 12

Es su cumpleaños. Use **ojalá (que)** / **ojalá (que) no** para expresar lo que espera que ocurra.

> MODELO:  llover hoy → Ojalá (que) *no llueva hoy.*

1. recibir muchos regalos
2. hacer buen tiempo
3. tener que trabajar
4. estar enfermo/a
5. venir a visitarme mis amigos

## 14.5   Making Suggestions: *Let's* (Subjunctive)

**Vamos a comprar palomitas.**
**Compremos palomitas.** (*Let's buy popcorn.*)
**Vamos a salir ahora.**
**Salgamos ahora.** (*Let's go out now.*)
**Vamos a terminar la tarea.**
**Terminemos la tarea.** (*Let's finish the homework.*)

**A.** As you learned in **Gramática 5.6**, an invitation to do something can be expressed in Spanish with **vamos a** + infinitive. It can also be expressed with the *we* form of the present subjunctive.

Vamos a trabajar ahora. ⎫
**Trabajemos** ahora. ⎭            *Let's work now.*

Vamos a leer. ⎫
**Leamos.** ⎭            *Let's read.*

**B.** Pronouns are attached to affirmative and precede negative *let's* commands.

Parece riquísimo. **Pidámoslo.**            *It looks delicious. Let's order it.*
Tomás siempre se emborracha.            *Tomás always gets drunk. Let's not*
   **No lo invitemos** a la fiesta.               *invite him to the party.*

When the pronoun **nos** is added to a *let's* command, the final **-s** is omitted: **levantemos** + **nos** → **levantémonos** (*let's get up*).

¡Estoy agotado! **Acostémonos**            *I'm exhausted! Let's go to bed*
   temprano esta noche.                      *early tonight.*

### Ejercicio 13

Aquí tiene usted algunas situaciones. ¿Qué sugiere?

MODELO:   Hace calor y usted y sus amigos tienen sed. (tomar refrescos) →
          *Tomemos* unos refrescos.

1. Vienen a visitarlo/la unos amigos de otra ciudad. Ellos quieren conocer su ciudad. (salir a dar un paseo en carro)
2. Usted y su hermano están limpiando la casa; los dos están muy cansados. (descansar un rato)
3. Usted y su madre están de compras en una tienda muy elegante que hay en el centro de su ciudad. (comprarle a papá esta camisa)
4. Usted y sus amigos están hablando de sus planes para el fin de semana. (asistir a un concierto)
5. Usted y un amigo están leyendo el periódico. Ven que hay una película de estreno que quieren ver. (ver una película esta noche)

### Ejercicio 14

Éstas son unas sugerencias de sus amigos. Usted no está de acuerdo.

MODELO:   Vamos a comer ahora. →
          No, *no comamos ahora*. Vamos a comer más tarde.

1. Vamos a descansar primero.
2. Vamos a caminar por el parque a la 1:00.
3. Vamos a buscar otro hotel ahora.
4. Vamos a ducharnos antes de salir.
5. Vamos a llamar a Pablo ahora.

# 15

# El porvenir

▼▼▼▼▼▼▼▼▼▼▼▼▼▼▼▼▼▼▼▼▼▼▼▼

## METAS

In **Capítulo 15** you will have an opportunity to share your views on relationships, as well as your own personal values. You will express your opinions and talk about future plans, goals, possibilities, and consequences. In addition, you will discuss the role of technology in our society.

Madrid, España

## ACTIVIDADES DE COMUNICACIÓN Y LECTURAS

La familia, las amistades y el matrimonio

**El mundo hispano...** imágenes

**Las palabras viven**   Los mariachis

El futuro y las metas personales

**El mundo hispano...** su gente

**Lectura**   Cuento: ¡Basta de recuerdos!

El futuro y la tecnología: posibilidades y consecuencias

**El mundo hispano...** en los Estados Unidos

**EN RESUMEN**

## GRAMÁTICA Y EJERCICIOS

15.1 Expressing *each other:* Reciprocal Pronouns

15.2 Describing: **ser** and **estar**

15.3 Talking about the Future: The Future Tense

15.4 Talking about *When:* The Subjunctive in Time Clauses

15.5 Hypothetical Reactions: The Conditional

# Actividades de comunicación y lecturas

## La familia, las amistades y el matrimonio

*Lea Gramática 15.1–15.2.*

Dora Muñoz de Saucedo y
Javier Saucedo González
participan a usted
el enlace matrimonial de su hija
**Estela**
con el señor
**Ernesto Abel Ramírez Alarcón**

Y tienen el honor de invitarle
a la ceremonia religiosa
que se llevará a cabo
el 29 de junio a las 14:00
en la Iglesia San Bonifacio
Parroquia de San Agustín
Horacio 921, Colonia Polanco

Recepción en el Casino Español
Calle Isabel la Católica, Nº 4385
Comida 17:30–18:30
Baile 17:30–23:30

| Padrinos | | Madrinas |
|---|---|---|
| Pedro Ruiz | de Honor | Andrea Saucedo Muñoz |
| José Ortega | | Paula Saucedo Muñoz |
| Jesús Escobar | Velación | Raquel Álvarez |
| Édgar Ibarra | Anillos | Marta Zamora |
| Benjamín Román | Arras | Blanca Velásquez |
| Alejandro Estrada | Copas | Araceli Estrada |
| Manuel Muñoz | Cojines | Graciela Muñoz |
| Víctor Trujillo | Lazo | Leticia Saucedo |
| Joaquín Jiménez | Libro | Ángela Chávez |
| Ricardo Rubalcava | Pastel | Vanesa Zamora |
| Reynaldo Carrillo | Brindis | Julieta Quijada |

## Actividad 1. Definiciones: La familia y las amistades

1. el noviazgo
2. el compadre
3. la amistad
4. el bautizo
5. la hermanastra
6. el ahijado
7. el cura
8. la madrina

a. el hijo de un amigo de la familia, a quien usted lleva a bautizar; usted es responsable del bienestar del niño en caso de que los padres de él se mueran

b. dirige la ceremonia del matrimonio

c. el padrino de su hijo

d. la relación entre dos personas que están comprometidas para casarse

e. una amiga de la familia que debe criar al niño / a la niña si la madre no está

f. la hija de su madrastra o padrastro

g. la relación entre amigos

h. una ceremonia religiosa en la cual se le da un nombre al niño recién nacido / a la niña recién nacida

## Actividad 2. Intercambios: La boda de Estela

Mire la invitación a la boda de Estela y, con su compañero/a, contesten las siguientes preguntas.

1. ¿Dónde tuvo lugar la boda de Estela?
2. Según la invitación, ¿crees que fue una boda formal o informal?
3. ¿Cuántos padrinos de honor tuvo Estela? ¿Cómo se llamaban?
4. ¿Cómo se llamaba la madrina de *velación*?
5. ¿Cómo se llamaba el padrino del *brindis*?
6. ¿A que hora comenzó el baile?

Ahora entrevístense acerca de su propia boda (o la que quisieran/piensan tener).

1. ¿Fue grande tu boda? / ¿Quieres tener una boda grande?
2. ¿Quién pagó los gastos? / ¿Cómo piensas pagar los gastos de tu boda?
3. ¿Asistieron muchos parientes y amigos a tu boda? / ¿Quieres que asistan muchos parientes y amigos a tu boda?
4. ¿Te casaste por lo civil o por la iglesia (o por otra entidad espiritual)? / ¿Piensas casarte sólo por lo civil o también por la Iglesia (o por otra entidad espiritual)?
5. ¿Dónde tuvo lugar la boda? / ¿Dónde va a tener lugar tu boda?
6. ¿Tienes un recuerdo especial de tu boda? ¿Recuerdas algo especial, interesante o chistoso de una boda a la cual asististe?

## Actividad 3. Conversación: El buen carácter

"Nuestro matrimonio es un dar y tomar. Si no le doy a Enriqueta lo que quiere, ella lo toma"

1. ¿Qué características va a tener la persona con quien usted se case? (Si ya está casado/a, ¿qué características valora más en su esposo/a?)
2. El 50% de los matrimonios en los Estados Unidos termina en divorcio. En su opinión, ¿qué factores contribuyen al fracaso de tantos matrimonios?
3. ¿Qué características quiere usted que tengan los amigos? ¿Quiénes son más importantes en su vida: sus amigos íntimos o los miembros de su familia? ¿Por qué?
4. ¿Cuál de estas cualidades es más importante en los buenos amigos: la lealtad o la inteligencia? ¿Cree usted que una persona egoísta puede ser un buen amigo / una buena amiga? ¿Por qué? Explique.
5. ¿Qué espera usted de los amigos? ¿Comprensión? ¿lealtad? ¿ayuda incondicional? ¿Cuáles de estas cualidades les ofrece usted a sus amigos?

## Actividad 4. Del mundo hispano: Familia numerosa

Guadalajara, México

México, D.F.

Hace años, tener familia numerosa era un síntoma de prosperidad. Ahora, que los tiempos han cambiado, la gente se piensa un poco más eso de[1] tener hijos y más hijos, para lograr un premio de natalidad. ¿Es, pues, un beneficio o una desventaja la familia numerosa?

★★★★★ Félix Tabernero, médico: Estoy a favor de la familia numerosa, y de hecho yo tengo seis hijos. Sabiéndose administrar, uno no encuentra excesivos problemas para vivir desahogadamente.[2] Pero soy

consciente de que al tener tantos hijos hay que estar dispuesto a renunciar[3] a muchas cosas, como salidas con los amigos, vicios mayores...

★★★★★ Ana Mérida, estudiante: No soy partidaria de[4] familias numerosas, tal y como funciona la sociedad española de hoy día. Ya es difícil sacar adelante[5] a un par de hijos, como para tener seis o siete.

[1]eso... *the idea of*   [2]confortablemente   [3]*give up*
[4]partidaria... *in favor of*   [5]sacar... *to raise*

COMPRENSIÓN

1. En el pasado, ¿de qué era símbolo el tener muchos hijos?
2. Según Félix Tabernero, ¿a qué deben estar dispuestos los padres que quieren tener muchos hijos?
3. ¿Está a favor o en contra de una familia numerosa Ana Mérida? ¿Por qué?

ENTREVISTA

4. ¿Con quién estás de acuerdo, con Félix o con Ana? ¿Por qué?
5. ¿Crees que es mejor para un niño criarse en una familia numerosa o en una de dos hijos? ¿Por qué?
6. ¿Qué opinas de la situación de un hijo único? ¿Qué ventajas o desventajas tiene?
7. ¿Qué oportunidades que tú no tuviste quieres darles a tus hijos?

# Realidades acerca de los papás

**1** Actualmente, en los Estados Unidos hay 26,3 millones de papás que viven con sus hijos.

**2** Desde 1950, el número de hogares llevados por padres solteros se ha quintuplicado.

**3** El 46 por ciento de las mujeres que respondieron a una encuesta (Roper en 1989) dijeron que los hombres no ayudan lo suficiente en el cuidado de los niños.

**4** También en dicha encuesta, las esposas, consistentemente, dieron a sus esposos un puntaje más alto por sus labores como cuidadores del que ellos mismos se dieron.

**5** El 50 por ciento de todos los padres que fueron interrogados en una encuesta nacional (en 1981) dijeron que ellos pasarían más tiempo con sus hijos si sus trabajos se lo permitieran.

**6** Los padres que se envolvieron más en las actividades de sus hijos —por ejemplo: tomando el día libre para ir a los juegos de las Ligas Menores— llegaron tan lejos en sus carreras profesionales como los padres que no lo hicieron así.

**7** El 78 por ciento de los hombres y mujeres que fueron encuestados dijeron que los papás que atienden el hogar son tan buenos como las mamás que lo hacen.

**8** Casi el 60 por ciento de los hombres de la misma encuesta dijeron que los padres sienten más satisfacción por cuidar de sus familias que por un proyecto bien hecho en su trabajo.

## EL MUNDO HISPANO... imágenes

¡**F**elicidades! En esta boda en Madrid, los novios reciben de parientes y amigos los mejores deseos por su felicidad. La recepción, después de la ceremonia religiosa, generalmente tiene lugar en un salón donde se sirve un rico almuerzo o una cena elegante antes de empezar el baile.

(*Continúa.*)

Muchas familias hispanas se reúnen los domingos y los días de fiesta, aun en estos tiempos en que el cine, la televisión y las computadoras han cambiado muchas costumbres tradicionales. Los familiares comparten experiencias, cuentos, anécdotas. En estas reuniones, como la de esta familia mexicana en Los Ángeles, todos se divierten juntos: se oye en todo momento el bullicio[1] de los niños, risas, conversaciones y música.

[1]bustle

## LAS PALABRAS VIVEN

**VOCABULARIO ÚTIL**

| | |
|---|---|
| las quinceañeras | *fifteenth birthday parties* |
| los vaqueros | *cowboys* |

# Los mariachis

Uno de los tipos de música más populares en México es la de los mariachis. Esta música tradicional y generalmente alegre se escucha en casi todas las celebraciones: en bodas, cumpleaños, quinceañeras, etcétera. También es común que los jóvenes les lleven serenatas a sus novias con canciones románticas de los mariachis.

La palabra **mariachi** aparece en el idioma español durante la ocupación francesa de México (la década de 1860). Los franceses contrataban a músicos vestidos con trajes de vaqueros para tocar en las bodas y otras fiestas. En el idioma francés «boda» se dice *mariage*, que en español se pronunciaba más o menos **mariache**. Con el tiempo, la palabra cambia a **mariachi** y la gente comienza a usarla para referirse a los músicos.

Hoy en día, muy pocas personas piensan en las bodas de los franceses cuando escuchan la hermosa música de los mariachis mexicanos.

Guadalajara, México

# El futuro y las metas personales

*Lea Gramática 15.3–15.4.*

Éstos son los planes de Amanda, Ernesto y Estela Ramírez

1. Tan pronto como me gradúe, viajaré a Europa.
2. Cuando me case, iré a Río de Janeiro de luna de miel.
3. Después de que nazca nuestro primer hijo, nos sentiremos orgullosos.

1. En cuanto mi hijo menor termine la preparatoria, trabajaré para una empresa importante.
2. Cuando gane más de $890,000 pesos al año, me mudaré a un vecindario elegante.
3. Trabajaré hasta que tenga sesenta y cinco años.

1. Cuando logre mis metas, seré feliz.
2. Si me cuido bien, viviré mucho tiempo y gozaré de la vida.
3. Después de que me jubile, realizaré mi sueño de vivir en las montañas.

## Actividad 5. Encuesta: ¿Cómo será el mundo dentro de cincuenta años?

Indique si usted está de acuerdo o no con estas afirmaciones. Explique sus respuestas.

| DENTRO DE CINCUENTA AÑOS | ESTOY DE ACUERDO | NO ESTOY DE ACUERDO |
|---|---|---|
| **1.** Ya no habrá guerras en el mundo. Gozaremos de paz. | ☐ | ☐ |
| **2.** Descubrirán una vacuna contra el SIDA. | ☐ | ☐ |
| **3.** Las computadoras podrán hablar y pensar como los seres humanos. | ☐ | ☐ |
| **4.** Ya no se usarán coches particulares: todo el mundo utilizará el transporte público. | ☐ | ☐ |
| **5.** Nadie se escribirá cartas; todos intercambiarán mensajes por correo electrónico. | ☐ | ☐ |

*(Hay más afirmaciones en la próxima página.)*

"Polvo eres y en polvo te convertirás...
perdonen, me equivoqué de ceremonia."

"No te irás a casar conmigo por mi
dinero, ¿verdad?"

|  | DENTRO DE CINCUENTA AÑOS | ESTOY DE ACUERDO | NO ESTOY DE ACUERDO |
|---|---|---|---|
| 6. | Ya no habrá contaminación ambiental. | ☐ | ☐ |
| 7. | Gracias a la tecnología, tendremos mucho más tiempo libre. | ☐ | ☐ |
| 8. | La mayoría de las personas trabajará en el hogar por medio de la red mundial. | ☐ | ☐ |
| 9. | Todo ciudadano de los Estados Unidos tendrá acceso a atención médica básica, mediante un plan nacional de seguro médico. | ☐ | ☐ |
| 10. | ¿ ? | ☐ | ☐ |

## Actividad 6. Narración: El futuro de Adriana Bolini

Adriana consultó a una adivina. Narre la vida de Adriana según la adivina.

## Actividad 7. Conversación: Las carreras y la felicidad

1. ¿Qué carrera quiere seguir usted? ¿Por qué va a escoger esa carrera?
2. ¿Qué cree usted que conseguirá en su carrera? ¿Dinero? ¿satisfacción personal? ¿aventuras? ¿Son importantes para usted? ¿Por qué? Explique.
3. ¿Cree usted que trabajará toda la vida en la misma profesión?
4. ¿Tendrá su propio negocio? ¿Trabajará directamente con el público o prefiere trabajar solo/a? ¿Piensa tener su oficina en su casa, comunicándose por medio de la computadora?
5. ¿Cuáles serán sus metas en la vida? ¿Las podrá alcanzar sin dinero?
6. ¿En qué consiste la felicidad?
7. ¿Hay aspectos de la felicidad que puedan comprarse? ¿Hay una clase de felicidad que no pueda comprarse?
8. ¿Qué hará usted para lograr la felicidad?

## EL MUNDO HISPANO... su gente

**S**u nombre es Paula Ledezma. Es colombiana y tiene 38 años.

*¿Cómo piensa que va a ser el mundo de aquí a cincuenta años?*

Yo pienso que dentro de 50 años lograremos explicar una serie de fenómenos que en esta época no tienen explicación, como la vida en otros planetas. Lo más positivo que va a ocurrir es que tendremos avances contra las enfermedades más crueles de este siglo: el cáncer y el SIDA. Pero, pienso que la población va a crecer demasiado, con relación a los recursos[1] existentes. Esto generará mayores problemas sociales y aumentará los que ya existen, como el desempleo.[2]

Las nuevas modas me van a parecer extravagantes, pues si vivo otros cincuenta años, ¡para esa época seré una anciana!

[1]*resources*  [2]*unemployment*

---

# **L E C T U R A**

# Cuento: ¡Basta de recuerdos!

**E**l cuento a continuación narra los pensamientos de Susana Yamasaki González, una mujer peruanojaponesa de 33 años. Susana es secretaria y los fines de semana trabaja como guía de turismo en Cuzco. Está divorciada y ha tenido que criar a sus hijos sin su esposo.

| **VOCABULARIO ÚTIL** | |
|---|---|
| ¡Basta! | *Enough!* |
| no le alcanzaba | *wasn't enough* |
| sí misma | *herself* |
| el apoyo | *support* |
| el fracaso | *failure* |
| raíces | *roots* |
| hasta la médula | *to the core* |
| cumplir | *comply* |
| se conformaba | *she made do* |
| sumisa | *submissive* |

Susana escuchó el despertador y lo apagó, aunque ya llevaba tiempo despierta, pensando en Édgar. Cuando su esposo dormía con ella, era él quien apagaba el aparato y luego la despertaba suavemente. Pensar en Édgar en este momento, tan temprano, era una mala manera de comenzar el día.

«¡Basta!», se dijo Susana a sí misma. «No tiene sentido seguir viviendo en el pasado, imaginándome la familia perfecta que Édgar no quiso crear conmigo. ¡Basta de recuerdos!»

Su vida había cambiado mucho desde los días felices de su matrimonio, cuando todavía no existía la sombra del divorcio. Ahora tenía dos empleos, porque uno solo no le alcanzaba para tantos gastos. El cambio más importante, sin embargo, era tener dos hijos que cuidar. Los padres de Susana le ayudaban con la crianza de Armando y Andrés. Pero la obligación, la responsabilidad de criar a esos niños, era sólo de ella. «Mis hijos», pensó Susana, «tienen dos abuelos tan buenos como el pan.»

Le gustaba despertarse temprano, mucho antes que Armando y Andrés; así tenía tiempo para reflexionar en silencio. Sus padres siempre se levantaban con los primeros rayos de sol, ¡aun los fines de semana! Era increíble lo callados que eran los dos. Quizás también ellos disfrutaban de la calma de la mañana, cuando todavía no había empezado el ruido —¡el ciclón!— de los niños. Armando tenía trece años y Andrés nueve, pero cuando estaban juntos, no había diferencia de edad. Jugaban, se peleaban y gritaban como chicos, en fin.

Hoy, sábado, tenía planes para divertirse: se tomaría libre la mañana del trabajo para ocuparse un poco de sí misma. ¡Ya era hora! Iría a la peluquería y luego haría algunas compras: compraría un vestido o una blusa de color alegre quizá. En realidad, no quería estar aquí, acostada en este cuarto oscuro, recordando el pasado, tratando de visualizar el futuro. Pero no podía evitarlo. Llegaban a su mente imágenes vívidas de su juventud y visiones del porvenir. Lo más gratificador de estos momentos era imaginarse a sus hijos de adultos, dos hombres a su lado, dándole amor y apoyo. El amor y el apoyo que su esposo no tuvo el valor de darle.

¿Qué los separó? ¿Qué factores convirtieron a Susana y a Édgar en dos extraños? Eran demasiado jóvenes cuando se casaron; casi no se conocían. Después, cuando por primera vez hablaron del divorcio, Susana pensó que ella tenía la culpa de este fracaso: «Porque no pude ser la esposa ideal, tradicional, que él buscaba.» Luego trató de encontrar razones que explicaran la conducta de Édgar. Se preguntó si tal vez la causa fuera la diferencia de razas y culturas entre ellos. Él era peruano y ella, pues... ella se sentía peruana de corazón, pero sus raíces estaban en una isla asiática lejana.

Susana había nacido en Cuzco de padres japoneses y había crecido en un hogar donde se hablaban dos lenguas, y donde las costumbres japonesas convivían con las peruanas. La suya era una casa bilingüe, bicultural, donde un día se comía sushi o sopa mizutaki, y otro día ají de gallina o ceviche.* Una casa en la que nunca se cuestionaba el valor de las dos culturas. Y esta familia no era la excepción: había muchos hogares como el de los Yamasaki en Perú.[†] ¡Hasta el presidente del país era peruano-japonés![‡]

No, la diferencia de culturas no fue la causa del fracaso de este matrimonio. Édgar no era un hombre racista ni prejuicioso, sino un hombre típico: macho hasta la médula.

---

*Vea el Capítulo 8, donde se describe el ceviche.
[†]Se estima que entre los 25 millones de habitantes de Perú, poco menos del 5 por ciento es de origen japonés.
[‡]Se refiere a Alberto Fujimori, presidente de Perú desde 1991.

«¡Qué tontas somos a veces las mujeres!» pensó Susana. «La sociedad nos enseña a ser dependientes; aplaude nuestro sentimentalismo desde que somos niñas; mientras más sentimentales, más femeninas; mientras más tontas y calladas, más atractivas. ¡Y lo aceptamos todo, sonriendo!» Quizás aquel amor que ella sentía por su esposo era sólo necesidad. Necesidad de estar casada, de cumplir con las normas de la sociedad.

Pero Susana no supo ser ni sentimental ni callada; no pudo cumplir. Ella quería trabajar, soñaba con tener su propia agencia de viajes. Édgar, en cambio, quería una esposa sumisa, cocinera, ama de casa, una madre para sus hijos. Una mujer sin aspiraciones y sin identidad propia. Cuando él se dio cuenta de que Susana nunca sería esa mujer estereotípica, se fue. Un día desapareció y ella tuvo que enfrentarse a la vida sola, madre ya de un niño y en espera de otro.

Édgar regresó mucho tiempo después, para pedirle el divorcio y desaparecer definitivamente...

«¡Basta ya de recuerdos!» se dijo Susana a sí misma. «Es hora de comenzar el día.» Salió de su cuarto y fue directamente al de Armando y Andrés. Hoy pasaría el día con ellos; sus planes personales tendrían que esperar. Despertó a sus hijos con un beso y pensó: «Ustedes no serán machistas.»

## Comprensión

**A.** Describa a los siguientes parientes de Susana.

1. sus hijos
2. sus padres
3. su esposo

**B.** Comente estos aspectos de la vida de Susana.

1. su matrimonio
2. su opinión del machismo
3. sus empleos
4. sus planes y sueños
5. su visión del futuro

## Ahora... ¡usted!

1. En su opinión, ¿por qué cambia de idea Susana al final? ¿Por qué decide posponer sus planes personales?
2. ¿Conoce a alguien que esté en la misma situación de Susana, es decir, una mujer divorciada y con hijos pequeños? Compare y contraste los dos casos.
3. ¿Qué opina usted del machismo? ¿Cómo lo define?
4. ¿Conoce a un hombre machista? ¡Descríbalo!
5. ¿Cree usted que una mujer puede ser machista también? Explique.

 **Un paso más... ¡a escribir!**

Imagínese la vida de Susana de aquí a diez años. ¿Qué estará haciendo ella? ¿Qué trabajo tendrá? ¿Qué estarán haciendo sus hijos? Escriba una segunda parte del cuento:

*Un día, diez años después, Susana se levantó pensando...*

# El futuro y la tecnología: posibilidades y consecuencias

*Lea Gramática 15.5.*

¿Qué haría Luis Ventura si ganara $100,000 en la lotería?

Tomaría vacaciones más a menudo.

Saldría a cenar con más frecuencia.

Le daría una parte del dinero a su abuela.

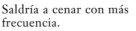

Haría un viaje a Europa.

Se compraría una computadora, una impresora y un teléfono celular.

## Actividad 8. Preferencias: Las decisiones

¿Qué haría usted en las siguientes situaciones?

1. Si no fuera estudiante,...
   a. trabajaría en el mismo lugar donde trabajo ahora.
   b. estaría mucho más contento/a.
   c. buscaría otro empleo.
   d. ¿ ?
2. Si arruinara la computadora de un amigo / una amiga,...
   a. le diría: «No fue mi culpa.»
   b. trataría de arreglar la computadora sin decirle nada a mi amigo/a.
   c. le explicaría exactamente cómo pasó y le pediría perdón.
   d. ¿ ?
3. Si pudiera hablar con cualquier persona (viva o muerta) del mundo,...
   a. hablaría con el presidente de _____.
   b. hablaría con _____, la famosa estrella de cine.
   c. hablaría con _____, el/la mejor atleta del mundo.
   d. ¿ ?

4. Si tuviera sólo un año de vida,...
   a. viajaría por todo el mundo.
   b. lo pasaría con mis seres queridos.
   c. no cambiaría nada.
   d. ¿ ?
5. Si fuera el presidente / la presidenta de este país,...
   a. aumentaría los impuestos.
   b. reduciría los impuestos.
   c. proporcionaría más fondos para los programas de _____ .
   d. ¿ ?

**Y TÚ, ¿QUÉ DICES?**

Yo no, yo...
¿De veras?
¡Yo también!
¿Por qué?
¡Qué buena idea!
Sería interesante.
(No) Estoy de acuerdo.

## Actividad 9. Narración: ¡Cómo cambiaría la vida de los Ruiz!

¿Qué harían los Ruiz si ganaran el premio gordo de la lotería?

## Actividad 10. Encuesta: Las posibilidades del futuro

Haga la encuesta a continuación como proyecto de la clase. Responda usando las siguientes letras: **D** = definitivamente; **TV** = tal vez; **N** = nunca.

1. Si no pudieras conseguir trabajo en el estado donde vives,...
   _____ ¿irías a otro estado?
   _____ ¿emigrarías a otro país?
   _____ ¿llevarías a tu familia?
2. Si fuera necesario para controlar la contaminación del medio ambiente,...
   _____ ¿usarías el transporte público?
   _____ ¿caminarías en vez de viajar en coche?
   _____ ¿montarías en bicicleta?

*(Continúa.)*

"¿Podrías pedirme otra vez que me case contigo? Me gustaría grabarlo."

3. Si hubiera en la Tierra menos producción de alimentos y más contaminación ambiental cada día,...

_____ ¿preferirías no tener hijos?

_____ ¿vivirías en una colonia espacial?

4. Si fuera necesario,...

_____ ¿compartirías tu vivienda con otra familia?

_____ ¿compartirías tu vivienda con tus padres?

5. Si hubiera escasez de electricidad,...

_____ ¿apagarías las luces durante varias horas cada noche?

_____ ¿no verías la televisión?

_____ ¿no usarías la computadora?

_____ ¿  ?

## EL MUNDO HISPANO... en los Estados Unidos

**A**ntonio Galván es salvadoreño y tiene 40 años. Vive en Takoma Park, Maryland.

*¿Qué opina usted de la tecnología? ¿De qué manera puede afectar la sociedad, de manera positiva o negativa?*

Hay mucho que decir de la tecnología. Pero en general creo que hay dos tipos: simple y compleja. La agricultura es la tecnología del cultivo de la tierra. La electrónica es la tecnología del control del flujo[1] de electrones. Lo importante en cualquier tecnología es el acceso que tengan los miembros de una sociedad a los medios tecnológicos para el mejoramiento de su vida.

El problema de la «alta tecnología», me parece, es que requiere difíciles sumas[2] de capital para la mayoría de la población del mundo. La alta tecnología demanda que el individuo obtenga educación superior[3] por largo tiempo. El resultado es que la sociedad se divide entre los que han podido comprarse el aprendizaje de la tecnología y los que se quedan carentes[4] de ella. Y ya sabemos que el retraso[5] económico de los que no logran tecnificarse[6] los deja en condiciones mucho más pobres de los que sí lo logran.

Pero, inevitablemente, el desarrollo tecnológico parece incontenible[7] hoy día. La pregunta que hay que hacerse es: «¿A cuántos y a quiénes está beneficiando la tecnología?»

[1]*flow* [2]*cantidades* [3]*higher* [4]*lacking* [5]*underdevelopment* [6]*los... those who can't obtain technology* [7]*unstoppable*

### Actividad 11. Del mundo hispano: La tecnología y los niños

La reseña de un nuevo juguete-computadora en la próxima página salió en la revista *PC en español*. Léala y luego conteste las preguntas con un compañero / una compañera.

# Diversión computacional para Niños

Los niños de hoy están ocupados. Con sus agendas repletas debido a las actividades escolares, ¿quién tiene tiempo para sentarse y utilizar una computadora casera? No se preocupe: con la ComQuest Plus ($149.99 USD, precio de lista), los niños de 9 años en adelante pueden llevar su diversión computacional a dondequiera que vayan.

Esta pequeña notebook de juguete, impulsada por baterías, no es una PC verdadera, pero es muy divertida. Ligera y con brillantes colores, la ComQuest Plus ofrece 38 actividades con múltiples niveles, como un procesador de palabras; lecciones para utilizar el teclado; juegos de estrategia, lógica, matemáticas y de palabras; y un divertido juego para crear caras. La ComQuest Plus viene incluso con su propio mouse, y es posible utilizarla con PC Link ($39.99 USD), un agregado que permite a los niños cargar historias dentro de su PC. [Team Concepts; (800) 486-0898.]

—*Mary E. Behr*

1. Según esta reseña, si tu hijo no tiene tiempo de usar la computadora en casa, ¿cuál es la solución?
2. ¿Qué es la ComQuest Plus?
3. ¿Qué actividades ofrece este juguete?
4. ¿Se puede usar este juguete como procesador de palabras?
5. ¿Les comprarías este juguete a tus hijos?

Ahora imagínese que usted es reportero/a del periódico de la universidad. Entreviste a cuatro compañeros de clase. Escriba sus respuestas y prepárese para compartir los resultados con toda la clase.

1. ¿Crees que los niños de hoy en día pasan demasiado tiempo, el tiempo apropiado o no suficiente tiempo jugando con la computadora?
2. ¿Le comprarías este juguete a tu hijo/a (nieto/a, sobrino/a)?
3. ¿Qué ventajas hay en la tecnología para los niños de hoy? ¿Hay desventajas también? ¿Cuáles son?
4. ¿Es muy importante, algo importante o poco importante que los niños sepan usar la computadora?
5. ¿Qué actividades harán los niños del futuro por medio de la computadora?

# LAS PALABRAS VIVEN

**El mundo de las computadoras:** En español tenemos las siguientes palabras para *computer*: **computadora** y **computador**, que son traducciones del inglés y que se usan sobre todo en Hispanoamérica; y **ordenador**, que viene del francés *ordinateur* y es la palabra más usada en España. Del creciente campo de las computadoras nos llega el anglicismo **formatear**; también **computación**, que en España se dice **informática**. Y aunque la palabra oficial para *microchip* es **microplaqueta**, casi todo el mundo prefiere la palabra inglesa **microchip**. Por último, vale mencionar que los sistemas de informática, como los seres humanos, ¡pueden sufrir el ataque fatal de un **virus**!

## Actividad 12. Del mundo hispano: Conferencia COMDEX HispanoAmérica '96

Lea el programa de esta conferencia. Luego hágale preguntas a su compañero/a.

MODELO: E1: ¿A qué hora es la sesión «*Vendiendo vía la Internet*»?
E2: Es *a la 1:00.*

## Programa de la Conferencia COMDEX/HispanoAmérica '96

| Jueves 5 de diciembre de 1996 | Tecnología comercial | Fundamentos de la tecnología | Negocios en la red Internet | | Negocios en Latinoamérica | |
|---|---|---|---|---|---|---|
| | | | Creciendo su negocio | Infraestructura | Conducción de negocios en los EE.UU. | Conducción de negocios en América Latina |
| 9:00 a.m. a 10:00 a.m. | Conferencia Magistral | | | | | |
| 11:00 a.m. a 12:00 p.m. | Herramientas para el manejo de redes | Video-conferencias y aprendizaje a distancia | ¿Sobrevivirá su negocio en la red Internet? | Aplicaciones de Web-Aware | | Estrategias para los países del Pacto Andino |
| 1:00 p.m. a 2:00 p.m. | Windows en la corporación | Correo electrónico del futuro | Vendiendo vía la Internet | Desarrollo de un sitio realista en la red (Web Site) | Establecimiento de una marca comercial en EE.UU. | Estrategias para Mercosur |
| 2:30 p.m. a 3:30 p.m. | TCP/IP en la red de área local (LAN) | Computación móvil | La comunidad hispana en línea | | Integración de las estrategias para EE.UU. y América Latina | Migración de su marca comercial |

1. ¿Cuándo se puede aprender cómo vender su producto en Ecuador, Perú y Bolivia?
2. ¿A qué sesión se asistirá para aprender sobre el correo electrónico?
3. Si se quiere saber más acerca de los hispanos en línea, ¿a qué hora se presentará una sesión?
4. Se piensa poner su negocio en la Internet. ¿A qué sesión se debería asistir?
5. Si a usted le interesan las maneras de enseñar utilizando la computadora, ¿a cuál de las sesiones asistirá?

Ahora, hágale estas preguntas sobre las computadoras a su compañero/a.

1. ¿Tienes computadora? ¿Cuántas horas al día pasas trabajando en tu computadora?
2. ¿Dependes de la computadora para tu trabajo? Si fuera posible, ¿te gustaría trabajar en la computadora desde tu hogar y no tener que ir al trabajo? ¿Por qué? Explica.
3. Si fuera necesario, ¿podrías vivir sin computadora? ¿sin televisor? ¿sin horno de microondas?
4. Si sólo pudieras tener tres aparatos eléctricos en tu casa, ¿cuáles escogerías? (Posibilidades: la computadora, el televisor, el lavaplatos, la lavadora, el refrigerador, la secadora de pelo, el ventilador)
5. ¿Crees que la tecnología nos permitirá lograr un nivel de vida mejor que el de hace 50 años? En general, ¿ha mejorado o empeorado la condición humana la computadora? Menciona tres beneficios o desventajas que las computadoras han aportado a la vida moderna.

# En resumen

## De todo un poco

### Casos hipotéticos

Piense en sus metas personales y luego lea la descripción de las cuatro personas a continuación. Después de leer, exprese en términos hipotéticos qué pasaría si usted se casara con una de ellas.

> MODELO: Si me casara con Juan, yo tendría que hacer todos los quehaceres domésticos y no podría continuar con mi carrera. También...

1. Juan: alto, delgado, bien parecido (guapo), elegante, inteligente, extrovertido y alegre, aunque un poco impaciente y algo violento. Es cajero en un banco importante. Le gusta salir a cenar y bailar; fuma y bebe mucho, pero no es alcohólico. No sabe nada sobre las computadoras ni tampoco quiere aprender. No le gusta leer ni ayudar con los quehaceres de la casa... es un poco perezoso. No quiere tener hijos.

2. Juanita: de estatura mediana, delgada, muy bonita, elegante, inteligente y extrovertida. Normalmente es amable y paciente, pero fácilmente se pone de mal humor. Es gerente de una tienda de ropa (una *boutique*) elegante, por lo que viste muy bien. Es trabajadora, pero prefiere no hacer los quehaceres de la casa. Le gusta ir a las discotecas y comer en restaurantes caros. Quiere tener hijos, pero todavía no; tal vez dentro de unos cinco o seis años.

3. Carlos: bajo, gordito, ni feo ni guapo, un poco calvo. Es algo introvertido pero simpático en las fiestas, aunque no bebe ni fuma. Aunque es conservador, siempre lleva camisetas y *jeans*. Es ingeniero y tiene mucha paciencia para los detalles, pero es algo aburrido. Es experto en toda clase de programas para la computadora. No sabe bailar ni tampoco quiere aprender. Prefiere ir a la playa o a las montañas y participar en deportes al aire libre. También le encanta leer e ir al cine a ver películas extranjeras. Es un hombre liberado y le gusta compartir todos los quehaceres de la casa, pero no sabe si está listo para tener hijos.

4. Carla: baja, delgadita, inteligente, muy femenina; atractiva aunque no muy bonita. Está siguiendo la carrera de química y piensa obtener el doctorado. No le gusta salir de noche, pero le fascina acampar. Le gusta mucho leer novelas de ciencia ficción. También le encanta pasar tiempo visitando sitios interesantes en la Internet. En cuanto a los quehaceres de la casa... dice que sólo se casará con alguien que quiera compartirlos equitativamente (50%–50%). Le gustaría tener cinco o seis hijos, pero a causa de su carrera no sabe si tendrá tiempo para cuidarlos y criarlos bien.

## EN NUESTRO MUNDO INCREÍBLE,...

- en el año 1900, se publicó un periódico por cada 35.000 personas. En 1994, se publicó uno por cada 130.000. De acuerdo con esta estadística, podemos calcular que para el año 2010, se publicará un periódico por cada 140.000 personas.
- gracias al científico mexicano Moisés Calderón, pronto existirá un corazón artificial fácilmente accesible y bastante barato. El doctor Calderón ha creado el «Mexicor» («Corazón Mexicano»), que ya ha tenido gran éxito con animales enfermos del corazón. El Mexicor es un sistema de asistencia ventricular que sólo cuesta 1.000 dólares, comparado con los 15.000 que cuesta el sistema que existe actualmente.

## ¡Dígalo por escrito!

¡Adivine, adivino!

Imagínese que usted es un adivino famoso / una adivina famosa. Un(a) cliente (su compañero/a) acaba de pagarle para saber lo siguiente.

- ¿Debe casarse con su novio/a? ¿Por qué sí o por qué no? ¿Cuándo deben casarse? ¿Qué tipo de boda deben celebrar?
- ¿Qué ocurrirá en cuanto a su carrera? ¿Qué debe hacer para tener más éxito? ¿Cuándo tendrá éxito?
- ¿Cómo será su familia en diez años? ¿Cuántos hijos tendrá? ¿Dónde vivirá?

Después de hacer sus predicciones sobre estas preguntas y cualquier otra que su compañero/a le haga, escriba una composición basada en sus respuestas y su-

## VIDEOTECA

¿Le contaría usted un secreto a su amigo/a más íntimo/a? ¿Cree usted que ese amigo / esa amiga le guardaría el secreto? En este segmento de video, Lola le cuenta un secreto a su amiga Eva. ¿Cómo reacciona Eva al oír el secreto? También hablan de otra amiga, Susana. ¿Qué dicen de ella? ¿Cómo es el novio de Susana? ¿Cómo está ella? En el Capítulo 15 del *Cuaderno de trabajo* hay más actividades para hacer después de ver el video.

# Vocabulario

## La familia, las amistades y el matrimonio

| | |
|---|---|
| el ahijado / la ahijada | godson/goddaughter |
| el amigo íntimo / la amiga íntima | close friend |
| la amistad | friendship |
| las arras | *coins given by a bridegroom to a bride as a token* |
| el bautizo | baptism |
| el bisabuelo / la bisabuela | great-grandfather/great-grandmother |
| el brindis | toast (*drink or speech*) |
| casarse por lo civil | to get married in a civil marriage ceremony |
| el cojín | pillow |
| el compadre / la comadre | godfather/godmother; *what a child's parents and godparents call each other* |
| el cura | priest |
| el enlace | union; marriage |
| estar comprometido/a | to be engaged |
| el lazo | tie |
| la luna de miel | honeymoon |
| la madrina | godmother |
| la madrina de velación | maid/matron of honor |
| la novia | bride |
| el noviazgo | courtship |
| el novio | groom |
| el padrino | godfather |

**PALABRAS SEMEJANTES:** matrimonial, el matrimonio

**REPASO:** la boda, el hermanastro / la hermanastra, el hijo único / la hija única, la madrastra, el padrastro

## Acciones recíprocas (verbos)

| | |
|---|---|
| abrazarse | to hug each other |
| besarse | to kiss each other |
| darse la mano | to shake hands with each other |
| quererse (ie) | to love each other |

**PALABRA SEMEJANTE:** comunicarse

**REPASO:** casarse, divorciarse, parecerse, pelearse

## Otros verbos

| | |
|---|---|
| alcanzar | to reach |
| aportar | to contribute |
| bautizar | to baptize |
| conseguir (i, i) | to obtain, get |
| criarse | to be brought up; to grow up |
| dirigir | to direct |
| empeorar | to worsen |
| estar a favor / en contra de | to be in favor of / against |
| estar dispuesto/a a (+ *infin.*) | to be willing to (*do something*) |
| gozar de | to enjoy |
| intercambiar | to exchange |
| hacerse socio | to become a member |
| jubilarse | to retire |
| llevarse a cabo | to take place |
| lograr | to obtain, achieve |
| morirse (ue, u) | to die |
| mudarse | to move (house) |
| opinar | to give one's opinion |
| pedir (i, i) perdón | to ask forgiveness |
| realizar su sueño | to realize/fulfill one's dream |
| tener lugar | to take place |
| valorar | to value |

**PALABRAS SEMEJANTES:** arruinar, consistir en, contribuir, depender de, emigrar

**REPASO:** compartir, consultar

## Los sustantivos

| | |
|---|---|
| el adivino / la adivina | diviner, soothsayer |
| la ayuda | help |
| el bienestar | well-being |
| el carácter | personality, character |
| el correo electrónico | e-mail |
| la desventaja | disadvantage |
| la empresa | company, firm |
| la estrella de cine | movie star |
| los estudios | studies, schooling |
| la felicidad | happiness |
| los fondos | funds |
| el fracaso | failure |

| | |
|---|---|
| la guerra | war |
| el hogar | home |
| la impresora | printer (*machine*) |
| la lealtad | loyalty |
| el mensaje | message |
| el negocio | business |
| el nivel | level |
| la paz | peace |
| el premio (gordo) | (grand) prize |
| la reseña | review (*of a book or film*) |
| el ser humano | human being |
| el ser querido | loved one |
| el término | term |
| el título de propiedad | property deed |
| la ventaja | advantage |
| la vivienda | housing |

**PALABRAS SEMEJANTES:** el acceso, el/la atleta, el beneficio, la característica, la ciencia ficción, la colonia espacial, la conferencia, la consecuencia, la cualidad, la decisión, el detalle, el doctorado, la electricidad, el experto / la experta, el factor, el golf, Hispanoamérica, el honor, la inteligencia, la Internet, la investigación, la lotería, la oportunidad, el procesador (de palabras), el reportero / la reportera, la satisfacción, la sesión, el símbolo, la tecnología, el teléfono celular

**REPASO:** el ciudadano / la ciudadana, la encuesta, la escasez, la relación

## Los adjetivos

| | |
|---|---|
| ambiental | environmental |
| bien parecido/a | good-looking |
| calvo/a | bald |
| extranjero/a | foreign |
| orgulloso/a | proud |
| recién nacido/a | newborn |

**PALABRAS SEMEJANTES:** alcohólico/a, femenino/a, hipotético/a, incondicional, numeroso/a

## Palabras y expresiones útiles

| | |
|---|---|
| a causa de | because of |
| dentro de (+ *time*) | within, in (+ *time*) |
| en caso de que | in case |
| en cuanto | as soon as |
| en línea | on line |
| en vez de | instead of |
| hasta que | until |
| mediante | through, by means of |
| por medio de | through, by means of |
| ¡Qué gusto! | What a pleasure! |
| tan pronto como | as soon as |
| tal vez | perhaps |

**PALABRAS SEMEJANTES:** con respecto a, definitivamente, exactamente, totalmente

# Gramática y ejercicios

## ¿RECUERDA?

In **Gramática 9.1** you saw how two common reflexive verbs, **parecerse** and **llevarse**, are used to express reciprocal actions, that is, actions *to each other*. Review that section now, if necessary.

## 15.1    Expressing *each other:* Reciprocal Pronouns

### Gramática ilustrada

Se besaron.

Se abrazaron.

Se dieron la mano.

Se despidieron.

Reciprocal actions are expressed in Spanish with reflexive pronouns.

reciprocal (*each other*) = (same form as reflexive; see **Gramática 4.4**)

$$\left.\begin{array}{l} \textbf{nos} \\ \textbf{os} \\ \textbf{se} \end{array}\right\} + \text{verb}$$

**Se besaron.** (*They kissed each other.*)
**Nos escribimos.** (*We write each other.*)

| | |
|---|---|
| Los novios **se abrazaron** y luego **se besaron.** | *The bride and groom embraced (each other) and then kissed (each other).* |
| **Nos vemos** mañana en el bautizo de tu sobrino. | *We'll see each other tomorrow at the christening of your nephew.* |

Context usually indicates whether the pronoun is reflexive (*self*) or reciprocal (*each other*).

| | |
|---|---|
| Tenemos que **vestirnos** antes de ir a la boda. | *We have to get dressed before going to the wedding.* |
| Don Eduardo y don Anselmo **se reconocieron** en seguida y **se dieron** la mano. | *Don Eduardo and don Anselmo recognized each other at once and shook hands with each other.* |

Some common reciprocal verbs:

| | | |
|---|---|---|
| abrazarse | darse la mano | quererse |
| besarse | divorciarse | reconocerse |
| comprenderse | mirarse | respetarse |
| conocerse | parecerse | verse |

## Ejercicio 1

Exprese las acciones recíprocas según el modelo.

> MODELO: Yo quiero a mi esposo y mi esposo me quiere mucho también. →
> Mi esposo y yo *nos queremos* mucho.

1. El señor Ruiz llamó a su suegra por teléfono y su suegra lo llamó a él también.
2. Mi ahijada me escribe a mí y yo le escribo a ella a menudo.
3. Amanda habla con su novio y él habla con Amanda todos los días.
4. Mi madre respeta mucho a mi padre y mi padre respeta mucho a mi madre.
5. El abuelo de Guillermo me conoce y yo lo conozco a él muy bien.

**ser** = inherent quality
**estar** = transitory state

**¿Quién es... ?** (*Who is . . . ?*)

**¿Dónde está... ?** (*Where is . . . [a person or thing]?*)
**¿Dónde es... ?** (*Where is . . . [an event]?*)

**¿Cómo es?** (*What is [someone or something] like?*)
**¿Cómo está?** (*How is [someone or something] feeling?*)

## 15.2   Describing: *ser* and *estar*
### Gramática ilustrada

1. Paula Saucedo es una mujer muy activa.
2. Esta semana Paula tuvo que trabajar horas extra y hoy está muy cansada.

1. Ernesto es un hombre muy feliz.
2. Hoy está deprimido porque no le aumentaron el sueldo.

**A.** To identify someone or something, use the verb **ser** followed by a noun.

—¿Quién **es** ese **muchacho**?     —*Who is that guy?*

—Es **Guillermo,** el primo de     —*That's Guillermo, Marisa's*
Marisa.     *cousin.*

—¿Y este vestido?     —*And this dress?*

—**Es** el **vestido** de novia que     —*It's the wedding dress that my*
llevó mi abuelita.     *grandmother wore.*

**B.** To form the progressive tenses, use **estar** with a present participle.

—¿Qué **estaban haciendo** el     —*What were the best man and*
padrino y la madrina?     *maid of honor doing?*

—**Estaban saludando** a los     —*They were greeting the guests*
invitados que llegaban.     *who were arriving.*

**C.** Use the verb **estar** to give the location of people or things.

—¿Dónde **está** el novio?     —*Where is the groom?*

—No sé; no lo he visto.     —*I don't know; I haven't seen him.*

Use the verb **ser** to tell the location of an event.

—¿Dónde va a **ser** la ceremonia?     —*Where is the ceremony going to*
    *be (held)?*

—En la capilla.     —*In the chapel.*

—¿Dónde **es** la conferencia?     —*Where is the lecture?*

—En el salón 450.     —*In room 450.*

**D.** Although **ser** and **estar** are both used with adjectives to describe nouns, they are used in different situations. An adjective with **ser** tells what someone or something is like.

La novia **es** muy hermosa. **Es**     *The bride is very beautiful. She is*
alta, de pelo negro y **es** joven.     *tall, has black hair, and is young.*

An adjective with **estar** describes the condition of someone or something at a particular moment.

**La clase de historia normalmente es aburrida, pero hoy está interesante.** (*History class is usually boring, but today it's interesting.*)

—¿Cómo **está** la novia?     —*How is the bride?*

—Ahora mismo **está** un poco     —*Right now she's a bit nervous*
nerviosa y cansada.     *and tired.*

In the following example, note that **ser** and **estar** can convey different meanings even when used with the same adjective. **Ser** emphasizes identification or normal characteristics, **estar** the state of someone or something at a certain point in time.

—¿**Es** delgada la madre de la novia?     —*Is the bride's mother slender?*

—Sí, pero hoy parece que **está**     —*Yes, but today she looks even*
aún más delgada porque estuvo     *more slender because she was ill a*
enferma hace poco.     *short time ago.*

By using **estar** with an adjective usually associated with **ser**, we can emphasize how something is or looks *right now*, rather than how it is normally. Thus, the choice between **ser** + adjective and **estar** + adjective emphasizes the difference between the norm and variation from the norm.

**Ser:**

- Identification = **ser** + noun

**Es abogado.**
**Son los compadres de Ernesto.**

- Description = **ser** + adjective

**Soy entusiasta.**
**Eran ricos.**

- Location of an event = **ser** + location

**¿Dónde es la conferencia?**
**Los conciertos son en el salón 459.**

**Estar:**

- Current condition of someone or something = **estar** + adjective

**¿Estás triste?**
**Estaban enojados.**

- To be doing something = **estar** + present participle

**Estoy trabajando en la computadora.**
**A las 4:00 estaban nadando.**

- Location of someone or something = **estar** + location

**¿Dónde está la carta?**
**Mis hijos están con los abuelos.**

Te juro que **generalmente** el mar aquí **es** tranquilo y limpio y las olas **son** pequeñas. Pero **hoy está** todo muy feo. Las olas **están** muy grandes y el mar **está** muy sucio por la tormenta de anoche.

*I swear to you that the ocean here is usually calm and clear, and the waves small. But today everything is very ugly. The waves are very large and the ocean is dirty due to last night's storm.*

Here are some other phrases that emphasize the difference in meanings between **ser** and **estar** with adjectives.

| | |
|---|---|
| es bonito / está bonito | *is pretty / looks pretty* |
| es generoso / está generoso | *is generous / is being generous* |
| es nervioso / está nervioso | *is a nervous person / is nervous now* |

In a few cases, the meaning of the adjective is quite different depending on whether it is used with **ser** or **estar**.

| | |
|---|---|
| es listo / está listo | *is clever / is ready* |
| es aburrido / está aburrido | *is boring / is bored* |
| es verde / está verde | *is green / looks green; is unripe* |

| ser | estar |
|---|---|
| **Identification** | **Present Progressive** |
| Es hombre. | Está comiendo. |
| **Location of Event** | **Location of People, Things** |
| El baile es aquí. | El muchacho está aquí. |
| **Description of Norm** | **Description of State** |
| Es bonita. | Está enferma. |

## Ejercicio 2

Don Anselmo está de mal humor hoy y no está de acuerdo con nada de lo que le dice don Eduardo.

MODELO: DON EDUARDO: Doña Rosita es una persona muy activa. →
DON ANSELMO: Pues, no está muy activa hoy.

1. Paula es muy amable con todos.
2. El clima de aquí es algo frío.
3. Normalmente este programa es muy cómico.
4. En la Tienda Miraflores la ropa es muy cara.
5. Ernesto es muy eficiente en su trabajo.

## Ejercicio 3

¿**Ser** o **estar**? Lea el contexto con mucho cuidado.

1. —¿Te gusta la clase de biología?
   —No, _____ una clase muy aburrida.

2. —¿Tienes hambre? ¿Quieres comer un poco de fruta?

—Gracias, pero toda la fruta _____ verde. No voy a comerla porque no quiero enfermarme.

3. Voy a llegar tarde a mi clase de las 9:00. ¡Ya son las 8:49 y yo todavía no _____ listo/a!

4. Pablo _____ muy aburrido porque esta película _____ aburridísima. ¡Prefiere estudiar!

5. ¡Ay! Estas manzanas no están buenas. _____ manzanas rojas pero todavía _____ verdes.

6. Los estudiantes _____ muy listos pero hoy todavía no _____ listos para el examen final; necesitan estudiar más.

## 15.3  Talking about the Future: The Future Tense

**A.** The future tense is formed by adding these endings to the infinitive: **-é, -ás, -á, -emos, -éis,** and **-án.**\*

| FUTURE | | |
|---|---|---|
| (yo) | jugar**é** | *I will play* |
| (tú) | terminar**ás** | *you (inf. sing.) will finish* |
| (usted, él/ella) | escribir**á** | *you (pol. sing.) will write; he/she will write* |
| (nosotros/as) | lavar**emos** | *we will wash* |
| (vosotros/as) | comer**éis** | *you (inf. pl., Spain) will eat* |
| (ustedes, ellos/as) | dormir**án** | *you (pl.) will sleep; they will sleep* |

**Me jubilaré** en dos años.
*I will retire in two years.*

Los políticos nunca **cumplirán** con lo que prometen.
*The politicians will never carry out what they promise.*

**B.** A few verbs have irregular stems to which the future-tense endings are attached.

| | | | | | | | |
|---|---|---|---|---|---|---|---|
| caber | → | cabré | poner | → | pondré | decir → | diré |
| haber | → | habré | salir | → | saldré | hacer → | haré |
| poder | → | podré | tener | → | tendré | | |
| querer | → | querré | valer | → | valdré | | |
| saber | → | sabré | venir | → | vendré | | |

Mi hermana dice que **podrá** casarse cuando encuentre al hombre perfecto.
*My sister says that she will be able to get married when she finds the perfect man.*

**C.** For statements about future events, the **ir** + **a** + infinitive construction is more frequently used in conversation than are the future-tense verb forms.

Mañana **vamos a escuchar** el noticiero de las 6:00.
*Tomorrow we are going to listen to the 6:00 news.*

---

\*Recognition: **vos hablarás**

When there is doubt or speculation, however, especially in questions, the future tense is common. This is called the "future of probability."

| | |
|---|---|
| ¿A qué hora **llegarán**? | *What time do you think they'll arrive? (I wonder what time they'll get here.)* |

The future of probability may also refer to present conditions.

| | |
|---|---|
| ¿Qué **estarán haciendo** ahora? | *What do you think they are doing now? (I wonder what they're doing now.)* |
| ¿Qué hora **será**? ¿**Serán** ya las 7:00? | *What time do you think it is? (I wonder what time it is.) Do you think it's already 7:00?* |

## Ejercicio 4

¿Qué pasará durante los próximos quince años?

|  | SÍ | NO |
|---|---|---|
| MODELO: La profesora Martínez *se jubilará* y *viajará* a Sudamérica. ( jubilarse/viajar) | ☐ | ☐ |
| **1.** (Yo) _____ y _____ dos hijos. (casarse/tener) | ☐ | ☐ |
| **2.** Mi mejor amigo/a y yo _____ e _____ a Europa. (graduarse/ir) | ☐ | ☐ |
| **3.** Mis padres _____ y _____ en una isla tropical. (mudarse/vivir) | ☐ | ☐ |
| **4.** Mis compañeros de clase y yo _____ nuestras metas y _____ en la universidad en el año 2010. (lograr/reunirse) | ☐ | ☐ |
| **5.** El presidente _____ a cenar en mi casa y me _____ que le gustan mis ideas. (venir/decir) | ☐ | ☐ |

## 15.4 Talking about *When:* The Subjunctive in Time Clauses
### Gramática ilustrada

Tan pronto como volvamos del concierto, nos acostaremos.

Después de que Amanda y Graciela terminen la tarea, irán al cine.

**A.** As you know, Spanish requires subjunctive verb forms in time clauses whenever the time expressed is in the future (see **Gramática 11.2**). Present indicative forms are used to express habitual activities. (The word **siempre** often indicates a habitual activity, and therefore the indicative is used.)

> Voy a ver las noticias cuando **termine** mi trabajo.
>
> *I am going to watch the news when I finish my work.*
>
> Yo siempre veo las noticias cuando **termino** mi trabajo.
>
> *I always watch the news when I finish my work.*

> The subjunctive is used in clauses that begin with **cuando, hasta que, después de que, tan pronto como,** and **en cuanto** when they refer to the future. **Antes de que** is *always* followed by the subjunctive.

**B.** Although **cuando** is the most common word used to introduce time clauses, similar conjunctions are **hasta que** (*until*), **después de que** (*after*), **tan pronto como** (*as soon as*), and **en cuanto** (*as soon as*).

> La madre estará nerviosa **hasta que** su hijo **llegue** de la escuela.
>
> *The mother will be nervous until her son arrives home from school.*
>
> La madre siempre está nerviosa **hasta que** su hijo **llega** de la escuela.
>
> *The mother is always nervous until her son arrives home from school.*

**C.** The conjunction **antes de que** (*before*) is always followed by subjunctive verb forms, even when the activity described is habitual.

> Voy a comprar un carro **antes de que suban** los precios.
>
> *I'm going to buy a car before the prices go up.*
>
> Cada mañana doy un paseo **antes de que** los niños **se despierten.**
>
> *Every morning I take a walk before the children wake up.*

## Ejercicio 5

¿Indicativo o subjuntivo? Siga el modelo.

MODELO: Algunos periodistas dicen que el presidente va a jubilarse cuando (cumple/cumpla) 65 años.

1. Toda mi familia va a dar una gran fiesta después de que me (gradúo/gradúe).
2. Estaremos muy contentos cuando no (hay/haya) más contaminación ambiental.
3. Raúl, ¿siempre hablas con tus abuelos cuando (tienes/tengas) tiempo libre?
4. Mis padrinos siempre preguntan por mí en cuanto (ven/vean) a mis padres.
5. Estaré dispuesto a ayudarte con la tarea esta tarde tan pronto como (llegas/llegues) a mi casa.
6. Voy a arreglar la casa antes de que (vienen/vengan) mis suegros.
7. Los empleados trabajarán hasta que (alcanzan/alcancen) las metas del jefe.
8. Mis primos siempre se pelean hasta que (vuelven/vuelvan) mis tíos del trabajo.
9. El cura nos tiene que dar la bendición antes de que (salimos/salgamos) de la iglesia.
10. Después de que me (saludan/saluden), mis tías siempre me invitan a comer.

## 15.5 Hypothetical Reactions: The Conditional

**A.** The conditional is formed by adding these endings to the infinitive: **-ía**, **-ías**, **-ía**, **-íamos**, **-íais**, and **-ían**.*

conditional = infinitive + { -ía, -ías, -ía, -íamos, -íais, -ían }

### CONDITIONAL†

| | | |
|---|---|---|
| (yo) | jugar**ía** | I would play |
| (tú) | comer**ías** | you (inf. sing.) would eat |
| (usted, él/ella) | dormir**ía** | you (pol. sing.) would sleep; he/she would sleep |
| (nosotros/as) | tomar**íamos** | we would drink |
| (vosotros/as) | jugar**íais** | you (inf. pl., Spain) would play |
| (ustedes, ellos/as) | escribir**ían** | you (pl.) would write; they would write |

Yo **hablaría** con su familia primero. — I would speak with her family first.
A Alicia Márquez le **gustaría** ir de luna de miel a Cancún. — Alicia Márquez would like to go to Cancún on her honeymoon.

**B.** The verbs that have irregular stems in the future use the same stems in the conditional.

| | | | | | |
|---|---|---|---|---|---|
| caber → | cabría | poner → | pondría | decir → | diría |
| haber → | habría | salir → | saldría | hacer → | haría |
| poder → | podría | tener → | tendría | | |
| querer → | querría | valer → | valdría | | |
| saber → | sabría | venir → | vendría | | |

—¡Yo no **sabría** qué decirle! — —I wouldn't know what to tell him!
—Pues yo le **diría** la verdad. — —Well, I would tell him the truth.

*Recognition: **vos hablarías**

España: En tiempos pasados los jóvenes asistían a las funciones de la iglesia o salían con la familia. Hoy en día van con frecuencia al cine o a clubes y no siempre van acompañados de un miembro de la familia.

## Ejercicio 6

Aquí aparecen algunas actividades que a los estudiantes de la Universidad de Texas en San Antonio les gustaría hacer en España. Escoja el verbo más lógico y dé la forma del condicional: **acostarse, caminar, comer, comprar, correr, pasar, practicar, tomar, tratar, usar, visitar.**

1. Si tuvieran mucho tiempo libre, Esteban y Carmen _____ los sitios turísticos.*
2. Alberto _____ de conocer a nuevos amigos.
3. Si Nora tuviera mucho dinero, _____ zapatos españoles.
4. Pablo y Mónica _____ tapas y _____ cerveza por la tarde.
5. Todos _____ el español.
6. Esteban _____ por el parque del Retiro.
7. Pablo _____ mucho tiempo en el Museo del Prado.
8. Todos _____ el metro para ir de un lugar a otro.
9. Si Mónica y Nora no asistieran a clases, _____ a la 1:00 cada noche.
10. Luis _____ todos los días para mantenerse en buen estado físico.

_____

*Constructions with the conditional frequently include a past subjunctive form after **Si.** See **Gramática 16.4** for more detail.

# El mundo y las relaciones sociales

## METAS

In **Capítulo 16** you will discuss cultural diversity and other current issues affecting modern society. You will also learn about Latin American history and politics, including famous people in Hispanic culture.

México, D.F.

# Actividades de comunicación y lecturas

## La diversidad cultural

*Lea Gramática 16.1.*

## Actividad 1. Intercambios: Las reacciones

Imagínese que usted ha leído estas noticias en el periódico de su universidad. Con su compañero/a, hagan comentarios usando las expresiones que aparecen a continuación y en la próxima página.

MODELO:   ¡No lo puedo creer! Dudo que los científicos puedan hacer eso.

### EXPRESIONES ÚTILES

| | | |
|---|---|---|
| ¡Ya era hora! | ¡Qué maravilla! | ¡Qué desastre! |
| ¡Así es la vida! | ¡No lo puedo creer! | ¡Qué va! |
| ¿Qué me importa a mí? | ¡Qué bueno! | ¡Ni modo! |
| ¡No me digas! | ¿A mí qué? | ¡Súper! |

1. Algunos miembros del club africanoamericano han formado un grupo de voluntarios para servir en las escuelas públicas de esta ciudad. Van a ayudar a los niños a aprender a leer y a escribir y además planean varias excursiones culturales con ellos.

2. Un científico ha descubierto en nuestra universidad el gene de la inteligencia en los seres humanos. Dicen que pronto, todos podrán ponerse inyecciones de inteligencia.

3. Este fin de semana, se presentará en el centro estudiantil una exposición de instrumentos musicales de América Central y el Caribe. Los embajadores de Panamá y Honduras asistirán a la función, y a las 2:00 de la tarde habrá una presentación del grupo musical Alas Negras.

4. Cinco estados de los Estados Unidos han promulgado una ley que prohíbe hablar en el trabajo, durante horas laborales, otro idioma que no sea el inglés. La ley requiere que la gente que insista en hablar su lengua materna sea arrestada y que reciba una multa.

5. Después de años de protesta y con la ayuda de los legisladores de nuestro estado, se ha logrado prohibir el uso de pesticidas en las frutas y legumbres que se cultivan en esta zona. Esperamos que esto reduzca la alta tasa de cáncer entre los campesinos y de leucemia entre los hijos de éstos.

6. Un grupo de hombres de negocios de nuestro estado protesta por las tasas más bajas de seguro automovilístico que las compañías les ofrecen a las mujeres automovilistas. Voceros del grupo dicen que los hombres son mejores conductores y piden una reducción inmediata en su seguro automovilístico.

## Actividad 2. Definiciones: Las contribuciones de los inmigrantes

Empareje las descripciones con los varios grupos que viven ahora en América.

| los africanos | los indígenas | los japoneses |
| los chinos | los iraníes | los judíos |
| los cubanos | los irlandeses | los mexicanos |

1. Han contribuido mucho en los campos de la música, de los deportes del idioma, de la literatura, y del arte y en varios avances científicos. Los ingleses, los españoles y los portugueses trajeron a sus antepasados como esclavos.

2. Llegaron a los Estados Unidos durante los años ochenta, después de que el sha Reza Pahlevi fue derrocado por musulmanes extremistas. Han aportado las costumbres y la comida de su cultura. Demuestran un fuerte deseo por incorporarse a la cultura norteamericana.

3. Muchos de ellos han emigrado de su patria a Ecuador, Perú y Brasil. Generalmente se ganan la vida en el campo de los negocios, y a veces, en la agricultura.

4. Muchos de estos inmigrantes llegaron a los Estados Unidos de Rusia y Polonia en el siglo XIX. Huían de las persecusiones horribles durante el régimen del zar. Han contribuido mucho en los campos del arte, de la literatura, de la música y de las ciencias.

5. Llegaron a los Estados Unidos durante el siglo XIX y se establecieron principalmente en el oeste, donde eran propietarios de tiendas durante la búsqueda de oro en California. Muchos también trabajaron en la construcción del ferrocarril que unió la costa del este con la del oeste.

6. Fueron los primeros «inmigrantes» a América: llegaron por el Estrecho de Bering hace 20.000 años o más. Millones de ellos murieron en los Estados Unidos debido a la actitud represiva de los pioneros, apoyados por el gobierno. Han contribuido con su arte y han hecho más rica la historia del país, pero muchos de ellos todavía viven en la pobreza y sus tierras nunca les fueron devueltas.

7. Llegaron a los Estados Unidos durante el siglo XIX a causa de una hambruna en su país natal. Al principio había mucho prejuicio contra ellos porque tenían familias numerosas y eran católicos. Han aportado sus fiestas y tradiciones culturales, además de su contribución a la música y a la comedia.

8. Algunos han vivido en los estados del oeste de los Estados Unidos desde la colonización de esta región por los españoles. Ahora muchos otros cruzan la frontera en busca de mejores condiciones económicas para su familia. Han contribuido en muchos campos: el de la música, el del arte y el del idioma.

9. Muchos llegaron a los Estados Unidos después de la Revolución de 1959 en la cual Fidel Castro derrotó al dictador Batista. Se destacan en los negocios y han contribuido mucho a la vida artística de este país.

Ahora, trabajando en grupos de cuatro o cinco, cada miembro del grupo debe contestar la pregunta a continuación y estar listo/a para compartir esta información con toda la clase. Mientras responda cada persona, los demás deben anotar su respuesta.

¿De dónde son tus antepasados y por qué vinieron a este país?

## Actividad 3. Conversación: Los estereotipos culturales

Aquí tiene usted algunas ideas preconcebidas muy comunes. ¿Son totalmente falsas o hay algo de verdad en ellas? Dé su opinión sobre cada una.

MODELO: Los latinos van a fiestas todos los días. →
No creo que vayan a fiestas todos los días. No es bueno aceptar esta idea, porque da la impresión de que los latinos no trabajan.

### BREVE GLOSARIO RACISTA

*Las palabras son la traducción sonora de las ideas. Cualquier lengua incluye muchas expresiones que ilustran un asombroso grado de racismo y xenofobia subyacentes. El español no es una excepción. Veámoslo:*

**Es un judío:** tacaño, usurero.

**¿Qué pasa, es que soy negro?:** forma de protesta cuando a uno no le dan lo que a los demás.

**Hacer el indio:** hacer el tonto.

**Gitano/a:** persona harapienta, de mala pinta, vago.

**Hacerse el sueco:** desentenderse.

**Despedirse a la francesa (inglesa):** irse sin decir adiós.

**Beber como un cosaco:** emborracharse.

**Tener la cabeza cuadrada, como los alemanes:** persona testaruda.

**Danza de negros:** algo salvaje e incivilizado.

**Hay moros en la costa:** alguien está escuchando.

**No tiene la culpa el indio, sino él que lo hace compadre:** no es buena idea tratar a un inferior como igual.

**Caballo al caballero, para el mulato mula y para el indio burra:** cada uno recibe lo que se merece.

**Cobrarse a lo chino:** recuperar uno lo que le deben, deduciéndolo de una cantidad que tiene que entregar.

### PALABRAS ÚTILES

Creo que sí/no.　　Dudo que...
Pienso que...　　　Es dudoso que...
No creo que...　　No es posible que...

1. «Mujer al volante, peligro constante.»
2. Hay más racismo en los Estados Unidos que en otros países.
3. Los inmigrantes se avergüenzan de la lengua y cultura de sus antepasados.
4. Las mujeres son demasiado sensibles.
5. Los norteamericanos son esclavos del deber («trabajólicos»).
6. No hay ningún latinoamericano que sea puntual.
7. El inglés es un idioma difícil de aprender.
8. Los asiáticos son más inteligentes que las personas de otras razas.

## Actividad 4. Del mundo hispano: Los estereotipos en el trabajo

# Hombre y mujer cuando de trabajo se trata

De derecho[1] la igualdad entre el hombre y la mujer se encuentra reconocida, pero no así de hecho[2]. En el día a día, aunque vivamos en 1998; hasta en los comentarios más nimios[3], en el trabajo por ejemplo, se continúa apreciando un cierto tufillo[4] machista. Si no, observemos las distintas actitudes tomadas en situaciones iguales según el sujeto de la acción sea varón o hembra[5].

| Así le califican a él en la oficina | De esta manera a ella |
|---|---|
| **Tiene colocadas[6] encima de su mesa las fotos de su esposa/esposo e hijos.** | |
| Es un hombre responsable que se preocupa por su familia. | ¡Um! Su familia tiene prioridad sobre su carrera. |
| **Su escritorio está lleno de papeles.** | |
| Se nota que es una persona ocupada, siempre trabajando. | Es una desordenada. |
| **Está hablando con sus compañeros de trabajo.** | |
| Seguro que está discutiendo nuevos proyectos. | Seguro que está cotilleando[7]. |
| **No está en la oficina.** | |
| Habrá ido a visitar a unos clientes. | Debe de haberse ido de tiendas[8]. |
| **Salió a almorzar con el jefe.** | |
| Su prestigio aumenta. | Debe de tener un «affaire». |
| **Le gritó a un empleado que no cumplió sus órdenes.** | |
| Tiene carácter, sabe imponerse. | Está histérica. |
| **Se va a casar.** | |
| Eso le estabilizará. | Pronto quedará embarazada y dejará el trabajo. |
| **Va a tener un hijo.** | |
| Necesitará un aumento de sueldo. | Le costará a la empresa la maternidad. |
| **Va a hacer un viaje de negocios.** | |
| Es conveniente para su carrera. | ¿Qué opina su marido? |
| **Faltó al trabajo por enfermedad.** | |
| Debe de encontrarse muy mal. | Tendrá un catarrito[9]. |

[1]De... *In theory* [2]de... *in fact* [3] insignificantes [4]actitud [5]varón... hombre o mujer [6]puestas [7]*gossiping* [8]de... de compras [9]un... *the sniffles*

1. Según este artículo, ¿cuál es el estereotipo de un hombre que tiene fotos de su familia sobre su escritorio? ¿Y cuando se trata de una mujer? ¿Cree usted que la familia debe tener prioridad sobre la carrera?

2. Si usted ve a un empleado / una empleada ante un escritorio lleno de papeles, ¿cómo lo/la caracteriza, como persona ocupada o desordenada?

3. ¿Cree que es verdad o que es una idea preconcebida que las mujeres chismean (cotillean) más que los hombres? ¿En qué se basa su opinión?

4. Según este artículo, ¿cuál es el estereotipo de la mujer que no está en su oficina durante las horas de trabajo? ¿Y del hombre?

5. Si una jefa les gritara a sus empleados, ¿la consideraría usted una mujer histérica? ¿Y si fuera un hombre?

6. ¿Cuáles son algunos estereotipos negativos del hombre en el mundo del trabajo?

Hay mujeres en todas las profesiones. Esta ingeniera supervisa a los trabajadores en una zona de construcción en Bogotá.

## EL MUNDO HISPANO... en los Estados Unidos

**Ó**scar M. Ramírez es cubano y tiene 40 años. Vive en Miami, Florida.

*¿Tiene usted amigos de otras culturas? ¿Le parece importante la diversidad cultural? ¿En qué sentido?*

Yo siempre me he visto rodeado[1] de una gran diversidad cultural, en parte porque mis estudios en diferentes idiomas me han llevado a diversos países. Mis amigos son de Grecia, de Alemania, de Hong Kong, de Latvia y de muchos países más. Con ellos y a través de sus culturas he gozado de[2] muchos estilos de música y de bailes. He leído sobre leyendas y mitos que para ellos no son sólo «cuentos», sino el repositorio de todos sus valores y creencias. Con las palabras que me han enseñado de sus respectivos idiomas he aprendido algo de cómo ellos ven el mundo y cómo comprenden a los demás.

Pero lo más fascinante que he aprendido es cómo no hay un solo modo de vestirse, de cocinar, de querer o de rezar.[3] También he aprendido lo que es típico de mi cultura hispana, lo que les parece a ellos chistoso, interesante, conmovedor o ridículo de mi cultura. A través de ellos, pues, he renacido[4] a mi propia cultura hispana y he comenzado a apreciarla desde una nueva perspectiva.

[1]me... *I've been surrounded*  [2]he... *I've enjoyed*  [3]*pray*  [4]he... *I've been reborn*

## Actividad 5. Conversación: La inmigración a los Estados Unidos

Imagínese que usted es campesino/a en un país de América Latina. Tiene muy pocas posibilidades de conseguir su propia tierra en su país porque el nuevo presidente se opone a la reforma agraria. Ya que hay poco trabajo, usted decide irse al «Norte», a los Estados Unidos, en busca de trabajo. Usted entra sin documentos en los Estados Unidos, pero pronto encuentra trabajo en las fincas donde se cultivan legumbres y otros productos agrícolas. ¿Cómo ha cambiado su vida?

1. Cambios en el tipo de vivienda: ¿Dónde y cómo vive usted ahora?
2. Cambios en la comida: ¿Qué come usted ahora? ¿Quién prepara lo que come?
3. Cambios en la lengua: ¿Habla usted inglés? Si no lo habla, ¿cómo y dónde lo puede aprender?
4. Cambio de amigos: ¿Con quiénes se asocia usted ahora? ¿Por qué?
5. Dificultades: ¿Qué tipo de problemas ha tenido? ¿Cómo los ha resuelto?
6. Planes: ¿Piensa quedarse en los Estados Unidos? ¿Va a traer a su familia a este país a vivir con usted? ¿Es fácil hacerlo?

Trabaje con tres o cuatro compañeros para contestar estas preguntas. Estén listos para participar en una discusión de panel con la clase entera.

Trabajadores migratorios en California, Estados Unidos.

## Actividad 6. Entrevista: ¿El inglés o la lengua materna?

En varios estados de los Estados Unidos se han promulgado leyes declarando el inglés como lengua oficial. Hágale preguntas a su compañero/a acerca de los siguientes aspectos de la inmigración y el uso del inglés.

1. ¿Habla más de una lengua tu familia? ¿y tus abuelos? ¿Cuál? ¿Qué beneficios hay en poder hablar más de una lengua?
2. ¿Conoces inmigrantes en los Estados Unidos? ¿De dónde son? ¿Hablan inglés? ¿Cómo lo aprendieron? Y los hijos de estos inmigrantes, ¿qué lengua prefieren usar?
3. Si tuvieras que emigrar a otro país en el cual no se hablara el inglés, ¿aprenderías el nuevo idioma? ¿Hablarías solamente ese idioma o hablarías inglés con tu familia y con tus amigos íntimos?
4. En tu opinión, ¿se debe enseñar a los niños pequeños en su lengua materna o en la lengua de la mayoría? ¿Por qué?
5. Si se ofreciera la educación bilingüe en una escuela cercana, ¿inscribirías allí a tus hijos, o preferirías mandarlos a una escuela donde la enseñanza fuera solamente en inglés?
6. ¿Crees que cada país debe tener un solo idioma oficial? ¿Por qué? Explica.

## LAS PALABRAS VIVEN

| **VOCABULARIO ÚTIL** | |
|---|---|
| Unión Europea | *European Union* |
| los antepasados | *ancestors* |
| el castellano | español |
| los anglohablantes | *English-speaking people* |
| domina | habla bien |
| ejerce | tiene |
| Por lo tanto | *Therefore* |

# ¿Aprendamos muchas lenguas!

Hoy, más que nunca, es beneficioso que los estadounidenses sepamos hablar varios idiomas. De los países asiáticos, por ejemplo, son cada día más importantes el chino y el japonés. Y en Europa, y otras partes del mundo, es muy útil el francés, sobre todo dentro de la Unión Europea (UE). El francés, además, es una de las lenguas oficiales de nuestro país vecino, Canadá.

¿Y qué podemos decir del español? Pues, para empezar, que la mayoría de nuestros vecinos al sur lo hablan. Pero el español también se habla en los Estados Unidos. Muchos ciudadanos del suroeste de este país han conservado la lengua española de sus antepasados. En California el castellano se escucha en casi todas partes. Si usted visita Miami, va a escuchar el español más que el inglés. Y no olvidemos que muchos de los puertorriqueños que viven en Nueva York y Nueva Jersey son ciudadanos estadounidenses pero su lengua materna es el español.

Desafortunadamente, una gran mayoría de los anglohablantes en los Estados Unidos domina solamente el inglés, mientras que muchos europeos, asiáticos y africanos hablan dos idiomas y a veces tres o más. Por su parte, los latinoamericanos estudian un segundo idioma, generalmente el inglés o el francés.

Es lamentable que exista la tendencia al monolingüismo en un gran sector de la población norteamericana. La actitud que predomina es: «¿Por qué voy a aprender otras lenguas, si todo el mundo habla inglés?» Esto es una exageración: no todo el mundo habla inglés. Sí, es cierto que, por tradición, la gente tiende a aprender el idioma del país más poderoso del mundo. Así pasó en la antigüedad con el latín de Roma y con el francés en la época de Napoleón Bonaparte. El inglés llegó a ser una lengua internacional en el siglo XIX, en parte debido a las conquistas y colonizaciones de Inglaterra. Ha continuado como la lengua dominante a causa del predominio de los Estados Unidos en el comercio internacional. El inglés también ejerce una gran influencia por medio del cine, la televisión y la música popular. Por lo tanto, es fácil comprender por qué los anglohablantes no ven mucha ventaja en aprender otro idioma, cuando alrededor del mundo tanta gente se esfuerza por aprender inglés.

No obstante, el conocimiento de varias lenguas no sólo enriquece la comunicación diaria, sino que también es un recurso importante en el campo del comercio y en la industria del turismo. Además, aquéllos que hablan varios idiomas disfrutan más de otras culturas cuando viajan. Y, sobre todo, tienen la oportunidad de conocer otros mundos y descubrir nuevas perspectivas sobre la vida. ¡Aprendamos muchas lenguas!

# Cuestiones sociales

*Lea Gramática 16.2–16.4.*

«Busco una carrera en la cual pueda ayudar a los niños maltratados.»

«No conozco ninguna ciudad grande que no se enfrente diariamente con la cuestión de los desamparados.»

«Quiero vivir en un lugar donde pueda respirar aire puro y donde no haya tanta contaminación ambiental.»

«No habrá más contaminación ambiental cuando todos dejemos de usar automóviles y nos aprovechemos del transporte público.»

«En el centro de muchas ciudades grandes se ha limitado el uso del automóvil para que disminuya el nivel de contaminación.»

«Espero que dejen de construir reactores nucleares antes de que ocurra un accidente grave.»

«La economía de los Estados Unidos no será fuerte hasta que se reduzca la tasa del desempleo.»

«Ayer les pedí que se prepararan para discutir estos temas en clase. ¿Quién quiere empezar?»

## Actividad 7. Preferencias: Condiciones y consecuencias

Seleccione una condición necesaria. Hay más en la próxima página.

MODELO: El problema de los desamparados será más grave cada día a menos que...
  **a.** se creen más trabajos para gente desempleada.
  **b.** se construyan más viviendas para todos.
  **c.** ¿ ? →

El problema de los desamparados será más grave cada día a menos que *se construyan más viviendas para todos.*

**1.** Debemos iniciar una campaña de educación sexual para que...
  **a.** no haya tantos abortos.
  **b.** no aumente el contagio del SIDA y otras enfermedades venéreas.
  **c.** ¿ ?

**2.** Estoy de acuerdo con una reducción en los gastos federales con tal de que (no)...
  **a.** reduzcan los fondos para la educación.
  **b.** reduzcan los fondos para la defensa del país.
  **c.** ¿ ?

**3.** El analfabetismo en los Estados Unidos aumentará a menos que...
  **a.** los padres les lean más a sus hijos.
  **b.** se inicie una campaña nacional de alfabetización.
  **c.** ¿ ?

**4.** Vamos a destruir gran parte del medio ambiente a menos que...
  **a.** dejemos de usar el carro como medio principal de transporte público.
  **b.** controlemos la población mundial.
  **c.** ¿ ?

**5.** ¿Podemos eliminar las industrias que dañan el medio ambiente sin que...
  **a.** la economía sufra?
  **b.** aumente la tasa de desempleo?
  **c.** ¿ ?

**6.** El precio de los seguros médicos debe controlarse de manera que...
  **a.** todo ciudadano tenga seguro médico.
  **b.** todo ciudadano tenga acceso a tratamiento médico básico.
  **c.** ¿ ?

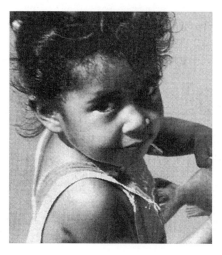

**7.** Busco una ciudad que...
  **a.** no tenga una tasa alta de criminalidad.
  **b.** tenga programas sociales para los pobres.
  **c.** ¿ ?
**8.** Quiero vivir en una sociedad donde...
  **a.** todos tengamos los mismos derechos.
  **b.** todos tengan la oportunidad de alcanzar sus metas.
  **c.** ¿ ?

## Actividad 8. Conversación: Los problemas de nuestra sociedad

¿Qué opina usted? ¿Cómo podríamos resolver estos problemas de la sociedad? Vea la lista de condiciones posibles.

MODELO:   Los jóvenes no usarían tantas drogas →
          Los jóvenes no usarían tantas drogas *si no fuera tan fácil conseguirlas.*

### CONDICIONES POSIBLES

¡DEBIERA DARTE VERGÜENZA!
¡ YO A TU EDAD YA ESTABA
EXPLOTANDO A ALGUIEN!

...si los hombres recibieran más apoyo emocional en nuestra sociedad
...si la gente no los comprara
...si hubiera más comunicación entre los jóvenes y sus padres o sus maestros
...si los esposos se comunicaran más
...si todos los novios asistieran a un programa de consejos pre-matrimoniales
...si éstas recibieran una educación sexual adecuada
...si los castigos fueran más fuertes
...si hubiera más empleos para personas sin mucha preparación
...si no vieran tanta televisión
...si en los medios de comunicación no se representara tanta violencia
...si hubiera leyes más severas contra este tipo de publicaciones
...si no fuera tan fácil conseguirlas

**1.** Habría menos crímenes violentos
**2.** No quedarían tantas jóvenes embarazadas
**3.** Se publicarían menos revistas y libros pornográficos
**4.** Los niños aprenderían a leer bien
**5.** Habría menos suicidios entre los jóvenes
**6.** No habría tantos divorcios
**7.** Menos personas dependerían de las agencias de bienestar social
**8.** No ocurrirían tantos casos de violación sexual

## EL MUNDO HISPANO... imágenes

**S**or Juana Inés de la Cruz (1651–1695), escritora mexicana. En sus tiempos, la mujer que quería estudiar no tenía más alternativa que hacerse monja.[1] Se dice que ésta fue una de las razones principales por las cuales Sor Juana entró en el convento. Como religiosa, podía encontrar tiempo para la lectura y el estudio. En el convento no se veía obligada a desempeñar el rol tradicional de la persona inferior o sirvienta de su esposo asignado a la mujer.

Sor Juana logró estudiar y escribir durante gran parte de su vida. Se vio involucrada[2] en varias controversias por su carácter irreverente y su intelecto prodigioso. En algunos de sus ensayos, criticaba la actitud represiva de los hombres y el tratamiento injusto que se les daba a las mujeres.

Sor Juana murió joven, sola y sin sus libros. Pero su rica obra sobrevivió: sus poemas se consideran entre los mejores de la poesía hispana.

[1]*nun*  [2]*involved*

## Actividad 9. Conversación: Los principios

¿Está usted de acuerdo con las siguientes declaraciones? Explique brevemente sus razones.

1. El aborto es homicidio y debe ser prohibido.
2. La eutanasia es una solución aceptable para las personas que sufren de enfermedades incurables.
3. La educación sexual de los hijos es obligación de los padres y no de las escuelas públicas.
4. Hay que prohibir la violencia y el sexo en los programas de televisión y en las películas.
5. Se debe prohibir que los ciudadanos porten armas de fuego.

## Actividad 10. Entrevista: Las drogas

1. ¿Cómo defines la palabra «droga»? ¿Qué tipos de drogas hay? ¿Para qué se usan las drogas? ¿Son drogas el alcohol, la nicotina y la cafeína?
2. ¿Por qué se prohíbe o se restringe el uso de ciertas drogas? ¿Crees que debe legalizarse todo tipo de drogas?
3. ¿Cuáles son las drogas comúnmente usadas como diversión? Describe los peligros de usarlas.
4. ¿Crees que el problema de la drogadicción ha llegado a un punto crítico en nuestra sociedad? ¿Por qué? ¿A qué se puede atribuir este problema?
5. ¿Estás a favor de que se permita hacerles análisis a varios sectores de la población para la detección de drogas? ¿a los militares? ¿a los maestros y los profesores? ¿a los doctores y a los enfermeros? ¿a los atletas? ¿a los pilotos? ¿a los trabajadores de las plantas nucleares?

## Actividad 11. Conversación: La superpoblación

Lea esta nota que habla del problema de la superpoblación en las grandes ciudades. Luego converse sobre el tema con sus compañeros de clase.

### URBE SUPERPOBLADA

*CIUDAD DE MÉXICO. La capital mexicana será a fines de siglo la segunda ciudad más poblada del mundo, después de Sao Paulo, en Brasil, advierte un estudio sobre pronóstico demográfico realizado por el Movimiento Popular de Medio Ambiente.*

*Hacia el año 2000, nueve de las 37 ciudades del planeta con más de cinco millones de habitantes* *estarán en América Latina y al término de la presente centuria— indicó la institución paraestatal— sólo uno de cada cinco habitantes vivirá a escala mundial en un medio biológicamente aceptable. Sostuvo, asimismo, que las políticas aplicadas en zonas urbanas disminuyeron la calidad de la vida de asentamientos humanos, particularmente de los grupos sociales y económicos menos favorecidos.*

1. ¿Cree usted que la superpoblación sea ya un problema grave para el mundo? En su opinión, ¿es el control de la natalidad la solución?
2. ¿Qué efecto tiene la superpoblación sobre el uso de los recursos naturales del mundo?
3. ¿Cree usted que la educación sexual en las escuelas sea una manera eficaz de ayudar a prevenir los embarazos no deseados en las jóvenes menores de edad?
4. ¿Se les debe proporcionar anticonceptivos a los jóvenes menores de edad sin la autorización de los padres? ¿Por qué sí o por qué no? ¿Se les debe proporcionar anticonceptivos gratuitos a las personas mayores de edad que no puedan comprarlos?
5. ¿Considera usted que el aborto es una manera apropiada de resolver el problema de la superpoblación?

ARSENALES NUCLEARES

| UN CLUB QUE DA MIEDO | | | |
|---|---|---|---|
| | Número de cabezas nucleares | Potencia en Megatones | Potencial medido en n° bombas tipo Hiroshima |
| ESTADOS UNIDOS | 7.770 | 2.160 | 144.000 |
| RUSIA* | 8.500 | 3.600 | 240.000 |
| FRANCIA | 524 | 100 | 6.667 |
| REINO UNIDO | 200 | 88 | 5.867 |
| CHINA | 450 | 400 | 26.667 |
| ISRAEL | 200 ? | ? | |
| INDIA | ? | ? | |
| PAKISTAN | ? | ? | |
| TOTAL | 17.644 ? | 6.348 | 423.201 |

*En el arsenal ruso se incluye el armamento nuclear custodiado por Ucrania. Fuente: Bulletin of Atomic Scientist Nuclear Notebook y Natural Resources Defense Council Data.1995

## Actividad 12. Intercambios: Problemas actuales

A continuación aparece una lista de cuestiones sociales a las que actualmente se enfrenta nuestra sociedad. Trabajando en grupos de tres o cuatro estudiantes,

expresen sus opiniones sobre cada una. Cuando sea indicado, también hablen de
las consecuencias.

CUESTIONES SOCIALES

- los desperdicios nucleares
- otras fuentes de energía
- la escasez de agua
- el control de la natalidad
- el consumo de drogas
- el maltrato de los niños
- el desempleo
- la investigación sobre el SIDA
- la venta ilegal de armas nucleares

- la contaminación de los ríos y los océanos
- las guarderías infantiles
- las armas en las escuelas
- el delito en las grandes ciudades
- la destrucción de la capa de ozono
- las fábricas que se trasladan a otro país en busca de mano de obra barata

| OPINIONES Y REACCIONES | SOLUCIONES | CONSECUENCIAS |
|---|---|---|
| recomendamos que | buscar | antes de que |
| esperamos que | combatir | hasta que |
| es importante que | controlar | tan pronto como |
| es necesario que | encontrar | en cuanto |
| es mejor que | establecer | para que |
| es dudoso que | ponerle fin a | con tal que |
| qué bueno que | proveer | de manera que |
| es una lástima que | resolver | a menos que |
| es (im)posible que | usar | |

MODELOS:  Es importante que todos usemos menos agua.

Recomendamos que se controle la natalidad en todos los países del mundo.

Es dudoso que se resuelva el problema del consumo de drogas hasta que haya menos pobreza.

# La historia y la política

*Lea Gramática 16.5.*

Si el Partido Nacional no hubiera cometido fraude en las últimas elecciones, no habría habido un golpe de estado hoy.

Si Hitler no hubiera ayudado a los falangistas, Franco no habría asumido al poder en España.

Si los campesinos en Chiapas no se hubieran sublevado, el mundo nunca habría oído sus demandas.

Si el gobierno no hubiera tenido tantos problemas económicos, el ejército no habría intervenido.

## Actividad 13. Asociaciones: Los países hispanos y sus capitales

Diga a cuáles de los países y capitales hispanos corresponden estas descripciones. Puede referirse al mapa que aparece en las primeras páginas de este texto.

1. Este país fue nombrado así porque los indígenas construían sus casas encima de pilotes sobre el agua como en la ciudad de Venecia (Italia). Su capital fue fundada en 1567 en un poblado indígena y está ubicada a corta distancia del Mar Caribe. En esta ciudad nació Simón Bolívar, el líder del movimiento por la independencia de América del Sur.

2. Un país centroamericano ubicado en la faja más estrecha del istmo que une a la América del Norte con la América del Sur. Su canal conecta dos océanos y facilita así el transporte y el comercio. En este país llueve mucho; en la costa septentrional (del norte) llueve casi todo el año. Tanto el país como su capital tienen el mismo nombre.

3. País al sur de Colombia y Ecuador. Tiene tres regiones geográficas distintas: la costa, la sierra y la selva. La cordillera de los Andes atraviesa este país de norte a sur. Antes de la llegada de los españoles, lo habitaba una cultura avanzada, los incas. Su capital está a orillas del río Rímac, no lejos de la costa del Pacífico. En esta ciudad, una llovizna persistente llamada **garúa** cae durante varios meses del año.

4. País largo y angosto que llega hasta el Polo Sur. Antes de la llegada de los españoles estuvo habitado por los araucanos, indígenas que defendieron su territorio valientemente hasta el siglo XIX. Hoy en día exporta mucha fruta a los Estados Unidos. Su capital está ubicada a orillas del Río Mapocho y fue fundada en 1541 por Pedro de Valdivia. Es ahora una ciudad moderna de amplias avenidas y hermosos parques, aunque conserva una parte antigua donde se encuentra la plaza de armas y la catedral del tiempo de la colonia.

5. El país más pequeño de América del Sur. País ganadero, de economía sólida, que hasta los años sesenta se llamaba «la Suiza de América». Su capital fue fundada en 1726 a la entrada del río de la Plata, y es uno de los puertos más importantes de Sudamérica.

6. País nombrado en honor del descubridor de América. Se divide en dos regiones: la región andina y la región de las tierras bajas, al oriente. Esta última cubre alrededor de dos terceras partes del territorio. Su capital,

fundada por Jiménez de Quezada en 1538, fue construida a orillas del río del que tomó su nombre.

7. País ubicado en la península Ibérica, cuna del idioma que se habla en la mayoría de los países de América. Su capital se encuentra en el centro del país. Hasta hace poco, la capital fue el centro económico y cultural del país y todas las carreteras y vías del ferrocarril (tren) convergían allí (mire un mapa de esta ciudad). Tiene veranos muy calientes e inviernos muy fríos.

8. País de América Central. Tiene costa en el Caribe y en el Pacífico y dos volcanes: el Irazú y el Poás, cuyo cráter es el más grande del mundo. Es un país culto que tiene un índice de analfabetismo muy bajo. Su capital es una ciudad pintoresca situada en el centro de la meseta.

9. Uno de los países más grandes de América. Antes de la llegada de los españoles, la parte sur de su territorio estaba habitada por dos culturas avanzadas de las que aún quedan ruinas admirables. Su capital, de gran altitud (2.234 metros sobre el nivel del mar) es una de las más pobladas del mundo. Fue construida justo sobre la antigua capital indígena, Tenochtitlán.

10. Comparte una isla de las Antillas con otro país. Su capital, ciudad de clima tropical como el resto de la isla, es la ciudad hispana más antigua del hemisferio occidental. Se dice que allí descansan los restos de Cristóbal Colón.

## Actividad 14. Asociaciones: Personas famosas del mundo hispano

1. Pablo Neruda
2. Plácido Domingo
3. Gabriel García Márquez
4. César Chávez
5. Simón Bolívar
6. José Martí
7. Rigoberta Menchú
8. Rudolfo Anaya
9. Frida Kahlo
10. Miguel de Cervantes
11. Carlos Fuentes
12. Bartolomé de las Casas

a. Gran escritor español, autor de la primera novela moderna, *Don Quijote de la Mancha*. Cultivó todos los géneros narrativos de su época, pero, como autor, nunca ganó suficiente para mantenerse; se dice que estuvo en la cárcel varias veces por no pagar sus deudas.

b. Activista social guatemalteca quien aprendió a leer el español a los 20 años. Recibió el premio Nóbel de la Paz en 1992.

c. Escritor chicano, autor de *Bendíceme, Última*, la obra chicana más conocida; su novela más reciente es *Alburquerque*.

d. Poeta chileno que ganó el premio Nóbel de Literatura en 1971. Autor de «Oda al tomate», que aparece en el Capítulo 8 de este texto.

e. Cura español llamado el «Protector de los indios», famoso por su actitud humanitaria hacia los indígenas; protestó contra los abusos cometidos por los conquistadores.

f. General y estadista venezolano, nacido en Caracas; libertador de Colombia, Ecuador y Bolivia, país nombrado así en su honor.

g. Novelista, ensayista y diplomático mexicano que vivió muchos años en los Estados Unidos; autor de *Gringo viejo* y *El espejo enterrado*.

h. Novelista colombiano ganador del premio Nóbel de Literatura en 1982. Escribió *Cien años de soledad*.

i. Pintora mexicana del período surrealista; su tema preferido fue su propia imagen. Fue esposa del famoso muralista Diego Rivera.

(*Más descripciones en la siguiente página.*)

j.  Poeta y patriota cubano que luchó por la independencia de su país. Autor de *Versos sencillos* (vea la selección en el Capítulo 4), de donde proviene la canción popular «*Guantanamera*».

k.  Famoso cantante de ópera, nacido en México de padres españoles. Es contemporáneo de Pavarotti y Carreras.

l.  Líder sindical chicano, dirigente de las huelgas de los campesinos migratorios en California; fundó el sindicato United Farm Workers. Murió en 1993, pero sigue siendo un héroe para la comunidad chicana.

## NOTA CULTURAL

**VOCABULARIO ÚTIL**

el ganado          *cattle*

# La presencia italiana en Argentina

En esta breve Nota cultural se explica por qué es tan grande la influencia de la cultura italiana en Argentina.

El idioma italiano contribuyó a transformar el español que se habla en Argentina. Pero la influencia italiana se nota no sólo en la lengua, sino también en otros aspectos de la cultura de ese país, como la música y la comida. Con respecto a la música, la balada romántica que tanto se escucha en Argentina tiene muchos elementos de la canción popular italiana. Y en la cocina argentina se encuentran muchos platillos deliciosos cuyo ingrediente principal es la **pasta**, desde los ravioles hasta los populares espaguetis (**fideos**).

No debe sorprendernos que la presencia italiana sea tan fuerte en Argentina. Durante la segunda mitad del siglo XIX, llegaron a ese país miles de inmigrantes europeos, la mayoría de Italia. Argentina, como los Estados Unidos, era un país de grandes oportunidades. De hecho, hay una expresión que alude a su inmensa riqueza; al hablar de alguien que tenía mucho dinero, se decía: «Es tan rico como un argentino».

En este país del cono sur había terrenos vastos y fértiles —conocidos luego como **la pampa**— con las condiciones ideales para criar ganado y para la agricultura. Muchos de los inmigrantes italianos poblaron las pampas. Otros prefirieron quedarse en Buenos Aires, ya que en la capital había empleo abundante y, además, tenían la oportunidad de mantener vivas su lengua y su cultura. Fue así como, impulsada por el gran impacto de la inmigración, surgió una nueva sociedad en Argentina.

# Comprensión

1. ¿De qué manera se nota la influencia italiana en Argentina?
2. ¿Cuándo llegaron muchos inmigrantes italianos a Argentina? ¿Por qué escogieron ese país?
3. Explique la frase «tan rico como un argentino».
4. ¿Por qué muchos de los inmigrantes se quedaron en Buenos Aires?

# Ahora... ¡usted!

1. ¿Puede dar ejemplos de palabras italianas que son parte del español de Argentina? (Vea Las palabras viven, Capítulo 6.)
2. En su opinión, ¿cuáles son los grupos de inmigrantes que han tenido mucha influencia en la cultura de los Estados Unidos? ¿Es usted miembro o descendiente de uno de esos grupos?
3. ¿Cuáles son las lenguas que más se hablan en los Estados Unidos, además del inglés?

 Un paso más... ¡a escribir!

El presidente de los Estados Unidos acaba de nombrarlo/la a usted miembro del «Comité para la promoción de idiomas». Su trabajo es escoger las cinco lenguas que más se hablan en los Estados Unidos, además del inglés. Usted también debe determinar por qué es importante enseñar y aprender estos idiomas. Escríbale una carta al presidente dándole tres razones bien explicadas que justifiquen la enseñanza y el aprendizaje de cada uno de ellos.

## Actividad 15. Encuesta: Los asuntos políticos

Considere estas afirmaciones relacionadas con la política. ¿Las apoya o las rechaza usted? ¿Por qué?

1. El presupuesto del bienestar social es suficiente para resolver los problemas del sistema educativo y de las familias necesitadas en este país.
2. La energía nuclear sigue siendo una fuente segura y económica de energía para nuestro país.
3. Los papeles más importantes de la mujer siempre han sido, y siguen siendo, los de madre y esposa.
4. El respeto excesivo hacia los derechos de los criminales ha dado como resultado que éstos tengan más derechos que sus víctimas.
5. Los sindicatos han fomentado el progreso de los obreros (trabajadores) y de los campesinos.

## EL MUNDO HISPANO... su gente

**P**aula Ledezma es colombiana y tiene 38 años.

*¿Le interesa la política? ¿Es cierto que los jóvenes hispanos están muy politizados?*

Realmente no me interesa la política, pero no la puedo ignorar, puesto que[1] es algo que trasciende nuestras vidas. Yo pienso que los jóvenes a nivel mundial se han politizado mucho. En Colombia sí se ha incrementado[2] la participación de los jóvenes en la política, pues antes la mayoría de edad se alcanzaba a los 21 años y ahora es a los 18; además, ha aumentado la educación al respecto en los colegios. Los jóvenes también se han ubicado en la clase dirigente[3] de nuestro país, pues en la actualidad la gente se hace profesional muy joven.

[1]puesto... *since*   [2]aumentado   [3]*leading*

### Actividad 16. Encuesta: ¿Por quién votará usted?

Doraselva es una república imaginaria de Latinoamérica. Es pequeña y está en vías de desarrollo. Sus recursos más importantes son el café y el azúcar. Tiene costa al mar y un puerto. En el centro del país hay una región de selva tropical con pocos habitantes. Hay también una zona montañosa llamada La Cordillera. Su capital es una ciudad hermosa que se llama Dora.

Haciendo el papel de uno de los siguientes ciudadanos de Doraselva —un campesino, un obrero, un negociante o un hacendado— preséntese a sí mismo/a (¿quién es usted?) y luego diga por cuál de los candidatos para presidente votará en las próximas elecciones. Explique por qué.

CANDIDATO A: **El general Gerardo Montalbo.** Apoyó el régimen militar que gobernó últimamente. Es de ideología anticomunista y antimarxista. Está a favor de mantener buenas relaciones con los Estados Unidos. Se opone a la reforma agraria porque dice que eso bajaría la producción agrícola y que todo el país sufriría. Está a favor del «mercado libre» y se opone fuertemente a la formación de sindicatos de trabajadores.

CANDIDATO B: **El licenciado Germán Gutiérrez.** Se opuso al régimen militar. Está a favor de una reforma agraria moderada. «Tenemos que repartir las tierras de una manera justa tanto para los campesinos como para los hacendados», dice el candidato. Apoya el desarrollo de la industria nacional y espera crear un clima favorable para los negocios; quiere aumentar las exportaciones al extranjero. Promete aumentar la ayuda económica que prestan otros países, especialmente los Estados Unidos y el Banco Internacional de Desarrollo. Pide la pena de muerte para los guerrilleros capturados por el régimen militar.

CANDIDATO C: **El líder sindicalista Jorge Elías Blanco.** Fue guerrillero y luchó contra el régimen militar. Se identifica como socialista pero dice que no se dejará controlar por el bloque comunista chino. «Queremos ser libres; no queremos depender de ninguna potencia mundial». Favorece la nacionalización de los bancos y de los negocios de exportación. Promete establecer una campaña nacional de alfabetización. Dice que luchará para proveer atención médica gratuita. Se opone a los préstamos de bancos extranjeros porque, según dice, «no queremos endeudarnos con los imperios capitalistas».

# Breve historia de México

**LECTURA**

**1325**
Fundación de la
ciudad de
Tenochtitlán por
los aztecas

**1492**
Colón llega a la
isla Guanahaní

**1519**
Cortés funda
Veracruz

**1521**
Cortés conquista a
los aztecas

**1521-1810**
México en poder
de los españoles

## El principio

El lugar donde hoy se encuentran México, D.F., y sus cercanías fue conquistado por los mexicas, una tribu indígena procedente del norte. Se les llamó aztecas porque decían provenir de un lugar llamado Aztlán. Se establecieron en esa zona en 1325 y fundaron la ciudad de Tenochtitlán. Su influencia se extendió por todo el valle; subyugaron[1] a las tribus de los alrededores y las forzaron a rendirles tributo. Para principios del siglo XVI, Tenochtitlán era la capital, una hermosa ciudad de amplias calzadas[2] y canales. Tanto la ciudad como su mercado fueron descritos con admiración por los españoles en sus cartas y relatos.

[1]*they subjugated, subdued*
[2]*highways, roads*

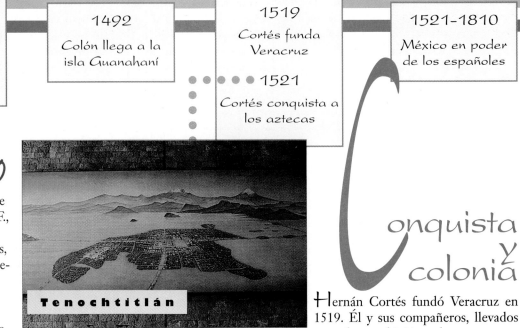

**Tenochtitlán**

## Conquista y colonia

Hernán Cortés fundó Veracruz en 1519. Él y sus compañeros, llevados por la ambición de encontrar riquezas, decidieron conquistar a los mexicas. Como los mexicas habían sometido[3] a los pueblos que los rodeaban y los habían abrumado[4] con guerras constantes y fuertes tributos, Cortés halló aliados[5] entre los enemigos de ellos fácilmente. Tenochtitlán cayó en manos de Cortés el 13 de agosto de 1521. Se inició entonces el período colonial durante el cual la América española fue dividida en varios virreinatos.[6] México se llamó el Virreinato de Nueva España. Durante el período colonial los españoles tuvieron dos objetivos: conseguir oro y evangelizar a la población indígena. A fines del siglo XVIII, el Virreinato de Nueva España era uno de los más grandes y prósperos. Se creó un sistema de encomiendas[7] y se explotaba a todos los indígenas, tanto a los mexicas como a las tribus que anteriormente se habían aliado a los españoles.

[3]*habían... had subjugated*  [4]*overwhelmed*  [5]*allies*  [6]*viceroyalties*  [7]*land grants that included the forced labor of the indigenous people who lived on the land*

**Detalle de un mural de Diego Rivera**

1810

Los criollos declaran la independencia de México

1821-1823

Imperio de Agustín I (Agustín de Iturbide)

1846-1848

Guerra entre los Estados Unidos y México; México pierde más de la mitad de su territorio

1824-1857

Período violento e inestable; 35 presidentes en 33 años

1858-1861

Guerras de Reforma

# El fin de la colonia

**M**uy pronto, disgustados por la costumbre española de dar los cargos[8] más elevados sólo a los peninsulares, los criollos[9] comenzaron a manifestar deseos de independencia. Ya desde mediados del XVIII, a Nueva España llegaron las ideas del Siglo de las Luces[10] y de la Revolución francesa. Los criollos, alentados[11] también por las noticias de la independencia de los Estados Unidos y, aprovechando la invasión de España por Napoleón I, iniciaron la guerra de Independencia el 16 de septiembre de 1810. Aunque este intento fracasó y el primer héroe, el Padre Hidalgo, fue fusilado[12] diez meses después, la independencia se consumó en 1821, con el Plan de Iguala.[13] Este pacto concedió el catolicismo, la igualdad entre españoles y mexicanos y la independencia política como garantías básicas (por esto se llamó también Pacto Trigarante[14]). Por desgracia, el triunfo se consiguió gracias a la alianza de un ex oficial realista,[15] Augustín de Iturbide. Éste se proclamó emperador un año más tarde y suprimió el Congreso, pero fue destituido[16] en 1823 y México se convirtió en república federal.

[8]posts, positions [9]Spaniards of colonial times, born in America of Spanish (peninsular) parents [10]Siglo... Age of Enlightment [11]encouraged [12]executed by firing squad [13]Plan... treaty ending the Mexican War of Independence [14]de tres garantías [15]ex... former royal officer [16]deposed

# En guerra con el vecino del norte

**L**a incorporación de Texas a los Estados Unidos fue motivo de una guerra entre México y los Estados Unidos. En 1846, los norteamericanos invadieron el territorio mexicano y llegaron hasta la Ciudad de México. Con el tratado de Guadalupe Hidalgo, México logró la paz con los norteamericanos pero perdió vastas zonas del norte del país. ● ● ● ●

**Benito Juárez**

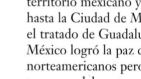

**El padre de la patria**

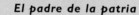

los Estados Unidos

Río Bravo

México

México antes de 1848

**1862**

Cinco de Mayo: Los mexicanos vencen al ejército francés, conocido entonces como uno de los más poderosos del mundo

**1863**

Los franceses vencen al ejército mexicano

**1864-1867**

Imperio de Maximiliano de Habsburgo

**1867**

Juárez vence a Maximiliano y a los franceses y hace fusilar a Maximiliano

**1867-1911**

Dictadura de Porfirio Díaz; período de gran progreso para México en todo, menos en lo que se refiere a los derechos humanos

# El Segundo Imperio de México

No terminaron allí los problemas de la joven nación. En treinta y tres años de independencia, de 1824 a 1857 —cuando el país de dividió de nuevo— ¡hubo treinta y cinco gobernantes! En 1857, México se dividió en dos partidos: los liberales y los conservadores. El partido liberal, encabezado[17] por Benito Juárez (un indígena zapoteca), triunfó en la resultante guerra de Reforma que duró de 1858 a 1861. Para reconstruir el país, Juárez suspendió los pagos de la deuda externa.[18] Esto provocó la intervención armada de Francia, Inglaterra y España. Inglaterra y España se retiraron muy pronto, pero los franceses, apoyados por algunos sectores conservadores, atacaron Puebla. Aunque al principio los mexicanos se defendieron valientemente y lograron rechazarlos el 5 de mayo de 1862 en la batalla de Puebla, un año después, en 1863, los franceses, bajo Napoleón III, lograron tomar la capital e imponer al emperador Maximiliano de Habsburgo. El presidente Juárez, sin embargo, no se dio por vencido,[19] y en 1867, tras vencer al ejército francés, ordenó fusilar a Maximiliano.

**Maximiliano de Hapsburgo**

[17] headed, led  [18] deuda... foreign debt  [19] no... did not give up

**La muerte de Maximiliano
Edouard Manet**

# Progreso y represión

En 1867 tomó el poder Porfirio Díaz y se mantuvo en él —salvo por un período de cuatro años entre 1880 y 1884— hasta 1911. Desde el punto de vista de los extranjeros, Díaz fue un gran presidente pues fomentó la industria y creó una red centralizada de ferrocarriles. Logró, además, mantener la estabilidad política. Atrajo a los inversionistas extranjeros, a quienes les dio grandes ventajas. Como el pueblo —obreros, campesinos e indígenas— no participaba de esta prosperidad, se llegó a llamar al país «Madre de los extranjeros y madrastra de los mexicanos».

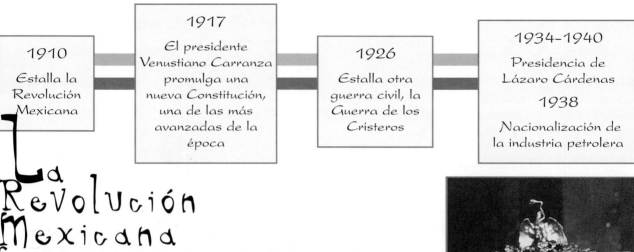

1910

Estalla la
Revolución
Mexicana

1917

El presidente
Venustiano Carranza
promulga una
nueva Constitución,
una de las más
avanzadas de la
época

1926

Estalla otra
guerra civil, la
Guerra de los
Cristeros

1934–1940

Presidencia de
Lázaro Cárdenas

1938

Nacionalización de
la industria petrolera

# La Revolución Mexicana

Cuando Díaz trató de reelegirse una vez más, valiéndose[20] de medios ilegales, estalló[21] la Revolución. Francisco I. Madero, el candidato a quien Díaz encarceló para evitar que participara en las elecciones, fue elegido presidente en 1911. Aunque como movimiento armado la Revolución realmente no tenía metas precisas, algunos de sus líderes, como Emiliano Zapata, sabían exactamente lo que querían lograr: tierra y libertad para los campesinos y los indígenas. La Revolución fue un período trágico y destructivo del que México no logró salir sino hasta 1921. En 1917, sin embargo, el presidente Venustiano Carranza promulgó[22] una nueva Constitución que, entre otras cosas, reconocía el derecho de los obreros a organizarse y reducía la influencia de la Iglesia católica. Esta Constitución permaneció intacta hasta 1990, año en que el presidente Salinas de Gortari la enmendó.[23]

**Lázaro Cárdenas**

Los presidentes mexicanos se han ido sucediendo pacíficamente cada sexenio,[25] sin intentar su reelección. Entre ellos, sobresale el general Lázaro Cárdenas, quien gobernó de manera constructiva de 1934 a 1940. Logró sacar adelante al país y llevó a cabo[26] varios cambios y adelantos, de los cuales el más importante para México fue la nacionalización de la industria petrolera en 1938.

**Emiliano Zapata**

Aunque la Revolución había terminado, la violencia continuó. Entre 1917 y 1928 fueron asesinados varios presidentes y México pasó aún por otro conflicto armado llamado la Guerra de los Cristeros. Afortunadamente, desde 1928, año en que México comenzó el lento proceso de reconstrucción, sólo se ha asesinado a un candidato a presidente y no ha habido conflictos armados de alcance nacional.[24]

[20]*availing himself*   [21]*broke out*   [22]*enacted*
[23]*amended*   [24]*alcance... national scope*
[25]*six-year term of office*   [26]*llevó... carried out*

> **1976**
>
> Primera devaluación del peso mexicano durante la presidencia de Luis Echeverría

> **1994**
>
> Se aprueba el Tratado de Libre Comercio entre Canadá, los Estados Unidos y México; estalla la rebelión en el estado de Chiapas, asesinato del candidato a la presidencia por el PRI, Luis Donaldo Colosio

# Las últimas décadas

Aunque en la actualidad México está bastante industrializado, aún se considera un país del Tercer Mundo. Además del petróleo, posee varias fuentes de ingresos, entre las cuales la más importante es el turismo, gracias a sus hermosas playas y pintorescas ciudades coloniales. En los últimos años, no obstante, ha confrontado serios problemas económicos.

Con el fin de estabilizar la economía, en 1976 comenzó la devaluación gradual del peso mexicano. En ese año el tipo de cambio era de $12,50 (pesos) por dólar. Desde entonces ha descendido hasta llegar a $3.300 por dólar. A fines de 1991 se creó el «Nuevo Peso» moviendo el punto decimal tres lugares a la izquierda, o sea que en vez de valer tres mil trescientos (3.300) pesos, un dólar valía tres nuevos pesos treinta centavos (N$3,30). Esta medida cosmética realmente no surtió efecto.[27] El peso mexicano ha continuado su descenso llegando en 1997 a $7,80 por dólar, o sea siete mil ochocientos viejos pesos por un dólar.

[27] no... *did not have the desired effect*

# El presente

Por un tiempo se creyó que el Tratado de Libre Comercio con los vecinos del norte, los Estados Unidos y Canadá, aprobado en enero de 1994, sería la salvación económica del país. Aunque aún hay dudas y esperanzas, el consenso parece ser que el efecto ha sido todo lo contrario de lo que se esperaba: desventajas en vez de ventajas para México.

La situación política no ha estado mejor que la económica. En los últimos años ha ocurrido una serie de asesinatos políticos incluyendo el de Luis Donaldo Colosio, candidato del PRI (partido que ha ganado las elecciones en México en los últimos sesenta años) en 1994, así como el de Francisco Ruiz Massieu, presidente de ese partido. También han surgido conflictos armados y rebeliones en varios estados sureños[28]. Entre ellos sobresale[29] el de Chiapas por haber surgido[30] el primer día de 1994, fecha en que entraba en vigencia el Tratado de Libre Comercio, y cuando el presidente Salinas terminaba ya su sexenio y estaba a punto de empezar su período presidencial el Dr. Ernesto Zedillo.

Aunque el panorama parece sombrío, el pueblo mexicano es de índole optimista y tenaz. A pesar de los múltiples problemas, los mexicanos no han perdido la esperanza y diariamente intentan mejorar su situación. El presidente Zedillo les ha prometido no dejar ningún crimen impune. De hecho, ha nombrado ya fiscales especiales para que se ocupen de aclarar los dos asesinatos políticos que estremecieron al país. Hace, además, esfuerzos inauditos para resolver tanto los problemas económicos como los sociales. Con gobernantes honrados, paciencia y dedicación, el pueblo mexicano saldrá adelante.

[28] del sur  [29] *stands out*  [30] haber... *having arisen*

## Comprensión

Relacione las palabras y frases de la izquierda con las de la derecha.

1. _____ mexicas
2. _____ Tenochtitlán
3. _____ Hernán Cortés
4. _____ criollos
5. _____ Tratado de Guadalupe Hidalgo
6. _____ el 16 de septiembre
7. _____ el Cinco de Mayo
8. _____ Porfirio Díaz
9. _____ Emiliano Zapata
10. _____ 1938
11. _____ Tratado de Libre Comercio
12. _____ La política actual

a. fecha en que los mexicanos derrotaron al ejército de Napoleón III
b. año de la nacionalización de la industria petrolera por el presidente Lázaro Cárdenas
c. tratado comercial entre Canadá, los Estados Unidos y México
d. héroe popular de la Revolución; su lema era ¡Tierra y libertad!
e. españoles nacidos en América que declararon la independencia
f. nuevo período violento en México: asesinatos políticos
g. otro nombre de los aztecas
h. conquistador de México
i. Día de la Independencia de México
j. presidente de México por casi cuarenta años; el país progresó a un costo muy alto para la población en general
k. pacto con que terminó la guerra entre México y los Estados Unidos
l. capital de los aztecas

---

**EN NUESTRO MUNDO INCREÍBLE,...**

- según el *Popol Vuh*, considerado el libro sagrado de los mayas, el hombre fue creado del maíz.
- la llegada de Hernán Cortés a México-Tenochtitlán, coincidía, según el calendario azteca, con el regreso del dios Quetzalcóatl.
- el censo de 1990 muestra que hay veinte millones de hispanos en los Estados Unidos; es decir, el 8 por ciento de toda la población. Para el año 2010, el porcentaje será de un 11 por ciento. ¡Los hispanos formarán el grupo minoritario más grande del país!

---

## Ahora... ¡usted!

1. ¿Puede encontrar algunas correspondencias entre la historia de México y la de su país? Explique.
2. Busque en los periódicos noticias importantes de este país. Compártalas con sus compañeros de clase.
3. Ésta es una historia muy breve. Busque en una enciclopedia o en la red de información los nombres de personas, eventos o lugares importantes de México que le llamen la atención. Comparta con sus compañeros de clase lo que haya aprendido.

 **Un paso más... ¡a escribir!**

Trabajando en grupos pequeños, usen la historia de México como base para inventar la historia del país imaginario de Doraselva (o de otro país que inventen ustedes). Vean las actividades de En resumen de este capítulo. Digan qué tribus indígenas poblaron antes la zona, quiénes conquistaron a estas tribus, qué pasó durante el período colonial, cuándo declararon su independencia y quién(es) fue(ron) el/los héroe(s). Digan también si hubo emperadores y si hubo otras guerras. Terminen con una descripción actual del país: su sistema de gobierno, sus problemas sociales y económicos, etcétera.

## ¡REÍR ES VIVIR!

### El concepto de la risa

Dos intelectuales conversan sobre el concepto de la risa.

—Yo creo que el humor es un asunto cultural.

—Sí, tienes razón. Las cosas que causan risa cambian de cultura a cultura.

—Pero la forma de reírse es algo muy personal, ¿no crees? Por ejemplo, según un estudio que leí, los sonidos de la risa están relacionados con la personalidad del individuo.

—¿Ah sí? ¿Y cómo?

—Pues escucha: si uno se ríe con el sonido «ji ji», tiene un carácter triste o taciturno. Pero si te ríes con «je je», quiere decir que sufres de terribles indigestiones. En cambio si una persona se ríe con «ja ja», tiene una personalidad muy fría. Y por último, si alguien usa más el sonido «jo jo» para reírse, eso implica que es una persona segura de sí misma y muy alegre.

—Oye, ¡qué interesante! Pero dime, ¿qué pasa si uno usa todos esos sonidos, como lo hago yo?

—¡Hombre! ¡Eso quiere decir que necesitas un psiquiatra!

# En resumen

## De todo un poco

Un país ideal

En grupos, inventen un nuevo país de Sudamérica. Primero, usen el mapa que les dé su profesor(a) para determinar dónde lo van a ubicar. Luego, descríbanlo en detalle usando como guía las preguntas de ésta y la siguiente página.

1. ¿Cómo se llama su país?

2. ¿Cómo es el clima?

3. ¿Cómo es la geografía?
   a. ¿Tiene desiertos, selvas, bosques, costas, cordilleras, etcétera?
   b. ¿Tiene recursos naturales? Nómbrenlos.

4. ¿Existen leyes para proteger la naturaleza y el medio ambiente? ¿Hay problemas causados por la contaminación ambiental?

5. ¿Cuál es la historia de ese país?
   a. ¿Quiénes fueron sus primeros pobladores?
   b. ¿Fueron conquistados y colonizados por los españoles o por otros exploradores?
   c. ¿Hay ruinas indígenas? Descríbanlas.
   d. ¿Cuáles son los días feriados más importantes? ¿Cuándo y cómo se celebran?

6. ¿Cómo es su cultura? ¿Incorpora lo indígena? ¿lo europeo? ¿lo africano?
   a. ¿Qué lengua(s) hablan los habitantes? ¿Hay una lengua «oficial»?
   b. ¿Hay diversidad cultural? ¿Por qué? Expliquen.
7. ¿Cómo es su gobierno actual?
   a. ¿Es democrático o totalitario?
   b. ¿Tiene constitución? ¿Es semejante a la de algún país que ustedes conocen?
8. ¿Cómo es su sistema educativo? ¿Les permite a todos los ciudadanos el acceso a la educación?
9. ¿En qué se basa su economía? ¿Es sólida o inestable? Expliquen.
10. ¿Atrae a los inmigrantes este país? ¿Por qué? ¿O están emigrando (yendo a otros países) los habitantes en busca de oportunidades económicas o libertad política? Expliquen.

Cuando terminen su composición:

1. Prepárense para presentársela a sus compañeros de clase y para responder a sus preguntas con explicaciones bien detalladas.
2. Expliquen por qué vivirían o por qué no vivirían en ese país.

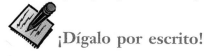

## ¡Dígalo por escrito!

Debate

Su profesor(a) dividirá la clase en grupos de 4 a 6 estudiantes para debatir uno de los siguientes temas. Trabajando con su grupo, prepárese para defender su punto de vista. ¿Qué evidencia existe para apoyar su opinión? ¿Cómo contestará la evidencia presentada por el grupo contrario? Después de explorar el tema con su grupo, escriba un resumen de sus argumentos. Su profesor(a) lo repasará y los grupos recibirán los comentarios antes del debate.

TEMAS
1. ¿Hoy en día hay igualdad entre los sexos?    ¿igualdad entre las razas?
2. ¿Es necesario crear nuevas leyes para proteger a los negros?    ¿los homosexuales?    ¿otros grupos minoritarios?
3. ¿Está usted en contra o a favor de reformas en las siguientes leyes o instituciones? **a.** la seguridad social   **b.** la asistencia social   **c.** el aborto **d.** la pena de muerte **e.** los sueldos de los deportistas
4. ¿Es necesario gastar más dinero federal para curar el SIDA? ¿De dónde vendrá?
5. *Escoja otro tema de la política nacional o local para debatir.*

## VIDEOTECA

¿Qué opina usted de la pena de muerte? ¿del aborto? ¿de la eutanasia? ¿Habla usted con sus amigos sobre estos temas controvertibles? En este episodio José Miguel, Paloma y Gustavo hablan de varios temas de importancia actual. Escuche bien y haga una lista de los distintos temas. ¿Está usted de acuerdo con las opiniones de Paloma, de José Miguel y de Gustavo? En el Capítulo 16 del *Cuaderno de trabajo* hay más actividades para hacer después de ver el video.

# Vocabulario

## Las opiniones y las reacciones

| | |
|---|---|
| alegrarse de que | to be happy that |
| (no) creer que | to (not) believe that |
| (no) dudar que | to (not) doubt that |
| es dudoso que | it is doubtful that |
| pensar (ie) que | to think that |
| qué bueno que | how great that |

**PALABRAS SEMEJANTES:** (no) es (im)posible que

## Otras expresiones subjetivas

| | |
|---|---|
| ¿A mí qué? | What's it to me? |
| ¡Así es la vida! | That's life! |
| Creo que sí/no. | I (don't) think so. |
| Es una lástima que... | It's a pity that . . . |
| ¡Ni modo! | Tough! |
| ¡No lo puedo creer! | I can't believe it! |
| ¡Qué desastre! | What a mess! |
| ¡Qué me maravilla! | How marvelous! |
| ¿Qué me importa a mí? | I don't care! |
| ¡Qué va! | No way! |
| ¡Súper! | Great! |
| ¡Ya era hora! | It was about time! |

**REPASO:** ¡No me digas!

## Los sistemas políticos

| | |
|---|---|
| el ejército | army |
| el golpe de estado | coup d'état |
| el guerrillero | guerrilla |
| el imperio | empire |
| el mercado libre | free market |
| los militares | the military |
| la reforma agraria | land reform |
| el sindicato | (labor) union |

**PALABRAS SEMEJANTES:** la capital, el fraude, el régimen (los regímenes), la república, la revolución

## Los verbos relacionados con la política y las fuerzas armadas

| | |
|---|---|
| conquistar | to conquer |
| conquistado/a | conquered |
| derrocar | to overthrow |
| derrocado/a | overthrown |
| derrotar | to defeat |
| oponerse a | to oppose |
| ponerle fin a | to put an end to |
| portar armas | to bear arms |

**PALABRAS SEMEJANTES:** combatir, intervenir, votar por/a

## Las condiciones

| | |
|---|---|
| a menos que | unless |
| antes de que | before |
| con tal (de) que | as long as |
| de manera/modo que | so that; in a way that |
| para que | in order that |
| sin que | without |
| ya que | since |

## Otros verbos

| | |
|---|---|
| aprovecharse de | to take advantage of |
| asociarse | to join in partnership; to associate |
| asumir | to assume (*responsibilities*) |
| atraer | to attract |
| avergonzarse (ue) (por) | to be ashamed (of) |
| chismear (cotillear) | to gossip |
| cometer | to commit |
| construir | to build |
| cumplir (las órdenes) | to carry out (orders); to obey |
| destruir | to destroy |
| ganarse la vida | to earn one's living |
| habitar | to inhabit |
| huir | to escape, run away |
| imponerse | to dominate, impose one's authority |
| inscribir(se) | to enroll (oneself) |
| luchar por | to fight for |
| prometer | to promise |
| requerir (ie, i) | to require |
| tratarse de | to be about |

**PALABRAS SEMEJANTES:** anotar, basarse en, caracterizar, conectar, cultivar, declarar, definir, demostrar, estabilizar, establecer, facilitar, favorecer, formar, gobernar, iniciar, insistir, protestar, publicarse, referirse a, seleccionar

## La gente (personas)

| | |
|---|---|
| el antepasado | ancestor |
| el campesino / la campesina | field worker |
| el conductor / la conductora | bus driver |
| el conquistador / la conquistadora | conqueror |
| el descubridor / la descubridora | discoverer |
| el embajador / la embajadora | ambassador |
| el esclavo / la esclava | slave |
| el ganador / la ganadora | winner |
| el hacendado | land (property) owner |
| el/la indígena | Indian |
| los judíos | Jews |
| el libertador / la libertadora | liberator |
| el licenciado / la licenciada | lawyer |
| los musulmanes | Moslems |
| el/la negociante | business person |
| el propietario / la propietaria | owner |
| el vocero | spokesperson |
| el zar / la zarina | Czar |

**PALABRAS SEMEJANTES:** el/la activista, los africanos, el/la atleta, el autor / la autora, el candidato / la candidata, los católicos, el dictador, el diplomático / la diplomática, el drogadicto / la drogadicta, el/la extremista, el/la habitante, los incas, el/la inmigrante, los iraníes, los irlandeses, los latinos, el/la patriota, el pionero / la pionera, el/la poeta, el/la socialista

**REPASO:** el ciudadano / la ciudadana, el jefe / la jefa

## Los sustantivos

| | |
|---|---|
| la agencia de bienestar social | welfare department |
| el analfabetismo | illiteracy |
| el anticonceptivo | contraceptive |
| el apoyo | support |
| el arma de fuego | firearm |
| el asunto | matter |
| el aumento | increase |
| la búsqueda | search |
| la campaña de alfabetización | literacy campaign |
| la canción | song |
| la cárcel | jail |
| el control de la natalidad | birth control |
| la costumbre | custom, habit |
| el desarrollo | development |
| la deuda (externa) | (foreign) debt |
| el embarazo | pregnancy |
| la enseñanza | teaching |
| el ferrocarril | railroad |
| los fondos | funds |
| la fuente de energía | energy source |
| el gasto | expense |
| la guardería infantil | childcare center |
| la huelga | (labor) strike |
| el índice | index; level |
| la ley | law |
| la libertad | freedom |
| los medios de comunicación | means of communication |
| la naturaleza | nature |
| el nivel (del mar) | (sea) level |
| la(s) noticia(s) | the news |
| la obra | work (*art, literature*) |
| la pandilla | gang |
| la patria | country, native land |
| la pena de muerte | death penalty |
| la pobreza | poverty |
| el prejuicio | prejudice |
| el préstamo | loan |
| el puerto | port |
| el recurso natural | natural resource |
| la soledad | loneliness |
| la superpoblación | overpopulation |
| la tasa de desempleo | rate of unemployment |
| la violación sexual | rape |

**PALABRAS SEMEJANTES:** el aborto, el abuso, la autorización, el bloque, el comercio, la comunidad, la constitución, el cráter, el creador, el crimen, la criminalidad, la crisis, la cultura, la defensa, la detección, la dificultad, el divorcio, la educación sexual, la época, la eutanasia, la exportación, la exposición, la formación, el gene, el gobierno (totalitario), el homicidio, la impresión, la inyección, la legalización, el legislador, el/la líder, la nacionalización, la nicotina, la ópera, la persecución, la política, el Premio Nóbel, la prioridad, el progreso, la publicación, el racismo, la raza, la reacción, el reactor nuclear, la reducción, el respeto, el sector, el suicidio, la violencia

## Los lugares

| | |
|---|---|
| la finca | farm |
| el mar Caribe | Caribbean Sea |
| la meseta | plateau |
| el oeste | west |
| Polonia | Poland |
| el Polo Sur | South Pole |
| la sierra | mountain range |
| Tenochtitlán | *Aztec capital* |

**PALABRAS SEMEJANTES:** América, América del Sur, el Estrecho de Bering, el istmo, el oriente, el territorio, Venecia

## Los adjetivos

| | |
|---|---|
| agrícola | agricultural |
| apoyado/a | supported |
| cierto/a | certain |
| culto/a | cultured |
| cuyo/a | whose |
| debido/a a | owing to, due to; because |
| desempleado/a | unemployed |
| educativo/a | educational |
| eficaz | effective |
| estudiantil | of or related to students |
| fundado/a | founded |
| gratuito/a | free (of charge) |
| griego/a | Greek |
| habitado/a | inhabited |
| libre | free (not restricted) |

| | |
|---|---|
| lleno/a | full |
| menor de edad | minor, underage |
| mundial | of or pertaining to the world |
| necesitado/a | needed |
| nombrado/a | named |
| pintoresco/a | picturesque |
| sensible | sensitive |
| situado/a | located |
| ubicado/a | located |

**PALABRAS SEMEJANTES:** aceptable, admirable, africano/a, andino/a, asiático/a, avanzado/a, capitalista, capturado/a, centroamericano/a, chicano/a, común, comunista, constante, contemporáneo/a, criminal, crítico/a, emocional, étnico/a, favorable, geográfico/a, histérico/a, horrible, humanitario/a, ilegal, imaginario/a, inca, incurable, indio/a, inmediato/a, justo/a, migratorio/a, militar, moderado/a, narrativo/a, negativo/a, occidental, oficial, persistente, pornográfico/a, puro/a, racial, reciente, represivo/a, sólido/a, surrealista, trabajólico/a, zapoteca

# Gramática y ejercicios

## 16.1   Expressing Opinions and Reactions: Indicative and Subjunctive

**A.** The most common way to convey opinions is by asserting an idea directly. Assertion is expressed by indicative verb forms.

| | |
|---|---|
| Los japoneses **son** muy trabajadores. | *The Japanese are very hardworking.* |

Another way to convey opinions is to report others' assertions by using verb phrases such as **decir que** (*to say that*) and a second clause. Indicative verb forms are also used in such sentences.

| | |
|---|---|
| Carmen **dice que** los latino-americanos **son** optimistas. | *Carmen says that Latin Americans are optimists.* |

In addition, it is possible to introduce assertions of opinion with verb phrases such as **creer que** (*to believe that*), **pensar que** (*to think that*), and **es verdad** (**cierto, seguro, indudable**) **que** (*it is true,* [*certain, sure, indubitable*] *that*). The verb in the second clause of such sentences is still indicative.

> To assert, use the indicative. To deny or cast doubt, use the subjunctive.
>
> **Es verdad que** muchos niños **ven** demasiada televisión.
>
> **Dudo que** mis hijos **vean** demasiada televisión.

| | |
|---|---|
| **Creo que** los inmigrantes **tienen** derecho a conservar su lengua y su cultura. | *I believe immigrants have the right to keep their culture and their language.* |

Here are some useful short forms of verb phrases of opinion.

| | | | |
|---|---|---|---|
| Creo que sí. | *I think/believe so.* | ¡Ya lo creo! | *I should think so!* |
| Creo que no. | *I don't think/believe so.* | ¡Es cierto! | *That's true!* |
| No lo creo. | *I don't believe it.* | | |

**B.** To deny a statement or to cast doubt on it, use a verb phrase like **no creer que** (*not to believe that*) or **dudar que** (*to doubt that*). In such statements, use a subjunctive verb form in the second clause. (See **Gramática 11.2, 11.3,** and **14.3.**)

| | |
|---|---|
| **No creo que** los valores humanos **dependan de** una creencia en Dios. | *I do not believe that human values are based on a belief in God.* |

Here are some verb phrases that require the use of the subjunctive in the second clause; they all express doubt or disbelief.

| | |
|---|---|
| dudar que | *to doubt that* |
| no creer que | *not to believe that* |
| es dudoso que | *it's doubtful that* |
| es (im)probable que | *it's probable (unlikely) that* |
| es (im)posible que | *it's (im)possible that* |
| no es seguro que | *it's not certain that* |

**C.** The following expressions are commonly used by Spanish speakers to react to information.

| | |
|---|---|
| ¡Qué bueno! | *How nice!* |
| (Eso) Es interesante. | *That's interesting.* |
| Me alegro. | *I'm glad.* |
| Estoy muy contento/a. | *I'm very happy.* |
| Lo siento mucho. | *I'm very sorry.* |
| (Eso) Me sorprende. | *That surprises me.* |
| ¡Qué lástima! | *What a pity!* |
| ¡Qué triste! | *How sad!* |

Expressions of reaction: Use indicative after **porque**, **y**, and **pero**. Use subjunctive after **que**.

Eso me sorprende, **porque** generalmente él **es** muy simpático.

Me sorprende **que** él **sea** tan antipático.

These expressions can stand alone or be combined into longer sentences explaining what the speaker is reacting to. The conjunctions **y**, **pero**, and **porque**, followed by the indicative, can be used to link the two parts of the sentence.

Estoy muy contenta **porque** mi familia **vive** en un barrio donde hay gente que habla varios idiomas distintos.

Lo siento mucho **pero** el inglés **es** el idioma oficial de este país.

*I am very happy because my family lives in a neighborhood where there are people who speak several different languages.*

*I am very sorry but English is the official language of this country.*

Another possibility is to join the two parts of the sentence directly with **que**; the verb in the second clause is then in the subjunctive.

**Siento** mucho **que tengas** esa opinión; a mí me gusta hablar con personas de otras culturas.

**Es una lástima que** no **estemos** de acuerdo.

*I am very sorry that you have such an opinion; I like to speak with people from other cultures.*

*It's a pity we do not agree.*

## Ejercicio 1

Aquí y en la página 540 tiene usted algunas opiniones y afirmaciones de varias personas. Seleccione el presente de indicativo o de subjuntivo para completarlas correctamente.

MODELO: ESTELA: La economía va de mal en peor pero no creo que *sea* culpa de los inmigrantes. (es/sea)

1. PEDRO: Es verdad que _____ inmigrantes árabes y judíos en México. (hay/haya)
2. ESTELA: Dudo que _____ más inmigrantes este año. (vienen/vengan)
3. ERNESTO: Es posible que algunos inmigrantes chinos indocumentados _____ al puerto de Ensenada. (llegan/lleguen)
4. ANDREA: Pero no es probable que el gobierno les _____ quedarse. (permite/permita)
5. ESTELA: Sí, pero es dudoso que los agentes de inmigración los _____. (encuentren/encuentran)

**6.**  PEDRO: Tienes razón. Es verdad que nuestros agentes no ＿＿ muy eficientes. (son/sean)

**7.**  ERNESTO: Es interesante que ＿＿ eso; ¿no es agente de inmigración tu tío? (dices/digas)

**8.**  ANDREA: Sí, mi tío Gilito es agente de inmigración pero él trabaja en el aeropuerto; no es probable que ＿＿ mucho de esto. (sabe/sepa)

**9.**  ESTELA: Ay, bueno, cambiemos de tema; no creo que no ＿＿ hablar de algo más agradable. ( podemos/podamos)

**10.**  PEDRO: Bien. Además, es seguro que nosotros no ＿＿ a resolver estos problemas. (vamos/vayamos)

## Ejercicio 2

Seleccione el presente de indicativo o de subjuntivo para completar las oraciones correctamente.

> MODELO:   Es interesante que algunos grupos minoritarios *quieran* conservar su lengua y su cultura y otros no. (quieren/quieran)

**1.** ¡Qué triste que tanta gente ＿＿ que dejar su propio país! (tiene/tenga)

**2.** Me sorprende que cada día ＿＿ menos cursos de lenguas extranjeras en las universidades. (hay/haya)

**3.** Me alegro de que en mi barrio todos ＿＿ amigos. (somos/seamos)

**4.** ¿Por qué? ¿＿＿ tus vecinos diferentes culturas? (representan/representen)

**5.** Sí, sé que allí ＿＿ gente de cuatro culturas diferentes: mexicanos, japoneses, chinos y norteamericanos. (vive/viva)

**6.** Es una lástima que no ＿＿ representadas también personas de las otras culturas. (están/estén)

**7.** Es verdad que no ＿＿ a ningún un africano americano que viva en mi barrio. (conozco/conozca)

## 16.2   Adding Details: Adjective and Adverbial Clauses

**A.** Adjective clauses modify nouns, just as adjectives do. In English, adjective clauses usually begin with *that*, *which*, or *who*.

> Give me the name of a country that welcomes immigrants in this era of economic decline.
> The Spanish Civil War, which was fought in the 1930s, resulted in the loss of political freedom for the Spaniards.
> This is the senator who proposed to negotiate a peaceful solution.

In Spanish, adjective clauses normally begin with the conjunction **que**, whether they refer to things or to people.

| | |
|---|---|
| Señor Presidente, aquí está el grupo pro inmigrantes **que** viene a protestar contra la nueva ley. | *Mr. President, this is the pro-immigrant group that is here to protest against the new law.* |
| Benito Juárez fue el presidente mexicano **que** se opuso a la ocupación francesa. | *Benito Juárez was the Mexican president who opposed the French occupation.* |

Preposition + **que** becomes preposition + **quien** when referring to a person.

**B.** When an adjective clause is preceded by a preposition (**a, de, con, para**) and modifies a person, **quien**, not **que**, follows the preposition.

Aquí tienen ustedes un cuento escrito por el famoso escritor chicano de **quien** les hablé en la clase pasada. *Here you have a short story written by the famous Chicano writer about whom I spoke to you in the last class.*

If the person or thing is unknown or nonexistent, the verb is in the subjunctive.

**C.** If the person, place, or thing the adjective clause modifies is unknown to the speaker, the verb in the adjective clause must be subjunctive.

Pedro compró **un libro** que **contiene** información sobre la diversidad cultural en México. *Pedro bought a book that contains information about cultural diversity in Mexico.*

Pedro busca **un libro** que **contenga** buenos consejos para convivir con gente de otras culturas. *Pedro is looking for a book that contains good advice about how to live peacefully with people from other cultures.*

Córdoba, España

The subjunctive is also used in adjective clauses if the person, place, or thing modified is nonexistent.

**Hay varias regiones** que **producen** grandes cantidades de café. *There are several regions that produce large quantities of coffee.*

**No hay ninguna región** que **produzca** tanto café como ésta. *There is no region that produces as much coffee as this one (does).*

**D.** Following are some common adverbial and nominal expressions containing subjunctive verb forms, used when the speaker is in doubt about the wishes of the person being addressed.

| | |
|---|---|
| **Como usted quiera / tú quieras.** | *However you want.* |
| **Cuando usted diga / tú digas.** | *Whenever you say.* |
| **Donde usted quiera / tú quieras.** | *Wherever you want.* |
| **Lo que usted diga / tú digas.** | *Whatever you say.* |

—¿Cómo lo vamos a hacer?　　　　　—*How are we going to do it?*
—**Como tú quieras.**　　　　　　　—*However you want.*

—¿Cuándo nos vamos?　　　　　　—*When are we leaving?*
—**Cuando usted quiera.**　　　　　—*Whenever you want.*

—¿Adónde vamos mañana?　　　　—*Where are we going tomorrow?*
—**Adonde tú digas.**　　　　　　　—*Wherever you say.*

—¿Qué vamos a hacer ahora?　　　—*What are we going to do now?*
—**Lo que usted diga.**　　　　　　—*Whatever you say.*

These expressions contain indicative verb forms if what is expressed in the second clause is already known.

　　　Lo que tú **dices** es verdad.　　　*What you are saying is true.*

## Ejercicio 3

Adriana y su futuro esposo, Víctor, están planeando su luna de miel. Escoja la forma correcta del verbo: el presente de indicativo o el presente de subjuntivo.

ADRIANA: Prefiero ir a un lugar que no _____[1] muy turístico. (es/sea)

VÍCTOR: Pero, Adriana, en agosto no hay ningún lugar que no _____[2] lleno de gente. (está/esté)

ADRIANA: Tienes razón, Víctor. También busco un lugar que _____[3] mucho para hacer, tanto de día como de noche. (ofrece/ofrezca)

VÍCTOR: Conozco varias ciudades de Europa que _____[4] muchas diversiones. (tienen/tengan)

ADRIANA: ¡Europa, sí! Quiero ir a un lugar donde se _____[5] mucha ropa elegante. (vende/venda)

VÍCTOR: Adriana, tú sabes que en París se _____[6] más ropa fina que en cualquier otra ciudad del mundo. (fabrica/fabrique)

ADRIANA: ¡Perfecto! París es una ciudad donde _____[7] mucha actividad cultural, además de tiendas elegantes. (hay/haya)

VÍCTOR: Pues Adriana, ¿por qué no hacemos una gira por Europa?

**Para que...**
**Con tal (de) que...**
**Sin que...**
**De modo que...**
**De manera que...**
are *always* followed by a verb in the subjunctive.

## 16.3　Talking about *Why* and *How:* The Subjunctive in Purpose Clauses

Spanish requires subjunctive verb forms in purpose clauses introduced by conjunctions such as **para que** (*so that, provided that*), **sin que** (*without*), **con tal (de) que** (*provided that*), and **de modo (manera) que** (*so that*).

| | |
|---|---|
| ¡La legislatura va a aprobar la nueva ley **sin que** los ciudadanos lo **sepan**! | *The legislature is going to pass the new law without the citizens knowing it!* |
| Es necesario reparar ese edificio **para que** no **se caiga** durante un terremoto. | *That building needs to be repaired so that it won't fall down in an earthquake.* |

## Ejercicio 4

Los estudiantes de la profesora Martínez expresan sus opiniones. Escoja entre el presente del indicativo y el presente de subjuntivo.

1. Es necesario construir más apartamentos para que _____ suficientes viviendas para todos. (hay/haya)
2. Necesitamos encontrar una vacuna contra el SIDA, de manera que nuestros hijos no _____ este virus. (contraen/contraigan)
3. No podemos seguir usando tanta gasolina porque _____ la contaminación ambiental en nuestra ciudad. (aumenta/aumente)
4. Podemos considerar la eutanasia para casos terminales con tal que _____ seguros de que es lo mejor para el enfermo. (estamos/estemos)
5. Va a haber más crímenes violentos si no se _____ portar armas de fuego. (prohíbe/prohíba)
6. Voy a escribirle una carta al gobernador para que _____ a resolver el problema de las drogas en nuestro estado. (ayuda/ayude)
7. Seguirá el problema de la escasez de atención médica a menos que el gobierno _____ un plan nacional de seguro médico. (adopta/adopte)
8. Debemos controlar lo que los niños ven en la televisión porque _____ en su manera de pensar. (influye/influya)
9. ¿Crees que sea posible seguir destruyendo la capa de ozono sin que _____ problemas graves? (surgen/surjan)
10. No, no es posible... por lo menos no sin que _____ el número de personas que contraerá cáncer de la piel. (crece/crezca)

## Ejercicio 5

Alberto y Carmen participan en una discusión en la clase de español. Están discutiendo la pena de muerte. Escoja la forma correcta entre el presente de indicativo y el presente de subjuntivo.

ALBERTO: No podremos controlar la tasa de delitos en este país a menos que se _____[1] en efecto la pena de muerte. (pone/ponga)

CARMEN: ¿Y tú crees que la pena de muerte resuelva el problema de la delincuencia? Si esperamos reducir la tasa de crímenes violentos en nuestra sociedad, tenemos que reformar nuestro sistema de educación de manera que todos _____[2] recibir instrucción escolar. ( pueden/puedan)

ALBERTO: Es una propuesta excelente, y estoy de acuerdo, con tal de que ningún asesino _____[3] derecho a la libertad provisional. (tiene/tenga)

PROFA MARTÍNEZ: Creo que todos queremos cambiar la sociedad para que _____[4] menos violencia. (hay/haya)

## 16.4  Hypothesizing: *If* Clauses and the Past Subjunctive

**A.** Statements of possibility introduced with the conjunction **si** (*if* ) take indicative verb forms in both the *if* clauses and the conclusion.

| | |
|---|---|
| **Si** el gobierno **congela** los alquileres, **habrá** menos desamparados. | *If the government freezes rents in this area, there will be fewer homeless people.* |
| **Si hay** poco trabajo, menos trabajadores sin documentos **cruzan** la frontera. | *If there is little work, fewer workers cross the border illegally.* |

In "contrary-to-fact" sentences, the verb in the **si** (*if* ) clause is in the past subjunctive.

**B.** To imply that a situation is contrary to fact, however, another form, the past subjunctive, must be used in the *if* clause and a conditional verb form in the conclusion. (See **Gramática 15.5**.)

| | |
|---|---|
| **Si tuviera** más dinero, **me jubilaría.** | *If I had more money, I would retire.* |

Past subjunctive forms of both regular and irregular verbs are based on the stem of the preterite plus these endings: **-ara, -aras, -ara, -áramos, -arais, -aran** for **-ar** verbs and **-iera, -ieras, -iera, -iéramos, -ierais, -ieran** for **-er** and **-ir** verbs.*

| PAST SUBJUNCTIVE | | |
|---|---|---|
| *hablar* | *comer* | *tener* |
| hablara | comiera | tuviera |
| hablaras | comieras | tuvieras |
| hablara | comiera | tuviera |
| habláramos | comiéramos | tuviéramos |
| hablarais | comierais | tuvierais |
| hablaran | comieran | tuvieran |

| | |
|---|---|
| **Si** su madre **trabajara,** Marisa y Clarisa **tendrían que estar** todo el día en la guardería. | *If their mother worked, Marisa and Clarisa would have to be at the childcare center all day.* |

Verbs like **decir** (**dij-**) and **traer** (**traj-**) differ somewhat from the pattern; they take endings without the initial **-i: dijera, trajera.**

| | |
|---|---|
| **Te sorprenderías** si yo **te dijera** la verdad. | *You'd be surprised if I told you the truth.* |

**C.** You can also use the expression **ojalá que** (*I wish that*) followed by the past subjunctive to express a desire that is contrary to fact.

| | |
|---|---|
| **Ojalá** que **hubiera** menos contaminación. | *I wish there were less pollution.* |

---

*Recognition: **vos hablaras, comieras, tuvieras**

## Ejercicio 6

Amanda está hablando de sí misma, de sus amigos y de sus vecinos. Complete las oraciones con la forma correcta del imperfecto de subjuntivo.

1. Si (yo) _____ este año, podría buscar un trabajo de jornada completa. (graduarse)
2. Si mi padre _____ en diciembre, podríamos pasar las vacaciones en España. (jubilarse)
3. Si _____, no tendríamos que manejar distancias tan largas. (mudarse)
4. Si Andrea _____ empleada doméstica, no tendría que pasar tanto tiempo limpiando la casa. (tener)
5. Si Pedro y Andrea _____, sus hijas tendrían que vivir con los abuelos. (divorciarse)
6. Si Guillermo y Rafael no _____ a tantas fiestas, sacarían mejores notas en el colegio. (ir)
7. Si Pedro no _____ escritor, no podría quedarse en casa todo el día. (ser)
8. Señor Olivera, si usted _____ la ventana, la brisa entraría en la sala. (abrir)

## Ejercicio 7

Escriba la forma correcta del verbo entre paréntesis. Luego diga si usted está de acuerdo o no con las siguientes afirmaciones.

1. Si se _____ (dedicar) más fondos a las investigaciones del SIDA, _____ (haber) mayores probabilidades de descubrir una vacuna.
2. Si los niños no _____ (ver) tanta televisión, _____ (leer) mejor.
3. Si no se _____ (permitir) portar armas de fuego, _____ (haber) menos homicidios.
4. Si se _____ (legalizar) el consumo de drogas como la cocaína y la heroína, _____ (bajar) el número de delitos relacionados con las drogas.
5. Si las parejas se _____ (conocer) mejor antes de casarse, el divorcio no _____ (ser) tan frecuente.
6. Si la población en general _____ (recibir) más asistencia médica, _____ (estar) más sana.
7. Si se _____ (prohibir) el aborto, muchas mujeres violadas _____ (sufrir) más.

## 16.5 Hypothesizing about the Past: *si hubiera... -do... , habría... -do*

Hypothetical sentences about the past:

*if* clause → past subjunctive of **haber** + past participle

*then* clause → conditional of **haber** + past participle

**Si la economía se hubiera mejorado, los trabajadores no habrían declarado la huelga.**

In both English and Spanish, hypothetical sentences in the past consist of two clauses: an *if* clause and a *then* clause: *If I had done something* (*but I didn't*), *then I would have* . . . In English the *if* clause verb is in the past perfect (*had done*) and the *then* clause verb is in the conditional perfect (*would have*).

> If the president had resigned, the country would have fallen into a crisis.

In Spanish, the verb in the *if* clause is a past subjunctive form of **haber**—**hubiera**—plus a past participle. The verb in the conclusion, or *then* clause, is a conditional form of **haber**—**habría**—plus a past participle.

| | |
|---|---|
| Si **hubiera ganado** las elecciones, el candidato **habría hecho** varios cambios para mejorar la situación económica. | *If he had won the election, the candidate would have made various changes to improve the economic situation.* |
| Si el congreso **hubiera limitado** el presupuesto, el presidente no **habría gastado** tanto en armas. | *If Congress had limited the budget, the president would not have spent so much on arms.* |

These forms are not frequently heard in ordinary conversation, but they are common in writing and more formal speech.

## Ejercicio 8

Aquí tiene usted algunas de las opiniones de los ciudadanos de la República de Doraselva. Seleccione la forma correcta del verbo **haber.**

> MODELO:   UN AMA DE CASA: Si *hubiera* ganado el candidato militar, *habría* cerrado las universidades por todo el país.

1. UN SOLDADO: Si el presidente _____ gastado más en armas para luchar contra los guerrilleros, nosotros ya _____ resuelto los problemas dentro de nuestro territorio.

2. UNA MUJER DE NEGOCIOS: Si el gobierno _____ fomentado más tranquilidad, la economía se _____ estabilizado.

3. EL PRESIDENTE: Si el partido socialista _____ tenido éxito en las elecciones, los países capitalistas no nos _____ ofrecido ayuda económica.

4. UN VENDEDOR CALLEJERO: Si el gobierno _____ dicho la verdad, los obreros no _____ declarado la huelga.

5. UNA ESTUDIANTE: Si los militares no _____ matado a tanta gente, el país los _____ apoyado en las últimas elecciones.

6. UNA SEÑORA RICA: Si los precios no _____ subido tanto, mi esposo y yo _____ podido viajar a Europa este verano.

7. UNA MAESTRA: Si el gobierno no _____ sido tan corrupto, mi esposo y yo no _____ votado por la oposición.

8. UN POLICÍA: Si los huelguistas no _____ tirado piedras, la policía no _____ reaccionado con tanta fuerza.

# VERBS

## A. Regular Verbs: Simple Tenses

| INFINITIVE PRESENT PARTICIPLE PAST PARTICIPLE | INDICATIVE | | | | | | SUBJUNCTIVE | | IMPERATIVE |
|---|---|---|---|---|---|---|---|---|---|
| | PRESENT | IMPERFECT | PRETERITE | FUTURE | CONDITIONAL | | PRESENT | IMPERFECT | |
| hablar hablando hablado | hablo hablas habla hablamos habláis hablan | hablaba hablabas hablaba hablábamos hablabais hablaban | hablé hablaste habló hablamos hablasteis hablaron | hablaré hablarás hablará hablaremos hablaréis hablarán | hablaría hablarías hablaría hablaríamos hablaríais hablarían | | hable hables hable hablemos habléis hablen | hablara hablaras hablara habláramos hablarais hablaran | habla tú, no hables hable Ud. hablemos hablad hablen |
| comer comiendo comido | como comes come comemos coméis comen | comía comías comía comíamos comíais comían | comí comiste comió comimos comisteis comieron | comeré comerás comerá comeremos comeréis comerán | comería comerías comería comeríamos comeríais comerían | | coma comas coma comamos comáis coman | comiera comieras comiera comiéramos comierais comieran | come tú, no comas coma Ud. comamos comed coman |
| vivir viviendo vivido | vivo vives vive vivimos vivís viven | vivía vivías vivía vivíamos vivíais vivían | viví viviste vivió vivimos vivisteis vivieron | viviré vivirás vivirá viviremos viviréis vivirán | viviría vivirías viviría viviríamos viviríais vivirían | | viva vivas viva vivamos viváis vivan | viviera vivieras viviera viviéramos vivierais vivieran | vive tú, no vivas viva Ud. vivamos vivid vivan |

## B. Regular Verbs: Perfect Tenses

| INDICATIVE | | | | | | | | | SUBJUNCTIVE | | | | |
|---|---|---|---|---|---|---|---|---|---|---|---|---|---|
| PRESENT PERFECT | | PAST PERFECT | | PRETERITE PERFECT | | FUTURE PERFECT | | CONDITIONAL PERFECT | | PRESENT PERFECT | | PAST PERFECT | |
| he has ha hemos habéis han | hablado comido vivido | había habías había habíamos habíais habían | hablado comido vivido | hube hubiste hubo hubimos hubisteis hubieron | hablado comido vivido | habré habrás habrá habremos habréis habrán | hablado comido vivido | habría habrías habría habríamos habríais habrían | hablado comido vivido | haya hayas haya hayamos hayáis hayan | hablado comido vivido | hubiera hubieras hubiera hubiéramos hubierais hubieran | hablado comido vivido |

# C. Irregular Verbs

| INFINITIVE / PRESENT PARTICIPLE / PAST PARTICIPLE | INDICATIVE | | | | | SUBJUNCTIVE | | IMPERATIVE |
| --- | --- | --- | --- | --- | --- | --- | --- | --- |
| | PRESENT | IMPERFECT | PRETERITE | FUTURE | CONDITIONAL | PRESENT | IMPERFECT | |
| andar andando andado | ando andas anda andamos andáis andan | andaba andabas andaba andábamos andabais andaban | anduve anduviste anduvo anduvimos anduvisteis anduvieron | andaré andarás andará andaremos andaréis andarán | andaría andarías andaría andaríamos andaríais andarían | ande andes ande andemos andéis anden | anduviera anduvieras anduviera anduviéramos anduvierais anduvieran | anda tú, no andes ande Ud. andemos andad anden |
| caer cayendo caído | caigo caes cae caemos caéis caen | caía caías caía caíamos caíais caían | caí caíste cayó caímos caísteis cayeron | caeré caerás caerá caeremos caeréis caerán | caería caerías caería caeríamos caeríais caerían | caiga caigas caiga caigamos caigáis caigan | cayera cayeras cayera cayéramos cayerais cayeran | cae tú, no caigas caiga Ud. caigamos caed caigan |
| dar dando dado | doy das da damos dais dan | daba dabas daba dábamos dabais daban | di diste dio dimos disteis dieron | daré darás dará daremos daréis darán | daría darías daría daríamos daríais darían | dé des dé demos deis den | diera dieras diera diéramos dierais dieran | da tú, no des dé Ud. demos dad den |
| decir diciendo dicho | digo dices dice decimos decís dicen | decía decías decía decíamos decíais decían | dije dijiste dijo dijimos dijisteis dijeron | diré dirás dirá diremos diréis dirán | diría dirías diría diríamos diríais dirían | diga digas diga digamos digáis digan | dijera dijeras dijera dijéramos dijerais dijeran | di tú, no digas diga Ud. digamos decid digan |
| estar estando estado | estoy estás está estamos estáis están | estaba estabas estaba estábamos estabais estaban | estuve estuviste estuvo estuvimos estuvisteis estuvieron | estaré estarás estará estaremos estaréis estarán | estaría estarías estaría estaríamos estaríais estarían | esté estés esté estemos estéis estén | estuviera estuvieras estuviera estuviéramos estuvierais estuvieran | está tú, no estés esté Ud. estemos estad estén |
| haber habiendo habido | he has ha hemos habéis han | había habías había habíamos habíais habían | hube hubiste hubo hubimos hubisteis hubieron | habré habrás habrá habremos habréis habrán | habría habrías habría habríamos habríais habrían | haya hayas haya hayamos hayáis hayan | hubiera hubieras hubiera hubiéramos hubierais hubieran | |
| hacer haciendo hecho | hago haces hace hacemos hacéis hacen | hacía hacías hacía hacíamos hacíais hacían | hice hiciste hizo hicimos hicisteis hicieron | haré harás hará haremos haréis harán | haría harías haría haríamos haríais harían | haga hagas haga hagamos hagáis hagan | hiciera hicieras hiciera hiciéramos hicierais hicieran | haz tú, no hagas haga Ud. hagamos haced hagan |

# C. Irregular Verbs (continued)

| INFINITIVE PRESENT PARTICIPLE PAST PARTICIPLE | INDICATIVE | | | | | SUBJUNCTIVE | | IMPERATIVE |
|---|---|---|---|---|---|---|---|---|
| | PRESENT | IMPERFECT | PRETERITE | FUTURE | CONDITIONAL | PRESENT | IMPERFECT | |
| ir yendo ido | voy vas va vamos vais van | iba ibas iba íbamos ibais iban | fui fuiste fue fuimos fuisteis fueron | iré irás irá iremos iréis irán | iría irías iría iríamos iríais irían | vaya vayas vaya vayamos vayáis vayan | fuera fueras fuera fuéramos fuerais fueran | ve tú, no vayas vaya Ud. vayamos id vayan |
| oír oyendo oído | oigo oyes oye oímos oís oyen | oía oías oía oíamos oíais oían | oí oíste oyó oímos oísteis oyeron | oiré oirás oirá oiremos oiréis oirán | oiría oirías oiría oiríamos oiríais oirían | oiga oigas oiga oigamos oigáis oigan | oyera oyeras oyera oyéramos oyerais oyeran | oye tú, no oigas oiga Ud. oigamos oíd oigan |
| poder pudiendo podido | puedo puedes puede podemos podéis pueden | podía podías podía podíamos podíais podían | pude pudiste pudo pudimos pudisteis pudieron | podré podrás podrá podremos podréis podrán | podría podrías podría podríamos podríais podrían | pueda puedas pueda podamos podáis puedan | pudiera pudieras pudiera pudiéramos pudierais pudieran | |
| poner poniendo puesto | pongo pones pone ponemos ponéis ponen | ponía ponías ponía poníamos poníais ponían | puse pusiste puso pusimos pusisteis pusieron | pondré pondrás pondrá pondremos pondréis pondrán | pondría pondrías pondría pondríamos pondríais pondrían | ponga pongas ponga pongamos pongáis pongan | pusiera pusieras pusiera pusiéramos pusierais pusieran | pon tú, no pongas ponga Ud. pongamos poned pongan |
| querer queriendo querido | quiero quieres quiere queremos queréis quieren | quería querías quería queríamos queríais querían | quise quisiste quiso quisimos quisisteis quisieron | querré querrás querrá querremos querréis querrán | querría querrías querría querríamos querríais querrían | quiera quieras quiera queramos queráis quieran | quisiera quisieras quisiera quisiéramos quisierais quisieran | quiere tú, no quieras quiera Ud. queramos quered quieran |
| saber sabiendo sabido | sé sabes sabe sabemos sabéis saben | sabía sabías sabía sabíamos sabíais sabían | supe supiste supo supimos supisteis supieron | sabré sabrás sabrá sabremos sabréis sabrán | sabría sabrías sabría sabríamos sabríais sabrían | sepa sepas sepa sepamos sepáis sepan | supiera supieras supiera supiéramos supierais supieran | sabe tú, no sepas sepa Ud. sepamos sabed sepan |
| salir saliendo salido | salgo sales sale salimos salís salen | salía salías salía salíamos salíais salían | salí saliste salió salimos salisteis salieron | saldré saldrás saldrá saldremos saldréis saldrán | saldría saldrías saldría saldríamos saldríais saldrían | salga salgas salga salgamos salgáis salgan | saliera salieras saliera saliéramos salierais salieran | sal tú, no salgas salga Ud. salgamos salid salgan |

## C. Irregular Verbs (continued)

| INFINITIVE / PRESENT PARTICIPLE / PAST PARTICIPLE | INDICATIVE | | | | | SUBJUNCTIVE | | IMPERATIVE |
| --- | --- | --- | --- | --- | --- | --- | --- | --- |
| | PRESENT | IMPERFECT | PRETERITE | FUTURE | CONDITIONAL | PRESENT | IMPERFECT | |
| ser siendo sido | soy eres es somos sois son | era eras era éramos erais eran | fui fuiste fue fuimos fuisteis fueron | seré serás será seremos seréis serán | sería serías sería seríamos seríais serían | sea seas sea seamos seáis sean | fuera fueras fuera fuéramos fuerais fueran | sé tú, no seas sea Ud. seamos sed sean |
| tener teniendo tenido | tengo tienes tiene tenemos tenéis tienen | tenía tenías tenía teníamos teníais tenían | tuve tuviste tuvo tuvimos tuvisteis tuvieron | tendré tendrás tendrá tendremos tendréis tendrán | tendría tendrías tendría tendríamos tendríais tendrían | tenga tengas tenga tengamos tengáis tengan | tuviera tuvieras tuviera tuviéramos tuvierais tuvieran | ten tú, no tengas tenga Ud. tengamos tened tengan |
| traer trayendo traído | traigo traes trae traemos traéis traen | traía traías traía traíamos traíais traían | traje trajiste trajo trajimos trajisteis trajeron | traeré traerás traerá traeremos traeréis traerán | traería traerías traería traeríamos traeríais traerían | traiga traigas traiga traigamos traigáis traigan | trajera trajeras trajera trajéramos trajerais trajeran | trae tú, no traigas traiga Ud. traigamos traed traigan |
| venir viniendo venido | vengo vienes viene venimos venís vienen | venía venías venía veníamos veníais venían | vine viniste vino vinimos vinisteis vinieron | vendré vendrás vendrá vendremos vendréis vendrán | vendría vendrías vendría vendríamos vendríais vendrían | venga vengas venga vengamos vengáis vengan | viniera vinieras viniera viniéramos vinierais vinieran | ven tú, no vengas venga Ud. vengamos venid vengan |
| ver viendo visto | veo ves ve vemos veis ven | veía veías veía veíamos veíais veían | vi viste vio vimos visteis vieron | veré verás verá veremos veréis verán | vería verías vería veríamos veríais verían | vea veas vea veamos veáis vean | viera vieras viera viéramos vierais vieran | ve tú, no veas vea Ud. veamos ved vean |

## D. Stem-Changing and Spelling Change Verbs

| INFINITIVE / PRESENT PARTICIPLE / PAST PARTICIPLE | INDICATIVE | | | | | SUBJUNCTIVE | | IMPERATIVE |
| --- | --- | --- | --- | --- | --- | --- | --- | --- |
| | PRESENT | IMPERFECT | PRETERITE | FUTURE | CONDITIONAL | PRESENT | IMPERFECT | |
| pensar (ie) pensando pensado | pienso piensas piensa pensamos pensáis piensan | pensaba pensabas pensaba pensábamos pensabais pensaban | pensé pensaste pensó pensamos pensasteis pensaron | pensaré pensarás pensará pensaremos pensaréis pensarán | pensaría pensarías pensaría pensaríamos pensaríais pensarían | piense pienses piense pensemos penséis piensen | pensara pensaras pensara pensáramos pensarais pensaran | piensa tú, no pienses piense Ud. pensemos pensad piensen |
| volver (ue) volviendo vuelto | vuelvo vuelves vuelve volvemos volvéis vuelven | volvía volvías volvía volvíamos volvíais volvían | volví volviste volvió volvimos volvisteis volvieron | volveré volverás volverá volveremos volveréis volverán | volvería volverías volvería volveríamos volveríais volverían | vuelva vuelvas vuelva volvamos volváis vuelvan | volviera volvieras volviera volviéramos volvierais volvieran | vuelve tú, no vuelvas vuelva Ud. volvamos volved vuelvan |

# D. Stem-Changing and Spelling Change Verbs (continued)

| INFINITIVE / PRESENT PARTICIPLE / PAST PARTICIPLE | INDICATIVE PRESENT | IMPERFECT | PRETERITE | FUTURE | CONDITIONAL | SUBJUNCTIVE PRESENT | IMPERFECT | IMPERATIVE |
|---|---|---|---|---|---|---|---|---|
| dormir (ue, u) / durmiendo / dormido | duermo, duermes, duerme, dormimos, dormís, duermen | dormía, dormías, dormía, dormíamos, dormíais, dormían | dormí, dormiste, durmió, dormimos, dormisteis, durmieron | dormiré, dormirás, dormirá, dormiremos, dormiréis, dormirán | dormiría, dormirías, dormiría, dormiríamos, dormiríais, dormirían | duerma, duermas, duerma, durmamos, durmáis, duerman | durmiera, durmieras, durmiera, durmiéramos, durmierais, durmieran | duerme tú, no duermas, duerma Ud., durmamos, dormid, duerman |
| sentir (ie, i) / sintiendo / sentido | siento, sientes, seinte, sentimos, sentís, sienten | sentía, sentías, sentía, sentíamos, sentíais, sentían | sentí, sentiste, sintió, sentimos, sentisteis, sintieron | sentiré, sentirás, sentirá, sentiremos, sentiréis, sentirán | sentiría, sentirías, sentiría, sentiríamos, sentiríais, sentirían | sienta, sientas, sienta, sintamos, sintáis, sientan | sintiera, sintieras, sintiera, sintiéramos, sintierais, sintieran | siente tú, no sientas, sienta Ud., sintamos, sentid, sientan |
| pedir (i, i) / pidiendo / pedido | pido, pides, pide, pedimos, pedís, piden | pedía, pedías, pedía, pedíamos, pedíais, pedían | pedí, pediste, pidió, pedimos, pedisteis, pidieron | pediré, pedirás, pedirá, pediremos, pediréis, pedirán | pediría, pedirías, pediría, pediríamos, pediríais, pedirían | pida, pidas, pida, pidamos, pidáis, pidan | pidiera, pidieras, pidiera, pidiéramos, pidierais, pidieran | pide tú, no pidas, pida Ud., pidamos, pedid, pidan |
| reír (i, i) / riendo / reído | río, ríes, ríe, reímos, reís, ríen | reía, reías, reía, reíamos, reíais, reían | reí, reíste, rió, reímos, reísteis, rieron | reiré, reirás, reirá, reiremos, reiréis, reirán | reiría, reirías, reiría, reiríamos, reiríais, reirían | ría, rías, ría, riamos, riáis, rían | riera, rieras, riera, riéramos, rierais, rieran | ríe tú, no rías, ría Ud., riamos, reíd, rían |
| seguir (i, i) (ga) / siguiendo / seguido | sigo, sigues, sigue, seguimos, seguís, siguen | seguía, seguías, seguía, seguíamos, seguíais, seguían | seguí, seguiste, siguió, seguimos, seguisteis, siguieron | seguiré, seguirás, seguirá, seguiremos, seguiréis, seguirán | seguiría, seguirías, seguiría, seguiríamos, seguiríais, seguirían | siga, sigas, siga, sigamos, sigáis, sigan | siguiera, siguieras, siguiera, siguiéramos, siguierais, siguieran | sigue tú, no sigas, siga Ud., sigamos, seguid, sigan |
| construir (y) / construyendo / construido | construyo, construyes, construye, construimos, construís, construyen | construía, construías, construía, construíamos, construíais, construían | construí, construiste, construyó, construimos, construisteis, construyeron | construiré, construirás, construirá, construiremos, construiréis, construirán | construiría, construirías, construiría, construiríamos, construiríais, construirían | construya, construyas, construya, construyamos, construyáis, construyan | construyera, construyeras, construyera, construyéramos, construyerais, construyeran | construye tú, no construyas, construya Ud., construyamos, construid, construyan |
| producir (zc) / produciendo / producido | produzco, produces, produce, producimos, producís, producen | producía, producías, producía, producíamos, producíais, producían | produje, produjiste, produjo, produjimos, produjisteis, produjeron | produciré, producirás, producirá, produciremos, produciréis, producirán | produciría, producirías, produciría, produciríamos, produciríais, producirían | produzca, produzcas, produzca, produzcamos, produzcáis, produzcan | produjera, produjeras, produjera, produjéramos, produjerais, produjeran | produce tú, no produzcas, produzca Ud., produzcamos, producid, produzcan |

# **A**ppendix 2

## GRAMMAR SUMMARY TABLES

### I. Personal Pronouns

| SUBJECT | OBJECT OF PREPOSITION | REFLEXIVE | INDIRECT OBJECT | DIRECT OBJECT |
|---------|----------------------|-----------|-----------------|---------------|
| yo | mí | me | me | me |
| tú | ti | te | te | te |
| usted | usted | se | le | lo/la |
| él | él | se | le | lo |
| ella | ella | se | le | la |
| nosotros/as | nosotros/as | nos | nos | nos |
| vosotros/as | vosotros/as | os | os | os |
| ustedes | ustedes | se | les | los/las |
| ellos | ellos | se | les | los |
| ellas | ellas | se | les | las |

### II. Possessive Adjectives and Pronouns

| ADJECTIVES | | PRONOUNS | |
|------------|---|----------|---|
| *my* | mi, mis | *mine* | mío/a, míos/as |
| *your* (*inf. sing.*) | tu, tus | *yours* | tuyo/a, tuyos/as |
| *your* (*pol. sing.*) | su, sus | *yours* | suyo/a, suyos/as |
| *his* | su, sus | *his* | suyo/a, suyos/as |
| *her* | su, sus | *hers* | suyo/a, suyos/as |
| *our* | nuestro/a, nuestros/as | *ours* | nuestro/a, nuestros/as |
| *your* (*inf. pl.*) | vuestro/a, vuestros/as | *yours* | vuestro/a, vuestros/as |
| *your* (*pol. pl.*) | su, sus | *yours* | suyo/a, suyos/as |
| *their* | su, sus | *theirs* | suyo/a, suyos/as |

## III. Demonstrative Adjectives and Pronouns

| MASCULINE AND FEMININE | ADJECTIVES AND PRONOUNS | NEUTER PRONOUNS |
|---|---|---|
| *this, these* | este/esta, estos/estas | esto |
| *that, those* (*not close to speaker*) | ese/esa, esos/esas | eso |
| *that, those* (*farther from speaker*) | aquel/aquella, aquellos/aquellas | aquello |

## IV. *Por / para*

| POR | | PARA | |
|---|---|---|---|
| *through, by* | por aquí | *destination* | para Madrid |
| *length of time* | por tres minutos | *time* | tres minutos para las tres |
| *during* | por la noche | *deadline* | para el viernes |
| *in place of* | Trabajo por Juan. | *recipient* | Trabajo para mi familia. un regalo para ella |
| *quantity* | por dos pesos | | |
| *means* | por tren | | |

## V. Past (Preterite) and Imperfect

| PAST | | IMPERFECT | |
|---|---|---|---|
| *completed event* | comí | *event in progress* | comía |
| *completed state* | estuve | *ongoing state* | estaba |
| *completed series* | bailé, canté | *"used to"* | bailaba, cantaba |

# VI. Indicative and Subjunctive

| NOUN CLAUSES | | | |
|---|---|---|---|
| *Indicative* | | *Subjunctive* | |
| *assertion* | es verdad que | *possibility* | es posible que |
| *belief* | creer que | *doubt* | dudar que |
| *knowledge* | saber que | *subjective reaction* | estar contento/a de que |
| | | *volition* | querer que |

| ADJECTIVE CLAUSES | |
|---|---|
| *Indicative* | *Subjunctive* |
| *known antecedent* | *unknown antecedent* |
| Tengo un amigo que sabe… | Busco un amigo que sepa… |
| *existent antecedent* | *nonexistent antecedent* |
| Hay una persona que sabe… | No hay nadie que sepa… |

| ADVERBIAL CLAUSES: TIME | |
|---|---|
| *Indicative* | *Subjunctive* |
| cuando<br>hasta que<br>tan pronto como<br>en cuanto<br>después de que } + *habitual action* | cuando<br>hasta que<br>tan pronto como<br>en cuanto<br>después de que } + *future action* |
| Siempre cuando trabaja… | Mañana cuando trabaje… |

# Appendix 3

## Syllabication

1. The basic rule of Spanish syllabication is to make each syllable end in a vowel whenever possible.
2. When attempting to divide a word into syllables, it is easier to look for the consonants and do the following:
   a. If the word has just one consonant, it should go with the following vowel: ca-**s**a, di-**g**a, **c**a-**mi**-**n**a
   b. If there are two consonants, one will go with the first vowel and one with the second: (a**l**-**c**o-hol) ca**n**-ta**n**-**t**e, e**s**-**c**ue-**l**a, a**c**-**c**ión, i**n**-**n**o-va-ción
   c. If there are three consonants or more, the first two will remain with the first vowel and the third (etc.) will go with the following vowel: o**bs**-t**r**uc-ción, co**ns**-**c**ien-te
   d. The letter **h** always goes with the following vowel: al-co-**h**ol, pro-**h**i-bi-do
   e. The following consonant combinations are never divided: **br-, dr-, rr-, tr-, bl-, ll-**: a-**br**an, la-**dr**ón, bo-**rr**a-dor, con-**tr**a, ha-**bl**ar, man-te-qui-**ll**a

3. Diphthongs (vowel combinations: two weak ones or a weak one and a strong one) are not divided, unless the weak vowel has an orthographic accent. Weak vowels: **i, u**; strong vowels: **a, e, o**: c**iu**-dad, s**ie**-te, s**ei**s, cin-c**ue**n-ta. But: re-**ú**no, d**í**-a

## Stress

How you pronounce a specific Spanish word is determined by two basic rules of stress. Written accents to indicate stress are needed only when those rules are violated. Here are the two rules of stress.

1. For words ending in a vowel, **n**, or **s**, the natural stress falls on the next-to-last syllable. The letter **y** is not considered a vowel for stress purposes.

   Es-**te**-ban     **blan**-co     es-**cu**-chen     **ro**-ja     es-**tu**-die

2. For words ending in *any other letter*, the natural stress falls on the last syllable.

   pa-**pel**     ciu-**dad**     es-cri-**bir**     re-**loj**     es-**toy**

When these stress rules are violated by the word's accepted pronunciation, stress must be indicated with a written accent.

in-**glés**    e-**léc**-tri-co    es-tu-**dié**    lla-ma-**rán**    sim-**pá**-ti-co
**ár**-bol    **Ló**-pez    a-**zú**-car    **hués**-ped

Note that words that are stressed on any syllable other than the last or next-to-last will always show a written accent. Particularly frequent words in this category include adjectives and adverbs ending in **-ísimo** and verb forms with pronouns attached.

gua-**pí**-si-mo    es-pe-**rán**-do-te    **pí**-de-se-las    de-**vuél**-van-se-la

Written accents to show violations of stress rules are particularly important when diphthongs are involved. A diphthong is a combination of a weak (**i, u**) vowel and a strong (**a, e, o**) vowel (in either order), or of two weak vowels together. The two vowels are pronounced as a single sound, with one of the vowels being given slightly more emphasis than the other. In all diphthongs the strong vowel or the second of the two weak vowels receives this slightly greater stress.

*a*i: b*a*ilar    i*a*: arteri*a*    u*e*: vu*e*lve    i*o*: vi*o*lento    u*i*: cu*i*dado

When the stress in a vowel combination does not follow this rule, no diphthong exists. Instead, two separate sounds are heard, and a written accent appears over the weak vowel or the first of two weak vowels.

a-í: país    ú-e: continúe    í-o: frío    ú-i: flúido

# Use of written accent as a diacritic

The written accent is also used to distinguish two words with similar spelling and pronunciation but different meaning.

Nine common word pairs are identical in spelling and pronunciation; the accent mark is the only distinction between them.

| **dé** | *give* | **de** | *of* | **sí** | *yes* | **si** | *if* |
|--------|--------|--------|------|--------|-------|--------|------|
| **él** | *he* | **el** | *the* | **sólo** | *only* | **solo** | *alone* |
| **más** | *more* | **mas** | *but* | **té** | *tea* | **te** | *you* |
| **mí** | *me* | **mi** | *my* | **tú** | *you* | **tu** | *your* |
| **sé** | *I know* | **se** | *(reflexive pronoun)* | | | | |

Diacritic accents are used to distinguish demonstrative adjectives from demonstrative pronouns. Although this distinction is disappearing in many parts of the Spanish-speaking world, you will find it in ***Dos mundos*** and in many other books.

| **aquellos países** | *those countries* | **aquéllos** | *those ones* |
|---------------------|-------------------|--------------|--------------|
| **esa persona** | *that person* | **ésa** | *that one* |
| **este libro** | *this book* | **éste** | *this one* |

Diacritic accents are placed over relative pronouns or adverbs that are used interrogatively or in exclamations.

| | | | |
|---|---|---|---|
| **cómo** | *how* | **como** | *as, since* |
| **dónde** | *where* | **donde** | *where* |
| **por qué** | *why* | **porque** | *because* |
| **qué** | *what* | **que** | *that* |
| **quién** | *who (interrogative pronoun)* | **quien** | *who (relative pronoun)* |
| **cuándo** | *when (interrogative pronoun)* | **cuando** | *when (relative pronoun)* |

—¿**Cómo** se llama?      *What's his name?*
—No sé **cómo** se llama.      *I don't know what his name is.*

**Como** es niño, tiene que acostarse temprano.
*Since he's a child, he must go to bed early.*

# Spelling changes

In general, Spanish has a far more phonetic system than many other modern languages. Most Spanish sounds correspond to just one written symbol. Those that can be written in more than one way are of two main types: those for which the sound/letter correspondence is largely arbitrary and those for which the sound/letter correspondence is determined by spelling rules.

**A.** In the case of arbitrary sound/letter correspondences, writing the sound correctly is mainly a matter of memorization. The following are some of the more common arbitrary, or *nonpatterned*, sound/letter correspondences in Spanish.

| SOUND | SPELLING | EXAMPLES |
|---|---|---|
| /b/ + *vowel* | b, v | barco, ventana |
| /y/ | y, ll, i + *vowel* | haya, amarillo, hielo |
| /s/ | s, z, c | salario, zapato, cielo, hace |
| /x/ + e, i | g, j | general, jefe |
| | | gitano, jinete |

Note that, although spelling of the sounds /y/ and /s/ is largely arbitrary, two patterns occur with great frequency.

1. /y/   Whenever an unstressed **i** occurs between vowels, the **i** changes to **y**.
    leió → leyó    creiendo → creyendo    caieron → cayeron
2. /s/   The sequence **ze** is rare in Spanish. Whenever a **ze** combination would occur in the plural of a noun ending in **z** or in a conjugated verb (for example, an **-e** ending on a verb stem that ends in **z**), the **z** changes to **c**.

    luz → lu**c**es    voz → vo**c**es    empez + é → empe**c**é    taza → ta**c**ita

**B.** There are three major sets of patterned sound/letters sequences.

| SOUND | SPELLING | EXAMPLES |
|-------|----------|----------|
| /g/ | g, gu | **g**ato, pa**gu**e |
| /k/ | c, qu | to**c**a, to**qu**e |
| /g$^w$/ | gu, gü | a**gu**a, pin**gü**ino |

1. /g/ Before the vowel sounds /a/, /o/, and /u/, and before all consonant sounds, the sound /g/ is spelled with the letter **g**.

   **g**ato   **g**ordo   **g**usto   **g**ratis   **G**loria   lle**g**o

   Before the sounds /e/ and /i/, the sound /g/ is spelled with the letters **gu**.

   **gu**erra   **gu**itarra   lle**gu**é

2. /k/ Before the vowel sounds /a/, /o/, and /u/, and before all consonant sounds, the sound /k/ is spelled with the letter **c**.

   **c**asa   **c**osa   **c**urioso   **c**reer   **c**lub   le**c**ción   to**c**o

   Before the sounds /e/ and /i/, the sound /k/ is spelled with the letters **qu**.

   **qu**eso   **qu**ímica   to**qu**é

3. /g$^w$/ Before the vowel sounds /a/ and /o/, the sound /g$^w$/ is spelled with the letters **gu**.

   **gu**ante   anti**gu**o

   Before the vowel sounds /e/ and /i/, the sound /g$^w$/ is spelled with the letters **gü**.

   bilin**gü**e   pin**gü**ino

These spelling rules are particularly important in conjugating, because a specific consonant sound in the infinitive must be maintained throughout the conjugation, despite changes in the stem vowels. It will help if you keep in mind the patterns of sound/letter correspondence, rather than attempt to conserve the spelling of the infinitive.

| | | | | | |
|---|---|---|---|---|---|
| /ga/ | = **ga** | lle**g**ar | /ge/ | = **gue** | lle**gu**e (*present subjunctive*) |
| /ga/ | = **ga** | lle**g**ar | /ge/ | = **gué** | lle**gu**é (*preterite*) |
| /gi/ | = **gui** | se**gu**ir | /go/ | = **go** | si**g**o (*present indicative*) |
| /gi/ | = **gui** | se**gu**ir | /ga/ | = **ga** | si**g**a (*present subjunctive*) |
| /xe/ | = **ge** | reco**g**er | /xo/ | = **jo** | reco**j**o (*present indicative*) |
| /xe/ | = **ge** | reco**g**er | /xa/ | = **ja** | reco**j**a (*present subjunctive*) |
| /g$^w$a/ | = **gua** | averi**gu**ar | /g$^w$e/ | = **güe** | averi**gü**e (*present subjunctive*) |
| /ka/ | = **ka** | sa**c**ar | /ke/ | = **qué** | sa**qu**é (*preterite*) |

# Appendix 4

## ANSWER KEY
### PASO B
**Ej. 1:** 1. b 2. b 3. a 4. a 5. b  **Ej. 2:**
1. d 2. a 3. e 4. b 5. c  **Ej. 3:** 1. No,
no es una pizarra. Es una pared. 2. No,
no es una oficina. Es un salón de clase.
3. No, no es una silla. Es un escritorio.
4. No, no es un borrador. Es un
cuaderno. 5. No, no es una ventana. Es
una silla.  **Ej. 4:** 1. La 2. El 3. La 4. El
5. El 6. La 7. La 8. El 9. La 10. El  **Ej.
5:** 1. Sí, hay libros en la mesa. 2. Sí, hay
un reloj en la pared. 3. Sí, hay una profesora. 4. No, no hay un automóvil. 5.
No, no hay un profesor. 6. Sí, hay papeles en los pupitres. 7. Sí, hay un bolígrafo en el pupitre de Alberto. 8. Sí,
hay muchos cuadernos. 9. No, no hay
una bicicleta. 10. Sí, hay una ventana.
**Ej. 6:** 1. pares de zapatos. 2. perros
nuevos. 3. chaquetas rojas. 4. lápices
amarillos. 5. amigas norteamericanas.
**Ej. 7:** 1. cuadernos pequeños. 2. gatos
negros. 3. fotografías bonitas. 4. relojes
bonitos. 5. libros difíciles. 6. amigos di-
vertidos.  **Ej. 8:** 1. d, i, k, n 2. b, e, i 3.
g, h 4. a, k, n 5. b, e, i, m 6. h, l 7. b, e,
i, o

### PASO C
**Ej. 1:** 1. tiene 2. tenemos 3. tienes
4. Tengo 5. tienen  **Ej. 2:** 1. El carro
es de la profesora Martínez. 2. La
camisa es de Luis. 3. El perro es de
Nora. 4. Los lentes son de Esteban.
5. El saco es de Alberto. 6. La bicicleta
es de Carmen.  **Ej. 3:** 1. su 2. sus 3. tu
4. mis 5. nuestros 6. sus; Nuestras 7. su
8. su 9. tus 10. mi  **Ej. 4:** 1. tu; mi 2.
tus; mis 3. Su 4. sus; nuestros  **Ej. 5:**
1. Adriana Bolini tiene 35 años.
2. Carla Espinosa tiene 22 años.
3. Rubén Hernández Arenas tiene 38
años. 4. Susana Yamasaki González
tiene 33 años. 5. Doña María Eulalia
González de Saucedo tiene 79 años.
6. Yo tengo (¿ ?) años.  **Ej. 6:** 1. Don
Eduardo tiene 79 años. 2. Estela tiene
34 años. 3. Ernestito tiene 7 años.
4. Amanda tiene 13 años. 5. Doña Lola

tiene 41 años.  **Ej. 7:** 1. Es española.
2. Son japoneses. 3. Es alemán. 4. Son
francesas. 5. Son italianas. 6. Es china.
7. Es inglés.  **Ej. 8:** 1. hablan 2. habla
3. hablan 4. hablas 5. hablo; hablo  **Ej.
9:** 1. habla; japonés 2. hablan español 3.
hablan chino 4. Hablan inglés 5.
Hablan hebreo 6. hablas ruso

## CAPÍTULO 1
**Ej. 1:** 1. mil ochocientos setenta y seis
2. mil quinientos ochenta y ocho 3. mil
setecientos setenta y cinco 4. mil novecientos noventa y uno 5. dos mil 6. mil
novecientos cuarenta y cinco 7. mil
once 8. mil novecientos veinte y nueve
(veintinueve) 9. mil seiscientos quince
10. dos mil veinte y cinco (veinticinco)
**Ej. 2:** 1. a 2. b 3. a 4. a 5. a 6. a 7. a
8. a 9. b 10. b  **Ej. 3:** 1. leen 2. Lees
3. lee 4. Leo 5. lee  **Ej. 4:** 1. vive
2. vivimos 3. viven 4. Vivís 5. Vivo
6. Viven
**Ej. 5:** 1. ¿Dónde vive Rubén Hernández? 2. ¿Qué idioma habla Susana? 3.
¿Cómo se llama Usted? 4. ¿Cuántos
hijos tienen Ernesto y Estela? 5. ¿Qué
eres tú?  **Ej. 6:** 1. ¿Cuál es tu número
de teléfono? 2. ¿Habla italiano? 3.
¿Cuándo es tu cumpleaños? 4. ¿Son sus
hijas? 5. ¿Dónde viven ustedes?  **Ej. 7:**
1. Son las cuatro y veinte. 2. Son las
seis y cuarto. 3. Son las ocho y trece.
4. Es la una y diez. 5. Son las siete y siete. 6. Son las cinco y media. 7. Son las
tres. 8. Son las dos menos once. 9. Son
las doce y media. 10. Son las cinco y
cuarto.  **Ej. 8:** 1. te; me 2. te; me
3. les; nos  **Ej. 9:** 1. le; comer 2. le;
cocinar 3. les; hablar por teléfono 4. le;
leer 5. le; correr 6. me; ¿ ?

## CAPÍTULO 2
**Ej. 1:** 1. vas; Voy 2. van; va 3. va; va;
vamos 4. vas; Voy 5. vas; Voy  **Ej. 2:**
1. Ernesto 2. Estela 3. No, Guillermo
es el cuarto. 4. No, Amanda es la
quinta. 5. Sí. 6. Ramón 7. No, es la
séptima. 8. Ernesto 9. doña Lola
10. No, don Anselmo es el cuarto
hombre.  **Ej. 3:** 1. quiero; prefiere 2.

quiere; prefiere 3. quiere; prefiero 4.
quiere; prefieren 5. quiere; prefiere 6.
quiere; prefiero 7. quiere; prefiere 8.
quiere; prefiere 9. quieren; prefiero
10. quieren; prefiere  **Ej. 4:** 1. Quiere
jugar al béisbol. 2. Prefiere ver un partido de fútbol en la televisión. 3.
Quieren ir de compras. 4. Preferimos
leer. 5. Prefieren levantar pesas. 6.
Quiere viajar.  **Ej. 5:** 1. Lan va a estudiar pero prefiere charlar con amigos.
2. Carmen va a levantar pesas pero prefiere hablar por teléfono. 3. Esteban va
a escribir una composición pero quiere
tomar el sol en la playa. 4. Alberto va a
montar a caballo pero prefiere andar en
motocicleta. 5. Pablo va a hablar con la
profesora pero prefiere hablar con su
amiga. 6. Mi compañera va a hacer la
tarea pero quiere ¿ ? 7. Yo voy a escuchar las «Actividades de comprensión» pero prefiero ¿ ?  **Ej. 6:** 1. Hace
sol. 2. Llueve. 3. Hace frío. 4. Hace
mal tiempo. 5. Hace calor. 6. Nieva.
**Ej. 7:** 1. posible 2. posible 3. imposible
4. imposible 5. imposible

## CAPÍTULO 3
**Ej. 1:** 1. estoy 2. están 3. estás 4. estamos 5. está 6. estamos 7. estás 8. está
9. están 10. estamos  **Ej. 2:** 1. b 2. d
3. f 4. c 5. a 6. e  **Ej. 3:** 1. escribimos
2. lleva 3. limpiamos 4. desayunan
5. lee 6. comen 7. monta 8. Hablo
9. asisten 10. escuchamos  **Ej. 4:**
1. Papá, ¿tomas mucho café en el trabajo? 2. Diego, ¿juegan tus amigos y tú
al béisbol? 3. Graciela y Diego, ¿tienen
ustedes una computadora? 4. Raúl,
¿haces ejercicio en un gimnasio?
5. Pedro Ruiz, ¿trabajas por la noche?
6. Don Eduardo, ¿prepara usted café
por la mañana? 7. Mamá, ¿cocinas por
la mañana o por la tarde? 8. Clarisa,
¿ves la televisión por la noche? 9. Doña
Rosita, ¿asiste usted a misa los domingos? 10. Doña Lola, ¿lava usted su ropa
en casa o en una lavandería?  **Ej. 5:** 1.
sale; Salgo 2. juegas; juego 3. hace;
hago 4. juegan; jugamos  **Ej. 6:** 1. Los
Ramírez son de México pero ahora es-

tán en Italia. 2. Marta es de Panamá pero ahora está en Los Ángeles. 3. Rogelio y Carla son de Puerto Rico pero ahora están en Nueva York. 4. Pilar es de España pero ahora está en Guatemala. 5. Ricardo es de Venezuela pero ahora está en España. **Ej. 7:** 1. Está leyendo. 2. Están pescando. 3. Está corriendo. 4. Está cocinando (preparando) la cena. 5. Están viendo (mirando) la televisión. 6. Está fumando. **Ej. 8:** 1. durmiendo 2. jugando 3. leyendo 4. lavando 5. tocando

## CAPÍTULO 4

**Ej. 1:** 1. vamos a la 2. van al 3. Vamos al 4. va a la 5. Voy a la 6. voy a la 7. van al 8. va a la 9. Vamos a la 10. Vas al **Ej. 2:** 1. Duermen; dormimos 2. Almuerzan; almorzamos 3. Vuelven; volvemos 4. Juegan; jugamos 5. Juegan; jugamos 6. Pierden; juegan; perdemos; jugamos 7. Prefieren; preferimos 8. Empiezan; empezamos **Ej. 3:** 1. Traigo 2. pongo 3. digo 4. oigo 5. salgo 6. vengo 7. tengo 8. Hago **Ej. 4:** 1. d 2. b 3. f 4. e 5. c 6. g 7. a **Ej. 5:** 1. No, me baño a las 6:30. 2. No, me lavo el pelo con champú. 3. No, me afeito en el baño. 4. No, me ducho por la mañana. 5. No, me quito la ropa en mi recámara (dormitorio). 6. No, me peino en el baño. 7. No, me maquillo en casa. 8. No, me levanto tarde los domingos. **Ej. 6:** 1. c 2. a 3. d 4. a 5. e 6. b **Ej. 7:** 1. ¿Están tristes Clarisa y Marisa? 2. ¿Está enojado (irritado) Ernesto? 3. ¿Está ocupado Guillermo? 4. ¿Están enamorados (contentos) Amanda y Ramón? 5. ¿Están interesados en viajar Nacho y Silvia? **Ej. 8:** 1. tiene hambre 2. tienes frío 3. tenemos calor 4. tengo sueño 5. tengo prisa 6. tienen sed 7. tengo miedo 8. tengo sed **Ej. 9:** 1. f 2. e 3. g 4. a 5. b

## CAPÍTULO 5

**Ej. 1:** 1. Les 2. les 3. le 4. nos 5. me; te 6. les 7. Le; nos 8. me;te **Ej. 2:** Frame 1: me Frame 2: le Frame 3: le; me Frame 4: te Frame 5: le; nos Frame 6: nos; les **Ej. 3:** 1. sé 2. sabe 3. saben 4. sabes 5. sabemos **Ej. 4:** 1. Puedes 2. Pueden 3. puede 4. pueden 5. Podemos **Ej. 5:** 1. Esta 2. Estos 3. Estos 4. Estas 5. Este **Ej. 6:** 1. Esas 2. Ese 3. Esa 4. Esos 5. Esos **Ej. 7:** 1. esa 2. este 3. esos 4. este 5. estas **Ej. 8:** 1. Estos 2. Aquellos 3. Esos 4. Esos 5. Aquellas 6. Estas **Ej. 9:** 1. quisiera 2. quisiéramos 3. quisieran 4. quisieras 5. quisiera **Ej. 10:** 1. le 2. les 3. le 4. me 5. nos **Ej. 11:** 1. piensa 2. pien-

sas 3. pensamos 4. piensan 5. pienso **Ej. 12:** 1. c 2. e 3. d 4. a 5. b **Ej. 13:** 1. e 2. c 3. a 4. b 5. d **Ej. 14:** 1. Antes de preparar la comida, Estela hace la compra. (Después de hacer la compra, Estela prepara la comida.) 2. Después de limpiar la casa, Pedro y Andrea invitan a unos amigos. (Antes de invitar a unos amigos, Pedro y Andrea limpian la casa.) 3. Antes/Después de dormir una siesta, Guillermo ayuda a su papá. (Antes/Después de ayudar a su papá, Guillermo duerme una siesta.) 4. Después de correr, te bañas. (Antes de bañarte, corres.) 5. Antes de salir a bailar, nos ponemos la ropa. (Después de ponernos la ropa, salimos a bailar.) **Ej. 15:** 1. (c) ¡Vamos a preparar chocolate caliente! 2. (d) ¡Vamos a nadar en la piscina! 3. (a) ¡Vamos a hacer la compra! 4. (e) ¡Vamos a sentarnos debajo de ese árbol! 5. (b) ¡Vamos a estudiar esta noche!

## CAPÍTULO 6

**Ej. 1:** 1. El sillón pesa más que la mesa. (La mesa pesa menos que el sillón.) 2. En mi casa viven más personas que en la casa de los vecinos. (En la casa de los vecinos viven menos personas que en mi casa.) 3. La casa de los López es más grande que la casa de los vecinos. (La casa de los vecinos es menos grande que la casa de los López.) 4. En el patio de mis abuelos hay menos árboles que en nuestro patio. (En nuestro patio hay más árboles que en el patio de mis abuelos.) 5. En la casa de los Ruiz hay menos dormitorios que en la casa de los Ramírez. (En la casa de los Ramirez hay más dormitorios que en la casa de los Ruiz.) **Ej. 2:** 1. Vivir en el desierto es peor que vivir en el centro de la ciudad. 2. Vivir en una casa es mejor que vivir en un apartamento. 3. Un refrigerador es el más útil de todos. 4. Armando es mayor que Irma. 5. Mi sobrino es el menor. 6. El Rolls Royce es el más caro de todos. **Ej. 3:** 1. La piscina de los Lugo es tan bonita como la piscina de los Montes. 2. El edificio de la avenida Oriente no es tan alto como el edificio nuevo de la avenida del Libertador. 3. La lavandería vieja de la avenida Almendros no es tan limpia como la lavandería nueva de la calle Ebro. 4. Los condominios «San Juan» no son tan modernos como los condominios «Princesa». **Ej. 4:** 1. La sala de su casa no tiene tantas lámparas como la sala de nuestra casa. 2. La casa de los Ruiz no tiene tantos cuartos como la casa de los Ramírez.

3. La casa de al lado tiene tantos baños como la casa de mis padres. 4. El patio de don Anselmo no tiene tantas flores y plantas como el patio de doña Lola. **Ej. 5:** 1. tiene que 2. tienen que 3. tengo que 4. tenemos que 5. tienes que **Ej. 6:** 1. debe 2. debo 3. debes 4. deben 5. debemos **Ej. 7:** 1. Sí, (No, no) compré un disco compacto. 2. Sí, (No, no) comí en un restaurante. 3. Sí, (No, no) hablé por teléfono. 4. Sí, (No, no) escribí una carta. 5. Sí, (No, no) estudié por cuatro horas. 6. Sí, (No, no) abrí la ventana. 7. Sí, (No, no) visité a un amigo / una amiga. 8. Sí, (No, no) corrí en la mañana. 9. Sí, (No, no) tomé un refresco. 10. Sí, (No, no) lavé los platos. **Ej. 8:** 1. Mi madre no charló con el presidente la semana pasada. 2. El presidente de México no comió tacos en la calle ayer. 3. La profesora de español no salió con Antonio Banderas anoche. 4. No jugué al tenis con Arantxa Sánchez ayer a medianoche. 5. Fidel Castro no visitó los Estados Unidos el mes pasado. **Ej. 9:** 1. ¿Conoce usted 2. ¿Conoce usted 3. ¿Sabe usted 4. ¿Sabe usted 5. ¿Conoce usted 6. ¿Conoce usted 7. ¿Sabe usted 8. ¿Sabe usted 9. ¿Sabe usted 10. ¿Conoce usted **Ej. 10:** 1. los 2. la 3. lo 4. los 5. lo 6. lo 7. la 8. los 9. lo 10. la

## CAPÍTULO 7

**Ej. 1:** (1) Se levantó a las 7:00. (2) Se bañó. (3) Se preparó un desayuno pequeño. (4) Comió cereal con leche y fruta. (5) Leyó el periódico. (6) Manejó el coche al trabajo. (7) Llegó al trabajo a las 8:30. (8) Almorzó con una colega de su trabajo. (9) Comió una hamburguesa. **Ej. 2:** 1. llegaste 2. Llegué 3. llegamos 4. llegó 5. Leíste 6. leí 7. leyeron 8. leyó 9. leímos **Ej. 3:** a. 7 b. 5 c. 2 d. 1 e. 3 f. 6 g. 4 **Ej. 4:** 1. dio 2. Vinieron 3. traje 4. dijeron 5. vio 6. puso 7. hizo 8. fueron **Ej. 5:** 1. fue; Llegaron; descansó; meterse; Bucearon; vieron; hicieron; cocinaron; tocó; cantaron; bailaron 2. fue; Llegaron; entró; vio; estudió; saludó; salieron; Bailó; tomó; Regresó **Ej. 6:** (1) Generalmente Pilar asiste a clase, pero ayer durmió toda la tarde y mañana va a visitar a una amiga. (2) Generalmente Andrea y Pedro almuerzan con sus hijas, pero ayer estuvieron en el D.F. todo el día y mañana van a ir de compras. (3) Generalmente Adriana juega al tenis por la tarde, después de salir del trabajo, pero ayer tradujo un documento del italiano al español y mañana va a aprender un

nuevo programa de informática.
(4) Generalmente doña Lola se queda en casa, pero ayer tomó café con sus amigas y mañana va a cocinar toda la tarde. (5) Generalmente Carla y Rogelio estudian en la biblioteca, pero ayer fueron a la playa y mañana van a lavar el carro. **Ej. 7:** 1. dormiste 2. Dormí 3. duermes 4. duermo 5. sientes 6. siento 7. sentiste 8. sentí 9. divertiste 10. divertí 11. divirtió 12. divirtió 13. mentiste 14. mentí 15. mintió **Ej. 8:** 1. me 2. dijiste 3. Te 4. dije 5. me 6. dijo 7. me 8. dijo 9. le 10. dijiste 11. le 12. dijiste 13. le 14. dije 15. le 16. dije **Ej. 9:** 1. Pero, Estela, limpié el baño hace dos días. (Pero, Estela, lo limpié hace dos días.) 2. Pero, Estela, barrí el patio hace tres horas. (Pero, Estela, lo barrí hace tres horas.) 3. Pero, Estela, pasé la aspiradora hace una hora. (Pero, Estela, la pasé hace una hora.) 4. Pero, Estela, bañé al perro hace tres días. (Pero, Estela, lo bañé hace tres días.) 5. Pero, Estela, te llevé a un restaurante elegante hace una semana. **Ej. 10:** (Answers are for 1997; they will vary depending on the year the book is used.) 1. Alejandro G. Bell inventó el teléfono hace ciento veintiún años. 2. Gustave Eiffel construyó la Torre Eiffel hace ciento ocho años. 3. Pancho Villa murió hace setenta y cuatro años. 4. Colón llegó a América hace quinientos cinco años. 5. Francisco Franco murió hace veintidós años. 6. Alemania se unificó hace siete años.

## CAPÍTULO 8

**Ej. 1:** 1. Lo preparé ayer. 2. La puse en el congelador. 3. Las compré en el supermercado. 4. Lo traje hace diez minutos. 5. La puse en la mesa. 6. Las preparé hace dos minutos. 7. Los puse en el gabinete. 8. Lo compré en la panadería. 9. Las hice cuando me levanté. 10. Los traje esta mañana. **Ej. 2:** 1. las 2. la 3. los 4. lo 5. la **Ej. 3:** 1. Te 2. me 3. ti 4. mí 5. le 6. él 7. mí 8. ti 9. te 10. mí 11. me **Ej. 4:** (Answers will vary.) 1. A mi mejor amigo/a le encantan las fresas. 2. A mis padres les encanta el guacamole. 3. A mi profesor(a) de español le encanta el chocolate. 4. A mi novio/a (esposo/a) le encantan los frijoles. 5. A mí me encanta el pan. 6. A mi mejor amigo/a y a mí nos encantan los dulces. **Ej. 5:** 1. ¿Para ella? ¡No lo creo! ¡No le gusta la comida fría! 2. ¿Para mí? ¡No lo creo! ¡No me gusta nada el hígado! 3. ¿Para ellas? ¡No lo creo! ¡Son muy pequeñas! 4. ¿Para nosotros? ¡Imposi-

ble! ¡No nos gustan! 5. ¿Para él? ¡No lo creo! ¡Tu papá es muy delgado! 6. ¿Para ti? ¡No lo creo! ¡No te gusta! 7. ¿Para ella? ¡Imposible! ¡No le gustan las cebollas! 8. ¿Para él? ¡No lo creo! ¡A él no le gusta! **Ej. 6:** 1. a. conmigo b. contigo 2. a. ti b. mí 3. a. él b. él c. él d. mí e. ti f. mí **Ej. 7:** 1. nadie 2. nada 3. nunca 4. nadie 5. ninguna 6. nada 7. Nunca 8. ninguno **Ej. 8:** (Answers will vary.) **Ej. 9:** 1. se cortan 2. se necesita 3. se lava; se pone 4. se preparan 5. se agregan 6. se necesitan 7. Se habla 8. Se baten **Ej. 10:** 1. pedir 2. pedir 3. sirven 4. pedir 5. pides 6. sirven 7. pido 8. pedir 9. pidieron 10. Pedimos 11. sirvió 12. pedí 13. pidió 14. pediste 15. pedí 16. pidió 17. pidieron 18. pedimos 19. sirvió 20. sirvió

## CAPÍTULO 9

**Ej. 1:** 1. se parece 2. se parecen 3. me parezco; te pareces 4. me parezco; me parezco 5. nos parecemos; se parece 6. nos parecemos 7. se parece(n) **Ej. 2:** 1. se llevan 2. te llevas; nos llevamos 3. nos llevamos; me llevo 4. se llevan 5. te llevas; nos llevamos **Ej. 3:** 1. Guillermo montaba en bicicleta. 2. Amanda y yo jugábamos con muñecas. 3. Andrea leía las tiras cómicas del periódico los domingos. 4. Doña Lola y doña Rosita se bañaban en el mar en Acapulco. 5. Don Eduardo comía muchos dulces. 6. Estela limpiaba su recámara. 7. La familia Ramírez pasaba las vacaciones en Acapulco. 8. Pedro Ruiz escuchaba música rock. 9. Ernesto veía dibujos animados en la televisión. 10. El abuelo de Ernestito cuidaba el jardín. **Ej. 4:** a. 2; jugaban b. 4; iban c. 5; saltaba d. 3; se peleaba e. 1; lloraba **Ej. 5:** 1. tenía 2. sabía 3. conocíamos 4. era 5. estaba **Ej. 6:** 1. tenía 2. era 3. conocía 4. Queríamos; teníamos 5. estabas 6. tenía 7. supe 8. tuve 9. conocí 10. quise 11. pude **Ej. 7:** 1. Iba a venir, pero mi carro no arrancó. 2. Iba a traerlas, pero la tienda se cerró a las 8:00. 3. Iba a comprarte un regalo, pero no recibí mi cheque a tiempo. 4. Iba a cenar con ustedes, pero tuve que trabajar tarde. 5. Iba a ir, pero mi novio tuvo que trabajar esa noche. 6. Iba a decirte, pero no pude llamarte. 7. Iba a llegar a tiempo, pero perdí mi cartera. 8. Iba a asistir, pero no hice la tarea.

## CAPÍTULO 10

**Ej. 1:** 1. hemos visto 2. ha escrito 3. he viajado 4. ha comprado 5. has comido 6. ha hablado 7. has ido 8. han

limpiado 9. has oído 10. han pasado **Ej. 2:** (Answers will vary.) 1. ¿Cuántas veces has viajado a México? He viajado a México muchas veces. 2. ¿Cuántas veces has esquiado en un lago? Nunca he esquiado en un lago. 3. ¿Cuántas veces has subido a una pirámide? He subido a una pirámide una vez en México. 4. ¿Cuántas veces has acampado en las montañas? He acampado en las montañas muchas veces. 5. ¿Cuántas veces has alquilado un coche? He alquilado un coche tres o cuatro veces. 6. ¿Cuántas veces has cocinado para diez personas? He cocinado para diez personas muchas veces. 7. ¿Cuántas veces has leído tres novelas en un día? Nunca he leído tres novelas en un día. 8. ¿Cuántas veces has corrido 5 kilómetros sin parar? He corrido 5 kilómetros sin parar una o dos veces. 9. ¿Cuántas veces les has dicho una mentira a tus padres? ¡Nunca les he dicho una mentira! 10. ¿Cuántas veces has roto un vaso en un restaurante? He roto un vaso en un restaurante dos veces. **Ej. 3:** 1. ¡Qué país tan (más) interesante! 2. ¡Qué vuelo tan (más) largo! 3. ¡Qué montañas tan (más) altas! 4. ¡Qué selva tan (más) verde! 5. ¡Qué arena tan (más) blanca! **Ej. 4:** 1. ¡Qué impresionantes son las ruinas de Machu Picchu! 2. ¡Qué grande es el lago Titicaca! 3. ¡Qué cosmopolita es la ciudad de Buenos Aires! 4. ¡Qué húmeda es la selva de Ecuador! 5. ¡Qué seco es el desierto de Atacama en Chile! 6. ¡Qué alta es la torre de la Giralda en Sevilla! 7. ¡Qué hermoso es el edificio del Alcázar de Segovia! 8. ¡Qué inmenso es el Parque del Retiro en Madrid! 9. ¡Qué interesante es el Museo del Prado! 10. ¡Qué antiguo es el acueducto de Segovia! **Ej. 5:** 1. por 2. por 3. para 4. por 5. por 6. por 7. por 8. para **Ej. 6:** 1. rápidamente 2. cómodamente 3. puntualmente 4. constantemente 5. inmediatamente **Ej. 7:** 1. a. parece b. importa 2. a. fascinan b. interesan 3. a. encanta b. gusta 4. a. molesta b. gusta 5. a. importan b. interesan

## CAPÍTULO 11

**Ej. 1:** 1. Sí, hágalas lo más pronto posible. 2. Sí, cómprelos inmediatamente. 3. Sí, tráigalo mañana. 4. Sí, recójalos el jueves, por favor. 5. Sí, llegue dos horas antes. 6. Sí, consígalo lo más pronto posible. **Ej. 2:** 1. Sí, prepárenlo. 2. Sí, consíganlos. 3. Sí, límpienlas. 4. Sí, háganlas. 5. Sí, duerman. 6. Sí, salgan. **Ej. 3:** 1. Quiere que recojamos nuestros boletos pronto. 2. Quiere que escribamos una lista de lo que vamos a necesitar. 3. No quiere que llevemos demasiadas cosas en las maletas. 4. Quiere que compremos cheques de viajero. 5. Quiere que comamos en restaurantes buenos y que no comamos en la calle. 6. Quiere que lleguemos al aeropuerto temprano. 7. Quiere que bebamos refrescos o agua mineral y que no bebamos el agua. **Ej. 4:** 1. llegue 2. viajamos 3. suben 4. lea 5. terminen **Ej. 5:** 1. Quiere que haga las maletas... 2. Quiere que duerma ocho horas... 3. Quiere que traiga ropa... 4. Quiere que vaya... 5. Quiere que ponga el dinero... 6. Quiere que le dé el pasaporte. 7. Quiere que vuelva con... 8. No quiere que pida comida... 9. Quiere que me divierta mucho. 10. Quiere que le diga «Adiós» a mi familia. **Ej. 6:** 1. llame; c. llegue 2. sirva; d. vayamos b. vengas 3. traigamos; e. volvamos 5. saques; a. estés **Ej. 7:** 1. durmiendo 2. asistiendo 3. viendo 4. estudiando 5. leyendo (Answers will vary.) 6. estaba dando una clase. 7. estaba tomando un examen. 8. estaban comiendo. 9. estaban trabajando. 10. estaba corriendo. **Ej. 8:** 1. Manejaba 2. Veía 3. Caminaba 4. hablaba 5. Hacía 6. Me bañaba **Ej. 9:** 1. era 2. íbamos 3. alquilábamos 4. buceábamos 5. bañábamos 6. salíamos 7. caminábamos 8. tenía 9. fuimos 10. estaban durmiendo 11. jugaba 12. hablaba 13. conocía 14. miré 15. jugaba 16. vi 17. levantamos 18. corrimos 19. encontramos 20. buscamos 21. pudimos 22. Estaba 23. regresamos 24. teníamos 25. estaba 26. fuiste 27. grité 28. contestó 29. estaba 30. enojé

## CAPÍTULO 12

**Ej. 1:** 1. Tiene que haber 2. Va a haber / Hay 3. había 4. hay; va a haber; Hay 5. haya **Ej. 2:** 1. b 2. a 3. b 4. a 5. a **Ej. 3:** 1. No le muestre su pierna. 2. No me diga si le duele mucho. 3. No le lleve estos papeles a la recepcionista. 4. No le traiga la comida al paciente. 5. No le dé la receta al farmacéutico. **Ej. 4:** 1. Llámeme el miércoles. 2. Tráiganos la medicina. 3. Dígale su nombre al médico. 4. Lléveles la receta a los pacientes. 5. Déme la información. **Ej. 5:** 1. Le recomienda a la enfermera que le ponga la inyección a la paciente. 2. Le recomienda al paciente que le llame mañana. 3. Le recomienda a la enfermera que le explique los síntomas a la señora López. 4. Le re-

comienda a la recepcionista que les lleve estos papeles a los señores Gómez. 5. Le recomienda al paciente que le cuente a la enfermera cómo ocurrió el accidente. **Ej. 6:** 1. Se perdió. 2. Se rompieron. 3. Se cayó. 4. Se descompuso. **Ej. 7:** 1. A Lan se le descompuso el coche. 2. A Carmen se le cayó el espejo. 3. A la profesora Martínez se le olvidó el libro de español en el salón de clase. 4. A Ernesto y Estela se les quedó la llave dentro de la casa. 5. A Luis y Alberto se les perdió el libro de matemáticas. **Ej. 8:** 1. Estela barría cuando Ernesto se cayó de la escalera. 2. Ramón y Amanda patinaban cuando Amanda se cayó sobre el hielo. 3. Andrea se maquillaba cuando Pedro se cayó en la bañera. 4. Ernesto manejaba cuando atropelló un perro. 5. Ernestito y sus amigos jugaban al béisbol cuando Ernestito rompió la ventana. 6. Ernesto y Estela veían la televisión cuando ocurrió un terremoto. **Ej. 9:** 1. trabajé 2. Salí 3. caminé 4. Había 5. esperaba 6. era 7. Pensaba 8. vi 9. caminaba 10. estaba 11. llegó 12. robó 13. empezó 14. desapareció 15. llegó 16. di 17. llegó 18. llegué **Ej. 10:** 1. b, c, d 2. b, c 3. a, b, c 4. a, d 5. a, c, d

## CAPÍTULO 13

**Ej. 1:** Nora, yo prefiero el largo (corto). 2. Alberto, yo prefiero el de cuero (lana). 3. Pablo, yo prefiero el ligero (grueso). 4. Carmen, yo prefiero la azul (blanca). 5. Esteban, yo prefiero la de seda (algodón). **Ej. 2:** 1. Señora Ruiz, ¿va a comprar una verde o una amarilla? 2. Doña Lola, ¿va a comprar uno eléctrico o uno manual? 3. Paula, ¿vas a comprar uno pequeño o uno grande? 4. Ramón, ¿vas a comprar una grande o una mediana? 5. Amanda, ¿vas a comprar una grande o una portátil? **Ej. 3:** 1. esta; ésa 2. estos; ésos 3. estas; ésas 4. ese; éste 5. Ese; éste **Ej. 4:** 1. c: Para buscar un libro que necesito para una clase. 2. e: Para no tener que limpiarlo después. 3. a: Para limpiar la alfombra de la sala. 4. b: Para reparar el coche. 5. d: Para usarlo en la fiesta esta noche. **Ej. 5:** 1. por 2. Para 3. para 4. para 5. por 6. por 7. por 8. Para 9. para 10. por 11. para **Ej. 6:** 1. nos; a, b, c 2. le; a, b 3. les; a, c 4. me; a, c, d 5. te; a, c **Ej. 7:** 1. Sí, se la entregué ayer. 2. Sí, se lo vendí la semana pasada. 3. Sí, se la di anoche. 4. Sí, se la presté el lunes pasado. 5. Sí, se las llevé el fin de semana pasado. 6. Voy a prestártelas esta tarde. 7. Voy a de-

volvértelo mañana. 8. Voy a traértelo el sábado que viene. 9. Voy a dártela cuando salga de la escuela. 10. Voy a mostrártelos este fin de semana. **Ej. 8:** 1. Sí, voy a pedírselo esta noche. 2. Sí, voy a prestárselos mañana. 3. Sí, voy a llevárselas el domingo que viene. 4. Sí, voy a devolvérselas esta tarde. 5. Sí, voy a regalárselo el viernes en la fiesta. **Ej. 9:** 1. Te la estoy dando ahora mismo. 2. Te la estoy preparando ahora mismo. 3. Te la estoy planchando ahora mismo. 4. Te lo estoy buscando ahora mismo. 5. Te las estoy buscando ahora mismo. **Ej. 10:** 1. Ya me la regaló ayer. 2. Ya me lo compró la semana pasada. 3. Ya me la prestó anoche. 4. Ya me los trajo el viernes pasado. 5. Ya me lo dio esta tarde.

## CAPÍTULO 14

**Ej. 1:** 1. Levántate (Acuéstate) 2. Ven 3. Ten 4. Sal 5. Bájate 6. Habla 7. Acuéstate; apaga 8. Dile 9. Ve; lee 10. Haz **Ej. 2:** 1. Traiga; dé 2. Muestre; diga 3. espera; vayas 4. Rebaje; suba 5. Mira; digas **Ej. 3:** 1. Mamá, hazme un sándwich, por favor. 2. Lávame el traje de baño. 3. Ponme música. 4. Cómprame una playera. 5. Dame la loción. **Ej. 4:** 1. No, no me lo arregles. 2. No, no me la abras. 3. No, no me lo prestes. 4. No, no me lo prepares. 5. No, no me lo enciendas. 6. No, no me lo digas. **Ej. 5:** 1. Sí, pídaselos. 2. Sí, léamelo. 3. Sí, préstaselo. 4. Sí, escríbamelas a máquina. 5. Sí, cuénteselas. **Ej. 6:** 1. Te la regalamos nosotros. 2. Se las dio Raúl. 3. Te lo regalaron papá y mamá. 4. Te las ha comprado la abuela. 5. Te la regaló Estela. 6. Nos las trajo Raúl. **Ej. 7:** 1. ruega; llegue 2. Espera; saquen 3. Desea; contesten 4. Prefiere; lea 5. Quiere; entreguemos **Ej. 8:** 1. Guillermo, es mejor que hagas la tarea. 2. Graciela, quiero que hables con Amanda. 3. Amanda, es necesario que llames a Graciela. 4. Clarisa, es muy importante que te quedes en el patio. 5. Clarisa, sugiero que juegues con tu hermanita. **Ej. 9:** 1. a. vayan b. falten c. hablen d. den; a, c 2. a. fumemos b. durmamos c. consultemos d. comamos; b, d 3. a. jueguen b. limpien c. coman d. vean; b, c, d 4. a. haga b. llame c. ayuden d. seaque; a, b, c, d 5. a. almuerces b. vengas c. sacudas d. regales; a, b **Ej. 10:** 1. ¡Que lo bañe Ernestito! 2. ¡Que lo barra Guillermo! 3. ¡Que las pague Ernesto! 4. ¡Que los cuide Ernesto! 5. ¡Que los sacuda Berta! 6. ¡Que lo arregle Ernesto! 7. ¡Que lo envíe Amanda! 8. ¡Que jueguen con la gata los niños! 9. ¡Que la recoja Ernestito! 10. ¡Que las ponga allí Berta!  **Ej. 11:** 1. ¡Que duermas bien! 2. ¡Que lo pases bien! 3. ¡Que tengas buena suerte! 4. ¡Que se mejore! 5. ¡Que tengan buen viaje!  **Ej. 12:** 1. Salgamos 2. Descansemos 3. Comprémosle 4. Asistamos 5. Veamos  **Ej. 13:** 1. No, no descansemos primero. Vamos a descansar después. 2. No, no caminemos por el parque a la 1:00. Vamos a caminar a las 4:00. 3. No, no busquemos otro ahora. Vamos a buscar uno más tarde. 4. No, no nos duchemos antes de salir. Vamos a ducharnos después. 5. No, no lo llamemos ahora. Vamos a llamarlo más tarde.

# CAPÍTULO 15

**Ej. 1:** 1. El señor Ruiz y su suegra se llamaron. 2. Mi ahijada y yo nos escribimos a menudo. 3. Amanda y su novio se hablan todos los días. 4. Mi madre y mi padre se respetan mucho. 5. El abuelo de Guillermo y yo nos conocemos muy bien.  **Ej. 2:** 1. Pues, no está muy amable hoy. 2. Pues, no está muy frío hoy. 3. Pues, no está cómico hoy. 4. Pues, no está muy cara hoy. 5. Pues, no está muy eficiente hoy.  **Ej. 3:** 1. es 2. está 3. estoy 4. está; es 5. Son; están 6. son; están  **Ej. 4:** 1. Me casaré; tendré 2. nos graduaremos; iremos 3. se mudarán; vivirán 4. lograremos; nos reuniremos 5. vendrá; dirá  **Ej. 5:** 1. gradúe 2. haya 3. tienes 4. ven 5. llegues 6. vengan 7. alcancen 8. vuelven 9. salgamos 10. saludan  **Ej. 6:** 1. visitarían 2. trataría 3. compraría 4. comerían; tomarían 5. practicarían 6. caminaría 7. pasaría 8. usarían 9. se acostarían 10. correría

# CAPÍTULO 16

**Ej. 1:** 1. hay 2. vengan 3. lleguen 4. permita 5. encuentren 6. son 7. digas 8. sepa 9. podamos 10. vamos  **Ej. 2:** 1. tenga 2. haya 3. seamos 4. Representan 5. vive 6. estén 7. conozco  **Ej. 3:** 1. sea 2. esté 3. ofrezca 4. tienen 5. venda 6. fabrica 7. hay  **Ej. 4:** 1. haya 2. contraigan 3. aumenta 4. estemos 5. prohíbe 6. ayude 7. adopte 8. influye 9. surjan 10. crezca  **Ej. 5:** 1. ponga 2. puedan 3. tenga 4. haya  **Ej. 6:** 1. me graduara 2. se jubilara 3. nos mudáramos 4. tuviera 5. se divorciaran 6. fueran 7. fuera 8. abriera  **Ej. 7:** 1. dedicaran; habría 2. vieran; leerían 3. permitiera; habría 4. legalizara; bajaría 5. conocieran; sería 6. recibiera; estaría 7. prohibiera; sufrirían  **Ej. 8:** 1. hubiera; habríamos 2. hubiera; habría 3. hubiera; habrían 4. hubiera; habrían 5. hubieran; habría 6. hubieran; habríamos 7. hubiera; habríamos 8. hubieran; habría

# Vocabulary

This Spanish-English vocabulary contains all of the words that appear in the text, with the following exceptions: (1) most identical cognates that do not appear in the chapter vocabulary lists; (2) conjugated verb forms, with the exception of certain forms of **haber** and expressions found in the chapter vocabulary lists; (3) diminutives in **-ito/a**; (4) absolute superlatives in **-ísimo/a**; and (5) some adverbs in **-mente**. Active vocabulary is indicated by the number of the chapter in which a word or given meaning is first listed (A = **Paso A**); vocabulary that is glossed in the text is not considered to be active vocabulary and is not numbered. Only meanings that are used in this text are given.

The gender of nouns is indicated, except for masculine nouns ending in **-o** and feminine nouns ending in **-a**. Stem changes and spelling changes are indicated for verbs: **dormir** (**ue, u**); **llegar** (**gu**).

The following abbreviations are used:

| | | | |
|---|---|---|---|
| *abbrev.* | abbreviation | *m.* | masculine |
| *adj.* | adjective | *Mex.* | Mexico |
| *adv.* | adverb | *n.* | noun |
| *Arg.* | Argentina | *obj. of prep.* | object of preposition |
| *coll.* | colloquial | *pl.* | plural |
| *conj.* | conjunction | *pol.* | polite |
| *d.o.* | direct object | *poss.* | possessive |
| *f.* | feminine | *p.p.* | past participle |
| *fig.* | figurative | *prep.* | preposition |
| *Guat.* | Guatemala | *pron.* | pronoun |
| *inf.* | informal | *refl. pron.* | reflexive pronoun |
| *infin.* | infinitive | *sing.* | singular |
| *inv.* | invariable | *Sp.* | Spain |
| *i.o.* | indirect object | *sub. pron.* | subject pronoun |
| *irreg.* | irregular | | |

# A

**a** to; at; **a la(s)** at (*time*); **al** *contraction of* **a +
el** to the

**abadejo** cod(fish)

**abajo** below, underneath (4)

**abandonar** to abandon

**abarrote** *m*.: **tienda de abarrotes** grocery
store

**abecedario** alphabet

**abierto/a** (*p.p. of* **abrir**) open (B); opened

**abogado/a** lawyer (5)

**abolladura** dent

**abollar** to dent

**abordar** to board, get on (11)

**aborto** abortion (16)

**abrazar (c)** to embrace (12); **abrazarse** to
hug each other (15)

**abrazo** hug

**abrelatas** *m. sing., pl.* can opener (13)

**abrigo** coat (A)

**abril** *m*. April (1)

**abrir** (*p.p.* **abierto**) to open (A)

**abrocharse (el cinturón de seguridad)** to
fasten (the seatbelt) (10)

**abrumado/a** overwhelmed, oppressed

**abuelo/a** grandfather/grandmother (C);
**abuelos** *pl*. grandparents

**abundancia** abundance (10)

**abundante** abundant

**aburrido/a** boring; bored (B); **¡qué aburrido!** how boring! (1)

**aburrirse** to be bored

**abusar de** to abuse (12)

**abuso** abuse (16)

**acá** here; **para acá** over here

**acabar** to finish; **acabar de** (+ *infin*.) to have
just (*done something*) (13)

**acalorado/a** heated (15)

**acampar** to go camping (1)

**acariciar** to caress

**acarrear** to transport; to haul

**acceso** access

**accidente** *m*. accident (5)

**acción** *f*. action (3); **Día** (*m*.) **de Acción de
Gracias** Thanksgiving Day (4)

**aceite** *m*. oil (8)

**aceituna** olive (8)

**acelerar** to accelerate

**aceptable** acceptable (16)

**aceptar** to accept (7)

**acerca de** about

**acercarse (qu) (a)** to approach, come near

**acero** steel (13)

**ácido** acid

**aclarar** to cast light on; to explain; to resolve

**acogedor(a)** cozy

**acompañar** to accompany

**acondicionado/a: aire** (*m*.) **acondicionado**
air conditioning (10)

**acondicionador** *m*. conditioner (4)

**aconsejar** to give advice, advise (12)

**acorazado de combate** battleship

**acordarse (ue)** to remember

**acostado/a** lying down

**acostarse (ue)** to go to bed (4)

**acostumbrar** to be in the habit of;
**acostumbrarse a** to get used to, accustomed to

**acrilán** *m*. acrylic (13)

**actitud** *f*. attitude

**activar** to activate, turn on

**actividad** *f*. activity (A)

**activista** *n. m., f*. activist (16)

**actriz** *f*. (*pl*. **actrices**) actress

**actuación** *f*. acting, performance

**actual** present-day, current (2)

**actualidad** *f*.: **en la actualidad** currently,
nowadays

**actualmente** at present, nowadays

**actuar (actúo)** to act

**Acuario** Aquarius

**acuático/a: polo acuático** water polo; **deportes** (*m. pl*.) **acuáticos** water sports;
**parques** (*m. pl*.) **acuáticos** water parks

**acudir** to go; to come (12)

**acueducto** aqueduct (11)

**acuerdo** agreement; **de acuerdo** I agree;
OK; **estar de acuerdo** to agree (B);
**quedar de acuerdo** to agree

**acumulado/a** accumulated

**acumulador** *m*. battery (10)

**acusado/a** *n*. accused (*person*) (5)

**acusar** to accuse

**adaptar** to adapt

**adecuado/a** adequate (12)

**adelante: de ahora en adelante** from now
on; **hacia adelante** forward; **sacar adelante** to carry forward; to rear, nurture

**adelanto** advance, progress

**adelgazar (c)** to lose weight

**además** moreover; **además de** besides; in
addition to (11)

**adentro** inside, within

**aderezo** (salad) dressing (8)

**adeudarse** to incur debt

**adictivo/a** addicting

**adiós** goodbye

**adivinar** to guess

**adivino/a** fortune-teller (15)

**adjetivo** adjective

**adjunto/a** enclosed (*in a letter*)

**administrar** to administrate

**admirador(a)** admirer

**admirar (a)** to admire (11)

**admitir** to admit (14)

**¿adónde?** where?

**adopción** *f*. adoption

**adoptar** to adopt

**adquirido/a** acquired

**adquirir (ie)** to acquire, obtain

**aduana** *sing*. customs (11); **derecho** (*sing*.)
**de aduana** customs duties, taxes (11)

**aduanero/a** customs agent

**advertir (ie, i)** to warn, advise

**aéreo/a** pertaining to air (travel) (10)

**aerolínea** airline (11)

**aeropuerto** airport (11)

**afectar** to affect

**afeitarse** to shave (4)

**afirmación** *f*. statement

**afirmar** to affirm

**afortunadamente** fortunately

**africano/a: lenguas** (*pl*.) **africanas** African
languages (C)

**afrikaans** *m. sing. a language of South Africa*
(C)

**afuera** *adv*. outside; **afueras** *n. pl*. outskirts,
suburb(s)

**agarrado/a a** hanging on to

**agarrador** (*m*.) **de olla** potholder

**agencia** agency; **agencia de viajes** travel
agency (C)

**agente** *m., f*. agent; **agente de viajes** travel
agent

**agigantado/a** gigantic, huge

**ágil** agile

**aglomeración** *f*. crowd

**agosto** August (1)

**agotado/a** exhausted; sold out

**agradable** pleasant, nice (6)

**agradecer (zc)** to thank

**agrario/a** *adj*. land; **reforma agraria** land
reform (16)

**agregar (gu)** to add (8)

**agrícola** *adj. m., f*. agricultural (16)

**agua** *f*. (*but* **el agua**) water (4); **agua con sal**
salt water (12); **agua corriente** running
water (8); **agua mineral** mineral water

**aguacate** *m*. avocado (8)

**aguantar** to put up with, endure

**aguar** to water

**águila** *f*. (*but* **el águila**) eagle

**aguja** needle

**agujereado/a** full of holes

**agujero** hole; **agujero en la capa de ozono**
hole in the ozone layer (10)

**ahí** there (4)

**ahijado/a** godson/goddaughter (15); **ahija-
dos** *pl*. godchildren

**ahora** now (2); **ahora mismo** right now (4)

**ahorrar** to save (9)

**aire** *m*. air; **aire acondicionado** air conditioning (10); **al aire libre** outdoors (7)

**aislado/a** isolated

**ajá** aha

**ajedrez** *m*. chess

**ají** (*m*.) **de gallina** *chicken in chili sauce*

**ajiaco** *potato and chili stew*

**ajillo: al ajillo** in garlic sauce

**ajo** garlic (8)

**ajustarse** to adjust

**al** *contraction of* **a + el** to the; **al** (+ *infin*.)
upon (*doing something*)

**ala** *f*. (*but* **el ala**) wing

**alacena** cupboard (6)

**alai: jai alai** *m*. Basque ball game

**alameda** *public walk lined with trees*

**alarmado/a** alarmed (13)

**alarmarse** to become alarmed (13)

**albahaca** basil
**albaricoque** *m.* apricot (8)
**alberca** *Mex.* swimming pool (7)
**albondigón** *m.* hamburger
**alboroto** disturbance; brawl; riot
**alcalde, alcaldesa** mayor
**alcance** *m.* scope; significance; **a su alcance** within reach
**alcancía** coin/piggy bank
**alcanfor** *m.* camphor
**alcanzar** (**c**) to reach (15); **no le alcanzaba** it wasn't enough (15)
**alcanzó** attained, reached
**alcaparra** caper
**alcázar** *m.* castle, fortress
**alcoba** bedroom
**aldea global** global village
**alegrarse** to be glad; **alegrarse de que** to be happy that (16)
**alegre** happy (4)
**alegría** happiness
**alejarse** to move away, leave
**alemán** *n. m.* German (language) (C)
**alemán, alemana** *n., adj.* German (C)
**Alemania** Germany (C)
**alentado/a** encouraged
**alentador(a)** encouraging
**alergia** allergy (12)
**alergista** *m., f.:* **médico/doctora alergista** allergist (12)
**alfabetización** *f.:* **campaña de alfabetización** literacy campaign (16)
**alfombra** rug; carpet (6)
**algo** something (4); **algo de comer** something to eat; **algo que hacer** something to do
**algodón** *m.* cotton (13)
**alguien** someone (6)
**algún, alguno/a** some (2); any; **algún día** someday; **alguna vez** once; ever; **algunas veces** sometimes (14); **algunos/as** some (2)
**aliado/a** *n.* ally
**alimentar** to feed; to nourish
**alimento** nourishment, food (8)
**aliviar** to alleviate
**alivio** relief
**allá** (over) there; **más allá de** beyond
**allí** there (4); **por allí** over there, around there
**alma** *f. (but* **el alma)** soul
**almacén** *m.* department store (4)
**almacenar** to store
**almeja** clam (8)
**almendra** almond (8)
**almíbar** *m.* syrup (8)
**almirante** *m.* admiral
**almohada** pillow (6)
**almorzar** (**ue**) (**c**) to have lunch (7)
**almuerzo** lunch (2)
**alocado/a** crazy
**alojamiento** lodging (11)
**alpaca** alpaca wool

**alquilar** to rent (6)
**alquiler** *m.* rent (6)
**alrededor de** *prep.* around (3); **alrededores** *n. m. pl.* outskirts
**altitud** *f.* altitude; height
**alto/a** tall (A); high; **alta costura** haute couture; **en voz** (*f.*) **alta** in a loud voice (15); out loud
**altura** height
**aludir a** to allude to
**aluminio** aluminum
**alumno/a** student
**alzar** (**c**) to raise
**ama** *f. (but* **el ama)** mistress (*of the house*) (14); **ama de casa** housewife (3)
**amable** kind; friendly
**amado/a** *n., adj.* beloved
**amanecer** *m.* dawn
**amante** *m., f.* lover
**amar** to love
**amarillo/a** yellow (A)
**amarrar** to fasten
**Amazonia** Amazon basin
**amazónico/a** *adj.* Amazon
**ambición** *f.* ambition
**ambiental** environmental (15); **contaminación** (*f.*) **ambiental** environmental pollution
**ambiente** *m.* environment; atmosphere (8); **medio ambiente** environment
**ambos/as** *pl.* both (10)
**amenazar** (**c**) to threaten
**americano/a** *adj.* American
**amigo/a** friend (A); **amigo/a íntimo/a** close friend (15); **mejor amigo/a** best friend
**amistad** *f.* friendship (15)
**amistoso/a** friendly
**amo** master (14); boss
**amor** *m.* love
**amparo** shelter
**amplio/a** ample; roomy (6)
**amueblado/a** furnished (6)
**analfabetismo** illiteracy (16)
**análisis** *m. sing., pl.* analysis; **análisis de sangre** blood test (12); **hacer análisis** to do (medical) tests
**analizar** (**c**) to analyze
**ananá** *m.* pineapple (8)
**anaranjado/a** orange (*color*) (A)
**ancho/a** wide
**anciano/a** elderly person
**andaluz(a)** (*m. pl.* **andaluces**) Andalusian (*from southern Spain*)
**andar** *irreg.* to walk; **¡anda!** come on!; **andar en bicicleta/motocicleta** to go for a bicycle/motorcycle ride (2); **andar en monopatín/patineta** to skateboard; **andar en velero** to go sailing (4)
**andén** *m.* train station platform
**andino/a** Andean (16)
**anécdota** anecdote, story
**anémona** sea anemone
**ángel** *m.* angel (14)

**anglicismo** Anglicism
**anglohablante** *m., f.* English-speaking person
**angosto/a** narrow
**angula** eel
**ángulo** angle
**anillo** ring (12)
**animado/a: dibujos animados** cartoons
**animal** *m.* animal; **animal doméstico** pet (5)
**anímico/a: estado anímico** mental state
**ánimo** spirit, energy; **estado de ánimo** state of mind (12)
**anoche** last night (6)
**anónimo/a** anonymous
**anotar** to write down (16)
**ansiedad** *f.* anxiety
**ansioso/a** anxious
**ante** before; faced with, in the presence of
**anteayer** day before yesterday (1)
**antepasado/a** *n.* ancestor (16)
**anterior** previous
**antes** *adv.* before; **antes (de)** *prep.* before (4); **antes de que** *conj.* before (16); **cuanto antes** as soon as possible
**anticipación** *f.:* **de anticipación** in advance
**anticiparse** to anticipate
**anticonceptivo** contraceptive (16)
**antigüedad** *f.* antiquity
**antiguo/a** old; antique (B)
**Antioquía** Antioch
**antipático/a** disagreeable (B)
**antojito** *Mex.* snack (8)
**anunciante** *m., f.* advertiser
**anunciar** to announce (11)
**anuncio** advertisement (6); **anuncio comercial** TV or radio commercial
**añadir** to add
**añejado** aged (*wine, liquor*)
**añejamiento** *n.* aging (*wine, liquor*)
**añejo** mellow, aged (*wine, liquor*)
**año** year; **Año Nuevo** New Year's Day (4); **¿cuántos años tiene(s)?** how old are you? (C); **cumplir años** to have a birthday (7); **de... años** . . . years old (B); **tener... años** to be . . . years old; **tengo... años** I'm . . . years old (C); **todo el año** all year long; **todos los años** every year
**apadrinar** to act as a godfather
**apagar** (**gu**) to turn off (*light*) (6)
**aparador** *m.* sideboard, buffet
**aparato** appliance (6); **aparato doméstico** appliance (13); **aparato electrodoméstico** household appliance
**aparcamiento** parking lot
**aparcar** (**qu**) to park
**aparearse** to mate
**aparecer** (**zc**) to appear
**apariencia** (outward) appearance; **en apariencia** apparently
**apartado postal** post office box
**apartamento** apartment (6); **edificio de apartamentos** apartment building

**aparte** *m.*: **punto y aparte** (write a) period and (begin a) new paragraph (*dictation*)
**apasionado/a** passionate
**apasionar** to fill with enthusiasm
**apearse** to get off, dismount
**apellido** last name (C)
**apenas** barely
**apetito** appetite
**apio** celery (8)
**aplaudir** *fig.* to commend, praise
**aplicarse (qu)** to be used
**aportar** to contribute (15)
**apoyado** supported (16)
**apoyar** to support
**apoyo** support
**apreciar** to appreciate
**aprender** to learn (4)
**aprendizaje** *n. m.* learning
**apresurarse** to hurry
**apretado/a** tight (13)
**apretar (ie)** to press; to squeeze
**aprobar (ue)** to approve (14)
**apropiado/a** appropriate (5)
**aprovecharse de** to take advantage of (16)
**aproximado/a** approximate
**aptitud** *f.* aptitude, ability (5)
**apto.** (*abbrev. for* **apartamento**) apartment
**apuntar** to point at
**apunte** *m.* note
**aquel, aquella** *adj.* that (over there) (5); *pron.* that one (over there); **en aquel entonces** at that time
**aquello** that; that thing; that fact
**aquí** here (3); **aquí mismo** right here; **por aquí** around here
**árabe** *n. m.* Arabic (language)
**árabe** *n. m., f.* Arab; *adj.* Arabic
**arándano** cranberry
**arar** to plow
**árbol** *m.* tree (2); **árbol de Navidad** Christmas tree (4); **subirse a los árboles** to climb trees (9)
**arbusto** bush (6)
**archipiélago** archipelago
**arco** arch; **arco iris** rainbow (A)
**ardilla** squirrel
**arena** sand (7); **arena movediza** quicksand
**arete** *m.* earring (A)
**argentino/a** *n., adj.* Argentinian (C)
**árido/a** arid (10)
**aritmética** arithmetic
**arma** *f.* (*but* **el arma**) arm, weapon; **arma de fuego** firearm (16); **portar armas** to bear arms (16)
**armadura** armor
**armar** to arm
**armario** closet (6)
**arqueólogo/a** archeologist
**arquitecto/a** architect
**arquitectura** architecture
**arrancar (qu)** to pull up; to snatch away; to start
**arranque** *m.* ignition (10)

**arras** *pl. coins given by a bridegroom to a bride as a token* (15)
**arrecife** *m.* reef (10)
**arreglar** to arrange; to straighten up, clean; to fix (5)
**arrestar** to place under arrest (7)
**arriba: allá arriba** up there; **arriba de** on top of (3); above; **hacia arriba** up(ward)
**arriesgar (gu)** to risk
**arrojar** to throw
**arroyo** stream, brook
**arroz** *m.* rice (8); **arroz con leche** rice pudding (8)
**arruinar** to ruin (15)
**arrullar** to lull to sleep
**arte** *m.* (*but* **las artes**) art; **artes gráficas** graphic arts; **bellas artes** fine arts; **Facultad** ( *f.*) **de Bellas Artes** School of Fine Arts (3)
**arteria** artery (12)
**artesanal: feria artesanal** crafts fair
**artesanía** *sing.* crafts; craftsmanship
**artesano** craftsman
**artículo** article
**artificial: fuegos artificiales** fireworks (4)
**artista** *m., f.* artist (3)
**arveja** green pea (8)
**asado/a** roasted; **bien asado** well-done (*meat*) (8); **poco asado** rare (*meat*) (8)
**asador** *m.* barbecue (grill) (13)
**asar** to roast (8)
**ascendencia** ancestry
**ascender** to rise (*to power*)
**ascensor** *m.* elevator (6)
**asco** disgust
**asegurar** to assure; to guarantee
**asentamiento** settlement
**asesinar** to assassinate
**asesinato** murder; assassination
**asesino/a** murderer
**así** thus, so, that way, this way (5); **así es la vida** that's life (16); **así que** so (that), with the result that
**asiático/a** *n., adj.* Asian (16)
**asiento** seat
**asignar** to assign (5)
**asignatura** (school) subject
**asimismo** likewise
**asistencia** aid, assistance; attendance
**asistente** (*m., f.*) **de vuelo** flight attendant (11)
**asistir (a)** to attend (3)
**asociación** *f.* association
**asociarse** to join in partnership; to associate (16)
**asomarse** to show up, appear
**asombro** amazement; fear
**asombroso/a** astonishing
**aspecto** aspect; appearance
**aspiraciones** *f. pl.* aspiration
**aspiradora** vacuum cleaner (6); **pasar la aspiradora** to vacuum (6)
**aspirina** aspirin (12)
**astuto/a** astute, shrewd

**asumir** to assume, take on (16)
**asunto** subject, topic; matter, affair (16)
**asustado/a** scared (7)
**asustar** to scare
**atacar (qu)** to attack
**ataque** *m.* attack; **ataque del corazón** heart attack (12)
**atar** to tie (7)
**atardecer** *m.* late afternoon
**Atenas** *f.* Athens
**atención** *f.* attention; **llamar la atención a** to call attention to
**atender (ie)** to assist, take care of (12); **atender mesas** to wait on tables (5)
**aterrizar (c)** to land (*airplane*)
**atleta** *m., f.* athlete (15)
**atormentar** to torment, torture
**atraer** (*like* **traer**) to attract (16)
**atrapar** to trap (7)
**atrás** *adv.* behind
**atravesar (ie)** to cross, go across
**atreverse a** (+ *infin.*) to dare to (*do something*)
**atribuir (y)** to attribute (12)
**atropellar** to run over (*with a vehicle*) (12)
**atuendo** suit (*of clothes*), outfit
**atún** *m.* tuna (8)
**audífonos** *pl.* headphones
**aumentar** to increase (14)
**aumento** raise, increase; **aumento de sueldo/salario** raise (in pay)
**aun** even
**aún** still, yet
**aunque** although (14)
**ausencia** absence
**ausente** absent
**auto** car
**autobús** *m.* bus (3); **estación** ( *f.*) **de autobuses** bus depot; **parada del autobús** bus stop (3)
**automático/a: cajero automático** automatic teller machine (ATM)
**automóvil** *m.* automobile, car (A); **seguro de automóvil** car insurance
**automovilista** *m., f.* driver
**automovilístico/a** of or related to an automobile (12)
**autónomo/a** autonomous
**autopista** freeway (10)
**autor(a)** author (16)
**autorización** *f.* authorization (16)
**autovía** highway
**¡auxilio!** help! (7)
**avance** *m.* advance
**avanzar (c)** to advance
**avda.** (*abbrev. for* **avenida**) avenue
**ave** *f.* (*but* **el ave**) bird; fowl (8)
**avena** oatmeal (8)
**avenida** avenue (3)
**aventón** *m.* ride; **dar un aventón** *Mex.* to give (*someone*) a ride (9)
**aventura** adventure (7)
**aventurero/a** adventurous (11)

**avergonzarse (güe) (c) (por)** to be ashamed (of) (16)
**avería** breakdown (*mechanical*)
**avión** *m.* (air)plane (5)
**avisar** to inform
**aviso (comercial)** notice; ad (5); **aviso clasificado** classified ad (5)
**ayer** yesterday (1)
**ayuda** help (15)
**ayudar** to help (5); **ayudarse** to help each other (14)
**azotea** flat-roofed adobe house; terraced roof
**azteca** *n. m., f.; adj.* Aztec (7)
**azúcar** *m.* sugar (8); **caña de azúcar** sugar cane
**azucarera** sugar bowl (8)
**azul** *n. m.; adj.* blue (A); **azul marino** navy blue (13)
**azulejo** glazed tile

# B

**bachillerato** bachelor's degree
**bacteriano/a** bacterial
**bahía** bay (10)
**bailador(a)** dancer
**bailar** to dance (1); **salir a bailar** to go out dancing (1)
**baile** *m.* dance (3); **salón (*m.*) de baile** dance hall
**bajar** to lower; to go down (2); **bajarse** to get off (11)
**bajo** *prep.* under
**bajo/a** short (*height*) (A); low; **en voz baja** in a low voice (5)
**balada** ballad
**balance** *m.* balance
**Baleares** *pl.*: **Islas Baleares** Balearic Islands
**ballena** whale (10)
**baloncesto** basketball (1)
**balonmano** handball
**banco** bank (5); bench
**banquete** *m.* feast
**bañar** to bathe (4); **bañarse** to bathe (4)
**bañera** bathtub (6)
**baño** bathroom (6); **sala de baño** bathroom (6); **traje (*m.*) de baño** bathing suit (7)
**bar** *m.* bar (4)
**barato/a** inexpensive, cheap (8)
**baratura** cheapness; inexpensiveness
**barba** beard (A)
**barbacoa** barbecue (*food*)
**barbitúrico** barbiturate
**barca** small boat; **pasear en barca** to take a boat ride (2)
**barco** ship (7)
**barra de pan** loaf of bread
**barranca** gully, ravine
**barrer** to sweep (6)
**barrica** large barrel; cask
**barril** *m.* barrel
**barrio** neighborhood (9); **Barrio Sésamo** Sesame Street

**basarse (en)** to be based (on) (16)
**básquetbol** *m.* basketball (1)
**basta** it's enough, sufficient; **¡basta!** enough!; **basta de** enough
**bastante** *adj.* enough, sufficient; *adv.* rather, quite
**bastón** *m.* cane
**basura** trash; **bote (*m.*) de la basura** trash can (6); **sacar la basura** to take out the trash (6)
**bata** robe (13)
**batalla** battle (7)
**batata** sweet potato, yam
**batería** battery
**batido de frutas** fruit shake (8); **batido de leche** milkshake (8)
**batir** to beat (8)
**bautizar (c)** to baptize (15)
**bautizo** christening ceremony, baptism (15)
**bazar** *m.* bazaar; market place
**bebé** *m., f.* baby (3)
**bebeleche** *m.*: **jugar al bebeleche** *Mex.* to play hopscotch (9)
**beber** to drink (4)
**bebida** drink
**beca** scholarship
**béisbol** *m.* baseball
**Belén** Bethlehem
**belleza** beauty; **salón (*m.*) de belleza** beauty parlor
**bello/a** beautiful (10); **bellas artes** fine arts; **Facultad (*f.*) de Bellas Artes** School of Fine Arts (3)
**bendición** *f.* blessing
**beneficio** benefit (15)
**beneficioso/a** beneficial (12)
**benigno/a** benign, kind
**berberecho** cockle
**berro** watercress
**besar** to kiss (12); **besarse** to kiss each other (15)
**beso** kiss (4); **dar un beso** to (give a) kiss (7)
**biblioteca** library (3)
**bici** *f.* bike
**bicicleta** bicycle (C); **andar/pasear en bicicleta** to go for a bicycle ride (2)
**bien** *adv.* well; **bien + *adj.*** very + *adj.*; **bien, gracias** fine, thanks; **estoy bien** I am fine (A)
**bienes** *n. m. pl.* possessions, goods
**bienestar** *m.* well-being (15); **bienestar social** social welfare (16)
**bienvenida: dar la bienvenida** to welcome (4)
**bienvenido/a** welcome (11)
**bígaro** sea-snail
**bigote** *m.* moustache (A)
**bigotillo** small moustache
**bilingüe** bilingual (5)
**billar** *m.* billiards, pool (2)
**billete** *m.* ticket (11); bill (*paper money*) (11)
**billetera** wallet (7)
**biografía** biography

**biología** biology (1)
**bisabuelo/a** great-grandfather/great-grandmother (15); **bisabuelos** *pl.* great-grandparents
**bistec** *m.* steak (8)
**bitácora** binnacle (*nautical*)
**bizcocho** sponge cake; type of pastry
**blanco/a** white (A); **espacio en blanco** blank (space) (3); **vino blanco** white wine (8)
**bloque** *m.* block (16)
**blusa** blouse (A)
**boca** mouth (B)
**bocadillo** sandwich
**boceto** sketch
**bocina** car horn; **tocar la bocina** to honk the horn (10)
**boda** wedding (4)
**bodega** grocery store
**boleto** ticket (11); **boleto de ida y vuelta** round-trip ticket (11)
**boliche** *m.* bowling (2)
**bolígrafo** ballpoint pen (A)
**bolívar** *m. monetary unit of Venezuela* (13)
**boliviano/a** *adj.* Bolivian (3)
**bolos** *pl.* bowling
**bolsa** bag; purse; sack (4); **bolsa de mano** carry-on luggage; handbag
**bolsillo** pocket (13); **calculadora de bolsillo** pocket calculator
**bombero** fireman (5)
**boniato** sweet potato, yam
**bonito/a** pretty (A)
**boquerón** *m.* small sardine
**bordado** embroidered; *n.* embroidery
**borde** *m.* edge, border
**bordo: a bordo** on board
**borracho/a** drunk
**borrador** *m.* eraser (B)
**borrar** to erase (14)
**borrego** lamb
**bosque** *m.* forest (10)
**botas** *pl.* boots (A)
**bote (*m.*) de la basura** trash can (6)
**botella** bottle (8)
**botica** pharmacy, drug store
**botiquín** *m.* emergency kit
**botones** *m. sing., pl.* bellhop (11)
**boxeo** boxing
**bozo** down (*hair*) on upper lip
**bracero** farmhand, farm laborer
**brasileño/a** *adj.* Brazilian (C)
**bravo/a** angry, irate
**brazalete** *m.* bracelet
**brazo** arm (B)
**breve** *adj.* brief
**brillante** bright
**brincar (qu)** to jump up and down
**brindar** to drink a toast
**brindis** *m. sing., pl.* toast (*drink or speech*) (15)
**brisa** breeze
**brócoli** *m.* broccoli (7)
**broma: en broma** jokingly

**bromo** bromine
**broncearse** to get a tan (11)
**bronquitis** *f.* bronchitis (12)
**bruja: Día** (*m.*) **de las Brujas** Halloween (4)
**brusco/a** brusque, rough
**bruto: ingresos** (*pl.*) **brutos** gross income
**bucear** to skin-dive, scuba dive; to snorkel (3)
**buceo** underwater swimming; diving (10)
**buen, bueno/a** good (2); **¡buen viaje!** have a nice trip! (10); **buenas tardes/noches** good afternoon/evening (A); **buenos días** good morning (A); **de buenas a primeras** suddenly; **estar de buen humor** to be in a good mood (4); **hace buen tiempo** it's fine weather (1); **qué bueno que** how great that (16)
**bueno...** well . . . (C); hello (*answering phone, Mex.*)
**buey** (*m.*) **del mar** sea-cow
**bufanda** scarf (13)
**bulevar** *m.* boulevard
**bullicio** noise, hubbub
**buque** *m.* ship
**burro/a** donkey
**busca: en busca de** in search of
**buscar** (**qu**) to look for (5)
**búsqueda** search (16)

# C

**caballero** gentleman (13); horse rider
**caballo** horse (2); **montar a caballo** to ride a horse (2)
**cabaña** hut, cabin
**cabellera** head of hair
**caber** *irreg.* to fit (13)
**cabeza** head (B); **dolor** (*m.*) **de cabeza** headache (12)
**cabina** cabin; **cabina ancha** wide-body aircraft
**cabizbajo/a** downcast
**cabo** cape, promontory; **al cabo de** + *time expression* at the end of + *time expression*; **llevar a cabo** to carry out, fulfill
**cabrito** kid, young goat
**cacahuete** *m.* peanut (8)
**cachorro/a** puppy
**cacto** cactus
**cada** *inv.* each (A); **a cada rato** every few minutes (14); **cada día** each day; **cada semana** each/every week (6); **cada uno/a** each one; **de cada lado** on each side
**cadena** chain
**cadera** hip (12)
**caer** *irreg.* to fall; **caerle bien/mal a alguien** to make a good/bad impression on someone; **caerse** to fall down (11); **dejar caer** to let fall/drop
**café** *m.* coffee (2); café; **color café** brown (A); **tomar café** to drink coffee
**cafetera** coffee pot (6)
**cafetería** cafeteria (3)
**caja** box (13); case; cash register

**cajero/a** cashier (5); teller (*in a bank*); **cajero automático** automatic teller machine (ATM)
**cajón** *m.* drawer; crate, chest
**calabacita** squash, zucchini (8)
**calamar** *m.* squid
**calcetín** *m.* sock (13)
**calcio** calcium
**calculadora** calculator (13); **calculadora de bolsillo** pocket calculator
**calcular** to add up; to calculate
**caldo** clear soup (8)
**calefacción** *f.* heating (system)
**calendario** calendar
**calentador** *m.* heater (6)
**calentar** (**ie**) to warm up (6)
**calidad** *f.* quality (13)
**caliente** hot (4); **té** (*m.*) **caliente** hot tea (8)
**calificación** *f.* grade
**callado/a** quiet (6)
**callarse** to be quiet (13)
**calle** *f.* street (1)
**callejero/a: vendedor(a) callejero/a** street vendor
**calmar** to calm, quiet down
**calor** *m.* heat; **hace calor** it's hot (weather) (1); **tener calor** to be hot (4)
**caloría** calorie (7)
**caluroso/a** warm (10)
**calvo/a** bald (15)
**calzada** wide road
**calzoncillos** *pl.* men's underwear (13)
**cama** bed (3); **cama matrimonial** double bed (7); **tender la cama** to make the bed (7)
**cámara** camera; chamber
**camarera** chambermaid (11)
**camarones** *m. pl.* shrimp (8)
**cambiar** to change (9); **cambiar un cheque (dinero)** to cash a check (money) (11); **¡cómo cambia el mundo!** how the world changes! (C)
**cambio** change (11); **cambios** *pl.* gears (10); **en cambio** on the other hand
**camilla** stretcher (12)
**caminar** to walk (2)
**caminata** *n.* walk
**camino** road (10), path; journey, trip; **por el camino** on the way
**camión** *m.* truck (10)
**camioneta** van, light truck
**camisa** shirt (A)
**camiseta** T-shirt, undershirt (A)
**camisón** *m.* nightgown (13)
**camote** *m.* sweet potato
**campamento** camp
**campaña** campaign; **campaña de alfabetización** literacy campaign (16); **carpa de campaña** tent; **tienda de campaña** tent (13)
**campeón, campeona** champion
**campesino/a** peasant (16)
**camping** *m.* campground
**campo** country(side) (7)
**Canadá** *m.* Canada

**canadiense** *n., adj.* Canadian
**canailla** type of fish
**cáncer** *m.* cancer (10)
**cancha de tenis** tennis court (6)
**canción** *f.* song (16)
**candidato/a** candidate (16)
**cangrejo** crab (8)
**canicas** *pl.* marbles
**cansado/a** tired; **estoy un poco cansado/a** I am a bit tired (A)
**cansancio** fatigue; weariness (12)
**cansar** to make tired (12); **cansarse** to get tired (12)
**cantante** *m., f.* singer (5)
**cantar** to sing (5)
**cantarín, cantarina** fond of singing
**cantidad** *f.* quantity (10)
**cantina** bar
**canto** song
**caña de azúcar** sugar cane
**cañón** *m.* canyon (10)
**caos** *m.* chaos
**capa de ozono** ozone layer (10); **agujero en la capa de ozono** hole in the ozone layer (10)
**capacidad** *f.* capacity
**capataz** *m.* (*pl.* **capataces**) foreman
**capilla** chapel
**capital** *m.* capital (*money*) (16); *f.* capital (*city*)
**capítulo** chapter
**capó** hood (*automobile*) (10)
**capota** hood (*automobile*)
**captar** to capture
**caqui: de color caqui** khaki (13)
**cara** face (B)
**caracol** *m.* snail
**carácter** *m.* (*pl.* **caracteres**) personality, character (15)
**caracterizar** (**c**) to characterize (16)
**caramba** *exclamation of surprise*
**caray** *exclamation of surprise*
**carbohidrato** carbohydrate
**carbón** *m.* coal
**carburos** (*pl.*) **fluorados** fluorocarbons (10)
**cárcel** *f.* jail (16)
**carecer** (**zc**) to lack
**carente** *adj.* lacking
**cargo** office, position; **hacerse cargo** to take charge
**Caribe** *m.* Caribbean (3)
**caricatura** cartoon
**caridad** *f.* charity
**cariño** affection; endearment
**carmín** *m.* carmine, crimson
**carne** *f.* meat; beef; **carne de cerdo/puerco** pork (8); **carne de res** beef (8); **carne molida** ground beef (8)
**carnicería** meat market (13)
**caro/a** expensive (6)
**carpa de campaña** tent
**carpintero/a** carpenter
**carrera** career; course of study; race; **seguir una carrera** to have a career (5)

**carretera** highway (10)

**carro** car, automobile (C); **dar un paseo en carro** to go for a drive

**carta** letter; **escribir cartas** to write letters

**cartel** *m.* poster

**cartera** wallet (13)

**cartón** *m.* cardboard (13)

**casa** house (A); **ama** *f.* (*but* **el ama**) **de casa** housewife (3); **casa editorial** publishing house; **casa particular** private home (6)

**casado/a** married (C)

**casamiento** marriage

**casarse (con)** to get married (to) (7); **casarse por lo civil** to get married in a civil marriage ceremony (15)

**cáscara** rind, peel, skin (8); shell

**casco** helmet (10)

**casero/a** home-made; household

**casete** *m.* cassette

**casi** almost (1); **casi nunca** very rarely

**casimir** *m.* cashmere

**caso** case; **en caso de que** in case (15); **hacer caso** to pay attention

**castaño/a** brown (*hair, eyes*) (A)

**castellano** Spanish (language)

**castigar (gu)** to punish (14)

**castigo** punishment (14)

**castillo** castle

**casualidad** *f.* chance; coincidence

**catalizador** *m.* catalytic converter

**catarata** waterfall (10)

**catarro** cold (illness) (12)

**catedral** *f.* cathedral

**catolicismo** Catholicism

**católico/a** Catholic (16)

**catorce** fourteen (A)

**causa: a causa de** because of (15)

**causar** to cause (10)

**cavado/a** dug

**cebiche** *m. Peruvian national dish of raw fish marinated in lemon juice*

**cebolla** onion (8)

**ceja** eyebrow (12)

**celebración** *f.* celebration

**celebrar** to celebrate (4)

**celos** *pl.* jealousy; **morirse de celos** to die of jealousy

**celoso/a** jealous

**célula** cell

**cena** dinner (3)

**cenar** to have dinner (1); **cenar fuera** to go out to dinner (1)

**cenicero** ashtray

**censo** census

**centavo** cent (B); **no tener ni un centavo** to be broke (13)

**centígrado/a** *adj.* centigrade (10)

**céntrico/a** central

**centro** center; downtown (2); **centro comercial** shopping center (6)

**centroamericano/a** Central American

**cepillarse los dientes** to brush one's teeth

**cepillo** brush (13); **cepillo de dientes** toothbrush (6)

**cerca** *n.* fence (6); *adv.* near; **cerca de** *prep.* close to (3)

**cercanías** *pl.* vicinity, environs

**cercano/a** near, close by (6)

**cerdo** pork; **carne** (*f.*) **de cerdo** pork (8); **chuleta de cerdo** pork chop

**cerebro** brain (12)

**ceremonia** ceremony

**cero** zero (A)

**cerrado/a** closed (13)

**cerrar (ie)** to close (A); to turn off (*appliance*)

**cervantino/a** pertaining to Cervantes

**cerveza** beer (7)

**césped** *m.* lawn (6)

**cesta de la compra** shopping basket

**ceviche** *see* **cebiche**

**chamarra** *Mex.* jacket (13)

**champaña** *m.* champagne

**champú** *m.* shampoo

**chaqueta** jacket (A)

**charlar** to chat (2)

**chatarra** junk

**cheque** *m.* check; **cambiar un cheque** to cash a check (11); **cheque de viajero** traveler's check (11)

**chicano/a** Chicano (16)

**chícharo** green pea (8)

**chicharrón** *m.* pork crackling

**chicle** *m.* chewing gum (3)

**chico/a** *n. m., f.* young man/young woman (B); *adj.* small

**chile** *m.* chili pepper; **chile relleno** stuffed chili pepper

**Chile** *m.* Chile (2)

**chileno/a** *n., adj.* Chilean (3)

**chimenea** fireplace (6)

**china** orange (*fruit*) (7)

**chino** *n.* Chinese (language) (C)

**chino/a** *n., adj.* Chinese (C); **cobrarse a lo chino** to take a cut (*money*)

**chiquillo/a** child; *coll. Sp.* darling, beloved

**chismear** to gossip (16)

**chiste** *m.* joke

**chistoso/a** funny (12)

**chivito/a** kid, young goat

**chocar (qu)** to collide, crash; **chocar con** to crash, run into (*something*) (11)

**chocolate** *m.* chocolate; **chocolate caliente** hot chocolate

**chofer** *m., f.* driver (5)

**choque** *m.* collision, crash (12)

**chorizo** sausage

**choza** hut, shack

**chuleta** chop (8); **chuleta de cerdo** pork chop

**chuletón** *m.* large steak

**chultún** *m. subterranean chamber carved in rock*

**churrasco** barbecued meat, steak

**churrasquería** barbecue stall

**ciberespacio** cyberspace

**cibernético/a: espacio cibernético** cyberspace

**cicatriz** *f.* (*pl.* **cicatrices**) scar (12)

**ciclismo** cycling

**ciclo** cycle

**ciclón** *m.* cyclone (10)

**ciego/a** *n.* blind person; *adj.* blind

**cielo** sky (10); heaven

**cien, ciento** one hundred (C); **por ciento** percent

**ciencia** science (9); **ciencias sociales** social science (1); **ciencias políticas** political science; **Facultad** (*f.*) **de Ciencias Naturales** School of Natural Sciences (3)

**científico/a** *n.* scientist; *adj.* scientific

**cierto/a** certain (16); true

**ciervo/a** deer

**cigala** *edible crustacean*

**cigarrillo** cigarette (12)

**cigarro** cigar

**cilindrada** cylinder capacity

**cima** top, summit

**cinco** five (A); **a las cinco** at five o'clock

**cincuenta** fifty (B)

**cine** *m.* movie theater (1); **estrella de cine** movie star (15)

**cinta** tape, cassette (5); **cinta de video** video tape

**cintura** waist (12)

**cinturón** *m.* belt; **cinturón de seguridad** seat belt (10)

**circulación** *f.* circulation; traffic (10)

**circular** to circulate (12)

**ciruela** plum; **ciruela seca** prune

**cirujano/a** surgeon (12)

**cita** appointment; date (12)

**ciudad** *f.* city

**ciudadanía** citizenship (1)

**ciudadano/a** citizen (10)

**civil: casarse por lo civil** to get married in a civil marriage ceremony (15); **estado civil** marital status (1)

**civilización** *f.* civilization

**claro/a** clear; **claro** of course; **claro que no** of course not (B); **claro que sí** of course (B)

**clase** *f.* class (A); kind, type; **compañero/a de clase** classmate (A); **dar clases** to teach; **después de clases** after school; **primera clase** first class (11); **salón** (*m.*) **de clase** classroom

**clásico/a** classical

**clasificado/a: aviso clasificado** classified ad (5)

**clasificar (qu)** to classify

**clausura** closing

**clavar** to fix, fasten, nail down

**clave** *adj. inv.* key

**cliente, clienta** customer (5)

**clima** *m.* climate (2)

**climatizado/a: piscina climatizada** heated pool

**clínica** *n.* clinic (5)

**clínico/a** clinical

**clorhidrato** hydrochloride
**club** *m.* club (3); **club nocturno** nightclub (5)
**cobalto** cobalt
**cobarde** *n. m., f.* coward; *adj.* cowardly
**cobertura** coverage
**cobrar** to charge (*amount one collects*); **cobrarse a lo chino** to take a cut (*money*)
**cobre** *m.* copper
**cobro** charge (*money owed*)
**cocaína** cocaine
**coche** *m.* car, automobile (C); **coche deportivo** sports car (13)
**cochera** garage (10)
**cocido/a** cooked; **huevos cocidos** hard-boiled eggs (8); **poco cocido** rare (*meat*) (8)
**cocina** kitchen (5); stove
**cocinar** to cook (1)
**cocinero/a** cook (5)
**coctel** *m.* cocktail
**cod.** (*abbrev. for* **código**) (postal) zip code
**codo** elbow (12)
**coger (j)** to catch
**cognado** cognate
**coincidencia** coincidence; **¡qué coincidencia!** what a coincidence! (11)
**coincidir** to coincide (4)
**cojín** *m.* cushion, pillow (15)
**col.** (*abbrev. for* **colonia**) colony; neighborhood
**cola: hacer cola** to stand in line (11)
**colaborar** to collaborate
**colada: piña colada** *tall mixed drink of rum, cream of coconut, pineapple juice, and ice, usually mixed in a blender*
**colador** *m.* sieve
**colchón** *m.* mattress
**colección** *f.* collection
**colectivo/a** *adj.* communal; **colectivo** *n.* (*Arg., Peru*) *passenger vehicle smaller than a bus*
**colega** *m., f.* colleague
**colegio** high school (4)
**colgar (ue) (gu)** to hang (*clothes in a closet*) (6)
**coliflor** *f.* cauliflower
**colina** hill (10)
**collar** *m.* necklace; **collar de perlas** pearl necklace
**colocar (qu)** to place
**colombiano/a** *adj.* Colombian (3)
**colonia** colony; neighborhood; cologne (4); **colonia espacial** space colony (15)
**colonizado/a** colonized
**colonizador(a)** *n.* colonizer
**color** *m.* color; **color café** brown (A); **¿de qué color es?** what color is it? (A); **¿de qué color tiene el pelo / los ojos?** what color are your (*pol. sing.*)/his/her hair/eyes? (B); **televisor** (*m.*) **en colores** color TV set
**colorante** *m.* coloring agent
**columna** column
**comadre** *f.* very good friend (*female*); god-

mother; mother of one's godchild (15)
**comarca** region
**combate** *m.*: **acorazado de combate** battle-ship
**combinación** *f.* combination; slip (13)
**combinar** to combine
**combustible** *m.* fuel; **gastar combustible** to use gas (10)
**comedia** comedy
**comedor** *m.* dining room (6)
**comején** *m.* termite
**comentar** to comment
**comentario** comment, commentary; **hacer comentarios** to comment
**comenzar (ie) (c)** to begin; **comenzar a** (+ *infin.*) to begin to (*do something*)
**comer** to eat (2); **comerse** to eat up, finish up
**comercial** *adj.* commercial, business; **anuncio comercial** TV or radio commercial; **aviso comercial** notice; ad (5); **centro comercial** shopping center (6)
**comercio** commerce, business (16); **libre comercio** free enterprise
**comestibles** *m. pl.* food; groceries
**cometa: volar una cometa** to fly a kite (2)
**cometer** to commit (*error, crime*) (16)
**cómico/a** comical; **tiras cómicas** comic strips (9)
**comida** food (4, 8); meal; lunch
**comisión** *f.* commission
**como** as; as a; like; since (6); **como si nada** as if nothing were wrong; **tal y como** exactly the same as; **tan... como** as . . . as (6); **tan pronto como** as soon as (15); **tanto(s)/tanta(s)... como** as many . . . as (6)
**cómo no** *interj.* of course
**¿cómo?** how?; what?; **¿cómo era... ?** what were you (*pol. sing.*) / was he/she/it like? (8); **¿cómo eres (tú)?** what are you (*inf. sing.*) like? (B); **¿cómo es usted/él/ella?** what are you (*pol. sing.*) / is he/she like? (B); **¿cómo está usted?** how are you (*pol. sing.*)? (A); **¿cómo estás (tú)?** how are you (*inf. sing.*)? (B); **¿cómo se llama?** what is his/her name? (A); **¿cómo se llama usted? / ¿cómo te llamas?** what is your name? (A); **¿cómo son ustedes/ellos/ellas?** what are you (*pol. pl.*) /they like? (B)
**cómoda** chest of drawers (6)
**cómodamente** *adv.* comfortably (10)
**comodidad** *f.* comfort (11)
**cómodo/a** comfortable (13)
**compacto: reproductor** (*m.*) **para discos compactos** CD player (1)
**compadre** *m.* very good friend (*male*); god-father; father of one's godchild (15)
**compañero/a** companion; **compañero/a de clase** classmate (A)
**compañía** company (5)
**comparación** *f.* comparison (6)
**comparar** to compare (3)

**compartir** to share (6)
**compatriota** *m., f.* fellow countryman/ countrywoman, fellow citizen
**competencia** competition
**competir** to compete
**complacer (zc)** to please
**complejo** *n.* complex; **complejo turístico** tourist resort
**complemento: pronombre** (*m.*) **de complemento directo/indirecto** direct/indirect object pronoun
**completar** to complete (7)
**completo/a** complete; **jornada completa** full-time (5); **por completo** totally
**comportamiento** behavior (14)
**composición** *f.* composition
**compra** purchase; grocery shopping; **cesta de la compra** shopping basket; **hacer las compras** to go grocery shopping (6); **ir de compras** to go shopping (1)
**comprar** to buy (4)
**comprender** to understand (5); **comprenderse** to understand each other (14)
**comprensión** *f.* comprehension, understanding
**comprometerse a** (+ *infin.*) to pledge oneself, promise to (*do something*)
**comprometido/a: estar comprometido/a** to be engaged (15)
**compromiso** engagement
**compuesto** compound (*chemical*)
**computación** *f.* computation; calculation
**computación móvil** portable computing
**computador(a)** computer
**común** common (16); **el común de la gente** the majority of the people
**comunicación** *f.* communication (A)
**comunicar (qu)** to communicate; **comunicarse** to communicate with each other
**comunidad** *f.* community (16)
**comunista** *n. m., f.; adj.* communist (16)
**con** with (A); **con tal (de) que** provided that; as long as (16)
**concebir (i, i)** to conceive
**concentrado/a** concentrated
**concierto** concert; **entradas para un concierto** tickets for a concert
**concluir (y)** to conclude
**concurso** contest
**conde, condesa** count/countess
**condición** *f.* condition (10)
**condicional** conditional
**condimento** condiment
**condominio** condominium
**conducir (zc) (j)** to drive
**conducta** conduct, behavior
**conductor(a)** driver (16)
**conectar** to connect (16)
**confeccionar** to make, prepare
**conferencia** conference (15); lecture
**conferencista** *m., f.* conference speaker, lecturer
**confesar (ie)** to confess

**confianza** confidence; **de confianza** confidential

**conformarse** to make do

**confrontar** to confront

**confuso/a** confused

**congelador** *m.* freezer (6)

**congelar** to freeze

**congestionado/a** congested (12)

**congreso** congress

**conjunto** group

**conmigo** with me (4)

**conmovedor(a)** *adj.* moving

**conocedor(a)** *n., adj.* expert

**conocer** (**zc**) to meet (6); to know (6); **dar a conocer** to make known

**conocimiento** knowledge

**conquistador(a)** conqueror (16)

**conquistar** to conquer (16)

**consciente** conscious; aware; **ser consciente de** to be aware of

**consecuencia** consequence (15)

**conseguir** (**i, i**) (**g**) to obtain, get (15)

**consejo** advice (11)

**consenso** consensus

**consentimiento** consent

**conservación** *f.* preservation

**conservador(a)** *n.* preservative (8); *adj.* conservative (B)

**conservar** to preserve; to maintain (14)

**considerar** to consider

**consistir en** to consist of (15)

**constitución** *f.* constitution (16)

**construcción** *f.* construction (13)

**construir** (**y**) to build (16)

**consulado** consulate (11)

**consulta** consultation, office visit

**consultar con** to consult (12)

**consultorio** doctor's office (5)

**consumidor(a)** consumer

**consumo** consumption (9)

**contador(a)** accountant (5)

**contaduría** notary's office

**contagiarse de** to catch (*a disease*)

**contagio** spreading (*of disease*)

**contaminación** *f.* pollution; **contaminación ambiental** environmental pollution

**contar** (**ue**) to count; to tell, narrate (7)

**contener** (*like* **tener**) to contain (8)

**contenido** *sing.* contents

**contento/a** happy (4); **estar contento/a de que** to be happy that

**contestación** *f.* answer, reply

**contestadora telefónica** answering machine (11)

**contestar** to answer (C)

**contigo** *inf. sing.* with you (14)

**continuación: a continuación** next, following

**continuo/a** continual

**contra** against (12); **estar en contra de** to be against (15)

**contracción** *f.* contraction (12)

**contraer** (*like* **traer**) to contract

**contratista** *m., f.* contractor

**contribuir** (**y**) to contribute (15)

**control** *m.* control; **control de la natalidad** birth control (16)

**controvertible** controversial

**convencer** (**z**) to convince

**convenir** (*like* **venir**) to suit; to be convenient

**converger** (**convergir**) (**j**) to converge

**conversación** *f.* conversation

**conversar** to converse, talk, chat (2)

**convertir** (**ie, i**) to change; **convertirse en** to become

**convivir** to live together (harmoniously); to coexist

**coordinador(a)** coordinator

**coordinar** to coordinate

**copa** (wine)glass (8)

**corazón** *m.* heart (12); **ataque** (*m.*) **del corazón** heart attack (12)

**corbata** tie (*clothing*) (A)

**cordero** lamb

**cordillera** mountain range (10)

**corral** *m.* yard; stockyard, pen (13)

**corrección** *f.* correction

**corredor** *m.* corridor

**corregir** (**i, i**) (**j**) to correct

**correo** mail; post office (11); **correo electrónico** e-mail (15); **mandar por correo** to send by mail

**correr** to run (2); **correr riesgo** to run a risk

**correspondencia** correspondence

**corresponder** to correspond (4)

**correspondiente** corresponding (4)

**corrida de toros** bullfight

**corriente** *f.* current (10); **agua corriente** running water (8)

**corsé** *m.* corset

**cortar** to cut (5); **cortarse el pelo** to cut one's hair, have one's hair cut

**corte** *f.* court; *m.* cutting; cut, fit (*of clothing*) (13)

**cortésmente** courteously

**cortina** curtain (6)

**corto/a** short (*in length*) (A)

**cosa** thing (B)

**cosecha** crop, harvest

**coser** to sew (2)

**cosmopolita** *adj. m., f.* cosmopolitan

**cosmos** *m. sing., pl.* universe; world

**costa** coast (10); **a costa de** at the expense of

**costado** *n.* side (12)

**costar** (**ue**) to cost; **¿cuánto cuesta(n)... ?** how much is/are . . . ? (B); **cuesta(n)...** it costs (they cost) . . . (B)

**costarricense** *n., adj.* Costa Rican (3)

**costilla** rib (12)

**costo** cost

**costumbre** *f.* habit, custom (16)

**costura: alta costura** haute couture

**cotidiano/a** *adj.* daily

**cotillear** *coll.* to gossip (16)

**creación** *f.* creation

**crear** to create (10)

**crecer** (**zc**) to grow, grow up (8)

**crecimiento** growth

**crédito** credit; **tarjeta de crédito** credit card (8)

**creencia** belief

**creer** (**y**) to believe; to think (5); **creo que no** I don't think so (16); **creo que sí** I think so (16); I should think so!; **(no) creer que** to (not) believe that (16); **no lo creo** I don't believe it (1); **no lo puedo creer** I can't believe it (16); **ya lo creo** of course

**crema** cream (8)

**criada** (live-in) maid

**criado** servant

**crianza** upbringing (14)

**criar(se)** to bring up (be brought up); to grow up (15); to raise (*cattle*)

**crimen** *m.* crime

**criollo/a** Creole; *Born in Latin America of European parents*

**crisis** *f. sing., pl.* crisis (16)

**cristal** *m.* pane of glass

**cristiano/a** Christian

**crítica** criticism

**criticar** (**qu**) to criticize

**crítico/a** critical

**cronológico/a** chronological

**crucero** cruise ship; cruise (10)

**cruda** hangover

**crudo/a** *adj.* raw (8); severe, harsh (*weather*)

**cruz** *f.* (*pl.* **cruces**) cross; **la Cruz Roja** Red Cross (11)

**cruzar** (**c**) to cross (7)

**cuaderno** notebook (B)

**cuadra** stable; block (*street*) (11)

**cuadrado/a** squared

**cuadro** box, square (4); picture (*on the wall*) (6); **de cuadros** checkered, plaid (13)

**¿cuál?** what?, which? (C); **¿cuál(es)?** which (ones)?; **¿cuál es su nombre?** what is your name? (A)

**cualidad** *f.* quality (15)

**cualquier(a)** any (10)

**cuando** when (4); **de vez en cuando** once in a while (10)

**¿cuándo?** when?

**¿cuánto/a?** how much?; how long?; **¿cuánto cuesta(n)... ?** how much is/are . . . ? (B); **cuánto hace que** + *present... ?** how long have/has . . . ? (9); **¿cuánto tiempo hace que... ?** how long has it been since . . . ? (7); **¿cuánto vale?** how much is it? (13)

**cuanto: en cuanto** as soon as (15); **en cuanto a** as for, as regards; **unos/as cuantos/as** a few

**¿cuántos/as?** how many?; **¿cuanto/a/s... ?** how many . . . ? (10); **¿cuántos/as (hay)?** how many (are there)? (A); **¿cuántos años tiene(s)?** how old are you? (C)

**cuarenta** forty (B)

**cuarto** room; bedroom; **y/menos cuarto** quarter past/to (*time*) (1)

**cuarto/a** fourth (2)

**cuartucho** hovel; small room
**cuate/a** twin; buddy
**cuatro** four (A)
**cuatrocientos/as** four hundred
**cubano/a** *n., adj.* Cuban (3)
**cubanoamericano/a** *adj.* Cuban American
**cubierto/a** (*p.p. of* **cubrir**) covered
**cubismo** cubism
**cubrir** (*p.p. of* **cubierto**) to cover (8)
**cuchara** spoon (8)
**cucharita** teaspoon (8)
**cucharón** *m.* ladle (8)
**cuchillo** knife (8)
**cuello** neck (B); **cuello en V / en pico** V-neck collar (13)
**cuenco** bowl
**cuenta** bill, check (8); **darse cuenta (de)** to realize; **tomar en cuenta** to take into account
**cuento** short story
**cuerda: saltar la cuerda** to jump rope (9)
**cuero** leather (13)
**cuerpo** body (B)
**cuestión** *f.* question, issue, matter
**cuestionar** to question
**cuidado** care; **con cuidado** with care, carefully (7); **¡cuidado!** (be) careful!; **cuidado médico** medical care; **tener cuidado** to be careful
**cuidar (de)** to take care (of) (5); **cuidarse** to take care of oneself (11)
**culata** butt (*gun*)
**culpa** fault, blame; **tener la culpa** to be to blame, be guilty (12)
**culpabilidad** *f.* guilt
**cultivarse** to be cultivated
**cultivo** cultivation
**culto** educated; cultured (16)
**cultura** culture (16)
**culturismo** body-building
**cumbre** *f.* summit
**cumpleaños** *m. sing., pl.* birthday (1); **feliz cumpleaños** happy birthday (1)
**cumplir (con)** to fulfill, carry out (16); **cumplir años** to have a birthday (7)
**cuñado/a** brother-in-law/sister-in-law (9)
**cuota** quota
**cupón** *m.* coupon
**cura** *f.* cure (10); *m.* priest (*Catholic*) (15)
**curar** to cure; **curarse de** to cure oneself, be cured of (16)
**curiosidad** curiosity
**curioso/a** curious
**curita** adhesive bandage (12)
**curso** course (4)
**curtido/a** tanned (*leather*)
**curva** curve (10)
**cuyo/a** whose (16)

# D

**dálmata** *adj. m., f.:* **perro dálmata** dalmatian (dog)
**dama** lady (13)

**damas** *pl.* checkers
**danza** dance (9)
**dañar** to damage
**dañino/a** harmful
**daño** damage; **hacer daño** to harm
**dar** *irreg.* to give (6); **da lo mismo** it doesn't matter; **dar a conocer** to make known; **dar como resultado** to result in; **dar la bienvenida** to welcome (4); **dar miedo** to frighten; **dar muchas vueltas** to go back and forth; **dar permiso** to give permission (9); **dar rabia** to anger, enrage; **dar risa** to make laugh; **dar un aventón** *Mex.* to give (*someone*) a ride; **dar un beso** to (give a) kiss (7); **dar un paseo** to take a walk (4); **dar un paseo en carro** to go for a drive; **dar un paso** to take a step; **dar una fiesta** to give a party (2); **dar vueltas** to go around; **darle la mano a alguien** to shake someone's hand; **darle risa a alguien** to make someone laugh; **darle una vuelta a alguien** to take someone for a walk; **darle vergüenza a uno** to be ashamed; **darse cuenta (de)** to realize; **darse la mano** to shake hands with each other (15); **darse por vencido** to give up
**datar de** to date from
**datos** *pl.* data; **datos personales** personal data
**de** *prep.* of; from (A); by; **del, de la** of the (A)
**debajo de** under (3)
**deber** *n. m.* duty
**deber** *v.* to owe; **deber** (+ *infin.*) should, ought to (*do something*) (3); **debía de ser** it should be
**debido a** due to (16)
**década** decade
**decidir** to decide (12)
**décimo/a** tenth (2)
**decir** *irreg.* to say, tell (1); **es decir** that is to say; **¡no me digas!** you don't say!; **querer decir** to mean; **y tú, ¿qué dices?** and you? (what do you say?) (1)
**decisión** *f.* decision (15); **tomar una decisión** to make a decision
**declaración** *f.* declaration; statement (7)
**declarar** to declare (16); **declarar la huelga** to go on strike
**decorado** *n.* decor
**decorado/a** *adj.* decorated (6)
**decretar** to decree
**dedicar (qu)** to dedicate
**dedo** finger (12)
**deducir (zc) (j)** to deduct
**defenderse (ie)** to defend oneself
**defensa** defense (16)
**definición** *f.* definition
**definir** to define (16)
**dejar** to leave (7); to abandon; to allow; **déjame en paz** leave me alone; **dejar** (+ *infin.*) to allow (*someone*) to (*do something*) (14); **dejar caer** to let fall/drop; **dejar de**

(+ *infin.*) to stop (*doing something*) (12); **dejar que** (+ *subjunctive*) to allow someone to (*do something*) (14); **se lo(s)/la(s) dejo en...** I'll let you have it (them) for . . .
**del** (*contraction of* **de** + **el**) of the (1); from the
**delante de** in front of
**delfín** *m.* dolphin
**delfinario** dolphin tank
**delgado/a** thin (A)
**delicioso/a** delicious
**delincuencia** delinquency
**delito** crime, offense
**demanda** demand; request
**demandar** to demand; to ask (for)
**demás: lo demás** the rest; **los/las demás** the rest, others (7)
**demasiado** *adv.* too much (8)
**demasiado/a** *adj.* too much; **demasiados/as** *pl.* too many
**democracia** democracy
**democrático/a** democratic (6)
**demostrar (ue)** to demonstrate (16)
**demostrativo: pronombre** (*m.*) **demostrativo** demonstrative pronoun
**denso/a** dense (10)
**dental: hilo dental** dental floss
**dentista** *m., f.* dentist
**dentro** inside; **dentro de** inside; within (15); **por dentro** on the inside (8)
**departamento** *Mex.* apartment (6); province
**dependencia** room
**depender de** to depend on (15)
**dependiente, dependienta** clerk, salesperson (5)
**deporte** *m.* sport; **practicar un deporte** to play a sport (2)
**deportista** *n. m., f.* sportsman/sportswoman; *adj. m., f.* athletic (B)
**deportivo/a** *adj.* sporting, sport related (2); **coche** (*m.*) **deportivo** sports car; **ropa** (*sing.*) **deportiva** sports clothes (1)
**depósito** deposit
**deprimido/a** depressed (4)
**derecha** *n.* right hand, right side; **a/de la derecha** to/from the right (3)
**derecho** *n.* right (*legal*); law; straight ahead; **de derecho** by right; **derecho** (*sing.*) **de aduana** customs duties, taxes (11); **Facultad** (*f.*) **de Derecho** School of Law (3)
**derecho/a** *adj.* right; right-hand
**derivarse (de)** to derive (from)
**derramar** to spill
**derrocar (qu)** to overthrow
**derrotar** to defeat (16)
**derrumbe** *m.* landslide
**desafortunadamente** unfortunately
**desagradable** unpleasant (5)
**desagradar** to displease; to bother; to upset
**desahogadamente** comfortably
**desamparado/a** homeless person (14)
**desanimarse** to become discouraged
**desaparecer (zc)** to disappear

**desaparición** disappearance

**desarmarse** to fall to pieces

**desarrollar** to develop (10)

**desarrollo** development (16); **en vías de desarrollo** adj. developing

**desastre** m. disaster (6); **¡qué desastre!** what a mess! (16)

**desatarse** to be let loose

**desayunar** to have breakfast (2)

**desayuno** breakfast (4)

**descansar** to rest (2)

**descanso** rest; break (2)

**descender** (**ie**) to descend

**descendiente** m., f. descendant

**descenso** descent

**descomponerse** (like **poner**) to break down (12)

**desconectar** to disconnect

**descongestionante** m. decongestant (12)

**desconocido/a** n. stranger (14); adj. unknown

**describir** (p.p. **descrito**) to describe

**descripción** f. description (A)

**descrito/a** (p.p. of **describir**) described

**descubierto/a** (p.p. of **descubrir**) discovered

**descubridor(a)** discoverer (16)

**descubrimiento** discovery

**descubrir** (p.p. **descubierto**) to discover (9)

**desde** prep. from (3); **desde la(s)... hasta la(s)...** from . . . to . . . (time) (4); **desde que** conj. since

**desear** to desire, wish (11)

**desecho** waste

**desembocar** (**qu**) **en** to flow into

**desempacar** (**qu**) to unpack

**desempleado/a** adj. unemployed (16)

**desempleo** unemployment; **tasa del desempleo** unemployment rate (16)

**desempolvar** to dust (6)

**desentenderse** (**ie**) to feign ignorance

**deseo** desire, wish (2)

**deseoso/a** desirous

**desequilibrio** instability

**desesperación** f. desperation

**desesperado/a** desperate (7)

**desgracia** misfortune; **por desgracia** unfortunately

**desgraciadamente** unfortunately

**deshacerse** (like **hacer**) **de** to get rid of

**deshidratación** f. dehydration

**desierto** desert (10)

**desilusión** f. disillusion

**desinflado/a** flat, deflated; **llanta desinflada** flat tire (10)

**deslizar** (**c**) to slip out

**desmayarse** to faint (12)

**desmentir** (**ie, i**) to deny

**desmoronamiento** crumbling, decaying

**desocupado/a** vacant, unoccupied

**desordenado/a** n. disorderly person; adj. disorderly, disarranged

**despacio** adv. slowly (10)

**despedirse** (**i, i**) to say goodbye

**despegar** (**gu**) to take off (airplane)

**despejar** to clear up; to clear (weather)

**despensas** pl. provisions

**desperdiciar** to waste (10)

**desperdicios** pl. waste; **desperdicios** (pl.) **nucleares** nuclear waste (10)

**despertador** m. alarm clock

**despertar** (**ie**) to wake; **despertarse** to wake up (4)

**despierto/a** awake; awakened

**desplazar** (**c**) to displace; to move; to transport

**después** adv. after (2); **después de** prep. after (4); **después de clases** after school; **después de que** conj. after (14); **poco después** a bit later (7)

**destacarse** (**qu**) to stand out

**destapar** to decongest; to unplug

**destino** destination (11); destiny

**destrucción** f. destruction (10)

**destruir** (**y**) to destroy (16)

**desventaja** disadvantage (15)

**desviación** f. detour (10)

**detallado/a** detailed

**detalle** m. detail (15)

**detección** f. detection (16)

**detectar** to detect

**detector** (m.) **de metales** metal detector

**detener** (like **tener**) to detain; to stop (16); **detenerse** to stop oneself (12); to linger

**determinación** f. determination

**detestar** to hate

**detrás de** behind (3)

**deuda** debt; **deuda externa** foreign debt (16)

**devaluación** f. devaluation

**devastador(a)** devastating

**devolver** (**ue**) (p.p. **devuelto**) to return (something) (13)

**devuelto/a** (p.p. of **devolver**) returned (something)

**día** m. day; **buenos días** pl. good morning (A); **cada día** each day; **de día** by day; **Día de Acción de Gracias** Thanksgiving Day (4); **día de fiesta** holiday; **Día de la Independencia** Independence Day (4); **Día de la Madre** Mother's Day (4); **Día de la Raza/Hispanidad** a celebration of Hispanic identity held on October 12; **Día de los Enamorados** Valentine's Day (4); **Día de los Muertos** All Souls' Day (4); **Día de los Reyes Magos** Epiphany, Jan. 6th (lit. Day of the Magi) (4); **Día de Todos los Santos** All Saints' Day (4); **Día del Padre** Father's Day (4); **día del santo** saint's day (4); **día feriado** holiday; **día festivo** holiday; **en el día a día** in day-to-day life; **hoy (en) día** nowadays; **todo el día** all day long; **todos los días** every day (4)

**diablo** devil

**diálogo** dialogue (A)

**diamante** m. diamond (13)

**diariamente** daily (10)

**diario/a** daily (3)

**dibujar** to draw (5)

**dibujo** drawing (B)

**diccionario** dictionary (B)

**dicho** n. saying

**dicho/a** (p.p. of **decir**) said

**diciembre** m. December (1)

**dictador(a)** dictator (16)

**dictadura** dictatorship

**diecinueve** nineteen (A)

**dieciocho** eighteen (A)

**dieciséis** sixteen (A)

**diecisiete** seventeen (A)

**diente** m. tooth (11); **cepillarse los dientes** to brush one's teeth; **cepillo de dientes** toothbrush (6); **lavarse los dientes** to brush one's teeth (4); **pasta de dientes** toothpaste

**dieta: estar a dieta** to be on a diet (8)

**dietético/a** adj. diet

**diez** ten (A)

**diferencia** difference

**difícil** difficult (B)

**dificultad** f. difficulty (16)

**dilema** m. dilemma

**diminutivo** diminutive (e.g., **-ito/a**)

**dinastía** dynasty

**dinero** money (5); **cambiar dinero** to change/exchange money; **dinero en efectivo** cash (money) (11); **ganar dinero** to earn money

**dinosaurio** dinosaur

**dios** m. god; **Dios** God

**diplomático/a** diplomat (16)

**diputación** f. delegation; committee

**dirección** f. direction; address (1)

**directamente** directly

**director(a)** (school) principal (6)

**dirigente** adj. ruling

**dirigir** (**j**) to direct (15)

**discernir** (**ie**) to discern

**disco** record (3); **poner discos** to play records (3); **reproductor** (m.) **para discos compactos** CD player (1)

**discoteca** discotheque (1)

**disculpar** to excuse, pardon; **disculpe** excuse me (7)

**discusión** f. discussion

**discutir** to discuss; to argue (9)

**diseñar** to draw; to design

**diseño** design

**disfrutar** to enjoy (11)

**disminución** f. reduction

**disminuir** (**y**) to diminish, reduce (10); **disminuir la velocidad** to reduce speed

**disolvente** m. solvent

**disperso/a** dispersed

**disponer** (like **poner**) **de** to have (at one's disposal) (11)

**disponible** available

**dispuesto/a** willing; **estar dispuesto/a a** to be willing to (15)

**distancia** distance

**distinto/a** different (14)
**distracción** *f.* distraction
**distraerse** (*like* **traer**) to distract oneself
**distraído/a** distracted
**distribuir** (**y**) to distribute
**distrito** district
**disuelto/a** dissolved
**diversidad** *f.* diversity
**diversión** *f.* entertainment (6)
**diverso** diverse
**divertido/a** fun (B); **¡qué divertido!** how fun! (1)
**divertirse** (**ie, i**) to have fun (4)
**dividir** to divide (11)
**divisa** motto
**división** *f.* division
**divorciado/a** divorced (C)
**divorciarse** to divorce
**divorcio** divorce (16)
**doblar** to turn (11); to fold (6)
**doble sentido** two-way (street) (10)
**doce** twelve (A)
**doctor(a)** doctor (B)
**dólar** *m.* dollar (B)
**dolencia** ache, pain; ailment (12)
**doler** (**ue**) to hurt, ache (12)
**dolor** *m.* pain (12); **dolor de cabeza** headache (12)
**doloroso/a** painful (12)
**doméstico/a** domestic; **animal** (*m.*) **doméstico** pet (5); **aparato doméstico** appliance (13); **empleado/a doméstico/a** servant (6)
**domicilio** address
**dominar** to dominate
**domingo** Sunday (1); **Domingo de Pascua** Easter Sunday (4)
**dominicano/a** of the Dominican Republic (3); **República Dominicana** Dominican Republic (3)
**dominio** power; authority
**dominó** *m. sing.* dominoes
**don** *m. title of respect used with a man's first name* (A)
**donde** where
**¿dónde?** where? (3); **¿de dónde es usted / eres tú?** where are you from? (3)
**dondequiera: por dondequiera** everywhere
**doña** *title of respect used with a woman's first name* (A)
**dorado/a** golden brown (8)
ᴠ **dormido/a** asleep (9); **quedarse dormido/a** to fall asleep
**dormir** (**ue, u**) to sleep (1, 4); **dormir todo el día** to sleep all day (1); **dormir una siesta** to take a nap; **dormirse** to fall asleep (4)
**dormitorio** bedroom (6)
**dos** two (A); **los/las dos** both
**doscientos/as** two hundred
**drama** *m.* drama, play
**dramaturgo/a** playwright
**drástico/a** drastic
**droga** drug (12)

**drogadicción** *f.* drug addiction (12)
**drogadicto/a** drug addict (16)
**ducha** shower (6)
**ducharse** to shower (3)
**duda: sin duda** without a doubt
**dudar** to doubt; (**no**) **dudar que** to (not) doubt that (16)
**dudoso/a** doubtful; **es dudoso que** it is doubtful that (16)
**dueño/a** owner
**dulce** *adj.* sweet (8); *n. m. pl.* candy (14)
**dulcería** candy store (13)
**dulzón, dulzona** sickly sweet; *coll.* cloying
**dúo** duo, duet
**duque** *m.* duke
**durante** during (1)
**durar** to last
**durazno** peach (8)
**durísimo/a** very severe

# E

**e** and (*used instead of* **y** *before words beginning with* **i** *or* **hi**)
**ebola** *f.* ebola (*type of virus*)
**echar** to throw, cast; **echar a correr** to break into a run; **echarse a** (+ *infin.*) to begin (*doing something*); **echar de menos** to miss someone or something; **echarse de menos** to miss each other
**ecogrupo** *m.* ecology group, group of ecologists
**ecología** ecology
**ecológico/a** ecological (10)
**economía** economy
**económico/a** economic
**ecosistema** *m.* ecosystem
**ecoturismo** ecotourism
**ecuatorial: línea ecuatorial** equator
**ecuatoriano/a** Ecuadoran (3)
**ecuestre** *m.* horseback riding
**edad** *f.* age (C); **edad límite** maximum age; **mayor de edad** of age, adult; **menor de edad** minor; (legally) under age (16); **¿qué edad tiene(s)?** how old are you? (C)
**edificio** building (3); **edificio de apartamentos** apartment building
**edo.** (*abbrev. for* **estado**) state
**educación** *f.* education (14); **educación sexual** sex education (16)
**educar** (**qu**) to educate
**educativo/a** educational (16)
**EE.UU.** (*abbrev. for* **Estados Unidos**) United States
**efectivo: dinero en efectivo** cash (*money*) (11)
**efecto** effect; **poner en efecto** to carry out; **surtir efecto** to work, have the desired effect
**eficacia** effectiveness
**eficaz** (*pl.* **eficaces**) effective (16)
**eficiente** efficient
**egipcio/a** Egyptian (C)
**Egipto** Egypt (C)

**egoísta** selfish (14)
**ejecutivo/a** *adj.* executive
**ejemplo** example; **por ejemplo** for example (9)
**ejercer** (**z**) to exercise
**ejercicio** exercise; **hacer ejercicio** to exercise (1)
**ejercitarse** to exercise
**ejército** army (16)
**ejote** *m.* green bean (8)
**el** *m. definite article* the (A); **el lunes** on Monday
**él** *sub. pron.* he; *obj. of prep.* him (B)
**elaborar** to manufacture, produce
**elástico** elastic (13)
**elección** *f.* election
**electricidad** *f.* electricity (15)
**eléctrico/a** electrical; **rasuradora eléctrica** electric razor (4)
**electrodoméstico: aparato electrodoméstico** household appliance
**electrónico: correo electrónico** e-mail (15)
**elegir** (**i, i**) (**j**) to elect
**elevación** *f.* elevation (10)
**eliminar** to eliminate (10)
**ella** *sub. pron.* she; *obj. of prep.* her (B)
**ellos/as** *sub. pron.* they; *obj. of prep.* them (B)
**elote** ear of corn (8)
**embajada** embassy
**embajador(a)** ambassador (16)
**embarazada** pregnant (14); **quedar embarazada** to become pregnant
**embarazo** pregnancy
**embarcarse** (**qu**) to embark (*on an enterprise*)
**embargo: sin embargo** however (7)
**embellecimiento** embellishment
**emblema** *m.* emblem
**emborracharse** to get drunk
**embriagante** *adj.* intoxicating
**emergencia** emergency (12); **sala de emergencias** emergency room (12)
**emigrante** *m., f.* emigrant
**emigrar** to emigrate (15)
**emisión** *f.* emission
**emisora** radio station (3)
**emoción** *f.* emotion
**emocionante** *adj.* exciting; moving
**empacar** (**qu**) to pack (11)
**empanada** turnover pie or pastry
**emparejar** to match
**empeorar** to worsen (15)
**emperador** emperor (7)
**emperatriz** empress (7)
**empezar** (**ie**) (**c**) to begin (2); **empezar a** (+ *infin.*) to begin to (*do something*)
**empinado/a** steep
**empleado/a** employee (11); **empleado/a doméstico/a** servant (6)
**emplear** to use; to employ
**empleo** job (5)
ᴸ **emplumado/a** feathered
**empobrecimiento** impoverishment
**empolvarse** to get dusty

**emprendedor** enterprising
**emprender** to undertake, take on
**empresa** company, firm (15)
**empresario/a** manager
**en** in; on (A); at
**en seguida** immediately
**enamorado/a (de)** in love (with) (4)
**enamorados** *pl.* sweethearts; **Día** (*m.*) **de los Enamorados** Valentine's Day (4)
**encabezar (c)** to head, lead
**encaje** *m.* lacework
**encantado/a** delighted, pleased (*to meet someone*) (6)
**encantador** *adj.* delightful
**encantar** to delight, charm (8); **me encanta que** I love it when
**encarcelar** to imprison, jail
**encargarse (gu)** to be in charge
**encarnar** to represent; to embody
**encender (ie)** to turn on; to set on fire; **encender la luz** to turn on the light (6)
**encerar** to wax (10)
**encerrar (ie)** to shut in; to lock up
**enchilada** *rolled tortilla filled with meat and topped with cheese and sauce, cooked in an oven*
**encías** *pl.* gums (*anatomy*) (12)
**enciclopedia** encyclopedia
**encima de** on top of (3)
**encomienda** *Indian village granted to Spanish colonist by royal decree*
**encontrar (ue)** to find (3); to meet; **encontrarse con** to meet; to run into
**encuentro** encounter; meeting
**encuesta** survey (4)
**endurecer (zc)** to harden
**enemigo/a** enemy
**energía** energy (10); **fuente** (*f.*) **de energía** energy source (16)
**enérgico/a** energetic
**enero** January (1)
**énfasis** *m. sing., pl.* emphasis; stress
**enfatizar (c)** to emphasize
**enfermarse** to get sick (12)
**enfermedad** *f.* illness; disease; **enfermedad venérea** sexually transmitted disease
**enfermero/a** *n.* nurse (5)
**enfermo/a** *n.* sick person; *adj.* sick (4)
**enfrentar** to face; to confront; to meet, encounter (16); **enfrentarse con** to face
**enfrente** *adv.* in front; **de enfrente** in front; **enfrente de** in front of (3)
**enfriar (enfrío)** to cool off (10)
**engañar** to deceive
**engaño** deceit
**engordar** to get fat
**enjuagar (gu)** to rinse
**enlace** *m.* link; bond; union, marriage (15)
**enlazar (c)** to link, connect
**enmendar (ie)** to amend; to reform
**enojado/a** angry (4)
**enojar: hacer enojar** to make angry, anger; **enojarse** to get angry (12)
**enorme** enormous (13)

**enriquecer (zc)** to enrich; **enriquecerse** to get rich
**enrollar** to roll up
**ensabanar** to cover
**ensalada** salad (3)
**ensaladilla** potato salad
**ensayista** *m., f.* essayist
**ensayo** essay
**enseñanza** teaching (16)
**enseñar** to teach (5); to show (14)
**entablar** to strike up (*correspondence*)
**entender (ie)** to understand; **no entendí bien** I didn't quite understand (1)
**enterarse** to find out
**entero/a** whole (7)
**enterrado/a** buried
**entonces** then (11); **en aquel entonces** at that time
**entorno** environment, surroundings
**entrada** entrance (10); ticket (1); **de entrada** as an entrée (*meal*); **entradas para un concierto** tickets for a concert (1)
**entrar (en)** to enter; **entrar al trabajo** to start work (5); **entrar en vigor** to go into effect
**entre** between, among (3); **entre paréntesis** in parentheses; **entre semana** on weekdays, during the week (14)
**entregar (gu)** to hand in (9); to turn over
**entrenamiento** training; coaching
**entrenar(se)** to train
**entretener** (*like* **tener**) to amuse
**entretenimiento** entertainment, amusement
**entrevista** interview (B)
**entrevistar** to interview
**entristecer (zc)** to sadden; **entristecerse** to become sad (12)
**entusiasmado/a** excited
**entusiasmo** enthusiasm
**entusiasta** *adj. m., f.* enthusiastic (B)
**envase** *m.* packing, packaging; bottle (10)
**enviar (envío)** to send (6)
**envidia** envy; **¡qué envidia!** how I envy you! (7)
**envío** shipping
**envolver (ue)** (*p.p.* **envuelto**) to wrap (13)
**enyesado/a** in a cast (12)
**epidemia** epidemic
**episodio** episode (12)
**época** era, age (16)
**equilibrar** to balance
**equipaje** *m.* baggage (11); **exceso de equipaje** excess baggage; **reclamo de equipaje** baggage claim (11)
**equipamiento** equipment
**equipo** equipment; gear; (sports) team (1); **equipo de música** stereo (1)
**equitativamente** equitably
**equivaler** *irreg.* to be equivalent
**equivocarse (qu)** to make a mistake
**era** era, age

**escabeche** *m. marinade of oil, vinegar, herbs, and spices* (*to preserve fish*)
**escala** scale; stopover (11); **sin escala** nonstop (flight)
**escalar montañas** to go mountain climbing (5)
**escalera** stairway, stairs (6)
**escaparse** to escape, run away (12)
**escarcha** frost (10)
**escasez** *f.* (*pl.* **escaseces**) scarcity; shortage (14)
**escaso/a** scarce; scant; limited
**escena** scene (12)
**esclavo/a** slave (16)
**escoba** broom (6)
**escobilla** brush
**escocés, escocesa** *adj.* Scotch
**escoger (j)** to choose (4)
**escolar** of or pertaining to school
**esconder** to hide
**escondite** *m.* hiding place; **jugar al escondite** to play hide-and-seek (9)
**escopeta** shotgun
**Escorpión** *m.* Scorpio
**escribir** (*p.p.* **escrito**) to write; **¿cómo se escribe... ?** how do you spell . . . ? (1); **escribir a máquina** to type (5); **escribir cartas** to write letters (1)
**escrito/a** (*p.p. of* **escribir**) written
**escritor(a)** writer (13)
**escritorio** desk (B)
**escritura** *n.* writing
**escuchar** to listen (to) (1)
**escuela** school (4); **escuela primaria** grade school; **escuela secundaria** high school (7)
**escultura** sculpture
**ese, esa** *pron.* that (one); *adj.* that (3)
**esencial** essential
**esfuerzo** effort (10)
**esgrima** fencing
**eso** that, that thing, that fact; **a eso de** (+ *time*) around (*specific time*); **por eso** for that reason
**esos/as** *pron.* those (ones); *adj.* those
**espacial** *adj.* space; **colonia espacial** space colony (15)
**espacio** space; **espacio en blanco** blank (space) (3)
**espada** sword; **entre la espada y la pared** between a rock and a hard place
**espaguetis** *m. pl.* spaghetti
**espalda** back (B)
**España** Spain (C)
**español** *n. m.* Spanish (language) (A); **español** (*m.*) **mocho** broken Spanish
**español(a)** *n.* Spaniard; *adj.* Spanish (C)
**espárragos** *pl.* asparagus
**especial** special
**especialidad** *f.* specialty; major (*field of study*) (2)
**especialista** *m., f.* specialist
**especializado/a** specialized
**especialmente** especially (4)
**especie** *f. sing.* species (10)

específico/a specific
espectacular spectacular
espectáculo spectacle; show; performance
especulación *f.* speculation
espejo mirror (6); **espejo retrovisor** rearview mirror (10)
espera: **sala de espera** waiting room (11)
esperanza hope
esperar to hope; to wait for (3); **esperar... de...** to expect (*something*) from (*somebody*)
espeso/a thick (8)
espinacas *pl.* spinach
espíritu *m.* spirit
espléndido/a splendid
esponja sponge
esponjoso/a spongy
espontáneo/a spontaneous
esposo/a husband/wife (C)
esqueleto skeleton (12)
esquí *m.* skiing (1); ski
esquiar (**esquío**) to ski (2)
esquina corner
estabilidad *f.* stability
estabilizar (**c**) to stabilize (16)
estable *adj.* stable
establecer (**zc**) to establish
establo *n.* stable (13)
estación *f.* station (3); season (*weather*); **estación de autobuses** bus depot
estacionamiento parking lot (3)
estacionar to park (7)
estadio stadium (1)
estado state (3); **estado civil** marital status (1); **estado de ánimo** state of mind (12); **Estados Unidos** United States (C); **golpe** (*m.*) **de estado** coup *d'état,* overthrow of the government (16)
estadounidense *n. m., f.* United States citizen; *adj.* of, from, or pertaining to the United States
estallar to break out; to flare up
estancia stay
estante *m.* shelf (6)
estar *irreg.* to be (7); **¿cómo está usted?** how are you (*pol. sing.*)? (A); **¿cómo estás** (**tú**)**?** how are you (*inf. sing.*)? (B); **estar a dieta** to be on a diet (8); **estar a favor de / en contra de** to be for/against (15); **estar comprometido/a** to be engaged (15); **estar de acuerdo** to agree; **estar de buen/mal humor** to be in a good/bad mood (4); **estar de moda** to be in style; **estar de pie/sentado** to be standing/ seated, sitting down; **estar dispuesto/a a** to be willing to (15); **estar listo/a** to be ready (5); **estoy bien/regular** I am fine/OK (A); **estoy un poco cansado/a** I am a bit tired (A)
estatal *adj.* state
estatua statue (6)
estatura height (B); **estatura mediana** medium height (B)

este, esta *pron.* this (one); *adj.* this (5); **esta noche** tonight, this night (1); **este... um . . .** (*pause in speech*)
estereotípico/a stereotypical
estereotipo stereotype (2)
estilo style (13)
estimado/a dear; esteemed (14); **Estimado/a** (**Profesor/a**) Dear (Professor)
estimarse to be estimated
estimulante stimulating
estimular to stimulate; to encourage
estímulo stimulus
estirar la pata *coll.* to kick the bucket, die
estireno styrene
esto this, this thing, this matter (3)
Estocolmo Stockholm
estómago stomach (B); **dolor de estómago** stomach ache (12)
estornudar to sneeze (12)
estornudo sneeze (12)
estos/as *pron.* these (ones); *adj.* these
estrategia strategy
estrecho/a narrow; tight (13)
estrella star (10); **estrella de cine** movie star (15)
estrellarse to crash
estremecer (**zc**) to shake, tremble
estreno premiere, first performance
estrés *m.* stress
estudiante *m., f.* student (A)
estudiantil *adj.* student (16); **residencia estudiantil** university dorm (5)
estudiar to study (2)
estudio study; *pl.* studies, schooling (15)
estudioso/a studious
estufa stove (6)
estupendo/a stupendous
eterno/a eternal
etiqueta etiquette; tag, label (8)
étnico/a ethnic (16)
Europa Europe (9)
europeo/a European (2)
eutanasia euthanasia (16)
evaluación *f.* evaluation
evangelizar (**c**) to evangelize
evitar to avoid (12)
exactamente exactly (15)
examen *m.* (*pl.* **exámenes**) test
examinar to examine (5)
excedente *m.* excess, surplus
exceder to exceed, surpass
excelencia excellency
excepción *f.* exception
exceso excess; **exceso de equipaje** excess baggage; **exceso de velocidad** speeding (7)
excursión *f.* excursion (11); **hacer excursiones** to go on outings
exhibirse to be exhibited
exigir (**j**) to demand
existente existing
existir to exist
éxito success; **con éxito** successfully; **tener éxito** to be successful

experiencia experience
experimentado/a experienced
experimentar to test, try out
experto/a *n., adj.* expert (15)
explicación *f.* explanation
explicar (**qu**) to explain (5)
explorar to explore
explosión *f.* explosion
explotador(a) exploiter
explotar to exploit
exponerse (*like* **poner**) to open oneself up; to expose oneself
exportación *f.* export (16)
exportar to export (13)
exposición *f.* exhibition (16)
expresar to express (10)
expresión *f.* expression
expresivo/a expressive
expulsar to expel
exquisito/a exquisite
extender (**ie**) to extend
extensión *f.* extension (10)
extenso/a extensive
exterior *adj.* foreign; exterior
externo/a: **deuda externa** foreign debt (16)
extinción *f.* extinction (10)
extinguir (**g**) to extinguish
extirpar to remove (*surgically*)
extranjero/a *n.* foreigner; *n. m.* abroad; *adj.* foreign (15)
extrañar to miss, long for
extraño/a *adj.* strange (3); *n. m.* stranger
extrovertido/a *n.* extrovert; *adj.* extroverted (B)

## F

fábrica factory (5)
fabricación making, manufacture (13)
fabricado/a a mano made by hand
fabricante *m.* manufacturer
fabuloso/a fabulous
fácil easy (B)
facilidad *f.* facility; ease
facilitar to facilitate (16)
fácilmente easily (12)
factura invoice, bill
facturar to check (*baggage*) (11)
facultad *f.* school (*of a university*); **Facultad de Bellas Artes** School of Fine Arts (3); **Facultad de Ciencias Naturales** School of Natural Sciences (3); **Facultad de Derecho** School of Law (3); **Facultad de Filosofía y Letras** School of Humanities (3); **Facultad de Medicina** School of Medicine (3)
faja waist band
fajita *a dish served in Mexican-style restaurants in the United States made of grilled meat, onions, and green peppers rolled in a tortilla*
falangista *n. m., f.* Falangist, partisan of Spain's dictator Franco
falda skirt (A)
fallecer (**zc**) to die
fallido/a unsuccessful; failed

**falso/a** false
**falta: hacer falta** to be necessary
**faltar** to be missing, lacking; to be absent
**fama** fame
**familia** family
**familiar** *n. m., f.* member of the family; *adj.* family; **relaciones** (*pl.*) **familiares** family relationships (9)
**famoso/a** famous (A)
**farmacéutico/a** pharmacist (12)
**farmacia** pharmacy (4)
**fascinante** fascinating
**fascinar** to fascinate
**fase** *f.* phase
**favor: estar a favor de** to be for (15); **favor de** (+ *infin.*) please (*do something*); (5) **por favor** please (1)
**favorecer** (**zc**) to favor (16)
**favorito/a** favorite
**fe** *f.* faith
**febrero** February (1)
**fecha** date; **fecha de nacimiento** date of birth (1)
**felicidad** *f.* happiness (15); *pl.* congratulations (1)
**felicitar** to congratulate
**feliz** (*pl.* **felices**) happy (1); **feliz cumpleaños** happy birthday (1)
**femenino/a** feminine (15)
**fenómeno** phenomenon
**feo/a** ugly (A)
**feria** fair; **feria artesanal** crafts fair
**feriado: día** (*m.*) **feriado** holiday (3)
**ferrocarril** *m.* railway (16)
**festividad** *f.* celebration, holiday
**festivo: día** (*m.*) **festivo** holiday
**fiambre** *m.* cold cut
**fibra** fiber
**ficción** *f.*: **ciencia ficción** science fiction (15)
**fidelidad** *f.* faithfulness
**fideos** *pl.* noodles, pasta
**fiebre** *f.* fever (12)
**fiel** faithful
**fierro** iron
**fiesta** party; **dar una fiesta** to give a party (2); **día** (*m.*) **de fiesta** holiday; **hacer una fiesta** to have a party; **ir a fiestas** to go to parties (1)
**fiestón** *m.* large party
**figura** figure
**figurar** to calculate
**fijo/a** fixed
**fila** line, row
**filosofía** philosophy; **Facultad** (*f.*) **de Filosofía y Letras** School of Humanities (3)
**filosófico/a** philosophical (B)
**fin** *m.* end (4); purpose, goal; **a fines** (*pl.*) **de** at the end of; **en fin** in short, in brief; **fin de semana** weekend (1); **ponerle fin a** to put an end to (16); **por fin** finally (12)
**final** *n. m.* end; *adj.* final; **al final** in the end; **al final de** at the end of (14)

**finalmente** finally (2)
**finanzas** *pl.* finances
**finca** farm (16)
**fino/a** fine; of good quality (13)
**firma** signature (1)
**firmar** to sign (7)
**firme** solid
**fiscal** *m., f.* public prosecutor
**físico/a** physical (A)
**flan** *m.* sweet custard (8)
**flojo/a** lazy
**flor** *f.* flower (2)
**florero** flower vase (12)
**flotante** *adj.* floating
**flotar** to float (10)
**flujo** flow
**fluorado: carburos fluorados** fluorocarbons
**fogata** bonfire
**folleto** brochure
**fomentar** to foster, encourage
**fondo** fund (15); **plato de fondo** main dish
**forestal** pertaining to forests; **masa forestal** forest
**forma** form (12)
**formación** *f.* formation (16)
**formalidad** *f.* formality
**formar** to form (16)
**formatear** to format
**fornido/a** well-built
**forzar** (**ue**) (**c**) to force
**foto** *f.* photo; **sacar fotos** to take pictures (1)
**fotocopia** photocopy
**fotografía** photography; picture (5)
**fotógrafo/a** photographer (13)
**fracaso** failure (15)
**fractura** fracture, break
**fracturarse** to fracture, break
**fragmento** excerpt
**francés** *n. m.* French (language) (C)
**francés, francesa** *n., adj.* French (C); **despedirse a la francesa** to leave without saying goodbye
**Francia** France (C)
**frase** *f.* sentence, phrase (C)
**fraude** *m.* fraud (16)
**frazada** blanket
**frecuencia** frequency; **con frecuencia** frequently (2)
**frecuentemente** frequently (12)
**fregadero** kitchen sink (6)
**freír** (**frío**) (**i, i**) to fry (8)
**freno** brake (10)
**frente** *m.* front; *f.* forehead (12); **en frente de** in front of; **frente a** *prep.* facing, opposite
**fresa** strawberry (8)
**fresco/a** fresh (8); cool; **hace fresco** it's cool (weather) (1)
**frigorífero** refrigerator
**frigorífico** refrigerator
**frijol** *m.* bean (8)
**frío/a** cold; **hace frío** it's cold (weather) (1); **té** (*m.*) **frío** cold tea (8); **tener frío** to be cold (4)

**frito/a** (*p.p.* of **freír**) fried; **huevos fritos** fried eggs (8); **papas fritas** French fries (8); **pollo frito** fried chicken (8)
**frondoso: sendas** (*pl.*) **frondosas** shaded paths
**frontera** border, frontier (8)
**frotar** to rub
**fruta** fruit; **batido de frutas** fruit shake (8)
**frutal** *adj.* fruit
**frutería** fruit store (13)
**frutilla** strawberry
**fuego** fire; **a fuego lento** over a low fire (8); **arma** *f.* (*but* **el arma**) **de fuego** firearm (16); **fuegos artificiales** fireworks (11)
**fuente** *f.* source; fountain (4); **fuente de energía** energy source (16); **fuente de sopa** soup tureen (8)
**fuera** out, outside (5); **cenar fuera** to go out to dinner (1); **por fuera** on the outside (8)
**fuerte** strong (10)
**fuertemente** strongly
**fuerza** strength
**fumar** to smoke (3); **sección** (*f.*) **de** (**no**) **fumar** (no) smoking section (11)
**función** *f.* function (12)
**funcionar** to function
**fundación** *f.* foundation
**fundado/a** founded (16)
**fundamentos** *pl.* fundamentals
**fundar** to found
**furioso/a** furious
**fusilar** to shoot, execute by firing squad
**fútbol** *m.* soccer (1); **fútbol americano** football (1)
**futuro** *n.* future
**futuro/a** *adj.* future

# G

**gabardina** gabardine (*type of cloth*)
**gabinete** *m.* cabinet (*government*); cabinet (6); cupboard
**Gales** *m. sing.* Wales
**gallego/a** from or characteristic of Galicia (*northern region of Spain*)
**galleta** biscuit; cracker; cookie
**galletita** cookie (8)
**gallina** hen; fowl
**galón** *m.* gallon
**galope** *m.*: **al galope** at a gallop
**galvanizar** (**c**) to galvanize; to electroplate
**gamba** prawn
**ganadero/a** *adj.* cattle-raising
**ganado** cattle; **pasto de ganado** cattle grazing
**ganador(a)** winner (16)
**ganancias** *pl.* earnings
**ganar** to earn; to win (7); **ganar dinero** to earn money (5)
**ganas** *pl.*: **tener ganas de** (+ *infin.*) to feel like (*doing something*) (5)
**ganga** bargain (13); **¡qué ganga!** what a bargain! (13)
**garaje** *m.* garage; **venta de garaje** garage sale

**garantizar (c)** to guarantee
**garganta** throat (12)
**gárgaras** *pl.*: **hacer gárgaras** to gargle (12)
**garúa** drizzle
**garza** heron
**gasolinera** gas station (6)
**gastar** to spend (*money*) (13); to consume; **gastar combustible** to use gas (10)
**gasto** expense (16)
**gato/a** cat (A); **jugar al gato** to play tag (9)
**gaveta** drawer (6)
**gemelo/a** twin (C)
**Géminis** *m. sing.* Gemini
**gene** *m.* gene (16)
**generación** *f.* generation
**general** *adj.* general; **en general** in general (2); **por lo general** in general
**generalmente** generally (3)
**generar** to generate
**género** gender
**generoso/a** generous (B)
**gente** *f. sing.* people (3)
**geografía** geography
**geográfico/a** geographical (16)
**geoturismo** *tourism of natural areas and parks*
**gerente** *m., f.* manager (5)
**gestación** *f.* gestation
**gesto** gesture
**gigante** *adj.* giant
**gimnasia: hacer gimnasia** to do gymnastics
**gimnasio** gymnasium (3)
**gira** tour; **hacer una gira** to take a tour (10)
**girar** to spin around
**giro postal** money order
**gitano/a** gypsy
**glicerina** glycerine
**globo** globe (12)
**glosario** glossary
**gobernador(a)** governor (14)
**gobernante** *m., f.* ruler
**gobernar (ie)** to govern (16)
**gobierno** government (16)
**gol** *m.* goal (*sports*)
**golf** *m.* golf (15)
**golfo** gulf (10)
**golpe** *m.* blow, hit; **golpe de estado** *coup d'état* (16); **golpe militar** military coup
**golpear(se)** to hit (oneself) (12)
**goma** rubber (13)
**gordo/a** *adj.* fat (A); **premio gordo** grand prize (15)
**gorra** cap (13)
**gorro** party hat
**gota** drop; **gotas para la nariz** nose drops (12)
**goteo nasal** nasal drip
**gozar (c) de** to enjoy (15)
**grabación** *n. f.* recording
**grabadora** tape recorder
**grabar** to record
**gracias** thank you (A); **Día** (*m.*) **de Acción de Gracias** Thanksgiving Day (4); **gracias a** thanks to; **muchas gracias** thank you very much

**grado** degree (2)
**graduación** *f.* graduation (5)
**graduarse** to graduate (5)
**gráfico** *n.* chart; diagram
**gráfico/a** *adj.* graphic
**gragea** sprinkle (*colored candy granule used for decorating cakes*); pill
**grama** grass
**gramática** grammar (A)
**gran, grande** big, large (B); great; **en gran parte** to a large degree; **de gran valor** of great value (14)
**grano** grain
**grasa** *n.* fat
**gratificador(a)** gratifying, pleasurable
**gratis** *inv.* free (*of charge*)
**gratuito/a** free (*of charge*) (16)
**grave** serious
**Grecia** Greece
**griego/a** *n.* Greek; *adj.* Grecian (16)
**grieta** crack, fissure
**grifo** faucet
**gringo/a** *coll.* foreigner
**gripa** *Mex.* flu
**gripe** *f.* flu (12)
**gris** gray (A)
**gritar** to yell, shout, scream (4); **gritarse** to yell at each other
**grito** shout, scream (7)
**grueso/a** thick
**gruñón, gruñona** grumpy
**grupo** group
**guacamayo** macaw
**guacamole** *m.* dip or sauce made of avocados
**guagua** *Cuba, Puerto Rico* bus
**guanábana** custard apple
**guante** *m.* glove (13)
**guapo/a** good-looking (A)
**guaraní** *m.* Guaraní (*indigenous language of Paraguay*); Paraguayan currency (13)
**guardabarros** *m. sing., pl.* fender
**guardafangos** *m. sing., pl.* fender (10)
**guardar** to keep; to save; **guardar ropa** to put away clothes (6)
**guardería (infantil)** childcare center (16)
**guardia** *m., f.* guard
**guatemalteco/a** *adj.* Guatemalan (3)
**guayabera** *embroidered shirt of light material worn in tropical climates* (13)
**guerra** war (15); **Segunda Guerra Mundial** Second World War
**guerrero** soldier
**guerrillero/a** guerrilla (16)
**guía** guide(book) (4)
**guiar (guío)** to guide
**guión** *m.* script
**guisante** *m.* pea (8)
**guitarra** guitar
**gustar** to be pleasing; **a mí (sí/no) me gusta...** I (do/don't) like to . . . (1); **le gusta...** you (*pol. sing.*) like to . . . ; he/she likes to . . . (1); **les gusta...** you (*pl.*) like to . . . they like to . . . (1); **(no) me gusta...**

I (don't) like to . . . (1); **¿qué le gusta hacer?** what do you (*pol. sing.*) like to do?; what does he/she like to do? (1); **¿qué te gusta hacer?** what do you (*inf. sing.*) like to do? (1); **te gusta...** you (*inf. sing.*) like to . . . (1)
**gusto** taste (14); pleasure, delight; **con gusto** with pleasure; **mucho gusto** pleased to meet you (A); **¡qué gusto!** what a pleasure! (15)

# H

**ha habido** (*infin.* **haber**) there has/have been (13)
**Habana: La Habana** Havana
**haber** *irreg.* (*infin. of* **hay**) to have (*auxiliary*); to be; to exist (12)
**había** (*infin.* **haber**) there was/there were
**habichuela** green bean (8)
**habilidad** *f.* ability; skill
**habitación** *f.* room (6)
**habitado/a** inhabited (16)
**habitante** *m., f.* inhabitant (16)
**habitar** to inhabit (16)
**hábito** habit (12)
**hablar** to speak, talk; **hablar por teléfono** to speak on the phone (A)
**habrá** (*infin.* **haber**) there will be
**habría** (*infin.* **haber**) there would be
**Habsburgo** Hapsburg
**hacendado/a** property owner (16)
**hacer** *irreg.* (*p.p.* **hecho**) to do; to make (1); **¿cuántas millas hace por... ?** how many miles per . . . do you get?; **¿cuánto hace que** + *present*? how long have/has . . . ?; **¿cuánto tiempo hace que... ?** how long has it been since . . . ? (7); **hace** + *time* (*time*) . . . ago (7); **hace** + *time* + **que** + *present* (I) have been (*doing something*) for + *time*; **hace buen/mal tiempo** it's fine/bad weather (2); **hace calor/fresco/frío/sol/viento** it's hot/cool/cold/sunny/windy (weather) (2); **hacer análisis** to do (medical) tests; **hacer caso** to pay attention; **hacer cola** to stand in line (11); **hacer comentarios** to comment; **hacer daño** to harm; **hacer ejercicio** to exercise (1); **hacer el papel de** to play the role of (6); **hacer enojar** to make angry, anger; **hacer erupción** to erupt; **hacer excursiones** to go on outings; **hacer falta** to be necessary; **hacer gárgaras** to gargle (12) **hacer las compras** to go grocery shopping (6); **hacer las maletas** to pack (11); **hacer preguntas** to ask questions (5); **hacer ruido** to make noise; **hacer transbordo** to change (*trains, etc.*); **hacer una fiesta** to have a party; **hacer una gira** to take a tour (10); **hacer una limpieza** to clean; **hacer viajes** to take trips, travel; **hacerse** to become; to pretend, feign to be; **hacerse cargo** to take charge; **hacerse socio** to become a member (15); **¿qué le**

**gusta hacer?** what do you (*pol. sing.*) like to do?; what does he/she like to do? (1); **¿qué te gusta hacer?** what do you (*inf. sing.*) like to do? (1); **¿qué tiempo hace?** what is the weather like? (2); **se me está haciendo tarde** it's getting late

**hacia** toward (10); **hacia adelante** forward

**hada: cuento de hadas** fairy tale

**hallar** to find

**hambre** *f.* (*but* **el hambre**) hunger; **pasar hambre** to go hungry; **tener hambre** to be hungry (4)

**hambruna** famine

**hamburguesa** hamburger

**harapiento/a** ragged; unkempt

**harina** flour (8)

**hasta** *prep.* up to, until (3); *adv.* even; **desde la(s)... hasta la(s)...** from . . . to . . . (*time*) (4); **hasta la fecha** up to now; **hasta luego** see you later (A); **hasta mañana** see you tomorrow; **hasta que** *conj.* until (15)

**hay** there is, there are; **¿cuántos/as hay?** how many are there? (A); **hay que** one has to (6); **no hay paso** no entrance (10)

**hazaña** deed, achievement

**hebreo** Hebrew (language) (C)

**hechizar (c)** to bewitch; to charm; to fascinate

**hecho** *n.* fact; event (7); **de hecho** in fact

**hecho/a** (*p.p. of* **hacer**) made; **de qué está hecho/a?** what is it (made) of? (13); **hecho/a a mano** handmade (13)

**hectárea** hectare (*2.471 acres*)

**helada** frost; freezing weather

**heladera** refrigerator (10)

**heladería** ice cream parlor (13)

**helado** ice cream (C)

**helado/a** frozen; **té** (*m.*) **helado** iced tea (7)

**hembra** female

**hemisferio** hemisphere

**heredar** to inherit

**herida** wound (12)

**herido/a** *n.* wounded person (12); *adj.* wounded

**hermanastro/a** stepbrother/stepsister (9)

**hermano/a** brother/sister (B)

**hermoso/a** beautiful (4)

**héroe** *m.* hero (5)

**heroico/a** heroic (7)

**heroína** heroin; heroine (5)

**herramienta** tool (13)

**hervir (ie, i)** to boil

**hielo** ice; **patinar en el hielo** to ice skate (1)

**hierba** grass

**hierro** iron (13)

**hígado** liver (8)

**hijastro/a** stepson/stepdaughter (9)

**hijo/a** son/daughter (C); **hijo/a único/a** only child (14); **hijos** *pl.* children (sons, sons and daughters) (C)

**hilo** linen (13); **hilo dental** dental floss

**hinchado/a** swollen (12)

**hipotético/a** hypothetical (15)

**hispánico/a** Hispanic

**hispanidad** *f.* Hispanic identity; Hispanic world

**hispano/a** Hispanic

**Hispanoamérica** Spanish America (15)

**hispanohablante** *m., f.* Spanish speaker

**histérico/a** hysterical (16)

**historia** story; history

**historial** (*m.*) **clínico** medical history (12)

**histórico/a** historical (7)

**historieta** short story, anecdote

**hnos.** (*abbrev. for* **hermanos**) brothers

**hogar** *m.* home (15)

**hoja** leaf (2)

**hola** hi (B)

**holgado/a** loose; comfortable

**hombre** *m.* man (A)

**hombro** shoulder (B)

**homicidio** homicide (16)

**hondo: plato hondo** soup plate, bowl (8)

**hondureño/a** *adj.* Honduran (3)

**honestidad** *f.* honesty

**hongo** mushroom (8)

**honrado/a** honorable, honest

**hora** hour; time; **¿a qué hora (es)... ?** at what time (is) . . . ? (1); **a última hora** at the last minute; **¿qué hora es?** what time is it?; **¿qué hora tiene?** what time do you (*pol. sing.*) have? (1); **¡ya era hora!** it was about time! (16)

**horario** schedule

**horneado/a** baked (8)

**horno** oven (6); **horno de microondas** microwave oven (6)

**horóscopo** horoscope

**hortaliza** *Mex.* vegetable garden

**hospedaje** *m.* lodging

**hospedarse** to stay (7)

**hospital** *m.* hospital (3)

**hospitalidad** *f.* hospitality

**hotel** *m.* hotel (4)

**hotelero/a** *adj.* hotel

**hoy** today (1); **hoy (en) día** nowadays

**huelga** (labor) strike (16); **declarar la huelga** to go on strike

**huelguista** *m., f.* striker

**huérfano/a** orphan

**hueso** bone (12)

**huésped(a)** guest

**huevo** egg; **huevos cocidos** hard-boiled eggs (8); **huevos rancheros** *eggs, usually fried or poached, topped with a spicy tomato sauce and sometimes served on a fried corn tortilla;* **huevos revueltos** scrambled eggs (8)

**huir** to escape, run away (16)

**humanidad** *f.* humanity

**humanitario/a** humanitarian (16)

**humano/a** *n., adj.* human (B); **ser** (*m.*) **humano** human being (15)

**humedad** *f.* humidity (10)

**humedecido/a** damp, moist

**húmedo/a** humid (10)

**humilde** humble

**humo** smoke

**humor** *m.* humor; mood; **estar de buen/mal humor** to be in a good/bad mood (4); **ponerse de buen/mal humor** to get into a good/bad mood; **sentido del humor** sense of humor (14)

**humorístico/a** humoristic

**hundirse** to sink

**huracán** *m.* hurricane (10)

# I

**ida: boleto de ida y vuelta** round-trip ticket (11)

**idea: ¡qué buena idea!** what a good idea! (2)

**idealista** *adj. m., f.* idealistic (B)

**idéntico/a** identical

**identificación** *f.* identification (A)

**identificar (qu)** to identify (10)

**ideología** ideology

**idioma** *m.* language

**iglesia** church (4)

**ignorar** to ignore

**igual** equal

**igualdad** *f.* equality

**igualmente** *interjection* same here (A)

**ilegal** illegal (16)

**ileso/a** uninjured

**iluminador/a** illuminating

**ilustración** *f.* illustration

**ilustrar** to illustrate

**imagen** *f.* image

**imaginario/a** imaginary (16)

**imaginarse** to imagine (6)

**impaciencia** impatience

**impaciente** impatient

**impartir** to impart, give (*instruction*)

**impedir (i, i)** to prevent

**imperio** empire (16)

**implicación** *f.* implication

**implicar (qu)** to implicate; to involve; to imply

**imponerse** (*like* **ponerse**) to dominate, impose one's authority (16)

**importación** *f.* importing, importation; **de importación** imported

**importado/a** imported (13)

**importancia** importance (14)

**importante** important

**importar** to matter, be important; **¿qué me importa a mí?** I don't care! (16)

**imposible** impossible (14)

**imprenta** printing shop

**impresión** *f.* impression (16)

**impresionante** impressive (10)

**impresionar** to impress

**impresionista** *n. m., f.* Impressionist

**impreso/a** printed

**impresora** printer (15)

**imprimir** to print

**impuesto** tax (11)

**impulsado/a** make run, runs (*batteries*)

**impune** *adj.* unpunished

**inagotable** inexhaustible
**inaudito/a** unheard of; unprecedented
**inca** *n. m., f.* Inca; *adj.* Incan (16)
**incaico/a** Incan
**incansable** indefatigable
**incendio** fire (5); **alarma de incendio** fire alarm
**incivilizado/a** uncivilized
**inclinar** to bow, bend; **inclinarse** to bow; to lean
**incluir (y)** to include (8)
**incluso** *adv.* even; including
**incómodo/a** uncomfortable
**incondicional** unconditional (15)
**inconsciente** unconscious (12)
**incontenible** unstoppable
**incorporar** to incorporate
**increíble** unbelievable
**incrementar** to increase
**indeciso/a** indecisive; hesitant
**independencia** independence; **Día** (*m.*) **de la Independencia** Independence Day (4)
**independiente** independent
**indeseado/a** unwanted
**indicación** *f.* indication
**indicar (qu)** to indicate
**índice** (*m.*) **de natalidad** birthrate
**indígena** *n. m., f.; adj.* Indian; indigenous, native (7)
**indio/a** *n.* Indian (16)
**indirecto: pronombre** (*m.*) **de complemento indirecto** indirect object pronoun
**indiscreto/a** indiscreet (7)
**indispensable** essential
**individuo** person, individual
**indocumentado/a** illegal, without papers
**índole** *f.* nature
**indudable** doubtless
**industria** industry (10)
**industrial: obrero/a industrial** industrial worker (5)
**industrialización** *f.* industrialization
**industrializado/a** industrialized
**inesperado/a** unexpected
**inestable** unstable
**infancia** infancy; childhood
**infante** *m.:* **jardín** (*m.*) **de infantes** kindergarten
**infantil** *adj.* infant; child's; children's; **guardería infantil** childcare center (16)
**infarto** heart attack
**infección** *f.* infection (12)
**infectado/a** infected
**infierno** hell
**infinito/a** infinite
**influencia** influence
**influir (y)** to influence (14)
**información** *f.* information
**informar** to inform
**informática** data processing (2)
**informe** *m.* report; (*pl.*) information (7)
**ingeniería** engineering (2)
**ingeniero/a** engineer (5)

**ingerir (ie, i)** to swallow; to ingest
**Inglaterra** England (C)
**inglés** *n. m.* English (language) (C)
**inglés, inglesa** *n., adj.* English (C)
**ingrediente** *m.* ingredient
**ingresar (en)** to enter
**ingresos** *pl.* income
**iniciar** to initiate (16)
**iniciativa** initiative
**ininterrumpidamente** uninterruptedly; continuously
**injusto/a** unfair
**inmediato/a** immediate (16)
**inmejorable** unsurpassable
**inmenso/a** immense (10)
**inmersión** *f.* dive
**inmigración** *f.* immigration (11)
**inmigrante** *m., f.* immigrant (16)
**inmobiliario/a** *adj.* real-estate; property
**inmortalizado/a** immortalized
**inmunodeficiencia** immunodeficiency
**inodoro** toilet (6); **taza del inodoro** toilet bowl (6)
**inolvidable** unforgettable
**inquisición** *f.* inquisition
**inscribir(se)** (*p.p.* **inscrito**) to enroll (oneself) (16)
**inscrito/a** (*p.p. of* **inscribir**) registered, enrolled
**inseguro/a** unsure
**inseminación** (*f.*) **artificial** artificial insemination
**insistir** to insist (16)
**inspeccionar** to inspect
**inspector(a)** inspector
**instalación** *f.* installation
**instalar** to install; **instalarse** to settle; to establish oneself
**instante** *m.* moment
**instintivamente** instinctively
**institución** *f.* institution
**instrucción** *f.* instruction (11)
**instruir (y)** to instruct
**insultarse** to insult each other
**intacto/a** intact
**integración** *f.* integration
**intelecto** intellect
**inteligencia** intelligence (15)
**inteligente** intelligent (B)
**intensidad** *f.* intensity
**intensivo/a** intensive
**intentar** to try; **intentar** (+ *infin.*) to try to (*do something*)
**intento** attempt
**interacción** *f.* interaction
**intercambiar** to exchange (15)
**intercambio** *n.* exchange
**interés** *m.* interest
**interesante** interesting (B); **¡qué interesante!** how interesting! (1)
**interesar** to interest, be interested in (10); **le interesa** you (*pol. sing.*) are interested; he/she is interested; **me interesa** I am interested

**interferir (ie, i)** to interfere
**interior** *m., adj.* interior, inside; **ropa interior** underwear (13)
**internacional** international
**internado/a** hospitalized (12)
**internar** to admit, put into (*a hospital*) (12)
**interno/a** internal
**interrogar (gu)** to interrogate
**interrumpir** to interrupt
**intervención** *f.* intervention
**intervenir** (*like* **venir**) to intervene (16)
**íntimo/a** close, intimate; **amigo/a íntimo/a** close friend (15)
**intranquilidad** worry; uneasiness; anxiety
**introvertido/a** introverted (B)
**intuitivo/a** intuitive
**inundación** *f.* flood
**invadir** to overrun; to invade
**invasión** *f.* invasion
**invernar** to hibernate
**inversión** *f.* investment
**inversionista** *m., f.* investor
**investigación** *f.* research (15)
**invierno** winter (1)
**invitación** *f.* invitation
**invitado/a** guest
**involucrado/a** involved
**inyección** *f.* injection (12)
**ir** *irreg.* to go (1); **¿cómo se va de... a... ?** how does one get from . . . to . . . ?; **ir a** (+ *infin.*) to be going to (*do something*); **ir a fiestas** to go to parties (1); **ir de compras** to go shopping (1); **ir de vacaciones** to go on vacation (11); **ir + -ndo** to be in the process of (*doing something*); **irse** to go away, get away (11); **que te/le vaya bien** may it go well for you; **vamos a** (+ *infin.*) let's (*do something*); **vamos a ver** let's see; **ya voy** I'm coming
**iraní** (*pl.* **iraníes**) *n.* Iranian person (16)
**iris: arco iris** rainbow
**Irlanda** Ireland
**irlandés, irlandesa** *n.* Irishman/Irishwoman; *adj.* Irish (16)
**irreverente** irreverent; disrespectful
**irritado/a** irritated
**irrompible** unbreakable
**isla** island (10)
**israelí** *n. m., f.; adj.* (*pl.* **israelíes**) Israeli
**istmeño/a** Panamanian
**istmo** isthmus (16)
**Italia** Italy (C)
**italiano** *n.* Italian (language) (C)
**italiano/a** *n., adj.* Italian (C)
**izquierda** *n.* left hand; left-hand side; **a/de la izquierda** to/from (on) the left (3)
**izquierdo/a** *adj.* left, left-hand

# J

**jabón** *m.* soap (4)
**jadeo** *n.* panting; gasping
**jai alai** *m. Basque ball game*
**jalar** *Mex.* to pull (14)

**jalea** jelly (8)
**jamás** never; **más que jamás** more than ever
**jamón** *m.* ham (8)
**Jánuca** *m.* Hanukkah (4)
**Japón** *m.* Japan (C)
**japonés** *m.* Japanese (language) (C)
**japonés, japonesa** *n., adj.* Japanese (C)
**jarabe** *m.* **(para la tos)** (cough) syrup (12)
**jardín** *m.* garden (2); yard; **jardín de infantes** kindergarten
**jardinería** gardening
**jarra** pitcher, jug (8)
**jeans** *m. pl.* (blue) jeans (15)
**jefe, jefa** boss, chief (14)
**jonrón** *m.* home run
**jornada** day's work; **jornada completa** full-time (5); **media jornada** part-time (5)
**jorobado** *n. m.* hunchback
**joven** *n. m., f.* youth; *adj.* young (A)
**joya** jewel (13); *pl.* jewelry
**joyería** jewelry store (13)
**jubilarse** to retire (15)
**judía verde** green bean
**judío/a** *n.* Jew; *adj.* Jewish (16); **Pascua Judía** Passover (4)
**juego** game (1); **Juegos Olímpicos** Olympic Games
**jueves** *m. sing., pl.* Thursday (1)
**juez** *m., f.* (*pl.* **jueces**) judge (5)
**jugador(a)** player
**jugar (ue) (gu)** to play (1); **jugar a la rayuela** to play hopscotch (9); **jugar al** + *sport* to play (*a sport*); **jugar al bebeleche** *Mex.* to play hopscotch (9); **jugar al escondite** to play hide-and-seek (9); **jugar al gato** to play tag (9)
**jugarreta** dirty trick
**jugo** juice; **jugo natural** fresh-squeezed juice (8)
**juguete** *m.* toy (4)
**julio** July (1)
**junio** June (1)
**juntar** to join
**junto a** *prep.* next to (11)
**juntos/as** *pl.* together (3)
**jurar** to swear
**justamente** *adv.* just, exactly
**justificar (qu)** to justify
**justo/a** fair (16)
**juventud** *f.* youth (9)

## K

**kaki** *m.* khaki
**kayac** *m.* kayak
**kg.** (*abbrev. for* **kilogramo**) kilogram, kilo
**kilo** kilogram, kilo
**kilómetro** kilometer (7)
**kínder** *m.* kindergarten
**km.** (*abbrev. for* **kilómetro**) kilometer

## L

**la** *definite article f.* the (A); *d.o.* her, it, you (*pol. sing.*)

**labio** lip (12)
**labor** *f.* labor, work
**laboral: horas laborales** working hours
**laborar** to work
**laboratorio** laboratory
**lacio/a** straight (*hair*) (A)
**lacón** *m.* shoulder of pork
**ladera** hillside, slope (*of a mountain*)
**lado** side (8); **al lado de** next to, to the side (3); **de al lado** next door; **de cada lado** on each side; **por todos lados** on all sides
**ladrador(a)** *adj.* barking (*dog*)
**ladrar** to bark (3)
**ladrillo** brick (13)
**ladrón, ladrona** thief (7)
**lago** lake (2)
**lágrima** tear
**laguna** pool; lagoon (10)
**lamentablemente** unfortunately
**lámpara** lamp (6)
**lana** wool (13)
**lancha** boat (10)
**langosta** lobster (8)
**langostino** prawn, crayfish
**lanzar (c)** to launch; to fire
**lápiz** *m.* (*pl.* **lápices**) pencil (A)
**lapsus** *m. sing., pl.* lapse; mistake
**largo/a** long (A)
**las** *definite article f. pl.* the (A); *d.o. f. pl.* them, you (*pol. pl.*)
**lasaña** lasagna
**lástima** compassion; shame; **¡qué lástima!** what a pity! (4); **¡qué lástima que... !** what a pity that . . . !
**lastimar** to harm, injure; to pity
**lata** can (8)
**latino/a** *n., adj.* Latin (16)
**Latinoamérica** Latin America
**latinoamericano/a** Latin American
**latón** *m.* brass
**lavable** washable
**lavabo** bathroom sink (6)
**lavadora** washing machine (6)
**lavandería** laundromat (3)
**lavaplatos** *m. sing., pl.* dishwasher (6)
**lavar** to wash (2); **lavarse el pelo** to wash one's hair (4); **lavarse los dientes** to brush one's teeth (4)
**lazo** lasso, lariat; tie (15)
**le** *i.o.* to/for him, her, it, you (*pol. sing.*)
**lealtad** *f.* loyalty (15)
**lección** *f.* lesson (3)
**leche** *f.* milk (4); **arroz** (*m.*) **con leche** rice pudding (8); **batido de leche** milk shake (8)
**lechón** *m.* piglet
**lechuga** lettuce (8)
**lector(a)** reader
**lectura** *n.* reading (1)
**leer (y)** to read (1); **leer el periódico** to read the newspaper (1)
**legalización** *f.* legalization (16)
**legalizar (c)** to legalize

**legislador/a** legislator (16)
**legislatura** legislature
**legumbre** *f.* vegetable
**lejano/a** distant, remote
**lejos** *adv.* far away; **lejos de** *prep.* far away from (3)
**lengua** tongue; language (12); **lengua materna** mother tongue (16); **lenguas africanas** African languages (C)
**lenguaje** *m.* language
**lentamente** slowly (10)
**lentes** *m. pl.* (eye)glasses (A)
**lento/a** slow; **a fuego lento** over a low fire (8)
**leño: al leño** spit-roasted (*over a wood fire*)
**león, leona** lion/lioness
**les** *i.o.* to/for them, you (*pol. pl.*)
**lesión** *f.* injury
**letra** letter (*of the alphabet*); *pl.* literature; **Facultad** (*f.*) **de Filosofía y Letras** School of Humanities (3)
**letrero** sign
**leucemia** leukemia
**levantar** to lift, raise up; **levantar pesas** to lift weights (2); **levantarse** to get up (4)
**ley** *f.* law (16)
**leyenda** legend
**liberado/a** liberated, freed
**libertad** *f.* liberty, freedom (16)
**libertador(a)** liberator (16)
**libra** pound (8); **Libra** Libra
**libre** free (*to act*) (16); available (4); **al aire** (*m.*) **libre** outdoors (7); **mercado libre** free market (16); **tiempo libre** free time (2)
**librería** bookstore (3)
**libreto** film script
**libro** book (A)
**licencia de manejar** driver's license (10)
**licenciado/a** lawyer (16)
**licenciatura** university degree
**lícito/a** legal
**licor** *m.* liquor
**licuadora** blender (13)
**líder** *m.* leader (16)
**liderazgo** leadership
**liga** league
**ligero/a** light (*not heavy*) (8)
**limitar** to limit (14)
**límite** *m.*: **edad** (*f.*) **límite** maximum age
**limón** *m.* lemon
**limonada** lemonade
**limpiaparabrisas** *m. sing., pl.* windshield wiper (10)
**limpiar** to clean (2)
**limpieza** cleaning; **hacer una limpieza** to clean
**limpio/a** clean (7)
**lindo/a** pretty (7)
**línea** line; **en línea** on line (15); **línea ecuatorial** equator
**lino** linen (13)
**líquido** liquid
**lista** list

**listo/a** ready, prepared; **estar listo/a** to be ready (5); **ser listo/a** to be smart, clever

**literatura** literature

**litio** lithium

**litoral** coast

**litro** liter

**llamada** (telephone) call (4)

**llamar** to call (4); **¿cómo se llama?** what is his/her name? (A); **¿cómo se llama usted? / ¿cómo te llamas?** what is your name? (A); **llamar la atención (a)** to call, attract attention (to); **llamar por teléfono** to phone (4); **llamarse** to be called, named; **me llamo...** my name is . . . (A); **se llama...** his/her name is . . . (A)

**llano** n. plain (10)

**llanta** tire; **llanta desinflada** flat tire (10)

**llanto** n. weeping, crying

**llave** n. f. key (12)

**llegada** arrival (11)

**llegar (gu)** to arrive (2); **llegar a ser** to become (16); **llegar a tiempo** to arrive/be on time (5); **llegar al poder** to attain power (16); **llegar tarde** to arrive/be late (5)

**llenar** to fill (8)

**lleno/a** full (16)

✔ **llevar** to wear (A); to take (*someone or something somewhere*) (D); to carry; **llevar + time + -ndo** to have been (*doing something*) for + *time*; **llevar a cabo** to carry out, perform; **llevarse** to carry off, take away (13); **llevarse bien** to get along well (9); **me lo/la llevo** I'll take (*buy*) it (12)

**llorar** to cry (3)

**llover (ue)** to rain (2)

**llovizna** drizzle (10)

**lluvia** rain (10)

**lo** *d.o. m.* him, it, you (*pol. sing.*); **lo + adj. the + adj.** part, thing, that which is + *adj.*; **lo que** that which, what (7); **lo siento** I'm sorry

**lobo** wolf

**local** m. place; premises

**localidad** f. location; locality

**localizar (c)** to locate

**loción** f. lotion

**loco/a** n. crazy person; adj. crazy; **volverse loco/a** to go crazy (12)

**locomoción** f. locomotion; public transportation

**locomotora** locomotive (10)

**lodo** mud

**lógico/a** logical

**lograr** to achieve, attain (15); **lograr (+ infin.)** to manage to (*do something*), succeed in (*doing something*)

**logro** achievement

**loma** hill

**lomo** back; loin

**lona** canvas

**Londres** m. sing. London (C)

**los** definite article m. pl. the (A); d.o. them, you (pol. pl.)

**lote** m. share, portion (13)

**lotería** lottery (15)

**lucha** fight, struggle

**luchar** to fight, struggle; **luchar por** to fight for (16)

**lucrativo/a** lucrative; profitable

**luego** then (C); **desde luego** of course; **hasta luego** see you later (A); **luego de** after

**lugar** m. place; **lugar de nacimiento** place of birth (1); **tener lugar** to take place (15)

**lujo** luxury (11); **de lujo** deluxe

**lujoso/a** luxurious

**luna** moon (7); **luna de miel** honeymoon (15)

**lunar** m.: **de lunares** polka-dotted (13)

**lunes** m. sing., pl. Monday (1)

**luz** f. (pl. **luces**) light (B); electricity; **apagar la luz** to turn off the light (6); **encender la luz** to turn on the light (6); **prender la luz** to turn on the light (6)

# M

**machismo** male pride

**machista** adj. m., f. chauvinistic

**macho** n. male

**madera** wood (10)

**maderero/a** adj. relating to wood or timber

**madrastra** stepmother (9)

**madre** f. mother (C); **Día (m.) de la Madre** Mother's Day (4)

**madrileño/a** resident of Madrid

**madrina** godmother (15)

**madrugada** dawn

**madrugar (gu)** to get up early

**madurar** to mature

**maduro/a** mature; ripe (8)

**maestro/a** n. teacher (5); adj. masterly, expert; **obra maestra** masterpiece

**mágico/a** adj. magic

**magistral: conferencia magistral** professorial lecture

**magnífico/a** magnificent; great

**Mago: Día (m.) de los Reyes Magos** Epiphany, Jan. 6th (lit. Day of the Magi) (4)

**magullado/a** bruised

**mahometano/a** n. Muslim

**maíz** m. corn (8); **mazorca de maíz** ear of corn (8); **palomitas (pl.) de maíz** popcorn (8)

**majestad** f. majesty

**mal** n. m. evil; adv. badly

**mal, malo/a** adj. bad (6); **estar de mal humor** to be in a bad mood (4)

**maldición** f. curse

**malentendido** n. misunderstanding

**malestar** m. discomfort, malaise, indisposition (12)

**maleta** suitcase (11); **facturar la maleta** to check baggage (11); **hacer las maletas** to pack (11)

**maletero** trunk of a car (10)

**maltrato** mistreatment, abuse

**mamá** mother (B)

**mancha** stain

**manchar** to stain

**mandado** errand; job

**mandar** to send (16); to order, command; **mandar a buscar** to have (*someone*) look for; **mandar por correo** to send by mail

**mandarina** mandarin orange

**mandato** command (A)

**manejar** to drive (2); **licencia de manejar** driver's license (10)

**manera** manner, way (6); **de esta manera** in this way; **de manera que** so that (16); in such a way that; **manera de pensar** way of thinking

**manga** sleeve (13)

**manguera** hose

**manifestar (ie)** to manifest

**mano** f. hand (B); **a mano** by hand; **bolsa de mano** carry-on luggage; handbag (10); **con las manos en la masa** red-handed, in the act; **darse la mano** to shake hands with each other (15); **equipaje (m.) de mano** hand luggage, carry-on luggage; **hecho/a a mano** handmade (13); **mano de obra** manual labor

**mansión** f. mansion

**manta** blanket

**mantel** m. tablecloth (8)

**mantener (like tener)** to maintain (10); **mantenerse** to keep oneself (12)

**mantenimiento** maintenance

**mantequilla** butter (8)

**mantequillera** butter dish

**manzana** apple (8)

**mañana** n. morning; tomorrow (1); adv. **de/por la mañana** in the morning (1); **hasta mañana** see you tomorrow; **mañana por la mañana** tomorrow morning; **pasado mañana** day after tomorrow (1)

**mapa** m. map

**maquillaje** m. makeup

**maquillarse** to put on makeup (4)

**máquina** machine; **escribir a máquina** to type (4)

**maquinaria** machinery

**mar** m., f. sea, ocean (2); **nivel (m.) del mar** sea level (16)

**maravilla** wonder, marvel; **¡qué maravilla!** how marvelous! (16)

**maravilloso/a** marvelous

**marca** brand (4)

**marcado/a** strong, pronounced

**marcar (qu)** to indicate, show; to dial (telephone)

**marcha** march; speed (gear)

**mareado/a** dizzy (12); nauseated

**marearse** to get sea-/carsick, dizzy

**mareo** dizziness, nausea (12)

**mariachi** m. (Mex.) band; type of music with trumpets, guitars, and marimba

**marido** husband

**marino/a** sea (10); **azul** (*m.*) **marino** navy blue (13); **estrella marina** star fish; **león marino** *adj.* marine, sea; **león marino** (*m.*) sea lion

**mariposa** butterfly (10)

**mariscada** seafood dish

**marisco** shellfish, seafood

**mármol** *m.* marble

**martes** *m. sing., pl.* Tuesday (1)

**martillo** hammer (13)

**marzo** March (1)

**más** more (B); **el/la más** + *adj.* the most . . . , the ___-est (6); **más de** + *number* more than + *number*; **más o menos** more or less; **más que (de)** more than (2); **más tarde** later (6); **más vale** (+ *infin.*) it is better to (*do something*)

**masa: con las manos en la masa** red-handed, in the act

**mascarada** masquerade

**mascota** mascot (14)

**masivo/a** large-scale

**masticar (qu)** to chew (3)

**matar** to kill (15)

**matemáticas** *pl.* mathematics

**materia** subject (*school*) (8); **materia prima** raw material (13)

**materializar (c)** to materialize

**maternidad** *f.* maternity

**materno/a** maternal; **lengua materna** mother tongue

**matrícula** registration (14)

**matricular(se)** to enroll

**matrimonial: cama matrimonial** double bed (6)

**matrimonio** matrimony, marriage; couple (15)

**mausoleo** mausoleum

**máximo/a** maximum; high, highest (*temperature*)

**maya** *n. m., f.; adj.* Maya(n)

**mayo** May (1)

**mayonesa** mayonnaise

**mayor** *adj.* older (C); oldest; major, main; greater; **la mayor parte** the majority; **mayor de edad** adult, person of legal age; **mayores** *m. pl.* adults

**mayoría** majority (6)

**mazmorra** dungeon

**mazorca de maíz** ear of corn

**me** *d.o.* me; *i.o.* to/for me; *refl. pron.* myself

**mecánico/a** *n.* mechanic (5); *adj.* mechanical

**mecedora** rocking chair (13)

**medalla** medal

**mediado: a mediados de** in the middle of; **desde mediados** (*pl.*) **de** since the middle of

**mediano/a** medium (*length*) (A); average; **estatura mediana** medium height (B)

**medianoche** *f.* midnight (1)

**mediante** by means of, through (15)

**medias** *pl.* nylons, stockings (13); *Caribbean* socks

**medicamento** medicine

**medicina** medicine; **Facultad** (*f.*) **de Medicina** School of Medicine (3)

**médico** *n.* doctor (5); *adj.* medical; **cuidado médico** medical care; **receta médica** medical prescription (12); **seguro médico** health insurance (12)

**medida** *sing.* means, measure; **a medida que** as, at the same time as

**medio** *n. sing.* means; middle; **en medio de** in the middle of (3); **medio ambiente** environment; **medios de comunicación** means of communication; mass media; **medios de producción** means of production; **número medio** median; **por el medio** in half; **por medio de** by means of (15)

**medio/a** *adj.* half (8); middle; **es la una y media** it's one-thirty (half past one) (1); **media jornada** part-time (5); **número medio** median

**mediodía** *m.* noon, midday (1)

**medir (i, i)** to measure

**Mediterráneo** *n.* Mediterranean (Sea)

**mediterráneo/a** *adj.* Mediterranean

**medula (médula): hasta la medula** to the core

**mejilla** cheek (12)

**mejor** better (B); best (6); **mejor amigo/a** best friend (6); **es mejor que...** (+ *subjunctive*) it is better that . . . (14)

**mejorar** to improve (8)

**mella** dent

**mellizo/a** *n., adj.* twin

**melocotón** *m.* peach (8)

**melón** *m.* melon

**memoria** memory

**mencionar** to mention

**menor** younger (C); youngest; **menor** (*m.*) **de edad** minor; (legally) under age (16)

**menos** less (1); least; **a menos que** unless (16); **echarse de menos** to miss each other; **más o menos** more or less; **menos que (de)** less than (6); **por lo menos** at least

**mensaje** *m.* message (15)

**mensual** monthly

**mente** *f.* mind; **ten en mente** keep (*inf. sing.*) in mind

**mentir (ie, i)** to lie

**mentira** lie (7)

**mentiroso/a** liar; **¡qué mentiroso/a!** what a liar! (9)

**menú** *m.* menu

**menudo/a** small; insignificant; **a menudo** often (6)

**mercado** market (4); **mercado libre** free market (16); **sacar al mercado** to put (*a new product*) on the market; **salir al mercado** to appear on the market

**mercadotecnia** marketing

**mercancía** merchandise

**merecer(se) (zc)** to deserve

**merendar (ie)** to have a snack; **merendar en el parque** to have a picnic in the park (2)

**merengue** *m. popular dance/music of the Dominican Republic*

**merluza** hake (*type of fish*)

**mermelada** marmalade

**mero/a** pure, simple; **la mera verdad** the simple truth

**mes** *m.* month; **¿en qué mes nació?** in what month were you (*pol. sing.*) (was he/she) born?

**mesa** table (B); **atender mesas** to wait on tables

**mesero/a** waiter/waitress (5)

**meseta** plateau (16)

**mesita** coffee table (6); **mesita de noche** night table (11)

**meta** goal (14)

**meter** to put; **meterse** to get into, enter

**método** method

**metro** subway (3); meter

**metrón** evening primrose

**mexicano/a** Mexican

**México** Mexico

**mexicoamericano/a** Mexican American

**mezcla** mixture

**mezclilla** denim (13)

**mi** *poss.* my (A)

**mí** *obj. of prep.* me; **¿a mí qué?** what is it to me? (15)

**miau** *m.* meow

**microbio** germ

**microondas** *pl.*: **horno de microondas** microwave oven (6)

**microplaqueta** microchip

**miedo** fear; **dar miedo** to frighten; **tener miedo** to be afraid (4)

**miel** *f.* honey (8); **luna de miel** honeymoon (15)

**miembro** member

**mientras** meanwhile (3); **mientras más... más...** the more . . . the more . . . ; **mientras que** while; **mientras tanto** in the meanwhile

**miércoles** *m. sing., pl.* Wednesday (1)

**migratorio/a: trabajador(a)** (*m.*)/**obrero/a migratorio/a** migrant worker

**mil** thousand, one thousand (13)

**milagrosamente** miraculously

**militar** *n. m.* soldier; *adj.* military (16)

**milla** mile (6); **¿cuántas millas hace por... ?** how many miles per . . . do you get?

**millón** *m.* million (13)

**millonario/a** millionaire

**mineral** *adj.*: **agua** (*f. but* **el agua**) **mineral** mineral water

**minifalda** miniskirt

**mínimo** *n.* minimum

**mínimo/a** *adj.* minimum; **mínima** low, lowest (*temperature*)

**ministro** minister; **primer ministro** prime minister

**minoritario/a** minority; **grupos minoritarios** minorities

**minuta** breaded cutlet

**mío/a** *poss.* my, (of) mine

**mirar** to look at (3), watch

**misa** Mass (2)

**mismo** *adv.* right; **ahora mismo** right now (2); **aquí mismo** right here

**mismo/a** *pron.* same (one); *adj.* same; self (11); **da lo mismo** it doesn't matter; **el/la mismo/a** the same (5); **sí mismo/a** oneself; **tú mismo/a (usted mismo/a)** yourself (11); **uno/a mismo/a** oneself (14)

**misterio** mystery

**misterioso/a** mysterious

**mitad** *f.* half

**mito** myth

**mitología** mythology

**mixto/a** mixed

**mochila** backpack (B)

**mocho: español** (*m.*) **mocho** broken Spanish

**moda** fashion (13); **de moda** fashionable (13); **estar de moda** to be in fashion; **ponerse de moda** to become fashionable

**moderado/a** moderate (16)

**módico/a** affordable (4)

**modificado/a** modified

**modismo** idiom

**modo** way, manner; **de modo que** so that (16); **de otro modo** in a different way; **de todos modos** anyway (9); **ni modo** oh well; tough! (16)

**mojar** to dip; to wet (7)

**molestar** to bother (10); **me molesta que** it bothers me when

**molestia** bother; discomfort

**molesto/a** upset (12)

**molido/a: carne** (*f.*) **molida** ground beef (8)

**molinillo** whisk, beater

**molusco** mollusk

**momia** mummy

**monarca** *m., f.* monarch

**monasterio** monastery

**moneda** currency; coin

**monja** nun

**mono/a** monkey

**monógamo/a** monogamous

**monolingüe** monolingual

**monolingüismo** monolingualism

**monopatín** *m.* skateboard

**montaña** mountain (2)

**montañoso/a** mountainous

**montar a caballo** to ride a horse (2); **montar en bicicleta** to ride a bike; **montar en motocicleta** to ride a motorcycle

**monte** *m.* mount, mountain

**morado/a** purple (A)

**moraleja** moral, lesson

**mordedor(a)** *adj.* biting

**morder (ue)** to bite

X **moreno/a** brown-skinned, dark-skinned (A)

**morir(se) (ue, u)** (*p.p.* **muerto**) to die (15); **morirse de celos** to die of jealousy

**morisco/a** Moorish

**moro/a: hay moros en la costa** watch out!

**mosca** fly

**Moscú** *f.* Moscow (C)

**mostaza** mustard (8)

**mostrador** *m.* counter (11)

**mostrar (ue)** to show (13)

**motivo** motive, reason

**moto** *f.* motorcycle

**motocicleta** motorcycle; **andar/montar en motocicleta** to ride a motorcycle (2)

**motor** *m.* motor, engine (10)

**movedizo/a: arena movediza** quicksand

**mover (ue)** to move

**móvil: computación móvil** portable computing

**movimiento** movement (12)

**mts.** (*abbrev. for* **metros**) meters (*unit of measurement*)

**muchacho/a** boy/girl; young man / young woman (A)

**muchedumbre** *f.* crowd

**muchísimo** very much

**mucho** *adv.* a lot; much (B)

**mucho/a** *adj.* much; *pl.* many; **muchas gracias** thank you very much; **muchas veces** many times (5); **mucho gusto** pleased to meet you (A); **tener mucha hambre** to be very hungry (3)

**mudanza** *n.* move, moving

**mudarse** to move (to another home) (15)

**mueble** *m.* piece of furniture; *pl.* furniture (5); **sacudir los muebles** to dust (5)

**muela** molar (tooth) (12)

**muerte** *f.* death; **pena de muerte** death penalty (16)

✓**muerto/a** *n.* dead person; *adj.* dead (C); *p.p. of* **morir** died; **Día** (*m.*) **de los Muertos** All Souls' Day (4)

**mujer** *f.* woman (A)

**mula** mule

**mulato/a** mulatto (*person of mixed African and European ancestry*)

**muleta** crutch (12)

**multa** fine; traffic ticket (7)

**mundial** *adj.* of or pertaining to the world (16); **red mundial** Internet (2); **Segunda Guerra Mundial** Second World War

**mundialmente** worldwide

**mundo** world (B); **¡cómo cambia el mundo!** how the world changes! (C); **Tercer Mundo** Third World

✓**muñeca** wrist (12); doll (9)

**muñequita** little doll

**muralista** *m., f.* muralist

**muralla** wall; rampart

**muro** wall

**musculación** bodybuilding

**músculo** muscle (12)

**museo** museum (4)

**música** music; **equipo de música** stereo (1)

**músico/a** musician

**muslo** thigh (12)

**musulmán, musulmana** *n., adj.* Moslem (16)

**mutuamente** mutually

**muy** very (B); **muy bien** very well, very good

# N

**nacer (zc)** to be born (2); **¿en qué mes nació?** in what month were you (*pol. sing.*) (was he/she) born?; **recién nacido/a** newborn (15)

**nacimiento** birth; **fecha de nacimiento** date of birth; **lugar** (*m.*) **de nacimiento** place of birth

**nación** *f.* nation

**nacional** national

**nacionalidad** *f.* nationality

**nacionalización** *f.* nationalization (16)

**nada** nothing (C); **como si nada** as if nothing were wrong

**nadador(a)** swimmer

**nadar** to swim (1)

**nadie** no one, nobody, not anybody

**nado** *n.* swimming

**nalga** buttock (12)

**nana** grandma

**naranja** orange (*fruit*) (A)

**nariz** *f.* (*pl.* **narices**) nose (B); **nariz tapada** stuffy nose (12)

**narrar** to narrate

**nasal: goteo nasal** nasal drip

**natación** *f.* swimming (4)

**natal** *adj.* native

**natalidad** *f.* birthrate; birth (10); **control** (*m.*) **de la natalidad** birth control (16); **índice** (*m.*)**/tasa de natalidad** birthrate

**natural: jugo natural** fresh-squeezed juice (8); **recurso natural** natural resource (16)

**naturaleza** nature (16)

**náusea: tener náuseas** *pl.* to be nauseated (12)

**navaja** (razor)blade (4)

✓**navegante** *m., f.* navigator (9)

**navegar (gu)** to sail (9)

**Navidad** *f.* Christmas (4); **árbol** (*m.*) **de Navidad** (3)

**navío** ship

**neblina** fog (10)

**nebulización** *f.* spray

**necesario/a** necessary (6)

**necesidad** *f.* necessity

**necesitado/a** needy (16)

**necesitar** to need (5); **necesitar** (+ *infin.*) to need to (*do something*) (5); **se necesita** is needed

**nécora** small crab

**negar(se) (ie) (gu)** to deny; **negarse a** (+ *infin.*) to refuse to (*do something*)

**negociante** *m., f.* businessman/businesswoman (16)

**negocio** business (15); **hombre/mujer de negocios** businessman/businesswoman (3); **viaje** (*m.*) **de negocios** business trip

**negrilla** boldface
**negro** *n.* black
**negro/a** *n.* African-American; *adj.* black (A)
**nene, nena** baby, infant
**nervio** nerve (12)
**nervioso/a** nervous (B)
**nevada** snowfall
**nevado** snowy (10)
**nevar (ie)** to snow (2)
**ni** neither; nor; even; **ni modo** oh well; tough! (16); **ni... ni** neither . . . nor; **¡ni pensarlo!** don't even think of it!; no way! (4); **ni siquiera** not even
**nicaragüense** *adj. m., f.* Nicaraguan (3)
**nido** nest
✓**nieto/a** grandson/granddaughter (C); **nietos** *pl.* grandchildren
**nieve** *f.* snow
**nimio/a** trivial, insignificant
**ningún, ninguno/a** none, not any (8)
**niñera** babysitter (14)
✓**niñez** *f.* childhood (9)
**niño/a** boy/girl (B); child; **de niño** as a child (9)
**nivel** *m.* level (15); **nivel del mar** sea level (16)
**no** no; not (A)
**Nóbel: Premio Nóbel** Nobel Prize (16)
**noche** *f.* night; **buenas noches** good evening; good night (A); **de noche** at night (10); **esta noche** tonight, this night (2); **por la noche** in the evening, at night (1); **salir de noche** to go out at night (3)
**Nochebuena** Christmas Eve (4)
**Nochevieja** New Year's Eve (4)
**nocturno/a** nighttime; **club** (*m.*) **nocturno** nightclub (5)
**nodo** node
**nombrado/a** named (16)
**nombrar** to name (1)
**nombre** *m.* name; **¿cuál es su nombre?** what is your name? (*pol. sing.*) (A); **mi nombre es...** my name is . . . (A)
**nordeste** *m.* northeast
**noreste** *m.* northeast
**normalidad** *f.* normalcy, normality
**normalmente** normally
**norte** *m.* north
**Norteamérica** North America
**norteamericano/a** North American (C)
**nos** *d.o.* us; *i.o.* to/for us; *refl. pron.* ourselves
**nosotros/as** *sub. pron.* we (B); *obj. of prep.* us
**nota** note; grade (*academic*) (4); **sacar buenas/malas notas** to get good/bad grades (5)
**notar** to note, notice
**noticia(s)** news (16)
**noticiero** newscast
**novecientos/as** nine hundred
**novela** novel; **novela policíaca** detective novel
**novelista** *m., f.* novelist
**noveno/a** ninth (2)

**noventa** ninety (C)
**noviazgo** courtship (15)
**noviembre** *m.* November (1)
**novio/a** boyfriend/girlfriend (3); fiancé(e); groom/bride (15)
**nube** *f.* cloud (10)
**nublado/a** cloudy (10); **parcialmente nublado** partly cloudy (10)
**nuclear** nuclear; **desperdicios** (*pl.*) **nucleares** nuclear waste (10)
**nudibranquio** nudibranch (*type of mollusk*)
**nudo** knot
✓**nuera** daughter-in-law (9)
**nuestro/a** *poss.* our
**nueve** nine (A)
**nuevo/a** new (A); **Año Nuevo** New Year's Day (4); **de nuevo** again
**nuez** *f.* (*pl.* **nueces**) nut (8)
**numeración** *f.* numbering
**numérico/a** numerical
**número** number; **número medio** median
**numeroso/a** numerous (15)
**nunca** never (3); **casi nunca** very rarely
**nutriente** *m.* nutrient (10)

# O

**o** or
**objetivo** objective
**objeto** object (6)
**obligación** *f.* obligation
**obligar (gu)** to oblige
**obra** work (16); **mano** (*f.*) **de obra** manual labor; **obra maestra** masterpiece
**obrero/a (industrial)** (industrial) worker (5)
**obsequio: de obsequio** free, complimentary
**observador(a)** observant
**observar** to observe, watch (10)
**obstante: no obstante** nevertheless, however
**obtener (like tener)** to obtain, get (5)
**obviamente** obviously
**ocasión** *f.* occasion
**occidental** western (16)
**océano** ocean (10)
**ochenta** eighty (C)
**ocho** eight (A)
**ochocientos/as** eight hundred
**ocio** leisure time
**octavo/a** eighth (2)
**octubre** *m.* October (1)
**ocupación** *f.* occupation
**ocupado/a** busy (4)
**ocupar** to occupy; **ocuparse** to be busy
**ocurrencia: ¡qué ocurrencia!** what a silly idea! (4)
**ocurrir** to occur
**oda** ode
**oeste** *m.* west (16)
**ofender** to offend
**oficina** office (B)
**oficio** job, profession; trade
**ofrecer (zc)** to offer (2)

**oído** (inner) ear (12)
**oír** *irreg.* to hear (7); **oye...** hey . . .
**ojalá (que)** I hope (that)
**ojo** eye (A); **¿de qué color tiene los ojos?** what color are your (*pol. sing.*)/his/her eyes? (B)
**ola** wave (*ocean*) (7)
**oler** *irreg.* to smell (12)
**olfato** sense of smell
**Olimpiadas** *pl.* Olympics (7)
**Olímpico/a: Juegos Olímpicos** Olympic Games
**olla** pot
**olor** *m.* odor
**olvidar(se)** to forget (12)
**ómnibus** *m.* bus
**once** eleven (A)
**onda: estar en onda** to be "in," current
**onza** ounce (8)
**opción** *f.* option
**ópera** opera (16)
**operación** *f.* operation
**operador(a)** operator
**operar (a)** to operate (on) (12)
**opinar** to think, believe (15)
**opinión** *f.* opinion
**oponerse a (like ponerse)** to oppose (16)
**oportunidad** *f.* opportunity, chance (15)
**oposición** *f.* opposition
**optimista** *n. m., f.* optimist; *adj.* optimistic
**opuesto/a** opposite
**oración** *f.* sentence (4)
**oratoria** public speaking; debate
**orden** *m.* order (*chronological*); *f.* order, command (14); **poner en orden** to order, put in order
**ordenado/a** tidy
**ordenador** *m. Sp.* computer
**ordenar** to arrange, put in order (11)
**ordinal: número ordinal** ordinal number
**oreja** (outer) ear (B)
**orgánico/a** organic (10)
**organización** *f.* organization
**organizar (c)** to organize (1)
**órgano** organ (11)
**orgulloso/a** proud (15)
**oriente** *m.* east (16)
**origen** *m.* origin
**originar** to cause
**orilla** bank, shore (10)
**oro** gold (13)
**orquesta** orchestra
**os** *d.o.* (*Sp.*) you (*inf. pl.*); *i.o.* (*Sp.*) to/for you (*inf. pl.*); *refl. pron.* (*Sp.*) yourselves (*inf. pl.*)
**oscilar** to fluctuate
**oscuro/a** dark
**oso** bear (7)
**ostra** oyster
**otoño** autumn (1)
**otro/a** other; another (B); **de otro modo** in a different way; **otra vez** again (5); **por otra parte** on the other hand
**oveja** sheep

**oxígeno** oxygen
**ozono: capa de ozono** ozone layer (10); **agujero en la capa de ozono** hole in the ozone layer (10)

# P

**paciencia** patience
**paciente** *n. m., f.; adj.* patient (4)
**pacífico/a** peaceful
**padecer (zc)** to suffer (from) (12)
**padrastro** stepfather (9)
**padre** *m.* father (C); priest; *pl.* parents (C); **Día** (*m.*) **del Padre** Father's Day (4)
**padrino** godfather (15); *pl.* godparents
**paella** *Valencian (Spain) rice dish with meat, fish, or seafood and vegetables*
**pagar (gu)** to pay (7)
**página** page (A)
**pago** payment
**país** *m.* country; **país natal** native country
**paisaje** *m.* countryside
**pájaro** bird (3)
**pala** shovel (13)
**palabra** word (3); **libertad** (*f.*) **de palabra** freedom of speech
**palacio** palace (7)
**paletilla** shoulder blade
**palidecer (zc)** to turn pale
**palma** palm (*botanical*)
**palmera** palm tree (7)
**palmo a palmo** inch by inch
**palomitas** (*pl.*) **de maíz** popcorn (8)
**palpable** palpable; tangible; concrete
**pampa** pampa, prairie; **La Pampa** *region of Argentina*
**pan** *m.* bread (8); **barra de pan** loaf of bread (12); **llamar al pan pan y al vino vino** to call a spade a spade; **pan tostado** toast (8)
**pana** corduroy (13)
**panadería** bakery (4)
**Panamá** *m.* Panama (3)
**panameño/a** *n., adj.* Panamanian (3)
**pandilla** gang (16)
**panecillo** roll, bun (8)
**panfleto** pamphlet
**pánico** panic
**panorámico/a** panoramic
**panqueque** *m.* pancake (8)
**pantaletas** *pl.* women's underpants (13)
**pantalón, pantalones** *m. sing., pl.* pants (A); **pantalones cortos** shorts (A); **pantalones vaqueros** jeans (2)
**panteón** *m.* mausoleum, graveyard
**pantimedias** *pl.* nylons, pantyhose (13)
**pantorrilla** calf (*of leg*) (12)
**pantufla** slipper
**paño** cloth
**pañuelo** handkerchief
**papa** potato (8); **papas fritas** French fries (8); **puré** (*m.*) **de papas** mashed potatoes
**papá** *m.* papa, dad (B)
**papalote** *m. Mex.* paper kite; **volar un papalote** to fly a kite (9)

**papel** *m.* paper (B); role; **hacer el papel de** to play the role of (6)
**papelería** stationery store (4)
**papelero/a** relating to paper
**paperas** *pl.* mumps (12)
**paquete** *m.* package (8)
**par** *m.* pair (13)
**para** for; in order to (1); **para que** in order that (15); **¿para qué sirve?** what is it used for? (6)
**parabrisas** *m. sing., pl.* windshield (10)
**paracetamol** *m.* acetaminophen (*non-aspirin pain reliever*)
**parachoques** *m. sing., pl.* bumper (10)
**parada del autobús** bus stop (3)
**parador** *m.* inn (11)
**paraestatal** semi-official; public
**paraguas** *m. sing., pl.* umbrella (13)
**Paraguay** *m.* Paraguay (3)
**paraguayo/a** *n., adj.* Paraguayan (3)
**paralizado/a** paralyzed
**parar** to stop (10)
**parcialmente** partially; **parcialmente nublado** partly cloudy (10)
**parecer (zc)** to look; seem; **parecerle (a uno)** to seem (to one) (6); **parecerse** to look alike (like each other) (9); **¿qué te/ le parece... ?** what do you think of . . . ?
**parecido/a: bien parecido** good-looking (15)
**pared** *f.* wall (B)
**pareja** couple; **en parejas** in pairs (11)
**paréntesis** *m. sing., pl.:* **entre paréntesis** in parentheses
**pariente, parienta** relative (4)
**París** *m.* Paris
**parque** *m.* park (2); **merendar en el parque** to have a picnic in the park (2)
**parra** (grape)vine
**párrafo** paragraph
**parrilla: a la parrilla** grilled, charbroiled (8)
**parrillada** grilled meat
**parroquia** parish
**parte** *f.* part; **las partes del cuerpo** parts of the body (12); **por otra parte** on the other hand; **por todas partes** everywhere
**Partenón** *m.* Parthenon
**participación** *f.* participation
**participar** to participate
**particular** particular; private; **casa particular** private home (6)
**partida** departure
**partidario/a** supporter, advocate
**partido** party (*political*); game, match (1); **ver un partido de...** to watch a game of . . . (1)
**partir** to leave; to divide; **a partir de** + *time* starting from + *time*
**párvulo: escuela de párvulos** kindergarten
**pasa** raisin (8)
**pasado** *n.* past (5)
**pasado/a** *adj.* past, last; **la semana pasada** last week (6); **pasado mañana** day after tomorrow (3)

**pasaje** *m.* passage; fare, ticket (11)
**pasajero/a** passenger (10)
**pasaporte** *m.* passport; **sacar el pasaporte** to get a passport (11)
**pasar** to pass; to happen; to come in; to spend (*time*); **pasar hambre** to go hungry; **pasar la aspiradora** to vacuum (6); **pasar por** to go through; **pasar tiempo** to spend time (2); **pasarlo bien/mal** to have a good/bad time; **¿qué pasa?** what's going on? (7); **¿qué pasó?** what happened? (7); **¿qué te/le pasa?** what's the matter with you?
**pasatiempo** pastime (2)
**Pascua** Easter; **Domingo de Pascua** Easter Sunday (4); *pl.* Easter; **felices Pascuas** Merry Christmas (*regional*); **Pascua Judía** Passover (4)
**pasear** to go for a walk; to take a ride; **pasear en barca** to take a boat ride (2); **pasear en bicicleta** to go for a bicycle ride
**paseo** walk, stroll; **dar un paseo** to take a walk (4); **dar un paseo en carro** to go for a drive
**pasión** *f.* passion
**paso** step (8); **dar un paso** to take a step; **de paso** incidently; **no hay paso** no entrance (9); **paso a paso** step by step
**pasta de dientes** toothpaste
**pastel** *m.* cake (4)
**pasto de ganado** cattle grazing
**pastor** *m.* shepherd
**pata: estirar la pata** *coll.* to kick the bucket, die
**patacón** *m.* fried banana
**patata** *Sp.* potato
**paterno/a** paternal
**patinaje** *m.* skating
**patinar** to skate; **patinar en el hielo** to ice-skate (1)
**patineta: andar en patineta** to skateboard
**patio** patio; **patio de recreo** schoolyard (9)
**pato** duck
**patria** country, homeland, native land (16)
**patriota** *m., f.* patriot (16)
**paulatino/a** slow, gradual
**pavo** turkey
**payaso** clown
**paz** *f.* (*pl.* **paces**) peace (15); **déjame en paz** leave me alone
**peatón, peatona** *n.* pedestrian (10)
**pecho** chest (12); breast
**pedagogía** pedagogy; education
**pediatría** *sing.* pediatrics
**pedir (i, i)** to ask for, request (8); **pedir permiso** to ask for permission (4); **pedir(se) perdón** to apologize (to each other)
**pegado/a** close together
**pegar (gu)** to hit, strike; **pegarse un susto** to get a shock
**peinarse** to comb one's hair (4)
**Pekín** *m.* Beijing (C)

**peladura** *n.* peel, peeling
**pelea** fight
**pelear** to fight; **pelearse** to fight with each other (9)
**película** movie (2); **rollo de película** roll of film (13)
**peligro** danger (10)
**peligroso/a** dangerous (5)
**pelo** hair (A); **cortarse el pelo** to cut one's hair, have one's hair cut; **¿de qué color tiene el pelo?** what color is your (*pol. sing.*)/his/her hair? (B); **lavarse el pelo** to wash one's hair (4); **secarse el pelo** to dry one's hair (4)
**pelota** ball (9)
**peluquería** beauty parlor (5)
**peluquero/a** hairdresser (5)
**peluquín** *m.* hairpiece
**pena de muerte** death penalty (16)
**pendiente** *n. f.* slope, incline; *adj.* hanging
**pensamiento** thought
**pensar (ie)** to think (5); **¡ni pensarlo!** don't even think about it!; no way! (4); **pensar (+ infin.)** to plan to (*do something*) (5); **pensar en** to think about (*something/someone*) (5); **pensar que** to think that (16); **pensarlo** to think about it
**pensativo/a** thoughtful
**peor** worse (6); worst (6)
**pepino** cucumber (8)
**pequeño/a** small (B)
**pera** pear
**percance** *m.* mishap, misfortune
**percibir** to perceive
**perder (ie)** to lose; **perderse** to get lost (12)
**perdón** *m.* pardon; *interj.* pardon/excuse me (C); **pedir(se) perdón** to apologize (to each other)
**perdonar** to excuse
**perezoso/a** lazy (B)
**perfeccionar** to perfect
**perfil** *m.* profile
**perfume: ponerse perfume** to put on perfume (4)
**perico** parakeet
**periódicamente** periodically
**periódico** newspaper; **leer el periódico** to read the newspaper (1)
**periodista** *m., f.* journalist
**período** period
**periquito** parakeet; little parrot (14)
**perjudicar (qu)** to damage, harm
**perla** pearl
**permanecer (zc)** to remain
**permiso** permission; **dar permiso** to give permission (9); **pedir permiso** to ask for permission (4)
**permitir** to allow (9); **permitirse** to be allowed (9)
**pero** but (C)
**perro/a** dog (A)
**persecución** *f.* persecution (16)
**perseguir (i, i) (g)** to pursue; to persecute

**persona** person
**personaje** *m.* character (*fictional*)
**personal: datos (*pl.*) personales** personal data
**personalidad** *f.* personality (14)
**personalmente** personally; in person (4)
**personificar (qu)** to personify
**pertenecer (zc)** to belong (8)
**Perú** *m.* Peru (3)
**peruano/a** *n., adj.* Peruvian (3)
**pesa: levantar pesas** to lift weights (2)
**pesado/a** heavy
**pesar** *v.* to weigh; **a pesar de** (*prep.*) in spite of
**pescado** fish (*caught*)
**pescador(a)** *m., f.* fisherman
**pescar (qu)** to fish (1)
**pesebre** *m.* manger; Nativity scene
**peseta** *monetary unit of Spain* (4)
**pesimista** *n. m., f.* pessimist; *adj.* pessimistic
**peso** *monetary unit of Mexico, Colombia, Cuba, etc.*; weight (1)
**pestaña** eyelash (12)
**pesticida** *m.* pesticide (10)
**petróleo** petroleum; oil (10)
**pez** *m.* (*pl.* **peces**) fish (*live*) (3)
**pibe, piba** *Arg.* child
**picante** spicy (8)
**pícaro/a** *n.* rogue, scoundrel; *adj.* scheming, mischievous; **¡qué pícaro/a!** what a rascal! (9)
**picazón** *f.* itch, itching (12)
**pico: cuello en V / en pico** V-neck collar (13); **sombrero de tres picos** three-cornered hat
**pie** *m.* foot (B); *pl.* feet (B); **(estar) de pie** (to be) standing; **ponerse de pie** to stand up
**piedra** stone (13)
**piel** *f.* skin; leather (13)
**pierna** leg (B)
**pieza** piece (7)
**pijama** *m. sing.* pajamas
**píldora** pill (12)
**pileta** *Arg.* swimming pool
**pilotear** to fly (*plane*)
**piloto** *m., f.* pilot (5)
**pimentero** pepper shaker (8)
**pimienta** pepper (8)
**pinacoteca** art gallery
**pinar** *m.* pine grove
**pinta** look, appearance
**pintar** to paint (5)
**pintor(a)** painter (10)
**pintoresco/a** picturesque (16)
**pintura** painting (11)
**piña** pineapple (8); **piña colada** *tall mixed drink of rum, cream of coconut, pineapple juice, and ice, usually mixed in a blender*
**pirámide** *f.* pyramid (7)
**Pirineos** *pl.* Pyrenees
**piscina** swimming pool (1)
**Piscis** *m. sing., pl.* Pisces
**piso** floor (B); *Sp.* apartment

**pista** hint
**pizarra** (chalk)board (B)
**placa** license plate (10)
**placer** *n. m.* pleasure
**plan** *m.* plan (5)
**plancha** iron
**planchar** to iron (3)
**planear** to plan (11)
**planeta** *m.* planet
**planificar (qu)** to plan
**plano** plan, diagram; map (of a room or city) (3)
**planta** plant (A)
**plantar** to plant
**plasmar** to create
**plástico** plastic (10)
**plata** silver (13)
**plataforma** platform
**plátano** banana (8)
**platillo** dish (*food*) (8); saucer (8)
**plato** plate (6); culinary dish (8); **plato hondo** bowl (8)
**playa** beach (1)
**playera** *Mex.* T-shirt (13)
**pleno/a** full
**plomero/a** plumber (5)
**pluma** feather; *Mex.* pen (B)
**población** *f.* population
**poblador(a)** settler; colonist; inhabitant
**poblar (ue)** to populate
**pobre** *n. m., f.* poor person; *adj.* poor (10)
**pobreza** poverty (16)
**poco/a** little; *pl.* few; **dentro de poco** within a short time; **poco a poco** little by little; **poco asado** rare (*meat*) (8); **poco cocido** rare (*meat*) (8); **poco después** a bit later (7); **un poco** a little
**poder** *n. m.* power; **llegar al poder** to attain power
**poder** *v. irreg.* to be able; **poder (+ infin.)** to be able to (*do something*) (5)
**poderoso/a** powerful
**poema** *m.* poem
**poesía** poetry
**poeta** *m.* poet (16)
**polen** *m.* pollen
**policía** *m., f.* police officer (5); *f.* police force (7)
**policíaco/a** *adj.* police; **novela policíaca** detective novel
**polideportivo** sports complex
**poliéster** *m.* polyester (13)
**política** *sing.* politics; policy (16)
**político/a** *n.* politician; *adj.* political; **ciencias (*pl.*) políticas** political science
**politizado/a** politicized
**pollera** *Arg., Uruguay* skirt
**pollo** chicken (8); **pollo frito** fried chicken (8)
**Polonia** Poland (16)
**polonio** polonium (*chemical element*)
**polvo** dust (6)
**pomelo** grapefruit (8)

**poncho** poncho

**poner** *irreg.* to put, place (4); to put on; to put up; to show ( *film* ); **poner discos compactos** to play CDs (3); **poner en efecto** to carry out; **poner en orden** to order, put in order; **ponerle fin a** to end, put an end to (16); **ponerse** + *adj.* to get, become + *adj.*; **ponerse a** (+ *infin.*) to begin to (*do something*); **ponerse de buen/mal humor** to get into a good/bad mood; **ponerse de moda** to become fashionable; **ponerse de pie** to stand up; **ponerse la ropa** to put on clothes (4); **ponerse perfume** to put on perfume (4); **ponerse rojo/a** to blush (7)

**por** by; through; because of; for; per; around, about; on; because of, on account of; **darse por vencido** to give up; **por aquí** around here; **por ciento** percent; **por completo** totally; **¿por cuánto?** for how much?; **por dentro** on the inside (8); **por dondequiera** everywhere; **por ejemplo** for example (9); **por eso** that's why; **por favor** please (1); **por fin** finally (12); **por fuera** on the outside (8); **por la mañana/tarde/noche** in the morning/afternoon/evening/at night (1); **por lo general** in general; **por lo menos** at least; **por lo tanto** therefore; **por supuesto** of course; **por último** finally, lastly (2)

**porcelana** porcelain

**porcentaje** *m.* percentage

**porción** *f.* serving (8)

**¿por qué?** why? (2); **¿por qué no?** why not?

**porque** because (5)

**portal** *m.* porch; doorway

**portar** to carry; **portar armas** to bear arms (16); **portarse** to behave

**portátil** portable

**portazgo** toll, tollbooth

**porteño/a** of or from Buenos Aires

**portero eléctrico** *intercom with automatic door-opener*

**portugués** *m.* Portuguese (*language*) (C)

**portugués, portuguesa** *n., adj.* Portuguese (C)

**porvenir** *m.* future

**posada** inn

**poseer (y)** to possess

**posesivo/a** possessive

**posibilidad** *f.* possibility (5)

**posponer** (*like* **poner**) to postpone

**postal: apartado postal** post office box number; **giro postal** money order; **tarjeta postal** postcard

**posterior** *adj.* rear; **réplicas posteriores** aftershocks

**postre** *m.* dessert (8); **de postre** for dessert

**potable** potable, drinkable

**potencia** power, force

**potencial** *n. m.* potential (10)

**potro** colt

**p.p.m.** (*abbrev. for* **palabras por minuto**) words per minute

**pqte.** (*abbrev. for* **paquete**) package

**práctica** practice

**practicar (qu)** to play (*sport*); to practice (2); **practicar un deporte** to play a sport (2)

**práctico/a** practical (B)

**precavido/a** cautious

**precio** price (4)

**precioso/a** precious (13)

**precisamente** exactly (12)

**precolombino/a** pre-Colombian

**preconcebido/a** preconceived

**predicar (qu)** to preach

**predominar** to predominate

**preferible** preferable

**preferido/a** favorite (3)

**preferir (ie, i)** to prefer (2)

**pregunta** *n.* question (A); **hacer preguntas** to ask questions (5)

**preguntar** to ask (questions) (5); **pregúntele a...** ask . . .

**prejuicio** prejudice (16)

**prematuro/a** premature

**premio** prize (15); premium; **premio gordo** grand prize (15); **Premio Nóbel** Nobel Prize (16)

**prenda de ropa/vestir** garment

**prender** (**la luz**) to turn on (the light) (6)

**prensa** press; **libertad** ( *f.* ) **de prensa** freedom of the press

**prensador** *m.* press

**preocupación** *f.* worry

**preocupado/a** worried (4)

**preocupar** to worry (10); **me preocupa que** it worries me that

**preparación** *f.* preparation

**preparar** to prepare (3)

**preparativos** *pl.* preparations

**preparatoria** *n.* prep school; high school (2)

**preparatorio/a** *adj.* preparatory

**presencia** presence

**presenciar** to witness, be present at

**presentación** *f.* presentation; introduction (5)

**presentar** to present; to introduce (A)

**presente** *n. m.; adj.* present

**preservar** to preserve

**presidencia** presidency

**presidente, presidenta** president

**presión** *f.* pressure (10)

**presionar** to pressure

**préstamo** loan (16)

**prestar** to lend (14)

**prestigio** prestige

**presupuesto** budget (14)

**pretender** to pretend; to claim

**pretérito** preterite

**prevenido/a** prepared, ready

**prevenir** (*like* **venir**) to prevent; **más vale prevenir** it is better to be prepared

**preventivo/a** preventive

**prima: materia prima** raw material (13)

**primaria: (escuela) primaria** elementary school

**primavera** spring (1)

**primer, primero/a** first (2); **de buenas a primeras** suddenly; **por primera vez** for the first time (8); **primera clase** first class (11)

**primo/a** cousin (C)

**princesa** princess (C)

**príncipe** *m.* prince (C)

**principio** beginning; principle; **para principios de** by the beginning of

**prioridad** *f.* priority (16)

**prisa: tener prisa** to be in a hurry (4)

**privado/a** private (14)

**privilegiado/a** privileged, favored

**probador** *m.* fitting room

**probar(se) (ue)** to try (out); to prove; to taste; to try on (13)

**problema** *m.* problem (10)

**procedente** *adj.* coming, originating

**procesador** (*m.*) **de palabras** word processor (15)

**procesador(a)** *adj.* processing

**proceso** process; trial

**prodigioso/a** excellent, wondrous

**producción** *f.* production (10)

**producir (zc) (j)** to produce (10)

**profecía** prophecy

**profesión** *f.* profession

**profesor(a)** professor (A)

**profundidad** *f.* depth

**profundo/a** deep (10)

**programa** *m.* program

**programador(a)** programmer (5)

**programar** to schedule; to plan

**progresar** to make progress; to progress

**progreso** progress (16)

**prohibir (prohíbo)** to prohibit (14)

**prolongar (gu)** to prolong

**promedio** average (10)

**prometer** to promise (16)

**promover (ue)** to promote; to advance, further

**promulgar (gu)** to proclaim; to put into effect

**pronombre** *m.* pronoun; **pronombre de complemento directo/indirecto** direct/indirect object pronoun

**pronosticar (qu)** to forecast (10)

**pronóstico del tiempo** weather forecast (2)

**pronto** soon (7); **de pronto** suddenly (4); **lo más pronto posible** as soon as possible; **tan pronto como** as soon as (15)

**pronunciar** to pronounce

**propagar (gu)** to propagate

**propiedad** *f.*: **título de propiedad** deed (15)

**propietario/a** owner, proprietor (16)

**propina** tip ( *for a service* ) (8)

**propio/a** own (6); typical, characteristic

**proponer** (*like* **poner**) to propose

**proporcionar** to furnish, provide

**propósito** purpose

**propuesto/a** ( *p.p. of* **proponer**) proposed

**proseguir (i, i) (g)** to continue
**prosperidad** *f.* prosperity
**próspero/a** prosperous
**protagonista** *m., f.* protagonist
**proteger (j)** to protect (10)
**protesta** protest
**proveedor(a)** provider, supplier
**proveer (y)** to provide
**provenir** (*like* **venir**) to originate
**provincia** province, region
**provocar (qu)** to provoke
**próximo/a** next (2); **la próxima semana** next week (4)
**proyectar** to project
**proyecto** project; plan (14)
**prueba** test
**psicología** psychology
**psicólogo/a** psychologist (12)
**psiquiatra** *m., f.* psychiatrist (12)
**ptas.** (*abbrev. for* **pesetas**) *monetary unit of Spain*
**publicación** *f.* publication (16)
**publicar (qu)** to publish
**público/a** *adj.* public; **salud** (*f.*) **pública** public health (16)
**pueblito** little town (9)
**pueblo** town (6); people
**puente** *m.* bridge (10)
**puerco** pork; **carne** (*f.*) **de puerco** pork (8)
**puerta** door (A)
**puerto** (sea)port
**puertorriqueño/a** *n., adj.* Puerto Rican (3)
**pues...** well . . . (1)
**puesta del sol** sunset
**puesto** *n.* job; stand, booth
**puesto/a** (*p.p. of* **poner**) put, placed; turned on (12); **puesto a punto** adjusted, regulated; **tengo una falda puesta** I have a skirt on, I'm wearing a skirt
**pulga** flea
**pulgada** inch
**pulgar** thumb (12)
**pulmón** *m.* lung (12)
**pulmonía** pneumonia (12)
**pulpa** pulp, flesh
**pulpería** grocery store
**pulpo** octopus
**pulsera** bracelet
**pulso** pulse (12)
**puntaje** *m.* score
**puntiagudo/a** *adj.* pointed
**punto** point; period; **al punto** medium rare (*meat*) (8); **puesto/a a punto** adjusted; regulated; **punto de vista** point of view; **punto y aparte** (write a) period and (begin a) new paragraph (*dictation*)
**puntual** punctual
**pupitre** *m.* student's desk (A)
**puré** (*m.*) **de papas** mashed potatoes
**pureza** purity
**puro/a** pure (16)

## Q

**que** that, which; than; **lo que** that which, what (6); **más/menos que** more/less than (6); **ya que** since
**¿qué... ?** what . . . ? (B); **¿de qué está hecho/a?** what is it (made) of? (13); **¿qué tal?** how's it going?; how are you? (6); **¿qué tal si... ?** how about if . . . ?; **¡qué va!** no way! (16)
**quechua** *m.* Quechua (*language*) (*indigenous to Peru, Bolivia, etc.*)
**quedar(se)** to remain, stay; to get left behind (12); to fit; to be, be situated; to be, get; **no quedar más remedio** to not have any other choice; **quedar embarazada** to become pregnant; **quedar de acuerdo** to agree; **quedarle apretado/suelto** to fit tightly/loosely (13); **quedarle bien/mal** to look nice/bad on one (13); **quedarle grande/pequeño** to be too big/small (13); **quedarse dormido** to fall asleep; **quedarse en casa** to stay home (4)
**quehacer** *m.* chore
**quejarse** to complain (9)
**quemadura** burn (12)
**quemar** to burn (7)
**queque** *m.* bun, cake (*Colombia*)
**querer** *irreg.* to want (1); to love; **querer decir** to mean; **quererse** to love each other (15)
**querido/a** *n.* dear; *adj.* dear; beloved; **ser** (*m.*) **querido** loved one (15)
**quesadilla** (*Mex., Honduras*) cornmeal or tortilla pie filled with cheese
**queso** cheese (8)
**quetzal** *m.* monetary unit of Guatemala (13)
**quien(es)** who, whom
**¿quién(es)?** who?, whom? (A); **¿de quién es/son... ?** whose is/are . . . ? (C); **¿quién es? / ¿quiénes son?** who is it? / who are they? (A)
**química** chemistry (2)
**químico/a** *adj.* chemical
**quince** fifteen (A)
**quinceañera** fifteenth-birthday party
**quinientos/as** five hundred
**quinto/a** fifth (2)
**quintuplicar (qu)** to quintuple
**quiosco** kiosk
**quitamanchas** *m. sing., pl.* stain remover
**quitar(se)** to remove; **quitarse la ropa** to take off clothes (4)
**quizá(s)** perhaps

## R

**rábano** radish (8)
**rabia: dar rabia** to anger, enrage
**rabioso/a** furious
**racimo** cluster, bunch
**ración** *f.* portion, helping
**racista** *adj. m., f.* racist
**radiador** *m.* radiator (10)

**radio** *m.* radio (*receiver*); *f.* radio (*broadcasting*); **radiocassette (portátil)** (portable) radio cassette player (13); **radio despertador** alarm clock radio (13)
**radiografía** X-ray
**raíz** *f.* (*pl.* **raíces**) root
**rallar** to grate (8)
**ramo** cut branch; bouquet; piece (*fig.*)
**rancheros: huevos rancheros** *eggs, usually fried or poached, topped with a spicy tomato sauce and sometimes served on a fried corn tortilla*
**rape** *m.* anglerfish
**rápidamente** fast, rapidly (4)
**rapidez** *f.* rapidity; **con rapidez** rapidly
**rápido** *adv.* fast; quickly
**rápido/a** *adj.* rapid, fast, quick (4)
**raqueta** racket
**ráquetbol** *m.* racketball
**raro/a** strange
**rascar (qu)** to scratch
**rasgo** trait, characteristic
**Rastro** *Madrid flea market* (13)
**rasuradora eléctrica** electric razor (4)
**rato** a while (7); little while, short time; **a cada rato** every few minutes (14)
**ratón** *m.* mouse
**raya: de rayas** striped (13)
**rayo** ray
**rayuela** hopscotch; **jugar a la rayuela** to play hopscotch (9)
**raza** race (16)
**razón** *f.* reason (8); **con razón** with good reason; **sea cual sea la razón** whatever the reason may be; **tener razón** to be right (14)
**reacción** *f.* reaction (16)
**reaccionar** to react
**real** real; royal
**realidad** *f.* reality
**realizar (c)** to attain, achieve; to carry out; to realize (15)
**reata** riata, lariat (*rope used to tie horses or mules in single file*)
**rebajado/a** reduced (*price*) (13)
**rebajar** to reduce a price (13)
**rebanada** slice (8)
**recaída** relapse; setback
**recámara** *Mex.* bedroom (6)
**recepción** *f.* reception; lobby (11)
**recepcionista** *m., f.* receptionist (B)
**receta** recipe; medical prescription (12); **surtir una receta** to fill a prescription (12)
**recetar** to prescribe (12)
**rechazar (c)** to reject
**recibir** to receive (2)
**reciclaje** *m.* recycling (10)
**reciclar** to recycle (10)
**recién** recently; **recién nacido/a** newborn (15)
**reciente** recent (16)
**recipiente** *m.* container (10)

**recíproco/a** reciprocal
**reclamo** claim; **reclamo de equipaje** baggage claim (11)
**recoger (j)** to pick up (3)
**recomendación** f. recommendation
**recomendar (ie)** to recommend (11)
**reconciliarse** to become reconciled
**reconocer (zc)** to recognize
**reconstrucción** f. reconstruction
**reconstruir (y)** to reconstruct
√ **recordar (ue)** to remember (9)
**recorrer** to tour, travel across
**recortar** to cut out
❦ **recreo** recess (9); **patio de recreo** schoolyard (9); **sala de recreo** recreation room (13)
**recto/a** straight (13)
**rectoría** office of the president (rector) of a university (3)
√**recuerdo** souvenir; pl. memories (9)
**recuperar** to recuperate, get back
**recurrir (a)** to appeal (to)
**recurso** resource (10); **recurso natural** natural resource (16)
**red** f. network; **red mundial** Internet (2)
**reducción** f. reduction (16)
**reducir (zc) (j)** to reduce (10)
**reelegir (i, i) (j)** to reelect
**referirse (ie, i) a** to refer to (16)
**reflejar** to reflect
**reflexión** f. reflection
**reflexionar** to reflect on, think about
**reforma agraria** land reform (16)
**reformar** to reform
**reforzar (ue) (c)** to reinforce
**refrán** m. proverb
**refrescar (qu)** to cool; to refresh
**refresco** soft drink (3)
**refrigerador** m. refrigerator (6)
**refrigerio** snack
**refugio** refuge, shelter
**regalado/a: a precios regalados** inexpensively priced, "given away"
**regalar** to give as a gift
**regalo** gift (4)
**regaño** scolding (14)
**regar (ie) (gu)** to water (6)
**regatear** to bargain (13); **a regatear** let's bargain
**regateo** n. bargaining (13)
**régimen** m. (pl. **regímenes**) regime; diet (16)
**región** f. region (10)
**registrar** to register
**regla** rule (12)
**regresar** to return (3)
**regreso: de regreso** adj. return
**regulado/a** adjusted, calibrated
**regular** fair, so-so; **estoy regular** I am OK (A)
**reina** queen
**Reino Unido** United Kingdom
**reír(se) (río) (i, i)** to laugh

**relación** f. relationship; **relaciones** (pl.) **familiares** family relationships (9)
**relacionado/a** related (9)
**relacionar** to relate
**relajador(a)** adj. relaxing
**relajarse** to relax
**relámpago** lightning (10)
**relato** account, story
**religión** f. religion
**religioso/a** religious (B)
**relleno** n. filling
**relleno/a** adj. stuffed; **chile** (m.) **relleno** stuffed chili pepper
**reloj** m. watch (A); clock
**remedio** remedy; **no quedar más remedio** to not have any other choice
**remesa** shipment
**remo** n. rowing
**remoto/a** remote
**remover (ue)** to remove
**renacer (zc)** to be reborn
**rendir (i, i) tributo** to pay tribute
**renovado/a** remodeled (13)
**renovar (ue)** to renovate
**renunciar** to renounce
**reparación** f.: **taller** (m.) **de reparación** garage (5)
**reparar** to repair, fix (2)
**repartir** to divide; to distribute
**repaso** review
**repente: de repente** suddenly
**repetir (i, i)** to repeat
**repisa** shelf
**repleto/a de** replete with, full of
**réplica** replica, copy
**repoblación** (f.) **forestal** reforesting
**repoblar (ue)** to reforest
**reponer** (like **poner**) to put back
**reportaje** m. report (3)
**reportero/a** reporter (15)
**reposado/a** calm, peaceful
**reposar** to lie; to remain
**repositorio** repository
**repostería** cake shop
**representante** m., f. representative
**representar** to represent
**represión** f. repression
**represivo/a** repressive (16)
**reproducir (zc) (j)** to reproduce
**reproductor** (m.) **para discos compactos** CD player (1)
**república** republic (16); **República de Sudáfrica** South Africa (C); **República Dominicana** Dominican Republic (2)
**republicano/a** Republican
**repuesto/a** (p.p. of **reponer**) replaced; **de repuesto** replacement (part)
**requerir (ie, i)** to require (16)
**requisito** n. prerequisite; requirement (5)
**res** f. head of cattle; beast; **carne** (f.) **de res** beef (8)
**resbaloso/a** slippery (10)
**rescatado/a** rescued

**reseña** review (15); description
**reservación** f. reservation
**reservar** to reserve
**resfriado** n. cold (illness) (12)
**resfriado/a: estar resfriado/a** to have a cold (12)
**resfriarse** to catch a cold (12)
**resfrío** cold (illness) (12)
**residencia** residence; **residencia estudiantil** university dorm (5)
**residencial** residential
**residir** to reside
**resolver (ue)** (p.p. **resuelto**) to solve (10)
**respaldo: de respaldo** back-up
**respecto: al respecto** about the matter; **con respecto a** with respect to (15); **respecto a** with respect to
**respetar** to respect
**respeto** respect (16)
**respirar** to breathe (12)
**responder** to respond, answer (14)
**responsabilidad** f. responsibility
**responsable** responsible (6)
**respuesta** answer (2)
**restante** m. remainder
**restaurante** m. restaurant
**resto** rest; pl. remains (14)
**restricción** f. restriction (10)
**restringir (j)** to restrict (10)
**resuelto/a** (p.p. of **resolver**) resolved, solved
**resultado** result (14); **dar como resultado** to result in
**resultante** resulting, consequent
**resultar** to turn out, result
**resumen** m.: **en resumen** in short, in conclusion (B)
**retirarse** to pull out, pull back
**retornable: no retornable** non-returnable
**retraso** backwardness, underdevelopment
**retrovisor(a): espejo retrovisor** rearview mirror (10)
**reunión** f. meeting (3)
**reunirse** to get together (4)
**revisar** to check (3)
**revista** magazine (2)
**revivir** to relive
**revolución** f. revolution (16)
**revuelto/a: huevos revueltos** scrambled eggs (8)
**rey** m. king; **Día** (m.) **de los Reyes Magos** Epiphany, Jan. 6th (lit. Day of the Magi) (4)
**rezar (c)** to pray (4)
**rico/a** rich; delicious (6, 8)
**ridículo/a** ridiculous
**riesgo** risk (14); **correr riesgo** to run a risk
**riguroso/a** severe, harsh
**rincón** m. corner
**riñón** m. kidney (12)
**río** river (2)
**riqueza** sing. riches, wealth
**rítmico/a** rhythmic; **gimnasia rítmica** eurhythmics

**ritmo** rhythm
**rizado/a** curly (A)
**robar** to rob, steal (7)
**roble** *m.* oak
**robot** *m.* robot (B)
**roca** rock
**rocío** dew (10)
**rock** *m.* rock music
**rocoso/a** rocky
**rodante** *adj.* rolling
**rodeado/a** surrounded (10)
**rodear** to surround
**rodilla** knee (12)
**rogar (ue) (gu)** to beg (14)
**roído/a** (*p.p. of* **roer**) gnawed
**rojo/a** red (A); **ponerse rojo/a** to blush (7)
**rol** *m.* role
**rollo** roll; **rollo de película** roll of film (13)
**romano/a** Roman
**romántico/a** romantic
**romper(se)** to break (11)
**ron** *m.* rum
**ronda** night watch or patrol; beat (*of a police officer*)
**ronquera** hoarseness
**ropa** *sing.* clothes, clothing; **guardar ropa** to put away clothes (6); **ponerse la ropa** to put on clothes (4); **quitarse la ropa** to take off clothes (4); **ropa deportiva** sport clothes (1); **ropa interior** underwear (13)
**rosa** rose (A)
**rosado/a** pink (A)
**roto/a** (*p.p. of* **romper**) broken
**rubio/a** blond(e) (A)
**rueda** wheel (10)
**ruido** noise (14); **hacer ruido** to make noise
**ruidoso/a** noisy
**ruinas** *pl.* ruins (11)
**rumbo** direction
**rumor** *m.* rumor
**ruso** Russian (language) (C)
**ruso/a** *n., adj.* Russian (C)
**rústico/a** rustic
**ruta** route (9)
**rutina** routine

## S

**sábado** Saturday (1)
**sábana** sheet
**saber** *irreg.* to know (4); to find out about; **saber** (+ *infin.*) to know how to (*do something*) (5); **ya lo sé** I already know it; (**yo**) **sé** I know (1)
**sabiduría** wisdom
**sabor** *m.* flavor, taste; **de sabores** flavored
**saborear** to savor
**sabroso/a** delicious, tasty
**sacar (qu)** to take out; to get, receive (*grade*); **sacar adelante** to carry forward; **sacar al mercado** to put (*a new product*) on the market; **sacar buenas/malas notas** to get good/bad grades (5); **sacar fotos** to take pictures (1); **sacar el pasaporte (la visa)** to get a passport (visa) (11); **sacar la basura** to take out the trash (6)
**saco** bag; jacket, sport coat (A)
**sacrificar (qu)** to sacrifice
**sacrificio** sacrifice
**sacudir** to dust; to shake off (14)
**Sagitario** Sagittarius
**sagrado/a** sacred, holy
**sal** *f.* salt (8); **agua** (*f. but* **el agua**) **con sal** salt water (12)
**sala** room; living room (6); **sala de baño** bathroom (6); **sala de emergencias** emergency room (12); **sala de espera** waiting room (11); **sala de recreo** recreation room (13); **sala de urgencias** emergency room (12)
**salado/a** *adj.* salt, salted
**salario** salary; **aumento de salario** raise
**salchicha** sausage, frankfurter, hot dog
**salero** saltshaker (8)
**salida** departure; exit (11)
**salir** *irreg.* to leave; to go out; **salir a** (+ *infin.*) to go or come out to (*do something*); **salir a bailar** to go out dancing (1); **salir al mercado** to appear on the market; **salir de noche** to go out at night (3); **salir de vacaciones** to go on vacation (3); **salir del trabajo** to get off work
**salón** *m.* room; **salón de baile** dance hall; **salón de belleza** beauty parlor; **salón de clase** classroom
**salsa** salsa (*music*); sauce
**salud** *f.* health (8); **¡salud!** bless you! (*after a person sneezes*); to your health! (12); **salud pública** public health
**saludable** healthy (8)
**saludar** to greet, say hello (7); **saludarse** to greet each other
**saludo** greeting (A)
**salvadoreño/a** *n., adj.* Salvadoran (3)
**salvaje** wild, savage
**salvar** to save (*from danger*) (10)
**salvo** except
**san, santo/a** saint; **día** (*m.*) **del santo** saint's day (3); **Día** (*m.*) **de Todos los Santos** All Saints' Day (3); **Semana Santa** Holy Week (4)
**sandalia** sandal
**sandía** watermelon (8)
**sándwich** *m.* sandwich
**sangre** *f.* blood (12); **análisis** (*m.*) **de sangre** blood test (12)
**sangriento/a** bloody
**sano/a** healthy
**sarampión** *m. sing.* measles (12)
**sartén** *f.* (frying) pan (8)
**satélite** *m.* satellite
**satisfacción** *f.* satisfaction (15)
**satisfacer** (*like* **hacer**) to satisfy
**se** (*impersonal*) one; *refl. pron.* herself, himself, itself, themselves, yourself (*pol. sing.*) yourselves (*pol. pl.*)
**sea cual sea** whatever it might be
**secador** (*m.*) **de pelo** hair dryer
**secadora** dryer (6); **secadora de pelo** hair dryer
**secar (qu)** to dry; **secarse** to dry off, dry oneself (4); **secarse el pelo** to dry one's hair (4)
**sección** (*f.*) **de (no) fumar** (no) smoking section (11)
**seco/a** dry (8); **ciruela seca** prune
**secretario/a** secretary (B)
**secuencia** sequence (7)
**secundaria: (escuela) secundaria** high school (7)
**sed** *f.* thirst; **tener sed** to be thirsty (4)
**seda** silk (13)
**seguida: en seguida** immediately (14)
**seguir (i, i) (g)** to follow (3); to continue; **seguir + -ndo** to go on (*doing something*) (13); **seguir una carrera** to have a career (5)
**según** according to (C)
**segundo** *n.* second; *adv.* secondly
**segundo/a** *adj.* second (2)
**seguridad** *f.* safety; **cinturón** (*m.*) **de seguridad** seatbelt (10); **con toda seguridad** with absolute certainty
**seguro** *n.* insurance (10); **seguro de auto(móvil) / seguro automovilístico** car insurance (10); **seguro médico** health insurance (12)
**seguro/a** *adj.* sure; safe
**seis** six (A)
**seiscientos/as** six hundred
**selección** *f.* selection, choice (11)
**seleccionar** to select, choose (16)
**selva** jungle; **selva tropical** tropical jungle
**selvático/a** *adj.* jungle
**semáforo** signal; traffic light (10)
**semana** week; **a la semana** per week; **cada semana** each/every week (6); **entre semana** on weekdays, during the week (14); **fin** (*m.*) **de semana** weekend (1); **la semana pasada** last week (6); **la próxima semana** next week (4); **Semana Santa** Holy Week (4); **... veces a la / por semana** . . . times a week (4)
**sembradío** land prepared for sowing
**sembrar (ie)** to sow
**semejante** similar (A)
**semestre** *m.* semester
**semilla** seed (8)
**seminario** seminar
**senador(a)** senator (14)
**sencillo/a** simple (11)
**sendas** (*pl.*) **frondosas** shaded paths
**sensación** *f.* sensation
**sensatez** *f.* sense, sensibleness; **Sensatez y sentimiento** *Sense and Sensibility*
**sensible** sensitive (16)
**sentado/a** seated; **(estar) sentado** (to be) seated, sitting down

**sentarse (ie)** to sit down
**sentido** sense; **doble sentido** two-way (*street*) (10); **sentido del humor** sense of humor (14); **un solo sentido** one-way (*street*) (10)
**sentimiento** *n.* feeling; **Sensatez y sentimiento** *Sense and Sensibility*
**sentir(se) (ie, i)** to feel (7); **lo siento** I'm sorry
**señal** *f.* sign; signal (10)
**señalar** to indicate, show; to point out (12)
**señor (Sr.)** *m.* man; Mr. (A); **los señores...** Mr. and Mrs. . . .
**señora (Sra.)** woman; Mrs., Ms. (A)
**señorita (Srta.)** young woman; Miss (A)
**separar** to separate; **separarse** to resign; to get separated
**septentrional** northern
**septiembre** *m.* September (1)
**séptimo/a** seventh (2)
**sequía** drought (10)
**ser** *n. m.* being; **ser humano** human being (15); **ser querido** loved one (15)
**ser** *v. irreg.* to be (2); **a no ser que** unless; **¿cómo eres (tú)?** what are you (*inf. sing.*) like? (B); **¿cómo es usted/él/ella?** what are you (*pol. sing.*) / is he/she like? (B); **¿cómo son ustedes/ellos/ellas?** what are you (*pol. pl.*)/they like? (B); **¿de qué es?** what is it (made) of?; **¿de quién es/son...?** whose is/are . . . ? (C); **llegar a ser** to become; **o sea** that is; **¿quién es? / ¿quiénes son?** who is it? / who are they? (A); **sea cual sea la razón** whatever the reason may be; **ser consciente de** to be aware of; **ser listo/a** to be smart, clever
**serie** *f. sing.* series
**serigrafiado/a** silk-screened
**serio/a** serious (6)
**serpiente** *f.* serpent
**servicio** service
**servilleta** napkin (8)
**servir (i, i)** to serve (5); **¿en qué puedo servirle?** may I help you? (*pol. sing.*) (11); **¿para qué sirve?** what is it used for? (6); **para servirle** at your (*pol. sing.*) service (11)
**Sésamo: Barrio Sésamo** Sesame Street
**sesenta** sixty (B)
**sesión** *f.* meeting; conference (15)
**setecientos/as** seven hundred
**setenta** seventy (C)
**sexenio** period of six years
**sexo** sex
**sexto/a** sixth (2)
**sexual: educación** (*f.*) **sexual** sex education (16); **violación** (*f.*) **sexual** rape (16)
**si** if (8)
**sí** yes (A)
**sí: en sí** in itself; **sí mismo/a** oneself
**SIDA** *m. sing.* (*abbrev. for* **síndrome de inmunodeficiencia adquirida**) AIDS (12)
**sidra** cider

**siembra** *n.* sowing
**siempre** always (2)
**sierra** mountain range (16)
**siesta: dormir una siesta** to take a nap; **tomar una siesta** to take a nap (2)
**siete** seven (A)
**sigla** acronym
**siglo** century (7)
**significado** meaning
**significar (qu)** to mean
**significativo/a** significant
**signo** sign
**siguiente** following, next (2)
**silbar** to hiss
**silencio** silence
**silla** chair (B)
**sillón** *m.* easy chair (6)
**silueta** figure
**símbolo** symbol (15)
**simpático/a** friendly, nice (B)
**sin** without (8); **sin duda** without a doubt; **sin embargo** however (7); **sin que** *conj.* without (16)
**sincero/a** sincere
**sincronizado/a** synchronized
**sindicalista** *adj. m., f.* of or related to a trade union
**sindicato** labor union (16)
**síndrome** *m.* syndrome
**sino** but (rather)
**síntesis** *f. sing., pl.* synthesis
**síntoma** *m.* symptom (12)
**siquiera** even; **ni siquiera** not even
**sismo** earthquake
**sistema** *m.* system (10)
**sitio** place, location (10)
**situación** *f.* situation
**situado/a** located (16)
**sobrante** *adj.* leftover, remaining
**sobras** *pl.* leftovers
**sobre** on, on top of; above; about (1); **sobre todo** above all, especially
**sobremesa** after-dinner conversation
**sobrepoblación** overpopulation
**sobresalir** (*like* **salir**) to stand out
**sobresaltarse** to be startled
**sobreviviente** *m., f.* survivor
**sobrevivir** to survive
✓**sobrino/a** nephew/niece (9)
**social: bienestar** (*m.*) **social** (social) welfare (16); **trabajador(a) social** social worker (5)
**socialista** *n. m., f. adj.* socialist (16)
**sociedad** *f.* society (9)
**socio/a** member
**sociología** sociology
**socorro** help (12)
**sofá** *m.* sofa (6)
**sofocado/a** suffocated
**sol** *m.* sun; *monetary unit of Peru* (13); **de sol a sol** from sunup to sundown; **hace sol** it's sunny (weather) (1); **tomar el sol** to sunbathe (2)
**solamente** *adv.* only (2)

**soldado** soldier
**soleado/a** sunny (10)
**soledad** *f.* solitude (16)
**soler (ue)** (+ *infin.*) to be accustomed to (*doing something*)
**solicitar** to request
**sólido/a** solid (16)
**sólo** *adv.* only (C)
**solo/a** alone (2); **un solo sentido** one-way (*street*) (10)
**solomillo** sirloin
**soltero/a** single (*unmarried*) (C)
**solución** *f.* solution
**sombra** shadow; shade
**sombrero** hat (A)
**sonar (ue)** to ring, go off (*alarm clock*) (7)
**sonido** sound (12)
**sonoro/a** sonorous
**sonreír (sonrío) (i, i)** to smile
**sonrisa** smile
**soñar (ue) con** to dream about (4)
**sopa** soup
**soportar** to stand, endure, put up with
**Sor** *f.* Sister (*used before the name of a nun*)
**Sorbona** Sorbonne (*university in Paris*)
✓**sorprender** to surprise
✓**sorpresa** surprise
**sos** (*Arg.*) form of **ser** *that goes with* **vos** (**tú eres, vos sos**)
**sospechar** to suspect (14)
**sostén** *m.* bra (13)
**sostener** (*like* **tener**) to hold up, support
**Sr.: señor** *m.* Mr. (A)
**Sra.: señora** *f.* Mrs., Ms. (A)
**Srta.: señorita** *f.* Miss (B)
**su** *poss.* his, her (B); its, their, your (*pol. sing., pl.*)
**suave** soft
**subdesarrollo** underdevelopment
✓**subir** to rise; to go up (7); **subir a** to board (*train, plane, bus*); **subirse a los árboles** to climb trees (9)
**subjuntivo** subjunctive (14)
**sublevarse** to rise up, revolt
**subsede** *f.* secondary venue
**subterráneo/a** subterranean
**subvencionado/a** subsidized
**subyacente** underlying
**subyugar (gu)** to subjugate
**suceder** to happen
**sucio/a** dirty
**sucursal** *f.* branch office
**Sudáfrica: República de Sudáfrica** South Africa (C)
**sudafricano/a** *n., adj.* South African (C)
**Sudamérica** South America (3)
**sudar** to sweat
**sudor** *m.* sweat
**sueco/a** *n.* Swede; *adj.* Swedish; **hacerse el sueco** to play dumb; to pretend not to hear or understand
✓**suegro/a** father-in-law/mother-in-law (9)
**suela** sole (*shoe*)

**sueldo** salary (5)
**suelo** floor; ground (10)
**suelto/a** loose (13)
**sueño** dream; **tener sueño** to be sleepy (4)
**suerte** *f.* luck; lot, fate
**suéter** *m.* sweater (A)
**sufrir** to suffer
**sugerencia** suggestion (5)
**sugerente** *adj.* thought-provoking; full of suggestions
**sugerir (ie, i)** to suggest (14)
**suicidio** suicide (16)
**Suiza** Switzerland
**sujetar** to hold (13)
**sujeto** *n.* subject
**sujeto/a** (*adj.*) **a** subject to
**suma** sum
**sumar** to add up
**sumergirse (j)** to dive; to submerge
**sumido/a** sunken
**suministrar** to provide, supply
**sumiso/a** submissive
**¡súper!** great! (16)
**superficie** *f.* surface (10)
**supermercado** supermarket (4)
**superpoblación** *f.* overpopulation
**supervisar** to supervise
**supervisor(a)** supervisor (5)
**suponer** (*like* **poner**) to suppose (11)
**supuestamente** supposedly
**supuesto/a** (*p.p. of* **suponer**) supposed; **por supuesto** of course
**sur** *m.* south
**surco** furrow
**sureño/a** southern
**surgir (j)** to arise
**suroeste** *m.* southwest
**surrealista** *adj. m., f.* surrealistic (16)
**surtir** to fill (*prescription*) (12); **surtir efecto** to work, have the desired effect; **surtir (una receta)** to fill (a prescription) (12)
**suscribirse** (*p.p.* **suscrito**) to subscribe
**suspender** to suspend, dismiss
**suspiro** sigh
**sustantivo** noun
**susto** scare, fright; **pegarse un susto** to get a shock
**susurrar** to whisper
**suyo/a** *poss.* your, of yours (*pol. sing., pl.*); his, of his; her, of hers

# T

**tabaco** tobacco (3)
**tabla** table (graph), chart (2)
**tacaño/a** stingy (B)
**taciturno/a** taciturn; silent; moody
**taco** (*Mex.*) rolled or folded tortilla filled with meat and beans (7)
**tacón** *m.* heel (*shoe*); **zapatos de tacón alto** high-heeled shoes (13)
**tacto** sense of touch
**tal** such, such a; **con tal (de) que** provided that (15); **¿qué tal?** how's it going?; how

are you? (5); **¿qué tal si...?** how about if...?; **tal vez** perhaps (15); **tal y como** exactly the same as
**talla** size; **¿qué talla usa?** what size do you wear? (13)
**taller** (*m.*) **de reparación** (mechanic's) garage (5)
**tamal** *m. Mex.* tamale (*dish of minced meat and red peppers rolled in cornmeal wrapped in corn husks or banana leaves*)
**tamaño** size (8)
**también** also (B); **a mí también me gusta...** I like to... also (1)
**tampoco** neither, not either (4); **a mí tampoco me gusta...** I don't like to... either (1)
**tan** so (10); **tan... como** as... as (6); **tan pronto como** as soon as (15)
**tanque** *m.* tank (10)
**tanto** *adv.* so much; as much; **mientras tanto** in the meanwhile; **por lo tanto** therefore; **tanto como** as much as
**tanto/a** *adj.* so much; such, such a; *pl.* so many; **tanto(s)/tanta(s)... como** as many... as (6); **¡tanto tiempo sin verte!** I haven't seen you (*inf. sing.*) in ages! (6)
**tapado/a** stuffed up, congested (12)
**tapar** to cover (8)
**tapas** *pl.* hors d'oeuvres
**tapizado/a** upholstered
**taquilla** box office
**taquillero/a** *adj.* box office hit
**tardar** (*time*) **en** (+ *infin.*) to take (*time*) to (*do something*); **¿cuánto tiempo tarda(s) en...?** how long does it take you to...? (4)
**tarde** *n. f.* afternoon; *adv.* late (4); **buenas tardes** good afternoon (A); **de/por la tarde** in the afternoon (1); **llegar tarde** to arrive/be late (4); **más tarde** later (2); **toda la tarde** all afternoon long
**tarea** homework (3); task
**tarifa** rate, price, fare (11)
**tarjeta** card; **tarjeta de crédito** credit card (8); **tarjeta postal** postcard
**tarro** jar (8)
**tarta** pastry
**tasa** rate, level; **tasa del desempleo** unemployment rate (16)
**tasca** *coll.* bar, tavern
**tata** granddad
**Tauro** Taurus
**tauromaquia** art and technique of bullfighting
**taxi** *m.* taxi (10)
**taza** cup, mug (8); **taza del inodoro** toilet bowl (6)
**te** *d.o.* you (*inf. sing.*); *i.o.* to/for you (*inf. sing.*); *refl. pron.* yourself (*inf. sing.*)
**té** *m.* tea (2); **té caliente/frío/helado** hot/cold/iced tea (8); **té con hielo** iced tea
**teatro** theater (3)
**techo** roof (B)

**tecla** key (*of a typewriter keypad, etc.*)
**teclado** keyboard
**técnico/a** *n.* technician; *adj.* technical
**tecnificarse (qu)** to become more technological
**tehuacán** *m. Mex.* mineral water
**tejido** fabric
**tel.** (*abbrev. for* **teléfono**) telephone
**tela** cloth, material (13)
**tele** *f.* television
**telecomunicación** *f. sing.* telecommunications
**telefónico/a** *adj.* telephone
**teléfono** telephone; **hablar por teléfono** to speak on the phone (A); **llamar por teléfono** to phone; **por teléfono** on the telephone, by telephone (A)
**telégrafo** telegraph
**telenovela** soap opera; **ver una telenovela** to watch a soap opera (1)
**televisión** *f.* television; **ver la televisión** to watch television (1)
**televisor** *m.* TV set (5); **televisor en colores** color TV set
**telúrico/a** terrestrial
**tema** *m.* theme, topic
**temblor** *m.* tremor; earthquake
**tempestad** *f.* storm
**temporada** season (*sports*) (2)
**temprano** early (4)
**tenaz** (*pl.* **tenaces**) tenacious
**tender (ie)** to extend; **tender a** (+ *infin.*) to tend to, have a tendency to (*do something*); **tender la cama** to make the bed (7)
**tenedor** *m.* fork (8)
**tener** *irreg.* to have (C, B); **¿cuántos años tiene(s)?** how old are you? (C); **¿de qué color tiene los ojos?** what color are your (*pol. sing.*)/his/her eyes? (B); **no tener razón** to be wrong; **¿qué edad tiene(s)?** how old are you? (C); **¿qué hora tiene?** what time do you (*pol. sing.*) have?; **tener... años** to be... years old; **tener calor/frío/hambre/miedo/sed/sueño** to be hot/cold/hungry/afraid/thirsty/sleepy (4); **tener contagio** to be infected; **tener cuidado** to be careful; **tener de todo** to be well-stocked (13); **tener en vista** to have in mind; **tener éxito** to be successful; **tener ganas de** (+ *infin.*) to feel like (*doing something*) (5); **tener interés en** to be interested in; **tener la culpa** to be to blame, be guilty (12); **tener lugar** to take place (15); **tener náuseas** to be nauseated (12); **tener prisa** to be in a hurry (4); **tener que** (+ *infin.*) to have to (*do something*) (5); **tener razón** to be right (14); **tengo... años** I'm... years old (C)
**tenis** *m.* tennis; **cancha de tenis** tennis court (6); **zapato de tenis** tennis shoe (A)
**tenista** *m., f.* tennis player
**Tenochtitlán** *Aztec capital* (16)
**tentación** temptation

teoría theory

terapeuta *m., f.* therapist (5)

tercer, tercero/a third (2); **Tercer Mundo** Third World (16)

terciopelo velvet (12)

terminación *f.* ending

✓ terminar to finish (9)

término term (15)

ternera veal

terraza terrace

terremoto earthquake

terreno ground, terrain (10)

territorio territory (16)

testarudo/a obstinate, stubborn

testigo *m., f.* witness (12)

tetera teapot (6)

ti *obj. of prep.* you (*inf. sing.*)

tibio/a lukewarm, tepid

tiempo time; weather (1); **a tiempo** on time; **¿cuánto tiempo hace que...?** how long has it been since . . . ? (7); **llegar a tiempo** to arrive/be on time (5); **pasar tiempo** to spend time (2); **pronóstico del tiempo** weather forecast (2); **¿qué tiempo hace?** what is the weather like? (2); **¡tanto tiempo sin verte!** I haven't seen you (*inf. sing.*) in ages!; **tiempo libre** free time (2)

tienda store (3); **tienda de campaña** tent (13)

tierra earth; land (10)

tijeras *pl.* scissors (13)

timbre *m.* doorbell

tímido/a timid (B)

tinta ink

tinto/a: vino tinto red wine (8)

tintorería *sing.* dry cleaners

✓ tío/a uncle/aunt (9)

típico/a typical (3)

tipo type (4); *coll.* guy, character; **todo tipo de** all kinds of

tirantes *m. pl.* suspenders

tirar to throw

✓ tiras (*pl.*) **cómicas** comic strips (9)

tirita adhesive bandage

titular to title, entitle

título title (4); **título de propiedad** deed (15)

tiza chalk (B)

toalla towel (6)

tobillo ankle (12)

tocacintas *m. sing., pl.* tape player

tocador *m.* dresser (6)

tocar (**qu**) to touch; to play (*musical instrument*) (3); **tocar a la puerta** to knock; **tocar la bocina** to honk the horn (10)

tocino bacon (8)

✓ todavía still, yet (9)

todo/a all; every

todo/a *adj.* all, all of; **con toda seguridad** with absolute certainty; **de todos modos** anyway (9); **por todas partes** everywhere; **tener de todo** to be well-stocked (13); **toda la vida** one's whole life (14); **todo el día** all day long; **todo tipo de** all kinds of; **todos los días** every day (4)

Tokio Tokyo

tomar to take; to drink; to eat; **tomar café** to drink coffee; **tomar el sol** to sunbathe (2); **tomar en cuenta** to take into account; **tomar la decisión** to make the decision; **tomar una siesta** to take a nap (2)

tomate *m.* tomato

tonelada ton

tono tone

tonto/a *n.* fool; *adj.* silly, foolish; dumb, not too smart (B)

toque *m.* touch

torcido/a twisted, sprained (12)

torero(a) bullfighter

tormenta storm (10)

toro bull; **corrida de toros** bullfight

toronja grapefruit (8)

torre *f.* tower (11)

torta cake; *Mex.* sandwich

tortilla (*Mex.*) *thin cake made of cornmeal or flour;* **tortilla española** *Spanish omelette made of eggs, potatoes, and onions*

tortuga tortoise (14)

tos *f.* cough (12)

toser to cough (12)

tostada (*Mex.*) *dish with beans, meat, lettuce, etc. on a crisp, fried tortilla*

tostado/a: pan (*m.*) tostado *Sp.* toast (8)

tostador *m.* toaster (6)

totalitario/a totalitarian

tóxico/a toxic (10)

trabajador(a) *n.* worker (5); *adj.* hard-working (B)

trabajar to work (1)

trabajo work (3); job; **entrar al trabajo** to start work (5); **salir del trabajo** to get off work

trabajólico/a workaholic (16)

tradición *f.* tradition

tradicional traditional

traducción *f.* translation

traducir (**zc**) (**j**) to translate

traer *irreg.* to bring (4); **traer dinero** to be carrying money (13)

traficar (**qu**) to traffic, deal (*drugs*)

tráfico traffic

tragarse (**gu**) to swallow

trágico/a tragic

traje *m.* suit (A); **traje de baño** swimsuit (7)

trampa trick

tranquilamente peacefully (6)

tranquilidad *f.* tranquility, calm

tranquilo/a calm, peaceful (12)

transbordador *m.* ferry (10)

transbordo transfer (11); **hacer transbordo** to change (*trains, etc.*)

transformar to transform

transitar to travel

tránsito traffic (10)

translúcido/a translucent (13)

transmisión *f.* transmission (10)

transmitir to transmit

transportar to transport (10)

transporte *m.* transportation (6)

tranvía *m.* cable car (10)

trapo rag

tras *prep.* after

trascender (**ie**) to transcend

trasladarse to move

traslado transfer (11)

trastes *m. pl.* leftovers

tratado treaty

tratamiento treatment (12)

tratar to treat; to deal with; **tratar de** (+ *infin.*) to try to (*do something*) (5); **tratarse de** to be about (*something*) (16)

trato agreement

través: a través de through, by means of

travesura prank

trayecto trip

trazar (**c**) to trace

trece thirteen (A)

treinta thirty (A)

treinta y dos thirty-two (A)

treinta y uno thirty-one (A)

tremendo/a tremendous

tren *m.* train (2)

tres three (A)

trescientos/as three hundred

tribu *f.* tribe (11)

tributo tribute

trigo wheat

trimestre *m.* trimester; quarter

triplicarse (**qu**) to triple

tripulación *f.* crew

triste sad (4)

tristeza sadness

triunfador(a) *adj.* winning

triunfo triumph

trompeta trumpet

tronco trunk; stem, stalk

tropezar (**ie**) (**c**) to trip, stumble (11)

tropical *adj.* tropical; **selva tropical** tropical jungle

trópico tropic

trotar to jog (3)

trozo piece, chunk

trueno thunder (10)

tu *poss.* your (*inf. sing.*) (B)

tú *sub. pron.* you (*inf. sing.*) (B); **y tú, ¿qué dices?** and you? what do you say? (B)

tuberculosis *f.* tuberculosis

tubería *sing.* pipes

tufillo *coll.* odor

túnel *m.* tunnel

turbio/a cloudy (*liquid*)

turismo tourism

turista *n. m., f.* tourist (11)

turístico/a *adj.* tourist (10); **complejo turístico** tourist resort

turrón *m.* nougat

tuyo/a *poss.* your, of yours (*inf. sing.*)

# U

u or (*used instead of* o *before words beginning with* o *or* ho)

**ubicado/a** located (16)
**ubicar (qu)** to place, put; to locate
**Ud.: usted** *sub. pron.* you (*pol. sing.*); *obj. of prep.* you (*pol. sing.*)
**Uds.: ustedes** *sub. pron.* you (*pol. pl.*); *obj. of prep.* you (*pol. pl.*)
**últimamente** lately
**último/a** last (6); latest; **a última hora** at the last minute; **la última vez** the last time (6); **por última vez** for the last time; **por último** finally, lastly (2)
**un, uno/a** *indefinite article* a, an; one (A); *pl.* some
**único/a** *adj.* only; unique; **lo único** the only thing
**unidad** *f.* unit
**unido/a** united; attached; **Estados Unidos** United States (C)
**unificar (qu)** to unify
**unir** to unite, join
**universidad** *f.* university
**universitario/a** of or pertaining to the university (14)
**uña** fingernail (12)
**urbano/a** urban
**urbe** *f.* large city
**urgencia** emergency
**urgir (j)** to be pressing, be really necessary
**uruguayo/a** *n.*, *adj.* Uruguayan (3)
**usar** to use (3); **¿qué talla usa?** what size do you wear? (13)
**uso** use (10)
**usted (Ud., Vd.)** *sub. pron.* you (*pol. sing.*) (B); *obj of prep.* you (*pol. sing.*); **¿y usted?** and you (*pol. sing.*)? (A)
**ustedes (Uds., Vds.)** *sub. pron.* you (*pol. pl.*) (B); *obj. of prep.* you (*pol. pl.*)
**usurero/a** profiteer, moneylender
**utensilio** utensil (6)
**útil** useful
**utilidad** *f.* utility
**utilización** *f.* use, utilization
**utilizar (c)** to utilize, use (13)
**uva** grape (8)

# V

**vaca** cow
**vacaciones** *f. pl.* vacation; **ir de vacaciones** to go on vacation (11); **salir de vacaciones** to go on vacation (3)
**vacío/a** empty
**vacuna** vaccination (11)
**vago/a** bum
**vagón** *m.* car (*train*) (10)
**vainilla** vanilla
**valenciano/a** *adj.* from Valencia (*Spain*)
**valer** *irreg.* to be worth; to cost (13); **¿cuánto vale?** how much is it? (13); **más vale** (+ *infin.*) it is better to (*do something*); **valerse de** to make use of, avail oneself of
**valiente** *n. m.*, *f.* brave person; *adj.* brave
**valija** suitcase
**valioso/a** valuable (12)

**valle** *m.* valley (10)
**valor** *m.* value; cost (11)
**valorar** to value (15)
**vampiresa** femme fatale
**vanidad** *f.* vanity
**vapor** *m.* steam
**vaquero/a** cowboy/cowgirl; **pantalones** (*m. pl.*) **vaqueros** jeans (2)
**variar (varío)** to vary
**varicela** chicken pox (12)
**variedad** *f.* variety
**varios/as** *pl.* several (3)
**varón** *m.* male
**vasco/a** *adj.* Basque
**vasija** container
**vaso** (drinking) glass (4)
**vasto/a** vast, huge
**Vd.: usted** *sub. pron.* you (*pol. sing.*); *obj. of prep.* you (*pol. sing.*)
**Vds.: ustedes** *sub. pron.* you (*pol. pl.*); *obj. of prep.* you (*pol. pl.*)
**vecindad** *f.* neighborhood
**vecindario** neighborhood
**vecino/a** neighbor (B)
**vegetación** *f.* vegetation (10)
**vegetal** *m.* vegetable; plant
**vehículo** vehicle (10)
**veinte** twenty (A)
**veinticinco** twenty-five (A)
**veinticuatro** twenty-four (A)
**veintidós** twenty-two (A)
**veintinueve** twenty-nine (A)
**veintiocho** twenty-eight (A)
**veintiséis** twenty-six (A)
**veintisiete** twenty-seven (A)
**veintitrés** twenty-three (A)
**veintiuno** twenty-one (A)
**vejez** *f.* old age
**vela** *n.* sailing
**velación** *f.* wake, vigil
**velero** sailboat; **andar en velero** to go sailing (4)
**velocidad** *f.* speed; **disminuir la velocidad** to reduce speed (13); **exceso de velocidad** speeding (7)
**vena** vein (12)
**vencer (z)** to conquer
**vencido/a: darse por vencido/a** to give up
**vendaje** *m.* bandage (12)
**vendedor(a)** salesperson, seller (13)
**vender** to sell (13)
**venéreo/a: enfermedad** (*f.*) **venérea** sexually transmitted disease
**venezolano/a** *adj.* Venezuelan (3)
**venir** *irreg.* to come (4)
**venta** sale (13); **de venta** for sale (9); **venta de garaje/zaguán** garage sale
**ventaja** advantage (15)
**ventana** window (B)
**ventanilla** window (*car, train, etc.*)
**ventilación** *f.* ventilation
**ventilador** *m.* (electric) fan (6)
**ventricular** *adj.* ventricular

**ver** *irreg.* to see (1); to watch; **a ver** let's see (13); **nos vemos** we'll be seeing each other; see you (2); **¡tanto tiempo sin verte!** I haven't seen you (*inf. sing.*) in ages! (6); **vamos a ver** let's see; **ver la televisión** to watch television (1); **ver una telenovela** to watch a soap opera (1); **ver un partido de...** to watch a game of . . . (1); **verse** to see oneself; to look, appear
**veranear** to spend the summer
**veraniego/a** *adj.* summer, summer-like
**verano** summer (1)
**veras** *pl.*: **¿de veras?** really? (4)
**verbo** verb
**verdad** *f.* truth (6); **de verdad** truly, really; **es verdad** that's right (true); it's true (B); **la mera verdad** the simple truth; **¿verdad?** right?, isn't it? (2)
**verdadero/a** true, truthful
**verde** green (A)
**verduras** *pl.* (green) vegetables
**vergüenza: darle vergüenza a uno** to be ashamed
**verificar (qu)** to check
**versátil** versatile
**versión** *f.* version
**verso** verse, rhyme
**vestido** dress (A)
**vestir (i, i)** to dress; **vestirse** to get dressed (7)
**veterinario/a** veterinarian (12)
**vez** *f.* (*pl.* **veces**) time; **a la vez** at the same time (5); **a veces** sometimes (C); **alguna vez** once; ever; **algunas veces** sometimes (14); **de vez en cuando** once in a while (10); **dos veces** twice; **en vez de** instead of; **la última vez** the last time (6); **muchas veces** many times (5); **otra vez** again (5); **por primera vez** for the first time (8); **por última vez** for the last time; **tal vez** perhaps (15); **una vez** once (8); **... veces a la / por semana** . . . times a week (4)
**vía** road; way (10); **en vías de desarrollo** developing
**viajar** to travel (C)
**viaje** *m.* trip; **agencia de viajes** travel agency (C); **agente** (*m., f.*) **de viajes** travel agent; **¡buen viaje!** have a nice trip! (10); **hacer viajes** to take trips, travel; **viaje de negocios** business trip
**viajero/a** traveler (11); **cheque** (*m.*) **de viajero** traveler's check (11)
**vicio** vice, bad habit (12)
**víctima** *m., f.* victim
**vida** life (3); **así es la vida** that's life (15); **toda la vida** one's whole life (14)
**videocasetera** videocassette player (13)
**videocentro** video store (4)
**videoteca** film (video) library
**vidrio** glass (*material*) (10)
**viejo/a** *n.* old person; *adj.* old (A)
**viento** wind; **hace viento** it's windy (1)
**viernes** *m. sing., pl.* Friday (1)

**vigencia: entrar en vigencia** to take effect

**vigilar** to keep en eye on; to watch (out) for

**VIH** *m.* (*abbrev. for* **virus** [*m.*] **de la inmuno-deficiencia humana**) HIV (12)

**villancico** Christmas carol

**vinagre** *m.* vinegar

**vino** wine (8); **llamar al pan pan y al vino vino** to call a spade a spade; **vino blanco/tinto** white/red wine (8)

**viña** vineyard

**violación** *f.* violation; **violación sexual** rape (16)

**violar** to rape

**violencia** violence (16)

**violento/a** violent

**violeta** *adj. m., f.* violet

**violín** *m.* violin (5)

**Virgen** *f.* Virgin (Mary)

**virreinal** viceregal

**virreinato** viceroyalty

**virus** *m. sing., pl.* virus

**visa** visa (11); **sacar el visado** to get a visa (11)

**visado** visa (11)

**víscera** viscera

**visionario/a** *n.* visionary

**visita** visit; **de visita** visiting

**visitante** *m., f.* visitor

**visitar** to visit

**vislumbrar** to glimpse, catch a glimpse of

**vista** view (6); **punto de vista** point of view; **tener en vista** to have in mind

**visto/a** (*p.p. of* **ver**) seen, viewed

**viudo/a** widower/widow (C)

**vivienda** housing (15)

**vivir** to live (1); **viva...** long live . . .

**vivo/a** alive (8)

**vocabulario** vocabulary

**vocero/a** spokesperson (16)

**volante** *m.* steering wheel (10)

✓**volar** (**ue**) to fly (9); **volar una cometa / un papalote** *Mex.* to fly a kite (2, 9)

**volcán** *m.* volcano

**voleibol** *m.* volleyball

**voltio** volt

**voluntad** *f.* will, desire

**volver** (**ue**) (*p.p.* **vuelto**) to return (4); **volverse** to turn into, become (14); **volverse loco/a** to go crazy (12)

**vos** *sub. pron.* (*Arg., Guat., etc.*) you (*inf. sing.*)

**vosotros/as** *sub. pron.* (*Sp.*) you (*inf. pl.*); *obj. of prep.* (*Sp.*) you (*inf. pl.*)

**votar** to vote (16)

**voz** *f.* (*pl.* **voces**) voice (14); **en voz alta/baja** in a loud/low voice (5)

**vuelo** flight (7); **asistente** (*m., f.*) **de vuelo** flight attendant (11)

**vuelta** *n.* turn; **boleto de ida y vuelta** round-trip ticket (11); **dar muchas vueltas** to go back and forth; **dar vueltas** to go around; **darle una vuelta a alguien** to look in on someone (*invalid or hospital patient*); **una vuelta más** another time around

**vuelto/a** (*p.p. of* **volver**) returned

**vuestro/a** *poss.* (*Sp.*) your (*inf. pl.*), of yours (*inf. pl.*)

## X

**xenofobia** xenophobia

**xilometazolina** zylometazolin

## Y

**y** and (A); plus

**ya** already (5); now; **ya era hora** it was about time (16); **ya lo creo** of course; **ya lo sé** I already know it; **ya no** no longer; **ya que** since; **ya voy** I'm coming

✓**yerno** son-in-law (9)

**yo** *sub. pron.* I (B)

**yogur** *m.* yogurt

## Z

**zaguán** *m.*: **venta de zaguán** garage sale

**zanahoria** carrot (8)

**zapatería** shoe store (4)

**zapatilla** slipper (13)

**zapato** (**de tenis**) (tennis) shoe (A); **zapatos de tacón alto** high-heeled shoes (13)

**zar** *m.* czar (16)

**zócalo** *Mex.* plaza, town square

**zoológico** zoo (7)

**zumbido** *n.* buzzing

**zumo** juice

# Index

This index is divided into two parts. "Grammar" covers grammar, structure, and usage; "Topics" lists cultural and vocabulary topics treated in the text. Topics appear as groups; they are not cross-referenced. Any abbreviations in the index are identical to those used in the end vocabulary.

## GRAMMAR

**a**, + **el**, 153
  + infinitive, 97
  + noun or pronoun, to specify indirect object, 183–184, 280–281
abstract ideas expressed by **lo**, 437
accent marks. *See also* Appendix 3
  with demonstrative pronouns, 438
  with interrogatives and exclamations, 346
  with object pronouns, 442–444, 467
adjective clauses, 536–538
adjectives, agreement of, 13–15, 30–32, 44–48, 187–188
  defined, 13–15
  demonstrative, 187–188, 438
  descriptive, 4, 9, 21, 24, 96, 496–497
  forms of, 13–15, 30
  irregular comparative forms of, 217
  listed, 96
  meaning after **ser** and **estar**, 144, 160, 162, 496–497
  nominalization (used as nouns), 437
  of nationality, 38–39, 41, 47–48, 113, 121
  ordinal, 83, 96, 98
  past participle used as, 144
  position of, 13–15
  possessive (stressed). *See* Appendix 2
  possessive (unstressed), 44–46. *See also* Appendix 2
  regular comparative forms of, 216–217
  with **lo**, 437
adverbial clauses with subjunctive, 374–376, 470, 499–500, 537–538. *See also* Appendix 2
adverbs, defined, 348
  ending in **-mente**, 348
  of time, 208, 215, 221, 229. *See also* Appendix 2
affirmative words, 283–284
age, expressing, 37, 46

*ago* (with **hacer**), 235, 252
agreement, of adjectives, 13–15, 30–32, 44–48, 187–188
  of articles, 13–15, 27–29
  of nouns, 13–15, 27–29
  of possessive adjectives, 44–46
  of subject and verb, 14, 26–27, 124–125
**al**, 153
alphabet, Spanish, 70–71
**andar** (*irreg.*). *See* Appendix 1
antecedent, 537
apocopation, 98, 284
**-ar** verbs, commands, 372, 447, 455, 463–464
  conditional, 501
  future, 498
  imperfect, 309. *See also* Appendix 1
  past (preterite), 207, 220–221, 227, 230–231, 243–245, 344. *See also* Appendix 1
  past subjunctive, 540
  present, 14, 48–49, 124. *See also* Appendix 1
  subjunctive, 374–376. *See also* Appendix 1
articles, definite, 13–15, 217, 437
  indefinite, 13–14, 27–29, 437
  plural, 15, 30–31

*become*, 406–407

**caer** (*irreg.*). *See* Appendix 1
cardinal numbers, 6, 10, 19, 37, 54–55, 69, 436
changes in state, expressing, 406–407
clause, defined, 536–537
**comer**. *See* Appendix 1
commands (imperative), defined, 11
  formal (polite; **usted**, **ustedes**), 2, 8, 11, 447, 463–465
  indirect, 408
  informal (**tú**), 447, 463–465

## TOPICS

# About the Authors

**Tracy D. Terrell** (*late*) received his Ph.D. in Spanish Linguistics from the University of Texas at Austin and published extensively in the areas of Spanish dialectology, specializing in the sociolinguistics of Caribbean Spanish. Professor Terrell's publications on second-language acquisition and on the Natural Approach are widely known in the United States and abroad.

**Magdalena Andrade** received her first B.A. in Spanish/French and a second B.A. in English from San Diego University. After teaching in the Calexico Unified School District Bilingual Program for several years, she taught elementary and intermediate Spanish at both San Diego State and the University of California, Irvine, where she also taught Spanish for Spanish Speakers and Humanities Core Courses. Upon receiving her Ph.D. from the University of California, Irvine, she continued to teach there for several years. Dr. Andrade currently teaches at California State University, Long Beach.

**Jeanne Egasse** received her B.A. and M.A. in Spanish linguistics from the University of California, Irvine. She has taught foreign language methodology courses and supervised foreign language and ESL teachers in training at the University of California, Irvine. Currently, she is an instructor of Spanish and coordinates the Spanish Language Program at Irvine Valley College. In addition, Ms. Egasse leads children's literature circles and read-aloud sessions at a local public school. She also serves as a consultant for local schools and universities on implementing the Natural Approach in the language classroom.

**Elías Miguel Muñoz** is a Cuban-American poet and prose writer. He has a Ph.D. in Spanish from the University of California, Irvine, and has taught language and literature at the university level. He is co-author, with Tracy D. Terrell, of the *¡Bravo!* series for high school. He is also the author of *Viajes fantásticos* and *Ladrón de la mente*, titles in the Storyteller's Series of Spanish readers, which he created in collaboration with Stephen Krashen. Other published works include two books of literary criticism, three novels, as well as two poetry collections. Dr. Muñoz has written for the theater and has contributed to numerous anthologies of U.S. Latino literature. He has recently completed his fourth novel, *Brand New Memory*.

**Photo credits: Page 1** © Robert Frerck/Odyssey/Chicago; **4** © Peter Menzel; **8** © Bernard Wolf/Monkmeyer; **16** © Robert Frerck/Odyssey/Chicago; **33** © Bob Daemmrich/Stock Boston; **39** © Michael Grecco/Stock Boston; **39** © Clive Brunskill/Allsport USA; **50** Chip & Rosa María de la Cueva Peterson; **56** © Owen Franken/Stock Boston; **56** SuperStock; **62** © Allsport USA; **63** © Polly Hodge; **75** Museum of Modern Art, New York/A.K.G., Berlin/SuperStock; **78** © Robert Frerck/Tony Stone Images; **84** © Stuart Cohen/Comstock; **89** © Peter Menzel; **89** © Bob Daemmrich/Stock Boston; **92** © Macduff Everton/The Image Works; **93** © Ulrike Welsch; **103** © Bob Daemmrich/Stock Boston; **106** © Beryl Goldberg; **112** © M. Algaze/The Image Works; **114** © Robert Fried/Stock Boston; **114** © Peter Menzel; **115** © Beryl Goldberg; **118** SuperStock; **132** © Bob Daemmrich/ Stock Boston; **135** © Paul Conklin/PhotoEdit; **136** © Beryl Goldberg; **139** © Ulrike Welsch; **140** © Kal Muller/Woodfin Camp & Associates; **140** © Suzanne Murphy-Larronde/ D. Donne Bryant Stock; **140** © Piko/Agencia Comesaña; **141** © David Simson/ Stock Boston; **144** © David Young-Wolff/PhotoEdit; **147** © Paul Conklin/PhotoEdit; **163** © Ulrike Welsch; **171** SuperStock; **175** © Ulrike Welsch; **175** © Ulrike Welsch; **175** © David Young-Wolff/PhotoEdit; **177** © Paul Conklin/Monkmeyer; **193** © Peter Menzel; **200** Oliver Benn/Tony Stone Images; **200** © Peter Menzel; **201** © Peter Menzel; **205** © Cron/Monkmeyer; **210** © Robert Frerck/Odyssey/Chicago; **201** SuperStock; **226** © Robert Frerck/Tony Stone Images; **230** © Robert Frerck/Odyssey/Chicago; **232** (clockwise from top center) © Robert Frerck/Odyssey/Chicago; Ramon Surroca i Nouvilas; © Peter Menzel; © Peter Menzel; Chip & Rosa María de la Cueva Peterson; © Jim Pickerel/Tony Stone Images; **234** © D. Donne Bryant; **238** © Robert Frerck/ Odyssey/ Chicago; **238** © Andy Jillings/Tony Stone Images; **239** © Suzanne Murphy-Larronde/ D. Donne Bryant Stock; **253** © Robert Frerck/Odyssey/Chicago; **259** © Peter Menzel; **259** © Phyllis Picardi/Stock Boston; **260** © Stuart Cohen; **264** © Robert Frerck/ Odyssey/ Chicago; **266** © Stuart Cohen/Comstock; **266** © Robert Frerck/Odyssey/Chicago; **267** © Beryl Goldberg; **268** Jerry Bauer, 1995; **268** Jeff Shaw; **272** SuperStock; **288** © Olivier Rebbot/Stock Boston; **289** Jack Fields/Photo Researchers, Inc.; **292** © H. Huntly Hersch/D. Donne Bryant Stock; **292** © D. Donne Bryant Stock; **295** Joseph Nettis/Photo Researchers, Inc.; **299** © Robert Frerck/Odyssey/Chicago; **301** Chip & Rosa María de la Cueva Peterson; **303** © David Young-Wolff/PhotoEdit; **304** SuperStock; **315** SuperStock; **317** © Alpamayo/D. Donne Bryant; **317** © Thomas R. Fletcher/Stock Boston; **317** © Steven Krous/Stock Boston; **317** © Ulrike Welsch; **317** © Roberto Bunge/D. Donne Bryant; **317** SuperStock; **317** © Dave Bartruff/Stock Boston; **317** Hans Wendler/The Image Bank; **317** © Catherine Noren/Stock Boston; **320** SuperStock; **321** Jeff Rotman; **321** Jeff Rotman; **322** Chip & Rosa María de la Cueva Peterson; **322** © D. Donne Bryant; **323** Chip & Rosa María de la Cueva Peterson; **323** © Rob Crandall/Stock Boston; **333** © Cameramann/The Image Works; **335** SuperStock; **337** © J. Oetzel/Comstock; **337** © D. Donne Bryant; **338** © Will & Deni McIntyre/Photo Researchers, Inc. **351** © Robert Frerck/Woodfin Camp & Assoc.; **353** Chip & Rosa María de la Cueva Peterson; **356** © Dave Bartruff/Stock Boston; **361** SuperStock; **361** Michael J. Howe/SuperStock; **362** © David Young-Wolff/PhotoEdit; **364** © Beryl Goldberg; **364** © Beryl Goldberg; **364** SuperStock; **365** © Robert Frerck/Odyssey/ Chicago; **365** © Anna E. Zuckerman/PhotoEdit; **366** © Stuart Cohen/Comstock; **368** © D. Donne Bryant; **373** © Mike Yamashita/ Woodfin Camp & Assoc.; **379** Chip & Rosa María de la Cueva Peterson; **384** © Steve Wytymz/ Comstock; **387** Photo Researchers, Inc.; **390** © Stuart Cohen/Comstock; **396** © Tom McHugh/Photo Researchers, Inc.; **397** © Mark Antman/The Image Works; **399** © Robert Frerck/Odyssey/Chicago; **400** © D. Zirinsky/Photo Researchers, Inc.; **416** © Robert Frerck/Odyssey/Chicago; **419** Photo Researchers, Inc.; **425** © Peter Menzel/Stock Boston; **426** © Owen Franken/Stock Boston; **429** © Jeff Greenberg/Photo Researchers, Inc.; **444** © Bob Daemmrich/Stock Boston; **454** SuperStock; **456** © Lawrence Migdale/Stock Boston; **473** © Larry Mangino/The Image Works; **476** © D. Donne Bryant; **476** Chip & Rosa María de la Cueva Peterson; **477** © Beryl Goldberg; **478** © Bob Daemmrich/ Stock Boston; **478** © Suzanne Murphy-Larronde /D. Donne Bryant Stock;

**481** © David Young-Wolff/PhotoEdit; **486** © D. Donne Bryant; **500** © Robert Frerck/Odyssey/Chicago; **501** © Steven Rubin/The Image Works; **507** © Ulrike Welsch; **508** © Robert Frerck/Odyssey/Chicago; **512** Chip & Rosa María de la Cueva Peterson; **513** ARXIU MAS; **520** © David Young-Wolff/PhotoEdit; **521** © Richard F. Townsend; **521** © R. Kalman/The Image Works; **522** ARXIU MAS; **522** © D. Donne Byant; **523** ARXIU MAS; **523** Kunsthalle, Mannheim, Germany/Bridgeman Art Library, London/SuperStock; **524** © The Image Works Archives; **524** Bettmann; **535** Chip & Rosa María de la Cueva Peterson.

**Realia credits: Page 37** *Cambio16*; **59** *Guia del Ocio*; **70** Reprinted with permission of the United States Olympic Committee; **70** Reprinted with permission of Dunlop-Slazenge, Inc. **88** Reprinted with permission of *El Semanal*; **109** King Features Syndicate; **139** © Quino/Quipos; **173** © Quino/Quipos; **196** © Quino/Quipos; **235** *Muy Interesante*; **255** Reprinted with permission of General Mills; **264** King Features Syndicate; **271** *Noticias de la Semana*; **296** Pilar Gomez, *Semana*; **297** *Tedi*, Editorial Armonia; **328** Reprinted with permission of Iberia Airlines of Spain; **329** © Robert Bosch GmbH; **331** Tribuna de la Actualidad; **332** *Ser Padres Hoy*; **355** © AAA, reproduced by permission; **356** *Geomundo*; **361** *Geomundo*; **366** *Geomundo*; **369** *Geomundo*; **376** *Geomundo*; **378** *Biba*, Editorial América Ibérica; **391** *Noticias de la Semana*; **392** American Red Cross; **396** ALI, all rights reserved; **396** Reprinted with permission of CIBA Consumer Pharmaceuticals, a division of CIBA-GEIGY Corp. **398** *Vivar*; **419** © Quino/Quipos; **429** Text: *Cambio16*; photo: Twentieth Century Fox; **433** © Gruner + Jahr, *Natura*; **434** Reprinted with permission of Reebok International Ltd.; **453** *Clara*; **455** King Features Syndicate; **460** *Ser Padres Hoy*; **468** *Mia*; **482** King Features Syndicate; **486** *Cosmopolitan en español*; **492** *Cosmopolitan en español*; **493** Reprinted from *PC Magazine*. Copyright © 1997 Ziff-Davis Publishing Company; **493** America Tel; **496** © Ballesta/Quipos; **518** © Quino/Quipos; **518** © Quino/Quipos; **520** *Cambio16*.

**Literary credits: pages 319-320** "Oda a la tormenta," © Pablo Neruda, 1954 y Fundación Pablo Neruda **421** "Nada más," from Tutú Marambá, Editorial Espasa Calpe Buenos Aires, 1996. Reprinted with permission of María Elena Walsh.

# El mundo hispano a su alcance

## Argentina

| | |
|---|---|
| población | 34.700.000 |
| capital | Buenos Aires |
| moneda | el peso |
| idiomas | el español, el italiano |
| alfabetización | 95% |
| exportación principal | cereales |
| agricultura | caña de azúcar, trigo, ganadería |

## Bolivia

| | |
|---|---|
| población | 7.200.000 |
| capitales | La Paz y Sucre |
| moneda | el peso boliviano |
| idiomas | el español, el aimará, el quechua |
| alfabetización | 78% |
| exportación principal | gas natural |
| agricultura | café, caña de azúcar, papa |

## Brasil

| | |
|---|---|
| población | 162.700.000 |
| capital | Brasilia |
| moneda | la cruzada (o cruzeiro) |
| idiomas | el portugués, el alemán, el japonés |
| alfabetización | 81% |
| exportación principal | metales |
| agricultura | café, soya, caña de azúcar |

## Colombia

| | |
|---|---|
| población | 36.800.000 |
| capital | Bogotá |
| moneda | el peso |
| idiomas | el español, el chibcha, el arauaco |
| alfabetización | 91,3% |
| exportación principal | café |
| agricultura | café, plátano, flores |

## Costa Rica

| | |
|---|---|
| población | 3.500.000 |
| capital | San José |
| moneda | el colón |
| idiomas | el español, el inglés-criollo |
| alfabetización | 93% |
| exportación principal | café |
| agricultura | café, plátano, maíz, arroz |

## Cuba

| | |
|---|---|
| población | 11.000.000 |
| capital | La Habana |
| moneda | el peso |
| idioma | el español |
| alfabetización | 94% |
| exportación principal | azúcar |
| agricultura | caña de azúcar, arroz, café |

## Chile

| | |
|---|---|
| población | 14.300.000 |
| capital | Santiago |
| moneda | el peso |
| idiomas | el español, el mapuche |
| alfabetización | 94% |
| exportación principal | metales |
| agricultura | frutas, trigo, cebada |

## Ecuador

| | |
|---|---|
| población | 11.500.000 |
| capital | Quito |
| moneda | el sucre |
| idiomas | el español, el quechua |
| alfabetización | 92% |
| exportación principal | petróleo |
| agricultura | plátano, café, algodón, caña de azúcar |

## España

| | |
|---|---|
| población | 39.000.000 |
| capital | Madrid |
| moneda | la peseta |
| idiomas | el español, el catalán, el gallego, el vascuence |
| alfabetización | 97% |
| exportación principal | equipos de transporte |
| agricultura | trigo, cebada, remolacha azucarera |

## Guatemala

| | |
|---|---|
| población | 11.300.000 |
| capital | Ciudad de Guatemala |
| moneda | el quetzal |
| idiomas | el español, varios idiomas mayas |
| alfabetización | 55% |
| exportación principal | café |
| agricultura | café, plátano, caña de azúcar, maíz |